Adolf Bastian

Der Buddhismus in seiner Psychologie

Mit einer Karte des Buddhistischen Weltsystems

Adolf Bastian

Der Buddhismus in seiner Psychologie
Mit einer Karte des Buddhistischen Weltsystems

ISBN/EAN: 9783743311220

Hergestellt in Europa, USA, Kanada, Australien, Japan

Cover: Foto ©Suzi / pixelio.de

Manufactured and distributed by brebook publishing software
(www.brebook.com)

Adolf Bastian

Der Buddhismus in seiner Psychologie

DER BUDDHISMUS

IN SEINER PSYCHOLOGIE

VON

A. BASTIAN.

MIT EINER KARTE DES BUDDHISTISCHEN WELTSYSTEMS.

BERLIN
FERD. DÜMMLERS VERLAGSBUCHHANDLUNG
HARRWITZ UND GOSSMANN
1882.

Einleitendes Vorwort.

Unter den von der Natur menschlichem Verständniss vor-
geführten Schauspielen blicken wir in die wundersamste ihrer
Schöpfungen bei der Religionsauffassung eines Volkes hinein,
hinein in das Weben und Treiben des geistigen Organismus, in
seine Fädchen und Rädchen, in sein ganzes Geäder auseinander-
gelegt, mit den aus allen Theilen der Umgebungswelt herbei-
gezogenen Strömungen — wie sie summen, wie sie anschwellend
emporsteigen, in phantastisch grandiosen Umrissen dann entfaltet, bis mit verschwindenden Umrissen wieder in Ewigkeit
und Unendlichkeit zerfliessend.

Als Reflex der tiefsten, mächtigst drängenden Sehnsuchts-
qualen in der Menschenseele, werden aus deren Dunkel her im
leuchtenden Glanze jene gigantischen Gestaltungen gespiegelt,
wie sie an dem religiösen Horizont des jedesmaligen Volkes ein-
herschreiten. Der Gesammteffect des ethnischen Makrokosmos (in
geographischer Provinz) concentrirt sich in dem, was als die
Weltanschauung des Ethnos aus ihm hinausgeworfen wird in
die umziehende Peripherie, von dort in den lieblichen Gebilden
des Glaubens, der Liebe und der Hoffnung zurückstrahlend,
selbst unter den, bei dem Jammer so manches, wenn nicht
jedes Völkerlebens, oft genug fratzenhaft verzerrten Ungethümen
mythologischer Entstellungen.

Vor dem Bruch zwischen Glauben und Wissen repräsentirt
die Religion eine einheitliche Auffassung der Welt, und erst bei
theologischer Verknöcherung der Dogmen wird durch philosophisches Fortschreiten dann der Riss jener Kluft herbeigeführt,
die es auf manchem der Zwischenstadien schwierig bleibt zu
überbrücken, ehe nicht in den Naturwissenschaften der Gang
organischer Entwickelung verfolgt werden konnte, im psychologischen Verständniss.

a*

In unserer Culturgeschichte des Westens treten besonders die sog. Offenbarungsreligionen hervor, bei denen in den Epochen kritischer Wendepunkte die den Gesellschaftsorganismus bewegenden Ideen aus einer bevorzugten Resonanz so durchschlagend zurücktönen, um solchen Namen, als den des Propheten, für die kommende Geschichtsperiode zu proclamiren.

Gegenüber dem deus ex machina, der hier jedesmal in's Dasein gerufen zu werden pflegt, dämmert aus schleierhaft verhüllter Vorzeit das Seitenstück im Osten herauf, auf unabsehbare Reihen zurückzählend jener Lehrer, die seine Worte kündeten, das Wort Buddha's als heiliges und rettendes. Und für die naturgemässe Begründung in menschlicher Wesenheit handelt es sich nicht um Einpflanzung eines fremden Keims, sondern nur um gesetzliche Pflege des, als bereits vorgebildet, nach Verwirklichung Strebenden, — im Walten und Schalten der psychologischen Processe, zum Verständniss des Alles da draussen, zum Verständniss auch des Selbst, im Innersten in sich. Im Contact des Aussen und Innen nimmt der Buddhismus seinen Ansatzpunkt, als Religionsphilosophie auf die Psychologie gestützt; und dies die bewegende Spirale, um welche sich Alles dreht.

Freilich in deductiven Speculationen, wie es ja mit unseren Philosophien, auch den religiösen, nicht besser gegangen, bis uns die neu von der Induction gebrochene Bahn jetzt auf dem genetischen Wege zu den Völkergedanken zu führen verspricht — vorausgesetzt, dass man zur vorherigen Ansammlung des erforderlichen Materials[1]) den Bau der ethnologischen Museen[2]) beschleunigt, weil sonst Alles verloren, so lange die Erde sich dreht (und für manche der ephemer schriftlosen Stämme leider jetzt schon zu spät).

Wie überall in der Natur Qualität, als concentrirte Essenz aus der Quantität, über diese dominirt[3]), so auch in ethnischer Weltanschauung, als Reflex der ton- oder maassgebenden Klassen, vor deren helleren Schein das gleichartige Fortwogen der grossen Masse in Schatten gestellt bleibt. Dass der Einfluss philosophischer Systeme theoretisch leicht überschätzt[4]) ist, wird auch an dem vermeintlichen der Encyclopädisten zu ihrer Zeit bemerkt, denn „le peuple affluait dans les eglises tous les dimanches et les jours de fête" (s. Lacroix), und obwohl die Lehrweise der Buchreligionen, bei dem damit gewöhnlich mehr

weniger eng verbundenen Unterrichtssystem, tiefer hinabzudrin-
gen pflegt, bewahrt sich in den unteren Schichten des Volks-
ganzen doch durchgängig Gleichartigkeit um den ganzen Erdenrund herum.

Daher nun die Erörterungen, was als Religion zu betrachten, über ihr Vorhandensein [5]) oder Fehlen, mit angeknüpften
Etymologien betreffs der Wortbezeichnung. Ob Religion von
vollkommener Gotterkenntniss ausgegangen, im unmittelbaren
Monotheismus (nach V. von Strauss), ob aus rohesten Anfängen
entwickelt (nach Thiele), ob zunächst an den Himmel und Him-
melserscheinungen angeknüpft [6]), am beliebtesten an die Sonne [7]),
als passend (bei Dupuis) für „l'origine de tous les cultes“; obwohl, in der Geschwisterschaft mit dem Monde, beliebter noch
zum Thema altklugen Volkswitzes [8]), aus alter Vertraulichkeit
mit einem alltäglich wiederholten Vorgang. Selbst dem Sohn
der Sonne war sein Spott erlaubt, und auf der Synode Cuzco's
(unter Inca Yupangui) wurde als höchster Gott Ticci-Viracocha-
Pachacamac oder Pachachiat anerkannt (auch Pachayachachic-
Aticsi-Viracocha), als Yllatici-Viracocha zum Donner des Chuqui
Yllayllapa führend, zum Blitzesschlag, der auch bei den Quiché
als primus motor auftritt im anfänglichen Schweigen der Schöpfung, in (gnostischer) Sige oder (auf Nukahiva) Mutuhei gehüllt, gleich den Geheimlehren der Priester, ihr Schiboleth zu
wahren; und den Feralien wurde von Numa der Dienst der
Tacita zugefügt (s. Klausen). Doch sonst auch viel Donner-
getöse in vergleichender Mythologie.

Dass psychologisch genommen der Grund der Religion im
Unbekannten zu suchen, in den daraus gestellten Fragen [9]) und
somit angeregtem Bestreben, das umhüllende Dunkel der Unwissenheit mit dem Licht des Verständnisses [10]) zu erhellen, das
liegt in den psychologischen Gesetzen selbst begründet, und
führte dahin, das θαυμάζειν [11]) als Wurzel zu betrachten, oder
einen fühlbarsten Eindruck [12]) desselben im „timor“ [13]), wie überhaupt das geheimnissvolle Walten im All auch das darin ver-
schlungene Selbst durchdringen muss, im Complement des
Uebersinnlichen [14]). Denn: im religiösen Gefühl treibt ahnendes
Sehnen [15]) über das im sinnlich Beengten Unbefriedigte hinaus, bis
jene Antwort gefunden, die unter der Täuschungen viele, auch
innere Befriedigung gewähren mag. The real religious instinct
or impulse is the perception of the infinite (s. M. Müller) [16]).

Um indess nun derartig speculative Auffassungen als richtiges Facit aus den Componenten des realiter Gegebenen zu verstehen, muss auf dieses selbst in seinen Vorstadien zurückgegangen werden, und das real darin Verwirklichte in seiner Genesis verfolgt. Wir haben hier als Propositio das Unbekannte des umgebenden Aeussern, mit seinen Reizen einfallend als Fragen, und dann die dadurch angeregte, in Reaction hervortretende Antwort, als zuerst Fassliches, als Erstes demnach im Gegebenen, und dies mag nun in vergleichender Mythologie durch den technischen Ausdruck des Fetisch [17]) (seit de Brosse's Vorschlage darüber) bezeichnet stehen (oder als Juju, wenn euphonischer), unter Scheidung nach subjectivem oder objectivem Ursprung [18]). Numen habet oder (bei Ovid) numen inest, und wie bei den Römern dann wieder das Numen (ró ϑεῖον), als solches, abstrahirt werden konnte, so findet sich gleiche Möglichkeit [19]) bei dem unbekannt Geheimnissvollen des Fetisch oder (melanesischer) Mana (s. Codrington), wie bei Atua [20]) oder Manitu [21]) der Indianer, und in diesen Fällen dann zugleich mit näher gelegten Keimen für Fortentwickelung bis in bestimmte Göttergestalten.

Und hier, wie bei den Culturvölkern, bei den Naturstämmen gleichfalls, dass die von der drängenden Noth des Lebens in saurer Arbeit Freieren, aus Neigung, oder aus Langeweile schon, weiterhinaus denken, und dann im afrikanischen Epikurismus des Nichtsthuns ihre Götter [22]) als ἀλειτούργητοι feiern mögen in Njankupong und Mawu [23]), (von Edro [24]) bedient), doch allzu weit entfernt, Gebete zu hören, wie Num der Samojeden (wenn nicht als Illambärtze die Hirtendienste Apollo's versehend), oder vielleicht durch Taubheit (auch Blindheit) Nichtgewährung des Gehörs (in Oceanien) entschuldigend.

Aussichtsvoller scheint [25]) es deshalb, sich an die Abgeschiedenen [26]) zu wenden, die nicht fern sein können, die im Nebel über die Erde [27]) wandernden [28]) Dämonenseelen [29]) des goldenen Alters (bei Hesiod), wie unter den Battah auf Sumatra, über die Angelegenheiten der Menschen wachend (als Helfer [30]) auch), ihrer Nachkommen besonders, gleich den Oromatua auf Tahiti, harmonische Einheit in der Familie erhaltend, welche, wenn gestört, bei den Griechen durch die Mahlzeiten der Charistia hergestellt wurde, in honorem Chareae (s. Suidas), zur Beilegung von Missverständnissen, zumal die unter schamanischen Proceduren im Leben schon ohne Körper (gleich der des Klazomeniers Hermotimus) umherwandelnden Seelen für Seelenflickereien[31]) (bei Eskimo und Verwandten)[32]) aus Grablöchern (auf Madagascar u. s. w.) vertraut sind (den in der Geisterwelt Vertrauten).

Freilich müssen dann die ἀμενηνὰ κάρηνα (bei Homer) bereits zu der Kraft eines Heros oder (siamesischen) Chao gesteigert sein, wie es in Tonga als aristocratisches Privilegium der Egi in Anspruch genommen wird, unter seelenlosem Volke oder seelenberaubtem, wenn durch Fressen[33]) des Atua bedroht. Solche Schatten mussten sich leicht erklärlich in ärgerlich reizbarer Stimmung finden, und wenn auch mit Herabsinken im Meto der Maori beständig an Macht verlierend, waren sie dennoch durchschnittlich als δαίμονες φαῦλοι (s. Paus.) oder böswillige Phi[34]) (bei den Thai) zu fürchten, besonders jungverstorbene Kinder, weil sie (in Polynesien) noch keine Anhänglichkeit an die Familie während des Lebens gewonnen. Doch ist hier Neid und Missgunst ein Grundzug überall, in ethnisch vergleichender Ueberschau des Globus, und selbst in römischer Kaiserzeit erschien es der Mühe werth[35]), wegen einer goldenen Sandale zurückzukommen, die beim Leichenbegängniss zu verbrennen vergessen. Und so drohen Gefahren überall, wenn die κτέρεα (κτερίσματα) nicht als δίκαια und νόμιμα vollzogen[36]); quia justa ferunt, dixere Feralia (Ovid).

Genug, das Grundbedingende, das zu religiöser Bindung führt, zu Bünden und Verträgen mit gegenseitigen Verpflichtungen, liegt in der Angst (der deisidaimonia) vor mysteriösen Gewalten[37]), die rings umgeben, in den aus des Lebens-Elend alltäglich wiederholten Qualen, in jenem aus dem Jammer des Menschendaseins, nach der Natur desselben, unablässig entstehenden Schmerz[38]), dessen Milderung und Aufhebung eben Buddha's Aryani-satyani lehren sollen.

Freilich werden sich, ehe dieser methodisch langdauernde Cursus in psychologischer Entwickelung zur Befreiung geführt hat, provisorisch vielfach schon raschere Hülfen für augenblickliches Eingreifen erforderlich erweisen, und darauf basiren dann, wenn das Vertrauen auf das Priesterkönigthum[39]) erschüttert ist, die Cultushandlungen[40]) in der Mannigfaltigkeit ihrer Opfer und Gaben (τελεστήρια, σωτήρια, διαβατήρια, ἐπεξόδια, εἰσιτήρια, ἀπαρχαὶ, χαριστήρια, εὐαγγέλια, mit ἐναγίσματα u. s. w.), ihre

Gebete und Flüche (ἀρά) und Tänze, „sane ut in religionibus saltaretur, haec ratio sit, quod nullam majores nostri partem corporis esse voluerunt, quae non sentiret religionem" (Servius), und so empfangen die Potentaten in Guinea als Ballettänzer ihre Besucher (während Nero als Citharöde um die Gunst des Volkes buhlt). In sacramentalen Mahlzeiten[41]) wird das Zauberwerk assimilirt, das der Jaga aus blutigen Menschenopfern zieht, während in Siam das Eideswasser[42]) binden soll, und um Alles dieses wohl zu verstehen, bedarf es dann (für Hülfe[43]) auch vielleicht in weisser Magie gegen die schwarze) der im Purrah und Semo (als Vigilance-committy oder Vehme) zugleich politisch anwendbaren Geheimbünde[44]), die bei den Egbo bis zu der Höhe schottischer Grade aufsteigen mögen, und meistens, in Amerika gleichfalls, wo am Orinoco eine (ostafrikanische) σάλπιγξ mitspielt, (aus griechischem Alterthum), dem stärkeren Geschlecht (im Klóohquabn-nah der Abt u. s. w.) reservirt sind, während am Gabun (zwischen Nda und Njembe) die Rivalität im Gleichgewicht[45]) bleibt, wie auch auf den Palau die Frauen[46]) ihre Selbstständigkeit wahren, und ferner der in allen Theilen aller Continente wuchernde Phallusdienst hinzutritt, in Griechenland bei Alimontia mysteria (und in römischen Umzügen). Daran dann angeknüpft ein esoterisch fortgepflanzter ἱερὸς λόγος durch die Erstgeburten der Ariki, in Kosmogonien und Theogonien bis in die Fürstendynastien, während exoterisch die Schauspiele eines Ritus[47]) verlangt werden.

Bei der primitiven Vorstufe einer Priesterschaft in den Zauberärzten (oder Medicinmännern) liegt (überall auf der Erde) die Aufgabe zunächst in dem gegen das feindlich Umgebende des Bösen zu gewährenden Schutz[48]), in (oft gefährlichen) Kämpfen mit den dämonischen Mächten (bis zum Ringen mit denselben, wie bei den Patagoniern und sonst). So ruht der Schwerpunkt ihrer Religion bei den alten Kirchenlehrern darin, dass Christus, wie zur „Befreiung von dem ewigen Tode" (durch das mystische Mahl des unverweslichen Leibes) zur „Erlösung von der Herrschaft der bösen Geister" gekommen sei, und es wird bei Tzschirner als „merkwürdig" bemerkt, „dass bei keinem christlichen Schriftsteller dieser Zeiten die Idee einer durch eine stellvertretende Versöhnung gewirkten Vergebung der Sünde gefunden wird". Jener Schutz (und Heilung)[49]) aber, wie von den Gläubigen gesucht, wurde in die bannende Kraft des Na-

mens gesetzt (bei Justin), weil aus (gnostisch) höheren Regionen
siegreich überwindend niederschallend in die Welt des Satans.
Und so ziehen die Pirit im Buddhismus eine Schutzmauer um
die Gemeinde.

Unter den in Mannigfaltigkeit hier auftretenden Formen
(um den in Seelenangst bedrängenden Bedürfnissen Abhülfe zu
schaffen), ergiebt sich nun eine als allgemeinst auf der Erde
durchgehende, in jedem auch entlegensten Winkel (wenigstens
in archaistischen Ueberbleibseln) angetroffene, eine in überraschender Monotonie, trotz der local nothwendig variirenden
Modificationen, überall (aus dem perpetuus venerationis tenor)
gleichartige, nämlich die des allgemeinen Reinigungsfestes[50]),
zur Abwehr von Uebeln, oft (in Annam auch) mit Allerseelen
aus Mundus patens[51]), oder (wie in Mexico beim 52jährigen
Cyclus und sonst), mit der Feuerlöschung (und Erneuerung)[52]) verbunden, aber als Hauptzweck stets eine restitutio in
integrum anstrebend, zum Fortsenden (Austragen) des Uebels[53]),
oder zur Vertreibung von Krankheiten, besonders in ungesunden[54]) Oertlichkeiten (ἐν Λίμναις bei den Anthisterien (und
Λιμνᾶτις, als Artemis, in Patrae getragen), um dann den
neu geheiligten Boden zu schmücken[55]), für Breiten des Peplos[56])
durch Arrhephoren, für Empfang[57]) der Theophanien und im
Zurückkommen der Götter (vom Aethiopentisch) für die neue
Saat, wenn man in Guinea ihren rauschenden Wiedereinzug
in den Tempel hört, während sie den Azteken leicht schwebend
nahten, und auch auf Viti jedes Geräusch verbieten.

Was bedarf es für den Durchschnitt auch mehr? Freiheit
von Krankheit[58]), mit Sicherung dagegen, und gute Ernte, in
der Fruchtbarkeit des Bodens[59]), die sich symbolisch mit der
der Thiere verknüpft und den gewünschten Kindersegen gleichfalls gewährt. Hierbei mag sich, je nach der Besonderheit der
Zwecke, an ἀποφράδες ἡμέραι (mit Stillstand der Geschäfte) die
Abgeschlossenheit einer Genna (bei den Naga) empfehlen, oder
unter ἀναγκοφαγία, (Fasten und Casteiungen nach Wahl) kühn
verwegenes Kampfesspiel, bis zum Herausfordern des Todes-
gottes[60]) selbst (in Sumba, Assam u. s. w.), bona omina[61]) für
die Lustrationes (καθαρμοι) vorausgesetzt.

Am bequemsten, um über die ausgetriebenen Gespenster
(die vielgestaltigen Personificationen des Bösen) zu disponiren,
bietet sich die heilige Salzfluth (die poseidonische[62]) in diesem

Cult), und, wie schon zu Jambulos' Zeit werden noch jetzt im indischen Archipelago die geweihten Nachen fortgesendet. Auf der Gruppe der Nicobaren mag dann durch unrichtiges Anlanden Krieg entstehen zwischen den Inseln, und am Camerun zwischen den Dörfern, deren jedes das Fest bis auf den spätesten Termin[63]) zu verschieben sucht, um die von den Nachbarn etwa zugesandten Dämone diesen zurückschicken zu können. So jagten die, auf ihrem ungesunden Gebiete bleichen, Caunier die teuflischen Feinde[64]) nach Calynda (s. Herodot), an lykischer Grenze, und beim Todtengeleit, um die, (wie in Californien auf das vom Scheiterhaufen springende Herz), auf die Seele lauernden Widersacher zu vertreiben, fuchtelten die Pruzzi mit ihren Schwertern in der Luft[65]), denn diese vor Allem ist der Geister voll.

Als ἀποτρόπαιοι (oder Averrunci) das Böse abzuwehren[66]) und Schutz zu gewähren, bot sich das kriegsmuthige (Rivalen freilich gefährliche) Geschwisterpaar, und so stehen kathartische Gebräuche mit Artemis[67]) Diktynna verknüpft (und Apollo Delphinius).

Unter Leitung der Eteobutaden καθαίρουσι τὴν πόλιν Ἀθηναῖοι (an den Thargelien)[68]), unter (thracischen) Fackelläufen[69]), in der πομπή, und zur Februatio liefen die Luperci[70]) (zum Vollziehen der Sacra) mit Riemen um sich schlagend durch die Strassen, im Cult des Februus.

Wie noch jetzt aus den Fetischwäldern in Afrika, erschollen einst aus italischen die Stimmen des Fatuus und der Fatua, des ganzen Heeres der Faunen (von Faunus mit Fauna gezeugt), panischen Schrecken in die Ohren des Hörers werfend oder durch das Unvermuthete unheimlicher Erscheinungen, in dem Faunorum ludibria[71]), die Besinnung raubend, wie Fetische gross und klein, auch mit Regenschirmen wandelnd (an der Goldküste), und sonst im Volksglauben überall.

In Silvanus' Gebiet, dem Sohn des Valerius und der Valeria (θεὸς ἱλικός), verbirgt sich Faunus im Dickicht, und ihm galten die Faunalien, dem Fest der Lupercalien vorhergehend (im Februar). So erscheint bei den Hailtzas (der Haidah) aus dem Walde, wohin er sich zum Fasten und Grasessen zurückgezogen, der Häuptling (Tzeetzaiak) dämonisch verstört (durch Nawlok), als Taamisch, um mit seinen Zähnen blutige Stücke Fleisch aus dem Leib der Begegnenden zu reissen, die solch weihender Marter standhaft ihre Glieder hinhalten, wogegen wenn am Alt-Calabar[72]) aus dem Dunkel seines Tempelhaines der Idem-Efik hervorbricht, Alles entsetzt nach allen Seiten hin auseinanderstäubt und flieht.

Dann folgt die Reinigung durch anlockende Puppen[73]) (Nabikim), wie ähnlich in Oceanien, und Popanze aller Art schwingen in der Luft überall.

Bei der Lustration Bangkoks[74]) spielt naturgemäss die buddhistische Mönchsbrüderschaft eine hervorragende Rolle, während es im alten Cuzco martialischer aussah, wie der Jahrhunderte hindurch ununterbrochenen Reihe von Siegen geziemend und der Bühne, auf welcher solche Triumphe gefeiert.

Wenn in der von dem Inca nach dem Sonnentempel berufenen Fürsten-Versammlung der Mondestag im Monat Coya-Raymi fixirt war, verkündete der Hohepriester den Beginn des Situa-Festes. In voller Rüstung, wie zum Kriege fertig, zog die waffenfähige Mannschaft auf dem Marktplatz der Hauptstadt auf. Unter dem Rufe[75]), „fort Krankheit, Unheil und Unglück fort, fort alle Gefahren, von unserm Lande fort", schaarten sich 400 Auserlesene um die goldene Opfer-Urne der Mitte, 100 nach Colla-Suyu blickend, nach Morgen-Aufgang, 100 westlich, nach Chinchasuyu, 100 nach Antisuyu im Norden und 100, dem Süden zu, nach Cunti-suyu. Wenn Alles fertig, begannen sie auf gegebenes Zeichen gleichzeitig ihren Lauf. Die für Collasuyu Bestimmten, aus den edlen Stämmen der Usca Mayta Ayllu, Yapomayu Ayllu, Yahuaymia Ayllu Sutia und Marasaylla Cuynissa Ayllu (nach Molina), rannten mit äusserster Hast und im Geschrei die Dämone vor sich herscheuchend, bis Ancoya-puncu, zwei von Leguas von Cuzco. Die in Huvin Bereitstehenden nahmen den Schrei auf, und brachten ihn über zu den Mitimaes (Colonisten) in Huayparya, diese an die Mitimaes von Antahuaylla und sie an die Mitimaes von Huaraypacha, die dann das Uebel im Flusse Quiquisana fortschwemmten, worin sie sich selbst, ihre Waffen und Rüstungen badeten.

In der Richtung nach Chinchasuyu liefen die dafür Abgetheilten (aus den Stämmen Ccapac Ayllu und Hatun-Ayllu, Vicaquirau und Chamin Cuzco Ayllu und Yaraycu-Ayllu) bis Satpina (eine Legua von Cuzco), wo die dortigen Mitimaes den Schrei übernahmen für die von Jaquijahuana, und diese überbrachten ihn (10 Leguas von Cuzco) an die Leute von Tilca, welche sich im Fluss Apurimac abbadeten.

Für Anti-suyu waren die Stämme Usca-panaca-ayllu, Ancaylli Ayllu, Tarpuntay Ayllu und Sañu-Ayllu beauftragt, und diese nach Chita eilend (1$^1/_2$ Leguas von Cuzco), übergaben daselbst ihren Schrei an die Mitimaes von Pisac, um ihn im dortigen Fluss zu ertränken.

Nach Cunti-suyu lag den Stämmen Yaura-panaca-Ayllu und Chima-panaca Ayllu, sowie Mosca-panaca Ayllu und Quesco Ayllu der Lauf ob, und sie übermittelten ihren Schrei an die Leute von Churicalla (2 Leguas von Cuzco), diese den Mitimaes von Yaurisquis und sie denen von Tautar, welche ihn dann forttrugen bis zum Fluss Cusipampa, 7 Leguas von Cuzco) um sich dort zu waschen und zu baden.

Für diese Ceremonie nun bieten sich so vielfach Analogien, bald kleinlicher, bald weiterer Umrisse, in Ueberschau des ethnologischen Vergleichs-Materiales, dass sie als eine gleichmässig hindurchgehende zu betrachten. Erstrebt wird ein Fernhalten des Uebels, nach Reinigung von dem aus altem Jahre anklebendem Sauerteig, das neue frisch und verjüngt zu beginnen, unter zeitweiser Erleichterung wenigstens des Leides im Leben.

Wenn es dann das Wasser nicht länger thun will, trotz all' seiner Imprägnirung mit magischen Kräften der Symbole, dann läutern sich die ἀρεταὶ καθαρτικαί, um für die εἰς τὴν γένεσιν (der Sansara) gesunkenen Seele, Divinae aureae particula (bei Apoll.), die Befreiung der Ruhe zu erlangen (s. Plot.)[76], zur ἕνωσις ἄῤῥητος (nach Jamblichus). Nur die θεωρία ἀπαθής ist ein dem θεὸς αὐλός würdiges Opfer (bei Porph.).

Und ähnlich formulirt ihre Proteste die Lehre Buddha's, welche gleichfalls prätendirt, zur Bekämpfung des Lebensleides, ein Rüstzeug liefern zu können, eine Zuflucht für ihre Bekenner, deren Zahl in einer 1880 veröffentlichten Statistik[77] auf 500 000 000 angesetzt erscheint.

Die bekannte Literatur über den Buddhismus braucht nicht wiederholt zu werden. Neuerdings ist Oldenberg's Werk (1881) hinzugetreten, mit kritisch sorgfältiger Behandlung auf die Pali-Texte des Südens begründet, neben Rhys David's handlichem Abriss (1880), während Sénart eine zweite Ausgabe seiner Legende vorbereitet. Die Citationen verweisen auf Georgi, Sangermano, Bergmann, Pallas, Gogerley, Rémusat, Turnour, Hodgson, Csoma de Körösi, J. J. Schmidt, Schott, Burnouf, Köppen, Schlagintweit, Hardy, Pallegoix, Alabaster, Bigandet, Eitel, Edkins, Beal, Wassiljew, Childers u. s. w.

In Betreff des Anhangs und der siamesischen Version des auf den, in buddhistischer Metaphysik berühmtesten, Namen Anuruddha, Sohn Amritodana's (Bruder Suddhodana's), zurückgeführten Textes der Abhidhammatthasangaha, sowie das während des Glanzes des, noch in seinen Ruinen stolzen, Pagan verfassten Kleinodienkästchen des Gesetzes (Paramatta-Miezu), ist dort das Nöthige gesagt. Ebenso über die beigegebene Tafel an ihrer Stelle.

März 1882.

Anmerkungen.

[1]) Auch hier müssen die Thatsachen in jener Fülle vor uns liegen, wie sie die Induction in den Naturwissenschaften verlangt, und bei der Ethnologie handelt es sich nicht, wie in sog. Weltgeschichte, um einen kleinen Kreis von (zwar höchst entwickelten, aber in ihrem Zusammenhang doch übersehbaren) Culturvölkern, sondern um der Culturvölker alle übrigen noch, im selbstständigen Cyclus jedes, und dann die Naturstämme in ungezählter Zahl, es tritt hier der Globus heran, ganz und gross, wie er ist, das Menschengeschlecht in sämmtlichen seiner Wandlungen auf dem ihm angewiesenen Planeten. In der Ars conjectandi (1713) lieferte J. Bernouilli den mathematischen Beweis für seinen Lehrsatz: „Bei Häufung von Beobachtungen heben die zufälligen, d. h. durchaus unbekannten Bestimmungsgründe sich gegenseitig auf und das Ergebniss stimmt um so näher mit der Berechnung nach den Grundsätzen der Wahrscheinlichkeitsrechnung überein, als die Häufung der Beobachtung selbst ins Ungemessene zunimmt." Die Wahrscheinlichkeitsrechnung besitzt also keinerlei Werth für einen bestimmt einzelnen Fall, ist dagegen zuverlässig als Durchschnittsrechnung (s. Cantor), und um ihre gesicherte Basis in der Statistik zu gewinnen, hat die Ethnologie zunächst möglichste Vollständigkeit in den Sammlungen ihres Bau-Materiales anzustreben (um dieses dann nach mathematischer Methode zu ordnen).

[2]) Und wenn sich aus den Raritätenkabinetten der Silberkammern oder (auf dänischen Schlössern) Drejerkamret (s. Lund), als „Wunderkammer" mit ihren Curiositäten dann entpuppend, genügt nicht der gelegentliche Schmetterling schillernder Ausstellungen, sondern ist der Weg methodischer Entwicklung zu betreten, auf der breiten Basis des Durchschnittsmaassstabes zunächst.

[3]) Beiträge zur Ethnologie 1871, S. XXXII.

⁴) De prime abord la Terreur ne voulait point substituer un culte à un autre, elle désirait uniquement détruire celui qui existait, la déesse Raison eut peut d'autels dans les campagnes (Babeau). „Les communes ne s'occupent ni des rois, ni des nobles, elles méprisent les curées assermentées, il n'est point de cultivateur, qui ne fit dix lieux à pied la nuit, et dans un temps de l'orage, pour joindre un prêtre réfractoire (s. Cambry), dans le Finistère (1794). Weil die Logik unnütz und die Metaphysik unverständlich, habe sich die Philosophie auf die Moral zu beschränken (Aristo Chius).

⁵) Quae est gens aut quod genus hominum, quod non habeat sine doctrina anticipationem quandam deorum? quam appellat πρόληψιν Epicurus, id est, anteceptam animo rei quandam informationem, sine qua nec intelligi quidquam nec quaeri nec disputari potest (s. Cicero), und auf Diagoras (ὁ ἄθεος) antwortet das Psephisma (der Athener).

⁶) Lubbock unterscheidet Atheismus, Fetischismus, Totemismus, Schamanismus und Anthropomorphismus (in der Religion) bis zur Auffassung der Gottheit als Weltschöpfer (und Verbindung mit der Sittlichkeit). La religion est la détermination de la vie humaine par le sentiment d'un bien unissant l'esprit humain à l'esprit mystérieux, dont il reconnaît la domination sur le monde et sur lui-même et auquel il aime à se sentir uni (Réville). La science étant essentiellement progressive, la religion, qui est science aussi, est soumise elle-même à cette loi générale du progrès (Chavée).

⁷) Die Seele des Weltall, eine Schöpfung der Natur, als Mutter der Dinge, in der Gottheit, als Zufall offenbart (bei Plinius). Virbius autem quidem Solem putant esse, cujus simulacrum non est fas attingere, propterea quod nec Sol tangitur (Servius), und dann, in der Siegessicherheit des Glaubens, unbesiegbarer Comites gar Viele, auch thierköpfige, im Tetramorph, als animal ecclesiae (1170 p. d.), unter Geherz in der dévotion au Sacré cœur (und was sich anschliesst). Die Gymnosophisten, weil die Strahlen der Sonne reiner auf sie fallen, fassen Natur und Götter mit feineren Sinnen auf (nach Philostratus). Bei den Chimu wurde der Mond, als über die Sonne siegend, verehrt (s. Calancha) und (bei Lucian) kämpfte Endymion, (als Herr des Mondes, mit den Seleniten) gegen Phaethon, Herr der Sonne (und die Helioten). Als Symbol des Wiederauflebens bei Hottentotten und Eskimo, sowie der Neugeburten auf Fiji, gilt der Mond, als das der Gesundheit (teech) bei den Aht (s. Sproat), looking down upon the earth in answer to prayer and seeing everybody (als Vollmond oder Hoop-path).

⁸) Zeitschrift für Ethnologie IV, 1872, S. 359.

⁹) Beiträge zur Ethnologie (1871) S. XLVIII.

¹⁰) Beiträge zur Psychologie (1868) S. 283. Das Beständige in der Menschenrasse S. 80.

¹¹) Culturländer des Alten Amerika, Bd. I. S. 607.

¹²) Die Religion der Furcht steht am Anfang der religiösen Entwicklung der Menschheit, die Religion der Liebe am Ende der Bahn (s. Seydel).

¹³) Mensch in der Geschichte, Bd. II, S. 106.

¹⁴) Rechtsverhältnisse (1872) S. XXXIX.

¹⁵) Beiträge zur Psychologie S. 262.

¹⁶) „Des Menschen Blick nach Oben, die Sehnsucht nach Etwas, das weder Sinn noch Verstand zu bieten vermag, bildet die tiefste Quelle aller Religion."

[17]) Deutsche Expedition an der Loango-Küste, Bd. II, S. 157.

[18]) Mensch in der Geschichte, Bd. I, S. 184, 189.

[19]) und dann verbirgt sich in Fetischwälder, quae Lemni nocturno aditu occulta coluntur, silvestribus saepibus densa (Cicero), im Kakiroba bei Alfuren u. s. w. Saepe Faunorum voces exauditae (Cicero). Die Nutka fürchten (nach Moziño) Matlose (in den Wüstenoien). His cries make those, who hear them fall down prostrate on the ground (s. Scouler). Bei den Aht waltet Quawtcaht.

[20]) Heilige Sage der Polynesier S. 138.

[21]) Als solche würden sie also die römischen Zumuthungen (an ihre θεοὶ μερικοί), beim Düngen und sonst im Ackerbau oder im Hause (von Thürstehordiensten an) mitzuhelfen, höflich ablehnen, und der Neger dies auch zu wohl verstehen, um ihnen Zumuthungen zu machen, wie Fanatiker des Islam, (denen ihr Allah in Allem stecken muss), oder mitunter auch Philosophen. Nach Geulinx ist der Körper nicht selbst Ursache der sinnlichen Vorstellungen, sondern er ist nur ein Werkzeug, dessen sich ein Anderer, nämlich Gott, als die eigentliche Ursache zur Hervorbringung desselben bedient (E. Grimm). Die Schöpfung ist das Leben einer Weltseele, indem die Urkraft in der Intelligenz ausströmt (nach Plotin).

[21]) Wie Wakan, das Unbegreifliche (der Dakotah), bezeichnet auch Manitu alles Aussergewöhnliche (und so Atua).

[22]) Ethnologische Forschungen Bd. II, 349.

[23]) oder Wong der Odschi im Geschlecht der Dämone, in der Mitte zwischen Menschen und Götter, wodurch die hauptsächlichste Schwierigkeit gelöst (nach Plut.) für den Volksglauben (bei Apulejus). Nach Epikur hatte nicht wer die Götter des Volkes aufhob, sondern wer die Vorstellungen desselben den Göttern anpasste, für einen ἀσεβής zu gelten (s. Diog. L.).

[24]) Ethnologische Forschungen Bd. II, S. 132, 348.

[25]) Animism is, in fact, the groundwork of the Philosophy of Religion, from that of savages up to that of civilized men (Tylor).

[26]) Mensch in der Geschichte, Bd. I, 204.

[27]) und so der schwarze Mann in den Einöden des Feuerlandes umhergehend, Alles zu hören und sehen.

[28]) Ethnologische Forschungen Bd. II, 340.

[29]) Völker des Oestlichen Asien, Bd. III, S. 282; Beiträge zur Psychologie S. 89.

[30]) Zum Mitkämpfen in der Schlacht bei Amakosa, wie bei Lokrer, und andere Geschäfte vielfach.

[31]) Die Vorstellungen über die Seele (V. u. H. Wissenschaftliche Vorträge Serie VI.). Ethnologische Forschungen Bd. II, 348.

[32]) Wenn die Seele (Kauts-mah) des Kranken, die Unterwelt Chay-hor's besuchend, dort in ein Haus eintritt, kann sie nicht zurückkommen, und folgt Tod ohne Hülfe durch die Aerzte, während der Zauberer (Kau-koutsmah-hah) seine eigene Seele nachsenden mag, um die zurückgebrachte Seele dem Kranken dann an (oder in) den Kopf zu werfen, in den Weht (brain), aber auch wohnend „in the heart" oder lebuxti (am Nihtinaht-Sound). Neben einem jüngst Verstorbenen (auf Duke-of-York-Island) schlafend, mag die Seele die abgeschiedene nach dem Lande Turubat-Natan-a-Tulungen's (Keeper of souls) begleiten, (bis

zum Angriff der Greisin), um bei der Rückkehr vom Jenseits zu erzählen (s. Danks).

[33]) Bei den Opatas frisst Vateconi hoatziqui (s. Pimentel).

[34]) Phi Phob und Phi Prai. Einen hastig gierigen Esser besitzt der Phi Takla Khao, gleich dem Dämon, der mit den Dentibus des Besessenen isst (bei Clem. Al.).

[35]) Im Uebrigen war eine Controlle nicht ungerechtfertigt, und sorgloses Vertrauen in die Aufrichtigkeit der Todtenklagen möchte getäuscht sein, da man für den Kahnführer auf dem Kotbschlunde (bei Juvenal) Münzen (gleich den bronzenen im Munde der Skelette auf Capri) mitgab, ohne ihre Gangbarkeit in der Unterwelt zu prüfen (nach Lucian's Bemerkung).

[36]) Epulas ad sepulcra amicorum ferebant (in den Feralen), placandis manibus (im Febr.).

[37]) Aller Religion Wurzel ist das Gefühl der menschlichen Schwäche (Scherer).

[38]) Culturländer des alten Amerika Bd. I, 641.

[38]) Nach Epikur war durch die Vernunft zu erkennen, dass die Lust als höchstes Gut, der Schmerz als grösstes Uebel zu betrachten (bei Cicero), — so Dukham und Sukham (im Buddhismus).

[37]) Bei den magischen Operationen treten in lamaistischen Klöstern die Fingerstellungen hinzu. Gefaltete Hände (digitis pectinatim inter se implexis) sind im ganzen Alterthum ein all.. Glück und allen Fortgang hinderndes Motiv (s. K. F. Herrmann). Kreuzweis gelegte Falten im Betttuch (s. Wuttke) sind Vorboten eines Todesfalles im Hause (Rh. Old.), und wie über die Kniee gefaltete Hände böswillig Geburten verzögern mögen, ist bekannt.

[40]) Wie in Mexico die mit Menschenblut gekneteten Teige, wurden beim peruanischen Situa-Fest die Yahuar-sancu genannten Blutgebäcke gegessen (s. Molina), und wenn davon etwas auf die Erde fiel, fühlte man die gleiche Schwierigkeit, wie sie in Gallien das Herbeiholen der Schulkinder veranlasste.

[41]) Geographische und Ethnologische Bilder S. 208.

[42]) Rechtsverhältnisse S. 345; Mensch in der Geschichte Bd. II, S. 98.

[43]) Grosser und Kleiner Mysterien zu Eleusis, und fremde Feiern in Metroa, Sabazia, Bendidia (bei Strabo) mit Kotyttien (und Baptae) zu Ausschweifungen in Θηλυδρίαι (als θιασῶται τῆς Κυτοῦς). Dann bei Naturstämmen überall.

[44]) Bei der Theilung von Hanan-Cuzco und Hurin-Cuzco wiederholte sich in Peru die Stellung der Lukokescha am Hofe des Muata-Yamvo.

[45]) In Pellono feierten sie der Δημήτηρ Μυσία ihre eigenen Mysterien, und hatten dann auch die Vorrechte (der Epheben) bei den Σκιέριαι (in Alea) blutig gegeisselt zu werden, wie man sich in Mexico bei den Schindefesten revangirte und in Australien mit Tödten der gegenseitig heiligen Thiere (Yeerung und Djeetgun bei den Kurnai).

[46]) L'idée de Dieu et le rite sont les seuls éléments dont la science constate la présence dans toutes les religions (Emile Burnouf).

[47]) Ethnologische Forschungen Bd. II, S. 318.

[48]) Wäre zur Zeit Christi schon eine Medicinalpolizei gewesen, unser Herr hätte sicher keinen Teufel austreiben dürfen und das medicinische Synedrium hätte ihm, da er nicht graduirt war, alle Heilungen verboten (meint Eschen-

mayer). Dagegen ist der Modus juvandi afflictos a daemone (bei Gassner von der Kirche approbirt und wo Aerzte nicht mehr helfen können, hat der „Ordo exorcistarum" einzutreten. Der Ooshtuk-yu (worker) fungirt (bei den Aht) als Arzt „in ordinary cases, but the Kau-Koutsma-hah (influencer of souls) is required in times of great bodily or mental trouble and in fact, on every unusual occasion, whether individual or tribal. This sorcerer professes and undertakes to bring back truant souls into bodies, that have been bereft of them, also to effect interchanges of souls, to interpret dreams, to explain prophecies, to cast out demons, and to restore the body to health" (Sproat). Aehnlich bei Karen u. A. m.

⁴⁹) Die Populi lustratio (lustrum condere) wurde, als fünfjährige auf dem Marsfeld, im politischen Leben der Römer von diesem absorbirt.

⁵⁰) μιαραί ἡμέραι τοῦ Ἀνθεστηριῶνος μηνός, ἐν αἷς τὰς ψυχὰς τῶν κατοιχομένων ἀνιέναι ἐδόκουν (s. Hesych), mit Schluss der Tempel. Delos wurde durch Fortschaffen der Leichen gereinigt. Bei den ὑδροφόρια (wie im delphischen Ποντρόπιος oder macedonischem Ξάνθικος) wurde in Abgründe (bei Leichen- und Versöhnungsopfern) auf die Brut neugeborener Drachen Wasser geschüttet. Ecce draco magnus et rufus (St. Benno).

⁵⁰) Völkergedanke S. 50.

⁵¹) Zeitschrift für Ethnologie Bd. I, S. 425.

⁵²) Complicirter waren die dann für das Holz selbst wieder erforderten Reinigungen in den Pyräen der Magie. Bei den Griechen diente zum Verbrennen der Sündopfer das Holz unglücklicher Bäume (ξύλα ἄγρια), θεωρὶς δὲ ναῦς ἐκ Δήλου πυρφορεῖ, nach neuntägigem Sühnfeste; Καομένας λαμπάδας brachte man zum Opfer, vom Feuer des Προμηθέως βωμός (in Athen). Nec de lucerna fas est accendi sacrum (Phaedr.). Das Feuer der Vesta wurde (nach Plut.) durch Sonnenspiegel erneuert, oder (nach Festus) durch Holzreiben (wie im Nothfeuer), während es weniger Umstände bedurfte für „dulcis conscia lectuli lucerna" (Mart.). Nach pythagoräischem Verbot des Andocides, die Flamme nicht mit Degenklinge zu berühren, ist es sündhaft, Eisen ins Feuer zu legen (bei Kamschadalen).

⁵³) Der Hircus emissarius wurde über die Station Beth Chadudo (3 Meilen von Jerusalem) bis nach Zuk geführt (um über die Felsen in die Wüste gestürzt zu werden).

⁵⁴) wie pontinischen Sümpfen. Im (palatinischen) Tempel der Göttin Febris wurden Amulette geweiht (gegen Krankheiten). Zur Reinigung Athens von der Pest opferte Epimenides an den Altären, wo die Schafe niederlagen, aber kostbareres Blut floss bei Vertilgung der „Ketzer-Pest", als das directorium inquisitorum dagegen vorzugehen hatte. Tantum religio potuit suadere malorum (Lucrez).

⁵⁵) Unter Baden der Gottheit (im Nerthus-See) oder ihrer Erneuerung (beim Krishna-Dienst). Mit Lustration der Athene Polias waren die Praxiergiden beauftragt.

⁵⁶) Ueber heilige Eiche breitet Zeus den Peplos, als Bild der Welt. Gott (in Din oder in Dunya verehrt) hat in der Welt einen Teppich gebreitet, schöner Farben (nach Abulfazl).

⁵⁷) Ethnologische Forschungen Bd. II, S. 319.

⁵⁸) Und dazu (Aesculap's) Heilgötter, die in ermüdend stereotyper Ein-
förmigkeit aus fernstem Süden der südlichen Hemisphäre zum höchsten
Norden der nördlichen die gleichen Operationen des Saugens u. s. w. wiederholen, aber in Mannigfaltigkeit (gleich Theophrast's Recepte) complicirter
Curen in den Reden der Rhetorik, *φυλακτήριον δικαιοσύνης καὶ σύνδεσμος
τοῦ βίου τοῖς ἀνθρώποις* (Aulius Aristides).

⁵⁹) Die Ausgelassenheit der Erntebräuche, in überall wiederholten Scherzen
und Schwänken, führt zu Orgien weiter, neben Trauer und Freudenfesten. Die
Reinigungsfeier für Gott Februus (und Juno, als Februtis) gilt als Entsühnung
zugleich zur Fruchtbarkeit (für Menschen und Thiere) im Februar (als mensis
cavus), den zehn Monaten zugefügt (mit Januar). In Attica während der
Mummereien (beim *Διονύσου γάμος* der Basilissa) gingen die Todten um.

⁶⁰) Verhandlg. d. Anthropl. Ges. Berlins, April 1881.

⁶¹) Vor ihrem Reinigungsfest (im Monat Coya-raymi) entfernten die
Peruaner alle fremden und krüppelhaft entstellten Personen aus der Hauptstadt.

⁶²) In Verehrung Poseidon's vollzogen die Phytaliden, von *Φύταλος* (dem
eleusinischen Heros, der die Demeter aufgenommen) stammend, reinigende
Sühnungen (auf dem Altar des Zeus Katharsios).

⁶³) s. Ethnologische Forschungen Bd. II, S. 131.

⁶⁴) Als fremde Götter gedacht, denn „Dii topici, id est locales, ad alias regiones nunquam transeunt" (Servius).

⁶⁵) Und so zur Reinigung durch Schwingfeste, bei Indiern (im Kali-Dienst)
und Indianern (in den Ceremonien der Mandan) Aletidas, appellant (beim
Hängen an Stricken), und weiteres Schaukeln (s. Varro). In der Walpurgis-
nacht findet in Tirol „ein allgemeines Ausbrennen oder Verjagen der Hexen
statt." Im Vogtland schiesst man „viel in die Luft gegen die in der Luft
ziehenden Hexen und macht auch sonst Lärm mit Peitschenknallen" (s. A. Wuttke).
Und wie das Glockengeläut scheucht reinigend der Klang der Tubilustrien
(einer Athene Salpinx).

⁶⁶) Am ungesunden Beginn der Regenzeit wurden die Idole von Quito bis
Chile (s. Molina), um in ihren gemeinsamen Kräften, beim Vertreiben der
Krankheitsgeister mitzuhelfen, in den Haupttempel Cuzco's zusammengebracht,
und in ihm standen, nach siegreichen Feldzügen auch (gleich den Zemes'
auf Hayti mitunter) gefesselte Götter, wie Aphrodite *Μορφώ* (in Sparta),
ἔχουσα καὶ πέδας περὶ τοῖς ποσί (s. Paus.) oder Aktäon (*δεδεσμένον τὸ ἄγαλμα*)
und Enalios (*πέδας ἔχων*). Dii lanatos pedes habent (Petron.) und Saturn
(mit wollenen Fussfesseln), wegen Podagra (bei Lucian).

⁶⁷) Auf Hekate's unterweltliche Gestalt (*ἐπὶ καθαρμάτων καὶ μυασμάτων
ἡ θεός*) bezogen sich die Pargamenta in triviis. Die *θεοὶ μειλίχιοι* wurden
mit nächtlichen Opfern gesühnt (bei ozolischen Locrern) und nächtlich die
Θυσίαι ἀποτρόπαιαι, ἀποπομπαί, ἱερὰ μειλίχια καὶ παραμύθια (zu *ἱλασμοι*
gehörig).

⁶⁸) *Θαργήλια ἑορτὴ Ἀθήνῃσιν ὀνομάζεται ἀπὸ τῶν θαργηλίων, θαργήλια
δὲ εἰσὶ πάντες οἱ ἀπὸ γῆς καρποί, ἄγεται δὲ μηνὶ θαργηλιῶνι Ἀρτέμιδος καὶ
Ἀπόλλωνος* (*τὴν Ἄρτεμιν γενέσθαι Δήλοί φασιν*).

⁶⁹) In Peru wurden die Pancurcu genannten Strohfackeln von Hand zu
Hand gereicht (nachdem das Uebel aus den Kleidern ausgeschüttelt). Wie
die Abia-ebok ihr Zauberwerk am Calabar, theilten im Cult des Februus,

als Vater Pluto's (bei Anysius) die Decemviri sacrorum (sacris faciundis) die Ingredienzen für die Pechfackeln aus, und nach dem Räuchern wurden die Aschenreste stillschweigend in fliessendes Wasser geworfen (der Tiber).

[70]) Am Fest des Lupercus (als lykäischen Pan) übernahm (bei Theilung des Hirtengeschlechts) Remus die Fabier und Romulus die Quinctilier, im Wettstreit der Dorfpartheien, wie bei dem Nationalfeste der Jyntia und vielfach sonst. Der kretische Waffentanz Pyrriche wurde von dem Spartaner Pyrrichos als kriegerische Uebung umgeformt (nach Athen.).

[71]) auch im Alpdrücken, wie schon bei Befragung des Orakels durch Numa von Faunus (Sohn des Picus) eingeleitet (mit schwerem Auftritt auf die Matte). Ἐφιάλτης graece, latine Incubo (Silvanos et Faunos, quos vulgo Incubos vocant).

[72]) Wenn hier der Fetisch-Tag angesagt ist, wüthet dieser Fetisch als Popanz, dem jeder Begegnende verfällt, und so andere der Mumbo-Yumbo, unter Hülfegeschrei der Frauen und Kinder (in Schreckensherrschaft auch über die Sklaven). Bei der Fastenpredigt (in den Missionen der Chiquitos) rief der Jesuit, nachdem er den Zuhörern ihre Sünden vorgehalten, den Teufel sie zu holen, die Lichte wurden fast alle ausgelöscht „und auf einem Gerüst fuhr Satanas einher, als grosser, schwarzer Kerl mit feurigen Augen, Nase und Zunge, mit Hörnern, Schweif und Hufen" (mit Gebrüll) und „Alle schrieen" in Verzweiflung gerathend (s. Bach).

[73]) Lancae effigies, Compitalibus, noctu dabantur in compita, quod lares, quorum is erat dies festus, animae putabantur esse hominum, redactae in deorum numerum (Festus).

[74]) Geogr. u. Eth. Bilder, S. 210.

[75]) Am dies expiationum (ἡμέρα ἐξιλασμοῦ) wurde der hircus emissarius dem Azazel (ἀπωπομπᾶος) hinausgesandt zur ἀποπομπή (sühnenden Abwehr), für Sündenvernichtung (s. Haneberg), indem gerufen wurde: „Trage fort und fort mit dir" (nach der Mishnah). Faunus erschien in den Lupercalien als caper innuus.

[76]) Während die sinnliche Vorstellung sich als Schein (δόξα) ergiebt, erkennt die Vernunft die Dinge, wie sie sind, (durch θεωρία) in Erkenntniss des göttlichen Seins (und dementsprechend die Aromana im Buddhismus).

[77]) Auf das Schwankende der Gesichtspunkte in solchen Berechnungen ist dort und sonst hingewiesen. Wie sich in christlichen Staaten oder Gemeinden, mit Allgemeinheit der Kindstaufe (seit pelagianischen Streitereien darüber) und Eintragung in die Kirchenbücher, eine Art Anhalt gewinnen lässt, so etwa im Buddhistischen durch das Obligatorische des temporären Kloster-Eintritts zur Erziehung (unter Bekenntniss der Triçarana und Uebernahme der Sila), aber dieses immer nur in buddhistischen Staaten, wie im Süden (neben Ceylon) in Birma und Siam, oder den nördlich unter tibetischer Hierarchie stehenden. In China (woher das grösste Contingent für die obige Zahlenaufstellung genommen) fallen offizielle Daten aus, um zu wissen, wer bei einer Gewissens-Examination, die vor den confucianistischen Lehrern des Federwaldes nicht zu bestehen vermöchte, mehr geneigt sein würde, statt bei Buddha im Taoismus Zuflucht zu suchen, oder, wenn nicht mit den Ahnentafeln sich genügend, die ganze Verantwortlichkeit dem Hofcult des Kaisers zu überlassen, und in Japan hat, wie jetzt wieder, auch während früherer Geschichtsepochen

manchmal, der Sintoismus ältere Rechte beansprucht. Für Anam gilt ziemlich dasselbe, und so wird es sich, wie für Korea auch überall, bei genauerer Detail-Untersuchung herausstellen, im buddhistischen und jedem andern System. Jene, in einem rasch popularisirten Buche gestellte, und im Echo der Presse zum Ueberdruss wiederholte Frage: „Haben wir noch Religion?" zeigt, wie sehr wir eben noch in Worttäuschungen leben, trotz den, zu der im Fortschritt der Cultur fortschreitenden Vereinfachung der Sprache, versa vice zugespitzteren Subtilitäten ihrer Wissenschaft. Dass beim Zurückgehen auf die Verbal-Wurzel das neue Evangelium nie Religion gehabt hat, liegt bereits in seiner Bekämpfung zunächst gerade des diese Form einschliessenden (und den Gegner, als „neue und verderbliche Superstition" oder „sacrilegium", bis zum Majestätsverbrechen ächtenden) Heidenthums, wogegen Religion, sofern gefasst als Deckung des aus (selbst bei Locke) angeborenen Gefühlsregungen hervorgewachsenen Begriffs, auch wenn unter möglichster Erweiterung oder Modification bisheriger Umrisse in adoptirten Formen nicht mehr haltbar, doch unter wissenschaftlichen oder andern fortdauern würde, weil in solchem Sinne unverlierbar. Die Weltanschauungen verschieben sich mit den, unter den wechselnden Aspecten historischer Constellationen, selbstgewandelten Gedankenbäumen, aber der Grund der Menschennatur, aus dem sie emporwachsen, bleibt derselbe. Das „Hauptziel des Unterrichts war die Gewinnung nicht eines umfangreichen Wissens, sondern eines virtuosen Könnens" (im Alterthum) im sprachlichen Ausdruck (s. Friedländer), und so die philologische Richtung, mit Ennianista unter Fronto's Schüler, und später Ciceronianer (ein für Kirchenväter, in Abschätzung des Schulrathes oben, nicht ungefährlicher Titel). Jetzt dagegen, mit Ausbreitung der Naturwissenschaften, hat das Wissen den ganzen Erdenrund zu umfangen, um in den Völkergedanken zum Verständniss des Verständlichen zu gelangen.

Inhalt.

I. Mikrokosmos.

II. Makrokosmos S. 66.

III. Die Lehren S. 117.

XXII

IV. Das Jenseits S. 198.

I.

In der bunten Sinnenwelt, die den Menschen umspielt, aufwärts steigend in unermessenen Terrassen (durch Entfernungen, wie Sonne vom Mond, oder der Fixsternhimmel von einander, geschieden), bis an die Blendung vollsten Lichtglanzes —, niedersinkend durch unterweltliche Höhlenräume, hinab (unter die Schichten von Luft und Aether) in die Finsternisse des Leeren, — und Alles dies zusammen Ein Tropfen in dem wogenden Ocean des Werden, gleich unzählbar anderen (und jeder andere Tropfen ein Universum gleicher Unermessenheit), — solches Ganze, obwohl unausmessbare Zeitläufte in den einzelnen Componenten dauernd, dennoch nichts, als periodisch dahinschwindende Blüthe, emporgeschossen in der Augenblicklichkeit des Daseins, zwischen unerforschlich Vorangewesenem und unerforschlich Nachfolgendem — — hier: in dem, was die Welt genannt wird, erscheinen, wenn ihre Berufung gekommen, die Buddha, als Tathagata oder Vorübergehende — her aus jenem Anfang, hin nach jenem Ende —, um dann im Hören der Menschheit ihr Gesetz zu lehren (das, als moralisches, auch das Physische erhält), hinweisend durch Weisheitssprüche auf psychologisch gesunde Entwicklung, wie in menschlicher Natur als solche begründet, um aus dem flüchtig Vergänglichen des Sinnlichen sich hinzuretten nach dem dauernd Unvergänglichen im Ewig-Unendlichen — (eines Jenseits, zu dem im Erlösungsplan die Pfade vorgezeichnet). Dieser wird nicht gestört durch die mythologischen Ausmalungen im Einzelnen, durch die kosmogonischen oder kosmographischen Theorien, und seit seiner Bekanntschaft mit den naturwissenschaftlichen Kenntnissen der Europäer, hörte ich es von Mongkut, dem frommen und gelehrten König Siam's, unbedenklich aussprechen, dass sie ihre völlige Richtigkeit haben möchten, und also den Berg Meru, den Grundpfeiler buddhischen Universums umstürzen, dass aber deshalb doch das Wort Buddha's dasselbe bleiben würde, wie vorher. Der mir vom birmanischen König gestellte Lehrer (in damals noch schwer zugänglicher Hauptstadt des Binnenlandes) zeigte sich, etwas orthodoxer gefärbt, indess Argumentationen über diese Punkte ebensowenig unzugänglich. Auch chinesische Bonzen waren freundschaftlichen Unterhaltungen nicht abgeneigt, wogegen die Klosterbrüder in Urga oder die Kalmükken am caspischen Meere sich allerdings von starrerer Haltung erwiesen.

Der Buddhismus gilt mitunter für die älteste, und auch die weit verbreitetste der Religionen, beides nicht ohne Controversen, wogegen solche sich kaum erheben würden, wenn man ihn die kolossalste aller nännte, kolossal in sämmtlichen Dimensionen, bis in seine Absurditäten, die bei den Auswüchsen der Mahayana wenige Rivalen in dogmatischen Albernheiten zu fürchten haben, für die schnalzenden[1]) Tathagata der tausend Welten und den „Stercus[2]) Lhamarum et Kelongorum Amuletum" (oder den vom Wind und Wasser nicht nur, sondern vom Bos Cypricus auch, getriebenen Gebeträdern). Dann aber ist der Buddhismus nicht nur diese Religion, die unter der schreckhaften Fratze des Manichäismus in den Werken der Sacrae Congregationis de propaganda fide spukt, sondern auch eine Philosophie, mit offenen Armen im Lande der Philosophen empfangen, und aus dem Sauertopf des grossen Misanthropen[3]) bis zur

---

[1]) Beim Lächeln der beiden Tathagata (dans le Nirwana complet eingegangen) „leur langue sortit de l'ouverture de leur bouche et atteignit jusqu'au monde de Brahma" (pendant cent mille années complètes) unter Lichtverstrahlungen, aus denen wieder Bodhisatwas hervorspringen u. s. w. (s. Burnouf). Und ähnliche Acrobatenkünste bei andern Mystikern. So viel Himmel und Erde, soviel Welten und Creaturen Gott hätte schaffen können, das Alles wäre immer noch geringer, als eine Nadelspitze im Verhältniss zu dem Raum, den eine Seele einnimmt, die mit Gott vereinigt wird (nach Eckhart), und im Himmel haben tausend Seelen Platz auf einer Nadelspitze (s. Lasson).

[2]) In ore ac ventro Electorum Dei substantiam de alimentis liberari atque etiam purgari Manichaei sentiebant (s. Georgi). Electi Manichaeorum sanctius vivunt (s. Aug.), als οἱ καλούμενοι Τέλειοι (s. Theodoret) der Sancta ecclesia (bei Evodius).

[3]) Das Leben schwankt umher zwischen Schmerz und Langeweile (s. Schopenhauer). Das Logische leitet den Weltprocess auf das Weiseste zu dem Ziel möglichster Bewusstseinsentwicklung, wo anlangend das Bewusstsein genügt, um das gesammte actuelle Wollen in das Nichts zurückzuschleudern, womit der Process und die Welt aufhört, und zwar ohne irgend welchen Rest

Unbewusstheit[1]) bestens gehätschelt und gepflegt, jetzt bereits über 50 Jahre hindurch. Aus lauter Zärtlichkeit ist man noch nicht einmal dazu gekommen, Kopf und Schwanz (head and tail, wie der Engländer sagt) zu unterscheiden, und zu bemerken, dass das Gemälde (gleich der europäischen Majestät im Pallast des indischen Rajah) auf dem Kopfe hängt. Nichtsdestoweniger scheint es prächtig zu gefallen, denn Alles ist des Lobes voll.

Trotz kleinerer Meinungsverschiedenheiten hie und da, ist man über die Kernpunkte längst einig; der Buddhismus ist atheistisch, pessimistisch, nibilistisch, — d. h. atheistisch: trotz seiner dreissig Himmel bis über Akanishta hinaus, und jeder mit Göttern vollgepfropft, längster Existenzdauer (so dass wer in Nullauszählungen[2]) ermüdet oder ungeübt sich fühlt, mit dem

---

aufhört, an welchem sich ein Process fortspinnen könnte (v. Hartmann). „Schopenhauer sympathisirt mit den indischen Büssern" meint Ueberweg unter Hinweis auf die Beziehung des Willens zum Intellect (bei Frauenstädt) und: Ueberweg war nach allen Richtungen entschieden „Atheist und Materialist" heisst es bei Czolbe (s. Lange) im Materialismus, dem noch die Psychologie als Naturwissenschaft fehlt.

[1]) Der Buddhismus hat die „Unbewussten" in Asanyasatya localisirt (auf der elften Terrasse der Rupa-Himmel). Auch in Newasannyanasannyayatana geht es nicht viel besser: The inhabitants of this world are in a state neither fully conscious nor yet altogether unconscious (s. Gogerley). Als die Asuren sich einst in solchem (oder doch ähnlichem) Zustand befanden, erklärte sie Magha für betrunken und liess sie zum Tempel hinauswerfen, indem er sich mit seinen 32 handfesten Bussknechten an ihrer Stelle im Himmel wohnlich einrichtete. Wie wegen der Helena (εἴδωλον Ἑλένης), die Simon Magus als Ennoia oder Prunikos (Babero oder Barbelo) in den Himmeln sucht, unter den Archonten (im Engelreich), entstaud wegen Buddha's Raubes der Tochter des Assuren-Königs Krieg (am Meru). When Manamanawakya became Sekra, they were finally defeated, and from that time have been kept in subjection, bemerkt Hardy, da indess stets noch die vier Tschaturmaharaja an der Himmelspforte mit gezücktem Schwerte Wache stehen (als δύναμις φυλάζουσα τοὺς ὅρους bei den Manichäern), scheint man mit dem bösen Widersacher (in diesen gefallenen Engeln) hier ebensowenig schon fertig geworden zu sein, wie anderswo. Und dabei sind sie um so gefährlicher, weil nicht nur moralische Uebel verursachend, sondern (nach der Saddharma-prakasa-sasana-Sutra) auch „pernicious winds and rains to destroy the crops in Jambudwipa" (Beal), wie sonst die Hexen.

[2]) Zwanzig grosse Chiliokosmen übereinandergeschichtet ruhen auf einer Lotusblume, und deren (jede 20000 Millionen Welten tragend) blühen unendliche Zahl, im Meer der Wohlgerüche, (und diese wieder unendliche Zahl), wobei für Unendlich eine „Zahl in der Ziffernlänge von 44000 Fuss gesetzt

Ausdruck der Ewigkeit genug haben mag) — pessimistisch:
trotz reichster Auswahl von Seeligkeiten für Geschmacksidiosyn-
crasien, (auch mit Myang Niphon oder Nibbhana-pura auf der
Speisekarte) — nihilistisch: weil in ein Nichts verwehend; ein
Nichts jedoch im Gegensatz zur täuschenden Maja, und somit für den
„Kerl, der speculirt" ein „Nichts im Gegensatz zum Nichts", ein
Ding an sich, und jedenfalls voll jener Realität, die bereits in
(stoisch) greifbaren Elementen des psychologischen Systems hervortritt, aber freilich jenen sopor pacis ersehnend, wofür der Mystiker
septem gradus contemplationis errichtet, (statt seiner zu den Dhyani
führenden Megga). Das Leid des Lebens braucht der Buddhismus
nicht zu lehren, weil als Thatsache jedem fühlbar, aber — gelehrt
oder nicht — für Versuche zur Befreiung daraus bieten sich eben
im Buddhismus jedenfalls eine Mannigfaltigkeit der Mittel und
Wege, wie kaum irgend sonst, und wer das Dharma in der
Harmonie des physischen und moralischen Weltgesetzes erfasst,
kann sich auch in der natura naturans eine Gottheit herstellen,
wie bei Spinoza, oder „Deus sive harmonia rerum" (bei Leibnitz).
Jedenfalls umschliesst das Ganze einen so logisch fest gegliederten
Zusammenhang, dass sich die organische Entwicklung des Denkprocesses in all den Wandlungen der verschiedenen Secten, und
trotz ihrer oft weitesten Entfernung von einander, ohne Schwierigkeiten verfolgen lässt. In dieser grossen Zahl der Secten-
stifter bietet sich jede Abenteuerlichkeit für den, der darnach
sucht, aber zweierlei würde man vergebens suchen, den
Atheismus nämlich und den Pessimismus. Keiner hat, gleich
jenem attischen Spötter, das Dasein der Götter geleugnet,
die zu eng mit dem Gesammtsystem verwachsen sind, um nicht
mit demselben leben und sterben zu müssen, Keiner hat ferner
das Wort Buddha's ein hoffnungsloses genannt, denn dann
würde es ihm wohl noch schlimmer ergangen sein, als dem
kopfzersprungenen Avalokiteswara (im Hendecacephalon, mit
dem Kopf Amitabha's den Zehn des Chonshim-Bodhisattwa zu-

---

wird, die Eius mit 4 456 488 Nullen" (s. Köppen). In Burnouf finden sich
Einzelnberechnungen von Dasadasakam satam bis zu Mahakathanam satasa-
hassam asamkheyyam, cent mille mahakatha font un asamkheya, 100 000 × 1
suivi de 92 Zeros = 1 suivi de 97 Zeros. Dann bei J. J. Schmidt, Rémusat u. s. w. Die im grossen Chiliocosmos (bei 1000 Millionen) zusammenge-
fassten Welten werden (nach der Yih-Fuh-tsah) als Buddha-ktchetra bezeichnet (s. Beal), als Bereich eines Buddha.

gefügt, oder neunköpfig als Menippa), und die schwarze Seite
der Natur erhält, weit entfernt vom Ueberwiegen, nicht einmal
manichäische (oder mazdeische) Gleichgewichtigkeit im Dualismus, da das Böse, als causa deficiens, überall schmählich unterliegt. Was dann das letzte Endziel, für den durch die erwähnte
Speisekarte der Paradiesherrlichkeiten nicht befriedigten Geistes-
durst, betrifft, so liegt es in einem Jenseits, (im platonischen
ὑπερουράνιος), das ausserhalb des Circulus major und minor transmigrationum, jenseits aller Relationen, (demnach auch der des
Denkprocesses) liegt, und somit nur durch jene metaphysische
Gedankenspitzen zu erreichen wäre, mit deren Fühlhörnern die
Philosophen unter sich ihre eigene Sprache (den Profanen oft
schwer verständlich) zu reden pflegen. Was sich hierbei
nun aus der Sunyata der Madjamikha oder anderer Sinnesver-
wandten, nicht Alles machen liesse, bliebe dahingestellt, ebenso
die Gelehrsamkeiten etymologischer Deutungen, die sich dann
für die Anpassungsproben zu fernerer Verundeutlichung fort-
deuteln lassen, in beliebiger Zahl oder Unzahl.

Dagegen ist nur Eine Deutung möglich, wenn wir in dem
psychologischen System, das in seinem Geäder klar vor Augen
gelegt ist, dem genetischen Gang der Entwickelung folgen,
denn hier findet sich kein anderer Weg, als der einzig mögliche: von nichtiger Maya, im Dunkel der Moho umfangen,
mit aufleuchtendem Wissensglanz der Panja zur Nirvritti des
Nirwana, im harmonischen Einklang mit dem Dharma, in den
die Welt durchdringenden Kräften. Unter Wechselwirkung des
moralischen und physischen Gesetzes stellt sich ein Gleichgewicht[1]) selbstständig her.

Alle drei Welten sind leer für die sinnliche Auffassung,
da auch, was man zu sehen, zu hören, zu riechen, zu schmecken
und fühlen glaubt nur (wie im Gnosticismus) aus der oberen
Welt in die untere geworfene Schatten (s. Irenäus) sind, aber
Schatten ewiger Ideen, in den Aromana berührbar, und
im Gegensatz zu der nichtig[2]) flüchtigen Schattenwelt einer

---

[1]) Gott und die Welt sind „zwei Werthe für die gleiche Sache" (nach
Schleiermacher).

[2]) Da Gott allein wahrhaftes Sein ist, so ist dies, was nicht Er ist, Nichts,
die Creatur ist daher nicht nur aus Nichts, sondern für sich genommen, ist
sie selbst Nichts (nach Meister Eckhart). Nur Gott kommt Istheit zu (s. Erdmann). Das Wahrhaft-Reine (Immaterielle) ist Wahrheit, alles Andere ist

„vacuitas", des *xένωμα*, prangt die Aeonenwelt in der Glanz-
fülle typischer Urprinzipien, als Vollheit des *πλήρωμα*, blendend
hier im Nirwana verhüllt, wie sonst im dunklen Bythos eingeschlungen.

Das Grund-Problem wird stets die Materie[1]) bilden müssen,
wenn die Naivität des ex nihilo[2]) schweigt bei Aristoteles
Ausspruch (*τὸ μέν ἐx μὴ ὄντων γίγνεσϑαι ἀδύνατον*), da sie, weil
aus unzugänglichem Ursprung heraufdämmernd, ihren Wurzeln
nach unerkennbar[3]) bleibt, und dafür in anderer Regionen
Bereich hineinfällt, das über planetarische Begriffssphären hinaus-
reicht. Je weiter sich die Peripherie des grossen Chiliokosmos
zieht, desto weniger bleibt es möglich von ihr aus den ersten
Ansatzpunkt zu finden, sondern muss dieser im Centrum, dem
Berührungspunkt des Objectiven und Subjectiven, gesucht
werden, nach den Principien einer naturwissenschaftlichen[4])

Lüge und Täuschung, demgemäss ist alle Wahrheit auch vollkommen rein
(immateriell), weil nun der Wahrhaft-Erschienene selbst dieses Vollkommen-
Reine (Immaterielle) ist, so nennt man dies das Nirwana (nach der Suwarna
Prabhasa). Sansara ist der Zustand des Uebels, Nirwana der Zustand der
beruhigten Absonderung (s. J. J. Schmidt).

[1]) Materiam, quae per se ipsam neque quid, neque quantum, neque aliud
quidquam dicitur, quibus ens determinatur, (bei Aristoteles), und dann:
Materia ex qua, Materia in qua und Materia circum quam (s. Walch).

[2]) Ex nihilo nihil fit, in nihilum nihil potest reverti (ne hilum quidem,
der sich auf chinesischen Bildern durchzieht).

[3]) Im Schaffen freilich schafft sich Alles leicht und „ehe Gott die Welt
schuf, schuf er allerdings schon etwas Anderes, nämlich die reine Materie,
d. h. Raum und Zeit", weiss Rothe, wogegen die schüchternen Indianer betreffs
ihrer Unwissenheit in diesen Dingen demüthig um Verzeihung bitten, „weil
Niemand dabei gewesen".

[4]) Wie die Frage an die anschauliche Materie, so ist nicht minder die
an die Atome berechtigt, was sie ausser der Erscheinung, ausser der Vorstellung, was sie an sich seien, was in ihnen von Ewigkeit her zum Ausdruck
gelangt sei (s. Rokitansky), in Atomon, als principia oder primordia rerum
(bei Lucrez). There cannot be the production of something out of nothing
(navastuno vastu-siddhih), that which is not, cannot be developed into that
which is (nach Kapila) in der Sankhya, „starting from an original primordial
tattva or eternally existing essence, called Prakriti" (s. Williams). Divina substantia in sua immensitate, non est cognoscibilis ab anima rationali cognitione
positiva, sed est cognoscibilis cognitione primitiva (bei Alex. Hal.). Nullam
rem e nihilo gigni divinitus unquam (s. Lucrez). Deus autem materiam fabrica-
tionis ipse adinvenit (Irenäus). Neben dem Nihil privativum (als absentia
entitatis debitae) stand in der Kirche (s. Baumgarten) die Behauptung des
nihil negativum (als absolutes Nichts).

Psychologie. In unendlicher Welt, gleich der unsrigen, wo die im Solarsystem noch lange nicht erschöpften Ursachwirkungen, dann immer auf's Neue wieder, für weitere Ausgänge, in Fixsternsysteme, bis zu den durch das Teleskop noch nicht einmal entdeckten, zu verlegen wären, kann sich der Mensch für festen Anhalt nur auf das eigene Auge des Selbstbewusstseins zurückgeführt fühlen, auf einen geistiger (oder menschlicher) Individualität entsprechenden Mikrokosmos, der harmonisch in sich als Ganzes geordnet, dann wieder relative Rechnungsoperationen für begriffsmässige Feststellung der Theilganzen gestattet (und daraus dann später vielleicht, im Laufe der Zeiten, Rückschlüsse auf den grossen Makrokosmos eines allgemeinen Seins, als solches).

So stehen im Buddhismus die athmenden Wesen im Mittelpunkt der Welt, deren physische[1]) Weltordnung der moralischen untergeordnet ist, und in psychologischen Operationen wird also gesucht auch die Materie durch Begreifen zu bemeistern; und zwar für die kosmographisch hier unserer naturwissenschaftlichen Erkenntnisse entbehrende, und deshalb scheinbar (trotz grösster Chiliokosmen von zehntausenden von Welten) abgerundetere Auffassung des All, den gestellten Ansprüchen dafür genügender.

Die Grundlagen[2]) für die Dhatu sind dadurch bereits in die Gewalt des Denkers gegeben, weil auch Nibbhana-Dhatu begreifend, also ein im Meditationsprocess zu erreichendes, und für ernstliches Streben erreichbares, Nirwana. Die Bhutas ragen nur noch in der Rupa-Khandha mit der Maha-Bhuta-Rup in den Denkprocess hinein, und werden dann dort bereits durch die elementaren Denkoperationen selbst als (störende) Elemente eliminirt, durch die Wechselbeziehung des Wassers, als Bhuta, (mit dem Gaumen, als Indriya[3]) und dem Geschmack, als Ayatana),

---

[1]) The great earth rests on a water-circle, the water rests on wind, the wind rests on space, space is unsupported, the combined Karma of all sentient existence is the ground on which the Kosmical system depends for its maintenance (nach der Avatamsaka Sutra). Unter der Erde Djambudwipa's findet sich Wasser, dann Feuer, dann Luft, au dessous de cet air est une roue de diamant, dans laquelle sont renfermées les reliques corporelles des Bouddhas des âges antérieurs (s. Remusat).

[2]) In der Vedanta wird das Param purushartham (als höchstes Gut) in Brahma erstrebt durch Bhuta-vastu-vishayatvat (die wirklich existirende Substanz).

[3]) Von den aus Ahankara (aus Bodhi in Prakriti) hervorgegangenen Tanmatra (Laut, Fühlung, Geruch, Gesicht, Geschmack) kommen die Mahabhuta (Aether, Luft, Erde, Feuer, Wasser) und dann die Indriya (bei Kapila).

der Erde mit Häutchen und Gefühl, des Feuers mit Nase und Geruch, der Luft mit Ohr und Laut, des Aethers mit Auge und Farbe. Dazu dann im Manas das Dhamma für seinen harmonischen Abschluss im Nirwana.

In der Mahabhuta-Rup[1]) tritt nun das Körperliche, und eben nur hier, hervor, soweit es in das philosophische System des Buddhismus eingreift, indem wir sonst „mit allen unsern Schulmeinungen irre werden, und keines unserer philosophischen Schlagworte, wie Idealismus, Realismus, Materialismus auf ihn passen will“, wie Köppen bemerkt. Würde ein Gegensatz gesucht, so wäre er nur zur Causalität gegeben, aber immer als in Neibban auslaufende Entwicklung (ohne jene rückläufige Kreisungen, die das in der Welt der Ursächlichkeiten als Entwicklung Bezeichnete characterisiren). Die drei Haupthindernisse der Erlösung, in den Nimeit, als Santati oder Santi (dauerndes Beharren), Iriabot (Beruhigung mit der im Wechsel der Stellung oder Lage vorübergehend gewährten Erleichterung) und Vorspiegelungen der Realitäten, rühren vornehmlich aus den materiellen Bestandtheilen des Körpers her, und gegen diesen wird nun zunächst zu Felde gezogen mit Aneitsa, Anatta, Duka, sie als Schwund, Trug und Schmerz zu erkennen, als flüchtig und nichtig, als trügerisch täuschend, als Elend und Jammer, indem der einmal an dieser empfindlichen Lebenswunde Berührte, sich jetzt keinen Moment der Ruhe gönnen wird, und so oft sich ihm diese durch die eine oder andere Illusion vorspiegeln mag, (unter Verführung zu unthätiger Hingabe), sogleich erschreckt daraus wieder emporfahren wird, „abandoning himself to the sweet delight of undisturbed repose, when, on a sudden, he perceives close to him an infuriated tiger“ (s. *Bigandet*). So rasch aufgejagt, strebt er weiter, um keine der kostbaren Minuten im kurzen Menschenleben zu verlieren. Der mustergültige Bodhisattwa (wie im Saddharma pundarika gezeichnet) „ne recherche pas avec empressement le

---

[1]) Bhuto (von bhavati oder hoti) bezeichnet (s. Childers) a living being, a spirit, an (evil) demon, vegetation, an Arhat, the five khandas (all beings below the Caturmaharajika gods), dann (nach Clough) a ghost, an element, figure, identity, thought, perception, fact etc. (apparent, obtained, right proper etc.). The Rúpakhandha is composed of the elements (cattára mahábhútá), als Mahábhúto oder Mahábhútam. Sophia setzt den Demiurg als König über Psychisches (rechts) und Hylisches (links).

repos complet, il ne se repose même pas, il ne se livre pas continuellement au repos (s. *Burnouf*). Ohne an irdische Bedürfnisse zu denken, ist sein Geist stets mit der Ueberzeugung beschäftigt: „Puisse-je devenir Buddha, puissent ces ètres le devenir
aussi" (der Welt ihr Gesetz lehrend). Dies ist es dann, was
im fanatischen Uebermaass zu mystischer Ascese[1]) treibt, die
plumpen Mönche in der Wüste Gaja's sowohl, wie ein zartes
Gemüth, gleich das der Guyon.

Der Buddhismus, bei seiner geographisch-politischen gleichmässigen Umgebung, konnte sich in einheitlicher Weltanschauung vor jenem Widerstreit des Wissens und Glaubens bewahren,
der in der rascheren Geschichtsbewegung thatkräftiger Völker
stets früher oder später eintreten muss, und dann dem dortigen
Culturleben eine für die jedesmalige Epoche charakteristischen
Stempel aufdrückt.

So erscheint der Buddhismus nicht nur als Religion, sondern auch als Philosophie, eben als die Religionsphilosophie
seiner Bekenner, und damit in der Färbung jenes durch alle
Religionen und Philosophien verfolgbaren Zuges, der sich zu
specifischer Charakterisirung bezeichnet hat, als Mystik, „das
reichste und tiefste Erzeugniss des menschlichen Geisteslebens"
(s. Tholuck).

Helferich erklärt die Mystik, als die „immanente und dauernd unmittelbare Beziehung des endlichen Geistes auf die Idee
des Absoluten", im Bewusstsein der Sünde wurzelnd und (durch
die Religion) Versöhnung anstrebend (s. Lisco). Der Buddhismus giebt dem ethisch als Sünde Gefassten die Bezeichnung
des dem Irdischen an sich zugehörigen Elends und strebt psychologisch naturgemässen Ausgleich zur Heilung an, bei dem

---

[1]) Durch Tapas oder „a perfect rejection of all outward (Pravrittika)
things und durch Dhyan (pure mental abstraction) wird Nirvritti verlangt
(s. Hodgson). Absolute prevention of all three sorts of pain is the highest
purpose of soul (in der Sankhya). True and perfect knowledge, by which deliverance from evil of every kind is attainable, consists in rightly discriminating the principles, perceptible and imperceptible, of the material world,
from the sensitive and cognitive principle, which is the immaterial soul
(s. Colebrooke). The revealed mode is, like the temporal one, ineffectual, for
it is impure, and it is defective in some respects, as well as excessive in
others (nach der Carica).

Mangel persönlicher Gottheit (und mythischen Sündenfalls)[1]), oder bei mangelnder Definirung derselben. „Gott ist ein zirkliger Ring, dessen Mittelpunkt allenthalben, dessen Umschrank nirgends" (*Suso*). Das Sufithum ist weder Vorschrift noch Lehre, sondern etwas Angeborenes (nach Abul Hussein Nari).

„Alle Offenbarung ist das reine Gegentheil des Mystischen, der Mystik und des Mysticismus" (s. Heinroth), aber „die Mystik vermählt sich gewöhnlich mit einer geschichtlichen Religion" (s. Tholuck), und muss dann naturgemäss auf allerlei Schwierigkeiten stossen, um fünf grade zu machen.

Auch Erigena setzt die Sünde[2]) in den Missbrauch der „verliehenen Kräfte", in „böse Begierden" (die Kama und verdunkelnde Tama), auch Thomas von Kempen verlangte die „Welt- und Selbstverleugnung", aber dieser muss dann „das Ergossensein in der Gnade" folgen. Fühlt sich der Mensch gefallen (von dem Geisterreich in das Naturreich), so kommt es darauf an, die „Bande, die er mit der Sinnlichkeit geknüpft, wieder zu zerreissen", zur Wiedervereinigung (s. Helferich) oder (nach Tauler) zur Wiedergeburt, „wenn die Seele lauterlich Gott leidet". Durch Selbstzucht wächst im Menschen die Liebe zu Gott, so dass er „ganz voll Gott steckt" (*Staupitz*), dann vom Nirwana eines Quietismus nicht fern, wie jenem „Seelenstillstand", den Molino anstrebte.

Die Heilsordnung der „Deutschen Theologie" lässt sich wesentlich in zwei Hauptpunkte zusammenfassen, die sich wechselsweise bedingen und fördern, diese sind die Erleuchtung und die Reinigung (s. Lisco), und wie auf St. Bernhards drittem Standpunkt (speculativa consideratio) Gott geschaut wird durch die Contemplation (die in den Dhyana erleuchtet), so lassen sich in Bonaventura's Itinerarius mentis (oder anderer Stationen) die Megga oder Pfade verfolgen, auf denen die Arhat wandeln in ihren Candidaturen für die Enosis, Vereinigung mit dem Absoluten), die (bei Neu-Platonikern) zur Theoria

---

[1]) „Die Dewas, durch den Moisasur verführt, vergebens zur Busse aufgemuntert, werden aus dem Himmel (Maha Swarga) verwiesen, und in die Finsterniss (Ondorah) hinabgestürzt" (um sich dann wieder in den Reinigungsort oder Baban durch Reue zu erheben).

[2]) Qui cède aux passions roulera au plus profond des abimes (nach Zamakhschari) oder in die Hölle (s. Meynard), und dortigen Wiedergeburten (der Buddhisten).

führt. Bei Dionys. Areop. muss der Reinigung (der Katechumenen) erst die Erleuchtung (durch die Sacramente) folgen, um die Vollendung der Therapeuten zu erlangen. In den eleusinischen Mysterien stiegen die Mysten durch die Klasse der Epopten zu den Propheten auf, und in die Contemplation (als dritte Stufe) setzt Ruysbroek die Speculation als höchsten Grad. Die Seelen, welche das μυστήριον unicum Ineffabilis angenommen, fliegen zum τόπον κληρονομίας μυστήριον (bei den Ophiten), sonst dagegen (wenn das Lichtreich bereits voll ist) in die „caligo externa" verwiesen, unter dem Bilde eines Drachen, mit dem Schweif im Rachen (s. Gruber). Die Betrachtung Vischnu's erhebt sich durch die Stufengrade Salagam (Friede), Samibam (Frommheit) und Sarupoam (Anschauung). In den Homilien des Makarius finden sich bereits alle Formen der Mystik (s. Alzog), und Maximus deutet in der Mystagogia das Aufsteigen zu Gott (durch die heiligen Handlungen in der Kirche). Das Herz (als Spiegel, worin die Offenbarung Gottes sichtbar wird) hat sieben Stufen (nach Omar Ben-Suleiman) bei den Einsiedlern (s. Krehl), und dann scholastisch.

————

Wie aus dem Gedanken (und seiner Verkörperung im Logos) die Welt hervorgetreten, als Schöpfung, so wird sie durch die (die drei Nimeit zerstörenden) Grundsätze (Aneitsa, Dukkha, Anatta) des Buddhismus in der Meditation wieder aufgelöst, als (der Realität des im jenseitigen Neibban wirkenden Dhamma gegenüber) für Schwund, Leid und Trug erkannt (für dauerlos, elendig und täuschend).

Weshalb also die Schöpfung? wenn ihre Verneinung, in den vier Wahrheiten, Dukkha, Samudaya, Nirodha und Marga (des Schmerzes mit seiner Erzeugung, seiner Vernichtung dann, und dem Wege dahin) als Endziel anzustreben.

Dies die Frage, die sich überall, auch der Gnosis in ihren Meditationskämpfen mit der Materie, gestellt, und überall (wenn auch in der von Basilides mit Uebergabe an den ἄρχων zur Formung gewählten Form) nur dadurch zu lösen, dass die Materie als ein Gegebenes zu setzen und (gleich den Axiomata für geometrische Beweise) soweit entgegenzunehmen.

Es bleibt nun, für die Erklärung, für den Entschuldigungsgrund des Zwiespaltes so zu sagen, einen ersten Ansatz zu finden, wie ihn Basilides bei den Verirrungen der σοφία in der

Achamoth und im Herabsinken des Menschen zum ὑλικός (durch Genuss der verbotenen Frucht) zu suchen strebte (nicht ohne Blössen, wie bekannt, gegen das „captiosum interrogationis genus").

Der Buddhist findet auf diese Warum des Warum's eine raschere Anwort, indem er die im Moralischen (so lange noch nicht für ein bestimmtes Spectrum in Relativwerthen fixirt) schillernd durcheinander laufende Farbenscala vorläufig ausser Augen lässt, und sich zunächst mit derjenigen Anerkennung genügen lässt, der, weil in jedem Augenblicke des Daseins gefühlt, Niemand sich zu entziehen vermag, der des Schmerzes (Dukkha), des Jammers und Elends. Weil aber diese irdische Existenz eine jammervoll elende, weil beständig (aus Gebrechlichkeit des Körpers in nothwendig naturgemässer Folge) von Unfall, von Alter, und dem Tode schliesslich, bedroht, — dadurch ergiebt sich für jeden, aus eigenem Selbst-Interesse schon, das deutlich klare Gebot, nach Befreiung zu streben, und sonach wurzelt der hiermit zwischen Geist und Materie anhebende Kampf, in dem physisch gegebenen Gegensatz, als solchem.

Der Gesichtspunkt des Moralischen tritt erst secundär hinzu, als Gradmesser gewissermaassen, um dem auf sein Heil bedachten Mensch zu markiren, wie die Actien jedesmal für ihn stehen im Gewinn- oder Verlust-Conto, ob er an Tugendgewicht zu- oder abgenommen hat, und um ihn also (nicht zum Besten einer abstracten Moral etwa, sondern seines eigenen, ihm selbst fühlbarsten, Bestens wegen) zur Erwerbung neuen Verdienstes anzuspornen, wenn etwa der tiefe Stand seines Wetterglases ungemüthlichen Klima-Wechsel für die nächste Existenz-Metamorphose vorbotet.

Allerdings kennt auch der Buddhismus im eigentlichen Beginne der Kalpen-Schöpfung (oder Entstehung) ein Herabsinken zur Hyle und den Genuss des fatalen Leckerbissens, wenn die vom Abhassara-Himmel Herabgekommenen durch die Verführung der süssen Erdkruste ihrer ätherischen Flügelleichtigkeit verloren gehen. Aber, in weiterer Umrahmung eingeschlossen, dreht sich dieser ganze Vorgang bereits im eisernen Rade der Kharma, aus früheren Weltexistenzen in die jetzige hineinragend.

Allerdings spielt es sich hier bereits auf moralischem[1]) Gebiet.

---

[1]) Bhavo is two-fold, consisting of moral causative acts and the state of being (s. Gogerley). Durch seinen Abfall brachte der Mensch den Fluch Gottes auch in die Natur (nach Baader). Das Weltall in seiner Erscheinung,

Dass diesen Wesen der Gedanke kam, ihre seeligen Himmels-
höhen zu verlassen, dass sie beim Umherfluthen durch den
Weltenraum auf den neugebildeten Planeten stiessen, dass sie
dort sanken, aufs Neue eingekerkert in den Leib, aus kothigem
Lehm gleichsam geknetet, — Alles dies war die unausbleiblich
zwingende Folge früherer Vergehen, wonach es so beschieden
war (weil es nach den harmonischen Gesetzlichkeiten so beschieden sein musste), so nämlich, dass sie, nachdem die Seelig-
keitsperiode in der Rupa-Terrasse abgelaufen, in Menschenleibern
wieder geboren sein sollten, und dann, der Menschennatur gemäss,
irdische Speise zu geniessen hatten (ohne dass ausserdem ein deus
ex machina dazwischen zu treten brauchte, um gewisse Gaben
mildthätig zu erlauben, während der eskimoische Innerterrisok
alle verbieten würde, bis durch Gelübde gesühnt).

So weit wäre also Alles consequent genug, und da die
Wurzel des Uebels in der Awidya liegt, in umdunkelnder Unwissenheit, entspringt daraus die Aufforderung, dem Lichte zuzu-
streben, der Weisheit, die unter dem Bodhi-Baum erwachend,
die Welten damit durchleuchtet (in der Hoffnung auf Erlösung).

Wie ist nun dieser Pfad? woher? und wohin? Da Anfang
und Ende sich den Blicken entzieht, wird von der Mitte auszugehen sein, welche die Stellung des Menschen für diesen bildet.

Im Allgemeinen ist festzuhalten, dass der Welt der Causalitäten, der materiellen Welt des Entstehens und Vergehens
(aus Ursache und Wirkung) — dass dieser Welt des Zerfalls,
ein (weil von Ursachwirkung unberührt) bewegungslos gleichartig
dauerndes Jenseits (im Neibban) gegenübersteht (getrennt von
Allem karmaja, hetuja, irtuja, von Allem durch Moralverpflich-
tungen, durch tellurische oder kosmische Kräfte Erzeugten), und
dass nun dieses Arupa-dhamma, oder vielmehr Nam-Dhamma, zu
erreichen, die Loki-Tsit in die Lokutara-Tsit überzutreten
haben. Wenn in Hinrichtung auch die Dhyana der Meditation
hingegeben (in den Stufengraden von Witteka, Witzara, Piti,
Suka, Ekatta) bis zur Indifferenz der Upekka, vermag (im Erlangen des Akasa ananda oder Unendlichkeitsäther) der Geist

seinem Verlauf, seinem Aufgang und Niedergang ist eine Folge·im Resultat
der sittlichen Zustände und des Thuns der athmenden Wesen (s. Köppen).
Die physische Weltordnung ist der moralischen untergeordnet (im Buddhismus).
In der Schöpfung, als διαγραφή Gottes (bei Clem. Rom.) ist dieses Lehren ein
Schaffen (s. Uhlhorn), im Honover durch Reden (des Logos).

bereits in den Rupa-brahma-lokas zu weilen (oder auch in den Arupa Spitzen, wenn er sich in diese Sackgassen verlaufen sollte), aber damit ist er der moralischen Verantwortlichkeit noch nicht entgangen, und immer wieder, seien die Zwischenräume der Erleichterung noch so lang, immer wieder wird ihn das Khamma in grobe Fesseln schlagen, ehe nicht ein Hafen des Neibban auf jenseitiger Küste gesichert. Diese Kluft zwischen Sein und Nichtsein, überschreitet der Tathagata, und seinem voraufgezogenen Vorbilde ist deshalb nachzueifern. Dafür die Lehre in dem von ihm zurückgelassenen Gesetz (Dhamma), von der Sangha oder Geistlichkeit gehütet.

Der Mensch zerfällt in fünf Khanda, indem sich mit der Rupakhando (die Dhatu oder Elemente einschliessend), Wedana, Sannya, Sankharo, Winyana verbinden. Die Wedana-Khando und Sannya-Khando begreifen (äusserlich und innerlich) die Erklärung der Sinnesauffassungen (sechsfach mit Einschluss von Mano) nach buddhistischer Physiologie, während sich in Sankkharo-Khando Gefühlsempfindungen vereinigt finden und in Winyano-Khando Verstandes-Operationen, neben den Tsit (von den Kama-watzara-tsit, bei Befreiung von Leidenschaften, gesteigert zur Rupa-watzara-tsit und Arupa-watzara-tsit), und deren allgemeinen (sowie auch guten und schlechten) Bethätigungen in den Tsedathit.

Für eine Seele (als Alaja eingeführt) ist hier weder Raum noch Platz, indem im directen Gegensatz zu der in den Facettenaugen des Wilden zerstückelten Weltanschauung, — mit Seelen überall (bis zum Stein hinab), — der Buddhismus das Ganze in einem innig und unauflöslich durcheinander gewebten Zusammenhang erfasst. Das Geistige ist nur ein weiter gesteigerter Effect körperlicher Processe (auf der Brücke des Nervensystems, liesse sich zufügen), über dem Körper (nach dem Milinda Prasna) schwebend, wie der Duft auf der Blume. Im organisch verketteten Zusammenschluss der Khandha innerhalb der besonderen Individualität bedingt sich das Selbstbewusstsein für diese, und da innerhalb der diese individuelle Besonderheit umzirkelnden Grenzlinie die Verantwortlichkeiten für die moralischen Handlungen auf alle Theile (nach ihren Relationsstellungen) gleichmässig zurückfallen, müssen in der folgenden Existenz, als unter den vorangegangenen Ursächlichkeiten gebildet, die dafür vorbehaltenen Belohnungen oder Strafen treffen, wie es sich gebührt. Auch ohne den zwerghaften Pudgala dauert deshalb das Persönlichkeitsgefühl durch die ganze Reihe der Existenzen fort, bis zur Verklärung, oder Aufklärung, im Neibban, dessen Verhältnisse, als dem Jenseitigen angehörig, mit denen der in Maya täuschenden Erscheinungswelt in keinerlei Proportionsformel gestellt werden können.

Der Erlösungsplan ist ein an sich einfacher, weil auf physiologischen Gesundheitsgesetzen basirend, und ergiebt sich aus den Nidana (dem Pratitya-Samuppada-chakra) von selbst. Nachdem aus Moha (Avidya) die Bewegung des Karman[1]), als Samskara (Sangkharo) sich zu Vidjnana (Winyana) ausgebreitet, in der folgenden Doppelheit des Namarupa (mit Vorbereitung materieller Grundlage für die Sinnlichkeit), aus den (sechs) Sitzen der Chadayatana die Sinneserfassungen ausstreckend zur Berührung (Sparça), und im Gegenreiz Vedana (Empfindung) fühlend, demnach auch Trichna (Verlangen) spürend, so ist damit Upadana (das Haften oder Kleben am Dasein) und dann auch Bhawa (die Wirklichkeit der Existenz) vollzogen, mit (in $\gamma\acute{\iota}\nu\varepsilon\sigma\iota\varsigma$ und $\varphi\vartheta o\varrho\acute{a}$[2]) bei Aristoteles) nachfolgender Geburt (Djati) und Todesalter (Djaramarana).

So lange also das Ansaugen durch Upadana stattfindet, wird die in der Existenz gefühlte Persönlichkeit immer wieder in ein materielles Dasein herabgezogen werden, und die Aufgabe würde somit darin liegen, dieses Band zu zerschneiden, oder sein ferneres Schürzen zu hindern.

Dies Festsaugen nun ergiebt sich als eine Consequenz der nach Aussen hin vorgestreckten Fühlhörner der Sinnesempfindungen. Dieselben stiessen da draussen auf die ihrer Subjectivität entsprechenden Objecte, die jedem der sechs Sinne adäquaten Arom (Arumanu). Damit erst, indem Trichna jetzt aufwallt, treten in der Bhawa die materiellen Elemente der Rupa-khando hinzu, die sich aber (trotz scheinbarer Degrada-

---

[1]) Die nur von einem Buddha begreifbare Vierzahl enthält die Geheimnisse Karma-wisaya (die Erzeugung aus Karma), Irdhi-wisaya (die Zauberbewegung der Heiligen), Loka-wisaya (die Entstehung und das Bestehen der Welt), Buddha-wisaya (die Weisheit des Buddha).

[2]) $\H{\upsilon}\lambda\eta$ ist vorzugsweise das dem Entstehen und Vergehen ($\gamma\varepsilon\nu\acute{\varepsilon}\sigma\varepsilon\omega\varsigma$ $\varkappa\alpha\acute{\iota}$ $\varphi\vartheta o\varrho\tilde{\alpha}\varsigma$) zu Grunde liegende (b. Aristl.). Entstehen und Vergehen bezieht sich auf die $o\dot{\upsilon}\sigma\acute{\iota}\alpha$, die andern Veränderungen auf das $\pi o\tilde{\iota}o\nu$, $\pi o\sigma\acute{o}\nu$ und $\pi o\tilde{\upsilon}$ (s. Engel).

tion) als nothwendiges Medium der (in den höheren Arupa-Welten desbalb auch ausgeschlossen) Erlösung erweist, weil nun durch das Dhamma, als Arom des Mano, der Weg zur Vervollkommnung geöffnet ist. Und so lehrt Buddha's Dharma, mit der Verknüpfung der Ursachen (Hetu), deren Auflösung (Nirodha).

Die Rupa-khando bedingt in ihren Dhatu den folgenden Verfall, somit Alter und Tod, konnte indess trotzdem von den Nama-khanda nicht entbehrt werden, da diese in Verdunkelung aus Moha aufsteigend, umsonst das Heil der Errettung ersehnt haben würden, wenn ihnen nicht durch Rupa-Khando die Einkörperung in menschlicher Existenz ermöglicht geworden.

Im Buddhismus haben wir also nicht einen Menschen, der als solcher erschaffen, der aus mehr weniger unverständlichen Ursachen (bei den Buräten, weil vom Bösen angespicen) seine Reinheit verliert und sie sich nun wieder zu erringen hat, — weder von Mensch ist die Rede, noch von Persönlichkeiten eines Ego, sondern es handelt sich um, das All durchwaltende, Kräfte, welche sich temporär in Menschenform zu manifestiren haben, um höhere Zwecke zu erreichen, wobei dann das in der jedesmaligen Individualität geschlungene Band persönlichen Selbstbewusstseins unter dem zwingenden Gebote der Khamma auch für die folgenden Existenzen seinen Zusammenhang zu bewahren hat (im Auf- und Absteigen durch die Wechselfälle der Sangsara).

Zur Loslösung von anklebender Existenz muss nun die Meditation über Anatta, Dukha, Aneitsa geübt werden, um in Erkennung der allen materiellen Eindrücken beiwohnender Nichtigkeit dieselben zu vernichtigen, und so die sexuellen Antennen, die in Upadana festkleben, wieder abzulockern, während sich gleichzeitig der innere (sechste) Sinn (oder Mano) mit dem Dhamma erfüllt, das Bekämpfung der Leidenschaften fordert, und somit Austilgung der bösen Tsedathit (vierzehn an Zahl) mit entsprechender Reinigung der Sankharo-khando (im Abzug von den 58 Componenten). Wenn nun demnach später die Ablösung gelingt, tritt das Nam-dhamma gereinigt hervor, und — durch Gnyana mit Pragnyawa (Panya oder Weisheit) erfüllt, — als Gegenstück der Awidya diese vertreibend, also die Wurzeln des Uebels damit abschneidend. Wer noch der Raja aus ihrer Macht unterliegt, der bleibt Ajjhosita, ein an die Existenz

Gefesselter; erst der Befreite, der welcher sie siegreich bekämpft und ausgerottet hat, gilt als Anajjhosita. Aus Mano-winyana (die äusseren Sinnesempfindungen in Begleitung zusammenfassend und beherrschend) folgt Phassa, Wedana, Sanya, Chetana, Witarka und Wiçhara und somit die Läuterung im Aufsteigen durch die Stufengrade der Dhyani (jene Erlangung der Gnosis).

Als Satta-Bodhyanga (oder sieben Glieder der Bodhi) werden aufgezählt: Sihi oder Smirti, Dharmmawicha, Wiraya, Priti, Passadhi, Samadhi und Upeksha (von Ungestörtheit der Ruhe).

Je mehr Klesha, die böse Lust am Kleben, abgeschnitten, beginnt Kusala im Karma über Akusala zu überwiegen, und in den sich stets dann veredelnden Existenzen, wird der volle Durchbruch der Bodhi erleichtert, und wenn sie die Wesenheit füllt, wenn Avidya durch Panya ersetzt ist, kann keine neue Wiedergeburt folgen (soweit der sinnliche Zusammenhang regelrecht und bis zum Letzten abgeschnitten).

Innerhalb jeder Schöpfungsperiode verlaufen die Vorgänge in natürlicher Consequenz der Ursachswirkungen, in relativ ergänzenden Erklärungen, aber das Absolute erhellt sich von Jenseits des Nirwana, wohin irdische[1]) Augen nicht eher reichen, bis dorthin eintretend.

Im Hinstreben nach dem Nirwana, unter dem dafür vorgeschriebenen Cursus der Gebote oder Verbote, wird die Sankharo-khando durch Ausscheidung lasterhafter Neigungen entsprechend verändert, und die dadurch gewonnene Form determinirt dann die nächste Wiedergeburt, so dass aus dem Urgrund der Avidya zunächst Sangkharo, mit der Bewegungskraft der Karma[2]) hervortritt (in moralischer Verantwortung). Damit werden in der Erinnerung die Gedanken aufgerüttelt, und schliessen sich die Componenten wieder in dem Bündel der Winyana mit früherem Bande zusammen. Da das Denken auf sinnlichen Substraten basirt, und hierfür körperliche Organe erforderlich

---

[1]) Das Object der Metaphysik ist transcendental und darum überhaupt nicht erkennbar (s. Carus). Excedit enim divina ratio mortalium pectora (Secundin.). Indem sich die epikureische Naturforschung auf die Summe des Denkbaren richtet, geht sie zugleich auf die Summe des Seienden (s. A. Lange).

[2]) Karma begreift: Drishta-dharma-wedya, Upapadya-wedya, Aparapariya-wedya, Yatgaru, Yadasanna, Kritatwa, Jana, Upasthamba, Upapidaka, Upaghata (s. Hardy).

sind, vereinigt sich Nama-Rupa, worauf der weitere Fortgang, von Chadayatana an, seinen naturgemäss vorgeschriebenen Verlauf nimmt. Sind also nun die Gedanken durch vorangegangenen Cursus genügend veredelt, um völlig durch die Ekstase der Dhyana gefesselt, vom Körperlichen abgezogen zu sein, würde die Samskara (Sangkaro) keine Erneuerung körperlicher Form ferner prädestiniren, und unter Aufhebung der Wirkung im Karma, das Neibban erreicht sein, zunächst (für die Buddha) im Tushita-Himmel, um dann unter dem Bodhi-Baum zur organischen Entfaltung der Vollreife zu gelangen, das All[1]) mit neuer Schöpferkraft durchdringend.

Indem nach der Katastrophe des Todes, beim Zerbrechen der Khanda, aus der Betäubung eines gewaltsamen Zerreissens die Gedanken, oder vielmehr ihre Voranlagen (Prädispositionen der δύναμις nach), sich wieder erholt haben, sammeln sie sich in ihren Erinnerungen aufs Neue in der Sangskharo-khando unter der Anordnung des dort früher umschliessenden Bandes, treten dann als Winyana-khando in Thätigkeit, und vorbedingen dabei die Verbindung mit Rupa und Nama-Rupa.

Im Untergang der Constituenten beim Zerfallen der Khanda war das Bündel der Sangskara nicht mitbegriffen, weil auf die unveränderlichen Dhamma (jenseits der Ursächlichkeiten einer Welt des Entstehens und Vergehens) hingerichtet, aber weil noch (so lange die Wahrheit im Bodhi unerreicht) in der Awidya umfangen, tauchen sie aus dieser beim Beginn wieder hervor, den Gesammtabdruck des Menschen (im Geistigen der moralischen Gefühlsthätigkeiten) repräsentirend, wie von der vorübergegangenen Persönlichkeit in jenseitiger Welt zurückgelassen, und so aus dieser wieder in materielle Erscheinung tretend (dominirt für die künftige Existenz durch dasjenige moralische Schätzungsgewicht, welches beim Ueberwiegen von Verdienst oder Schaden während des Lebens, als Gesammtfacit, errungen war).

---

[1]) Supreme Buddhas come into the world to teach men the true way to Nirwana, which gradually fades away from their mind in the lapse of ages and has again to be communicated by another perfect teacher (s. Monier Williams). While the body of Buddha was consumed in flames, his doctrinal self (fa-shen) exists for ever and his wisdom and efficacious power cannot cease to be (s. Edkins). Die Brahmanen (zu Megasthenes' Zeit) achteten den Tod, als γένεσιν εἰς τὸν ὄντως βίον καὶ τὸν εὐδαίμονα (s. Strabo).

Sangkhara beginnt mit Phassa (Berührung, als Auffassung), die Wedana (Empfindung) gewährt, diese führt zur Sannya (Unterscheidung) und dann entsteht Chetana (der Gedanke), der in Manaskara (Ueberlegung) thätig, unter Gewinnung von Jivitendrya (Lebensgefühl) und Chitta kagratwa (Individialitäts-bewusstsein) durch Witarka (Aufmerksamkeit) und Wichara (Forschung) in ihrer Fortdauer (Wiraya) zur darüber erlangten Freude (Pritiya), und weiter dann allmählig Pragnyawa (Weis-heit) erlangend, mit Zutritt tugendhafter Stimmung (in Karuna, Mudita, Samyak-wachana u. s. w.), wenn richtig geleitet, oder sonst leidenschaftlich böser (Loba, Dwesa, Ahirika u. s. w.). Dadurch fliesst dann als nothwendige Folge, wenn in der Wedana-Khanda die Akusala-wipaka-winyana-dhatu-chitta eine Wiedergeburt in der Hölle bedingen, die Kusala-wipaka-winyana-dhatu-chitta in der Menschenwelt, ob die Sahituka-kamawachara-sit in der Dewa-loka, die Rupawachara-wipaka-sit in der Brahma-loka u. s. w. Diese Tsit (Chitta) der Winyana-Khanda werden durch die Tsedathit der Sangkhara-khanda prädisponirt, indem jeder Tsit von den zugehörigen Tsedathit begleitet ist.

Die in Sangkhara eingeschlossenen Gedankenregungen folgen aus der Unwissenheit (da das Wissen eben ein unbewegt dauerndes darstellt) mit den angeschlossenen Vorstellungen in Winyana, die weiteren von Nama-Rupa hervorrufend, als die bedingende Grundlage der Sinnesempfindungen, welche, auf der Grenzscheide des Objectiven und Subjectiven, das Körperliche und Geistige an seinen Berührungspunkten erfassen.

In Wedana-Khando auf Lust oder Unlust (angenehme oder unangenehme Gefühle) bezogen, veranlassen die Organ-Empfindungen in den Sinnesauffassungen der Sannya-Khando die (auf's Neue Wedana und Sannya einschliessenden) Per-ceptionen der Sankharo-Khando mit den daraus folgenden Vor-stellungen der Winyana-Khando.

Unterdrückung der Leidenschaften[1]) ist der (durch Be-folgung der Sila verbreitende) Schritt für spätere Erhebung in die Dhyana.

Jedem der Sinne wird zugeschrieben Ayatana (als Sitz), Arom (als Gegenstand), Winian (Bemerkung), Phasa (Auf-

---

[1]) Per avem Dho-cia (libidinem), per serpentem Sge tang (iram) per porcum Prah toa (accidiam) bezeichnen die Tibeter (im Wiedergeburtkreis).

fassung), Wedana (Empfindung), Thanjia (ausgleichende Ueberzeugung der Uebereinstimmung), Dzetana (Eindruck für Gut oder
Böse), Tahna (Lustbegierde), Witeka (Vorstellung), Witzara
(Betrachtende Erwägung), Dat (das materielle Element). Der
erlösende Heilsplan des Buddhismus verwirklicht sich in einem
psychologischen Process, obwohl die Seele [1]) ausfällt, und die
Psychologie hat (wie A. Lange sagt) „nicht von einem Seelenbegriff, sondern den psychischen Functionen auszugehen".

Die Ayatana [2]) entsprechen sich als äussere und innere,
(einem κόσμος σωματικός der κόσμος νοητός), und in Folgewirkung
der Contacte wird die jedesmalige Aromana genossen (jindi im
Siamesischen). Mit dem Gehör, als Ajjhattikani Ayatana
correspondirt das Hörbare (oder der Laut), als Bahira-Ayatana,
und im Hören versteht sich die Aromana [3]) (Arom) oder Arammana. So wehen dem Mano seine Aromana uns dem Dhamma
zu, und dieses in seiner Fülle bildet das Aromana im Nirwana,
als Asangkhara Ayatana, im naturgemässen Weg dahin,
der indess auch hier durch künstliche [4]) Steigerungen vorübergehend gekürzt werden kann.

---

[1]) Ehe die Leiche auf Bergeshöhe den Vögeln ausgesetzt wird: Lhama
vel Traba quivis animam (in Kuti, auf der Grenze von Nepal und Tibet)
o summo capite cadaveris adhuc tepescentis primum educit. Educit autem
hoc pacto. Cutem verticis digitis arcte prehensam et corrugatam tam celeri
ac vehementi saccussionis impetu attrahit, ut eam uno momento subsilire ac
crepitare faciat. Tum vero, inquiunt, anima defuncti erupisse creditur (1754).

[2]) Die Cha Ajjhattikani Ayatanani (six internal senses or properties) oder
Saláyatanam entsprechen (s. Childers) den Cha Báhiráni Ayatanáni (six external
senses or properties).

[3]) The six Arammanas (rupam, saddo, gandho, raso, phasso, dhamma)
are identical with the Bahira Ayatanas (rupayatanam, saddayatanam, gand-
hayatanam, rasayatanam, photthabbayatanam, dhammayatanam) neben der
Ajjhattika Ayatana (cakkayatanam, sotayatanam, ghanayatanam, jivhayatanam,
kayayatanam, manayatanam). Hardy erklärt Arumana, als „thoughts that
proceed from contact with sensible objects in the mind" oder (nach Clough)
the subject of thought,, that which occupies the mind (reflection). Die „extra-
existence of a visible world" ist (nach Collier) ein Widerspruch in sich
(s. Erdmann). Die Rerum simulacra (quasi membranae summo de corpore
rerum) durchfliegen die Luft (bei Lucrez), tenues formarum illisque similes-
que effigiae (als Nachbilder).

[4]) Arammanam ganhati or gaheti (in connection with kamatthana-medi-
tation) means to obtain or lay hold of an idea, a topic, a thought, upon
which the mind is brought to dwell with intense force, until supernatural
illumination is obtained (s. Childers). Nama neigte sich den Aromana zu.

Nach der Digha nikaya verschwinden Wasser[1]) und Erde,
Feuer und Wind im Lichte des Allumfassenden Wissens (als
Aether). Nach dem Abhidhamma kôça vyâkhyà wirken neben
dem Körperlichen[2]) die Dhatu der Vidjnana (als erzeugend) und
des Akaça (als vermehrend). Was ist, hat Körper, unkörper-
lich ist nur der leere Raum (nach Epikur). In metaphysischer
Bedeutung heisst unendlich was entweder in Ansehung für
Ausdehnung (räumlich oder extensiv) oder in Ansehung für
Ausdaurung (zeitlich oder protensiv) oder in Ansehung für
Wirksamkeit (kraftlich oder intensiv) keine Schranken hat
(s. Krug). Das ἄπειρον (ἀόριστον) steht dem εἰδοπεποιημένον
gegenüber (bei Anaximander).

Wie die sonnenhafte[3]) Natur des Auges[4]) in gegenseitiger
Wechselwirkung vorauszusetzen für das Sehen, so entsprechen[5])

Nama (indicium honoris et venerationis): Namo Kuru (Guru) ostensorem
ducemque excelsum (s. Georgi). Im Occasionalismus, „eine Metaphysik der
Causalität" (s. Harms) sind die Gedanken nur Occasiones der Bewegungen
des Körpers (bei Geulinx).

[1]) Each of the six senses has ten constitutive forms or parts, vz: earth,
water, fire, air, color, odor, taste, fluid, life and the body attached primiti-
vely thereto. Now there is an action from each of these forms upon the
subject. Thence ten tsoits to each of the six senses (s. Bigandet).

[2]) Die Jaina unterscheiden Jiva (chaitana atma oder Bodhatma) und
Ajiva (jada). The one is the object of fruition, being that which is to be
enjoyed (Bhogya) by the soul, the other is the enjoyer (Bhocta) or agent in
finition, soul itself (s. Colebrooke). Der Körper ist nur ein Inbegriff von
veränderlichen Relationen in directer oder indirecter Beziehung auf die Sinne
(bei Berkeley), die Körperwelt nur ein Werden, aber kein Seien (s. Harms).
There are six Cetanákáyas rúpasaûcetaná, saddas, gandhas, rasas, photthabbas,
consciousness of form, of sound, of smell, of taste, of touch (s. Childers).

[3]) ἀλλ' ἡλιοειδέστατόν γε οἶμαι τῶν περὶ τὰς αἰσθήσεις ὀργάνων (Plato).
The Organ of vision is lucid (in der Nyaya).

[4]) Dicere porro oculos nullam rem cernere posse, sed per eos animum ut
foribus spectare reclusis, desipere, contra cum sensus dicat eorum (Lucrez).
It is not the eye that sees the image, because it has got no mind, (chitta);
nor is it the mind, that sees the image, because it has got no eye (When
the eye and the image communicate with each other, or come into contact,
then there is sight), in der Milinda-prasna (s. Hardy).

[5]) In der Wahrnehmung haben wir die Beschaffenheit des Dinges an sich
unter der Form der Erscheinung, und unter der Form unserer Empfindungen
(s. Heman) — Form, als Gestalt, steht die Materie (als Gehalt oder Stoff) gegenüber, obwohl auch als Einheit des Mannigfaltigen (s. Krug). Die Dinge
sind zusammengesetzt, die Ideen einfach, aber beide sind „notional beings"
(s. Berkeley). Die Dinge erkennen heisst ihre Ideen suchen (nach Malebranche).

den Ayatana des inneren Sinn ihren äussere Correspondenzen. Richtet sich nun die Aufmerksamkeit (Witarka oder Witekka) auf die Sinnesvorgänge, so zeigen sich die Aramunu oder Arom (die in der Berührung entspringenden Gedanken) vorgestellt, um jetzt der Betrachtung (Witjara) unterzogen zu werden, worauf (im Denkprocess) Piti (Befriedigung), Suka (Billigungsgefühl der Freude), Ekatta (Beharrung) und Upekka (gleichgültiger Abgleich) nach einander folgen.

Die λόγοι σπερματικοί arbeiten in der Natur unaufhörlich das von ihnen angelegte zur Erfüllung zu bringen (s. Heinze), als δυνάμεις γόνιμοι (bei den Stoikern). Singulis seminibus ratio quaedam a deo artifice insita (Hieron).

Nach den Sinnesthätigkeiten in der Wedana-Khando (als Empfindung) und Sannya-Khando (als Auffassung) folgt die Sankharo-Khando zur Unterscheidung in den Vorstellungsbildungen, und dann die Winyana-Khando mit moralischer Verantwortlichkeit im Bewusstsein, unter ihren (89) Bündeln die Kusala-chitta (durch religiöse Belehrung unter Hinrichtung auf die Triratna erworben) und Akusala-chitta einschliessend. Bei Aufzählung von 120 Tsit[1]) (Chitta) gehören die Kama-watsaratsit der Erde an, die Rupa-watzara-tsit den Meditationshimmeln und die vier höchsten den Terrassen der Abstraction. In der irdischen Welt sind 81 Tsit thätig, als Loki-tsit, während die lokutara-tsit die Megga betreten haben (zur Befreiung von Leidenschaften). Tsit und Tsedathit werden als Arupa-damma zusammenbegriffen. Als Verdienst und Verlust bedingend, entspringen aus der Moha 29 Chitta, und aus diesen dann 19 Arten der Pratisandhi-winyana (oder Wirklichkeitsbewusstsein).

Als Geist oder Seele (die Dinge nichtwissend oder wissend) findet sich in der Pradjna ein befreibares Wesen, als Tchitta

---

[1]) Cittani, thoughts, differs from cetaná, which are thoughts on external objects, where as the cittám appear to be occupied with internal impressions and are identical with the fifth Khandha or consciousness (s. Gogerley). Quand il y a un support (extérieur) la pensée parait (s. Burnouf), indem der Gedanke (tchitta oder Geist) nicht sich selbst denken kann (nach der Ratnatchuda paripritchha). The Sravakas (Lokayatas) admit only four Tattvas (earth, aer, fire and water) and from these intelligence (càitanya) is allegad to be produced (s. Williams). All existing things are arranged under the two great Tattvas of Jiva and A-jiva (bei den Jainas). Naturam animi atque animae corpoream (lehrt Lucrez).

oder Pudgala (s. Burnouf). Die Abhibhayatana geben die acht
Plätze der Befreiung oder Vimokcha (für Vimukti), indem (erst
in begrenzten dann in unbegrenzten Gegenständen) in der Vorstellung der Form zur Abwesenheit der Form fortgeschritten
wird, in Betrachtung der Farben (blau, gelb, roth, weiss), hin-
gelangend (wie in Schelling's Philosophie) victorieux de chaque
objectivité à une plus haute subjectivité (s. Burnouf) im Gegensatz von adjdjhattam [1]) (interieurement) und bahiddha (extéri-
eurement).

Das Sinnliche wiederholt sich in den Khanda dreifach, einmal als der organische Sitz desselben, dann als die Sinnesauf-
fassungsweise und ferner als die Sinnesempfindung (im Em-
pfundenen). Die Thätigkeiten der äusseren Sinne werden durch
die inneren [2]) (des Mano) zusammengefasst, auf das Dharma
hingerichtet, und so (unter Zerstörung der bösen Tsedathit und
damit Verhinderung der aus solchen resultirenden Tsit mit
Hülfe der Lehre) zur moralischen Verbesserung führend. Zu
Grunde liegen die sechs Elemente, als Erde, Wasser, Feuer,
Luft, Aether (Nam-mkah oder Akasa) und die Vidjnana (im
Wissen). Der Manas [3]) erfasst das Mano-vidjnana-dhatu.

Wie das Auge das Ding, wodurch berührt, sehen muss,
so Mano die Wahrheit; wenn diese ihm gegenüber steht, „there
will follow immediately the idea or perception of truth" (s. Bigandet).
„The ideas obtained by the means of witckka, or the first de-

---

[1]) Ajjhattam, individual thought, an object of senses, an object for the
mind to dwell upon, sphere or province of intent Thought (s. Childers). Avij-
japaccayá sankhárá, sankhárappaccayá viññanam (in den Nidana). Als Arupa-
dhamma finden sich (als Tsedathit), Pasa, Wedana, Sannia, Dzetana, Eketa,
Dziwi-teindre, Mana-sikaramana, dann (als Tsit) Kama-watzara, Rupa-watzara
und Arupa.

[2]) Antah-Karaan (internal organ of sense) is divided in Buddhi (perception
or intellect), Ahankara (self-consciousness) and Manas (volition or determination),
to which the Vedanta adds a fourth division: Citta, the thinking or reasoning
organ (s. Monier Williams). Die Patan (im Mano) begreifen das Gedächtniss
und die Bewahrung der Sinneseindrücke (s. Bigandet). Nach dem Tamraparniyas ist das Herz (Hridaya) die Heimath des Manas. Nec vero aut quod
efficeret aliquid aut quod efficeretur posse esse non corpus (Zeno). Hita (in
mano oder Chitta) moves the rupa or body (s. Hardy). Nunc animum atque
animam dico conjuncta teneri inter se atque unam naturam conficere ex se,
sed caput esse quasi et dominari in corpore toto consilium, quod nos animum
mentemque vocamus, idque situm media regione in pectoris haeret (Lucrez).

[3]) Mano ist auf Nam-dhamma hingerichtet (Rupa der Zersetzung durch
Ursächlichkeit unterworfen).

gree of Dzan or meditation, are nothing but nam-dhamma, since their nature is to offer themselves to the Arom, as the thought to its objects" (in the substance of the heart).

Durch die in in den Sinnesempfindungen gewonnenen Vorstellungen bildete sich Mano Vidjnana dhatu, aus neuem Samen[1]) gleichsam gebildet und weiter wechselnd (im Logos spermatikos).

Kant fasste die Kategorien als Stammbegriffe der reinen Vernunft[2]) (unter Abweisung der Organisation), während bei der in Berührung mit dem Unbegreiflichen nothwendig mangelnden Abrundung, nur Voranlagen in Betracht kommen können, und diese dann im Organischen allein, nach dessen Gesetzen bei einer in's Unendliche fortlaufenden Entwicklung, zum Verständniss gebracht werden könnten. Nach der Djina alamkara (s. Burnouf) sind Kama-dhatu (der Begierde), Vyapada-dhatu (des Schlechten) und Himsa-dhatu (der Grausamkeit) zu ersetzen durch Nekkhamma-dhatu, Avyapada-dhatu und Avihimsa-dhatu, sowie Dukkha-dhatu (des Schmerzes), Domanassa-dhatu (der Verzweiflung) und Avidydja-dhatu (der Unwissenheit)[3]) durch Sukha-dhatu, Somanassa-dhatu und Upekka-dhatu, unter Aufsteigen in Kama-dhatu, Rupa-

---

[1]) Kama (Lust) als erster Samen (Prathamam retas) des Seins, brachte das All in's Dasein (nach der Rigoeda), eine Welt der Maya (als figmentum diaboli). Die nicht seiende Gottheit wirft τὴν τοῦ κόσμου πανσπερμίαν (bei Basilides).

[2]) Die Möglichkeit synthetischer Sätze a priori (bei Kant) könnte nur im psychischen Entwicklungsgang gegeben sein, aus schlummernden Keimen, deren spätere Fruchtgestaltung noch nicht bekannt geworden (aber geahnt werden mag, „denn in dem Heute wandelt schon das Morgen)". Die κοιναὶ ἔννοιαί sind als Ergebnisse des psychischen Wachsthumsprocesses aufzufassen, als die in den Vorgängen bedingten Producte hervortretend, so dass sie nicht als solche, sondern ihren Prädispositionen nach im Sinnlichen liegen, angeregt durch die Wechselwirkung dieses mit dem allgemein durchwaltenden Gesetz (im Reflex des Innern und Aeussern).

[3]) Für das Absolute existirt eigentlich das Endliche nicht, es existirt nur für den endlich gewordenen Geist, oder nur „secundum ignorantiam", indem „das Leiden der Achamoth oder die Endlichkeit des Geistes, nur darin seinen Grund hat, dass in dem Geist eine Negation gesetzt ist, die es hier möglich macht, das Absolute mit seinem Bewusstsein zu erfassen" (s. Baur). In Verneinung des Ich oder der Seele liegen alle Bedingungen im Nicht-Ich (Sarvadharma anatmanah) im Abhidharma (s. Burnouf). Paramarthasatja und Samoritisatja werden (im Hinajana) als die absolute Wahrheit und die subjective unterschieden.

dhatu und Arupa-dhatu oder Nirodha-dhatu, Samskhara-dhatu und Nibbana-dhatu. Die dasâkusala der kilesa (Klesha) sind zu zerstören durch Sila (Befolgung der Lehren), Samadhi (Meditation) und Panja (Weisheit). In Bezug zum Zustand vernünftiger[1]) Wesen stehen (s. Bigandet) die 5 Khanda[2]), die 10 Ayatana (5 innere und 5 äussere), die 10 Dat, die 4 Thitsa, die 22 Indray, die 9 Phola, die 4 (oder 8) Megga, die 5 Dzan.

Die Tsedathit (ċaitasika) sind die Functionen oder Aeusserungen der Tsit (ċetas oder ċit), das, wodurch diese in Thätigkeit treten und selbst gebildet werden. Die hierher gehörigen Vorgänge erfüllen sich in der sie zusammenfassenden Sanskharakhanda, und dadurch erhält dann die Wedana-khandha in den Physiognomien ihrer Tsit die bedingende Form, durch die Gedanken das Denken, das dem Individuum dann den ihm eigenthümlichen Charakter aufprägt, der als solcher wieder (in Akusala-wipaka oder Kusala-wipaka) die künftige Existenz (ihren Dhatu nach) bestimmt. Die Seele baut sich ihren Körper als Form (bei Plotin) und, wie die Kategorien (bei Aristoteles) psychologisch, fassen die Khanda psychologisch zusammen, in organischer Entstehung (nach den Nidana)[3]) aus geistiger[4]) Schöpfung. Nur als Mittel zur Lust, nicht um

---

[1]) Zum Menschen, als vernünftiges Thier, zeigen die Thiere kein analogon rationis (s. Krug), wogegen ratio diis hominibusque communis (bei Seneca).

[2]) The 5 khandas, the 6 ayatanas, the 4 Dhatus, the 4 satyas and the paticha-samuppada, these 5 subjects are called Bhumi (ground). Sila-wisudhi (right observance of the precepts) and chitta-wisudhi (purity of mind), are called Mula (root). Drishti-wisudhi (purity of Knowledge), Kankha-witaranawisudhi (entire removal of doubt), magga-magga-gnyana-dassana-wisudhi (Knowledge of what belongs to the paths and what dos not), Patipada-gnyanadassana-wisudhi (Knowledge of what is necessary to be done in order to attain felicity) aud Gnyana-dassana-wisudhi are called Serira (stem or trunk). Thus the five principles called Bhumi will be as the ground, and the five subjects as the root, from which will be produced the Serira as the tree by the exercise of meditation, and from that will be produced the attainment of the paths. The four paths, the fruition of the paths, nirwana and the bana are the ten Dharma or dasa dharma (s. Hardy).

[3]) The Anugraha creation (in der Vischnu Purana) is the Pratyaya sarga or intellectual creation of the Sankhyas (s. Wilson).

[4]) Die zwölf Symbole beginnen (bei Georgi) mit Marikpa (intellectus carens) bis Kesci (senex moriens) als Yin-Youan (in Kuen) der Nidana (im Cirkel).

ihrer selbst willen, übt der Weise die Tugend (nach Epikur). Das Recht (im Staat) wird nur geachtet in Rücksicht auf Sicherheit (s. Erdmann), aber wenn dann erkennend, dass wahre (und dauernde) Lust nur in (auch geistiger) Gesundheit bestehen kann, die Sicherheit erste Vorbedingung der Existenz überhaupt ist, wird Tugend und Recht dann grade zum heiligsteren Palladium (als wenn auf Worte gegründet).

Die Pradjna (la nature intelligente) der Svabhavikas (s. Burnouf) sind (bei Hodgson) mit dem materiellen Princip der Sankhya identificirt (mit dem feinen Körper, als Linga çarira). Die Vikalpa, wodurch der Begriff der Existenz[1]) eines Gegenstandes verdunkelt wird, sind in den Paramita zu entfernen (s. Wassiljew).

Tolle causam liegt dem Buddhismus in seiner Satzvierheit als Kern zu Grunde. Das Uebel[2]) des Leidens ist da, entferne die Ursache desselben, wie in der Sinnlichkeit erkannt, und du frei, als ewiger Geist.

Mit jedem Tsit sind sieben Tzedathit als nothwendig verbunden, nämlich Pasa (Berührung), Wedana (Empfindung), Thajnia (Begreifung), Dzetana (Zuneigung), Ekata (Verbleiben),

---

[1]) Bei der Nichtexistenz der äusseren Gegenstände unterscheidet sich das Grüne nicht von dem Begriff desselben (nach der Pramanaviçitshaja). Die Körper (nicht ausser ihrem Wahrgenommenwerden existirend) sind nur Erscheinungen in den Sinnen und Vorstellungen aus den Sinnen (bei Berkeley). Οἱ Στωικοὶ σῶμα τὴν ὕλην ἀποφαίνουσι (s. Stob). Eigentliche Erkenntniss wird allein als Wahrnehmung, oder an der Wahrnehmung als Begriff gegeben (s. Rehmke). There is no substance (tai) except mind (s. Beale), all things which exist, result from the heart (im chinesischen Buddhismus). The doctrine or nature of Buddhas (nach der Dasabhumi Sutra) are the only existing substance of the universe (bei Vasubhandu). There is no difference between phenomena (siang) and substance (sing). Mind and matter are one (bei den Mahayana). Im Noumenon denkt das Ding an sich τὸ ὂν καθ᾽αὐτό oder τὸ ὄντως ὄν. „Das Denken ist gar nicht das Wesen, sondern nur eine besondere Bestimmung des Sein's und es giebt ausser diesem noch manche andere Bestimmungen unseres Sein's" (Fichte), doch werden alle Bestimmungen des Sein's (im Allgemeinen) zu dem eigenen (im Denken) in rationelle Beziehungen (einer oder der andern Art) zu setzen sein und so auf Denken zurückführen (in naturwissenschaftlicher Psychologie).

[2]) Die Seele wird „per concupiscentiam" verführt, mittelst des Leibes, als „viscatorium diaboli", der aucupatur non animas, sed corpora (durch die 5 Sinne). Tolle denique malignae hujus stirpis radicem, et statim te ipsam spiritalem contemplaris, lehrt Manes, wie überliefert a barbaro quodam (bei Archelaus), als Scythianus (Vorgänger des Terebinthus oder Buddha).

Dziewiteindre (Erkennen) und Mana sikaramana tsedathit (Bewusstsein). Six Tsedathits are connected with the act of perception, gr. thought, reflection, decision, energy, pleasure and liberty (s. Bigandet). Dann die Akuso-tsedathit und die Kuso-tsedathit neben Phassa, Wedana, Sannya, Chetana, Manaskara, Jivitendriya, Chittakagratawa, Witarka, Wichara, Wiraya, Pritiya, Chanda, Adhimoka, Sardhawa, Smirti u. s. w. Mit Begünstigung der Kuso-Tsedathit[1]) nehmen die Akuso entsprechend ab, und so läutert sich die Constitution zur Fähigkeit reiner Wiedergeburten in Milderung der Leidenschaften[2]) (der leidenden[3]) Seele) bis zur Befreiung in völliger Unterdrückung[4]), oder vielmehr Vernichtung, derselben und dadurch (s. Ammon) die „Seligkeit als vollkommenster Selbstgenuss".

Die Aufgabe liegt nun darin, die Denkthätigkeit in die richtige Bahn zu leiten und zu kräftigen, damit das im Mano dem Nam-dhamma zugewandte Streben sein Ziel erreiche.

Dies ist der psychologische Weg, der von Witteka (Aufmerksamkeit) beginnend, durch Witzara (Betrachtung) zu der durch innere Befriedigung (in Bemeisterung des Denkobjects) erlangten Freude oder Piti führt, und nach Hervorrufung des Samati-tsit (samati oder Beruhigung) zum Wohlgefühl des Suka, in Ekatta stetig ausgebreitet, und dann in Upekka auslaufend, in ungestört dauerndem Gleichmuth (als Viriya-Upekka) des jetzt, als mikrokosmischer Mittelpunkt des All, die Dinge und ihre Ursachen intuitiv verstehenden Geistes, als eine mit den Harmonien des Weltgesetzes adäquate Function der Denkthätigkeit. Upekcha (indifference or equanimity) is opposed to

---

[1]) The Kusala-chitta or mind endowed with merit, is received and retained by the hearing of religious discourses (s. Hardy). Kalananavahakan oder l'accomplissement de la cause (die neun Fehler verschiedener Art) wird (wie Karana oder Ursache) von Burnouf erklärt aus nivahakam, als nivahaka (im Magadhi) und (im Sanskrit) nirvahaka (nibbahaka im Pali).

[2]) Carus erklärt die Leidenschaft als menschliche Begierde mit thierischen Trieben; ἡμερώτατον γὰρ πάντων καὶ βέλτιστον Ζῶον ὁ ἄνϑρωπος (s. Okellus), wogegen: „das schlimmste und boshafteste Thier" (nach d'Argens). Herbig rechnet die Buschmänner und Pescheräh zu den Thiermenschen (bei G. E. Schulze). Nach Volney hat die Natur den Menschen für die Gesellschaft organisirt.

[3]) Le Jesus passible n'est autre chose, que l'Ame (s. Beausobre). Justus a perturbationibus maxime liber est (Diog. Laert). Epicur setzt die ἡδονή in τὸ μήτε ἄλγειν κατὰ σῶμα, μήτε ταράττεσϑαι κατὰ ψυχήν (s. Diog.), τὸ μέγιστον ἀγαϑὸν ἡ φρόνησις (Epicur).

individuality, as it regards all things alike (Hardy) in den
Satta-Bodhyanga (neben Sihi oder Smirti, Dharmmawicha, Wiraya, Priti, Passadhi oder Prasrabdhi, Samadhi). Durch künstliche Steigerung der Denkprocesse unter Hinstarren auf Farben-
flecke oder dergl. (wie im Kloster von Athos auf die Nasen-
spitze) lassen sich dann in den Dhyana die Meditationshimmel
erreichen, bis zu den Arupa selbst, wenn nach gänzlicher Ab-
wendung von materiellen Kathain, der auf Akatha hingerich-
tete Geist[1]), mit dem Tseitakan in den vier Graden der Upekka
sich, in der Idee des Akasa Ananda oder Unendlichkeits-Aether
auflöst, unter völliger Befreiung von den drei Thagnia oder
Täuschungen, bis zu gänzlicher Abstraction. This is nothing else,
but thamabot or ecstasy (s. Bigandet). Auf dem Weg der Beschau-
ung wird in Djnana die Gnosis gesucht, „die zugleich die Befreiung
(Mokscha) in sich schliesst" (Köppen), als Seeligkeit gefasst.

Die Tsit manifestiren sich durch die Tsedathit (als Akuso
Tsedathit und Kuso-tsedathit[2])), und die loki-tsit, als weltliche,
betreten mit den lokutara-tsit jenseitige Megga oder Pfade
(des Arupa dhamma).

Akasa ananda (unendliche Aether) wird als höchste Idee
erlangt, wenn in Newathagnia (Unendlichkeit) verloren.

---

[1]) Avec l'idée de forme, l'homme voit hors de lui des formes limitées, c'est
le premier degré ou l'état ordinaire. Avec cette même idée, il voit au dehors
des formes illimitées, c'est le second degré, et ce degré est supérieur au pré-
cédent, en ce que l'effort de la perception est plus grand pour saisir des
formes, dont la limite nous échappe que pour percevoir des formes, dont nous
embrassons de tous côtés les contours. Mais l'effort devient plus grand encore
quand, avec l'idée de l'absence de forme, l'homme perçoit à l'extérieur des
formes limitées d'abord, puis ensuite illimitées in den Abhibhâyatanâni (huit
lieux ou les huit regions du vainqueur) oder Vimôkcha (les huit affranchissements). Les quatres degrés suivants ajoutent à la perception de la forme
considérée jusqu'ici sous deux points de vue seulement un nouvel attribut,
celui de la couleur (s. Burnouf).

[2]) Was weder Kusala noch Akusala, ist awykrata (ohne Belohnung und
Strafe). Buthkon (Pudgala) wird als unterscheidender Name verwendet in
den Verhältnissen der Dinge zu einander (wenn durch Kuson-Chetasik in ihm
Karuna aufsteige oder Krot im Akuson Chetasik). Les Samskaras (accomplissement ou appréhension) sont les choses, „quae fingit animus", ce que
l'esprit crée, fait, imagine (samskaroti), ce sont les produits de la faculté
qu'il a de concevoir, d'imaginer (s. Burnouf). Viveka begreift (nach Wilson)
die Unterscheidung und das Urtheil (unter der Fähigkeit, die Dinge nach
ihrer Eigenthümlichkeit entsprechend zu ordnen). In Vibek (viveka) liegt das
Reifen und Zeitigen (wie im Kochen).

Die Sinnesäusserungen beruhen auf den Dhatu oder Dat (Elementen), durch Kan (und Wibekka) oder Karma (Kamma) bilden sich die Khanda neu in den Wiedergeburten (aus Verdienst und Schaden). Die Controlle durch Aneitsa (Vergänglichkeit), Duka (Elend) und Anatta (Täuschung) führt (in Befreiung von Leidenschaften) auf den Weg des Neibban. Aus Empfindung folgt Upadana (das Kleben an der Existenz) und erst, wenn dies im Zustand des Rahat aufgehoben, finden die bis soweit dadurch ununterbrochen reproducirten Wiedergeburten ihr Ende.

Nach dem Gesetz organischer Causalverknüpfung[1]) entwickeln sich alle Schöpfungen, und nach denselben Gesetzen gehen sie zu Grunde, stellt Buddha als den Fundamentalsatz seiner Lehre auf.

Neben dem der Veränderung (und damit der Vergänglichkeit) Unterworfenen liegt jenseitige Ursache in Dharma[2]) oder der Gesetzlichkeit, das der in Sanghkhara täuschenden Maya gegenüber, ein eigentliches[3]) Sein (das Ding an sich) repräsentirt, so dass das Nirwana zwar ein Nicht ist (trügerischer Illusion gegenüber), aber nicht ein Nichts, sondern umgekehrt dessen Gegensatz (in der Potentia des All).

Die Unwissenheit, als Wurzel des Dasein's im Elend, wird

---

[1]) Cause (Carana) is that, which ist efficacious, necessarily preceding an effect, that cannot else be, and conversely, effect (Carya) is that which necessarily ensues (and could not else be), in Sambandha (connexion or relation) als Sanyoga und Samavaya (s. Colebrooke). Vegetables are called hetuya, as produced from seeds (s. Childers), produced by a cause (hetu).

[2]) Dharma-jijnasa wird (bei Jaimini) als Pflicht aufgestellt (als das Ziel, das anzustreben). Der Begriff des Geistes ist ein durchgängig affirmativer, während der Begriff der Materie ein vorwiegend negativer ist, wovon die Folge, dass es einen Zugang zu diesem nur von jenem ausgiebt, nämlich „a contrario" (s. Rothe). Die transcendentale Verneinung ist der leere Gegenstand eines Begriff's (s. Mellin). Admixtum est in rebus inane, nec tamen est ut inane (s. Lucrez). Nachdem (in der Saddharma Langkavatara), die verschiedene Ansichten der Tirthakaras über das Nirwana aufgeführt sind, wird es in die Essenz der Nichtigkeit jeder dem Nirvana eigenthümlichen Natur gesetzt (ni la destruction, ni la mort). Nach den Sarvastivada ist das Dharmajatana erkennbar, wogegen nach den Mahasamghika des Dharmajatana kein Gegenstand der Vidschnana oder des Geistes ist (im Erkennen).

[3]) Im Lernen „what is really permanent" (chen-chang), wird Nirwana erlangt (s. Edkins). Brahma ist Nir-guna (in der Vedanta).

gestört durch das Wissen (von Neibban), oder hat vielmehr in Ausfüllung durch das Wissen zu verschwinden, beim Hinstreben des Mano nach Nam-Dhamma.

Im Menschen, aus Rupa und Nama zusammengesetzt, hat jeder innere Sinn seine äussere Bedingung (in Wechselwirkung der Sitze oder Ayatana zwischen Aussen und Innen), und dem sechsten Sinn oder Mano ist als das seinem Subject aequivalente Object (als objectives Aequivalent) die Wahrheit adäquat (im Arom des Nama-Dhamma aus den Elementen).

Wenn es unter der Erscheinung auch über den Willen „getagt" hat (bei Schopenhauer) wird es, gleichgültig, ob man idealistisch sagt, die Welt sei Vorstellung; oder realistisch, sie sei Gehirnfunction, ob idealistisch, Locke habe die Sinnlichkeit, Kant den Verstand, oder realistisch, Jener habe die Sinnesorgane, Dieser das Gehirn betrachtet" (s. Erdmann). „Führt die umfassende Betrachtung der Erscheinungswelt darauf, dass auch diese in ihrem gesammten Zusammenhange von unserer Organisation bedingt ist, müssen wir, durch die Analogie getrieben, annehmen, dass selbst da, wo wir kein neues Organ mehr gewinnen können, um die andern zu ergänzen und zu verbessern, noch eine ganze Unendlichkeit verschiedener Auffassungen möglich ist, so dass endlich all' diesen Auffassungsweisen verschiedener organiseher Wesen eine gemeinsam unbekannte Quelle zu Grunde liegt, das Ding an sich, im Gegensatz zu den Dingen der Erscheinung, dann mögen wir uns diese Anschauung, sofern sie eine nothwendige Folge unseres Verstandsgebrauches ist, nur ruhig hingeben, obgleich derselbe Verstand uns bei einer weiteren Untersuchung bekennen muss, dass er diesen Gegensatz selbst geschaffen. Wir finden überall nichts, als den gewöhnlich empirischen Gegensatz zwischen Erscheinung und Wesen" (s. A. Lange). Der Buddhismus sucht den Ansprüchen höheren Verständnisses nachzukommen, demgemäss die als Lokuttara ins Jenseits verlaufenden Tsit neu hervorzutreiben (aus dem alltäglichen Durchschnittsstamm des Lebens). Im Uebrigen wird der auch vor Berkeley's Augen in „chimärischer Täuschung" verfliessenden Welt gegenüber, nicht der Gegensatz einer (als Negation hervortretenden, oder für die Negation selbst positiven) Wesenheit gesucht, sondern nur nach den gesetzlichen Unterlagen, oder Grundbedingungen des Denkens im Sein.

Ohne Vidjnâna[1]) gäbe es nicht Namarupa (Eigenschaften und Kennzeichen des Dinges) und ohne Namarupa wieder gäbe es keine Vidjnâna (Erkenntniss) in (bewusster) Ausdrucksbezeichnung der für die Persönlichkeit characteristischen Form (nach der Mahanidana Sutta). Wenn dann von jeder auf Empfindung zurückgehenden Persönlichkeit abgesehen wird, tritt der an der Welt nicht weiter Betheiligte, von jeder Furcht befreit, in das Nibbana ein und von Tathagata (nach seinem Tode) lässt sich weder sagen, dass er existirt oder nicht existirt, noch dass er existirt und nicht existirt. Der Tod ist gleichgültig (nach Epikur) da so lange im Leben kein Tod, und wenn im Tod kein Leben mehr. Id autem nec nasci potest nec mori (Cicero), ψυχὴ πᾶσα ἀθάνατος (bei Plato). In Nirwana (nach Nagasena) time is no longer (s. Hardy) und Chinesen erklären (s. Beal) als Wou sang sec (neither birth nor death) oder tsih-mieh (silent extinction).

Das erste Dhyana (in der Lalita vistara) giebt Freiheit und Begierden, das zweite Befriedigung, das dritte Freude, das vierte Gleichgültigkeit und jenseits dieser vier avasa (Plätze oder Thiti) in den Farbewelten (der Rupavatchara) schreitet Buddha (beim Absterben) fort (von der Saggiti sutta) durch 4· Grade der Ideenlosigkeit, Unendlichkeit, Nichtsein und Idee-weder-noch-Nicht-Idee zur Unterbrechung (nirodha) der Idee, obwohl aber hier (wie in früheren Stadien) die Idee (Sandjna) nicht vernichtet ist.

Als Schüler des (brahmanischen) Büssers Rudraka, erlangte Sakyamuni die Region, wo es weder Ideen noch Abwesenheit der Ideen giebt (also den höchsten der Arupa-Himmel), aber noch fehlte die schliessliche Befreiung seiner eigenen Lehre, die statt (in unnatürlichen Philosophistereien) die Welt zu verneinen, in ihre natürliche Gesetzlichkeit eingeht (beim Erwachen unter dem Bodhi-Baum). Nachdem Mara mit Sonnenuntergang zurückgeschlagen, erkannte Gautama (über den Schmerz medi-

---

[1]) Namarupa is the immediate effect of Viññâṇa (nach der Paticcasamuppada), doch wird zu den in Nama eingeschlossenen Khanda (Vedanâ, Saññâ und Saṅkhârâ) auch als vierte Viññânam gerechnet (s. Childers). Namarupa umfasst 18 Unterscheidungen der Rupa einerseits, und andererseits Nama in 3 Klassen (der 52 Chetasik), als Wethana-Khandha, Sannya-Kandha und (Wethana-Chetasik) Sannya Khandha (Sannya Chetasik) und (mit 50 Chetasik) Saṅgkharo-Khandha.

tirend) mit der ersten Nachtwache in den Verkettungen der
Nidana, wie in der Unwissenheit, den Ursprung, in dem Wissen
der vollen Wahrheit das Ziel, alle seine früheren Existenzen
durchschauend, und um Mitternacht die sämmtlichen Wesen in
der Welt, worauf mit Sonnenaufgang der Entschluss vorbricht,
durch Lehre der reinen Wahrheit das Heil zu verbreiten (als
Buddha).

Als Buddha aus der Verzückung unter dem Bodhi-Baum
ins Bewusstsein zurückgegangen, wünschte er, die Schwierigkeiten im Predigen des Gesetzes vorhersehend, direct ins
Neibban einzugehen, wenn nicht der (aus Saha loka dhatu)
herabkommende Brahma (früher der Rahan Sabaka unter dem
Buddha Kasyapa), der seiner Welt die (der Herrschaft Mara's
entschlüpfenden) Menschen zu gewinnen wünschte, um Mitleid
gebeten, vorstellend, dass die allzu sehr durch Leidenschaften
Niedergedrückten verloren gehen mussten, eine grössere Zahl
aber zur Aufnahme der Lehre fähig wäre; und mit allwissenden
Augen dann die Welt durchblickend, erkannte Buddha bei
Jedem seine künftige Bestimmung (als an sich gegebene Prädestination aus früheren Beziehungen), und neben der γένεσις
(bei Ocellus) die αἰτία γενέσεως durch gesundheitsgemäss natürliche, aber damit dann allerdings auch verständige [1]) Regelung
der Denkprocesse. In Wegwendung von den als schädlich [2]) erkannten und Aufnahme kräftigender Weisheitsnahrung [3]) werden
die Pfade [4]), in den Magga zu Phala [5]), betreten, auf den Wegen
zum Neibban. Ausserdem lassen sich aber auch raschere Stei-

---

[1]) Nullum bonum sine ratione est (Seneca).

[2]) Κακόν ἐστι βλάβη (nach den Stoikern).

[3]) In dem Begriffe der Tugend selbst liegt es bereits ausdrücklich mit,
dass das tugendhafte Individuum in einem stetig verlaufenden Process durchaus normaler Selbstbestimmung begriffen ist (Rothe). Der Naturgenuss,
die Uebereinstimmung (ὁμολογία) der Thätigkeit des Menschen mit der Natur
(das naturae convenienter vivere), ist der Stoa das höchste Gut, und zugleich
die Tugend, das Wesen der Sittlichkeit, nach der von der Natur gelehrten
Pflicht (τὰ καθήκοντα).

[4]) Im Gegensatz zu den Puthujjana haben die Ariyapuggala oder Ariya
die 4 Pfade oder Magga (jeder mit dem höhern Grade der Phala oder Fruch-
tung) beschritten und Arhattaphala, als völlige Heiligung, heisst Nibbanam
(Kilesaparinibbanam oder Upadisesanibbanam).

[5]) An act either mental, verbal or corporeal bears good or evil fruit
(nach Manu).

gerungen durch die Kunstoperationen im Kamathan[1]) einleiten, zum vorübergehenden Genuss in mystischer Verzückung (auch unter fanatischen Zuckungen) oder im Quietismus[2]) behaglich ausruhend.

Bewusstsein kann (nach dem Buddhismus) nur im Bestand des Körpers selbst gegeben sein, und muss sich mit diesem also auflösen. Dagegen bleiben die im gesetzlichen Contact mit der Aussenwelt (bei den Auffassungen der Sinnesorgane, wie in jedem organischen Vorgange überhaupt) in der allgemeinen Gesetzlichkeit angeregten Special-Modificationen, und unter diesen bildet sich dann die neue Existenz, die insofern ihre Beziehung zur früheren bewahrt. Beim Tode könnte also nicht eine früher an das Irdische geknüpfte Seele übrig bleiben, da solche überhaupt nicht vorhanden, und Alles in den Elementen wieder aus einander fällt, das Körperliche sowohl, wie das Geistige. Dennoch aber dauert in der allgemeinen Gesetzlichkeit des Kosmos Etwas fort, was speciell an die bestimmte Existenz geknüpft ist, als Fortdauer nämlich gesetzlicher Schwingungsbewegungen aus dem während des irdischen Daseins gegebenen Anstoss, und entsprechend, wie diese damals getönt hat, wird es dann auch wiederklingen in der neuen Existenz der moralisch abgewogenen Wiedergeburt. — Wie Silaskandha Alles auf die Moral bezügliche (nach dem Abhidharma Koça) begreift Upadana-skandha „les agrégats, qui servent à la conception“ [3]) (s. Burnouf).

[1]) Kammaṭṭhānaṁ (by means of which Samadhi, Jhana and the four Paths are attained), als „modes of meditation“ (fixing the mind on any one element). Die christliche Ascese befasst sich hauptsächlich mit den Haupt-Hindernissen und Hauptbeförderungsmitteln der sittlichen Vollkommenheit oder Tugend (s. Rüef). Im Kanjur handelt das Buch Myangdas über die Befreiung von der Existenz.

[2]) Godama upon his death was immediately transported to the Niban, where he remains in a sort of extasy, without hearing or seeing or feeling, or having any sense of what goes on in the world, and in this state, he will remain for eternity, and such will be the lot of all who have the good forture to obtain this reward (s. Sangermano). Nirwana, als tiefe Ruhe oder ewiger Schlaf (bei Coolebrooke), wird erklärt (s. Beal), as the condition, in which there is neither birth nor death (wou sang see).

[3]) Von der Verbindung der Vidjnana mit dem väterlichen Samen und dem Blut des Uterus entspringt (als Grundlage des Körpers), sein Name oder Namanam und seine Form oder Rupa (s. Colebrooke). When man is dying, the last tseit having appeared and soon disappeared, it is succeeded forthwith by the patti-tseit or the tseit of the new existence (s. Bigandet). Mit Djati beginnt

Der Wagen, in seine Componenten zerlegt, verschwindet (bei Nagasena) als ein Nichts, seine Existenz[1]) liegt nur in dem Begriff, und zwar des menschlichen Geistes, der indess nicht schöpferisch reproduciren kann (nur passiv die Eindrücke von Aussen her aufnehmend). Auch der Mensch würde (bei Ignorirung des organischen Zusammenhanges) in Componenten zerlegt, in Nichts verschwinden, aber auch er existirt begrifflich, und zwar als Begrifflichkeit, die sich in ihrer Eigenthümlichkeit dem allgemeinen Aussenumher einprägt, und sich so aus der schöpferischen Thätigkeit des Weltgesetzes, je nach dem Gang der Entwicklung, organisch (unter den während des Lebens eingeleiteten Modificationen) neu[2]) zu reproduciren hat (wie es die moralische Verantwortung bedingt).

Die Rupakhanda, obwohl die materiellen Elemente (als in dieser sublunarischen Welt erforderlich) einschliessend, vertritt nicht so sehr (dem Geistigen in Nama gegenüber) die Materie, als vielmehr die Form. Die Universalia (im intellectus oder post res) sind ante res (als essentiae) die causae primordiales oder ideae formae (bei Erigena), dann als quidditates in rebus (bei Albert M.), um individualisirt zu erscheinen. In den Nidana ergiebt sich für die formae nativae oder substantiales, wenn als früheres die Ursache des Folgenden, eine essentia non aliquid (bei Porretanus), unter dem Zugrundeliegen der ὕλη, als Stoff (bei Aristoteles), indem dem Seienden (in der Materie als δύναμις) ein Noch-nicht-Seiendes vorhergeht (das ἐξ οὖ), so dass (wie dem Nam-dhamma, als bleibend dauerndem gegenüber, die Maya-Welt im nichtigen Trug verschwindet), die Dinge (bei Anselm) eigentlich nicht sind (vix sunt), im Vergleich zum höchsten[3]) Sein (als essentia). Auch in buddhistischer

---

die individuelle Existenz. Neben der Paṭiccasamuppádo (chain of causation) findet sich Paṭiccasamuppádacakham (circle of causation) und (knowing the causes of existence) Paṭiccasamuppádaaaso (s. Childers). Der Körper hängt vom Ein- und Ausathmen der Prana-Vayu ab, kraft der Prana (derived from god).

[1]) Der Mensch ist „verantwortlicher Urheber" der Sünde, als seine Schuld (Jul. Müller). Having assumed the form of a tortoise, Prajapati created offspring. That which he created, he made (akarot), hence the word Karma (in der Satapatha-Brahmana).

[2]) Nach der Dschu-long-yan-king (Lankavatara) existiren alle Gegenstände in der Augenblicklichkeit, als momentan (s. Wassiljew).

[3]) Bei Bildung der Welt blickte der Bildner auf ein voriges (ἀίδιον) Musterbild (nach Plato).

Psychologie fehlt das Zwischenschieben der species intelligibiles in der allgemeinen Einheit, wie (bei Occam) der actus intelligendi selbst das Ding offenbart. Die Seele[1]), als Entelechie und Energie ihres Leibes, erhält ihr Vermögen (bei Aristoteles), als ὕλη (im Unterscheid vom Körperlichen in σῶμα) oder Materie (Stoff), und „was die Dinge werden, ist ihre Form, die Wirklichkeit der Dinge, welche zu ihrer Möglichkeit, als Materie hinzukommt" (s. Harms). So bedürfen die Thätigkeiten in den der Nama angehörigen Khandas ihres (wie bei, auch die Seele einschliessenden Körper, der Stoiker) gesetzlich abgegrenzten Abschlusses in einer Form (εἶδος) oder Rupa, d. h. in derjenigen, welche ihren moralisch abgewogenen Eigenthümlichkeiten nach den harmonischen Gestaltungsgesetzen des Kosmos entspricht, und in solcher, für jedesmaliges Dasein individualisirten Form ist dann auch der Heiligungsprocess zu realisiren, und zwar in der Menschenwelt zunächst dadurch, dass die aus den (von dortiger Formgestaltung unabtrennlichen) Dhatu materieller Elemente zur Sinnlichkeit herabgezogenen Tsedathit zerstört werden, um die Chitta sämmtlich für das Aufsteigen zu reinigen. Die Form für sich ist οὐσία (mit der Materie als δύναμις), aber als ἐνέργεια des πρῶτον κινοῦν dann ἄνευ ὕλης, und so (wenn Upadana vernichtet) erlöscht in Nirwana jede Erscheinung, aber in der ganzen Stufenleiter der Rupa-loka verbleibt Rupa (in Asannyasatta sogar allein ohne die Khanda der Nama), und die scheinbar höheren Arupa-loka (als formlose) bilden einen seitlichen Irrweg[2]), der vielleicht zu Newasannyanasannya, einen Zwischen-

---

[1]) Habet primam memoriam, et eam infinitam rerum innumerabilium, quam quidem Plato recordationem esse vult superioris vitae (s. Cicero). Omne quod est, corpus est sui generis, nihil est incorporale nisi quod non est (Tertullian).

[2]) So wenig wie in brutaler Existenz „can merit be acquired by the beings in the four Arupa worlds, as they cannot see Budha, nor hear his discourses (To those, who dwell in the dewalokas the kusala-chitta is natural, they receive it with their birth). It is only in this Sakwala that nirwana can be secured, and it is therefore called the Magul-sakwala or most favoured world (the festive world). Daher (in Anbetracht der unendlichen Zeiträume im stürmischen Meer der Wanderungen) die Höhe des Unverstandes in demjenigen, „who is born as man in the time of Budha, and refuses to acquire the merit necessary to attain nirwana" (s. Hardy). Obwohl die „Bedingung des Daseins der drei Welten auf Unbeständigkeit gegründet ist" haschen „die in

stand des Bewussten und Unbewussten (ähnlich dem sopor pacis oder quies bei Bonaventura, mit septem gradus contemplationis) führen mag, damit jedoch eine Barriere zwischengeschoben hat, die völlige Befreiung in Nirwana zu erlangen (vielmehr gegentheils wieder ketzerische Vorstellungen hervorrufend, wenn der aus den Arupa-Welten in die bei der Zerstörung übriggebliebenen Terrassen Herabsteigende, sich, weil der Erste, als Maha-Brahma überhebt). In jedem Wirklichen ist der λόγος das bewegende Prinzip, wer aber aus den (unter gegenseitig bedingten Erklärungen) in einander verschlungenen Relativitäten in das Absolute überspringen will, stösst an ein Nichts, darin versinkend — am Anfang in der Schöpfung aus Nichts [1]), ob dem Nihil negativum oder (in zweiter Schöpfung) nihil privativum (bei Sabunde), und so würde auch am Ende das Nirwana [2]) als Nichts erscheinen, ohne ein τὸ ὅθεν ἡ κίνησις im Jenseits.

Das Wesen aller Dinge auf das mathematische Bestimmtsein durch das Maass zurückführend (s. Reinhold), nannten die Pythagoräer τὰ περαίνοντα das als Form bestimmende und τὰ ἄπειρα das auf die Form bestimmte (wie bei den Scholastikern das Finitum übergreift). Die Grenzen sind im dhamma (des Buddhismus) weder räumlich noch zeitlich gezogen, sondern eben im Gesetz, dessen Gegensatz ins Chaos (des Nichtsseins) versenkt.

---

den vier Giftschlangen (den Perioden des Lebens in Sansara, als Geborenwerden, Altern, Erkranken und Sterben) einheimischen, aus der Verfinsterung geborenen, Wesen nach Allem, was ihm Vergnügen und Freude verspricht", durch nicht befriedigte Begierden gequält, wie Sutasoma dem Rakschaka-König (im Ueligerun dalai) lehrt (s. J. J. Schmidt).

[1]) Hätte der Schöpfer einen Gegensatz, würde dies das Nichtsein sein, das Nichtsein ist aber nicht (nach den lauteren Brüdern). Die Schöpfung ist aus der Zahlform und dem Hervorgehen aus dem Eins zu verstehen (s. Dieterici). Wenn wir auf Gedanken kommen, welche wir nicht fassen können, wie der Gedanke des ewigen Lebens, des reinen Vermögens, des obersten Grundes, so meinen Viele, was wir nicht denken können, das sei undenkbar und unmöglich. Undenkbar und unmöglich ist aber nicht dasselbe (H. Ritter). Nicht unabhängig (sapekshatvat) hat Gott die Welt mit ihren Ungleichheiten erschaffen, sondern abhängig (sapokschah) von Dharmadharman (in der Vedanta).

[2]) Nirwana-dharma is (beyond all computation) asankyata, a mystery not to be understood (s. Hardy). Refusor de déterminer dieu, n'est pas le nier (s. Rénan), in Resignation der Dakota (zum Wakan).

Zum Stoff, als dem Prinzip der Passivität, verhält sich die Form (εἶδος) als das determinirende (bei Aristoteles), wie πέρα zum ἄπειρον (s. Erdmann). In jedem Wirklichen ist der λόγος das bewegende Prinzip. Jeder Sinn empfindet immer das ihm specifisch Eigenthümliche (τὸ ἴδιον) bei Aristoteles (s. Volkmann). Das Sehvermögen „ist das begriffliche Wesen [1]) (die Form) des Auges" (s. Neuhäuser). Die einzelnen Sinne (bei Aristoteles) führen auf das Gemeinsame [2]) (αἰσθητήριον κοινὸν). Die δυνάμεις τῆς ψυχῆς (bei Aristoteles) sind (nach Strümpell) Seelen, als verschiedene Seelentheile (μόρια); τῶν καθ' ἕκαστον ἤ κατ' ἐνέργεια αἴσθησις, ἡ δ' ἐπιστήμη τῶν καθόλου (bei Aristoteles). Das dem höchsten Erkenntnissvermögen adäquate (und correlate) Object ist das Allgemeine (s. Kampe). Als einheitlich über die Thätigkeit der Organe herrschend, wohnt die Verstandeskraft (ἡγεμονικόν) im Herzen (bei den Stoikern), und Mano bei Buddhisten.

Der νοῦς, als θύραθεν zu den Seelenthätigkeiten zugetreten, ist trennbar (χωριστός). Die Seele (als erste Entelechie [3]) des Leibes) bethätigt sich bei den Pflanzen (s. Aristoteles) in θρεπτικόν, dann bei den Thieren in αἰσθητικόν und ὀρεκτικόν (sowie κινητικὸν κατὰ τὸν τόπον). Der Zutritt des Geistes bewirkt den Umschwung im unbeweglichen (Alles umfassenden) Aether (bei Anaxagoras).

Auf dem Substrat (ὑποκείμενον) der Materie (ὕλη) wechselt die Form (εἶδος oder μορφή) in Folge der κίνησις (τὸ οὗ ἕνεκα) oder Bewegung (bei Aristoteles). Das Einzelwesen (οὐσία) [4])

---

[1]) ἡ δὲ τοῦ αἰσθητοῦ ἐνέργεια καὶ τῆς αἰσθήσεως ἡ αὐτή μέν ἐστι καὶ μία (s. Aristoteles). Eye-consciousness and ear-consciousness are produced by communication (the other winyánas, as taste and smell, are produced by contact) durch πνεῦμα (Dunst).

[2]) Im αἰσθητικὸν (ἡ αἰσθητική δύναμις kommt zu den fünf Sinnen (bei Aristoteles) κοινή αἴσθησις (πρῶτον αἰσθητικόν). Ὁ δὲ νοῦς ἔοικεν ἐγγίγνεσθαι οὐσία τις οὖσα καὶ οὐ φθείρεσθαι (Aristoteles), χωρισθείς δ' ἐστί μόνον καθ' ὅπερ ἐστὶ καὶ τοῦτο ἀθάνατον καὶ ἀΐδιον (νοῦς, ᾧ διανοεῖται καὶ ὑπολαμβάνει ἡ ψυχή). Anima inditur corpori per numerum et immortalem eandemque incorporalem convenientiam (bei den Pythagoräern).

[3]) διὸ ψυχή ἐστιν ἐντελέχεια ἡ πρώτη σώματος φυσικοῦ δυνάμει ζωὴν ἔχοντος, τοιοῦτο δὲ ὃ ἄν ᾖ ὀργανικόν (s. Aristoteles).

[4]) ἡ οὐσία γάρ ἐστι τό εἶδος τὸ ἐνόν (s. Aristoteles), ἡ πρώτη οὐσία (ἡ κατά τὸν λόγον οὐσία). Die Form für sich ist οὐσία.

besteht aus ὕλη[1]) und μορφή[2]). Im Unterschied von dem unbestimmten Wechselnden des Stoffes ist die Form das Bleibende
und Bestimmte (bei Aristoteles). Das Jedem Eigenthümliche
(τὸ ἴδιον) bedingt seine Form (μόρφη) in der Materie (ἡ ὕλη),
als τὸ ἀτελες καὶ ἀόριστον, Allem unterliegend (nach Plotin).
Neben dem Seienden, als ὄν κατὰ συμβεβηκός (ens per
accidens) setzt Aristoteles das ὄν ὡς ἀληϑές (als Gegensatz des μὴ ὄν ὡς ψεῦδος), wie das Nirvana im Gegensatz zu
Maya, obwohl beide vom Dhamma durchwaltet. Naturam finem
nullum sibi praefixum habere (sagt Spinoza). Die lex aeterna
fällt mit dem Willen Gottes zusammen (nach Al. Alensis) und
in Allem, was gewusst wird, interius latet deus (bei Bonaventura).
Die Welt der Erscheinungen bietet, sofern Alles Friedliche ein
Selbstwirkendes ist, das Bild einer unendlichen Causalität
(Baltzer), bis zum Warum des Warum.

Indem das ἀσώματον πάϑος zuerst in ἀσώματος ὕλη übergeht und dann in materiell feste Körper (εἰς συγκράματα καὶ
σώματα ἐλϑεῖν) entsteht aus den Thränen der Achamoth alles
Flüssige, aus ihrem Lachen das Licht, aus ihrer Traurigkeit
und Bestürzung alles körperliche Element (bei Valentinus).
Die Körperwelt ist (für die Valentinianer) der dem Geist in
dem Zustande der Endlichkeit und Negativität undurchsichtig
gewordene Begriff (s. Baur). Bei dem Sehnen der leidenschaftlich nach Rückkehr strebenden Sophia (als Achamoth in die
Materie versinkend) lässt der Urvater den Monogenes hervorgehen (und dann der weitere Heilsplan).

Nach den Stoikern hat Nichts Realität und Wirksamkeit
als das in drei Dimensionen ausgedehnte Körperliche, was auch
in Bezug auf die Seelenzustände (wie Tugenden) gilt, wieder
Bewegungen hervorbringend (s. Erdmann). Für unkörperlich

---

[1]) ἔτι ἡ ὕλη ἐστι δυνάμει, ὅτι ἔλϑοι ἂν εἰς τὸ εἶδος, ὅταν δὲ γ᾽ ἐνεργείᾳ
ᾖ τότε ἐν τῷ εἴδει ἐστὶν (Aristoteles), τὸ εἶδος τῆς ὕλης πρότερον καὶ μᾶλ-
λον ὄν, (ἡ κατὰ τὴν μορφὴν φύσις κυριωτέρα τῆς ὑλικῆς φύσεως). Die Uni-
versales (quidditates in rebus) sind essentiae als ante res und intellectus als post
res (bei Alb. Mag.). Universalia sunt ante res (bei Anselm) der Realisten,
oder post res der Nominalisten (bei Roscellin).

[2]) μορφή (forma, causa formalis) ist λόγος und εἶδος (bei Aristoteles).
Die Begriffe von Potenz und Act sind convertibel mit dem Begriff von Ma-
terie und Form (nach Bonaventura) und so muss die Zusammensetzung aus
Materie und Form auch dem Geistigen aus ihr prädicirt werden (s. Stöckl).
Die Materie (s. Aug.) hylen appellat (Manes).

galt den Stoikern nur der Raum, die Zeit und der ausgesagte, durch die Sprache bezeichnete Gedanke (τὸ σημαινόμενον oder τό λεκτόν), indem alles Subsistirende und überhaupt Wirkende Körperliche sein müsse (s. Reinhold). Die Stoiker „nannten nicht nur die Seele, sondern auch die Tugenden, das Laster, Gedanken und Gemüthsstimmungen Körper" (s. Harms), und im Buddhismus ist Alles dies untrennlich mit der Rupakhanda verbunden, sofern das normale Gleichgewicht bewahrt werden soll, das in den Arupa-Regionen bereits abgeschwächt erscheint.

In den unkörperlichen Dingen (ἀσώματα) begriffen die Stoiker die Gedanken mit seinen Worten verbunden (λεκτόν), den leeren Raum, den Ort und die Zeit, wogegen (zu Plutarchs Verwunderung) Handlungen, Affekte, Leidenschaften, Tugenden, Laster u. s. w. in die Klasse der körperlichen Dinge gerechnet wurden. Der Körper besitzt τὸ τρίτη διάστασις, und Vorstellung besteht als Eindruck (τόπωσις) in der Seele (nach Laertius). Indem nun Körper existiren, gilt auch die Seele als Körper (bei den Stoikern). Der Hylozoismus kennt keine todte, sondern nur eine lebendige und beseelte Materie, und erkennt keinen von der Materie geschiedenen Geist, sondern die Seele nur in Verbindung mit der Materie (s. Harms), als Wasser (bei Thales) oder Luft (bei Anaximenes). Als unsichtbarer Körper besteht die Seele aus Atomen vierfacher Art (bei den Epikuräern). Essentia non aliquid (bei Porretanus) materialisirt sich (formae nativae oder substantiales), und im Spiritismus hat man es mitunter jetzt ertappt das: τὸ ὄθεν ἡ κίνησις.

Das Gesicht[1]) ist eine Luft (πνεῦμα), die sich vom denkenden Theil an das Auge erstreckt, das Gehör eine Luft bis zum Ohr (bei den Stoikern), κατά γε τὸν θώρακα καὶ τὴν καρδίαν (bei Galenus). In den, die Brust bewohnenden, Seelentheilen

---

[1]) When eye-consciousness is produced in the same place is produced mind consciousness. The one does not say to the other: Where you are born, there I will be born; they are produced is this manner, because it is natural to them thus to be produced (s. Hardy) in Nagasena's Gesprächen (des Milinda-prasna). Das Object entsteht aus Hinzutragung der Ratio fiendi zu den subjectiven Empfindungen (bei Schopenhauer). Die Seele ist die Form, der Leib die Materie des Einen Menschenwesens (nach Thomas Aquino) in ratione unum (s. Stöckl). Der actus intelligendi offenbart das Ding (bei Occam). Bei der Occasio des Eindrucks im Verstande bilden sich die Species intelligibiles, denen das Allgemeine in rebus entspricht (bei Scotus). Corpus est anima (Tertullian).

wird durch die von den Dingen abgesonderten εἴδωλα (beim Auftreffen der Sinnesorgane) das Empfinden bewirkt (nach Epikur).

Zeno zerlegte die Seele in acht Theile, als dem denkenden Theil mit den sieben, welche sich durch den Körper erstrecken, mittelst des πνεῦμα (eine Luft vom Auge zum Herzen, vom Ohr u. s. w.). Mit αἴσθησις wird (bei Laertius) begriffen: 1) die innere Einrichtung und Bauart der sinnlichen Organe, 2) die sinnlichen Ideen selbst (κατάληψις), 3) die äusseren sinnlichen Werkzeuge (ἡ περὶ τὰ αἰσθητήρια κατασκευή, καθ᾽ ἥν τινες πηροὶ γίνονται), und 4) die Empfindung selbst (ἡ ἐνέργεια), als eine besondere ἀντίληψις αἰσθητήριον, ἡ κατάληψις (s. Tiedemann). Bei Plutarch wird zu ἑξῖς, δύναμις, ἐνέργεια ἡ φαντασία καταληπτική noch gefügt das ἡγεμονικόν (als vornehmst denkender Theil der Seele).

Die sinnliche Welt, sichtbar und körperlich, ist entstanden aus einer vernünftigen nach einem unvergänglichen Vorbilde wirkenden Ursache, als ein Abbild der Ideenwelt in der Materie (bei Plato). Die Ideen[1]) sind „eine Ideenwelt, d. h. ein System von Begriffen, welches die Ordnung denkt und erkennt, wodurch die veränderliche Erscheinungswelt der Sinne bedingt und das Wesen eines jeden Dinges in der veränderlichen Erscheinungswelt constituirt wird (s. Harms). Das ἀγαθόν[2]) vertritt die Gottheit (bei Plato).

Auch im Buddhismus muss das Böse eliminirt werden zur Erfüllung im Guten, aber die Vorbilder liegen über die Möglichkeit hinaus, sie sich als solche zu denken (nur im Walten des Gesetzes ihren Wirkungen nach fühlbar).

Die Materie oder ὕλη, als συναίτιον, ist (bei Plato) der Raum oder (s. Erdmann) „die Form der Aeusserlichkeit" (ἐκμαγεῖον, welches durch das Hinzutretende zu wirklicher Gestaltung wird). Aus Vereinigung des Stoffs (ἀόριστον oder des Unbe-

---

[1]) Ideas, i. e. formas exemplares in mente divina existentes, fasst St. Thomas als „rationes omnium rerum" (in mente divina). Die Causae primordiales (ideae, formae) bilden die Prototypa (bei Erigena). Ordo rerum idem ac ordo idearum (s. Spinoza). Quisquis formator universi fuit (Seneca). Ὥσπερ ἐν ἁπάσῃ τῇ φύσει ἐστί τι τὸ μὲν ὕλη ἑκάστῳ γίνει (τοῦτο δὲ ὁ πάντα δυνάμει ἐκεῖνα) ἑτέρου δὲ τὸ αἴτιον καὶ ποιητικόν (s. Aristoteles). Πυθαγόρας φησί, γεννητὸν κατ᾽ ἐπίνοιαν τὸν κόσμον, οὐ κατὰ χρόνον (s. Stobäus).

[2]) Das Anständige (honestum, καλόν) oder Schöne nannten die Stoiker das vollkommene Gut (πᾶν τὸ ἀγαθὸν καλὸν εἶναι).

grenzten), als des Unbestimmten (ἄπειρον) oder ἀμόρφον (Formlosen) mit den gleichaltrigen Ideen geht der Kosmos hervor
(bei Plato). Die Ideen liegen (bei Plato) im überweltlichen
Raum (ὑπερουράνιος). Von dem wandellosen Wesen (τὸ αὐτὸ
ἕκαστον) ist ein Wissen durch die νόησις[1]) zu erstreben (bei
Plato) zur Gnosis.

Paramantha, selbsteigener Existenz, sowohl wie Samvriti
(ursächlich verknüpfter Existenz) leugnend, halten die Prasanga
den Mittelweg (Madhyama) fest, indem weder im Sein noch
in Bildung eines Gegensatzes, aus dem Nichtsein die Wesenheit verstanden werden könne. Das Denken verlangt ursächliche
Verknüpfung. Was daraus indessen zu verstehen, erweist sich
als vergänglich und also unwirklich, kann somit nicht genügen,
und ebensowenig ist das ohne ursächliche Verknüpfung Gesetzte
(als selbstentstanden) erfassbar. Daraus ergiebt sich nun, dass
keiner dieser beiden Wege zum Ziele führen kann, dass hier
ein Halt zu machen, oder die Mitte zu bewahren, und diese in
den Kern der Entstehungsursache führend, vermittelt sich zu
dem in Verborgenheit unterliegenden Gesetz (als in Wirkungen
waltend).

Aus der im Schweigen[2]) des Bythos verschlungenen Gottheit (als Autogenes) emanirt (bei den Naassener oder Ophiten)
zuerst Adamas, dann (als Menschensohn) Ennoia und weiter
(weil schon abgeschwächt) weiblich[3]) πνεῦμα als μήτηρ τῶν
ζόντων. Indem aus der in den Zeugungen gebildeten Zwillings-
geburt die formlose[4]) Hälfte als Mete oder Prunikos (Sophia)

---

[1]) ἐκ τοιαύτης ἄρα ἀρχῆς ἤρτηται ὁ οὐρανὸς καὶ ἡ φύσις (Aristoteles),
αὐτὸν ἄρα νοεῖ, εἴπερ ἐστὶ τὸ κράτιστον, καὶ ἔστιν ἡ νόησις νοησέως νόησις
(τὸ ὅλον ὁ θεὸς ἐντελεχῆ ποιήσας τὴν γένεσιν).

[2]) Der Sohn (πρώτη τῶν ὅλων) wohnt (als Magnus Adamas τύραννος) im
Bythos oder der Tiefe der Gottheit (s. Gruber). Bythum in silentio et in
quiete multa fuisse in immensis aeonibus (bei den Ophiten). Vom ungeborenen Vater entsprang (bei Basilides) Νοῦς, dann Λόγος, Φρόνησις, Σοφία und
Δύναμις (s. Irenäus). Hippolyt erklärt (bei den Ophiten) καυλάκου, σουλάσου
und Ζησάρ, als himmlischer und irdischer Mensch, sowie aufsteigender Geist
(von Unten oder von Oben hergekommen). Eine ἀπέραντος δύναμις (als
schweigend) ist (bei Simon Magus) das Grundprincip der Dinge (s. Hippolyt)
für eine Existenz potentiale (oder in potentia). Die διάνοια (bei Demokrit) geht
auf die zu Grunde liegende (ἐν βύθῳ) Wahrheit (s. Erdmann). Βοῦτοι dicuntur Aegyptiace loca, in quibus mortui reconduntur (Buti).

[3]) Θῆλυ δὲ :.ο πνεῦμα καλοῦσιν (Theodoret.)

[4]) Als Sophia, die weil die letzte der Aeonen, von Qual ergriffen wurde

in das Chaos fällt, sich dann aber wieder (von dem Sehnen nach dem Lichtreich angezogen) aufzuschwingen sucht, und so in äusserer Umfassung des Leibes den Weltraum, als Horizont, in oberer Wölbung abschliesst, treten nun innerhalb derselben ihre Zeugungen[1]) mit dem Sohn Jaldabaoth[2]) (und seiner Nachkommenschaft von Jao, Sabaoth, Eloeus, Horeus, Astapheus) hervor, sowie die weiter geschaffenen Engel, alle indess noch mit unruhigem Streben nach oberster Heimath durchwallt, und deshalb rebellisch gegen ihren Vater und Fürsten (Jaldabaoth) gestimmt. Nachdem dieser nun durch einen „Zaun der Bosheit"[3]), als Scheidewand, den Luftraum vom Lichtraum getrennt hat, diesen zu verdunkeln[4], damit die Wesen jenes nicht hinüberzuschauen vermöchten, in das τὰ ὑπὲρ αὐτόν (Epiphanius), versenkt er seine eigene Wesenheit in die Materie selbst wieder, um dort einen gänzlich untergebenen und zuverlässigen Bundesgenossen zu schaffen, mit der Schlange als ὀφιόμορφος die hylischen[5]) Schöpfungen beginnend, die nun den später geschaffe-

zu Nus und Aletheia und dadurch zum Vater zurückzukehren, aus ihrer Syzygie (bis durch Horos gebunden) heraussprang, durch den Monogenes (Μεταγωγεύς) wieder zurückgebracht, gebar sie aus der früheren Begierde (προτέρα ἐνθύμησις) ein formloses Wesen (ἄμορφος οὐσία), als Sophia-Achamoth und diese (als in ihrem Leiden durch den herabgesandten Paraklet getröstet) sonderte eine sich verdichtende Materie (im Hylischen) aus, neben der Sehnsucht (ἐπιστροφή) ins Pleroma zurückzukehren (nach Valentin).

[1]) In Brahma's Schöpfung aus fünffacher Unwissenheit folgt auf die der bewegungslosen Dinge die Bildung der Tiryaksrotas (Thiere), dann wegen der Unvollkommenheit aus weiterer Meditation die der Urddharrotas (Unsterblichen), und als auch diese nicht genügte, die der Arvaksrotas mit dem Menschen (unter nachfolgendem Anugraha) und ursprünglich gingen bereits drei Schöpfungen vorher, von Mahat (Brahma's), von den Tanmatras (Bhuta serga) und von der Selbstheit im Sinnlichen, als Aindriyaka (nach der Vischnu Purana).

[2]) Jaldabaoth (θεὸς πύρινος) aus dem Aeon als magnus τριδύναμος αὐθαδής emanirt, wird von Sophia an Wesen über ihn erinnert (und so in javanischer Kosmogonie). Neben den Zeugungen der Thiergestalten schafft das Atman höhere Götter über sich selbst (als Brahman).

[3]) Die Unterwelt der Menschen und Thiere abscheidend (s. Gruber).

[4]) Occlusisse superiore dilatatione (Tertullian). Das Haus der Welt ist in duas regiones (duo regna) getheilt, indem der sichtbare (der krystallene) Himmel (aus gefrorenem Wasser bestehend), wie eine Scheidewand zwischen die Erde und den Himmel zwischengeschoben ist (nach Clem. Rom.).

[5]) Abatur bildet Feta-Hil aus dem Abdruck seines Lichtwesens in der ὕλη (bei den Zabiern). Abatur in aquam nigram prospexit, fictusque filius sui imago in aqua nigra. Die Alaya (Tsang oder Nyingpo) spiegelt sich in jeder Schöpfung, wie der Mond im Wasser.

nen Menschen, der in seinen Eingeweiden [1]) schon das Bild der Schlange in sich trägt, durch das Sinnliche an das Irdische zu fesseln, obwohl indess auch in ihm bereits die einwohnenden Funken des Lichtäthers beständig nach aufwärts gähren, und wenn sie die Gebete gelernt, die Reiche der Himmelsfürsten, (Archonten), sich zu öffnen, diese, mit der σφραγίς [2]) in den (durch frommes Leben erlangten) Mysterien [3]) gezeichnet, zauberkräftig durchwandern, über die sieben [4]) Sphären der wandelnden Planetengeister hinaus bis zu der achten, der Ruhe.

So wird gnostisch unter kosmogonischen Bildern die Naturentwicklung symbolisirt, welche der Buddhismus, obwohl seelenlos, auf die Seele zurückführt, unter ihren psychologischen Erscheinungen (und so im Pratyaya-sarga neben der Bhauticasarga).

Indem die Existenz der Welt aus der Einbildung herrührt (den Glauben an die Wirklichkeit der Dinge) liegt der Beginn in dieser falschen Auffassung (s. Hodgson) als Avidya [5]) oder Unwissenheit und (s. Burnouf) Avidyamanam (oder Nichtsein).

Unter Non-Entia (des Nihilum oder Non-Ens) werden gerechnet Entia rationis, Entia potentia und die negationes (purae und privativae) nach den Lehren der Metaphysik oder Ontologie

---

[1]) Propter positionem intestinorum schon „serpentis figurae substantiam" (s. Iren.) Die Manichäer identificirten Christus mit der Schlange, von der die Erleuchtung (im Paradies) ausgegangen (s. Aug.). *Κακὸν τὸν δημιουργὸν τοῦ κόσμου καὶ τὸν κόσμον εἶναι* (sagten die Gnostiker). Die Euchetae (Beter) oder Satanici erwiesen dem Satan sinnliche Verehrung, damit er ihnen nicht schade (wie die Jeziten). Die Dosithaei „assen kein Fleisch, ehrten den Satan unbeweglich und liebeten den Coelibatum" (Erdmann Mirus).

[2]) Bei der Taufe wurde der Seele ein σφραγίς (Siegel) angeprägt, um von der Herrschaft der Archanten frei zu werden (für höchstes Leben). Jesus lehrt den Menschen, um sie von dem Dienst der Planetengeister frei zu machen, das Mysterium des Unaussprechlichen (ἀπόῤῥητος). Mysterium (mysd) bedeutet (in der Liturgie der Parsen) sacrificium incruentum, als „Opfer, Entsündigung, Heiligung" (s. Gruber).

[3]) Ψυχὴ accipiens μυστήριον ineffabilis volabit in altitudinem. Im Gegensatz zu Karma-kanda (der Mantra und Brahmana) war die esoterische Lehre (der Jnana-Kanda) in den Upanishad enthalten.

[4]) Venez, mère des sept mansions, afin que le repos nous arrive dans la huitième maison (als indisches Gebet des Apostel Thomas).

[5]) Maya est le reflet de la vérité absolue et existente, tandis qu'Avidyâ est le reflet du néant (s. Goldstücker). Der Mensch hat den sinnlichen Leib (χιτὼν δερματινός) vom Demiurg (aus dem Psychischen geschaffen), das Pneumatische dagegen von der Achamoth (nach Valentin.).

(1775), „die aber nicht nur dunkel und verworren, sondern auch in einigen Stücken einfältig herauskommt" (Walch). Indem die vier Elemente (Erde, Wasser, Feuer und Luft) Alles durchdringen, liegen sie auch dem Mano zu Grunde, der in das Herz gesetzt wird, und so bedingt die Auffassung durch Aromana im Nam-dhamma das entsprechende Aequivalent[1]) der Realität in ihrer trügerischen Erscheinung. Im Gegensatz zur Rupa-Kandha ergeben sich Tsit und Tsedathit als Arupa-dhamma (zusammengehalten, wie Rupa-Khandha, durch Jiwitendriya, auch in Sankharo-Khando genannt), indem sie aber als nur in den sechs Sinnen bestehend aufzufassen, führen sie mit dem körperlichen Sitz derselben auf die Rupa-Khandha zurück in den fünf Prasada-rupas und den zugehörigen Wisaya-rupas mit den Qualitäten der Ernährung, als Aharaja (neben Chittaja). Die Sinnesorgane[2]) liegen beständig auf der Lauer, ihre Speise zu erhaschen, und sobald sie dieselbe fassen können, wird sie eingeschlungen[3]), um Ernährung zuzuführen, „and the body, gratified by that with which it comes in contact, is like a jackal feeding with delight on a putrid carcass", so dass wer den Schmutz des Sinnlichen erkannt, sich bald mit Ekel abwendet.

---

[1]) Die Assimilation ist ihr Genuss, wie für Mano das Dhamma zum Dharmakaya (σῶμα φυσικὸν) des Dharma (fah) „as the element or object apprehended by the mind" (s. Beal). Der Buddha heisst Anantagocaro (whose sphere is the Infinite (im Genuss desselben). Pari-nirvana (s. Beal) is described as the state of the highest and most perfect enlightenment (annuttara samyak sambodhi) Ta-ke vim penitions ac perfecte manifestationis et cognitionis exprimere (tribuit virtutem) in Tibet (s. Georgi) In Tscheu-tsi's Umgrenzung oder Thai-kih-thu bezeichnet Kih den Gibelbalken eines Hauses und damit das Auesserste (s. von der Gabelentz). Und dann weiter im Taoismus.

[2]) Zur Befreiung von den „fromden Dieben und Räubern", als den Sinnen, welche sich in den „leeren Gemächern" des Körpers (des Hauses) eingenistet haben, hat der Geist sein Streben auf die Erkenntniss des Bodhidschana zu richten (s. J. J. Schmidt). Wie rücksichtslose und übermüthige Gäste in einer Herberge walten die Dämone im Herzen, so lange es nicht unter der Vorsorge des allein guten Vaters kommt (nach Valentin), bis bei gnädiger Ansicht geheiligt (s. Heinrici).

[3]) Akasa ist Visaya zum Gehör, Vayu zum Gefühl, Tejas zum Gesicht, Apas zum Geschmack, Prithivi oder Bhumi zum Geruch (in der Sankhya). Τὰ ὁμοιομερῆ στοιχεῖα verbinden sich als gleichartige (bei Anaxagoras). Der verklärte Aetherstrom, der früher als Weg vom Himmel für Gott und die Engel nach Eden herabfloss, hat sich seit dem Sündenfall hinweggewendet (nach Klopstock), und Akasa-ganga strömte aus Siva's Locken.

Kommt ein Sinn in Contact mit seinem adäquaten[1]) Object, so ist es die ihm specifisch (als Tsit) inhärirende Winyana, wodurch dasselbe absorbirt wird (und bei solcher Sinnesauffassung sind die in besondere Khanda gestellten Tsedathit der Wedana und Sannya in Thätigkeit). Stets gleichzeitig mit jeder Winyana der fünf Sinne[2]) wird die des sechsten Sinnes (in Folge naturgesetzlicher Wechselwirkung) hervorgerufen, als Mano-winyana (immer begleitet von Phassa, Wedana, Sannya, Chetana, Witarka und Wichara, als Tsedathit).

Im Gegensatz zu den übrigen Sinnen, als Dwara in den Rupakhandas, das Herz[3]) (als Mano) „has wastu, substance (but no dwara, aperture), and there are some, that have neither substance nor aperture (invisible)", wie Elasticität, Accommodation (Muduta), Anfügung (Kammannyata), Accumulation (Upachayan), Wachi-winnyath (Sprache), Zeichenbewegungen u. s. w. Was so (neben Jiwitindriyan[4]) oder Lebenskraft) zur Rupa-

---

[1]) Das Licht erschafft sich die Augen, der Ton das Ohr (nach Carus). Wie von Ensof das grosse Licht in Adam Kadmon, strahlten von diesem die Lichter aus, die am Hirn, Schädel, Ohren, Nase, Mund und Stirn Adam Kadmon's hängen (nach Luria). Bei der Schöpfung (in Ausstrahlung nach der Peripherie) entsteht im Mittelpunkt eine leere Stelle (und dann die verbindende Linie). Die leere Stelle (im Mittelpunkt des Glanzes, als Urlust) ist (nach Jesajah) nicht leer vom Heiligen (mit dem Zeichen vom Lichte des Ensof).

[2]) Die Seele (als Hiranya-garbha) ist in fünf Scheiden (pancha-kosa) gehüllt (nach der Vedanta), als Vijnana-maya-kosa, Mano-maya, Prana-maya, Anna-maya, Ananda-maya, durch welche sie hindurchgeht als Faden (Sutratman oder Pranatman) bis zum nihil (ne hilum quidem) oder nil. E duabus alteram syllabam, ad similitudinem hili, Plautus et Ovidius produxerunt (Lachmann). Τὸ μὲν ἐκ μὴ ὄντων γίνεσθαι ἀδύνατον (Aristot.). Der Logos (ἰδέα ἰδεῶν) begreift die Vorbilder, zusammengefasst als ἀρχέτυπον παράδειγμα (bei Philo). Gott ist ὁ τῶν πάντων λόγος (bei Celsus). Die Gnosis enthält eine Physik der Geisterwelt, die mit dem Verpflanzen des σπέρμα πνευματικόν in den Menschen beginnt und mit dem Zurücknehmen desselben in das Pleroma ihr Ende erreicht (s. Heinrici). Durch Vermittlung der Euthymesis-Achamoth hat der Soter Alles nach ihrem Bilde geschaffen (bei Valentin.). Extra Pleroma imagines dicunt factos esse eorum, qui sunt intra Pleroma (Irenäus), Plato's Ideen, als substantias, invisibiles, incorporales, supermundiales, divinas et aeternas (s. Tertull.). Dieu est immanent non seulement dans l'ensemble de l'univers, mais dans chacun des êtres, qui le component (s. Renan), und dann im „Willen" bethätigt (bei Einheit des „Daseins und Begriffs").

[3]) Die ἀρχή τῆς αἰσθήσεως (τὸ πρῶτον αἰσθητήριον ἡ αἰσθητικὴ δύναμις) wohnt im Herzen (bei Aristot.).

[4]) Neben den 22 „indriyas or principles" (s. Childers) werden aufgezählt 5 indriyas or moral qualities, five organs of sense (oder 6 indriyas mit man-

kandba gerechnet wird, lässt den Gesichtspunkt der Form vor der materiellen Einbettung zurücktreten, und die Nama-kandha, ohwohl ohne[1]) Rupa, und mit der Möglichkeit, für sich allein in einer Arupa-Welt zu existiren, sind dem Sitz ihrer Thätigkeiten nach doch körperlich gebunden, und jeder Sinnesthätigkeit im besonderen wieder ein bestimmtes Element (mit Akasa als fünftes). Wie Nama könnte auch Rupa-kandha, als mit eigenen Lebensbedingungen[2]) versehen, selbstständig[3]) existiren, wie es im Himmel Asandjnisattwas (der Bewusstlosen oder Unbewussten) statt hat, und hier findet sich ein Uebergang für die materielle Entstehung, indem unter heterodoxen Secten aufgeführt werden: Those, who suppose that they and the world are uncaused, from their having previously existed in the Brahmaworld in which there is no consciousness (s. Gogerley). Wie hier für den Anfang[4]), wird in Nama dann das Lösungswort für das Ende gesucht, in dem das Nirwana nai arom, neben Tsit und Tsedathit, einschliessendem Nama-dhamma.

In der Nidana entspringen Nama und Rupa aus Winyana, die in den Sinnesauffassungen (als Verknünpfungsglieder) beider bedarf.

Dass obwohl jedem Seienden[5]) ein Ursächliches zu Grunde

---

indriyam), five faculties or sensations, three indriyas (aññataññassá mitindriyam, aññiindriyam, aññátavindriyam).

[1]) Die Ideen (arupa-dhamma) are known not by their forms, since they have none, but only by their name (s. Bigandet), as the tennants of the senses (in the six senses). Die Natur ἔμφρων, als Ζῶον ἔμψυχον ἔννουν τε (in Verbindung der Ideen mit dem μὴ ὄν). Nach der Jezirah (der Kabbalah) ist die Gottheit zunächst die abstracte Einheit, an welcher Nichts zu unterscheiden (dem Eins vorangehend).

[2]) μορφῶσαι μόρφωσιν, τὴν κατ' οὐσίαν μόνον, ἀλλ' οὐ τὴν κατὰ γνῶσιν, der Sophia (durch Stauros). Der λόγος heisst κριτὴς τῶν πάντων (b. Sextus).

[3]) Das ὄνομα kommt in Gestalt einer Taube herab (bei den Gnostikern). Die Logos des Gottes redet im Propheten, oder der Buddha in seinem Bodhisatwa, auch im Diener verehrt, wie Hamsah, als Diener Hakem's (bei den Drusen).

[4]) The corporeal creation (Bhautica-swarga), consisting of souls invested with gross bodies, comprises (in three worlds) 14 orders of beings (in der Sankhya) neben den Tammatra-sarga (rudimental creation), und den Pratyayasarga or Bhavo-sarga, consisting of the affections of intellect, its sentiments or faculties (s. Colebrooke). Die Welt ist Ζῶον ἔμψυχον (bei Clem. Rom.) Im fortschreitenden Erfassen der Welt und ihrer Gründe besteht die stets wachsende Glückseligkeit des Menschen (nach Avicenna).

[5]) Τῶν καθ' ἕκαστον ἡ κατ' ἐνέργειαν αἴσθησις ἡ δ'ἐπιστήμη τῶν καθόλου (s. Aristoteles).

liegt, das Begreifen der ersten Ursache, nach menschlicher Unzulänglichkeit, undenkbar bleibt, halten die Buddhisten besonders auch der Schöpfungstheorie der Brahmanen gegenüber fest,
und sie concentriren die Aufgabe ihrer Philosophie (bei dem
Preisgeben der äussersten[1]) Ursachen am Anfang und Ende)
um so mehr nun eben darauf, die nächsten Ursachen kennen
zu·lernen und zu durchdringen (auch in der Erkenntniss zu
zersetzen, um sie damit, nebst ihren Folgen, zu annulliren).

Je nach den guten oder bösen Willensneigungen[2]) des
Menschen prägt sich seiner Geisteseigenthümlichkeit ein charak-
teristischer Typus ein, und diesem gemäss schafft[3]) dann also
der im Guten oder im Bösen überwiegende Wille das Prototyp
der künftigen[4]) Existenz, aus dem Soll oder Haben der moralischen Verpflichtung (indem aus den im Kam gegebenen Vorbedingungen Wibeka in Bewegung tritt). Die Winyana ist
also zu renoviren, und da sie in den Welten der Kamawatchara
(wie ja auch in denen der Rupawatchara nicht) ohne Rupa
nicht zu existiren vermag (so lange eben nicht arupa, ohne jeden
Gedanken des Körperlichen), ist die nächste Folge das Hervor-

---

[1]) Bei der Unmöglichkeit, die erste Ursache zu kennen (placed beyond
the remotest range of investigation, human mind can ever survey), it behaves
us to apply all the power of the mind to discover the immediate cause that
certainly produces existence (Bigandet). Wer (nach der Parinirvananasutra)
is able to realise the inpermanence of the five skandhas, has arrived at the
condition of Nirvana (s. Beal).

[2]) Ignorance, concupiscence and desire give asylum to the body, as the
mother supplies the infant, with a refuge in her womb, Kan, like the father,
is the cause productive of the body, Ahan affords nourishment to the body
(s. Bigandet). Neben der Aharaja, die „Khandas (called chittaja) are connected
with the mental faculties (and cannot be divided) (s. Hardy). Die Meinung,
die der Demiurg von sich hat, beruht auf einem blossen Irrthum (s. Baur) in
der tieferen Stellung des Nachbildes, gegenüber dem Urbild (bei Valentinus),
im Gegensatz zwischen Realität und Bild ($\pi\lambda\eta\varrho\omega\mu\alpha\tau\alpha$ und $\varepsilon\iota\varkappa\acute{o}\nu\varepsilon\varsigma$), wie bei
Homer (im Eikon des Hades zum $\alpha\upsilon\tau\acute{o}\varsigma$ in der Höhe).

[3]) Ob gut oder bös, ein Jeder in vorzeitlicher Existenz $\alpha\iota\varrho\varepsilon\tilde{\iota}\tau\alpha\iota$ $\tau\grave{o}\nu$ $\delta\alpha\acute{\iota}$-
$\mu\omega\nu\alpha$, und demgemäss hat sich das Leben zu gestalten (bei Porphyr.). Poe-
narum omnium auctor proprium cor (rang sem). Animus corpus suum creat
(s. Scotus Erigena), anima sibi (corpus). Der Nisus formativus bedingt die
typische Form der Existenz auch unter dem Stoffwechsel, bei dem indess
(nach Peronne) „einige Stamina von der Textur des leiblichen Organs stets
erhalten bleiben" (s. Oswald), oder Melodien nachklingen (im Sphärengesang).

[4]) Infernus locus, in quo animae recluduntur sive in refrigerio sive in
poenis (*Hieronymus*). Die Buddhisten suchen den Mittelzustand in Wiedergeburten auszunutzen.

treten von Nama-Rupa, und damit weiter dann in den Sinnes-
empfindungen die Berührung mit der Aussenwelt[1]), sowie die
ferneren Concatenationen bis zur Geburt[2]) u. s. w.
Was nun in moralischer Schätzung als Kam erscheint, hat
an sich als unausbleibliche Folge der natürlich bestehenden
Verhältnisse zu gelten. Wer seine Gedanken vorwiegend auf das
Grobsinnliche des Materiellen hinrichtet, wer dadurch in seinem
Innern diejenigen Tsit erzeugt, welche in der Moral als akusala
bezeichnet werden, der wird bei der Wiedergeburt den seinen
Neigungen entsprechenden Körper als grobsinnlichen bekleiden.
Je mehr aber materielle Stoffe aus den Elementen gehäuft sind,
desto hinfälliger, desto vergänglicher[3]), desto elendiglicher also
wird das Product sich erweisen. Die 32 Theile des Körpers
zerfallen nun in 44 Unterabtheilungen[4]), und es liegt eben bei

---

[1]) „Der im Platonismus unmittelbar auf die einzelnen Seelen bezogene
und darum zugleich auch ethisch gedachte Fall" betrifft (in der Gnostik) das
Wesen des Geistes selbst, in höherer speculativer Beziehung (s. Baur). Bei den
Maori kommt die psychologische Schöpfung des Mikrokosmos auch makrokos-
misch zur Verwirklichung. Est una substantia omnium, voluntas Dei (Irenäus).

[2]) Kan, tscit, fire and ahan are the sole agents in the formation of the
living body (s. Bigandet). Durch Ahan, die von Aussen zugeführte und den
Sinnesorganen aufgedrängte Speise, treten bei der unabweislichen Assimilation
die Elemente, wie im Makrokosmos vorhanden, auch in den Mikrokosmos ein.
Die ὕλη ist ὑποκείμενον dessen, dessen ὕλη sie ist (s. Engel) bei Aristoteles
(und weiter im Hylozoismus). Καϑάπερ ἔλεγε καὶ ὁ Φιλόλαος ϑεωρητικόν τι
ὄντα τῆς τῶν ὅλων φύσεως ἔχειν τινὰ συγγένειαν πρὸς ταύτην, ἐπ᾽ εἴπερ ὑπὸ
τοῦ ὁμοίου καταλαμβάνεσϑαι πέφυκεν (Sextus). In Uebereinstimmung der
Monaden ist ideale Harmonie prästabilirt (bei Leibnitz). Lucrèce en procla-
mant, que la matière était un composé d'atomes, affirmait un principe, que
la science moderne a vérifié (s. F. André). Bei den Stoikern wird das ὑποκείμενον, als πρώτη ὕλη (oder οὐσία) in zweiter Kategorie zur ὕλη ποιά, für
die διακόσμησις (s. Heinze) und das Feuer (bei Heraklit) als ὕλη (κοινόν
ὑποκείμενον). Τὸ πῦρ σπέρμα (Plut.) bei den Stoikern. Das Feuer, als „omnis
genesis principium ac elementum". Εἰς σπέρμα τὸ πῦρ bei der Weltentwicklung (der Stoiker). Den Svastika (in Lhassa) sacrificium Ignis insigne est
(s. Georgi). Sonst als Blitzeszeichen (die Svastika des Donnerkeils).

[3]) Alles ist klein, veränderlich, vergänglich (nach Marc Aurel). Gott (als
ἀΐδιον und ἄριστον) ist ἀδιαίρετος und ἀμερής (bei Aristoteles) ohne Grösse
(μέγεϑος).

[4]) Each of these 32 parts is subdivided into 44. The hair, however
tender it appears, is submitted to that minute analysis. The result of this
subtile division is to show what is the proportion of each element that enters
in the formation of these anatomical parts (Bigandet). Die Monade ist auf
den 2401sten Theil einer Haarspitze (oder ¹/₇ Atom) berechnet (s. Wassiljew).
Die Chittaja genannten Khandas (s. Hardy) „cannot be divided (im Unterschied

den Gebetübungen ob, sich den ganzen Jammer [1]) dieses gebrechlichen Knochengerüstes, das der Mensch mit sich herumschleppt, wieder und wieder, in allen Minutiositäten vor Augen zu halten, um es so, durch Selbstwiderlegung, in künftiger Existenz, wo möglich los zu werden. Hat sich die Willensneigung mehr der Beschäftigung mit dem Uebersinnlichen zugewandt, sind dadurch z. B. unter den Loki-Tsit, bereits auch Rupawatchara-Tsit hervorgetreten, so würden diese es an sich schon bedingen, dass die nächste Wiedergeburt in der ihnen adäquaten Atmosphäre der Meditations-Regionen statt finden müsste, wo der Körper leichter, ohne substantielle Speiseaufnahme, weniger Belästigung gewähre, und Zulächeln oder Händedruck den Beischlaf ersetzen. Die Rupa fehlt hier nicht, ist vielmehr in dem Namen der Rupawatchara schon ausgedrückt, aber die eingeschlossenen Elemente der Mahabutarup gewinnen einen ätherischen Anhauch. Eine Vernichtung oder Negation der Rupa anzustreben, ist excentrische Verirrung, die an den Bewohnern der Arupawatchara durch späteres Zurückstürzen in die Hölle gestraft wird, denn bei völligem Mangel der Rupa würde auch die Durchdringung des moralischen und physischen Weltgesetzes mangeln, worin sich die Gottheit des Buddhathums manifestirt. Mit den Aromana treten die idealen Grundtypen der materiell verwirklichten mehr und mehr in Denkanlagen ein, und wenn sie dieselbe völlig mit Panja gefüllt haben, dann (wenn die keimenden Lokutara-Tsit zur Reife gediehen) gewinnt eine neue Existenz, in Harmonie mit Dhamma, die Friedensruhe des Nirvana.

Bei der Meditation wird der Körper in allen seinen Componenten auf die Elemente hin analysirt, und ebenso mit dem

---

von der Aharajas). Unter den 5 Arten der Atome machen 36 der ersten Klasse Eins der zweiten, 36 der zweiten, Eins der dritten u. s. w., und „seven atoms of the fifth and last species are equal in size to the head of a louse" (s. Sangarmano). Das εἶδος wird als ein, dem Begriff nach, von der ὕλη Trennbares bezeichnet (bei Aristot.). Das Sein besteht (bei Demokrit, Schüler des Leukippus) aus einer unendlichen Menge sehr kleiner und, nur darum, unsichtbarer σχήματα oder ἰδέαι, die weil sie in sich gar keine Zwischenräume haben, παμπλήρη, weil keine haben können, ἀδιαίρετα (ἄτομα) sind. Das Leere dagegen, wie es die Zwischenräume unter den Urkörperchen bildet, giebt die διαστήματα πόροι (s. Erdmann). Im leeren Raum die Atome (Lucr.).

[1]) Die Erscheinungswelt erfüllt mit Ekel, mit tief innerlicher Unheimlichkeit (βδελορία) im Gnosticismus (s. Möller).

Denken psychologische Zergliederung vorgenommen, wie bei den Sinnen in Ayatana (das Organ), Arom (das Object), Winian (der reagirende Reflex im Subjectiven und Objectiven), Phasa (der Eindruck), Wedana (die Empfindung), Thanjia (das Begreifen), Dzetana (der folgende Anreiz auf das Gemeingefühl, zum Guten oder Bösen), Tahna (der Drang, jetzt erweckt, in Begierde und Sucht nach mehr), Witeka (Aufmerksamkeit), Witzara (Betrachtung), Dat (auf den Kernpunkt gelangend).

Für künftige Folgen wird es also bei dieser Auffassung besonders auf die in Dzetana hervorgerufenen Stimmung ankommen, da sie eben Prädispositionen für künftige Wiedergeburten [1]) einleitet. Je besser deshalb das Denken geübt, die Nichtigkeit des Umgebenden überall und sogleich zu erkennen, desto rascher wird es sich abwenden und dadurch den Boden vorbereiten, aus dem sich in den Meggas [2]) neue Pfade eröffnen, nach den Früchten (Phola) des Jenseits hin, wo dem Verdienst [3]) der Genuss zufällt. Im Dhamma liegen die für Mano adäquaten Auffassungselemente, und je inniger die Hingabe, desto inniger auch die Identification.

---

[1]) Nach K. Ch. F. Krause ist der Tod nur ein Erlebniss, im Moment des wiedergebärenden Lebens, der Keimpunkt eines neuen Lebenskreises, ein befreiendes, reinigendes, erhebendes, herstellendes Erlebniss (s. Noack). Nach Fechner bildet die Pflanzenseele ein Correlat zum Thierischen (wie Weib zum Mann).

[2]) When the mano, by a right use of its three faculties, has freed itself from the principle of illusion and error, then there will be the sixteen virtues or good qualities, known by the name of Phola and Megga (s. Bigandet). Ohne den λόγος ὀρϑός giebt es kein Gesetz (Alex.) Das Erkannte gilt (bei Baco) als Veritatis imago (radius directus oder radius reflexus). Dinge (sicuti sunt, nicht nur „uti apparent") zu denken, ist ein „blosses Gedankending" (s. Mellin). The view of Lucretius regarding a definite nature in causes, and corresponding distinctive results, fits perfectly with the conception of effects varying with varying classes and kinds of potency of work in things (s. Veitch). Das Kriterium der Wahrheit besteht bei Empedokles (nach Sextus) nicht in den Sinnen, sondern im ὀρϑὸς λόγος (s. Heinze). Das Brod, vor den Augen, ist kein Brod, sondern der Leib, der Wein Blut, wie trotz der Sinne, sicher und gewiss zu glauben (nach Cyrill).

[3]) „Obgleich die animae purgantes nicht mehr in via sind, so sind sie doch auch nicht vollends in termino" (im Fegefeuer), „die armen Seelen verdienen zwar dort nicht mehr, aber ihr auf Erden errungenes Verdienst ist es, welches in ihrer dortigen Läuterung von der Strafe nachwirkt" (Oswald).

Der in Finsterniss[1]) umdüsterten Moha (Awidya-nam-Moha)[2]) dämmert zunächst eine Unterscheidung zwischen Gut und Böse auf, indem die dahin gerichteten (Chitta) Gedankenregungen in Existenz gelangen (29 an Zahl), und hieraus entspringt (nach der Milinda-prasna) Pratisandhi-winyana (s. Hardy) „actual consciousness" (19 fach). Damit treten die fünf Khanda hervor in Nama und Rupa, daraus die 6 Ayatana, aus ihnen die 6 Arten der Sinnesauffassung, sowie weiter die 6 Arten der Empfindung, und dadurch werden dann die (fleischlich-sinnliche) Begierden der Trisnawa (in 108 Arten) hervorgerufen, so dass daraus Upadana, das Kleben an der Existenz[3]), folgt (in 4 Arten),

---

[1]) S'Avidya primitif et radical du Ken-pen wou-ming (nach San-tsang-fa-sou) date du terme sans commencement. En un instant, inopinément, une longue nuit produisit une obscurité telle que la veritable nature fut méconnue, et elle engendra toutes les erreurs et toutes les passions (s. Rémusat). In dem anfangs in Dunkelheit (Tamo-bhutam) nur existirenden All, in Schlaf versunken (prasuptam), willte Svayambhu die Schöpfung (nach Manu), zunächst als Ei (vija oder anda). From the Union of Upaya and of Prajna, Manas proceeded (and Avidya from Manas). The world is produced by the Karma of Manas (s. Hodgson). Aus Glauben (Pratyaya) folgt das Entstehen der Dinge, mit Avidya beginnend (nach der Raksha Bhagavati). Tamas (neben Rajas und Sattwa) in den Guna (Vyakta's) ist Moha (bei Kapila). In der Vayu-Purana entspringt Agni in Tamas, Brahma aus Rajas, Vischnu aus Satwa. Tous les êtres étant contenus dans la pure substance de Prajna une idée surgit inopinément et produisit la fausse lumière (nach dem Lang-yen-king). Das Wissen steht als Erfüllung dem Nichtwissen gegenüber in Awidya (ἄγνοια bei Plato). Ormuz und Ahriman scheidet der Zweifel. Prakriti is the state of equipoise (Samyavastha) of goodness, passion and darkness (s. Monier Williams), Sattva, Rajas und Tamas (in der Sankhya). Die ἔννοια τοῦ ὑστερήματος mit ihren Schmerzen verwandelt sich durch die ἴασις τῶν παθῶν in Gnosis (s. Heinrici), wenn mit dem Bewusstwerden des σπέρμα πνευματικόν die Sehnsucht sich erfüllt durch die μόρφωσις κατὰ γνῶσιν (die Gnosis ist die Form der οὐσία πνευματική, diese der Inhalt der γνῶσις). Οἷς καθ' ἡμέραν ἐγκύροισι ταῦτα ἀντοῖς ξένα φαίνεται.

[2]) Als Brahma im Beginn der Kalpa über die Schöpfung meditirt, erscheint eine Schöpfung aus Unwissenheit (Tamas, moha, tamisra, mahamoha und antahamisra) in Dunkelheit (nach der Vischnu Porana). The soul can only see, what buddhi intellect presents to its view, nihil est in intellectu, quod non prius in sensu, auch bei Kapila, (s. Davies). Der κοινὸς λόγος liegt jedem der Menschen nahe (bei Heraklit), aber in Sinnestäuschungen befangen, gehen sie ihrer eigenen φρόνησις nach, wie der Schlafende in der Traumwelt (s. Heinze). Das Ich selbst ist die Lebensmonas, welche den Lebensprocess ihres Leibes bewirkt (Ebrard). Die vegetative Seele bethätigt sich als Form (bei Aristoteles).

[3]) The (erroneous) notion, that self consists in what is not self, and the

dann Bhawa oder Wirklichkeitssein (in 3 Arten) und weiter
Geburt oder Jatiapadima mit folgendem Verfall, Tod u. s. w.
Eine jede neue[1]) Existenz ist nur die Wiedergeburt[2]) einer
früher bereits dagewesen, und indem bei dem Zerfall der Khanda
in dieser letztvorhandenen Existenz die Ursächlichkeit im organischen Zusammenhang derselben durch den gegebenen Anstoss in Gesetzlichkeiten[3]) nachzittert, finden sich diese, von der
Finsterniss der Moha umhüllt, worin, als der Materie inhärirend.
die Tendenz zum Dunkeln überwiegt.

Indem nun die ein früheres Dasein abtönenden Schwingun-
gen eine Ordnung neuer Abgleichung in sich selbst suchen,
tritt als Erstes die noch im Todesaugenblick jener, weil das
künftige Schicksal bedingend, wesentlichste Unterscheidung
zwischen Gut und Bös hervor, zwischen Steigen und Fallen,
zwischen Positiven und Negativen, und also in, solche Scheidung
zulassenden, Moralregungen eine Erhebung über die noch ganz
der Negation im Lichtlosen verfallene Moha.

Mit diesem neuen Centriren der beim Zerfall der Khanda
zerstreuten Daseinsspuren nach einem gemeinsamen Mittelpunkt[4]),

---

opinion, that property consists is what is not one's own, constitute the double
seed of the tree of ignorance (nach der Vischnu Purana). *Ἦϑος γὰρ ἀνϑρώπῳ
δαίμων (ὁ νοῦς γὰρ ἡμῶν ὁ ϑεός).*

[1]) Im Fluss der Monaden durch den Leib während des Lebens besteht
der Tod darin, dass beim Verlust eines Theiles der Monaden ihres Leibes die
Wesen in einen Zustand zurücktreten, der ihrer früheren Existenz ähnelt
(nach Leibnitz), und der sich also auch in späterer Existenz (aus den gleichen
Monaden) wieder erneuern könnte.

[2]) Aus thierischen Neigungen folgen die entsprechenden Wiedergeburten.
wie sie die Bonzen am Todtenbette bereits vorhersagen mögen. Unter den
προσαρτήματα (bei Basilides) wird die Seele den sie in Gestalt von Wölfen,
Affen, Löwen, Böcken umgaukelnden Geistern (die sich ihr anhängen) in
Eigenschaft verähnlicht (Clem.) Die Seele ist zurückzuführen auf ein über
die Natur hinausweisendes, als Potenz derselben innewohnendes Prinzip (nach
Lipsius).

[3]) Da „eine Seele, obwohl in der heiligmachenden Gnade abgestorben.
doch noch nicht sofort für den Himmel reif", so wird sie „an einen besonderen
Ort gewiesen" (s. Oswald) und „dieser zeitliche Interimszustand heisst der
Zustand der Reinigung oder das Purgatorium" (als „dritter Ort").

[4]) Der Mensch erwacht in der folgenden Welt mit einem selbstgeschaffenen,
eine Einheit unendlicher geistiger Schöpfungen, Wirkungen, Momente in sich
befassenden Organismus (s. Fechner). Aus Karma (als Verbindung in Upaya
und Prajna) entsteht der Mensch (nach der Divya Avadan). Nach Plato
unterscheidet sich der Mensch von den Thieren durch das Zählen (s. Aristoteles).

erwacht dadurch in ihnen die Erinnerung an eigenes Bewusstsein als gesonderter Gesammtheit, und diese trennt sich dann wieder,
wie früher, ihren Functionen nach (zur Theilung der Arbeit),
in Nama und Rupa, oder vielmehr, während die Rupa-khanda,
wie an sich gegeben, ihren materiellen Verrichtungen überlassen
bleibt, beginnen die dem Geistigen[1]) der übrigen (4) Khanda
einwohnenden Thätigkeiten ihren Anlagen nach zu spielen, und
rufen, nach dem gesetzlichen Zusammenhang zwischen Mikrokosmos und Makrokosmos, im Reiz und Gegenreiz die entsprechenden Wechselwirkungen hervor, und so die sechs Ayatana
zunächst, als Sitze der Sinne, wie daraus in nothwendiger Folge
erst die sechs Auffassungen durch dieselbe und dann die sechs
Arten der Empfindung (indem dem fünften Sinne stets Mano
als sechster zugezählt wird).

Indem nun also Sinnesagentien wieder in Thätigkeit[2]) treten, indem wieder das im Contact mit der Aussenwelt Em-
pfundene aufgesaugt und absorbirt wird, so werden dann dadurch
ebenfalls wieder die materiellen Substrate in den alten Wegen
fleischlicher Lüste aufgewühlt, und in Trisnawa erstarken aufs
Neue die sinnlichen Begierden, die nun im Contact die Aussenwelt ergreifend, daran festkleben, und von dem Moment ab,
wieder in die Existenz gebannt sind, die dann mit Bhawa sich in
Wirklichkeit realisirt und durch Jatiapadima darauf als individueller Embryo geboren wird, als der nun wiederum Verfall
und Tod ausgesetzte Mensch, unter all dem Jammer und Elend
des Daseins, das mit jeder neuen Wiedergeburt sich neu wiederholen wird.

Wie also nun hier Erlösung zu finden, wo der Weg dahin? Um aus dem Kreislauf der Existenzen befreit zu werden,

---

Rein physisch betrachtet, als Verkettung von Ursache und Wirkung, heisst
der Logos εἱμαρμένη (bei den Stoikern), und mit dem Zweckbegriff πρόνοια
(s. Heinze). Tai-ho (primordial harmony) ist die Quelle der Tugend (s. Martin)
„and vice is ascribed to the influence of Wu-hing" (gross matter). Der Körper,
ob zu Staub verdorrend oder in Feuchtigkeit zerfliessend, deo elementorum
custodia reservatur (s. Minut. Felix). Dei sive naturae potentia (Spinoza).

[1]) Nach Tatian ist die Seele δέσμος τῆς σάρκος, in forma corporeitatis
(bei Duns Scotus).

[2]) Der Leib ist die erste That, das reinste Symbol des Geistes (bei
Schopenhauer). Der Nous (als ποιητικόν) entspricht (bei Aristoteles) der
τέχνη im Verhältniss zum Stoff (s. Kampe). Nichts ohne den leidenden Nous
(παθητικὸς νοῦς).

muss (wie bereits oben bemerkt) Upadana (das Haften an der Existenz) seine Aufhebung finden, und deshalb muss die Ursächlichkeit in Trisnawa oder Klesha-kama (mit Wastu-kama in Akusala[1]) den Zustand kama-wachara bildend, als die Sinneswelt, gegenüber von Rupa-wachara und Arupa-wachara) abgeschnitten werden (durch Kusala).

Das Heilsmittel dazu bietet sich in den Megga oder den (zu Phola oder Früchten leitenden) Pfaden, indem die Loki-tsit (als irdische) dadurch in Lokutara-tsit, oder überirdische, hinübergeführt werden, d. h. dass sie jetzt nicht mehr im Gange der Kama-wachara denken, sondern in dem der Rupa-wachara oder Arupa-wachara. Dies wird dadurch eingeleitet, dass in der Meditation (mit Hinrichtung auf die Dhyani) jeder Gedanke den drei Prüfungen durch Aneitsa, Dukha, Anatta unterworfen wird, dass jedesmal das Object desselben, als nichtig (weil vergänglich, elendig, trügerisch) erfunden und damit dann annullirt wird. Je mehr so, mit zunehmender Erkenntniss des Namdhamma (und also Zurücktreten der Rupa) die Akusala-Chitta, weil an der Wurzel zerschnitten, exstirpirt werden, desto mehr erstarken[2]) die Kusala-Chitta und desto loser wird deshalb, bei jeder neuen Wiedergeburt, die Upadana ankleben, bis sie schliesslich ganz losgerissen werden könnte.

Für den nach schliesslicher Befreiung in Nirwana strebenden, um in letzter Wiedergeburt das Gerüst für immer abzubrechen, bedarf es der im Abhidharma niedergelegten Schulung, um den Erwachten mit dem Durchblick des Weltgesetzes zu erleuchten.

Wenn in den Sinnen die äusseren und inneren Ayatana zusammentreffen, so entspringt als Product beiderseitig entsprechenden Gesetzlichkeiten das Aromana, in jedem einzelnen

---

[1]) Akusala is divided imto wastu-kama and klesha-karma (s. Hardy). Mit dem Kusa wird Vena getödtet (bei den Brahmanen). Das Heilkraut (in Selbstständigkeit erwachsen) wurde in der Mistel der Druiden und für feindliche Zwecke in der Edda gesucht. Der διάβολος (bei Clem. Rom.) ist aus der Mischung der Elemente ausser Gott hervorgegangen (κατὰ τὴν τοῦ θεοῦ βούλησιν ἔξω τῇ κράσει συμβεβηκόν).

[2]) In der Syndresis (apex mentis) als Himmel der Seele (bei Gerson) heisst das Entrücktsein in den dritten Himmel soviel, als Suspension der niederen Functionen der Seele, und nicht nur Sehen, sondern Fühlen und Schmecken Gottes (s. Erdmann). Idem corpus numero resurget, quum materia eadem numero resumatur (Thom. Aq.).

Sinnesorgan, nach der Eigenthümlichkeit desselben, aber aus sämmtlichen stets reflectirt in Mano, dem vorwaltend centralen dieser Organe (als sechstes). Je mehr es nun der Gedankenarbeit im Mano[1]) gelingt, innerhalb dieser verschiedentlich gebrochenen Sinnesfärbungen ein durchgehend gleichartiges Gesetz festzuhalten, desto mehr wird sich derselbe mit dem Verständniss des Nam-dhamma füllen[2]), und wenn das Dhamma[3]) in voller Klarheit anschauend, verschwindet darin der damit identificirte Geist, aus nichtiger Trugwelt der Maya ins Nirwana eingehend.

Ohne die Natur „der verborgenen Eigenthümlichkeit" würde Buddha kein Dasein haben (nach der Sawarna Prabhasa), während die andern beiden Naturen (die der „Verwandlungen" und die der „vollkommenen Herrlichkeiten") der Sinnestäuschung (nicht dem Nirwana)[4]) angehören (s. J. J. Schmidt). Für die Gottheit fällt die cognitio quidditativa fort (nach Thomas Aq.).

An sich, als jenseits der Begriffe, unbegreifbar, ergiebt sich das Nirwana im Gegensatz zur trügerischen Maya, als das eigentlich reale[5]) Sein im Ding an sich, wie das ganze System des

---

[1]) ἢ καὶ δῆλον ὅτι ἡ σάρξ οὐκ ἔστι τὸ ἔσχατον αἰσθητήριον, ἀνάγκη γὰρ ἄν ἦν ἁπτόμενον αὐτοῦ κρίνειν τὸ κρῖνον (Aristoteles).

[2]) Nirwana is dharma-bhisamaya, the end or completion of religion, its entire accomplishment (s. Hardy).

[3]) Der Eintritt in Nirvritti gewährt „absorption into Prajna" (nach der Prajnika Swabhawikas). Der Pravitti (Thätigkeit) steht Nirvritti (Ruhe) gegenüber. Nach den Swabhawika ist Dharma die erste Person der Trias (s. Hodgson). Der Begriff des Himmels ist der des Ruhen's der Dinge als in ihrem Wesen (nach Meister Eckhart). Mit der Erhebung der Dinge zu Gott erfüllt sich der Endzweck der Welt (s. Bach). Das Ding an sich (Nichtgegenstand oder non-objectum) ist seinem Begriffe nach nur ein „negativer Grenzbegriff" (s. Krug), als ens cogitabile (ens per se).

[4]) Dem Erfülltsein des Pleroma steht (bei Valentin.) die Leere (κένωμα) gegenüber, mit scheinbar entgegengesetzten Namensbezeichnungen (wie im Buddhismus), aber dennoch für die wechselweise Beziehung von gleicher Bedeutung. Bei Scheidung von Geist und von Materie in ursprünglicher Panspermia (bei Basilides) erhebt sich die erste Sohnschaft zum „nicht seienden Gott" (s. Hippolyt).

[5]) Reell ist, was sein Sein auf nicht relative, und folglich auch auf nicht vergängliche, sondern auf schlechthin beharrliche Weise, was mithin dasselbe in sich selbst hat. In concreto ist dies der Geist nur allein (s. Rothe). The Prama or Inana (Mukti, Moksha, Nihsreyasa, Apavarga or Nirvana) is the summum bonum of philosophical Brahmanism (s. Williams). Prasna is identical with knowledge (prajna), in der Kaushitaki Brahmana (s. Cowell).

Buddhismus, selbst in seinen Auffassungen des, als zusammengesetzt, Vergänglichen, auf einem durchweg realen Gerüste ruht, von Realismus durchwebt ist. Der Gedanke, ein Nichts, als eigenen Gegensatz, denken zu wollen, für die Eschatologie, konnte nur dann in Gedanken kommen, wenn diese sich bei dem Anfang bereits an eine Schöpfung ex nihilo gewöhnt hatten, während der Buddhismus diese gefährliche Klippe erkannt, und mit allen Kunstgriffen, die seiner Erfindungsgabe zu Gebote standen, zu umschiffen gesucht hat. — Den Lokantarika, als innerlich in der Welt (bis zur Spitze des Bhuta Khota), stehen die Lokuttara gegenüber, als hinausführend bis zur Unermessenheit des Nirwana (aus dem Dunkel zum Licht) in das reale Sein[1]), dem Trug der Maya gegenüber.

Ursprünglich waren alle Dinge in Awidyamana[2]) (Verwirrung) verloren, bis die Anfänge hervortraten, und was dann wieder zu Grunde geht, fällt für die Ursächlichkeit in Awidyawa (Nicht-Bemerkung), woraus indess das Eintreten in die Erscheinung sich wiederholen kann, (nicht jedoch von Urbeginn)[3]).

Wenn alle die in Erleuchtung Gereinigten aufgestiegen sind (bei Basilides), „God shall bring upon the whole world the great ignorance[4]), that all things may remain in the place assigned to them by nature and desire nothing beyond" (s. Mansel). So,

---

[1]) Die Sinnenwelt ist ein trügerisches Abbild des κόσμος νοητός (wahrhaftigen Alls), als Inhalt des νοῦς (bei Plotin).

[2]) Tout est vide, tout est délusion, pour l'intelligence suprême. L'Avidya seul donne aux choses du monde sensible une sort de réalité passagère et purement phénoménale (s. Rémusat).

[3]) The Vedantist though he affirms, that Brahma alone is real, allows a Vyavaharika (practical existence) to souls, the world and Iswara, as distinguished from Paramarthika (real) and Pratibhasika (apparent or illusory existence). Die Schöpfung geht auf die Macht der Avidya zurück (s. Monier Williams) in Umhüllung (Avarana) und Vorbringung (Vikshepa). In der Leere (Sunya) manifestirt sich das Licht mit Aum, und hieraus kam das Alphabet (Maha-Varna) für das All (s. Nepal). Die Sankhya (Kapila's), als Niriswara, galt (bei Sankara) den Veda feindlich. Durch Sruti (Gehörtes) oder Offenbarung kann nicht (in den Opfern der Vedas) Freiheit von Leiden erlangt werden (nach Kapila). Haec igitur est solutio tota μετανοίας, quam dixit πίστις σοφία, quum servata esset in chao, et soluta est e vinculis caliginis (s. Schwartze), bei Valentinus (s. Petermann).

[4]) L'avidya primitif et radical (ken pen wou ming) date du terme sans commencement (s. Rémusat). Δοκεῖ γάρ μοι τὸ πᾶν ἀνώλεθρον εἶναι καὶ ἀγένητον, ἀεί τε γὰρ ἦν καὶ ἔσται (Okellus), δύναμις τῶν πάντων (bei Plotin).

wenn bei der Katastrophe der Weltzerstörung, die Bewohner
Janaloka's nach Brahmaloka gerettet sind, beginnt über dem
(nichtseienden) All das schweigende Dunkel der Awidya zu
lagern, bis gestört durch den, im herabziehenden Karma, von
Oben wieder in das Chaos einfallenden Lichtstrahl[1]), oder einen
spontan, zur Scheidung von Ormuzd und Ahriman, aufsteigenden Zweifel (um das Schöpfungsrad in der einen oder anderen
Weise in erste Bewegung zu setzen, für dann organischen
Verlauf).

Der Buddhismus schliesst in keiner Weise die Verehrung
anderer Götter aus, um so weniger, da er in seinen Wesens-
klassen (den Himmelsterrassen gemäss) das Dasein derselben
($\mu\nu\varrho i\alpha\sigma\iota\varsigma$ $\dot{\alpha}\gamma\gamma\epsilon\lambda\tilde{\omega}\nu$ $\pi\alpha\nu\eta\gamma\dot{\nu}\varrho\iota\varsigma$ gleichsam) anerkennt, und wenn ein
Gott der Lebenskraft, durch den Lingam (wie Siva) Nachkommen-
schaft zu gewähren, oder in Nanda den Ackerstier zu schützen
vermag, so würde, sich für solche Hülfe an ihn zu wenden, keinen
Vorwurf veranlassen, sondern solcher nur dann begründet sein,
wenn in den für derartige Zwecke vorgenommenen Cultushandlungen eine religiöse Zuflucht gesucht würde, in dem, für Dämonen-
dienste empfehlenswerthen Gott, eine Gottheit letzter Ursächlichkeit gesehen und etwa (wie bei Vithoba und sonstigen Popula-
risirungen) Absorption in die Bildsäule selbst (gleich der sonst bei
Schutzgöttern brahmanischer Trias in Glaubensphilosophie) an-
gestrebt würde, oder wenn Geburtsprivilegien[2]), wie von den
Brahmanen beansprucht, auch auf Tugendbelohnungen und daraus
fliessende Rechte ausgedehnt würden.

---

[1]) La Lumière précieuse engendre la liquidité, qui bouillonne à la surface
de la lumière ignée, d'ou provient le tourbillon d'eau, qui embrasse les mondes
(im Buddhismus), wie im Gnosticismus das Reich der Finsterniss aufbrodelt
(die Lichtpartikelchen zu sich hinüberzureissen). Die $\varkappa\alpha\varkappa\dot{\eta}$ $\pi\varrho o\alpha i\varrho\epsilon\sigma\iota\varsigma$ entsteht
aus der Mischung der vier Elemente (nach Clem.).

[2]) Since the triple Veda may not be heard by women, Sudras and de-
graded twice-born men, the Mahabharata (Bharatanam akbyanam) was, in his
benevolence, composed (Kritam) by the Muni (s. Muir). Der Verfasser Vyasa,
Bruder Bhishma's (und Vicitra-viraya's), als Vater Dhrita-rastra's und Pandu's
erscheint seinen Nachkommen für Rath (wenn bedurft). Den Paulicianern
machte die griechische Kirche das Grübeln der Laien in der Schrift zum Vorwurf. „Insgemein wurde dem Volke der Psalter gelassen, doch verbot das
Concilium von Toulouse (1229) auch diese in der Volkssprache" (s. Baumgarten-
Crusius), und Patriarch Gregor VI. die Uebersetzung der Septuaginta in die
„gemeine, unbewährte, verachtete, neugriechische Sprache" (1836).

Die Dhàtu-lôka (oder Djina-alamkara) begreift in den (18)
Dhatu (Tschakku-dhatu, Rupa-dhatu, tschakku-vinjana-dhatu·
sota-dhatu, sadda-dhatu, sota-vinjnana-dhatu; ghana-dhatu,
gandha-dhatu, gana-vinjana-dhatu; djihva-dhatu, rasa-dhatu,
djihva-vinjana-dhatu; kaya-dhatu, potthabba-dhatu, kaya-vinjana-
dhatu; mano-dhatu, dhamma-dhatu, mano-onjana-dhatu)Elemente,
nicht als materielle, sondern (nach der Abhidharma-kôça vyàkhyâ,
als gotra (famille, genre), werden die Elemente in ihren allgemeinen Charakteren unter der ihnen zugehörigen Form zusammenfassend (s. Burnouf), indem die sinnlichen Vermittlungen
auf das Manu-dhatu (im Manas) zurückgehen (zur mano-vinj-
nana-dhatu), und Vidjnana ist (nach der Garbha avakranti)
„l'élément générateur“, woraus Nama-Rupa[1]) hervorgehen und
worin sie zurückfallen. In den materiellen Elementen [2]) tritt Vidjnana hinzu im Pathavi (Prithivi-dhatu, Apo-dhatu, Tedjo-dhatu,
Vayo-dhatu, Akasa-dhatu, Vinjnana-dhatu). In Vinjnana, als
lichtvoll über das Gesicht hinausreichend, erlöschen (nach der
Digha-nikaya) die Elemente Wasser, Erde, Feuer, Wind (und
die übrigen). Die Erde ruht auf dem Wasser, dieses auf dem
Wind, dieser auf Aether (nach den Vaibhachika), und dieser
alldurchdringende Weltäther[3]) entspricht unter den Sinnesauf-

---

[1]) Als aus dem Sein oder Nichtsein durch den Willen erst Feuer, aus
dessen Wasser, aus dessen Nahrung hergebracht war, entwickelte die Gottheit, in diese drei eintretend, nama-rupa (nach der Chandogya-Upanishad).

[2]) Durch das erdige Element wird Erde begriffen, durch das wässrige
Wasser, αἰθέρι δ'αἰθέρα δῖαν, ἀτὰρ πυρὶ πῦρ ἀΐδηλον (Empedocles). Ardorem
qui aether nominatur, certissimum deum indicat (Kleanthes). Aus der Tanmatra entstehen die Elemente Akasa, Luft, Feuer, Wasser, Erde (nach der
Sankhya). Die Tanmatra-sarga (rudimental creation) führt sich zurück auf Linga
(Linga-sarira) oder Sucshma-sarira (ativahica). All things originate from earth;
if you can get at the radical principle the spirit of the green dragon is mercury,
and the water of the white tiger is lead (s. Martin) in der Alchemie Lü-tsu's
(der Tang-Dynastie), während der rothe Löwe mit seinen Verwandten die
Alchemie des westlichen Mittelalters unsicher macht. Καὶ ἡ ἐν τῷ πνεύματι
φύσις ἀνάλογον οὖσα τῷ τῶν ἄστρων στοιχείῳ (Aristoteles), indem der mit
(ewigen) Sternen verknüpfende Gedanke über das Irdische erhebt (und in den
Constellationen der Gestirne sahen die Peruaner die Prototypen der Wesenheiten auf der Erde).

[3]) The Soul (in der Nyaya) is eternal, because it is infinite, for whatever
is infinite, in likewise eternal, as the etherial element (akasa). Borboritae
(unter den Gnostikern) magnam matrem suam extra pleroma immensum pro-
jicientem foetum abortivum projecisse fabulabantur. Das προβάλλεσθαι (bei
Clem. Rom.) ist τροπή Gottes (s. Uhlhorn), während die Emanationen des

fassungen dem Gehör, so durch die Abha-svara (denen das Licht die Stimme) schaffend (im Logos), während die Grundlage sinnlicher Auffassung im Auge (dem Feuer angehörig) liegt, die directe Begreifung der Rupa im nächsten Anschluss an Manas, und hierfür entspricht (nach der Tamraparniyas), als correspondirendes Element, Ârûpyadhâtàu, oder die Rupa [1]) (nicht in ihrer heterodoxischen Verneinung des Arupa, sondern) in ihrer uneigentlichen Form. Die Mongolen führen als Grundstoffe auf: die Erde, das Wasser, das Feuer, die Luft, den Himmel und das Wissen oder Erkennen, als Wille (nach J. J. Schmidt), und letzteres also, als Anfang und Ende der Schöpfung (im durchwaltenden Dharma). Bei der Vaibhasika wird das Unzusammengesetzte als Substanz [2]) anerkannt (s. Wassiljew) mit Einschluss der Tattvata (Wesenheit).

Srilabha nannte alles Nichtzusammengesetzte, und ebenso auch die nicht entsprechenden Samskara, nominal, aber Rupa und Erkenntniss (Geist und Materie) real (s. Wassiljew).

Nicht substantiell ist die Negation, in welcher die Substanz auf der Seite der Negation liegt (nach den Sautrantika). Die Jogatschara, als den Gedanken allein anerkennend (Tschittamatra) legen das Buch Vidschnanavadin zu Grunde (als nur die Vidschnana schätzend). Ἄποιος γὰρ ὁ ϑεός (bei Philo.), der Demiurg als διττός (aus doppelter Beziehung).

Nach den Sautrantika lässt sich kein Object ohne Form deutlich vorstellen (s. Wassiljew). Ausser dem Grahaguhja (Begriff und Vernunft) giebt es keine anderen Merkmale, so

---

Lichtreichts im dunkeln Urgrund ausströmen. Oromazes schuf (ἐξ ϑεῶν) τὸν μὲν πρῶτον ἐννοίας, τὸν δὲ δεύτερον ἀληϑείας, τὸν δὲ τρίτον εὐνομίας, τῶν δὲ λοιπὰν τὸν μὲν σοφίαι, τὸν δὲ πλούτου, τὸν δὲ τῶν ἐπὶ τοῖς καλοῖς ἡδίων δημιουργόν (Plut.). Im grossen Weltjahr steigen 365 Himmel herab (s. Baur), astrologisch verwerthbar. Die Materie (bei Numenios) ist ποταμὸς ῥοώδης καὶ ὀξύρροπος, βάϑος καὶ πλάτος καὶ μῆκος ἀόριστος καὶ ἀνήνντος (s. Euseb.).

[1]) Als Dhatu (getheilt in Rupadhatu, Arupadhatu und Nirodhadhatu) werden Sankhatadhatu und Asankhatadbatu einander gegenüber gestellt.

[2]) Nur wenn man (mit Leibnitz) die Substanzen der sogenannten materiellen Welt für gleichartig mit der Seele und der denkenden Substanz nimmt, und alle Arten der Substanzen nur als Entwicklungsstufen betrachtet, wird man von dem Cirkel befreit, der aus dem Materialismus in den Idealismus und von diesem in jenen treibt (Teichmüller). Während die ὕλη accidentelle Substanz, ist die höhere und wesentliche Substanz (das eigentliche τί ἐστιν) in dem εἶδος selbst enthalten (s. Engel).

dass Alles leer[1]) ist (nach den Jogatscharja). Ausser der Existenz der Ursachen giebt es kein Graha, und als was der Sinn in ihm erscheint, das wird auch sein Graha genannt. Jede Substanz ist Augenblicklichkeit (nach den Sautrantika). Jede Substanz ist, als zusammengesetzt aus einer Vereinigung von Ursachen (Ingredienzen) Augenblicklichkeit, denn sie existirt nur einen Moment der Entstehung (d. h. die Existenz der Substanz ist eine Reihe von Momenten der Entstehung). Man kann in ihr den Charakter der Entstehung nicht von dem Charakter der Zerstörung trennen (s. *Wassiljew*). Die Upadana-(Sambhutah-) Skandha wachsen aus Upadana hervor (in der Illusion)[2]), wie die Blumen und Früchte eines Baumes (nach der Abhidharma Koça) im magischen Banne (Mara's). Die zehn Bodhisatwa-Regionen auf Erden und ihr Paramitas sind die Abbilder, der Wiederhall oder Wiederschein der zehn Bodhisatwa-Bhuwanas des himmlischen Pradschna (s. J. J. Schmidt). Draya (substance)[3]) begreift (nach Kanada) earth (prithivi),

---

[1]) Als Trini-lakshnani (drei Merkmale) begreift (im Mahajana) Parikalpita den Irrthum wahrhaftiger Existenz, Paratantra die Abhängigkeit der Existenz von Andern und Parinishpanna, das Höchste als Leerheit (Allen gemein). In Antah-Karana sind (nach der Vedanta) zwei Pramanas eingeschlossen, als Anupalabdhi (non-perception or negative proof) und Arthapatti (inference from circumstances) neben den Uebrigen (s. Williams).

[2]) Was den Menschen Wasser, erscheint den Göttern Nectar und den Pretas Blut (nach der Jogatscharja). In der Hishai-Sutra werden verschiedene Arten Nahrung unterschieden, die faulige, wie gegessene, die nur durch Berührung aufgenommene, die durch Betrachtung aufgenommene und die durch Verständniss aufgenommene. Men eat, the Kwai-sin touch, the occupants of the Dhyana Heavens contemplate, tho Devas of the highest worlds (as well as the occupants of the Narakas) know (s. Beal). Manichaei, uti solent India ac Tibetani Budistae, ab ovis abstinebant (Georgi). Den Auserwählten war selbst die Tödtung „eines Pflanzenlebens bedenklich (und agrum etiam spinis purgare, nefas habent"). Aqua duntaxat, quam vasculo argenteo inclusam secum, perpetuo gestant, oris extrema abstergent, ut si forte animas potui, ciboque implexas labiisve inherentes adtraxerint, mundam ibi sedem eis exornent aut purgent contaminatas (die Tibeter). Tatian setzt Seelen in Gestirne, Engel und Pflanzen, in Menschen und Thiere (ein und dieselbe, mit Unterschieden).

[3]) τῆς μὲν οὐσίας ὑπομενούσης τοῖς δὲ πάθεσι μεταβαλλούσης τοῦτο στοχεῖον καὶ ταύτην τὴν ἀρχήν φασιν εἶναι τῶν ὄντων (Aristoteles). Die οὐσίαι (Substanzen) theilen sich (bei Plato) in νοηταὶ καὶ ἀκίνητοι und αἰσθηταὶ καὶ ἐν κινήσει. Substance is the intimate cause of an aggregate effect or product, it is the site of qualities and of action, or that in which qualities abide, and in which action takes place (in der Nyaya). Nine are enumerated

water (apas), light (tejas), air (vayu), other (akasa), time (kala), space (dis), soul (atman), the internal organ (manas) in der Vaiseshika (s. Williams).

Indem sich mit der Bhutarupam[1]), die als elementare Grundlage überhaupt vorhanden sein würde, die Upadayorupam in der Rupakhando verbindet, so ist damit wieder ein Kleben (Upadana) an die Aussen-Existenzen (ein Ansaugen gleich sein), und als Weiterfolge eigener Existenz (in Bhava)[2]) hergestellt, die nun nach des Paṭiccasamuppádo (der Kette der Ursächlichkeiten) im Kreise der Ursächlichkeiten(Paṭiccasamuppádacakham) umhergetrieben wird.

Unter den Sinnen der Rupakhandho wird Rupa im Besondern wieder als das Correlat für Cakku (das Auge) genommen, wie Kaya für das Gefühl (des Körpers), während „there are two kayas or aggregates, which united make up the sentient being, namakayo and rupakayo, the letter is the Rupahandho as organized body" (s. Childers).

In Rupakhandho[3]) ist neben Bhútarúpam[4]) (vierfach)

(s. Colebrooke). Der Demiurg ist aus der ψυχική ουσία gebildet (bei Valentin.). ουσία άπειρος, εις ύψος απέραντος (als Wesen Gottes). Das Weltall ist die Selbsterscheinung und Selbstverwirklichung Gottes (s. Oken). Die ewige Materie enthält schon die Formen der Dinge keimkräftig in sich (nach Averroës). Die Atome, als contra activitatis, sind von einer Sphaera activitatis umgeben. Deha is derived from the five Bhutas and Jiva from the Angas of Swayambhu (s. Hodgson). Body (Sarira and Deha) was produced from the five elements and soul (prana and jiva) is a particle of the essence of Adi-Buddha (in Nepaul). Pracriti or Mula-Pracriti (the root or plastic origin the of all) is termed Pradhana (s. Colebrooke). Vishnu is both Bhutesa, lord of elements or of created things, and Viswarupa, universal substance (s. Wilson).

[1]) The supreme being (in der Vedanta) „is the invisible (adresya) ungrasped source of all beings" (Bhuta-yoni).

[2]) Bhavo begreift (s. Childers) Kámabhavo, rúpabhavo; arúpabhavo (sensual existence, corporeal existence, formless existence), ύλη γάρ έοικέ γε στοιχεία (s. Aristoteles). Die ύλη als ύποκείμενον (ουσία) wird zur ύλη ποιά (im Zutritt des ποιόν). Die Gottheit als νόμος ισοκλιτής. Ordo et connexio idearum idem est ac ordo et connexio rerum (Spinoza). Jung Stilling identificirt den Aether (als feine Himmelsluft) mit Newton's Sensorium dei.

[3]) Ausser für Rupakhando (s. Childers) in another technical sense Rúpam or form is the correlative of Cakkhu, Eye (cakkhumanto rúpáni dakkhinti).

[4]) Zur Rupa gehören vier Mahaputharup (als Elemente). Mit Mahaputarub (der Elemente) bildet Upathajarub den Körper. Die nur als Erscheinung (mit ihrer Anschauungsform) erkennbare Materie ist mit „ursprünglicher Bewegungskraft" (in vis repulsiva und vis attractiva) bewegend (mit der Kraft, als

Upádáyarúpaṁ begriffen (upádiyati, to take hold of, to cling to the world, to have upádána or attachment).

Die Bhutas [1]) (Earth, Water, Fire, Air, Akasa) entsprechen den Indriyas (Skin, Palate, Nose, Ear, Eye) und den Ayatana (Tangible properties, Savours, Odours, Sounds, colours or forms). Neben den áçraya (receptacles) áçrita (choses reçues) und álambana (support) in 18 dhatu bis zum dharma, erkennen die Yògàhchàra noch eine Manòdhatu (s. Burnouf). Durch Phasa (Berührung) wird der Ayatana (der Sinne) mit Arom [2]) in Beziehung gebracht. In Tsekka-Winyan ist (für das Sehnen) Ayatana und Arom zusammenbegriffen.

Den Chadayatana als Adhyatmika ayatana (inneren Sitze) der sechs Sinne, stehen die Bahya ayatana (äussere Sitze) gegenüber (le Dharma, la loi, le mérite ou l'être). In der Rupakhando findet sich Akasa-dhatu (als Raum). An den sinnlichen Qualitäten der (vier) Elemente [3]) haften die „feinen oder Ur-Elemente" (Tanmatra der Sankhya). Die Monade (der 2401ᵗᵉ Theil einer Haarspitze, oder ¹/₇ Atom) ist achteckig, aus 8 Elementen gebildet (nach den Sautrantika), unzusammengesetzt (s. Wassiljew). Die Tanmatras, „out of which the grosser elements (Maha-bhuta) are evolved" (in der Sankhya), entsprechen

---

Ding an sich). Anaxagoras wollte in die ewig ruhende Materie die Bewegung durch ein Anderes (mit der Intelligenz oder dem Nous) hineinbringen (ἐμποιεῖν). Die Monade ist Verbindung von sechs (Seiten) nach den Sautrantika (s. Wassiljew). Jede Monade ist aus acht Elementen gebildet (dann achtseitig). Aus der Materie (Prakriti oder Pradhana) entwickelt sich (in der Sankhya) zuerst ⸱die Intelligenz (Buddhi oder Mahat). Credunt herbas, plantas, pecora, aerem, aquam, terram omnia denique anima rationali donari (die Tibeter) in den Wanderungen (s. Georgi). Die Statue (in Sanctuario Giangranatae) war gefertigt „ex cineribus Chrishnu in lapidem versis" (s. Georgi). Argium per μεταμψύχωσιν illigatum insitumque arbori, conjectura profertur. Aristoteles bezeichnet den Nous als προγενέστατον (καὶ κύριον κατὰ φύσιν).

[1]) Nach den Audianern war Finsterniss, Wasser und Feuer ἀγένητα (bei Theodor). Das πνεῦμα ἀντικείμενον (bei Eusebius) bezieht sich auf das Feuer (als angelus igneus).

[2]) Arammaṇaṁ (that on which anything rests or dwells) begreift rupam, saddo, gandho, raso, phasso, dhamma (s. Childers).

[3]) The Cattáro Mahábbhútá (four elements) are paṭhavidhatu, ápodhátu, tejodhátu, vayodhátu (s. Childers). All that has an existence, is but an aggregate of earth, water, fire and air, all the forms are but modifications and combinations of the four elements (s. Bigandet). The heart is composed of the four elements (im mano mit Nam-dhamma).

(s. Monier Williams) den πρῶτα στοιχεῖα (bei Plato) oder στοιχεῖα στοιχείων und dem ῥιζώματα (bei Empedocles).

Aus dem Bhut, als elementarer Grundlage der Wesenheiten, vermittelt im Buddhi[1]) oder Mahat der Sankya sich der Uebergang zum Buddha, auch für Einkörperungen[2]) der Seele in fortlebenden Gottheiten (wie in tibetischer Hierarchie), als Bhuti.

Für die noch concret gefasste Seele ergiebt sich dann auch die Preta-bhava[3]), während später die eine Existenz-Schicht dort in der Menge der höheren, um so tiefer verschwindet und für die Gestaltungsform des Körperlichen[4]) stets frisch (je nach dem typischen Eingriff) aus dem Hypokeimenon geschöpft wird.

---

[1]) Buddhi (in der Nyaya) is towfold, notion and remembrace (s. Colebrooke). Ut enim Lhama Supremus Tibetanorum unum idemque se esse gloriatur cum Sole et Luna, ita et Magister Manetis semetipsum appellavit Βουτώ, Buto, Mind, scilicet luminare (Georgi). Die Materie entsteht gleichsam durch Verdichtung des Geistigen, aber das ἀσώματον πάθος wird zuerst eine ἀσώματος ὕλη (unter den Leiden der Achamoth) bei den Gnostikern (s. Baur).

[2]) Nachdem die Seele Mara-Bhuti's seit erster Janma (Geburt) in Potampur (unter Ari-vind) neun Formen (der Wiedergeburten) durchlaufen, wurde von Bama-rani (im Traum durch eine Schlange umwunden) Parswanatha (als Tirthancara der Jainas) geboren (s. Delamaine).

[3]) Pretya-bhava (the condition of the soul after death) is Transmigration (in der Nyaya). Wenn die Wanderungen der Wiedergeburten begonnen, kann eine einzelne Schicht nicht mehr genügen, und die Metempsychose dehnt sich dann auch im Buddhismus zuweilen bis zu den Pflanzen aus (wie bei den Manichäern) oder selbst bis zu leblosen Gegenständen, deren Seelen von Fijiern gesehen sind. Die Ophiten schrieben auch den Steinen Seelen zu (nach Hippolyt). Die Pretas oder (tibetisch) Yidag sind von stetem Hunger gequält (wie auf Ceylon). Ob arctissimas faucium angustias vix hiscere queunt (Ithakjne).

[4]) Resurrectio magis respicit corpus, quod post mortem cadit, quam animam, quae post mortem vivit (Thom. Aq.); ἐγερεῖ ὁ πατήρ (bei Ignatius) in Uebereinstimmung mit dem Erstling (ἀπαρχή) der Entschlafenen (Clem. Rom.), πάλιν συνάγων ποιήσαι, τὸ αὐτὸ τῷ πρότερον γεγονότι ἐπ' αὐτοῦ σώματι (Just.), wie bei Umformung eines zertrümmerten Gefässes (Theophilus) oder Umgiessung einer bronzenen Statue (Methodius) aus Scherben zusammengeklebt (nach Gregor Nys.). Deus confracta reparabit, non ex alia aliqua, sed ex veteri materia (Hilarius). Nichts geht verloren, quod naturaliter corpori inerat (Aug.). Ita ut ne unus quidem capillus capiti desit (Ephraim). Nach Hegel ist die Unsterblichkeit „seiende Qualität", aber „in der Schule wurde dieser Punkt als ein ἄρρητον behandelt" (s. Erdmann), und so die „Geheimlehren". Nach F. Richter kann von persönlicher Fortdauer keine Rede sein, „die übrigens nur der Egoist wünsche", während (nach Weisse) „die Principien der neueren Philosophie Daten an die Hand geben, die Unsterblichkeit der Wiedergeborenen zu deduciren" (indem das „Absolute als per

Wie in den Ahnentafeln der Chinesen wendet sich der Cult der Brahmanen an die Pitri und überall werden σπονδαί (parentalia oder libamina) als Todtenopfer einer oder andern Form dargebracht, unter den entsprechenden Modificationen, wie in den Soma-Spenden beim polynesischen Kawa-Trinken u. s. w. Hat sich mit dem Schöpfungsbegriff der Welt nach dem Willen einigen Gottes das schliessliche Schicksal der Seelen in Himmel und Hölle bis an das Ende gerückt, so bietet sich ein Mittelzustand in dem Kegelgebirge des Purgatorio (bei Dante) und die bis zu photographischen Bildern, „welche bisweilen verstorbenen Verwandten und Freunden ähneln, gewöhnlich aber sehr undeutlich sind" (s. Perty) von den Spiritisten gesuchte Aufrechthaltung des Zusammenhanges mit den Abgeschiedenen, liegt, wie der Volksglaube (bis zum Zechen der Todten im Nobiskrug) zeigt, in natürlichem Sehnen des Menschenherzens begründet. „Die Natur selbst scheint sich bei dem Gedanken zu entsetzen, dass die Bande der Zuneigung, welche uns in diesem Leben einigen, zerrissen werden könnten durch die Hand des Todes" bemerkt Wisemann in Betreff der Fürbitte für die Verstorbenen und ihres „tröstlichen Einflusses". „Dagegen weiss der Altkatholik über den Tod hinaus nichts mehr für seine Angehörigen zu thun" (s. Oswald). „Es findet das erste Gericht sogleich nach dem Tode statt, welches persönlich für einen jeden bereits sein ewiges Loos entscheidet, in dieser Entscheidung ändert sich nichts, wohl aber vollendet sich der Abgeschiedenen Zustand selbst zu einem definitiven, bleibenden, erst nach der Auferweckung des Leibes und dessen Wiedervereinigung mit der Seele durch das letzte allgemeine Weltgericht" (s. R. Hofmann); „der Leib ruhet und verwest unterdess im Grabe" (bis die Redemptio „plane perficietur").

Die Buddhisten füllen nun diesen Zwischenzustand der Unthätigkeit, um die für Erlösungsbestrebungen kostbare Zeit

---

sönliches" zu nehmen). Dann Göschel, in Betreff welches „die nicht Unrecht hatten, welche sagten, wir machen den Menschen mit Haut und Haar unsterblich, während nach Feuerbach und Richter auch nicht ein Haar vom Menschen fortdaure." „Aufjauchzen werden ja die Gebeine, die erniedrigt waren" (s. Bautz). Die Seelen der noch ungeborenen Menschen finden sich (bei Klopstock) auf dem dunkeln Weltkörper Adamida (bis vom Uriel abgeholt). Mit der Schwalbe fliegt der Storch dem Wagen des Nerthus im Frühjahr voran, und so dem Brautwagen, als Odebero, Kinder bringend, bei den Hidatsa (s. Matthews) aus der Höhle Makadistati erlangt (mit Spielzeug).

nicht nutzlos verloren gehen zu lassen, mit den Kreisläuften der Wiedergeburten aus, in welchen bei ernstlichem Vorsatz Gelegenheit zur Vermehrung der Tugendverdienste geboten ist. Auf der andern Seite zweifeln sie indess, unter solch unaufhörlichen Raddrehungen, das Gerüst der Persönlichkeit intact bewahren zu können, und müssen, mit dem Zerreissen des Fadens (mit dem Auseinanderfall der verschiedenen Existenzen), auf einen sympathischen Rapport der Zurückgebliebenen mit den Dahingegangenen verzichten (sofern nicht das allzu lebhaft ausgesprochene Volksbedürfniss für seine Befriedigung eine Hinterthür hat finden lassen). Das Heilswerk liegt also ganz und gar Jedem selbst ob, ist völlig von seiner eigenen [1]) Anstrengung abhängig, und liegt damit also auch durchaus in seiner Hand. So bei denjenigen Völkern, die man als „passive" bezeichnet hat. In kräftiger wogendem Geschichtsleben dagegen stellt sich, welches Schicksal auch für den Einzelnen die Zukunft bergen mag, in der grossen Geistergemeinschaft gesellschaftlicher Gedankenschöpfungen jene Einheit her, die dann harmonisch das Ganze umschliesst.

[1]) Wenn wir fehlen, so wendet sich Gott nicht von uns ab, er zürnet nicht, und entfernt sich nicht von uns, ebensowenig kehrt er, wenn wir bereuen, selbst zu uns zurück und nähert sich wieder begütigt; denn das sind menschliche Handlungen (nach Simplicius) und Rede der Gottlosigkeit, „welche zwar zugesteht, dass göttliche Wesen seien und für die menschlichen Dinge versehen, aber durch Gaben und Weihgeschenke und Geldvertheilung verführt werden können" (s. Enk). Τῶν ὄντων τὰ μέν ἐστιν ἐφ᾽ ἡμῖν, τὰ δὲ οὐκ ἐφ᾽ ἡμῖν (Epictet.).

Die im Absoluten versteckten Klippen des Anfangs und Endes vermeidend, tritt der Buddhismus für die Entstehung in das Werden hinein, wo die relativen Beziehungen im Abwägen der Gegenseitigkeiten die Möglichkeit einer soweit giltigen Erklärung (unter der Form des jedesmal festgestellten Systems) gestatten zu können scheinen. Die Weltzerstörungen [1]) sind particlle [2]), unter Zurückziehen der höheren Wesen in die nach Oben weiter aufsteigenden Terrassen, in denen sich dann der Ansatzpunkt für die Erneuerung finden lässt, aus der Unterlage jenes Elementaren, wofür in atomistischen Theorien uranfängliche Monaden, als an sich gegeben, zugelassen werden, obwohl die Schwierigkeit eben in solchem Uebergang aus der Null zur Eins liegt, nach deren einmaliger Setzung alles Uebrige dann natürlich leicht genug ist, weil aus den Zahlen [3]) durch sich selbst herausgerechnet. Nach Nikomachos existirt die Arithmetik [4]) vor Allem in

---

[1]) Nachdem durch Einfall der Brigun-Ciattra aus Norden alles Gute in Tibet vernichtet ist, sol totam ignis sui copiam diffundet, modo enim vix tenuem scintillam emittit. Sic universus terrarum orbis conflagratus primum incendio, deinde aquarum diluvio submersus peribit (s. Georgi). So geht der Einfall der Gog und Magog dem Weltuntergang vorher.

[2]) Whenever the Kappo is destroyed by fire, it is only consumed from Abhassaro downwards, when by water, it perishes below the Suhakinno, and whenever by the wind, it is destroyed below the Wehapphalo (nach dem Patisambhidan).

[3]) Die Mosleminen unterscheiden in der Ewigkeit Azl (ohne Anfang) und Abil (ohne Ende). Als vollkommenste Zahl ist die Vierzahl (bei den Pythagoriern) zugleich die Zahl der vollständigen ($\tau\rho\iota\chi\tilde{\eta}\delta\iota\alpha\sigma\tau\alpha\tau\acute{o}\nu$) Räumlichkeit (s. Erdmann). In geometrischer Begründung weisen die Pythagoräer jedem Elemente als Urgestalt je einen der fünf regelmässigen Körper zu.

[4]) $\mathcal{A}\rho\iota\vartheta\mu o\grave{\upsilon}\varsigma\ \mu\grave{\epsilon}\nu\ o\acute{\iota}\ \Pi\upsilon\vartheta\alpha\gamma\acute{o}\rho\epsilon\iota o\iota\ \varkappa\alpha\grave{\iota}\ \lambda\acute{o}\gamma o\upsilon\varsigma\ \grave{\epsilon}\nu\ \tau\tilde{\eta}\ \acute{\upsilon}\lambda\eta\cdot\ \grave{\omega}\nu\acute{o}\mu\alpha\zeta o\nu\ \tau\grave{\alpha}\ \alpha\check{\iota}\tau\iota\alpha\ \tau\alpha\tilde{\upsilon}\tau\alpha\ \tau\tilde{\omega}\nu\ \check{o}\nu\tau\omega\nu\ \mathring{\eta}\ \check{o}\nu\tau\alpha$ (Simpl.). Die Pythagoräer fassten die $\tau\epsilon\tau\rho\acute{\alpha}\varkappa\tau\nu\varsigma$, als $\pi o\gamma\grave{\alpha}\nu\ \grave{\alpha}\epsilon\nu\nu\acute{\alpha}o\upsilon\ \varphi\acute{\upsilon}\sigma\epsilon\omega\varsigma\ \acute{\rho}\iota\zeta\acute{\omega}\mu\alpha\tau$ $\check{\epsilon}\chi o\upsilon\sigma\alpha$ und Marcus (bei Iren.). Pytha-

dem Denken des künstlerisch schaffenden Gottes (s. Heinze).
Die Pythagoräer (bei Alex. Pol.) lehrten die Monas als Prinzip
aller Dinge (woraus sich die Dyas entwickelte).

Der Buddhismus geht nun auch für die Atome noch wieder auf die Entstehung[1]) aus einem Werden zurück, und findet,
zur Beruhigung, den letzten Abgleich in der Harmonie des
Kosmos, die (chemisch in den Wahlverwandtschaften gleichsam
repräsentirbar) eine psychische Weltordnung mitbegreift, und
so das physische Weltgesetz[2]) mit dem moralischen in einander
schlingt, unter wechselsweisen Vorbedingungen zu einander.

In der ursprünglich allgemeinen Leere entsteht durch den
„Causarum nexus" ein Wind[3]), der Wolken zusammenballend,
daraus einen Regen ergiesst, und in dem Meere heftiger auf-

---

gorae quaternationem velut genesim matrem omnium (esse omnium initium
et substantiam generationis Hen, id est Unum). *Ἀνάλογος μονάδι καὶ τῇ τοῦ
πέρατος αἰτίᾳ παρὰ τοῖς θεοῖς ὁ πατήρ, δυάδι δὲ καὶ τῇ γεννητικῇ τῶν ὄντων
ἡ μήτηρ* (bei Proclus).

[1]) In der Welt ohne Anfang, wachsen die Wirkungen aus ursprünglichen
Wurzeln fort (nach der Vedanta), wie die Pflanzen aus dem Saamen (vijankura-vat). Brahma (that from which the production of this universe results) ist, als „the repository (asraya) of actions and effects" (bei Sankara)
derived from the Root Brih or Vrih, to grow and expand (s. Monier Williams).
Und so im Hawaiischen Pa. Die Gottheit (bei den Stoikern) enthält alle
λόγους σπερματικούς, d. h. alle ersten Ursachen und Grundstoffe der Materie
und thätigen Wesen in sich (s. Tiedemann). Mit den *σπερματικοὶ λόγοι*
(s. Decoster) „commence la procession infinie des êtres" (*πρόοδος*) in zeugenden Lebenskräften (bei Plotin). Weder durch Gott (als Mahadeva oder
Vasudeva) noch durch den Geist oder die Materie kann die (anfangslose)
Welt geschaffen sein (nach Yaçomitra), durch die als Saamen in den Mutterleib der Sige (Mutter des Nous) gelegte *προβολή* (bei Val.). Die Bogomilen
bildeten *τὸν πατέρα μὲν ὡς γέροντα βαθυγένειον* (als *πρεσβύτης τρίτος* der
Manichäer).

[2]) La grande terre repose sur un tourbillon ou roue de métal, cette roue
sur un tourbillon d'eau, celui-ci repose sur un tourbillon d'air et de vent de
la même épaisseur, et le tourbillon d'air est appuyé sur un tourbillon d'éther,
qui bien qu'il ne soit appuyé sur rien, est contenu par l'effet de la conduite
des êtres vivants dans le monde, c'est-à-dire, que l'existence du monde matériel tient à la moralité des actions, laquelle prolonge leur séjour individuel
ou les réunit finalement à la substance universelle (s. Rémusat).

[3]) In dem ausgedehnten Luftkreis (Dotoroki Kojmandrall) wird in der
Schicksalsbestimmung aller Wesen (Amitan näjden chubi Sajagaar) ein leerer
Raum (Choossum ajaartu) durch einen Wind zusammengedrängt (nach dem
Järtuontschinn Tooli). Wie die Spinne ihr Netz ein- und auszieht, so tritt
aus dem unzerstörlichen Geist das All hervor (nach der Mundaka-Upanishad).

brausend einen Schaum aufwirft, als Terra auri (Scher chy Sasgi). Indem dann der wirbelnde Wind Wogen erhebt, „emersit ex his infinitus numerus atomorum (in 5 Arten), aliae enim terrae (Sa), aliae auri (Ser), aliae chrystalli (Scel), aliae pretiosi rubrique coloris lapidis (Pema seu Paimarca), aliae demum Bedshuria (Grünstein's), naturam habebant. Ex terreis coactisque atomis constituerunt quattuor Mundi partes et insulae, sive octo continentes (s. Georgi).

Und für diese irdischen Atome, im Gegensatz zu den Kleinodien eines Mani, (die auf den demantenen[1]) Körper Buddha's hinführen), geht dann die Analyse weiter, um in der Synthesis aufzubauen, unter minutiöser Festhaltung an Details, wie auch bei den Zeitbestimmungen, wo durch kolossalste Zahlenanhäufungen die im Wortklang verwischenden Ausdrücke der Ewigkeit oder Unendlichkeit vermieden, und selbst Einzelnheiten haarscharf[2]) ausgerechnet[3]) werden (wie in der mit $1/_{2401}$ einer Haarspitze gleichgesetzten Atomgrösse).

Von den 5 Arten der Atome, „the first consists of that fluid, by which all bodies are penetrated (though invisible to man, yet visible to the Nat), the second species is that very fine dust, which is seen dancing in the air, when sun's rays penetrate, through any aperture, the third of the dust raised from the earth by the motion of animals or vehicles, the fourth comprises those grosser particles (which remain fixed to the ground),

---

Germen seu semen Mundi appellant Ixorettam (Malabares et Coromandelenses), in summitate funiculi orbes omnes conditos conjungentis (und Quevelinga als Dreieck auf dem aus der Erde hervorragenden Berg).

[1]) Die drei Personen sind (in Tibet) verschieden, ma l'essenza é una sola; l'essenza di questo lor Dio é unita al corpo, é questo corpo é d'una pietra pretiosa a guisa di cristallo, o sia di splendidissimo diamante (Hor. de la Penna) Unter den 108 Arten der Samadhi wird die Diamantektase (Vadjrasamadhi) vom Bodhisattwa geübt.

[2]) Nach Oswald „ist durch sorgfältigen Kalkül herausgebracht, dass 100 Quadratmeilen irdischer Fläche für die ganze Unmasse der Menschenleiber, welche während 6000 Jahren, selbst wenn man die gegenwärtige Bevölkerung der Erde als beständig während dieser Frist ansetzen wollte, gelebt haben könnten, noch zureichenden Raum gewähren würden" („beim letzten Stoss der Posaune").

[3]) Le décuple quadrillion reçoit en chinois le nom de Heng-ho-cha, qui signifie sable du Gange (Rémusat). So im Ziffernwerth ferner für die Staubtheile des Universum u. s. w.

the fifth species consists of those little particles which fall, when writing whith an iron pen upon a palmleaf". Dann machen 36 Atome erster Klasse 1 Atom zweiter, 36 dieser 1 Atom dritter, 36 ferner 1 Atom vierter, und 36 davon 1 Atom fünfter, wogegen 7 Atome „are equal in size to the head of a louse, seven of such heads equal a grain of rice, seven grains an inch, twelve inches a palm etc., 2 palms a cubit, seven cubits one xa, 20 xa one ussoba, 80 ussoba one gout, 4 gout a yuzena, containing 6 leagues" (s. Sangermano). Damit könnten sie dann in ihrer Art eine gesicherte Basis gefunden zu haben meinen, wie das Decimalsystem auf $1/10000000$ aus $1/4$ Meridian (und Ausrechnung der lieu or league in Meter). Die aus Handlungen in früheren Existenzen folgenden Leiden „exert upon the soul an irresistible power (s. Williams), als Adrishta" (felt and not seen)". Die Atome (Anus) „are eternally aggregated, desintegrated and redintegrated by the power of Adrishta (nach der Vaiseshika). The rudimentary [1]) elements are placed upon the rudiments of prajna, and the rudiments of prajna are placed upon prana (nach der Kaushitaki-Brahmana).

Aus der den periodischen Zerstörungen nicht unterworfenen Region des zweiten Dhjana wehet[2]) zur Zeit einer neuen Weltentstehung[3]) ein heftiger Wind herab, der die Region des

---

[1]) The mote, which is seen in a sun-beam, is the smallest perceptible quality. Being a substance and an effect, it must be composed of what is less, than itself, and this likewise, is a substance and an effect, for the component part of a substance that has magnitude, must be an effect. This again most be composed of what is smaller, and that smaller thing is an atom. It is simple and uncomposed (in der Nyaya). The first compound consists of two atoms (s. Colebrooke).

[2]) When the waters have reached the region of the seven Rishis and the whole of the three worlds is one ocean, they stop (nach der Vishnu Purana) und dann bläst Vishnu's Athem herab, als Wind (s. Wilson).

[3]) Tous les êtres étant contenus dans la très pure substance de la pensée, une idée surgit inopinément et produisit la fausse lumière. Quand la fausse lumière fut née, le vide et l'obsurité s'imposèrent reciproquement des limites. Les formes qui en resultèrent étant indeterminées, il y eut agitation et mouvement, de là naquit le tourbillon du vent qui contient les mondes. L'intelligence lumineuse était le principe de la solidité, d'ou naquit la roue d'or qui soutient et protège la terre. Le contact mutual du vent et du métal produit le feu et la lumière, qui sont les principes des changements et des modifications. La lumière précieuse engendre la liquidité, qui bouillonne à la surface de la

ersten Dhjana bildet. Aus dieser Region des ersten Dhjana erzeugt sich alsdann, ebenfalls durch einen unterwärts wehenden Sturmwind, die darauf folgende Region der höheren Geister-Emanationen (nach dem Tschichola Kereglektschi), und wenn (nach Bildung noch mancher Regionen für immer geringere Geister) die Sturmwinde die untersten Gegenden des leeren Raumes erreichen, bildet sich dort die Luftanhäufung, die das Prinzip der materiellen Welt wird (s. J. J. Schmidt). Als zuerst im Raume des Leeren[1]) ein starker Wind aus allen zehn Gegenden zugleich blies, so entstand von dem Hin- und Herstossen desselben eine bläuliche, Alles umfassende Luftanhäufung (nach Ssanang-Jetsen).

Auf seine aus dem Winde der Gedanken zusammengewehten Atome die Welt zu begründen, solch unsicher unterliegenden Stützen die Felsmassen des centralen Pfeilers[2]) anzuvertrauen, schien dem buddhistischen Demiurgen bedenklich, und so kam er auf den Ausweg der Indianer Amerika's, wo ebenfalls Wasser zu Gebote stand. Auf diesem konnte eine Schildkröte schwimmen, mit dem Rücken herüberragend, zum Ansatze[3]) von Erde, und indem sie nun durch den, der sie ins Leben gerufen, versenkt wurde, mochte sie, wie in Vishnu's Avatara für das Buttern

---

lumière ignée (s. Rémusat). Die Mächte der Finsterniss, in wilder Wuth einander umherjagend und auffressend, gelangen (bei den Manichäern) an die Grenze des Lichts, und rathschlagen dann, sich damit zu mischen (s. Theodor). Durch das grosse Sehnen der Finsterniss nach dem Licht und Kraft Gottes ist diese Welt aus der Finsterniss geboren, da sich die heilige Kraft Gottes in der Finsterniss spigulirte (s. Böhme).

[1]) Locus est intactus Inane vacansque (Lucrez). Inferiorem regionem Contemplatorum Incorporeorum appellarunt Buddhistae Nam Kha-Caelum (vacuum). In Verneinung des Willens verschwindet mit den Vorstellungen die Welt (nach Schopenhauer).

[2]) In der Granitmasse seiner Pfeiler den Tartarus der Hölle einschliessend (bis zu Avitchi). Tradunt sub urbe Torcehten (Casi seu Benares) subesse immensum summequo profundum Tartarorum orbem Grielva in duo veluti regna divisum (s. Georgi). Ein anderer Eingang fand sich früher bei Eisenach, und auch für den St. Patrick's hatten die Priester Privilegien in Anspruch genommen.

[3]) Die Grundlage, worauf sich der Niederschlag des weltschwangeren Schaumes anlegte, war eine ungeheure goldene Schildkröte (Altan Mäläki), welche vor Entstehung des Weltgebäudes von dem Geist des grossen Burchan und Vater der Götter Mansuschari belebt, lange Zeit über der Tiefe geschwebt hatte (s. Pallas). Die Weltzerstörungen geschehen durch Feuer, Wasser und Wind (in Mexico kommt Erdbeben hinzu).

des Milchmeers, den Meru[1]) tragen (zugleich durch ihre in der Todesangst entlassenen Excremente die Grundstoffe in willkommener Weise vermehrend).

Der von Manjusri eingeschossene Pfeil[2]) gab in seiner schrägen Richtung nun für die lamaistischen Astrologen bequeme Handhaben ab, um die von dem chinesischen Kaiser aus den Zeichnungen des Rückenschildes herausgelesenen Geheimnisse weiter zu verfolgen.

Die Wirbelwinde[3]), mit deren Kreisen, wie in der Nebularhypothese, die Schöpfungsgestaltungen einsetzen, ballen die Wolken[4]) des primordialen Meteorstaubes zusammen, aus denen dann im niedertröpfelnden Regen[5]) die Bildung jenes Erdplaneten beginnt, dessen es bedarf in Folge der, bei noch nicht beruhigten Sühnungen, aus den höheren Himmelsregionen niederziehenden Karma (in Wiedergeburten)[6]).

[1]) Manjusri durchbohrte die von ihm ins Leben gerufene Schildkröte, um sie als Fundament des Summür auf den Grund des Meeres zu versenken (s. Bergmann).

[2]) Die zehn Himmelsgegenden werden durch die Richtung des in die Schildkröte von Manjusri eingeschossenen Pfeils bestimmt (bei den Kalmükken). Osten (Orgochoi-du), wovon man zu zählen anfängt, wird auf dem gefiederten Pfeil zur Rechten der Schildkröte gesetzt (in der Astrologie der Lamen) bei den Mongolen (s. Pallas), dann dem entsprechend, Länder, Gestirne, Temperamente u. s. w.; auch neben der „square tortoise" die „circular tortoise" (s. E. Schlagintweit), for calculation. Die Ainos führen Erdbeben auf die Bewegungen der tragenden Schildkröte zurück. Der Archon Θερισμός (von der seine Begierden erregenden Lichtjungfrau getäuscht) verbreitet Pest über die Erde, die Wurzeln der Menschen abschneidend, so dass Erdbeben entsteht (nach den Manichäern).

[3]) Nova tempestas quaedam molesque coorta omne genus de principiis (Lucrez).

[4]) Ignis exitus mundi, humor primordium (Seneca). Der λόγος σπερματικός (in der Feuchtigkeit zurückgeblieben) bildet (in seinen Erzeugnissen) zuerst die Elemente (s. Diog.).

[5]) Τὸν γὰρ σύμπαντα τοῦτον κόσμον ὤμβρησε (der Logos). Es ist derselbe, der von Oben herab, seit Beginn der Welt, den nährenden Samen ausgestreut hat, und zu jeder Zeit den Logos gleich einem Regen herabfallen liess (τὸν κύριον ἐπομβρίσης λόγον), den Boden menschlicher Erde zu bepflanzen (s. Clem. Alex.).

[6]) Die von der Welt Abscheidenden (wie Gautama, Vater Swetaketu's, als Aruni von Chitra, Sohn Gangija's, hört) gehen auf den Mond (als Thor Swarga's), im Vollmond von den Geistern geschwellt, im Neumond sich in neuer Geburt regend (nach der Kaushitaki-Bráhmana). Aus dem Vollmond wurden die Seelen versetzt ad subsolanam partem, Lupa-lin a Tibetanis dictam ex Lupa,

Die Dunkelheit in den Lokantarika (die Welten trennend)
wird (ohne das Durchdringen von Sonne und Mond) nur
momentan erhellt mit einem Lichtstrahl, wenn ein Buddha das
Bodhi erlangt. Als im zweiten Weltalter die Körper den Licht-
glanz verloren (in Tibet), folgte die Nothwendigkeit, „ut Sol,
Luna, Sidera, Deus, denique Sanctus et Legislator hominum
visibilis apparerent" (s. Georgi). In Ceylon haben sich die
8 Höllen[1]) zu 136 vermehrt oder sonst bis auf 462 u. dgl. m.

luce scilicet Orientis solis (s. Georgi). Mond (navis vitalium aquarum, als
Lebenswasser's Quelle in dem Himmel der Maori) und Sonne bildeten die
Lichtschiffe, quae ad evectationem animarum atque ad suae patriae trans-
fretationem sunt praeparatae (bei den Manichäern). Als eingeborner Ausoner
lebte Mars dreimal wieder auf (halb Mann, halb Ross). Herilus, dreifach be-
seelt (und dreileibig), wurde (als Sohn der Feronia) von Evander erschlagen
(s. Klausen). Und dann (pythagoräische) Seelenwanderung bei den Galliern,
Scythen u. s. w. L'âme de Napoléon, après avoir fait pénitence dans l'air, ou
les Esprits sont répandus par myriades, s'était venu loger dans Towianski, en
envoyant comme un éclair de sa noble essence dans l'âme de Mickiewitz
(s. Erdan). Nach Kadlubek nahmen die Slaven eine Wanderung durch Thierleiber an. Animas ab aliis post mortem transire ad alios (Caesar) bei den
Celten (mit den Seelen in den Wolken, aber auch Schuhe beigebend, wie der
Indianer Mocassin). Bei den Dakotah hatten die Todten einen Glasberg zu
erklimmen, und die Litthauer legten dafür Luchs- und Bärenklauen ins Grab.
In Scandinavien ist die Wohnung der Asen vom Glaswall umgeben und Arthur
schwebt in seiner Glasburg (bei den Celten).
[1]) Si quis laverit se in aqua, animam suam frigore congelat (s. Epiph.),
und so enthielten sich die Manichäer der Bäder. Die Ticeter beim Baden
fürchten die frigida inferorum loca, Aciu Sorsa dictum frigidus maximum aquae
gelidae (s. Georgi). Die Brahmanen waschen die Sünden ab, wogegen der
Lama, obwohl äusserlich schmutzig, seine gereinigten Eingeweide hervorzieht
(die in Australien bei der Wiedergeburt des Priesters gereinigt werden). Durch
das signaculum manuum war den Electi (der Manichäer) der wohlthätige Gebrauch der Hände entzogen (woher das Gebet bei dem von Katechumenen
überbrachten Brod). Die Pflüger (in Tibet) werden in der Hölle Tina durch-
sägt, die Müller in Tugiom zerrieben, die Bäcker in Memarmur gekocht.
Apophthegmata Manetis, ne sui domos aedificent, ne metant, ne molant, ne
panem coquant (qui panem coxerit, excoquetur). Die Electi legten Fürbitte
ein für die Sünder, wogegen im Buddhismus das Karma unerbittlich wirkt,
aber auch Jedem das Seine gebend. Wenn der Ackerbauer den Mönchen
von seinen Erträgen mittheilt, so hat er damit ein Verdienst erworben, das ihn
freilich nicht vor den Höllenstrafen des Durchsägens schützt, aber nach einigen
Millionen Jahren der Pein doch Aussicht lässt auf bessere Wiedergeburt. So
kommt das Verdienst direct zu Gute, ohne vorherige Anhäufung in einem
thesaurus meritorum, um daraus nach gnädiger oder ungnädiger Gesinnung

Hat sich nach der Feuerzerstörung, welche (den ganzen Sahalokadhatu [1]) betreffend) bis zur Terrasse der Abhassaro reicht, der Himmel des ersten Dhyana in seinen drei Etagen wiedergebildet, so sinkt dahin jenes im Akanishta abgestorbene Wesen rieder, das sich, weil Erstes, dann (das Obere vergessend) als schöpferisches [2]) (im Brahmathum [3])) betrachtet, und wenn nachher der Erdball mit Jambudwipa, dem auserwählten Boden der Buddha-Vollendung, auf dem Bodhimanda (als Nabel) Gestaltung gewonnen, fühlen sich dadurch die Lichtgötter Abhassara's

des Verwalters vertheilt zu werden, der, weil allmächtig, keiner Schatzkammer bedürfen sollte. Innerhalb der Ewigkeit verschwinden Zeiträume, wie jener Mönch, der einen Augenblick dem Vogelgesange lauschend, bei seiner Rückkehr zum Kloster Jahrhunderte vergangen findet (in Rip Van Winkle's Erfahrungen). Jam-ma-raja means the Royal pair, a brother and sister, who judge men ane women respectively. Associated with Yenlo (Yenmolosho oder Jammalaja) are nine kings, who preside together over the state of the dead (s. Edkinds).

[1]) Sahalokadhatu (Savaloka) begreift neben dem Kama-dhatu noch das erste Dhyana (die drei Brahma-Himmel). Esruwa (Iswara oder Brahma) beherrscht die Sawalokadhatu (Sablokadhatu) oder Ssawa Jirtintschü (s. J. J. Schmidt).

[2]) Durch den aus dem Lichtreich in das Reich der Finsterniss fallenden Lichtstrahl beginnt die Weltschöpfung (bei den Manichäern). Sang-khyo (nomen sacerrimum), als Gott (s. Georgi), cujus naturam constituunt Tibetani Theologi in luce purissima, hoc est in aqua pura chrystallina (caput et fontem, unde prodeunt et quo refluunt radii et emanationes omnes substantiae suae). Den obersten Theil des Umschliessens (mit dem Feuer im Centrum) bezeichnet Philolaos im Olymp (als Läuterung) über den 10 Himmeln (der Weltkörper). Als Jaldabaoth (bei den Ophiten) sich als Schöpfer proclamirt, hört er den von Höherem kündenden Ruf Sophia's, wie solcher auch in der javanischen Kosmogenie Batara Guru's erklingt.

[3]) In den Wei-tho (Veda) gilt Brahma (Ta-fan-thian) als Schöpfer (nach der San-tsang-fa-sou). Der Kagbiur handelt im Cio-ngon-ba-zo (thesaurus legis) vom Weltsystem (s. Georgi). Unter den göttlichen Wesen (Tángari) in den Oberräumen des Himmels rief Dewong Charra eine Welt aus dem Chaos (s. Bergmann). Wie das Pleroma in der Region der höchsten Aeonen eine Ogdoas bildet, so schuf der Demiurg seinen Himmel als Hebdomas (bei den Valentinianern). In dem Bilde blickt das Antlitz durch (s. Clem.). Alles, was von einer Syzygie kommt, ist ein Pleroma, was aber von Einem kommt, ein Bild (s. Baur), und das Substanzielle im Psychischen des πνεῦμα (als Prinzip des Lebens). Creyeron y dyeron que el mundo, cielo y tierro, y sol y luna, fueron criados por otro mayor, que ellos, à este llamaron Illa Tecce, que quiere decir Luz eterna (oder Viracocha, dios inmenso de Pirua) in Peru (der Inca). Nach Manithop raubten Hephestos und Promithos (Sonne und Mond) das Feuer des Ormizd (s. Ardzrouni).

(also aus höherer Region, als die durch Brahma's bewohnten) zum Herabschweben hingezogen, den in Moha's dunkler Nacht, als Tamas, begrabenen Raum mit dem von ihrem Körper ausstrahlendem Glorienglanz erhellend, der selbst aber nur der jener Nimitta ist, die bei der Vorbereitung zum Dhyana sich, in der zweiten Stufe zur Priti aufhellend, ausbreitete (während im dritten Dhyana wieder zur Gleichgültigkeit, in Upekcha, abgeglichen).

Nur diese noch in Frohheit des Enthusiasmus schwellenden Götter, an der Schwelle der für jedes Interesse am Irdischen gänzlich verbleichenden Farbenwelten, nur sie sind noch geeignet zu schöpferischem Eingriff in das Materielle, und wenn sie später ihren durch den Genuss terrestrischer Productionen versinnlichenden Körper abdunkeln [1]) sehen, genügt eben noch die vereinigte Kraft des übriggebliebenen Restes ihrer gemeinsamen Verdienste, um durch gebetskräftige Mantra die Lichtgestirne [2]) am Firmament in die Erscheinung zu rufen und in ihren Wandlungen für die Menschenwelt zu regeln. Dabei bleiben so zunächst die meteorologischen Processe auch abhängig von der Bilanz von Tugend und Laster [3]), für das sich jedesmal demgemäss Lohn oder Strafen zuziehende Land.

Wer (von der consummatio saeculi) sagt, ὅτι τέλος ἐστὶ τοῦ μυθεουμένου ἡ ἄϋλος φύσις („dass das Ende vom Liede die

---

[1]) Als sich der Glanz der (als Burchan oder Götter zum Himmel aufsteigenden) Bewohner des Summnär (durch Genuss des zuckerartigen Schimä) verloren, schüttelten vier Tängäri (Bissnä, Mandi, Ubba und Luchan) aus dem Summärberg die Lichtkörper Sonne und Mond (s. Bergmann). Als die auf die neue Erde herabgestiegenen Brahmanen durch das Essen irdischer Erzeugnisse den Glanz ihrer Körper verloren, erzeugten sie durch die Kraft vereinigter Karma die Sonne und dann den Mond, sowie weiter für jeden Tag der Woche einen Planeten. Bei den Ophiten stehen dem Urvater oder Bythos (mit seiner Ennoia), und dem heiligen Geist, das materielle Prinzip in vier Elementen (Wasser, Finsterniss, Tiefe, Chaos) gegenüber, und darin sinkt der übersprudelnde Lichtthau (als Sophia oder Prunikos) hinab (durch das Materielle mehr und mehr beschwert, obwohl aus der Lichtkraft aufgeschwongen, noch den Himmel bildend).

[2]) wie ἡ ἀναβλυσθεῖσα τοῦ φωτὸς ἰκμάς, im übersprudelnden Theil des Lichts (s. Baur), im Chaos niedersinkt, als Sophia (Prunikos oder die Linke).

[3]) Si les monstres sont les productions du Péché, les venins en sont aussi les ouvrages (Senault). Maniam Larvarum matrem aviamve putant (P. Diac.). Mania avia materve (der Manen) bei Etrusker (s. Festus), wie die Grossmutter des Teufels, als die Torngarsuk's bei Eskimo und Maui's bei Maori (mit Analogien überall).

stofflose Natur sei") ἀνάθημα ἔστω. Bei der conflagratio mundi, findet das vormalige Diluvium im „künftigen Incendium seine Parallele" und „der ignis exarsorius wird zum ignis purgatorius" (Oswald). Possint illi coeli intelligi perituri, quos dixit (Petrus) repositos igni reservandos, et ea elementa accipi arsura, quae in hac ima mundi parte subsistunt procellosa et turbulenta, in qua eosdem coelos dixit esse repositos, salvis illis superioribus et in sua integritate manentibus, in quorum firmamento sunt sidera constituta (St. Aug.). „Die in der Vollendung verklärte Erde" kann man sich „als einen zwar unfruchtbaren und dürren, dafür aber leuchtenden und glänzenden Krystallkörper vorstellen" (1879). Beim Weltende wird Gott den Himmel und die Berge versetzen, Alles vor dem Auserwählten ebnend (bei Hermas). In Peru tritt Con Berge in die Ebene (bei der Weltschöpfung). Als eine Beeren-suchende Frau den angetroffenen Hund in die Höhle mitgenommen, und dieser (wie ihr als Traum- und Phantasiebild erschienen) sich Nachts in einen schönen Jüngling verwandelt, wurden Kinder geboren, und dann erschien eine (bis an die Wolken) riesige Mannsgestalt, das (rauhe) Land zu ebnen, mit seinem Stabe Seen und Flüsse (dann mit Wasser gefüllt) zeichnend, indem aus dem zerrissenen Hunde die ins Wasser geworfenen Eingeweide zu Fischen wurden, das über das Land gestreute Fleisch zu Wildthieren, die in die Luft geschleuderten Hautstücke zu Vögel, „after which he gave the women and her offspring full power to kill, eat and never spare, for that he had commonded them to multiply for their use in abundance (s. Hearne) bei Northern-Indians. So Puntan und Ymir.

Als Gerichtsstätte dient das Thal Josaphat (ob Wadi-Josaphat oder das Thal Thekoa), und braucht die Capacität des Thals „nicht bedenklich" zu machen (s. Oswald), da (wie Aeneas Sylvius meint) nur für „die Zuverdammnenden, ferner vom Richter" (die Andern in der Luft). „Der Herr erscheint vom Himmel herniedersteigend, sichtbar auf Erden, umgeben von seinen Engeln, welche per emphaniam Gestalt angenommen", (seinen „Frohnen", wie die Apostel „als Beisitzer oder auch als Schöffen"). „Sind die Todten erwecket [1]), so setzt der Gott-

---

[1]) Und in einem Augenblick werden Alle von den vier Weltgegenden, ohne dass ihnen ein Haar fehlt, vor dem Richterstuhl versammelt sein (Ephraemus). Wenn der Schall der Posaunen die Gräber durchtönt, wird zurückgefordert τὴν τῶν σωμάτων παρακαταθήκην (s. Basilius).

mensch" sich auf „eine lichte Wolke". „Die Scheidung der
vor diesem seinem Tribunal versammelten Menschen geht au
pied de la lettre vor sich" (*Oswald*). In solch „buchstäblicher
Auffassung ist jedoch eine Angabe als reinweg figürlich anzusehen und in sofern aufzugeben, das Aufschlagen der Gerichts-
bücher nämlich" (1879).

Nachdem das Weltsystem um den (auf dem Grundfels
Silapathavi gefestigten) Berg Meru aufgebaut, mit allen jenen
mehr als 30 Terrassen, für deren Grösse und Bestanddauer keine
Nullenanhäufungen [1]) mehr ausreichen, tritt dann die tausendfache Vermehrung im Chiliokosmos [2]) hinzu, auch unter der Wölbung des unteren Dhjanahimmels, und dann tausendfache Multi-
plicationen [3]) einer mittleren, tausendfach - tausendfache einer

---

[1]) Im Nachbild des Unendlichen, Ewigen, Unbegrenzten, Zeitlosen (in der
oberen Ogdoas) suchte der Demiurg (bei Marcus), in Zeiten, Perioden und
viele Jahre umfassenden Zahlen das Ewige auseinanderlegend, durch die
Menge der Zeiten das Unendliche nachzuahmen (s. Baur), worauf die Lüge
folgte (bei Irenäus), da die Wahrheit entflohen (bis zur Rückkehr in den
Ur-Aeon).

[2]) Darunter begreift (nach Rémusat) Savaloka (Sahalokadhatu) „toutes les
parties des trois mondes, savoir: le monde des désirs, les dix huit cieux du
monde des formes et les mondes des êtres sans forme". Und dann diese zusammen wieder nur als ein Stockwerk. Gruppen von je drei Welten, die
mit ihren Eisenwällen oder Chakravala an einander stossen, bilden tausendfach
ein (Drei) Weltentausend, einen Chiliokosmos, tausend solcher (kleinen) Chiliokosmen oder Weltentausend einen mittleren, d. h. ein dreitausendfach Tausend,
tausend mittlere ein Grosstausend (Trisahasramahasahasra), näher (mit Lokadhatu) ein dreitausendfach grosstausend Weltenbereich (s. Lefmann). Neben
den für relative Beziehungen ausverfolgten Zahlenanhäufungen, finden sich
Gleichnisse, wie der durch den in langen Epochen vorüberfliegenden Schmetterling schliesslich abgeriebene Diamantfels. Und so sonst. Die armen Verdammten begehren nichts anderes, als dass, wenn ein Mühlstein, so breit wie
die Erde und den Himmel berührend, von einem alle 10,000 Jahre kommen-
den Vögelein abgebissen wäre, die „Marter ein Ende hätte, und das mag nicht
sein" (Suso).

[3]) Als auf Buddha's Gebeiss sich die Erde des Universum Saha öffnet,
und aus allen Spalten Bodhisatwa, zahlreich wie der Sand im Ganges, mit
ihrem Gefolge hervortreten, und die Zuhörer sich dann wundern, wie, nachdem
kaum 40 Jahre seit Erlangung der Bodhi in Gaya verflossen, in so vielen
Bekehrungen der Saamen der Tugend gereift, erklärt Buddha, in dem Gleich-
niss eines Mannes, der seit Ewigkeiten die Sandstäubchen unzähliger Welt gesammelt, und diese aufgestaut, dass, der Zahl derselben entsprechend, er bereits
den höchsten Stand als Buddha erreicht und durch seine Lehre Bekehrungen
bewirkt habe, obwohl es dennoch in der Unendlichkeit der Zeiten zu den

grösseren unter den höheren Firmaments-Schichten, und schliesslich bildet das Ganze dann nur die Monaden-Conglomeration[1]) in einem der Samenkerne, die im Lotus vor dem Vimana Buddha's blühen, jeder derselben mit solchen Kernen vollgefüllt, und noch wieder ein ganzes Beet mit derartigen Lotus[2]), von denen der Buddha in einem Biss einen gelegentlichen Imbiss zum Frühstück nehmen mag. Mit solchem Argumentum ad hominem soll der Unterschied eines göttlich Unendlich-Ewigen für praktische Köpfe deutlicher demonstrirt werden, als mit dem für Hartköpfigkeit oft leeren Wortschall der Allmacht oder anderer Epitheta. Und der Buddhismus spricht überall in Gleichnissen[3]) wie schon die Fahrzeuge als Erlösungsmittel dazu führen.

Der Kern der von Buddha verkündeten Lehre bleibt in dem demantenem Rest der Sarira im Mittelpunkt des All oder (guatemalisch) „Herzens des Himmels" zurück, als Demantrad umwölbend in der Wölbung, und erst, wenn die zunehmende Gottlosigkeit schliesslich auch diese compacteste Concentration[4]) zersetzt, wenn die Reliquien aus den verschiedenen Theilen der Welt zusammenfliegen, um im Brand auflodernd sich zu vernichtigen, dann ist der jüngste Tag ein unausbleiblicher, weil der letzte Zusammenhalt verloren gegangen.

Unbewusst schafft (in der Sankhya) Prakriti, aus der die Dinge weiter zeugend, geistig und körperlich, hervorquellen in bunter Erscheinungswelt, in welche dann auch die Seele eintritt, fremd

---

schwierigen Seltenheiten gehöre, der Erscheinung eines Tathagata zu begegnen, (heisst es in der Saddharma pundarika, und wer das Buch dieser Sutra unter Schmücken von Blumen durch Anzünden einer Lampe ehrt, der erwirbt Verdienste gleich der Unermessenheit des Aethers).

[1]) Sicut duae quantitates discretae possunt penetrare in eodem loco, ita et duae et plures partes ejusdem quantitatis continuae, neque est inconveniens, quod totum coelum divina potentia possit in parvo vaso concludi (s. Suarez).

[2]) Die Unendlichkeit der Schöpfung ist gross genug, um eine Welt, oder eine Milchstrasse von Welten, gegen sie anzusehen, wie man eine Blume oder ein Insekt in Vergleichung mit der Erde ansieht (s. Kant).

[3]) Weder die Propheten noch der Erlöser haben die göttlichen Mysterien unmittelbar so vorgetragen, um von Jedem leicht verstanden zu werden, sondern sie sprachen in Parabeln (nach Clem. Al.). Das Warum (τὸ διὰ τί) wird erforscht bis zum τέλος (bei Aristoteles).

[4]) Die „Umwandlung bei den Verworfenen" erklärt Oswald als eine „Härtung oder Verfestigung (Petrification)" ihrer Leiber (im Todtengeruch permanenter Fäulniss).

zuschauend auf Alles das, was von der „Tänzerin" ihr vorge-
spielt [1]) und vorgegaukelt wird, aber unbewegt und fremd bleibend, weil anderem Sein angehörig. All Prakriti's performances
are solely for the benefit of soul, who receives her favours
ungratefully (s. Monier Williams), im gnostischen Sehnen abgezogen (in Abstraction). Jenseits Maharloka oder Gandharba (über
der Welt der Vergänglichkeit) beginnen die dauernden Sphären:
Jana (Janaloka), Tapa (Tapoloka) und Satya (Satyaloka) oder
Brahmaloka (nach der Vishnu-Purana).

Nach Cleanth bestehen die Seelen bis zur Verbrennung der
Welt, während nach Chrysipp nur die der Weisen stark genug
sind, solange fortzudauern ($\mu\epsilon\chi\varrho\grave{\iota}$ $\tau\tilde{\eta}\varsigma$ $\dot{\epsilon}\kappa\pi\upsilon\varrho\acute{\omega}\sigma\epsilon\omega\varsigma$).

Wenn bei der Weltzerstörung die Flammen Maharloka erreichen, ziehen sich die Bewohner nach Janaloka zurück (um
bei der Welterneuerung wieder eingekörpert zu werden), und
wenn am Ende der Periode Brahma's [2]) Alles zu Grunde geht,
werden die zu einem Sitz in Brahmaloka Gelangten mit dem
allein existirenden Brahma vereinigt (nach Vayu-Purana).

---

[1]) Le monde fini n'existe pas, il est le produit de la Maya, de la magie
décevante de dieu, un pur spectacle, où tout est illusion, le théâtre, les acteurs
et la pièce, un „jeu" sans objet, que l'Absolu „joue" avec lui même (s. Barth).
Die Logoi (Abbildner der Ideen des Schönen und Guten) treten über in die
Sinnenwelt (bei Plotin) als ordnendes Prinzip (s. Heinze). Gominos spiritos,
alterum boni Lhaam, alterum mali auctorem, Dré nuncupatum, zeigt das Klo-
sterbild (aus Lhassa) zu den Füssen des Unterweltsrichters mit schwarzen und
weissen Steinen würfelnd (jedem Menschen am Lebensanfang zugegeben). Dré
(genius malus) animas reluti fune colligatas rapit in regiones Tu-drorum, Itha-
rum et Gnelvaitarum sive Inferorum (s. Georgi), wie Nurunduri's Sohn (in
Australien), Yama, Held (der Heilräthinnen) u. s. w. Die sündigen Engel sind
mit den Seilen der Unterwelt in die Qualen des Tartarus gezogen (nach Petrus).
Die Götter erscheinen zornig, quia tute tibi placida cum pace quietos constitues
magnos irarum volvere fluctos (s. Lucrez), nicht als ob sie beleidigt werden
könnten (durch Vorstellungen „dis indigna"), sondern im Walten der Unendlichkeit (per inane) apparet divum numen sedesque quietae (im Gefühl von „divina voluptas") Der Bud sicht aus, wie ein Knochengestell (in verschiedenen
Gestalten irre führend (s. von Schulenburg) bei den Wenden. Von den Bludnik
führt nur der schwarze irre (s. Veckenstedt).

[2]) Janarddana (the object of adoration to mankind) oder Hari schafft als
Brahma, erhält als Vishnu und, invested with the quality of darkness, assumes
the awful form of Rudra ad swallows up the universe (nach der Vishnu-
Purana). Das ganze All ist $\epsilon\grave{\iota}\varsigma$ $\zeta\tilde{\omega}o\nu$ (bei den Stoikern). Mudspelles megin
obar man ferid. „Denken beflügelt den Geist, und der beflügelte Geist stirbt
nicht". Der Vogel entfliegt dem Brande (in Polynesien).

Basilides liess aus dem ungezeugten Höchsten den Nous, aus dem Logos die Phronesis, aus dieser Sophia und Dynamis, dann ἀρχάς, ἐξουσίας und ἀγγέλους hervorgehen (bei Epiph.), im manare de coelo (bei Marcion). Der Urvater [1]) (als ἀῤῥενόθηλος) ist geschlechtslos, lässt aber den Horos (obwohl ἀσύζυγον hervorgegangen) mit der Sige eine Syzygie bilden, und indem in diese die προβολή, als Saamen, gelegt wird, springt der Nous hervor (bei Valentinus), und dann organische Entfaltung (im Denkprocess).

Den Salto-mortale in einen Anfang oder ein Ende vermeidend, bleibt die buddhistische Kosmogenie inmitten des Werdens, und steter Evolutionen [2]) des Entstehens und Vergehens.

Je nach der Zerstörungsweise der Welt verfallen derselben verschiedene der Himmelsterrassen, aber immer bleibt der höchste Akanishta hinlänglich fern, dass aus diesem Sitz (der leicht mit einem Adibuddha oder, bei Jainas, durch einen Adiparameswara besetzbar) Maha-Isvara's (Tsusi-ki in Japan) wieder ein als Schöpfer [3]) auftretender Brahmane bei den neuen Reproductionen [4]) niederer Schichtungen in denselben erscheint (in den drei Regionen des ersten Dhyana).

---

[1]) Antiquus dierum sedens in solio (bei Daniel). Scythianum (commutato sibi nomine Manem) se deum Patrem fecisse tradunt (Spiritum Sanctum Paraclitum et Christum). Die katholischen Darstellungen der Trinität „bei Personen des Vaters und heiligen Geistes“ sind nur symbolisch κατ᾽ ἐμφάνειαν. Der Sohn (als Gottmensch) fand seine Darstellung im σχῆμα ἀνθρώπινον. Der heilige Epiphanius (Bischof von Cypern) zerriss in der Kirche zu Anablutha den Vorhang mit eingewebtem Menschenbild (non appendi). Und so gegen εἴδωλα ἀφῶτα die Iconoclasten. Dass in dem von Lukas gemalten Bilde „spiritus beatae virginis requiescat“, entschied Innocenz III. Alexandrinische Philosophen beklagten die Verwandlung der Göttertempel in Begräbnissplätze (mit dem Christenthum). Ab Euhemero autem et montes et sepulturae demonstrantur deorum (s. Cicero), mit Bion Schüler des Theodoros (der in Kyrene den Lehren Aristippos' gefolgt).

[2]) Lokovisayo (the origin of matter) gehört zu den four great Problems or unthinkable ideas (s. Childers). Atakkávairo dhammo liegt ausserhalb des Gedankenbereiches.

[3]) Brahma-roi (de la deuxième contemplation) deviendra (à la consommation des siècles) Seigneur du Savalokadhatou (le sejour ou le monde de la patience), à la tête ornée du sikhi ou tubercule divin (s. Rémusat).

[4]) Nach Basilides (bei Irenäus) entsprang vom ungebornen Vater Νοῦς, von ihm Λόγος, dann Φρόνησις und weiter Σοφία und Δύναμις, sowie davon „powers and principalities and angels“ (s. Mansel), den ersten Himmel schaffend. From these by emanation were derived others, who made a second heaven (und so ferner bis 365).

Vorher aber bereits waren aus dem zweiten Dhyana die glänzenden Abhassara auf die frisch gebildete Erde niedergestiegen, wo sie, als durch die irdische Lockspeise [1]) (wie in Erschwerung die Flugkraft [2])) der Glanz des Körpers verschwand, zur Erhellung des Dunkels durch Kraft ihrer vereinigten Karma die Sonne, dann den Mond und weiter die Sterne schufen, also gewissermaassen den Cirkel einer sublunarischen Welt, der sich aus dem Himmel Yama's (durch Yama's Sitz in der Unterwelt) herumzieht. Darunter lagern die Wolken mit Indra, dem Regensender, und sein auf dem Berg Meru gelegener, und durch die Tschatur-Maha-Raja gegen feindliche Asuren [3]) geschützter, Himmel wird dann zugleich der Aufenthalt [4]) der Helden, seit die Nachfolger des zum Ordnen der Felder oder Khettan eingesetzten Sammata das Kriegshandwerk, als Kshatriya [5]), bevorzugten.

Die oberhalb Jama's Firmamente der Gestirne gelegene Devaloka entspricht nun gewissermaassen einem ursprünglich ersten Seelenhimmel der Seligen, und bezeichet deshalb auch den Aufenthalt, aus dem künftig Buddha in seinen Mutterleib hinabsteigt, zur Wiedergeburt auf Erden. Doch fühlt man sich auch dort noch in den Händen einer höheren Gewalt, die mit

---

[1]) Früher bedienten sie sich der „nourriture appelée Samadhi" (contemplation produite par une piété profonde) et se propageaient par voie d'emanation (s. Rémusat). Der Chiliasmus des Lactantius (s. Bautz) „räumte ehrbaren ehelichen Freuden eine Stelle ein".

[2]) Omnis spiritus ales est. Hoc angeli et daemones (Tertullian). Πάντα ψυχῶν εἶναι καὶ δαιμόνων πλήρη, als Ausspruch Heraklit's (s. Diogenes). Und sonst in euhemeristischen Deificirungen.

[3]) Vishnu incarnirte sich als Buddha, Sohn Djina's, um die Asuren im Kampf mit den Suren zu entkräften.

[4]) Die Edda unterscheidet die Säle Gimle, Brimir und Sindri in dem Himmel (als Aufenthaltsorte).

[5]) Nachdem (bei der Weltschöpfung) der Padungma-lotus (die Erscheinung eines Gottes anzukünden) aufgewachsen, wurden die Byamha (welche aus der Lotus die Priesterzeichen entnommen) auf der Erde (geschlechtslos) wiedergeboren (nach dem Dhammathat). The first kind of food, like the food of the Nats appeased hunger and afforded nourishment to the body, and being of a mild nature, no excrement was formed, but when they came to eat the thalay-rice, it being a coarse substance, the passages for the urine and faeces were formed, the male and female sexual organs were developed, and the male and female sexes became evident in all (s. Richardson). Dann wird der König erwählt (als Richter Menu).

magischen Kräften zu spielen vermag, anfangs nur im Blendwerke, zum eigenen Vergnügen, so zu sagen, in den (sich er-
götzenden) Nirmanarati, und dann mit Gefährlichkeit schwarzer Kunst (durch Tod sendenden Mara), aber genussreichster
Seligkeit [1]) (zur Belohnung früherer Almosengaben) theilhaft.
Aus seiner Macht befreit nur das Hinausschreiten in die
Rupavacharadevaloka, denen im Dhyana [2]) zugänglich, welche
die Kama (der Kamavacharadevaloka) in sich ausgetilgt haben, so
dass in diesen ätherischen Schichtungen, wo die Rupa allerdings (und zum Theil sogar allein) fortdauert, die Zeugungen
selbst nicht mehr durch Reibungen, Umarmungen, Lächeln, Anblick vollzogen werden, sondern reine Gedankenfreuden ent-
zücken, besonders in den höheren Stockwerken über dem ersten
Dhyana, womit der kleine Chiliokosmos [3]) abschliesst.

Die Namen der verschiedenen Himmelsterrassen [4]), welche in

---

[1]) Quando pariunt, filius aut filia eorum nascuntur in aetate perfecta (im
Himmel Paranimit). Cibus angelorum, statim ac pervenit in os, diffunditur per
totum corpus, unde fit, ut non sint faeces neque excrementa (s. Pallegoix).
Das Geschäft des Essens und der Entleerung ist bei der Arhant nicht sichtbar
(nach Hemechandra). Der Bauch (κοιλία) wird abgethan (nach Paulus) oder
nicht mehr functioniren (im Auferstehungsleib). Jesus (bei den Valentinern)
ass und trank auf eine eigene Weise, ohne die Speisen wieder auszusondern
(s. Heinrici). Non est deo difficile facere, ut aliquis sapidus humor sit intra
organum gustus, qui possit sensum illum intentionaliter afficere, ut divus
Thomas dixit (Suarez). Erlocrsotok frisst die Eingeweide der Todten, die in
den Himmel gehen (bei den Grönländern). Die Eidechse verschlingt die Seele
in Polynesien und in Cumae ihre Hülse (s. Olfers).

[2]) Mulieres complativae quando nascuntur in Brahmaloka fiunt viri (Pallegoix). Die ungerecht und unmännlich (oder weibisch) Lebenden werden als
Frauen wiedergeboren (nach Timäus). Zum Männlichen sich umzugestalten
(ἀπανδρίζεσθαι), war das Ziel des Weiblichen (nach Secundus). Eine Frau
(im Character der Ami-Ningthusomaha) bedenkt betreffs ihres Gatten (im
Dhammathat), „that he is a man, and manhood is a gift from God, which
a woman must use great endeavours before she can obtain" (s. Richardson).
Nach Origenes stehen die Frauen männlich auf, aber: ubi caro et ossa et san-
guis et membra sunt, ibi necesse est, ut sexus diversitas sit (nach Hieronym.).
Erigena nimmt Geschlechtslosigkeit im Jenseits an.

[3]) Zweitausend Chulani Lokadhatu (1000 Lokadhatu oder Welten eine
Sonne und Mond enthaltend) machen ein Majjhimika lokadhatu und 3000
von diesen ein Maha sahassi Lokadhatu (nach der Anguttara Nikaya). Au
premier des 20 étages (mit Savalokadhatu als 13te) il n'y a qu'un seul kshma
ou terrain (l'espace où peut s'étendre l'influence des vertus d'un Bouddha, et
ou a eu lieu son avénement) in Wiederholungen (s. Rémusat).

[4]) Die zehn Himmel der Manichäer entsprechen den Ansichten der Valen-

zweitem, drittem, viertem, fünftem Dhyana durch die entsprechende Meditation zu erreichen[1]) sind, deuten mehr oder weniger direct auf Schulansichten philosophischer Secten, die durch diese Hingabe an geistige Uebungen Tugend-Verdienst (und also entsprechende Belohnung in Seligkeit), aber noch nicht die wahre Befreiung erlangt haben. Und zwar beginnen sie sich von dieser, gerade in den scheinbar höchsten Spitzen, wieder weiter zu entfernen, weil das gesundheitsgemässe Maass überschreitend. Wie die den Körper schwächenden und zermarternden Büssungen der Eremiten von dem im Bodhi Erleuchteten als unzuträglich erkannt wurden, so gilt überhaupt der Grundsatz: gesunde Seele im gesunden Leibe, und die diesen letzten negierenden Bewohner der Arupa-Welten[2]) sind also, könnte man sagen, in eine Sackgasse gerathen, von wo es nochmals erst tieferer Umkehr bedarf, um wieder ins richtige Gleis zu gelangen. Bei

tinianer und Marcosier (s. Georgi) de virtutibus decem, quos Coelos decem et εἰκόνας τ' ἀοράτου δεκάδας invisibilis decadis imagines nominabant (apud Irenaeum). Nach der schola animarum oder eruditionis locum (auf glücklicher Insel) gelangen die Abgeschiedonen (nach Origenes) durch verschiedene Mansiones in höhere Regionen und schliesslich ins Himmelreich. Manes verbreitete seine Religion bis Turkestan „et dans le pays d'Igour, où on lui éléva des temples" (s. *Desguignes*). Les Chinois, en parlant des Romains du bas empire, disent quo les empereurs de ces peuples allaient dans les temples de Fo et que sur les monoÿes on gravait la figure de Fo. Die Ketzerei der Bogumilen kam „ex Gogarena provincia Armeniae" durch die Bulgaren (Scythi de terra Magog) mit Booksverehrung (der Ketzer und Hexen).

[1]) The distance of the Brama-lokas from the earth is such, that if a man were to hurl a great stone 1000 cubits square from those abodes on the fifth day of the ninth month, then if nothing were to intercept its way, it would reach the earth on the same day of the following year, whereas from the Akanishta heaven a great mountain being hurled down would take 65535 years to reach Jambudwipa (nach der Abidharma Shastra).

[2]) Auf die (allerhöchsten) farblosen (öngge-ugei) Wesen oder Dürssü-ugei (gestaltlos) folgen die Önggetu oder Dürssütu und dann die Amaramak-Welt (s. J. J. Schmidt). Aeternamque dabant vitam quia semper corum subpeditabatur facies et forma manebat, den in Träumen (und somnis) gemalten Göttern (s. Lucrez). Neben dem Angelus inclytus (als Weltschöpfer) unterschied Apelles (Marcion's Schüler) den Angelus igneus (als praeses mali) und (bei Turtillian) potestates multas (angelosque). Bei den Tibetern hält Prasrimpo, in Schreckgestalt des Rakshasa, die Welt der Wiedergeburten umklammert, und überall (wie Ndengei in Fiji) frisst der Tod. Avidos oris hiatus pandit (Mors avidis pallida dentibus). Manducus (Maniducus) „mit weitem Rachen und klappenden Zühnen" (O. Müller), den Hammer führend (und Waage).

den übrigen Dhyani können dagegen die „Gradus-Contemplationis" allmählich gesteigert, bis zum Nirwana hinaufführen (wie in Sterbescenen geschildert), obwohl sie aber durchaus nicht als nothwendige Durchgangsstufen betrachtet werden dürften, da der Arhat jeden Augenblick, wenn genügend vorbereitet, die Pfade der Megga betreten mag, um die Phola oder Früchte zu essen, und direct ins Nirwana einziehen. Bei der Durchschnittsmasse dagegen wird eine allmähliche Auferziehung nicht zu umgehen sein, und so zählen sich von Srotaapanna an die Zahl der noch bevorstehenden Wiedergeburten, bis zur Erlösung (wie ähnlich in manch' anderen Mysterien).

Die Heiligung ist anzustreben, durch Abschneidung oder Unterdrückung des Akuson und Erfüllung des Manas mit den aus dem Dhamma der Trinitas entgegenwehenden Aromana in Panja, als Gegensatz zu Avixa, dem Ansatz der Nidana.

Der Kampf wird keineswegs gegen die Rupa als εἶδος geführt, da im Gegentheil auch dem Psychischen Formgestaltungen zukommen, wie stoischen Körperseelen, in geometrischen Gestaltungen (wie bei Pythagoras) innere Gesetzlichkeit beweisend (nach Maass oder Zahl).

Als σῶμα begreift indess die Rupa-kandha auch die Mahabbhutarup und somit die gröberen Elemente, die allerdings zu eliminiren sind, ehe von Kama befreit, die Aether-Regionen der Himmelssöhne bewohnt werden können.

Das Anorganische ist ein Niederschlag des in Sünden versinkenden Psychischen bis zum Bhuta-Koti, dem Ende der Existenz, in den untersten Tiefen Avitchi's verlöschend (wie im Reinga). Aus dem Zusammensein der Elemente im Nebeneinander ergiebt sich aber, beim Aufeinandertreffen der Wahlverwandtschaften, organische Entwicklung, wie in den aus hetu (Ursachen) emporwachsenden Pflanzen. Auch sonst wird das Prinzip der Evolution (einer Ascendenz) festgehalten, wie in Abstammung der Tibeter (oder auch der Semang) von den Affen[1]),

---

[1]) Die Tibeter haben den festen Glauben, dass ihr Urvater ein Affe gewesen, sind stolz auf diese Abkunft und halten sie für ehrenvoll (s. J. J. Schmidt), von Prasrimpo und Prasrinmo (dem sanftmüthigen Waldbüsserpaar). Auch ist dieser Affe wieder die Einkörperung Avalokiteswara's, der sich nach Berathung mit Mandschusri und Vadschrapani an den Affen Brasrinpo wendet, um mit der Aeffin Brag-ssrin-mo die Bewohner des Schneereichs zu zeugen. In Malakka veredeln sich die Affen durch die Körnerfrucht. Die chinesischen

worauf sie „stolz sind" (s. J. J. Schmidt), während dann zu
solchen Sprossen der Eingeborenen die Nachkommen aus By-
amma-Himmeln [1]) als edleres Geschlecht hinzutreten.

Wenn nach der Weltzerstörung [2]) eine neue Kalpa in dem
vorherkündenden Lotus [3]) zu keimen beginnt, so sammeln sich
unter Stürmen die Wolken, welche den befruchtenden Regen
für elementare Anhäufungen in dem Raume ausstrahlen lassen,
und die Weltkörper ballen sich dann zusammen.

In dem Chagossum Aghar oder leeren Raum, der aber
keineswegs ein leerer Raum ist, weil (s. J. J. Schmidt) Alles,
was war, ist und zukünftig sein wird, in sich geschlossen,
treiben die Wirbelstürme einer Nebularhypothese die chaotischen
Massen zusammen, und als erstes und einfachstes entsteht dann
das Element der Luft [4]), dem später die übrigen (bis zu acht
Seiten der Monaden) [5]) in complicirteren Gestaltungen der Reihe
nach folgen. So bildet sich aus dem „Uebel des Jirtentchü"

Pilger sahen in Indien die Verehrung der Dagoben durch wasserspritzende
Elephanten, und dass von Elephanten Religionsgebräuche beobachtet würden,
hatte Plinius gehört.

[1]) Als Byamma in Birma (aus der Abhassara-Terrasse). Auf die Dynastie
der Barmahs (Hindus of the Chatri caste) folgt (1322 p. d.) die Dynastie der
Simraun Chatri (bis zur Unterwerfung der Niwar durch die Gorkhas).

[2]) Nachdem durch sieben Sonnen die Welt zerstört war, kamen nach der
Fluth Götter aus Himmelsregionen zur neuen Erde, und die weiblichen darunter (durch die süsse Nahrung beschwert) gebaren den Menschen (in Siam).
Den durch Jaldabaoth (Fürst des Saturn) vom Paradies auf die Erde nieder-
gestürzten Menschen gingen ihre lichten Körper für schwere und dunkle verloren, doch mit Hülfe der Sophia erkannten sie den allerhöchsten Gott (jenseits
der acht Himmelskreise).

[3]) Die Weisheit Gottes (bei Böhme) erblicket sich in allen Essentien, und
von derselben Erblickung als aus dem ewigen Element gehen aus Farben,
Kunst und Tugend und die Gewächse der Lilie Gottes, welcher sich die Gottheit immer erfreuet in der Jungfrauen Weisheit (s. Baur). Gott wird zurückgeführt auf guda, die fügenden und ordnenden Mächte, in der den Menschen
umgebenden Welt (s. Schade), und Khoda (in Persien).

[4]) Die Erdenwelt (Pas Palowa) ruht auf der Wasserwelt (Jala Palowa)
und diese auf der Welt des Windes oder der Luft (Wa Palowa) bis zum Akasa
(oder Weltenäther).

[5]) At the general solution of all things, the four elements shall be absorbed in Sunyakara-Akasa (sheer space) in this order: earth in water, water
in fire, fire in air and air in Akasa, and Akasa in Sunyata and Sunyata in
Thathata, and Thathata in Buddha (which is Maha-Sunyata) and Buddha in
Bhavana and Bhavana in Swabhava. And when existence is again evolved,
each shall, in the inverse order, progress from the other (s. Hodgson).

das kreisende Rad des Ortschilang, das durchbrochen werden muss, um die Garantie fernerhin ungestörter Ruhe zu erlangen. Was hier bewegend als Causalverhältniss zu Grunde liegt, manifestirt sich als ein harmonisches Weltgesetz, in dessen Natur das Physische[1]) und das Moralische in einander geschlungen begriffen liegt. Ist im Durchblick der Allwissenheit die Kenntniss des Gesetzes mit der Bodhi erwacht, und in der Lehre verkündet, dann sprudelt es frisch überall in der Welt im Moment vollendetster Reifesfülle. Wenn dann der aus dem Khanda-Nirwana mehr und mehr abscheidende[2]) Buddha sich weiter entfernt, erleidet mit solcher Zurückziehung die kräftige Einwirkung des Gesetzes die Schwächung des Alterns, und der Zustand der Welt beginnt zu verschlechtern in Retrogression des Adhomuka. Auch nach dem Verschwinden des Buddha im Nirwana zittert der Anstoss nach, dem er in seinem Dharma neue Belebung gegeben, aber naturgemäss nimmt die Nachwirkung[3]) ab, wird schwächer und schwächer, und schliesslich muss die letzte Wellenschwingung erlöschen.

---

[1]) The Skandhas (or Silaskandhas) heissen Tsulkhrimkyi phungpo (the aggregates of morals) tibetisch (s. E. Schlagintweit). Die Mönche (der Sangha) sind zu speisen und pflegen, um durch ihre Tugendverdienste dem Lande Glück und Gedeihen zu sichern (und in China büsst der Kaiser bei Plagen). Ein Theil des Continentes Jambudwipa ist von der See verschlungen, „because the merit of those, who were to derive benefit from the land, was exhausted" (s. Hardy).

[2]) Bhagavat ist ins Nirwana eingegangen (wie die Sonne hinter den Bergen untergesunken, wie das Feuer erloschen), man kann deshalb nicht einen Platz zeigen, hier oder dort, wo er sei, aber man kann ihn zeigen in seinen Lehren, in ihnen lebt er fort (nach Nagasena). There is but one nature, to which all other nature must in the end return, and this return or ultimate union is the perfection of the one nature of Buddha (s. Beal) in Nirwana (the restoration to the true condition of being). Ἔστι Κόσμος ὁ ἰδίως ποῖος τῆς τῶν ὅλων οὐσίας (s. Diog. Laërt.).

[3]) Die Welten (vom zweiten Dhyana an) erbleichen und verschwinden gleich Regenbogen, wenn die Offenbarungen des Pradschna sich völlig in das Nirwana zurückziehen (J. J. Schmidt). Obgleich Sariputra Nirwana geworden, so ist deshalb weder die Pflichtübernahme, noch die Samadhi, noch die Weisheit, noch die vollständige Erlösung, noch das Pradschna der völligen Erlösung, noch auch die Natur der verborgenen Eigenthümlichkeit Nirwana geworden (nach dem Ueligerun dalai), und ausserdem war Sariputra früher bereits einmal Nirwana geworden. Zum Leichenfeuer bei Buddha's Eingang ins Nirwana erschienen (in Kusinara) die 60000 Malwa-Prinzen an der Spitze ihrer Heere, um die etwa übrigbleibenden Reliquien gegen Diebstahl vor den anderen Fürsten Jambudwipa's zu schützen. Indem bis zur Auferstehung des

Dann, wenn die Welt also ihres Gesetzes, im letzten
Rest desselben verlustig gegangen, dann, in diesem gesetzlosen[1])
Zustande, brechen die Wirbelstürme aus, um in gegenseitiger
Wechselwirkung der bestehenden Elemente das durch die Eigenthümlichkeiten derselben gegebene und geforderte Gleichgewicht
zu gewinnen, und damit eben tritt dann eine Neuschöpfung
hervor. In dieser liegen, wie für Steine (als Irtuja) und Pflanzen (als hetuja), die Voranlagen auch für animalische Wesen,
und somit auch menschliche[2]), gleichzeitig aber kreuzt sich die
Gesellschaft der letzteren mit den durch Karma (als Karmaja)
aus denjenigen Höhen wieder hinabgeführten, welche als den
Untergang (räumlich) überragend, denselben dadurch überdauert
hatten. In Bezug auf jede individuelle Geburt wiederholt sich
dann die Verkettung der Nidana, da es beim Mangel einer
Seele sich nicht um simple Einkörperung einer solchen handelt.
sondern um ein Zusammensuchen und Verknüpfen der Khandha-
Bündel. Indem das Geistige (gleichsam mit physiologischem
Einblick) als die natürlich organische Folgewirkung körperlicher
Prozesse gefasst wird, bedingt der Wegfall des Gegensatzes, auch
den einer schattenhaft luftigen Gespensterwelt, indem die
buddhistischen Dämone vielmehr von der Materie in noch
strengerer Knechtschaft, als vor dem Abscheiden aus dem Leben,
gehalten werden, von unersättlichen Hungergefühlen[3]) gequält (als

---

Fleisches der Körper nur vorübergehend von der Seele getrennt (als anima
separata), dürfen die Reliquien (λείψανα) „nicht schlechthin als todt bezeichnet
werden" (s. Oswald). Τὰ σώματα ἴσα δύνανται ταῖς ἁγίαις ψυχαῖς (Gregor
von Naz.) im Himmel (nur „interimistisch" getrennt). Durch die heiligen Leiber
werden die Dämonen gequält (in den Reliquien). Die Celten stellten Schuld-
verschreibungen auf das Jenseits aus (nach Diodor). Pässe ins Jenseits sind
überall geläufig (bei Popen einer oder andern Form).

[1]) Anzeichen des bevorstehenden Endes treten mit der zunehmenden
Dürre immer deutlicher hervor, und im Norden ging Fimbulvettr dem Weltuntergang voran.

[2]) Quanquam in radices, in herbas, in plantas, in pecora animam trans-
migrare doceant, in uno tamen hominis corpore merita ad meliores revolu-
tiones, donec pura lux evadat, sibi comparare statuerit. Sic fatum et necessitatem cum hominis merito (Tibetani) conjungunt (s. Georgi). In der Wiedergeburt, mit Brahma als höchster Stufe, ist die niedrigste (s. Monier Williams)
any sthavara or stationary substanz, either a vegetable or mineral).

[3]) und dabei der Mund about the size of a needle's eye (s. Hardy). Les
démons faméliques (unter König Yen-mo) peuvent être délivrés de leur misère pour
renaître dans les cieux, par les secours et prières (s. Deshauterayes) unter Speisedar-

Pretas), während die Bhut[1]) sich direct an das greifbar Stoffliche anlehnen (mit sonst auch allgemeinerer Fassung). Der nächst tiefere Schritt führt dann in das Thierische[2]) hinüber, oder eher in die Höllen (die in jedem Raffinement der Marter drohen), da aus der zoologischen Reihe die Früchte essenden Affen, in friedlicher Sanftmuth dem Büsserleben ergeben, auf erhöhten Rang gestellt werden mögen, in Nachlassung heiliger Reliquien, und dann für Verehrung solcher wieder fromme Elephanten auch als für manchen Sünder beschämende Beispiele sich aufführen lassen.

Auf Agnishtha Buvana mit Adi-Buddha folgen (von diesem geschaffen) die 13 Bodhi-Satwa-Bhuwanas (Pramodita, Viniala, Prabhakari, Archishmati, Sudurjaya, Abhimukhi, Durangama, Achala, Sadbumati, Dharma-megha, Samant-prabha, Nirupama und Inyanavati), dann die Bhuvanas der Rupya-Vachara (18 von Brahma-Kayika bis Sumukha). Darunter die sechs Regionen der Kama-Vachara (unter Vishnu). Weiter unten die drei Bhuvana von Mahadeva, als Arupya-Vachara in Abhoga-Nitya-yatnopaga, Vijnya-yatnopaga, Akinchanya-yatnopaga (the heavens designed for pious Siva-Margis). Darunter folgen Indra-Bhuvana, Yama-Bhuvana, Surya-Bhuvana, Chandra-Bhuvana, dann Agni-Bhuvana (Agni-kund), weiter Vaysikund, und darauf die Erde (Prithivi) mit Jali-kund (world of

---

bringung (ihre Gierigkeit zu befriedigen) und Anrufung Fo's (ihre schlechten Gewohnheiten zu verbessern). Kwe sind die Ling des Yin, und Shen die Ling des Yang (nach Konfucius). Solche und ähnliche Geisterlein mochten dann bequem zur Hand sein, als Kobolde, die früher manchmal sich bei der Hausarbeit nützlich machten, jetzt aber nur für Klopfen und Klopfflechtereien Sinn haben. Der Magier Simon stellte sich seine dienstbare Seele zum bequemen Privatgebrauch ins Schlafzimmer, und unter seiner Schülern beschwor Appion den Geist Homer's, bei Vorlesungen zu helfen. Simon (ἡ δύναμις τοῦ θεοῦ ἡ μεγάλη) war sermo dei (s. Hieron.).

[1]) Bhuto (in Ceylon) generic name for all beings below the Cátummahárájika-gods. Gentile nomen Pot vel Pout, quo se indigenae Tibetani appellant (als Bhot). Der Tod führt ein Netz (s. Konrad von Würzburg), wie Jama und sonst. Die Keren streiten (mit knirschenden Zähnen und grossen Krallen) um die Gefallenen (bei Hellenen).

[2]) Animas et in pecora redire putant et in omnia, quae radicibus fixa sunt et aluntur in terra. Hujusmodi μετεμψυχώσεων orbem explicant symbola quinti loci Tudro, ubi plantae, herbae, et omnia frugum genera, in qua revolvantur animae, exprimuntur (s. Georgi). Ὅτι ἀνήρ γίγονεν ὁ αὐτὸς καὶ γυναικὸς σῶμα μετημψιασάτο (u. s. w.).

water) darunter (und dann die Patalas der Daityas, sowie die Naraka), das Ganze als die Schöpfung Manjusri's (s. Hodgson) in Nepal (bei den Complicationen des Mahayana).

Ueber Chia-Nom-Nang-va (pax maxima) folgt Hua-Min (Omnium summus) unter den 16 Welten (unterhalb denen der Incorporeorum) in Tibet (s. Georgi). Die Rupya-Vachara genannten Bhuwana (unter Brahma) begreifen: Brahma-kayika, -purohita, -prashadya, Maha-Brahma, Paritabhu, Apramanabha, Abhaswara, Parita-subha, Subha-khishna, Anabhraka, Punya-prasava, Vrihat-phuki, Arangi-satwa, Avriha, Apaya, Sudrisha, Sudarsana, Sumukha in Nepal (s. Hodgson). Die Tribuvanas (son yeu) begreifen die 25 Bha-vanas. Auf Agmishtha-Bhavana (als Sitz Adi-Buddha's) folgen 13 Buddhisatwa-Bhavana, dann (unter Brahma) Rupya-Vachara (mit 18 Himmeln), weiter (unter Vishnu) Kama-Vachara (mit 6 Himmeln) und schliesslich (unter Shiva) Arupya-Vachara (mit 3 Himmeln), zusammen als das höchste Himmelsfirmament der 41 Bhavanas), „and below them come the fixed[1]) stars and the planets, and various other regions, which occupy the space down to the earth, which rests like a boat upon the world of waters" (s. Oldfield).

In dem (vom Tschakravala umschlossenen) Weltmeer des äusseren Felsringes oder Asvakarna, jenseits der sechs Kreise der Goldberge um den (auf dem Trikuta-Fels ruhenden) Meru liegen die Continente (Parvavideha, Djambudvipa, Godhanya oder Aparagodana und Uttarakaru) in dem See zwischen Aswakanna und dem Tschakrawala. Die Chatumaharajika-devaloka erstreckt sich von dem Yugandhara-Fels bis zum Tschakrawala. Die 31 Sattalokas steigen in Talas (Terrassen) auf.

Indem der „mittlere und grosse Chiliokosmos nur der höheren Ueberdeckung des ersten und mittleren Himmels des dritten Dhjana bedarf", reicht zur höchsten Ueberdeckung des ganzen Universum der unterste Himmel des zweiten Dhjana hin.

---

[1]) Nach Keerl sind die Fixsterne die Wohnungen der Engel, auch als „Bleibstätten der Seeligen" (sonst zu Gott kommend), „während die Planeten-himmel zu den Gebieten gehören, wo der Fürst der Finsterniss Macht habe", doch heisst der Himmel „das unbewegliche Reich des Geistes" (s. Rinck). Zur Subtilitas (ätherischen Feinheit) des Auferstehungsleibes (s. Oswald) gegen die Penetrabilitas (Durchdringbarkeit).

Von den Chaturmaharaja herrscht Tbatarot über die Thephakhonthan (angeli odorum, quia nati sunt in locis odoriferis), Virulahotl über die Tephakumphan (angeli ventrosi), Virupak über die Nak oder Drachenschlangen und Vetsuvan über die pferdeköpfigen Riesen. Wer, im Himmel Davadüng, im Heranziehen eines Gefühls der Traurigkeit die Stunde des Todes nahen weiss, wird durch Phra-In in einen duftenden Garten geführt, wo bei Entschlafen das Leben, wie das Licht einer Fackel erlischt. Im Himmel Dusit schliesst, wessen Zeit erfüllt ist, die Augen und verschwindet (im Tode). Die Götter des Himmel Paranimit „delectantur sensibus, id est forma, voce, odore suavi, sapore et tactu" (s. Pallegoix), wogegen die Phrahm „sunt absque [1]) sexu intestinis et viis excretoriis, nihil comedunt et continua satiantur beatitudine, non habent sensum odoris[2]) (Gana-vinyana), neque sensum tactus (Kaya-vinyana)", begabt mit Witeka, Wichara, Piti, Suka, Samadi, Ubekkha. (In decimo ordine angelorum Phram reperiuntur Asanjaphrahm, qui formam coelatam aut cusam habent absque spiritu et vita). Arupaphrom sunt incorporei, habent tantum spiritum cum Chetasik, id est spiritibus vitalibus oculorum aurium, narium, linguae, cordis et aliorum membrorum, absque ulla forma aut colore, und deshalb (obwohl gleich den übrigen in Pallästen residirend) unsichtbar. Der (mit dem Ridi-Chubilghan [3]) begabt) in Tibet büssende

---

[1]) Privatio facultatis naturalis est perfectioni naturae contraria e constituit rem in statu praeternaturali et monstroso (s. *Suarez*), obwohl: „nec defuerunt catholici", meinend, „dass bei der Auferstehung die vegetativen Functionen aufhören würden" (absurdissimum est et ideo contraria sententia temeraria videtur).

[2]) Die heiligen Väter, und ebenso sonst die kirchlichen Theologen, nehmen keinen Anstand, auch für die Geruchs- und Geschmacksinne eine entsprechende Thätigkeit zu behaupten (s. *Bautz*), neben dem Tast- und Gefühlssinne (im auferstandenen Leibe). Wie die Maya ihre Hanab pixan, die Inder ihre Sraddha, bringen auch die Neger ihre Parentalia, die, wenn durch Krabben vermindert, von den Geisterseelen gegessen sind. Hellenischen Göttern genügte der Duft. Die Abgeschiedenen zechen mit Odhin, als Dranga Drottin (Herr der Todten), wie mit Savileo (in Samao).

[3]) Die Multilocation (des Menschenleibes im jenseitigen Leben) besteht darin, dass eine körperliche Substanz in Form äusserer Ausdehnungslosigkeit zu gleicher Zeit durch ungetheilte Gegenwart das als ihren Einen Ort auffasst, was für die Vorstellung aus einer Vielheit getrennter Arten besteht (s. Bautz). Mit der „dos agilitatis" ausgestattet, ist der „gloriose Leib" im Stande, „mit der wunderbarsten Behendigkeit den ganzen geschaffenen Raum zu durch-

Affe[1]) zeugte mit einer Manggus (Raxasa) Nachkommenschaft, die nach Aufzehrung der Früchte durch Nidubär Usäktshi vom Berg Ssumeru Getreide herabgeworfen erhielten, und ihre Schwänze verlierend, sich zu Menschen entwickelten (wie bei den Jakun). Nachdem die (aus dem Abhassara-Himmel herabgesunkenen) Brahmas den Fürst Sammato (als Khattiyo über die Khettani oder Felder) eingesetzt, wurden die schlechte Neigungen Unterdrückenden als Brahmana (suppressors) bezeichnet, die dem Hausbau (zur Erwerbung von Reichthum) Ergebenen als Wessa (Waisya oder Kaufleute) und die Jagenden als Ludda oder Sudda (Sudras auch für die Ackerbauer), wogegen die in Einsamkeit Zurückgezogenen als Sumano oder Sramanas (s. Hardy). Von Mahasammata bis Suddhodana (Buddha's Vater) herrschten 706 787 Könige in 19 Hauptstädten.

Ueber dem Himmel Davadüng erhebt sich der Himmel Yama 334 000 Yozana fern, der folgende 784 000, dann 10 352 000 u. s. w.

Im Himmel der Mahabrahma dauert die Lebensdauer 1 Mahakalpa, im Abhassara 8, im Akanichta 16 000 u. s. w.

Die Yama messen Tage und Nächte (der Weltperiode) nach dem Aufbruch und dem Verblühen der Lotus (das Kommen des Buddha anzeigend).

---

messen, von einem Ende zum andern." Die Bodhisatwa verstehen dasselbe, und in den Bhut spukt der Fetisch, mit Wandlungsfähigkeit in gross und klein (wie in Guinea). Fourteen pairs, from a former seed, in the reproduction of worlds, sprang into existence from a cave in a mountain (nach den Jains), als (zwergige) Yugaliya, von denen die Zwillinge Nabhi-Raja und Mora-devi gezeugt wurden, als Eltern der (riesigen) Rishabha-deva (s. Delamaine). Nach den Ophiten waren die Menschen aus der Erde hervorgewachsen (bei Hippolyt.). Auf den Marquesas werden nach den spontan emporgewachsenen Productionen der Natur, die Menschen (sowie die Fische) in einer Höhle eingeschlossen, dazwischen geworfen. Aus der Stammeshöhle kamen Apaches in Amerika, wie Kaffir in Afrika. Der armenische Patriarch Gregor (aus Parthien) lebte in der Höhle der Mani (*Mos. Chor.*) und Manes brachte aus seiner Höhle das Ertenki-Mani genannte Gemälde (bei Tibetern Mani als Zaubersapruch).

[1]) Nach Strabo stellten sich den Macedoniern gegenüber Affen in Schlachtordnung, die anfangs für Feinde missverstanden wurden (in Indien). Rama wird sein Herr, durch Hanuman's Affen gestellt. Buddha's heiliger Affenzahn in Ceylon regte Controversen an über die Hauer der Rakchasa. Im tibetischen Grenzreich des Lo-Abassi genannten Hohepriester (bei Odoricus) die Frauen „duos dentes more ut apri habent" (s. Georgi). Abass (vox arab.) eadem est ac Cus Aethiopia (Castell.). Σκιράται πέραν Ἰνδῶν ἔθνος, σιμοὶ τὰς ῥίνας (Ailianos).

Yama, Sohn Vivasvat's (der Sonne), nimmt die Abgeschiedenen[1]) bei sich auf, geführt von Agni, mit den Pitri, Kavi, Angiras an der Spitze. Der Himmel der Jama ist durch den Glanz der Edelsteine erleuchtet.

Als Dhruva, in Betrachtung Vishnu's versenkt, auf einem Fusse stehend, die Hemisphäre niederdrückte, erschraken die Yama genannten Himmlischen (mit Indra berathend).

Ueber den Nirmanarati, spiritus gaudens in permutationibus (eigener Verwandlungen), folgen (Mara's)[2]) Welten mit spiritus aliena permutans (s. Rémusat) und dadurch Andern schadend (bis zum Tode)[3]). Mara oder Schimmus heisst (im Mandschu) Ari oder Feind (s. J. J. Schmidt). Mahakala is considered by the Swabhavika as selfborn (invoked as Vajravira).

Der Bodhisathva-Mahasathva-Samantabhadra (auf weissem Elephanten) wird in den letzten Jahren der Kalpa die Auslegung des Gesetzes schützen, gegen Mara, die Söhne Mara's, gegen die Marakayikas, gegen die Diener Maras (gegen die Söhne der Dewas, gegen Yakchas, Pretas, Putanas, Krityas). Die Mara ist früher angebetet worden; derjenige, dem sie erscheint, muss sterben, denn sie ist die Todesfrau (bei Sylow) unter den Wenden (s. Veckenstedt). Den Verführungen der Dämone Marut[4]) und Harut zu entgehen, wurde die Jungfrau Anahid als Morgenstern an den Himmel versetzt.

Durga heisst Mara, als „pestilence personified as the goddess of death (mari, deadly disease, plague)".

---

[1]) Merita in tabulis aureis descripta servantur in coelo, catalogum vero peccatorum in pellibus caninis inscriptum mittitur a Phra-In ad Regem inferorum (Phra-Jomarat).

[2]) Zum Schutze gegen die Angriffe Agro-Mainyu's (Ahriman's) wird Zarathustra von Ahura-Mazda an die heiligen Bäume gewiesen. Die Patriarchen der Nestorianer führen den Titel Mar (Herr), als Mar Simon oder Mar Elia. Das Wesen des Teufels (μέρος ἐν ὅλης τῆς ὕλης) besteht in der πλάνη καὶ ἄγνοια oder im ψεῦσμα (s. Bauer), οὐ γὰρ ἐκ τῆς ἀληθείας ἡ φύσις ἐστὶν αὐτοῦ (bei Heracleon).

[3]) Au sixieane ciel habite le Seigneur (Iswara), qui aide à la conversion d'autrui, aussi nommé le Roi des génies de la mort (s. Rémusat).

[4]) Die Marut (Rudra's Söhne) in den Stürmen und Blitzen, kennen die Arzneien. Vasumitra stammte aus Maru, von wo Sriharscha erobert. Bei der Versammlung im Tempel Puschkarini (in Maru) wird Vatsa's Lehre vom Ich verdammt. In der auf das Fasten folgenden Betrachtung besiegte Xaca „tentatorem et hostem Kharabvangcihu (Kahrab, laetitia), nigrum et atrum adversarium" (s. Georgi).

Maya (mother of Mrityu), daughter of Adharma (als Prakriti in Sankhya), Yama (als Mrityu), death personified, Buddha, als Mara-jit (conqueror of Mara) und Mara, als Todesgott (von Mrityu)[1]).

Als dreimal darauf hingewiesen (wie schön Vaisali und dass der Buddha, wenn wollend, eine Kalpa leben könne) Ananda schweigsam blieb, gestand Buddha (auf Mara's Verlangen des Eingebens) nach drei Monaten die Forderung zu, (unter Erdbeben), und nach dem Rückblick (unter Weinen der Deva) auf Vaisali begab er sich nach Kuçigramaka. Der König der Schimnus, als Widersacher Buddha's, heisst der „machtvollkommen Freudenvolle". Wenn Kasyapa als Tathagata (Raçmiprabhàsa) erscheint, werden sich Mara und seine Anhänger zum Gesetz[2]) bekehren.

Po-siûn oder Ma-wang (Mowang) ist König der Maras (Mara, he who kills). Mo-wang sind die Täuschungen des (bösen) Mo-kwei (s. Eitel). Aus der Traurigkeit der Achamoth entstand das geistig Böse (τὰ πνευματικὰ τῆς πονηρίας).

Tanha, Rati und Arati (Gier, Liebe, Zorn) sind Töchter Mara's (Papinas oder Kanha's) oder Pamattabandhu's (als Paranimmitavasavattimara). Unter Maras[3]) (als Paranimittitavasavattidevas) sind begriffen „the habitants of the four highest Kamavacaradevalokas".

---

[1]) Neben Merot richtet (in Böhmen) Radamacz in der Unterwelt. Morana ist (in Böhmen) Todeszittern, (mer, Pest oder Sterben im Polnischen). Moruzzi pilosi, a Graecis Panites, a Latinis Incubi vocantur (Wacerad). Kikimora (bei den Russen) verursacht Träume (Tkany). Die Markopole (Markopety) oder Markopeto sind Erdgeister. Bei Krok's Tode wird der Todesgott Merot gebeten, ihn auf den rechten Weg zu führen (s. Hagęck). Marowit ist Abendsonne (nach Hanush). Marzana wurde (bei den Polen) als Göttin der Früchte verehrt (nach Dlugocz). In Schlesien wurden die Götzen (balwan) in Frauengestalt (als Ziewony oder Marzanny) in einen Sumpf geworfen (s. Stryzkowski). Marowit bezeichnet den Sieger (wjtez) über den Alp (Mura oder Mara). Arborem, sub qua Selanenses Sacerdotes Buttam colunt, appellari Budum-ghas, seu contracte Bogas (observat Thomas Hyde) in Bhagavat (bis Bog). Le plus ancien nom de Babylone (Tin-tir-ki) signifie „le lieu de l'arbre de vie" (Lenormant). Wie die Ficus indica in Indien findet sich in Guatemala der Seiba als heiliger Baum nahe den Dörfern.

[2]) Five Maras or hindrances, Khandhamaro, Kilesamaro, Maccumaro, Abhisankharamaro, Devaputtamaro, continued existence, sin, death, karma and the sinful angel or Tempter (s. Childers). Mara as an impersonification of Karma is called Abhisankharamaro. Vasavatti, bringing into subjection (vaso, wish, power). Praniammito, (created as brought into being by other).

[3]) Mara oder Vasavattimara (in Paranimmitavasavattidevaloka) divides with Sakka (Indra) the sovereignty of the Kamavacaradevaloka (s. Childers).

Mit Adiparamesvara, als Erster[1]), wohnen die Siddha (Jineswara oder Arhata) im Himmel Moscha, mit den Dewata im Himmel Swarga, als Diener (s. Mackenzie).

Svayambhu ist Sohn Rudra's (nach Hemachandra), Crishna stammt von Vasudeva.

Das Rad dreht sich mit den 12 Speichen (ara) in den Avasarpini und Utsarpini (nach den Jainas). Unterhalb Garuda (Vishnu's Vehikel) werden die Buddha[2]) genannt, und dann die Asura (bei den Jainas), die (bei den Buddhisten) durch Magha aus dem Himmel geworfen werden, wegen Trunkenheit[3]) (aus dem üppigen Kaisala auf unzugänglicher Bergeshöhe).

Buddha von Chormusda (Indra) empfangen, zeigt sich im Reiche des Esrün (Brahma) der Welt. Brahma[4]) herrscht über

---

[1]) Rishabha deva heisst Adinatha oder Adiswara (s. Delamaine). Guhyeswari (Sakti of Adi-Buddha) is manifested in the element of water (s. Wilson).

[2]) So far are the Arhatas from acknowledging Buddha as their teacher, that they do not think he is now even a Devata but allege that he is undergoing various low metamorphoses, as a punishment for his errors (s. Mackenzie). Hemachandra (in the subject of inferior gods) states the synonyms of Buddha, Sugata or Bodhisatwa, and afterwards specifies seven such (s. Colebrooke). Rishabha oder Vrishaba (of the race of Ichwacu) war Sohn Nabhi's von Marudeva (unter den Jinas, als Erster).

[3]) Auf dem Gipfel des Mons Curnus (bei der Stadt Beruan und Ug) conspicies aedem quadrangulari forma constructam, janua penitus carentem, ad quam si vel cominus accedas, vel eminus ante ipsam transeas, tale in te gaudium atque hilaritatem senties, quale sentit vino madidus (cfr. d. Geogr. Nub.). Solche Himmelsfreuden mögen auch den Helden in Walhalla vorbehalten sein und den Wohlverdienten um das Vaterland. Omnibus, qui patriam conservarint, adjuverint, auxerint, certum esse in coelo ac definitum locum, ubi beati aevo sempiterno fruantur (s. Plinius). Wer in der Schlacht des heiligen Krieges fällt, dem sind seine Sünden vergeben (im Koran) und alle Freuden der Houris sind sein (im Paradiese).

[4]) Die Brahma-Herrscher in dem Himmel der zweiten Betrachtung, wird einst Herr der Savalokadhatu werden, „à la tête ornée du Sikhi on tubercule divin, souverain du grand chiliocosme" (s. Rémusat). Maha-Brahma (not out of the cirle of Rupa and Nam) is himself a compound of Nam and Rupa, that is to say, effect, but not cause (s. Bigandet). Unter den Dhyana-Buddha gehört Suvisuddha-dharma-dhatu (als Iryana) dem Vairochana (in Nepaul). Aus Abha-swara (qui a pour lumière la voix) kommen die Bewohner der Erde. In der Brahmaloka fehlt kama. Intra deus est caeli inferioris, nubium rector, pluviarum etc. (s. Georgi). Die Kafirs (nach Biddulph) verehren neben Imbra (Indra), als seinen Sohn, den Propheten Mani (Manu). Gott ist Khudae (s. Tanner). Wegen seines glänzenden Körpers wurde Sakyamuni als

vier (oder drei) Himmel und sonst werden den Brahmanen neun Sitze oder Bon zuertheilt.

In Asanjiphrohm (unter der Rupa-Terrassa) findet sich nur Rupatham, in den vier Arupaphromalok [1]) (mit Tsit und Tsetasik) findet sich nur Namatham. Die Japaner unterscheiden Tschi-ki oder Shiki (rupa) und Shin (ohne rupa), und der Aganishta-Himmel bildet das Ende (hu-kioo) der Rupa (Tschi-ki) in Tschi-ki-hu-kioo (dai-ji-jai). Nach Siebold thront Maheswara, als Tsusiki oder Höchster der Ehrwürdigen, auf dem Gipfel der Gestaltenwelt. Siva ist Bhuban-Isvara, als Herr der Welt.

Im Himmel Akanishta oder Mahesvara vasanam (la demeure de Mahesvara) herrscht Maha-Iswara [2]) (und als Siva auf Kai-

---

Himmelskind von den brahmanischen Einsiedlern Vaisali's für einen Vasudeva gehalten. Die im ersten Padu (Periode) unzählbaren Jahre (bis 80,000 in zweiter) lebenden Lhae heissen Tzho-pa-du-me-pa (und auch bei den Jainas nimmt mit der Lebensdauer die Körpergrösse ab).

[1]) Nach dem Sitz der Laharum sive deorum als Zucham (bis Hua-min) folgen die Zu-me-cham (incorporeorum stationes). Weil die vielen Götter der Heiden verwerfend, galten diesen die Christen (einen Gott verehrend) als Atheisten (nach Athenagoras).

[2]) Im Gegensatz zu den Dotoghadu nomtan (Befolger der inneren Lehre) werden die Verehrer Iswara's als Ghadaghadu nomtan (Befolger der äusseren Lehre) bezeichnet (s. J. J. Schmidt). Im Rajatarangini zeigt die Beziehung Vishnu's (in der Göttin der Bienen, als Ranarambha incarnirt, Gemahlin des Ranaditya) in Form der Sakti zu Siva, die Verbindung von Hari und Hara (Hara und Narayana) mit Linga und Opfertopf (durch die Affen aus Lanka nach dem See Manas gebracht). Die Haar-Reliquien sind in Shwedagoun eingeschlossen (in Rangun). Von Kämmen wird nichts erwähnt, weil mit dem Rasiren überflüssig, und „les douze peignes des Apostres (à nostre dame de l'isle sur Lion)" galten früher als „aux douze Pers de France„ zugehörig. Outre les dents et les cheveux l'Abbaye de Charroux, au Diocèse de Poitiers, se vante d'avoir le Prépuce (1599), ausserdem im Lateran (und in Hildesheim). Une relique de la queu de l'asno, sur lequel notre Seigneur fut porté (à Gènes) unter den Asinarii (eines „Sire Asnes" in Verona), sub ista proscriptione Onocootes. Is erat auribus canteriorum et in toga, cum libro, altero pede ungulato (bei Tertullian). „Von der Toga zum Pallium, vom Pferde auf den Esel", mit „Schilderung des Unbequemen der Toga und der allerbequemsten Tracht des Palliums, zumal für einen Philosophen" (s. Alzog). Auf dem Wall Udraf (zwischen Himmel und Hölle) weilen solche, deren Verdienste und Vergehen sich das Gleichgewicht halten (bei den Mosleminen). La sainte Larme est à Vendôme dans l'Eglise de la Trinité (J. B. Thiors), une est à Vandosme, une à Trier, une à sainct Maximin, une à sainct Pierre le Puesallier d'Orleans (1599). Darüber liessen sich noch mehr Thränen vergiessen.

lasa), und alle Terrassen bieten Vimana (oder Palläste), als Kämmerchen, zum Bewohnen [1]).

Von dem wegen seines Einsiedlerlebens (in den Bergen)[2]) Chekia genannten Königssohn Yimo (aus der Nachkommenschaft Sanmoto's), als Vorfahren, erhielt Fo den Beinamen Che (Chekia) oder Chaka (s. Deshauterayes), Sohn der Mohopotoupoti (Maha oder gross). Am Fusse des Berges Potala lehrte die Alte Tara (von der Budhaguhja die Zauberkraft der Siddhi erlangt) das Gesetz den Naga, und auf der Mitte des Berges das Mädchen Bhrikuti den Asuren und Jakcha (nach Taranatha).

Ueber den Jakcha wohnen die Rtagmyos (stets trunken) und dann, nach den Lha-ma-jin (noch keine Götter) oder Asura folgen die Tschaturmaharadjika, um als die vier Thorhüter den Himmel der Trayastrimça (unter Indra) zu schützen (auf dem Gipfel des Meru). Dann beginnen darüber sich Lufthimmel[3]) zu wölben.

In den Brahmawelten dauert zwar die Rupa fort, doch giebt es keine Ausscheidungen mehr, und schon bei dem irdischen Körper der Manushi-Buddha haben sie aufgehört, weil das von den Speisen Aufgenommene sich sogleich assimilirt. Dass dieses bei dem lebenden Repräsentanten in Lhassa nicht so glatt vor sich geht, kommt dem Geldbeutel[4]) seines Hofstaates zu Gute.

---

[1]) Die Menschen finden sich gleich nach ihrem Tode wieder in einem Körper, in Kleidern, in Häusern, wie in der Welt (nach Swedenborg). Neben dem Schooss Abrahams (als Vorhölle) oder Limbus patrum, der „bei vollbrachtem Erlösungswerk ausgefallen ist", benöthigte sich der Limbus infantium bei Nichtanwendbarkeit der „Finalsentenz des Gerichts" mit der Alternative, und Ausnahmen (bei Bonaventura) in Judicio retributionis, sed non judicio disceptationis.

[2]) Qui cum venisset talem de se famam promulgavit ipse Terebinthus, dicens se vocari, non jam Terebinthum, sed alium Buddam nomine, sibique hoc nomen impositum, ex quadam autem Virgine natum se esse, simul et ab angelo in montibus enutritum (bei Archelaus).

[3]) Nach den Epikuräern bestanden viele Himmel (und so bei den Maori). Bei den Ihwan-es-Safa folgt auf die sieben Himmelssphähren (den Planetenbahnen entsprechend) die achte (der Fixsterne) und dann die neunte, als der Thron Gottes (s. Dieterici). Nach Horaz de la Penna entspricht die Ecliptik der dritten Terrasse in Sumeru.

[4]) Stercoris sui massam in globulos auro muscoque circumlitos redigunt Lhamae eosque passim universae plebi distribuunt (in Lhasa). Das Corpus beatorum (ἀχειροποίητον und ἰσάγγελον) non opus habebit ventre aut escis (Burnetius). Gegenüber der δόξα (glorificatio) ist (neben dem Wegfall leiblicher Gebrechen) „das Aufhören der Atimie gewisser Glieder des Leibes ein-

Nachdem der Bodhisatwa-Mahasatwa (Schüler Kasyapa-Buddha's) als Prabhapala (oder Svetaketu) in dem Tushita-Himmel wiedergeboren war, stieg er (nach 4000 Jahren) von dort wieder zur Erde hinab, wie es bis zum Akanishta-Himmel nach Oben und den Asuren nach Unten gehört wurde (unter Zuschauen der langlebigen Suddhavasa-devas). Die drei Klassen lebender Wesen, als Chama (generating beings), Rupa (corporeal, but ungenerated) und Arupa (incorporeal) are again subdivided into thirty species, each of which has its Bon or proper seat (s. Sangermano), 11 für die Chama (7 „happy" und 4 „unhappy"). In Tibet haben sich Gebräuche der Bon-pa-Religion erhalten.

Als der aus der körperlichen Welt in die Brahma-Terrassen (die bei der Zerstörung durch die Fluth übrig geblieben) niedergestiegene Geist sich dort allein fühlte, kam ihm (einen zweiten Geist, der nach ihm niedergestiegen, neben sich sehend) der Gedanke, Brahma zu sein, der Schöpfer und Höchste (aus welcher Verblendung oder Ueberhebung eines Jaldabaoth er indess auch in javanischer Kosmogonie enttäuscht wird). Es folgt dann Wiederherstellung der Welt aus chaotischen Wirren in organischer Entstehung, verschiedentlich gestaltet, je nach der Höhe bis wohin die letzte Zerstörung[1]) gereicht hat, und was also daraus etwa als übrig geblieben zu gelten. Bei der radical Völligsten würde vielleicht nichts Körperliches widerstehen, und dann die Rettung also auf den Arupa zu suchen, aber eine Rettung, die obwohl für die Dauer der Periode, doch im Uebrigen aus der Sansara[2]) nicht rettet, wogegen das Heil im Nirwana stets offen steht.

Auf Wunsch Brahma's (als Schöpfer), Herr der Sablo-

begriffen, welche der Anstand, damit sie den Blicken entzogen werden, zu verhüllen gebietet. Wo die Glorie des Lebens das Fleisch bekleidet, bedarf es keiner deckenden Hülle mehr" (Oswald).

[1]) Neque etiam cinis remanet ex hoc incendio, cui succedunt densissimae tenebrae per innumera aeva, und dann „apparet nubes ingens quae stellat imbres" (s. Pallegoix) zur Wiederschöpfung (bei den Siamesen).

[2]) Symbolum fati (Pra-srin-po) totum transmigrationum circulum apprehensum arctissime substringit (s. Georgi). Kama-bhava vibhava-tahna, la soif d'agrandir l'existence (s. Féer). Die Regionen der Welt vom zweiten Dhana an (als keinen periodischen Wechselzerstörungen mehr unterworfen) verschwinden, „wenn die Offenbarungen des Pradschna sich völlig in das Nirwana zurückziehen", doch weht, in noch nicht beruhigter Karma, wieder der Wind zur Neuschöpfung herab. Dieu créo les tourbillons générateurs des astres (s. Mairon).

kadhatu oder Sarwalokadhatu (Urstoff aller Wesen), nicht länger
allein zu sein, emanirten Vishnu und Siwa in die Region des
ersten Dhyana (als Welt der drei Iswaras) hinab (s. J. J. Schmidt).
Die Devas Brahmakâyikas, als Pathama hi nibbatti (zuerst um-
gebildete) besitzen Vielfachheit des Körpers mit Einheit der
Ideen, die Abhassaras Einheit des Körpers mit Vielfachheit der
Ideen (nach der Mahanidana-Sutta). Aus dieser Welt steigen
dann die Menschen herab, während die übrige Natur organisch [1])
emporwächst.

In der Opapatika-Geburt tritt das Leben gleich in voller
Kraft in Existenz (neben andaja und jalabuja). There is also the
sedaja birth, as when insects are produced from perspiration or
putridity (s. Hardy). Die zogonischen Götter (als lebendig-
geborene) oder animales geniti verlängerten das Leben (s. Proclus).

Indem die unbegrenzte Einheit des Chagossum-Agbar
(leerer Raum) „Alles, was war, ist und zukünftig sein wird, in
sich geschlossen hatte und wieder vereinigen wird", ist sie
„keineswegs leerer Raum" (s. J. J. Schmidt). Sunyata, the
opposite of Avidya, is the ubi as the modus of the universal
material principle in its proper and enduring state of Nirvritti
or of rest (s. Hodgson).

Wou-wei, c'est l'absolu, l'être pur, sans attributs, sans
rapports, sans action, la perfection, l'esprit, le vide, le rien, le non
être, en opposition avec ce que comprend toute la nature visible
et invisible (bei Matuanlin), in den Secten Fo's und Laotseu's
(s. Rémusat). Gott, als natura naturans, bedarf keines Andern
(bei Spinoza). Le moi est haïssable (nach Pascal).

---

[1]) It is evident (nach den Buddhisten), that the seeds of plants and trees,
which are continually in a state of reproduction, have a beginning, but what
that beginning is, no one presumes to determine it. So it is with man and
all living beings (s. Bigandet). Les hommes ont des racines en bas, lesquelles
sont liées à ceux qui sont en haut (s. Beausobres), radices infra (bei den Manichäern). Protoparentes suos, abs quibus propagati sunt, credunt Tibetani
fuisse Simium Pra-srin-po et Simiam Pra-srin-mo nuncupatos (s. Georgi). Zwischen den thierischen Bewohnern der unteren Planeten und den ätherischen
der oberen findet sich Erde mit Mars in der „gefährlichen Mittelstrasse"
(nach Kant). Wie bei den Manichäern thierähnlich (s. Baur), krümmte sich
der Mensch (nach Saturnin), wie ein Wurm, bis die Seele empfangend, oder
kroch auf der Erde (bei den Ophiten). In der Schlange wohnte (bei den Ara-
bern) ein Ginn (das Geheime oder Versteckte) oder Geist (s. Baudissin) und
bei den Preussen ein Kobold. Cumatzil oder Zauberei kommt von Cumatz
(im Quiché) oder Schlange, und jeder Art innerer Krankheit (s. Brasseur).

Nach Epictet ist nicht zu suchen, dass das Geschehende
geschehe, wie man will, sondern zu wollen, das Geschehende,
wie es geschieht. Der Vernünftige wird wollen, was geschieht
(nach Simplicius). Das Wirkliche ist das Vernünftige (bei
Hegel). Il faut accepter toutes les variétés du temperament
humain (nach Fourrier), il s'agit seulement de composer un en-
grenage savant des passions (für die Moral), prendre la nature
telle, qu'elle est, ne pas la violenter, mais la diriger, l'utilizer,
quelle qu'elle soit (s. Esdran). Wenn sich mit dem Räsonniren
dualistischer Zwiespalt einleitet, können auch Antitheen oder
Gegengötter (s. Arnobius) zum bösen[1]) Zauber dienen.

Das sichtbare Weltall ist aus dem leeren Raum nach unabänderlichen Naturgesetzen entstanden (im mongolischen Buddhismus), und diese Entwicklung des leeren Raums, dieser
Niederschlag aus demselben oder dessen Zerstückelung in un-
zählige Theile, diese neu entstandene Materie ist das Uebel des
Jirtintschüi oder des Weltalls[2]) in seinen inneren und äusseren
Beziehungen, aus welchen der Ortschilang oder der beständige
Wechsel nach unabänderlichen Gesetzen entstanden ist, nachdem diese durch jenes Uebel begründet waren (s. J. J. Schmidt).

Unter Entwicklung des Jirtintschüi hat Alles wieder in
der Einheit des leeren[3]) Raumes (Chagossum Aghar) zusammen-
zufliessen. Nirvritti ist Einheit, Pravritti Vielheit. Unter den
Madhjamika setzen die Svatantra der Gestaltung (tautra) jedes
Gegenstandes aus dem Wesen seiner Wurzel (sva) in selbstständige Existenz (durch eigenthümliches Sein). Parikalpita
ist die Nichtsubstanzialität der Merkmaligkeit, während Pari-
sushpanna die absolute Nichtsubstanzialität (s. Wassiljew).

---

[1]) Das Gesicht Tamdin's (als Schützer gegen böse Einflüsse) findet sich
auf dem Phurbu genannten Nagel (gegen Dämonen geweiht) in Tibet.

[2]) Aus dem „Uebel des Jirtintschüi oder des Weltalls" entstand der Ortschilang oder beständige Wechsel, als die Einheit des ursprünglich leeren Raumes
oder Chagossum-Aghar (Alles was ist, war und sein wird in sich schliessend)
durch Wirbelwinde zerstört war (s. J. J. Schmidt). Nirvritti (unter den Svabhavikas) is eternal repose and not eternal annihilation (Sunyata) oder (nach
den Prajnikas) a specified certain absorption into Prajna (s. Hodgson). Als
Inbegriff sämmlicher Wahrheiten fasst Leibnitz die Vernunft, als enchainement
des vérités.

[3]) Sunyata is not nothingness, but rather the utterly inscrutable character
of the ultimate semina serum (Hodgson). Prajna (the universal principle) has
two modes of being (Nirvritti and Pravritti). Ἀνόρατον εἶδός τε καὶ ἄμορφον
πανδεχές (s. Plato) war der Anfang (aus dem Alles hervorging).

Durch Upaya kommt Nirvritti in Bewegung, als Pravritti, indem als erstes Element Akasa entsteht, dann Luft mit zwei, Feuer mit drei, Wasser mit vier und Erde mit fünf Eigenschaften (s. Hodgson). Upaya[1]) (the expedient) is „the intrinsic energy of matter" („the energy of prajna). In der *εἱμαρμένη* (mit *πρόνοια*) liegt die Verkettung der Dinge (s. Diog. Laert.). Die Welt heisst die Entfaltung (*ἐνέργεια*) der Gottheit (bei den Pythagoräern).

Der Circulus maximus (der Welt) beginnt (bei Georgi) mit Marik-pa (intellectu carens), als Bajulus, dann Viator, figulus, simia simiam comedens, navis et gubernator (nomen et corpus), Cor, Tactus oder Rekpa (vir et mulier inter amplexus), vis sentiendi (Tzor-va, cupiditas), ablatio, nativitas, senex moriens (Ke-sci), und dann folgen die Seelenwanderungen[2]) (der Metensomatosis). Ausser der Existenz der Ursachen giebt es keinen Graha (mit nachfolgender Guhja) nach der Jogatschara (s. Wassiljew). Im Grahaguja liegt die echte Eigenschaft der Existenz (das Graha, als leer, und Guhja, als wesentlich). Das Vidschnana erscheint zweifach in Folge des Graha und Guhja (nach dem Bodhisattwabhumivrittri).

Naman[3]) (in der Mimansa) bezeichnet die Essenz (im Gegensatz zu Guna oder Accidenz, als vergänglich) und bezeichnet des sacrifices indéfinissables qui procurent l'emancipation finale (s. Goldstücker). In den Nidana der Mongolen entspricht Bhava

---

[1]) From the union of Upaya and Prajna arose Manas, the lord of senses, and from Manas proceeded the ten virtues and ten vices (nach der Dvya Avadana). Das Begrenzende (*τὰ περαίνοντα* oder *τὸ πέρας*) als das Eins, woraus die Zahlen (*ἄπειρον*) hervortreten (vermöge des Gegensatzes), galt (bei den Pythagoräern) als das Höhere, während über Beiden die Einheit (als Harmonie) steht (s. Erdmann). Nur so lange Rupa waltet, erhält sich das normale Gleichgewicht, das in der Excentricität der Arupa gestört ist (im letzten Ausgleich auf die Harmonie des Dhamma beruhend). Als Modus des unendlichen Denkens entspricht die Seele im Körper dem Modus der unendlichen Ausdehnung (bei Spinoza).

[2]) Um nicht etwa „occidere parentes suos inter pediculos et pulices", enthielten sich die Manichäer der Tödtung, obwohl es einigen darunter zweifelhaft war (s. Aug), ob die „anima humana" übergehen könne in muscam, deinde in cimicem, atque inde usque in pulicem (wie in vulpeculam), die Tibeter „nec cimices, nec pulices, nec pediculos interficiunt" (s. Georgi), wie Jainas.

[3]) Namarupa exprime cette substantialité où l'essence est marióe à la forme (nach Goldstücker).

der Sansara (s. J. J. Schmidt). Kam (mit Wibek)[1]) bedingt die Wiedergeburten. Wenn auch das zweite Dhyana der Weltzerstörung verfällt, erstreckt sich diese bis zu den Göttern der Reinheit[2]), in den Sitzen der Subhas, obwohl auch hier, und selbst darüber keine Garantie gegen späteren Fall gegeben sein kann, so lange nicht die Stütze (als Alambana) in den Gesetzlichkeiten gefunden ist, wenn die Aromana[3]) des Mano im Nirwana verwehend, mit der Flucht aus dem Vergänglichen den Hafen im Jenseits suchen.

Nur die beiden ersten Klassen (unter den Göttern der Sinnenwelt) pflegen der Liebe nach Art der Menschenkinder, so jedoch, dass Empfängniss und Geburt in Eins zusammenfällt, die Jamas pflanzen sich durch reine Umarmung fort, die Tuschitas durch Berühren der Hände, die Verwandlungsfähigen durch Anlächeln, die Maras durch Blicke (s. Köppen). Für das Menschenpaar im Paradiese hatte die Göttliche Anordnung keine Schwierigkeit (nach St. Augustin), ut in ejus carne etiam illud non nisi voluntate moveretur, quod nunc non nisi libidine movetur (seminerat itaque prolem, susciperet femina, genitalibus membris, quando id opus esset, voluntate motis, non libidine concomitatis). Cur non credamus primos homines ante peccatum genitalibus membris ad procreationem imperare potuisse, sicut ceteris in quolibet opere sine voluptatis pruritu utimur? frägt Petrus Lombardus.

In den Rupawelten fehlte ursprünglich das schöne Geschlecht, da das Weibliche, als anderer Ordnung, sich vorher in das Männliche[4]) zu verwandeln hatte, denn tacet mulier in Ecclesia. Freilich nur bis zu den Frauenrechten der Nonnenorden, als noch bei Buddhas Lebzeiten Bhikshuni[5]) den Bhikshu hinzutraten, unter den Jüngern. Wie durch Thierleiber, Engel und

---

[1]) The good or evil result of good and bad works is called Viputto (s. Childers).

[2]) Bei den Καθαροί genannten Göttern leisteten die Arkader Eide (n. Plutarch)·

[3]) Dans la vie aromale, sans entrer en relation avec les mondains, on pourrait les voir, les comprendre, les suivre dans toutes leurs actions (s. Fourrier).

[4]) Dans la vie future bien des hommes, et les meilleurs, deviendront femmes, et en même temps que femmes sous-dieux (nach Hennequin).

[5]) Nach dem Tode Johannes des Täufers zieht mit der (gleichfalls unter dessen Jüngerschaft aufgenommenen) Helena der von Dositheus verdrängte Simon umher, während Luna (σελήνη) unter die Schüler des Dositheus aufgenommen wird.

Dämone, oder in Geschlechtern, so rollt im Auf- und Absteigen der Perioden[1]), das Rad nach regelmässiger Folge bei den Jainas.

Uxoribus utuntur, sed filii mirabili ratione unoque temporis puncto concepti, nati et adulti in eorum sinu ludere et exsultare repente visuntur (im Himmel Righjel). Auf die Frage Cur ergo non coierunt in paradiso? (filios parvulos nasci oportebat propter materni uteri necessitatem), folgt die Antwort: „dass dieses deswegen nicht geschehen, weil Adam bald nach der Schöpfung der Eva aus dem Paradiese vertrieben, und er also keine Zeit zu dieser Verrichtung gehabt hätte", (erklärt in seinem, Prinz Heinrich (1761) gewidmeten, Buche le Marquis d'Argens). Ejus filios poterat omnipotentia creatoris mox natos grandes facere (s. Petr. Lomb.) „oder sie würden den kleinen Hübnerchen ähnlich gewesen sein" mox ut nascuntur currunt et matrem sequuntur). „Abissus abissum invocat", aber aus einem Abyssus als Bythos erklärte sich Alles, im Urgrund des Schweigens, und so um Tanoa (die Himmel durchwaltend) schlingt sich Mutuhei, das Schweigen, bei den Wilden auf den Inseln, Markesas de Mendoza's, damaligen Vice-Königs Peru's, wo bei den alten Inca der Schöpfung gleichfalls (wie in Polynesien) die Dunkelheit (ein Urauchl) vorangegangen (s. Cieza).

Das unergründliche Dunkel, τὸ ἀγνωστον σκότος, wurde in ägyptischer Kosmogonie (von Asklepiades und Heraiskos in alten Büchern der Priester aufgefunden) als erstes und Endprinzip gesetzt (s. Zoega). Nach Eudemus (bei Damascius) erkannte die Orphische Theologie Nichts Altes an, als die Nacht. Luft und Nacht zeugen den Tartaros, worin sich das Ei bildet (bei

---

[1]) Lahac primae aetatis homines nulla relicta prole moriuntur, in Mundos alios aliaque corpora migrant. Im zweiten „alii homines, alii animalium corpora induunt", und in Geschlechtspaarung unter den Menschen. Dann werden die Stadien in Longinus' Roman durchlaufen, indem obtutibus oculorum leves sunt additi risus, risibus subinde manuum tactus, tactibus oscula, osculis amplexus, amplexibus carnalis instar, quae tandem obtinuit, coeundi ratio (s. Georgi). Physica ratio non inelegans inclusa est in impias fabulas (s. Cicero). Die Mythe vom Ganymed wurde durch die Creter erfunden, um ihre Laster mit Zeus zu rechtfertigen (nach Plato). Fourier will, in abgeschlossener Erziehung der Kinder, den Ausbruch der Liebesregungen in der Pubertät verzögern (wie überall bei den Naturvölkern unter den nicht nur die Knaben, sondern oft auch die Mädchen betreffenden Ceremonial-Gebräuchen).

Damascius). Phanes [1] ($\pi\varrho\tilde{\omega}\tau o\varsigma\ \gamma\grave{\alpha}\varrho\ \grave{\iota}\varsigma\acute{\alpha}\nu\vartheta\eta$) erscheint als Protogonos ($\grave{\omega}o\gamma\varepsilon\nu\acute{\eta}\varsigma$), aus dem Ei, älter, als die Henne (s. Plutarch). Ovum ante gallinam (Macrobius). In ägyptischer Kosmogonie tritt Ra aus dem Ei hervor.

In der durch die Einführung eines Adhi-Buddha, als Erster, dem Buddhismus gegebenen Umgestaltung (in Nepal) [2] treten (in dem auf Mandjusri bezogenen Ausbau des Weltgebäudes) bei den Himmeln (über den Bhuwana der Rupya-Vachara unter Brahma) die 13 Bodhisatwa-Bhuwana hinzu (von Adhi-Buddha in Agnishtha geschaffen), und zwar (als die Meditations-Regionen der Orthodoxen) an Stelle der (hetorodoxen) Arupya-Vachara, die hier dann (unter Mahadeva gestellt) auf niedrigere Stelle verschoben sind (wie die Buddha im Jainismus), bis unter die Kama-Vachara (das Reich Vishnu's [3]), als das der in Avataren geoffenbarten Gestaltungen). Es wiederholt sich dann noch einmal Indra (im besondern Bezug auf meterologische Processe), sowie Jama (für Zeiteintheilungen von Tag und Nacht), und nach den Bhuwana der Sonne und des Mondes folgt Agni (im Gewitter), sowie weiter hinab Vayu-kund (die Luft) bis zur Erde (Prithvi), auf Jala-kund (des Wassers) ruhend. Die Metamorphose führt dann die $\acute{o}\delta\grave{o}\varsigma\ \mathring{\alpha}\nu\omega$ und $\acute{o}\delta\grave{o}\varsigma\ \varkappa\acute{\alpha}\tau\omega$ (bei Heraclit), je nach dem Soll oder Haben [4]) im Karma.

---

[1] Als Ergänzung tritt Maneros zur Seite, in heller und dunkler Hälfte der Natur.

[2] With the Prajnikas, Prajna in tho state of nirvritti, is the Summum et solum numen, diva Natura (s. Hodgson). Adi Prajna (Adi Dharma) personified as a female divinity (symbolized by the Yoni). Prajna gilt als „both the mother and the wife of all the Buddhas, janani sarva Buddha and Jinsandari" (s. Hodgson). Salvator et liberator animae est Adi-Purus (Primus homo) et Gioti surup (prima lucis origo) bei den Tibetern (s. Georgi). Dionysos, sich im Spiegel erschauend, schafft alle Dinge (bei Plato) und (nach Nonnus) wird ihm der Becher von Aphrodite gereicht (der Täuschenden, als Apaturia).

[3] Unter den Wohnungen Brahma's folgen (nach Nepal) die Vishnu's (als Kama-Vachara), and whosoever worships Vishnu with pure heart shall go to one of these (Hodgson).

[4] Virtue and vice (Dharma and Adharma) or moral merit and demerit, are tho peculiar causes of pleasure and of pain respectively (nach der Nyaya), qualities of soul (s. Colebrooke). The performance of tapas (self-inflicting austerities) from tap (to burn) was „like making deposits in the bank of heaven" (s. William). Wer durch Gnosis von psychischen Leidenschaften gereinigt, dadurch geheiligt, gilt als abgewaschen (Clem. Al.), wie die Brahmanen (hinterindisch).

Während vier Bodhi-Satwa in Dhyan versenkt blieben, wurde Padma-Pani durch Swambhu mit der Schöpfung beauftragt, indem er (die drei Gunas annehmend), Brahma, Vishnu und Mahesa hervorrief, und Brahma die Chatur-yoni in Existenz zu bringen befahl (in Nepaul). Wie Brahma's Erwachen[1]), am Schlusse der Brahmanentage, markirt das Aufblühen des Weltenlotus beim Erscheinen der Buddha, die Umläufe der Zeiten. So oft eines der Säcula im grossen Weltenjahr abgelaufen, legt der ihm vorstehende Aeon (bei den Manichäern) einen aus Blumen gewundenen Kranz auf das Haupt des ewigen Königs, des Alten der Tage (s. Bauer). Buddha's auf dem Strom der Zeiten hinabtreibende Napf weckt, am Ende der Periode, den uralten Naga-König[2]) (schlafend, wie Andere im Felsverliess). Auf die Oroschichoi-galab oder Kalpa der Einwohnung und Bleibens, als Bhadra-Kalpa oder segensreiche (mit Steigerungen und Verminderungen in den Zwischenkalpen) folgt die Ebdereköi-galab oder Kalpa des Verfalls und der Zerstörung (s. J. J. Schmidt). Die Antarakalpa fällt in die Asankheyakalpa und diese in die Mahakalpa.

In Verbindung mit Buddha und Sangha begreift Dharma die heiligen Schriften, und „the books, in which it is written are called Bana-pot" (s. Hardy), bei der Theilung in Suttani und Abhidhammani, in Winaya, Sutra und Abhidharma zerfallend. Wie Winaya die Mönchsregel, enthalten die Sutra die populären Schriften der Moral, wogegen die Abhidharma[3]), das philosophische System (besonders in Psychologie), darstellen,

---

[1]) Die höhere Weisheit des Mahayana wurde (wie im Tuschita-Himmel von der Devas zu lernen) auch bei den Nagas bewahrt, die Buddha schützend umgaben (auch als Repräsentation in früheren Erscheinungen). Augustin spricht von Schlangenbrüdern, qui serpentem pro Christo colere dicuntur. Die Ophiten brachten von der (im Kasten bewahrten) Schlange das τελείαν θυσίαν (bei Abendmahl). Nach den Ophiten hat die Schlange (νάς) allen Tempeln (ναοῖς) den Namen gegeben, und können keine Mysterien unter dem Himmel sein, ohne Tempel mit Schlange (s. Gruber). Und so die Berührungen zwischen Naga und Nagara.

[2]) The Materialists make Buddha subordinate to Dharma (Dharma-devi oder Arga) oder Adi-Dharma (Prajna-devi oder Tara) „as the universal mother" (s. Oldfield), und Sangha wird mit Padma Pani identificirt (in Nepaul).

[3]) The Abhidharmapitaka was addressed by Buddha to the Dewas and Brahmas (s. Hardy). Vasubandhu (zur Zeit Vicramaditya's) verfasste die Abidharmakosha.

unter Zusammenfassung der darauf bezüglichen Stelle in der Vibasha, so dass sich die Vaibashika, als die letzte Schule der Hinaja (s. Wassilijew) betrachten lassen, in jener metaphysischen Durchbildung, die dann im Mahayana weitergeführt wurde, weshalb auch Arjadeva, Nagarjuna's Schüler, im Kloster Valanda mit Asvagosha zusammentrifft. Indem es heisst, dass dieser durch einen König der Kleinen Juetchi aus Magadha weggeführt sei, so stellt sich darin die Verbindung her mit seiner Berufung nach dem von Kanishka in Kaschmir versammelten Concil, wo Katjajana (oder Katjajanaputra) die — auf dem ersten Concil Mahakasyapa (wie Upali die Vinaya) zugeschriebenen — Abhidharma zusammengestellt habe, indem die damals von Menschen, Göttern, Naga, Jaksha, und auch aus dem Akanishta-Himmel (bei Taranatha), erhaltenen Mittheilungen später von Vasubandhu [1] (durch Vasu auf Brahma führend), dem Begründer der (von Maitreja im Tuschita-Himmel gelernten) Mahajana umgearbeitet werden (während die Umarbeitung durch Asvagosha von Katjajana veranlasst sei).

Dass diese scholastischen Elemente sich auf brahmanische Systeme (wie schon in der Sankhya gegeben) zurückführen, spricht sich überall in der Legende aus, indem Awagosha (oder Ma-ming), als Tirthika, von Parçva bekehrt wird, und Vasubhandhu, der Sohn des brahmanischen Königslehrers aus der Familie Kauçika (Kiao-schi-kia oder Indra) in Purushapura, wo Vishnu (der jüngere Bruder Indra's) den Asuren Indramana (Indra's Besieger) bezwingt, seine Bekehrung dem Arhant Pindola verdankt.

Aus Magadha wird der Tirthika durch den König der Juetchi fortgeführt und trifft (wie erwähnt) mit Arjadeva in Nalanda zusammen, von welchem Kloster, als Sitz der

---

[1] Im Siaucheng (unter Kashiapmadanga aus Indien als erster Uebersetzer) finden sich 37 Bücher des Abhidharma (Lun), im Ta-cheng (mit Anshika der Ansi als erstem Uebersetzer) 93 (und dann 23 Zufügungen unter den Sung und Yuen). Dem Phra-Baramat (von Kasyapa gelehrt) fügte Nagarjuna das Abhidharma hinzu. The Abhidharma-pitaka was addressed by Buddha to Dewas and Brahmas, und so aus den Himmeln gebracht (wie frühere Weisheit von den Naga). Die Vibbasha, aus den Abhidharma's von Kashmir zusammengestellt, wurde von Vasubandhu umgearbeitet. Divine worship is constantly offered to these works, as the Nawa-dharma (in Nepaul) des Abhidharma (s. Hodgson). Nach Yacomitra sind im Abhidharma die metaphysischen Stellen aus Sakyamuni's Lehre im Auszug vereinigt.

Abhidharma-Kenntniss, sich die Mahayana-Lehre verbreitet, um in einem grösseren Fahrzeug[1]) überzuführen ins Jenseits (des Seelenlandes). Das an die Vedas brahmanischer Orthodoxie angeschlossene Philosophiren der Upanishad erweiterte sich später in den Darsana zu selbstständigen Systemen, in Folge unabhängiger Reaction der Kshatrya[2]) (unter der Gelehrtenklasse der Eroberer) im Anschluss an die Brahmanenfamilie der Gautama. Csoma nennt neben den Vaibhachika (von Rahula, Kasyapa, Upali und Katyayana begründet) und Sautrantika (der Sutra), die Schule der Yogatchara (Aryasamgha's) und der Madhyamika (Nagardjuna's, Lehrers des Aryadeva und Buddhapalita). Die Sutra werden Ananda zugeschrieben, dem populären Lehrer. Die Madhyamika gründen sich auf die Pradjnaparamita (transcendentaler Weisheit), während die Yogatchara mit dem Manodhatu die Persönlichkeit einführen.

Unter den Abhandlungen des Abhidharma wurde die Djnana prasthana von Katyayaniputra verfasst, die Prakaranapada von Vasumitra, die Vidjnana-kaya von Devasarman, die Dharmaskandha von Sariputra, die Pradjnapti-sastra von Maudyalyayana, die Dhatukaya von Puma, die Samgiti paryaya von Mahakauchthila (nach den Abhidharma-kosa). Das Madhyamika-System wurde von Nagardjuna auf die bei (unterirdischen oder überseeischen) Nagus[3]) bewahrten Lehren Buddha's gegründet, und das Yogatchara lernte Aryasanga im Tuschita-Himmel (über Bergterrassen schwebend). Nachdem durch die Lehre von der Alaya zurückgedrängt, wurde das Madhyamika-System dann in Buddhapalita's Prasanga (mit dem Beweis des Nicht-Ich) neu belebt.

Die Vaisya's, auf Reichthum hingerichtet, und so auf dessen Gott Kuvera (Wittesa der Rishi) oder Vairavana (unter den

---

[1]) Der die Seele umhüllende Leib führt dieselbe als ὄχημα fort (bei Plato). Saturn (in den Fesseln des Schlafes) träumt, was Jupiter denkt (bei Plut.).

[2]) Ajatasatru (König der Kasis) belehrt (als Kshatrya) den Brahmanen Gargya, der ihm Brahma lehren wollte, im Prana (nach der Kaushitaki-Upanishad), und so erhalten (in der Chandoghya-Upanishad) die Brahmanen höhere Kenntniss von den Kshatrya, wie der Brahmane Gautama (Vater Sveta-ketu's) von Pravahana (König von Panchala).

[3]) Die Ophiten verdanken τὴν πάσην γνῶσιν in „Erkenntniss der oberen Mysterion" (s. Baur) dem Schlangendämon, und dieser „serpentiformis et contortus Nus" führt aus den Hirnwindungen, durch die schlangenförmigen Eingeweide, τὴν ζωόγονον σωφίαν τοῦ ὄφεως, auf die polynesische Phrenologie der Gedanken, als „Worte im Bauch".

Yakscha) und, unterirdisch, auch Naga sind durch dessen Bruderschaft zu Ravana (der ihn indess feindlich selbst beraubt) in ein gestürztes Geschlecht gezogen, als die friedlichen Verhältnisse (mit den Reichen als Fürsten nach Art der Orang-kaya) politisch durch Eroberer im Königthum der Kshatrya (aus Indra-Himmeln die Gegner bekämpfend) zerstört wurden, und dann traten die Brahmanen hinzu aus höheren Regionen, und also mächtigeren Tugendverdienstes, das indess, als auf geistige Güter hingerichtet, wenn weltlicher bedürftig, sich der Zauberformeln der Vedas bedienen musste, um (weil tieferen Welten angehörig) unterthänige Götterwesen zu bezwingen, und so die Beschützer anderer Kasten gleichsam beraubend, aber mit zustehenden Rechten, weil von Dienerklassen nur das verlangend, was sie schuldig, zu geben. Ob bei wohlgesinnten Gottheiten als darbringende Opfer aufgefasst, oder bei feindlich gefährlichen (und, der Vernichtung verfallender, Sinneswelt der Materie) als bannende Zaubersprüche (in den Tantras), immer ergiebt sich die Machtbegabung der Heiligung aus der Durchdringung der moralischen und physischen Welt, so dass, wer in jener durch die Vollendung geistiger Operationen, Gewalt erlangt hat, dann auch diese beherrscht.

Phalayuktani-karmani (in den Vedanga) befähigt, indem (opfernde) Handlungen (wie Agni-hotra u. s. w.) Belohnungen gewähren (wie Himmelsseligkeit, Reichthum, Ruhm u. s. w.), und so in den Vedas bereits durch die Brahmanen (wenn in Wirklichkeit schon den Brahmanen-Welten angehörig) das zu erlangen, was an sich durch die naturgemässe Entwicklung der Tugendübung (auf ihrem psychischen Wege) herbeizuführen und zu erlangen.

Obgleich die wahrhaft Erschienenen Nirwana sind, haben sie „durch die Kraft früherer Verdienste Machtvollkommenheit erlangt, alle Arten Thaten zu wirken" (nach dem Suwarna-Prabhasa).

Sruti, als Offenbarung (weil gehört), schliesst sich dann die Ueberlieferung der Smriti an (auch politisch in der Dharma-Shastra), und so folgen sowohl die Controversen über die Unverletzlichkeit der Tradition[1]), wie später jedes einzelnen Buchstaben (wie

---

[1]) Vincentius fügt der „divinae legis auctoritas" die „ecclesiae catholicae traditio" hinzu (mit dem consensus ecclesiasticus, als allein richtigen). Toute

nach hebräischer Schriftauslegung in grammatischer[1]) Heiligkeit
von Indiern geschlossen) in dieser (nach dem Wortglauben).

Unter Smriti sind begriffen (mit den Kalpa der Vedanga) die
Sutras oder Srauta (für die Mantra und Brahmana der Sruti),
obwohl bei (symbolischer) Kürze (like algebraic signs to indicate
ideas, which would otherwise require a whole sentence or more
to express them at full) dann wieder (besonders bei den Grammatischen Sutra) Unveränderlichkeit jedes Buchstaben folgt.
Als schlimmer Sünder (Papiyan) gilt (bei Sayana) wer eine
Hymne der Veda recitirt, ohne den Rishi und sein Metrum
(Chandas) oder den Gott zu kennen.

Die Vaibashika und Sautrantika bilden (als Sravaka) das
Hinayana, die Madhjamika und Jogatscharja das Mahayana.
Die Madhjamika stützen ihre Lehre auf die Paramitra, während
die Jogatshara darüber hinausgehen. Die Anknüpfung an die
Sankhya wird durch den Eremiten[2]) vermittelt, an dessen
Zelle die Sakhya den Platz für ihre Hauptstadt fanden. Die
Ekashloka-Sutra wurde verfasst, um die Anhänger Buddha's in
den falschen Ansichten Kapila's, Uluka's und ihres Gleichen zu
berichtigen. Kapila is condemned for denying the existence of
cause (s. Edkins). König Chetiya stürzte (durch die gespaltene
Erde) in die Hölle, saying, that he was senior to Kapila, his
elder brother. This was the first untruth ever uttered among
men (s. Hardy).

Aus den Beziehungen der Samanaeer zu Semnoi mit fer-

réforme (bezüglich des „dogme chrétien") est et sera toujours impossible, la
moindre réforme l'aniénterait, du moment, qu'il serait réformable en un seul
point, ce no serait plus un dogme divin, mais un dogme humain, et dès lors
ce ne serait plus le christianisme (s. Lecanu).

[1]) Panini's work is indeed a kind of natural history of the Sanscrit language (Goldstücker).

[2]) Nach Gaudapada war Capila (Lehrer des Asuri oder Panchasicha)
Sohn Brahma's (unter den Rishi). Als Einkörperung Vishnu's wurde Capila
von Devaduti geboren (nach der Capila-bashya). In der Vedanta wird Capila
mit Agni identificirt. The word capila, besides its ordinary signification of
tawny colour, bears likewise that of fire (s. Colebrooke). Die von dem
Bhikschu Vatsa (aus den Brahmanen Kashmir's) durch die Almaka-Lehren
Verführten, wurden durch Dhitika im Kloster Pushkarini, wo der Jakscha
Capila den Unterhalt beschaffte, durch den Vortrag der Anatmaka-Lehre bekehrt (bei Taranatha). Als Diminutiv von Kapi (Affe), führt Kapila weiter
auf Kapu. Die Söhne des Brahmanen Dschassa (in Magadha) stritten über

neren Anschlüssen[1]), hat man Verbreitungsfäden des Buddhismus nachzugehen versucht, und manches im Gnosticismus zusammengeknotet oder in der „a barbaro quodam" (bei Archelaus) stammenden Lehre des Manes unter Scythianus (Sakya-muni), als Lehrer des durch den Baum Terebinthus auf seinen Beinamen Buddha führenden, bis auf jainistische Detailkrämerei, in den „pediculis et pilicibus et cinicibus" (s. St. Augustin) erwiesenen Aufmerksamkeit. In den Verkleinerungen sectirischer Eifersüchteleien sinken vor Mahavira, die Buddha bis zu Garuda und anderem Wundergethier herab, wie Adhi-Buddha aus der von ihm eingenommenen Stelle der Arupa-Terrassen Siva's bis unter die Kama-vachara herabgedrückt. In Gautama's Zwist mit den Berg-Einsiedlern, und unter vielerlei Rivalitäten der Gottesverehrung, beginnen die Brahmana, deren heiliges Leben in den Predigten als Musterbild empfohlen wird, eine zweifelhafte Färbung anzunehmen, unter Anregung des Kastenstolzes[2]). Als Suddhodana seinen Sohn von Brahmanen als Schüler umgeben fand, traten auf seine Aufforderung 800 Sakya-Prinzen in den Mönchsstand und huldigten ihrem Barbier Upali, der zuerst geweiht war (nach der Abhinishkramana-Sutra). Die bevorzugten Schüler Sariputra und Mugalyana waren aus der von ihnen verlassenen Schule des brahmanischen Lehrers Sanjaya zugetreten.

Im Niedersteigen aus dem Brahma-Himmel war in Byamma

die Verehrung des Gottes Mahesvara Kapilamuni und Buddha (nach Taranatha) Aryadeva (nachdem er dem Idol des Mahesvara ein Auge ausgerissen) trat in das Kloster Nagarjuna's. Der Buddhistische Priester in Sang-ka-shi (am Kali-Nadu) verehrte als Schutzgott einen (als Schlange erscheinenden) Drachen (zu Fahian's Zeit).

[1]) Semnuti (Semnothcoi) Tibetana pronunciatione Samnatha (Georgi). Samtha Buttrhanhane (Tibetani orant) sacerdotem, qui remissionem et purgationem tribuat spiritibus a malis impurae transmigrationis (Samthan pouthra, auctor alphabeti). Die Σιμνοι (neben Brahmanen) verehren eine Pyramide, worunter die Gebeine eines Gottes liegen (bei Clem.). Die Hylobier (unter den Sarmanen) lebten als Coelibaten (wie die Enkratiter). Elxai erwarb bei den Parthern ein vom Himmel gefallenes Buch (gleich tibetischen Heiligthümern).

[2]) The Sacyas (or Bauddhas) and Jainas (or Arhatas) are considered to be Cshatriyas (s. Colebrooke), und da keine Begründung für den Schluss vorliegt, „that their recollections were founded upon a Veda, which is now lost", sind ihre Bücher „of no authority for the virtues, which they inculcate" (nach Cumarila).

(Birma's, wo der Kopfknoten[1]) noch als charakteristische Auszeichnung betrachtet wird) ein directer Anschluss an die Brahmanen und ihr, nach der Ehe[2]), heiliges Leben[3]) (in Waschungen[4]) symbolisirt) gegeben, im Weiterverfolg der Shamanen[5])
aus den Verzückungen in die Betrachtungen der Ruhe[6]) (im
Nirwana) sowohl, wie zum Zauberwerk[7]) (der Tantra) übergehend.

---

[1]) Die Kasyapa's, als „Rishis of the Brahman caste, (Brahmacharis) wore
their hair as a spiral head dress" (s. Beal), und so auf den Sculpturen (Am-
ravati's u. s. w.). Wegen Zerstörung des Ila-Baumes (zur Zeit Kasyapa's) wird
Elapatra als Nagaraja wiedergeboren.

[2]) Woher dann die Schwierigkeiten für die Stellung Rahula's, und weiter die Bedeutung der Mutterschaft. Sobhya's Mutter, im Trayastrimsha's
Himmel wiedergeboren, erscheint ihm als Devi, um zur Folge Buddha's zu
ermahnen. Die den Gotamiden zugeschriebenen Hymnen im Rigveda sind
meist an Agni gerichtet. Prete Zoan (bei Odoricus) in Cosan (Chiasa oder
Cascan) semper pro pacto accipit in uxorem filiam Magni Chaam (Is uxore tamdiu
utitur, quamdiu filium ad exemplum Xacae genuerit, deinde in Eremum secedit).

[3]) Auf Buddha's Predigt: Yasada had become a Shaman, devoted to the
practice of a Brahmana (devoted to a pure life), entering on the life of a
Brahmana (s. Beal). Aus den Brahmanen scheiden sich unter Mahasammato
die verschiedenen Kasten. Als die herabgesunkenen Brahmanen über das Reis-
essen in Zwist gerathen, ernennen sie Sammata zum Herrscher, als Khathyo
oder Xatriya, die Ackerfelder zu ordnen. Zu Pattona-Pura residirten (bis auf
Sinhayana) die von Maha-Meru stammenden Chakravartin (als Raddreber).
Der Ring der Anangke, als Adrastea oder Tyche (Fortuna oder Nemesis), ist
Merkmal der Göttin, die das Loos der Sterblichen dreht. Vishnu trägt den
Ring und die Waffe des Chakra.

[4]) Dann der Streit zwischen innerer und äusserer Reinigung, zwischen
dem Dalai-Lama und Sankara. Bimbisara sucht mit den (Paribajakas) Pari-
brajakas (den an den Abhängen des Schneegebirges büssenden Eremiten)
oder Hing-hing (Wanderer), als Gegner Buddha's, Frieden zu vermitteln (nach
dem Fu-pen-bing-tsi-king). Bei Clem. Rom. besteht eine Wechselwirkung zwischen innerer und äusserer Reinigung (s. Uhlhorn). Caro oluitur, ut anima
emaculetur (s. Tertullian). Der Taufe ging eine grosse Wäsche vorher. Es
ruhen (nach Lamech's Weissagung) nicht Alle, sondern nur die in der Tugend
vollendeten Seelen, wenn das Böse abgewaschen wird, gleichsam durch eine
Untertauchung, wie sie in der Zeit des Noë die Lasterhaften getroffen (nach
Mos. Chor.).

[5]) Semanaeorum philosophorum (bei Schedius) a Samothe (qui alio nomine
Tuyscon), Semotheos et Druydas Celtorum (Steph.), Samanaei Bactrorum (Sar-
manae et Brachmanes apud Indos).

[6]) Wie ἀρχή und τελευτή ist Gott die ἀνάπαυσις, in der Alles zur Ruhe
kommt.

[7]) Magia (bei Plato) θεῶν θεραπεία (der Therapeuten). Vom Tartaren-
könige der Hoeike wurden die Mo-ni-sem genannten Bonzen als Gesandte nach

Als Prabhapala-Bodhisatwa im Tusita-Himmel aus den Nanthawan-Gärten durch Cbut (s. Alabaster) in den Mutterleib [1]) der Königin Maya hinabstieg, erschien ihr im Schlaf „a shining gemmous elephant" (mit sechs Hauer) und, wie die vom König (Suddhodana oder Tsing-fan) am nächsten Morgen befragten Brahmanen erklärten, ergab sich dieser Traum als „a very propitious one" (s. Beal). The womb, that bears a Buddha is like a casket, in which a relic is placed (s. Hardy) oder (nach der Lalita-Vistara) ein Vimana, als Palast (die Welten einschliessend [2]). Bei der (aus der Seite [3]) erfolgten) Geburt unter dem Palasa-Baum [4]) „Sekra, with a beautifully fine kasika garment, advanced

China geschickt (807—9). Sie esse in patre filium, quomodo vas in vase (sagten die Metangismonitae). Die den Cames oder Zauberern (wie die Mongolen) folgenden Uiguren erhielten von Khitan das Noum genannte Buch durch die Noumis (Lamas) oder Priester (nach Alai-uddin).

[1]) Nestorius proposa méchamment de nommer Christotokon, celle qui est vraiment mère de dieu qui est demeurée vierge avant comme après l'enfantement (s. Gousset), Maria, als Regina sine labe originata concepta; ἰκυοφορήθη (bei Ignatius) der Theos (von der θεοτόκος oder deipara) trotz der Antidikomarianiten (und Ebioniten). Sigillum Virginitatis (τὸ σφράγισμα παρθενίας) illaesum mansit (Maria virgo concepit). A peine Marie avait-elle dit son Fiat, que les cieux fermés s'ouvraient pour pleuvoir leur rosée, que dieu, enchainé en lui-même et dans son expansion extérieure, lachait cours à ses grâces et les laissait entrer, à flots precipités, dans la Vierge (s. Maynard).

[2]) Aus dem Tuschita-Himmel herabsteigend lässt sich Buddha durch Brahma innerhalb des Juwelenkästchens (Ratnavyuha) in den Leib Maya's setzen. Bei physiologischen Bedenken, „dass die jungfräulichen Organe und Gefässe durch die Kraft des heiligen Geistes wunderbarer Weise ohne alle Läsion dahin erweitert wurden, dass sie unversehrt das Gotteskind fassen konnten", muss eine s. g. Compenetration des Fleisches Christi und des jungfräulichen angenommen werden (s. Oswald). Simon Magus (bei Clem.) war aus jungfräulicher Mutter (Rachel) geboren. Εἰ διὰ παρθένος γιγεννῆσθαι ῥέφωμεν, κοινὸν καὶ τοῦτο πρὸς τὸν περσία ἔστω ὑμῖν (s. Just.). Μαῖα ἡ τὰ ἀφανεῖ κεκρυμμένα εἰς τὸ ἐμφανὲς προάγουσα (bei Joh. Lydus), als Ennoia (der Manichäer) oder (bei Valent.) εὐθύμησις (s. Baur).

[3]) Dicis turpe fuisse dei filio per vulvam processisse, turpe hoc aut de natura, aut de peccato, sed per naturam nihil turpe (Ratramnus contra Radb.). Absit, ut dominum nostrum, Jesum Christum per naturalia pudenda mulieris descendisse confitear (s. Manes). Sumta hominis similitudine, omnes humanae conditionis simulavit affectus (bei Faustus). Buddha, der die Seite durchbricht, simulirt in Vishnu's Avatara. Nach Hase hat „die jungfräuliche Geburt nur ein ästhetisches, aber weder im Sinne der protestantischen Kirche, noch der Religionsphilosophie ein religiöses Interesse."

[4]) Der Ἴσχας genannte Baum umschloss „uberem divinae naturae copiam" des Terebinthus (sive Buddha), als Ficus und (in Tibet) Turbuce arbor salu-

and wrapped the body of the child in it, whilst the four Maharajas, taking the child, wrapped thus in swaddling clothes[1]), brought him and showed him to his mother" (s. Beal), on Friday, the fifteenth day of the sixth month of the year of the dog, under the astronomical sign Wisakha (s. Alabaster), und zum Abwaschen liess der grosse Brahma Sutthawat zwei Himmelsströme hervorquellen.

Nur in Folge des in Tienpi (Devadaho oder Koli) bestehenden Brauches, die Schwestern nicht zu trennen, wurde, als die jüngste, Mahaprajapati (die spätere Pflegemutter Siddhartha's) dem König von Kapilawastu vermählt war, diesem auch Maya angetraut, die am siebten Tage nach der Geburt in den Trayastrinshas-Himmel[2]) abschied, (nach Verklärung ihres Sohnes bei der Erleuchtung noch mit ihm in Beziehung bleibend). Als die Prinzessin Prajapati, die Erste der Jüngerinnen, ihre Weihe empfing, wurde es von ihr gepriesen, dass durch sie (als Mutter Buddha's) blessings without a number have been con-

---

taris, depulsoria mali, (e cujus summo trunco pendet velum magicis nominibus). Im Hebräischen (und Arabischen) unterscheidet sich die Pistazie (als Bodonim) und Terebinthe (als Bodam) von Aloah (dem Baum Abrahams). Doctor Religionis seu Sacerdos, Selanensium lingua vocatur Budum, forte sonandum Bu-ndum, et grandis illa Arbor, sub qua dictum idolum colitur, audit Budum-Ghas, seu contracte Boghas, i. e. Sacerdotum arbor, quae Lusitanis in India degentibus Arbor Diaboli nuncupatur (s. Hyde).

[1]) A un tressaillement inaccoutumé, elle entra en une extase (Marie). Un élan d'amour plus vif et une aspiration plus ardente, la réveillant, et ouvrant et abaissant les yeux, elle voit Jésus, qui l'avait traversée, comme un rayon traverse un pur cristal, comme il traversera, sans les briser, la pierre et le sceau du sépulcre, et qui reposait à terre dans un pan de sa robe et un pli de son voile (s. Maynard). La creche, en laquelle il fut posé à sa nativité, se monstre à Rome en l'Eglise de Nostredame la maieur. La mesme en l'Eglise Sainct Paul, le drappeau dont il fut enveloppé, combien qu'il y en a quelque lambeau à Sainct Saluador en Hespagne. Son berceau est aussi bien à Rome avec la chemise que lui fit la vierge Marie sa mère (1599). Zeus ώδίνες (bei Geburt Dionysos') führen zur Couvade und die, wie in Lunus und Luna, verwirrenden Geschlechtswandlungen liessen sich (in Indien auch) androgynisch verbildlichen, nachdem der Vogel (bei den Caraiben) die Geschlechtsdifferenz markirt hatte.

[2]) Im Tushita-Himmel erhielt sie durch Anuruddha Nachricht von ihres Sohnes Hingang und „at once came down and the coffin opened of itself. The Honoured One of the world rose up, joined his hands, and said: „You have condescended to come down here from your abode far away" (in chinesischer Filialität).

ferred [1]) (s. Hardy). Als Buddha bei dem Besuche seiner Vater-
stadt von Allen die Visiten der Verehrung empfing, weigerte
sich seine verlassene Gemahlin Yasodhara-dewi, dem Befehl des
Königs Folge zu leisten, da sie ihrerseits den Besuch erwarten
würde. Wie er dann demgemäss abgestattet wurde und Gelegenheit zur Erzählung der Vor-Existenzen gab (during four
asankya-kap-lakshas).

In der Dewa-loka incarniren (oder manifestiren) sich philosophische [2]) Ansichten verschiedener Art, die (vom Standpunkt
der Orthodoxie) als heterodoxe anzusehen, aber doch (weil einige
der trügerischen Formen vernichtend und weil geistigen Bestrebungen hingegeben, ihre Belohnung verdienen und in langen
Seligkeitsperioden erhalten, aber ehe der jenseits des siebenten
Grades (wo weder Ideen noch Abwesenheit der Ideen sich findet) der achte Grad (nach der Mahaindana-Sutta) erreicht ist
(in völliger Auslösung der Ideen und Empfindungen), stets (obwohl zeitweis der Zauberkraft der Siddhi und also göttlicher
Manifestationen fähig) dem Wiederherabsinken ausgesetzt sind,
und deshalb einem neuen Beginn. Bei richtiger Befolgung der
Lehre (des aus dem Tuschita-Himmel's niedersteigenden Buddha)
können bereits auf Erden die Pfade zur Befreiung (zunächst
in niederen Wiedergeburten) betreten [3]) werden, als Çrota-
apannas, Sakridagamin, Anagamin und (nach dem Sukhavi-
passana) den Satapanna (als Arhant), indem in den vier Dhyana
(als Prathama-dhyana, Divitiyadhyana, Tritiyadhyana und

---

[1]) Comment ne serait-elle maitresse de toute créature, la Maitresse du
Créateur même? Et Je Créateur a daigné lui obéir (s. Maynard). Und so
bei Damianus. Nach Anselmus († 1109 p. d.) war durch Erwähnung von Maria's Namen schneller Hülfe zu erwarten, als durch den ihres Sohnes. Die
früheste Spur einer Festfeier zu Ehren der Maria findet sich zum Tage der
Beschneidung, und man „mischte dann die Erinnerung der gebärenden Maria",
als Natale (Entbindung) St. Mariae (s. Frantz).

[2]) Ein Wiederabfall des wirklich Bekehrten, ein wirkliches Herausfallen
desselben aus dem wirklichen Gnadenstande ist unmöglich (s. Rothe). Die Un-
verlierbarkeit der Gnade ist eine Folge der $\mu\acute{o}\rho\phi\omega\sigma\iota\varsigma$ $\varkappa\alpha\tau\grave{\alpha}$ $\gamma\nu\tilde{\omega}\sigma\iota\nu$ (bei den
Valentinianern).

[3]) Bei der Aufforderung, das Rad zu drehen (um die Wesen zu erlösen),
erhält Buddha von einem jeden der Mahabrahma dessen göttliches Fahrzeug
(nach der Saddharma pundarika). In dem Trinyanam oder Theg-pa-gsum
(der Tibeter) finden sich verschiedene Lam-rim, „degress or way" (to perfection), bis auf Tsongkha-pa (s. Csoma).

Tschaturthadhyana) der Geist (die Ablenkungen nach den
vier Arupa-Welten vermeidend) auf das Nirwana hingerichtet
ist. Als Abglanz der so versenkten Heiligen reflectiren sich
dann in den Himmelswelten (als Anupapadakas oder elternlose,
gegenüber den Manuchi-Buddha) die Dhyani-Buddha (oder
zunächst die Dhyani-Bodhisattwa's), deren fünffacher Form die
Tantra (als dem sechsten Sinn entsprechend) nach Vadjrasattva
zufügen (wie sonst in Swayambhu oder Adinatha abschliessend).
Da die gegenwärtige Welt in das Reich des Avalokitesvara oder
Padmapani[1]), als vierter Bodhisattwa (das Buddha-Amitabha)
fällt, liegt das des fünften (des Buddha-Amoghasidda mit dem
Bodhisattwa (Viçvapani) noch in der Zukunft.

In den Wohnsitzen der Wonne oder Amugoolangjin-Orä
(Reich der Ruhe) bildet das sukuwadische Elysium (unter Abi-
daba) das vornehmste (s. Bergmann). Auf den zwei Pfaden,
die Buddha geöffnet, führt der der Tugenden zum Sukhavati-
Himmel, der des Wissens zum Nirwana (nach der Prasanga).
Weder Oertliches oder Sächliches kann eine Vorstellung vom
Nieban geben, als der Befreiung[2]) von der Schwere (des
Körpers), vom Alter, von Krankheiten und vom Tode (s. Bu-
chanan).

In den Himmels-Terrassen der Kamavatchara folgen
(nach Yakcha und Garuda's), der Trunkenheit ergeben, die
Asura's (nächst zu den Tschatur-Maharadja), und dann
die davon befreiten Trayastrimça (unter Indra), weiter die
Yama (in dem auch in der Unterwelt[3]) reflectirten Um-

---

[1]) Addressed by the name of Chenresi (s. Schlagintweit) oder Chenresi
van chug (the powerful looking with the eyes).

[2]) Sakya Sinha (als Bodhisatwa, teaching mankind) by means of Yatna,
having obtained Bodhijnana, and having fulfilled all the Paramita (transcendental virtues) at lenght became Nirwana (nach der Divya Avadána). Durch
Kenntniss allein kommt Befreiung (in der Atma-bodha, als Wissen der Seele).

[3]) Aerlikchan, Richter der Todten, war, gewaltsam auf der Oberwelt herrschend, von Jamandaga besiegt worden (s. Bergmann), wie Bali von Vishnu
(mit Analogien im cretischen Minos und Milu Havaii's). In Jamandaga (Er-
legien Abulgaatchi oder der Ringer des Erlik Chan) oder (Dschikschid) Idom-
dordshi-dshisck (Jikegolung Uldüktchi oder der grosse Bezwinger) verwandelte
Schigimuni seinen Gefährten Mansuchari, um den (auf der Welt Unheil an-
richtenden) Widersacher der Götter oder Tschötschitschalba zu bezwingen
(s. Pallas). Les dieux Macares (der Carer) erscheinen „avec le double caractère de dieux des. fortunées, et de dieux infernaux" (s. d'Eckstes), wie Ha-
vaiiki, die glückliche Heimath, dann das Todtenreich. Unter den (als Chu-

kreis[1]) die sublunarische[2]) Welt in weiterem Umfang abschliessend, unter Regulirung der Wechsel), nächsthin Tuschita, als normal in der Sinneswelt erreichbare Höhe (künftiger Buddha), darüber hinaus die Nirmanavati, die bereits erlangten Zauberkräfte zu magischen Illusionen und Täuschungen (oder Spiegelungen der Sinneswelt, wie in Buddha's doketischem Körper als Nirmanakaya) verwendend, die Paranirmita vaçapartin (unter Mara) dagegen selbst zu böser Schwarzkunst (bis zum Tode nachstellend), beherrscht vom „Fürsten dieser Welt", als „Meister Gaukelfechter" (bei Böhme), bis zum Uebergang ins erste Dhyana, wo dann die Wölbungen beginnen, die über das durch die Tschakravala umschlossene Universum in andere (mit besonderen Sonnen und Gestirnen) hinüberreichen. Auf der untersten Treppenstufe des Berges Righiel (Meros oder Merupa) wohnen die Lhaae sive dii primi generis, auf der zweiten die coronam precatoriam manu gestantes, auf der dritten (sub duce Ta-gno) die potatores (oder Asuren). Lineam eclipticam[3]) per hunc tertium gradum ducunt (s. Georgi). Dann auf den gradus quintus (der quattuor magni reges) folgt Gradus summus (Sum-cui-tza-sum oder triginta-tres).

---

bilghano erscheinenden) Burchan (mit den Tabun Jsortäj als Vorsteher) bilden die Naiman Dokschott die Schrecklichen (nach den Kalmücken). Siva (mit Arjuna kämpfend) ist (bei Bharavi) Gott (autochthoner) Kirata (im Bogenkampf geübt). Dann giebt er nicht nur Kinder im Lingam-Dienst mit Zutritt der Yoni (wie Chutarpu und Huanarpu bei den Peruanern zu Sinchi Roca's Zeit), sondern auch Gedeihen dem Ackerbau, im Symbol des Nanda. Das Rind ist Symbol des Dionysos als Haushüter (οἰκουρός).

[1]) Die seit der Name Jao gesprochen, von Horos gezogene Bannlinie ist Sophia-Achamoth unmächtig, weiter nach Oben hin zu überschreiten (bei den Valentinern).

[2]) A luna enim deorsum natura incipit caducorum (s. Macrobius). Lunam vitae esse mortisque confinium (der ἄγγελος σεληναῖος hält die Seelen in der γένεσις fest), und so in Fiji.

[3]) Extending from the summit of the Yugandhara rocks to the sakwala gala is the loka called Chaturmaharajika, in which there are three paths adorned with all kinds of beautiful mansions and gardens, and with kalpatrees. They are severally called, the Aja or Goatpath, the Naga or Serpentpath and the Go or Bullpath. In these paths, accompanied by the stars, that are in the same division of the sky, the sun and moon continually move (s. Hardy). Jenseits der acht Bergketten um Sumeru (im Centrum der Saha-Welt) schliesst „a great circular mountain mass of iron. A thousand such circular iron mountain chains constitute one „small world" (Sian-tsien-shi-kiai), three thousand such walls form a great world (ta-tsien-shi-kiai). This is the Saha world" (s. Edkins).

Dann die „Stationes Laharum supra Righjel" u. s. w. Die
Yaksha, Naga, Apsara, Deva, Kinnara, Gandharva, Asura, Garuda bilden die Papu (acht Klassen) oder Shen (Seelen). Der
Jama-Himmel (als oberhalb Meru's) rests entirely or air (s. Alabaster). Jam-ma-raja means the royal pair, a brother and sister,
who judge men and women respectively (s. Edkins). Im Ni-
manaradi wird durch Wünsche Alles erlangt, im Parinimit-
wasawadi kommen dienende Engel den Wünschen selbst zuvor.
Iswara, als Tsi-tsai oder (s. Edkins) „self-existent" entspricht dem
Svayambhu. Nach dem Tschichola-kereglektschi folgt auf die
Region der drei Esruas (Brahma, Vishnu und Siva) die Region
Bussudun-chubilghani-erkeber-uile-düktschi (über die chubilgha-
nischen Erzeugnisse Willkühr-Ausübende), beherrscht vom Tegri-
König Maschi - Bajassuktschi - Erketu (der machtvollkommnen
Freudenvolle), als König der Schimnus, mit seiner Gemahlin
Padma-aritu, in der Amaramak-Welt Krieg und Zwietracht
stiftend (s. J. J. Schmidt). Die Wandlungen aus der Kama-
Vachara erscheinen in Vischnu's[1] Avataren.

Die Vorstellungen von der Terrasse des (auf dem Trikuta-
Fels gegründeten) Meru gestalten sich local nach den himmel-
hoch ansteigenden Bergketten, auf dem (wie an den Abfällen
des Himalaya ins Thal des Brahmaputra) die Volksstämme
über einander geschichtet hausen, und die auf tiefere Treppen-
stufen Verwiesenen zu den höheren, als mächtiger sie bedrohenden,
furchtsam aufblicken, mit den (auch von den Finnen nördlichen
Lappen zugeschobenen) Vorwürfen der Zauberkräfte oder Er-
zählungen (wie von den Karen-nee bei den Karen der Tief-
länder umlaufend) von steter Trunkenheit (neben unbestimmter
Kunde von dem Wohlleben in gesittetem Staate jenseits der
Kette). Nachdem die in den höheren Himmelsregionen aus-
gebrochene Zwietracht einen Theil der Aessuri-Tängäri in
Assuri-Tängäri[2]) verwandelt, wurden diese im Kriege besiegt
und siedelten sich auf der Flucht an der Scheitelfläche des

[1]) These four, Pradhana, Purusha, Vyakta and Kala the wise consider to
be the pure and supreme condition of Vishnu (nach der Vishnu-Purana), the
causes of the production of the phenomena of creation, preservation and destruction (s. Wilson). Sang-khjo (als Quelle der Emanationen) empfängt die
Seelen durch Cerresi, Cihana Torceh und Giam Cyhang (und Xaca).

[2]) Von den Assuri, als Nom-Ugä (Gesetzlose) und Nomtä (Gesetzunter-
thänige) werden die Macharansa-Tänggri bekriegt (s. Pallas).

Summûr an, während die bei den fortgehenden Kämpfen nachfolgenden Flüchtlinge sich dann auf den unteren Absätzen des
Sûmmûr niederliessen (s. Bergmann).

Unter den Tänggri (am Sûmmer-Oola) heissen die auf dem
untersten Absatz wohnhaften Ongozo-Baridran (mit Kähnen versehen), weil dem Meer am Nächsten, die auf der zweiten Erikse
Bariksan (Freie), die auf dem dritten Urgûldchi Soktochu (stets
trunkene), und auf dem obersten halten die Macharansa-Chane
Hof (s. Pallas). Auf die Macharansa[1]) (am obersten Absatz
des Sûmmûr) folgen die Urgûldchi Soktocho (stets trunkenen
Tängäri), dann die Erika Borikssom (mit Rosenkränzen), dann
die Ongooza Baridran (rudernde Tängäri) und in den Klüften
die Assuri Tängäri (s. Bergmann). Und so der Götterkämpfe[2])
viele, mit Giganten oder Hekatoncheiriten. Kashyapa bezwingt
die Naga-Drachen in den Seen des kashmirischen Schneelandes[3]),
und auch sonst verscheuchten Buddha's Worte die Dämone.

[1]) Neben den Macharansa und den 33 Tängäri der Stadt Uesakôûsääs-
külängtü werden das Reich der Baldaanûzûchagazakssan Tängäri (der Krieg-
losen), das Reich der Bajascholangijn Tängäri (der Wonnevollen), das Reich
der Chubilgaanûdlüktschi Tängäri (der Verwandlungsfähigen) und das Reich
der Bussud Chubilgakssan Tängäri (der Verwandlungsunfähigen) im Küsälijn
Tängäri begriffen (s. Bergmann).

[2]) Dii ipsi se nobis non offerunt, vim autem suam longe lateque diffun-
dunt, quam tum terrae cavernis includunt, tum hominum naturis implicant
(s. Cicero).

[3]) Der weiss gekleidete Greis Tonapa Varivillca (als bärtiger Stabträger
in Paccari-tampu) bannte in der Provinz Hatun Sausa Huanca die Huacas
und Hapi-syunjus, welche Menschenopfer forderten, nach den Schneebergen,
wie Tonapa Vihinquira (s. Juan de Santa-Cruz Pachacuti-yamqui Salcamayhua).

III.

Der einfachste Ausdruck von Buddha's Lehre, wie im Dulva[1]) gegeben (Vermeide das Laster! Uebe die Tugend! Beherrsche die Gedanken! das ist die Lehre Buddha's), fällt insofern mit dem aller Religionen zusammen, als das Böse getadelt, das Gute gelobt wird, zunächst in Beziehung auf die Gesellschaftsverhältnisse selbst, in den von diesen geforderten Verboten (fünf, sieben oder zehn an Zahl), und dann in Vermehrung des ethischen Kalonkagathon durch Special-Empfehlungen, wie heiligen Krieges im Islam, der Vertilgung giftigen Gewürms im Mazdeismus u. dgl. m., als besonders verdienstvoller.

Für den Buddhismus tritt hinzu, als specifisch kennzeichnend, die Beherrschung der Gedanken, d. h. die harmonische Geistespflege, und damit (bei Vermeidung allerdings naheliegender Verirrungen zu mystischer Versenkung oder idiotischer Extase) ist dann der Heilsweg in die psychologische Durchbildung gelegt, auf dem naturgemäss zum Nirwana führenden Wege.

Das Erste sind die vier Wahrheiten[2]) (Ariyasachchani), die Anmerkung des (thatsächlich vorhandenen) Schmerzes (des Elendes irdischer Existenz), die Erkenntniss seiner Ursachen,

---

[1]) Im „treatise on emancipation" (s. Csoma), nach der Pratimoksha-Sutra, wie sie die Buddha gelehrt, als Vipashyi, Sikhi, Vishwabhu, Kakutsanda, Kanakamuni, Kashyapa und Shakya-Muni (oder Shakya-thub-pa). Sonst wird bis auf Dipankara zurückgegangen. Ho summam ac supremam Dignitatem et excellentiam indicat (in Tibet). Der Welt der La-ma-in (im Westen) stellt gegenüber Mundum aeternum Hopame dei lucis atque splendoris infiniti (Georgi).

[2]) The four Thitsa or truths: the truth of the miseries attending existence, the truth of concupiscence or passions (the cause of all miseries), the truth of the Neibban of passions (or the destruction of passions, the summit of which is Neibban), the truth of the Megga or ways to Neibban (s. Bigandet). Und sonst in verbreiteter Formel.

deren Vernichtung, und des Weg oder der Mittel dazu, und dies führt dann weiter auf die Nachweisung der Verkettung der Nidana und auf die mit dem Verständniss gegebene Loswicklung aus dem Kreislauf der Existenzen, mit dem Hinübertreten zu jenseitiger Küste, wie durch Uebung der für geregelte Meditation gegebenen Vorschriften erleichtert. Das gesteckte Ziel lässt sich bei gesundheitsgemässem Geistesleben[1]) von Jedem im Erdenwandel schon erreichen, und so war ursprünglich ein ruhiger (den „sopor pacis" im Künftigen sichernder) Tod der Eingang zum Nirwana.

Als später dann metaphysische Tüpfteleien hinzutraten, genügte nicht mehr dieses primitive Nirwana der Sravaka, dessen die Sthavira sich bereits im Leben gewiss geglaubt hatten; sie fühlen sich aufs Neue[2]) (im Saddharma pundarika) von Zweifel bedrückt, sie lassen sich selbst nicht von dem in Gelehrsamkeit prunkenden Nirwana der Pratyjeyka's (das sich in der Absorption und Aneignung des Wissens zu erfüllen meinte) Genüge thun, ihr gläubiges Sehnen strebt weiter, und dann wird ihnen die Lehre der Bodhisattwa enthüllt, jener geheiligten Wesen, die, obwohl bereits im Gesammtbesitz des vollendeten Nirwana, dennoch den Eintritt verzögern, mit dem erhabenen Entschluss sich hinzugeben zum Heile der Welt, um alle athmenden Wesen mit gleichen Segnungen zu beglücken, so lange also es deren noch zu bekehren giebt, fernerhin noch die Bürde[3]) des irdischen Daseins zu tragen. Diese Bodhisattwa stehen auf der Schwelle

---

[1]) in Tugendübung unter Beachtung der Moralvorschriften. Die Pancha-Sila (die Verbote des Mordes, Diebstahls, Hurens, Lügens, Rausches) sind für alle bindend, die Ata-sil nur an Festtagen, die Dasa-Sil im Priesterstande.

[2]) Was die Sravaka für Nirwana halten, ist nur ein vorübergehender Ruhezustand, erst mit der Allwissenheit (die Gesetze der drei Welten durchschauend) erlangt sich das wahre Nirwana (nach der Saddharma pundarika). Der Mensch hat nur die Wahl zwischen dem Nichts und einem Gott (nach Jacobi). Der primitive Act des göttlichen Schaffens ist die Kontraposition des Nicht-Ich's Gottes, als eines reinen (s. Rothe). Die esoterische Lehre der Electi blieb den Auditores (bei den Manichäern) unbekannt (und so buddhistischen Sravaka). Toute la succession des hommes pendant la longue suite des siècles doit être considérée comme un seul homme, qui subsiste toujours et qui apprend continuellement (s. Pascal).

[3]) Um die Wesen zu erretten, lehren (für das Verständniss derselben) die Bodhisattwa als Sravaka, als ob noch weit vom Zustand eines Buddha entfernt (heisst es in Saddharma pundarika).

des Buddhathums, es steht jeden Augenblick in ihrer Macht, den letzten Schritt zu thun und im Nirwana zu verschwinden, aber ihre allumfassende Mitliebe (ihre Maitreya) erlaubt dieses nur dann, wenn sie das Gesetz auf Erden genügend befestigt sehen, um sich durch die Sangha forterhalten zu können, und indem der Buddha dann sich ins Nirwana[1]) zurückzieht, beherrscht er die Welt durch das Dharma, das er gelehrt, und in moralischer Rückwirkung auf die Naturprocesse auch physisch (wie im Kleineren schon früher durch magische Kräfte constatirt).

Es würde vergeblich sein (heisst es im Saddharma gundorika) in den unwissend umfangenen Wesen den Wunsch nach dem Zustand eines Buddha zu erwecken, denn wenn nicht bereits in früheren Existenzen durch Frömmigkeit vorbereitend geläutert, liegen sie in den Fesseln der Begierden und Leidenschaften, den Geist getrübt, oder verstricken sich in ketzerische Irrwege über Sein, oder Nichtsein oder Sein- und -Nichtsein. Der erste Schritt, um von diesen Befleckungen zu reinigen, liegt darin, den Schmerz (oder das Elend) zur Erkenntniss zu bringen, und dann kann der Weg zum Nirwana gezeigt werden, um im künftigen Leben ein Djina (Besieger) zu werden (das Yana oder Fahrzeug[2]) besteigend, um herauszuschiffen aus der Welt des Leidens).

---

[1]) The spiritual body (fa-shen) of Julai will be constantly present and will not be annihilated (s. Edkins). Nachdem Buddha in das Nirwana eingegangen, bleibt das Gesetz in den Stufen Tsching, Siang und (mit der Abnahme) Mo (nach Matuanlin). Οὐ κατὰ φαντασίαν, ἀλλ' ἀληθῶς γενόμενος ἄνθρωπος der Logos (bei Hippolyt). The Supreme Being (above every name, that is named) cannot properly be said even to exist, for he cannot be identified with any one thing that exists (s. Basilides), rather to be called no-existence (s. Mansel). Dem Willen, als dem An-sich der Welt, sind die entgegengesetzten Prädicate derer beizulegen, welche der Erscheinungswelt zukommen (bei Schopenhauer). Die Dinge sind eigentlich nicht (vix sunt), dem höchsten Sein (Essentia) gegenüber (s. Anselm). Ausser der Natur ist Gott ein Mysterium, nämlich in dem Nichts (Böhme).

[2]) Manichaei, auctore Tyrbone, Naves (translatorias cymbas) dicunt: Solem et lunam (als Fahrzeuge der Seelen), machinam construxisse ad salutem animae (filium dei). Krishna führt den durch Anblick entsündigten Fischer, der ihn getödtet, auf seinem Wagen zum Himmel. Im Cultus des thebaischen Zeus (Ammon) wurde das navigium auratum vom Priester getragen (s. Curtius). Bonas autem in naves imponi, et in coelo navigantes transire hinc et illud phantasma terrae luminis (lehrten die Manichäer von den Seelen). Nachdem die Seelen an dem Ort, wohin sie vom Dämon geführt, gerichtet sind, be-

Wie ein Vater, um seine zögernden Kinder rasch aus der
noch einzigen Thür eines brennenden Hauses hervorzulocken,
ihnen Spielzeuge zeigt (und obwohl sie zur Beschleunigung dem
Ersten versprechend, später Allen giebt, deshalb nicht des Be-
truges beschuldbar), so bietet (als Lockung[1]) gleichsam) der
Buddha die Fahrzeuge, das kleine für die Kenntniss des
Viersatzes der Arya, das mittlere für die Wissensbegierigen
(als Pratyekabuddha), das grosse für die Lehre der Tathagata
(der Bodhisattwa-Mahasattwa), durch alle zum Nirwana führend
(in der Saddharma-pundarika). Der entflohene Sohn, wenn auf
den Pfaden der Armuth umherwandelnd, in die Nähe des von ihm
nicht gekannten Schlosses seines Vaters gekommen, und, Miss-
handlungen fürchtend, sich den Reichen und Vornehmen nicht
zu nahen wagt, wird (im Auftrage des Herrn, der seinen
geliebten Sohn, da sich Besserung zeigt, wieder zu gewinnen
wünscht) zum Ausfegen des Schmutzes gemiethet, und wenn
er dann diesen Dienst redlich versehen, von seinem Vater, als

---

stiegen sie ihre Fahrzeuge (ὀχήματα), um εἰς τὴν λίμνην (jenseits des
Acheron) zu gelangen (nach Plato). In der Erscheinungswelt ist aufge-
schlossen, was im Ensof (Unendlichen oder Gott) verhüllt ist (in der Kab-
bala). Von den zehn Sephiroth werden die vier Welten (Aziluth, Beriah,
Jezirah und Asiah) gebildet (s. Noack). Der Prophet Elias bietet in seinem
Feuergespann ein Mahayana. Nach Empedocles strahlt das Auge Feuer aus.
Für Fussmärsche geben die Indianer dem Todten Mokassin mit (wie früher
in Schwaben Schuhe). Als Bodhidharma's (Tamo's) Sarg (zwischen Honan und
Shensi begraben) geöffnet wurde, fanden sich nur die Schuhe des Patriarchen
(auf dem Wege zum westlichen Himmel). Die Sandalen des Empedocles
wurden vom Aetna zurückgeworfen.

[1]) Die Erzählung vom τὸ θεῖον, als himmlisch, und von menschlichen
Einkörperungen (ἀνθρωποειδεῖς), sowie thierischen, dienen um die Menge für
Beobachtung des Gesetzes zu gewinnen (nach Aristoteles). In der dem
Bodhistawa Kutschiraketu (im Suwarna Prabhasa) gegebenen Antwort wird
die Lehre, dass der allerherrlichst Vollendete, Nirwana werdend, der Welt ein
Sarira hinterlassen, gleich vergangener Lehre (für Unwürdige in derselben) betrachtet, als „zweckmässig künstliches Mittel aufgestellt", indem die dem
Sarira Ehre Erweisenden „von den acht Orten der Qual und der Schrecken
völlig befreit" mit dem wahrhaften Erschienenen zusammentreffen werden
(s. J. J. Schmidt). Prakriti strebt mühvoll zur Vereinigung mit dem Purusha,
der sich eine Zeit lang daran ergötzt und dann in sich selbst zurückzieht
(nach dem Sankhya). The liberation from ill is attained by soul, acquainted
with the truth (tatwa) by means of science (in der Nyaya), deliverance and
beatitude (s. Colebrooke).

Sohn erkannt, und Erben aller Schätze eingeführt (die Beruhigung gewährend, das Nirwana erlangt zu haben).

Das Nirwana substantialisirt sich für beschränktere Auffassung zu den Strassen und Marktplätzen eines neuen Jerusalem (in Myang Nibban oder Nibbhana-pura)[1]) oder doch zu dem Himmel Purna's (Sohn Maitrayani's) oder Dharmaprabhasa's, in dem die Bekehrten (mit goldleuchtigen Körpern) die Wollüste des Gesetzes geniessen, sich mit Wissensspeise befriedigend. Und ferner heisst es im Saddharma-pundarika, dass der Tathagatha, die leidenden Wesen zu beglücken, ihnen die Freudensgenüsse des Nirwana gewähre (s. Burnouf).

Gleich dem Mann, der bei gastlicher Aufnahme im Hause seines Freundes in trunkenen Schlaf fällt, ein kostbares Kleinod von diesem in sein Kleid eingeknotet erhält, und durch das Auffinden desselben später, wenn in der Fremde unter Armuth seufzend, dadurch beglückt wird, so werden die sich schon mit ihrem Nirwana beruhigenden Sravaka später, wenn durch Erkenntniss der Unzulänglichkeit desselben bedrückt, ihre Beseeligung durch Verständniss derjenigen Wesenheiten finden, deren Keime mit Buddha's höherer[2]) Lehre in sie gepflanzt waren (nach der Saddharma-pundarika).

---

[1]) Nibbhanapura in Buddhagosa's Commentar zur Mahápariníbbana-Sutta (s. Childers). Der Körper heisst (in der Vedanta) Brahma-pura (neunthorig). Das Nibban ist (den Siamesen) Brom-sut (summa et perfecta beatitudo). La Nirwana, c'est la science parfaite des meilleurs des hommes, c'est la felicité suprème. In das Nipan oder Niroupan (auf dem Baume Polo-choai) eingehend, wurde Buddha in den Tien-long yin kuei (himmlischen Drachen) verwandelt (bei Deguignes), als Allegorie der heiligen Weltenschlange (a quo et ad quem), vor ihrer Verweisung in die Finsternisse Midhgardh's. Buddha „on the mountain of intruction" (ling-shan, efficacious mountain) findet sich im Nirwana, „where there is neither life nor death; he is not dead, because he lives in his teachings" (s. Edkins), im Dharma, als Hypostase in der Dreifaltigkeit. Um die von der Thorheit des Demuirg und seiner Propheten gewebten Decke zu vernichten, kommt Sophia, als πνεῦμα zur Maria, und ihr vereint sich als δύναμις der Demuirg, in Jesus den neuen Menschen zu erschaffen (s. Hippolyt). Nach Herakleon senkte sich auf den psychischen Leib des Erlösers das πνεῦμα oder der λόγος der oberen Sophia wie eine Taube herab (in der italischen Schule). Nach Irenäus steigen nur die Märtyrer direct zu Gott, die Verstorbenen gelangen (nach Ambrosius) in montem sanctum, ubi perennis est vita.

[2]) Schelling stimmt mit Lessing überein, „die Ausbildung geoffenbarter Wahrheiten in Vernunftwahrheiten für schlechterdings nothwendig" zu halten. Auf dem Bodhi-Mandala wird Samma-samphotthiyan von Buddha erlangt.

Das Nirwana ist dasselbe für die drei Fahrzeuge (der Sravaka, Pratyekabuddha und Bodhisattwa), aber nur wenn die Auffassung[1]) und das Verständniss in seinem Grade dem der in dem Gemüth aufwallenden Sehnsucht entspricht, wird es dieser auch die volle Beruhigung gewähren können, die gesucht wird. Von ausserhalb der drei Welten erkennt der Tathagata die Mittel des Ausgangs für die in Wiedergeburten rollenden Wesen (nach der Saddharma-pundarika), als der grosse Arzt (die Heilpflege gewährend), um den Blinden[2]) sehend zu machen (der aber dann erst mit der Erkenntniss aller Gesetze das Nirwana erlangt).

Die Zeitlosigkeit der göttlichen Natur lässt die Intelligenz Gottes Alles, Vergangenes, Gegenwärtiges und Zukünftiges, in Einem Geistesblicke als gegenwärtig sehen (nach Boëtius), die nie aufhörende Gegenwart wissend (s. Noack). Im Summum bonum fruitibile ruhen die Heiligen aus (nach Thomas a Kempis), in fruitio divina, als „der Himmelsseligkeit Gipfel" (s. Oswald). In Polynesien sind beim Geniessen die Atua das active Prinzip. Dem mit Blut gekneteten Bilde Huitzilopochtli's schoss ein Priester Quetzalcoatl's ein Pfeil ins Herz, worauf das Teoqualo (Essen des Gottes) folgte. Empedocles stellt die ἀρχὰς ποιητικάς oder (bei Sext. Emp.) δραστηρίους (φιλία und νεῖκος) und die ἀρχὰς ὑλικάς (in den vier Elementen) einander gegenüber. L'unité de l'esprit humain, l'identité de sa marche dans tous les sujets qui lui sont accessibles, permettent de prévoir que la philosophie positive finira par embrasser l'ensemble de l'activité mentale, en comprenant, non seulement toutes les sciences, mais encore tous les arts, soit esthétiques, soit techniques (s. Comte), auf ethnologische Vergleichungen begründet.

¹) Da die Sthavira, obwohl im Besitz des Nirwana, sich noch bedrückt fühlen, bitten sie um ferneren Aufschluss über den künftigen Zustand des Buddha (in der Saddharma-pundarika). Mit Erlangung der Bodhi werden die Wiedergeburten in ihrer Verkettung durchschaut. Göthe hielt die Natur für verpflichtet, dem Geiste eine andere Form des Daseins anzuweisen. Wir kennen das Leben nicht, wie sollten wir den Tod kennen (Confucius). Empedocles setzte die οὐσίαν ἀνάγκην als αἰτίαν χρηστικήν τῶν ἀρχῶν καὶ τῶν στοιχείων (nach Plutarch).

²) Diomedes' Augen werden von dem Nebel befreit, der die Sterblichen hindert die Götter zu schauen (bei Homer), wie bei den Ophiten wegen des durch Jaldabaoth aufgerichteten „Zaun der Bosheit", während die Propheten (auch in Borneo und Sumatra) die Binde zu lösen wissen (um zu schauen in Verzückung). Epiphanes findet sich (als clarus magister) unter den Schülern des Valentinus (bei Epiphanius). Von der andern Welt sprechen wir jetzt, wie der Blinde vor dem Staarstechen von der sichtbaren (Jean Paul). Nach dem vorbereitendem Uebungsplatz auf der Erde steht eine Metempsychose bevor (nach Herder), oder Platos Unterscheidung von Metempsychose (den Uebergang in gleichartige Körper) und Metasomatis (beim Durchgang verschiedenartiger Körper). Brudemor verwechselte Kinder (im Mittelalter). Die ersten und unentstandenen Ursachen sind entweder selbstständig oder noch

Wie, wenn auf den verschlungenen Pfaden eines weiten Waldes der Führer (zu der Insel kostbarer Genüsse) die ermüdeten Kaufleute auf dem Punkte sieht, umkehren zu wollen, er durch magische Kraft mitten im Dickicht eine glänzende Stadt für sie schafft, zum vorläufigen Ruhepunkt (nach der Saddharma pundarika), so lehren, im Walddickicht der Zweifel, die Tathagata (als Abhidjnadjananabhibu) erst die Stationen des Nirwana der Sravaka und des Nirwana der Pratyekabuddha, um vorzubereiten für die schwerverständliche Lehre des vollkommenen Nirwana der Bodhisattwa.

Unter bescheideneren Verhältnissen (oder Ansprüchen) mag (bei Abwesenheit eines Buddha) der Weg zur Unsterblichkeit für Viele schon durch Indra, „die zehn Punkte des Raumes überschauend", eröffnet werden, wie auch im Königreich Purushupura (nach der Besiegung der Asuren durch Vishnu)[1])

höher, als selbstständig (nach Simplikios). Durch das zufällige Spiel der Elemente und Grundkräfte entstehen alle zusammengesetzten Körper, die aber (nach Empedocles) an eigener Unhaltbarkeit wieder zu Grunde gehen, bis erst durch endlos wiederholtes Spiel von Zeugung und Vernichtung schliesslich allein diejenigen Erzeugnisse übrig bleiben, welche die Bürgschaft der Dauer und Lebensfähigkeit in sich tragen (im struggle for existence). Bei den Milanows oder Malanaus (zwischen Bruni und Tanjong Agri) wird die Seele von der schönen Balu Adad ins Jenseits geführt (durch angebundene Schädel die Nachstellungen des wilden Hundgeistes Mawiang vermeidend (s. Crespigny). The Malanaus believe that, after a long life in the next world, they again die, but afterwards live as worms and caterpillars in the forest. Nach Damascius ist eine unergründliche und unaussprechlich überweltliche Tiefe, welche Alles in Einem, aber ungetheilt ist, als Urgrund aller Dinge anzusehen (unaussprechbar und unerkennbar, aber auch wieder nicht unaussprechbar und unerkennbar, sondern erkennbar durch die Einheit des Gedankens). Ohne Metaphern liesse sich gar nichts über die ersten Urgründe reden (s. H. Ritter). Bei den Maori erstirbt die Seele als Wurm, in den Stockwerken Reingas tiefer und tiefer hinabsinkend.

[1]) Ad limina stationis Bisnu sistente curru descendunt, inde penetrant ad Nirangian, ad purum nempe spiritum; ibique tandem contemplantur Gioti Surup, originem splendoris (s. Georgi), Khrisnu und Arguin (Khrishna und Arjun). Neben den (13) Bodhisatwa-Bhuwana (von Adi-Buddha geschaffen) findet sich die Brahma-Kajika genannte Region (in Nepal). Den Titthiyas genannten Asceten erinnern sich der früheren Existenzen nur bis zur 40. Kalpa, wogegen die Buddha aller. Nach Alexander von Lycopolis müsste zwischen dem Entstehen und Vergehen auf der Erde und dem Zunehmen und Abnehmen des Mondes eine gewisse Proportion stattfinden (s. Baur), in Betreff der Mondscolonie von Seelen (bei den Manichäern). Muth oder Butus (luna plena) wird Mater

der Dienst Indra's wiederhergestellt war, für die Brahmanen-
kaste Vasubandhu's (ehe vom Arhant Pindola zum Uebertritt
veranlasst), aber ein weiterer Gesichtskreis beherrscht die Lehre
Abhidjnadjananabhibhu's, wenn dieser „l'Indra des guides du
monde", als Djina oder Sieger dem wiederholten Flehen der
Devas, Nagas, Asuras und Guhyakas nachgiebt, um das Rad[1])
in Drehung[2]) zu setzen[3]).

roris erklärt (und der ίχυα in Prunikos). Empedocles bezeichnet die Erdenwelt
(eine vergängliche der Unseligen), als ἄτης λειμῶνα. Der unterste Himmel
(vilun) erscheint des Morgens und verschwindet Abends, im zweiten
(rakia) finden sich Sonne, Mond und Sterne, im dritten (schechakim) die
Mühle für das Monna, das Gott für die Gerechten mahlt, im vierten (Zebul)
das himmlische Jerusalem, im fünften (maon) die Nachts (wie Israel bei Tage)
Loblieder singenden Engel, im sechsten (machon) Vorrathskammer für Schnee,
Hagel, Regen, im siebenten (araboth) die Seelen der Frommen und der Schutz
des Lebens (mit dem Recht), die noch auf die Erde herabzusendenden Seelen,
sowie der Thau, mit welchem die Todten wieder auferweckt werden (n. Tanchu-
ma). Die Pythagoräer vermieden Bohnen, quoniam mortuorum animae sint in ea.
[1]) Les trois affranchissements (vimukti) sont (cf. Djina alamkara): le
détachment des passions et l'affranchissement de la pensée, le détachment de
l'ignorance est l'affranchissement de la sagesse, l'acquisition (de la loi), c'est
là l'affranchissement de la science (s. Burnouf). Pàra miyôti pàrañ nibbánam
inti gatchtchanti pavattantiti (djina alamkára), le pârami (les six perfections)
atteignent l'autre rive, c'est-à-dire 6 Nibbana (s. Burnouf) in: dana (Mildthätigkeit), Sila (Tugend), Kchanti (Gedule), Nirya (Ausdauer), Dhyana
(Betrachtung), und Pradjna (Kenntniss), mit Hinzutreten von Upaya (die
Mittel), Pranidhana (Gebet oder Gelübde), Bala (Kraft) und Djnana (Wissen),
oder als Dhana (Almosen), Sila (Tugend), Nirkrama (Ausgang), Pradjna (Weisheit), Virya (Ausdauer), Kchanti (Geduld), Satya (Wahrheit), Adhichthana
(Vorsatz), Maitri (Mildthätigkeit und Liebe), Upekcha (Gleichmuth).
[2]) In Gegenwart der Deva, Mara, Brahma, der Brahmana, Menschen
und Asuras (und aller Wesen) wird das Rad durch Buddha in Bewegung gesetzt, im Lehren der Wahrheit des Arhat und der Nidana (der Entstehung
aus der Unwissenheit und Vernichtung dieser). Nachdem dann die Radja-
kumara (Söhne des Königs) als Sramanera hinzugetreten, geschehen (unter
Predigen der Saddharma pundarika) Bekehrungen in Masse. Die Viparyyaya
oder (in der Sankhya) Hindernisse (für Befreiung der Seelen) bestehen (bei
Pantanjala) in Klesa (in awidya, asmita, raga, dwesha und abhinivesa). Tamdiu
vigens res erit, quamdiu gyrus ipse legis vigebit (nach dem Cio-ki khor oder Rota
legis) im Drehen des Mani oder Gebetrades (durch die Lhama). Nullum
proinde vitae ac temporis momentum est, quo sibi ab hujusmodi curis vocan-
dum putent (s. Georgi). Die Madhyamika begründen sich auf die Pradjna
paramita, um kraft transcendentaler Tugenden im Fahrzeug des Mahayan
die Ufer des Jenseits im Hafen der Rettung zu erreichen.
[3]) oder vielmehr dem von den Wiedergeburten bereits circulirenden Rade
eine veränderte Drehung zu geben, welche die Entschlüpfung auf dem Auswege
der Lokuttara ermöglicht (zur Rettung und Befreiung).

Obwohl nach dem Eintritt ins Nirwana nicht weiter ins irdische Leben zurückkehrend (so dass die Einkörperungen der lebenden Gottheiten[1]) in Tibet durch Bodhisattwa vermittelt werden, die aus Liebe zur Menschheit im Cirkel der Existenzen noch zu verbleiben beschlossen haben), könnte sich der Buddha doch (ausser dem Fortwalten in der Gesetzeslehre) in Specialfällen noch besonders (auch aus jenem Nirwanaher) auf der Erde manifestiren, soweit aus der Verschiedenheit der Körper[2]) (die auch in heroischen Avataren erscheinen mögen) in den Hypostasen[3]) zu ermöglichen.

Von den drei Naturen der wahrhaft Erschienenen (der Verwandlung, der vollkommenen Herrlichkeit und der verborgenen Eigenthümlichkeit) gehört (nach der Suwarna Prabhasa) die Natur der Verwandlung (unter den athmenden Wesen) und die der Herrlichkeit (zu Pradschna) der Sinnestäuschung an, wogegen der in der Natur der verborgenen Eigenthümlichkeit (als wahr und gewiss) Zurückgezogene sich im „unkörperlichen

[1]) Im Dalai-Lama sowohl, und Chutukten, wie weiblichen Wandlungen. Inter Tibetanos Lhaminas celebris erat Lhamo Renata von Regno Tzhang. Certum Renatae signum est Porci rostrum, quod ab ipso statim partu in cervice enatum Magna dea spectandum porrexerit (s. Georgi). Die verführte Aebtin des Klosters bei Löwen (in Niederland) ging als Schwein um (s. Wolf). Die Aestyer trugen Eberbilder zu Ehren der Göttermutter (nach Tacitus). Omnia simulacra vel codices ante fores Basilicae Constaninianae incendio cremavit (der Manichäer) Symmachus (s. Anastasius). Templa variis picturis ornata (der Manichäer), und so die buddhistischen in Bilderflaggen.

[2]) Von den drei Körpern Buddhas bildet die Dharmakaya (als Swabhava oder Adi-Buddha) the primary essence of all things (Dharmadhatu), to the Sambhogkaya belong the Dhyani Buddhas of five kinds (mit Vairochana oder Berotsana an der Spitze), to the Nirmankaya belong the several incarnations of Buddha (s. Csoma). Als nicht demonstrirbar ist Gott (nach Clemens) kein Object der Erkenntniss, wohl aber der Sohn (s. Baur). Nach den Simonianern war die leibliche Natur Jesu' nur Schein (im Phantom). Arjuna schaut Krishna in der Visra-rupa-darsanam (im Bhagavad-Gita).

[3]) ein zwischen οὐσία und persona schwankender Terminus (s. Hagemann). Durch circuminsessio (περιχώρησις) ist das Leben ein einheitliches in den drei Personen (der Trinität). Als Dâdu Gurban Aerdâni (die drei erhabenen Edlen) werden (bei Kalmükken) begriffen: Burchan, Nom, Chubarak (s. Bergmann). Nama significatur Spiritus (bei den Tibetern). Caelum quoque eorum lingua appellatus Nama (s. Georgi). Inferiorem regionem contemplatorum Incorporeorum appellarunt Buddhistae Nam Kha caelum, id est vacuum (s. Georgi). Christum autem non in substantia carnis fuisse (nach den Ophiten), μόνον δόκησιν εἶναι (s. Epiphanius).

Nirwana" findet (zum Unterschied vom „Nirwana der sichtbaren Aeusserlichkeit"), indem „dasjenige, was allen Bewegungen der Sinnenwelt und den daraus folgenden Hindernissen entwichen ist, allen Pflichten der Tugend Genüge gethan hat, und nur dem wahrhaften Sein und der wahrhaft reinen (immateriellen) höchsten Weisheit (der Urweisheit oder dem abstracten Wissen) angehört, die Natur der verborgenen[1]) Eigenthümlichkeit genannt wird" (s. J. J. Schmidt). Der Dharmakaya wird (bei Cörösi) als Adi-Buddha gefasst.

Wenn nachdem Tathagata ins vollendete Nirwana[2]) eingetreten, der Bodhisattwa Mahasattwa (in der Kraft der Mitliebe) auf dem Sitz (der Leerheit) und mit dem Gewande (der Langmuth) des Tathagata, seine Lehre (der Saddharma-pundarika) künftig predigt, dann wird sich ihm der Tathagata (in einem andern Universum befindlich) durch Wunder bekunden, indem er ihm fromme Zuhörer sendet, oder, nach dem Zurückziehen in den Wald, indem er Devas, Nagas[3]), Yakchas, Gandharvas, Asuras, Kinnaras,

---

[1]) Von Ewigkeit war Nichts, als das unergründliche Meer der Gottheit, im Wesen, das Niemand begreift, und die Materie (s. Gruber); der Bythos, als προπάτωρ (bei den Ophiten). The condition of Pari-nirvana and that known as „anuttara samyak sambodhi" both refer to the same ineffable state of existence, described generally as that enjoyed on „the other shore", (the condition of the Absolute). This condition admits of no verbal definition, it may be partially exhibited, however, by a course of negations (s. Beal). Ἀναγκαίως δ'ἔχει βίον ϑερίζειν, ὥστι κάρπιμον σταχὺν καὶ τὸν μὲν εἶναι, τὸν δὲ μή (Euripides).

[2]) Als Sakyamuni dem Tathagata Prabhutaratna (qui était entré dans le Nirwana complet) mittheilt, dass der Bodhisattwa Mahasattwa Gadyadasvara gekommen, mit dem Wunsch den Tathagata Prabhutaratna (qui est entré dans le Nirwana complet) zu sehen, belobt dieser die Absicht, die Auseinandersetzung der Lehre zu hören (s. Burnouf). Ὑπόστασις wird nie von der ganzen Trinität, sondern stets von einer Person mit trinitarischem Verhältniss gebraucht (s. Hagemann). Die Secte der Nir Narrain (in Gopal gegründet) wurde auf Odhow zurückgeführt (durch Krishna mit der Sorge für das Menschengeschlecht beauftragt). Ἐν μιᾷ ὑποστάσει τρεῖς ἐνέργειας, lehrte Sabellius. Mandjusri, Fürst der Djina, wird (nachdem er seine Sendung unter den alten Djina vollendet) für die Lehre Buddhas angerufen.

[3]) Auch als Schützer, wie Garudas als Hülfebringer (im Vogel). Nachdem der gottabstammende Antang als Mensch gelebt, beauftragte er (in Poelopetak) seine Brüder ihn ins Wasser zu versenken, damit er, in Vogel verwandelt, zu ihrer Hülfe nahe sei, wenn derselben bedurft (wie unter Ausstreuen von Reis gerufen). Als die Inca sich in Tampu Quiru niedergelassen, sehen sie ihren (in der Höhle eingeschlossenen) Bruder Ayar Cachi ir por el ayre con alas

Mahoragas zum Zuhören sendet, indem er (dans un autre univers) ihm von Angesicht zu Angesicht erscheint, und selbst seine Worte nachspricht (s. Burnouf). Nach Eintritt in das vollendete Nirwana (dans le Nirwana complet) wird der Tathagata zahlreiche Wunder senden dem Helden (der Schmähungen und Verfolgungen ertragend) das Gesetz verkündet, in Lichtgestalt (forme lumineuse) ihm erscheinend (und etwaige Wortfehler selbst verbessernd). Ein wunderbarer Stupa erscheint (mit dem Körper des Tathagata Prabharatna) des „grand Richi, qui aprés être entré dans le Nirwana, a été enfermé dans ce Stupa[1]" (dix millions des Kalpas depuis qu'il est entré dans le Nirwana complet) und „le Solitaire Prabhutaratna, qui est entré dans le Nirwana complet, prétera l'oreille" (der Löwenstimme des Predigers).

Nach der Dure-Nidana (von der Verheissung Dipankara's bis zur Wiedergeburt in Tushita), folgt die Avidure-Nidana (bis zur Erlangung des Buddhathums) und dann die Santika-Nidana (in den Lehren Bhagavati's). Als Mahapurusha[2]) wird Buddha durch die 32 Lakshana (der Schönheit) gekennzeichnet. Die Geburtsstufe Damba-Tugar oder Damba-Duggar (auf Anweisung Maitreyas oder Maidari's) verlassend, senkte sich Chamuktussaji-bütûghektschi (Sawarthasiddhi) aus dem Reiche der Tüschid in Magadha (unter der Form eines Elephanten) hinab und vermählte sich in der Stadt Kabilik mit Bumiga (Tochter

grandes de pluma pintadas, (s. Cieza), seine Hülfe versprechend (bei Verehrung). Als Sambilan Tiong den ersten Kopf geschnellt für das Leichenfest seines Vaters Kahajan, der dann durch das von Olo Maga Lian (Leiter der Seelen) an den bösen Geist Tempon Telon gerichtete Bittlied emporstieg (mit der Seele des Ermordeten), wurde er in einen •Antang-Vogel verwandelt, der (nach Umschweben des Hauses) in die Einsamkeit der Berge fortflog (s. Becker).

[1]) Im Lande, wo das Gesetz des Saddharma pundarika gelehrt, sind Stupa zu errichten, ohne dass diese der Reliquien des Tathagata bedürfen, weil sein Körper „s'y est en quelque sorte contenu tout entier" (s. Burnouf).

[2]) Das Geschlecht der Pandu (und Kuru) führt zurück durch den Sohn Puru's (Bruder Yadu's, Vorfahr Krishna's) auf dessen Vater (als von Ila, Tochter des Sonnenkönigs Ikshvaku geboren), Vater Pururava's, Sohn Budha's, von dem (durch den Rishi Atri) gezeugten Mond (Soma) stammend. Samtha (Samnatha) bezeichnete sacerdotium (im Tibetischen) und Samthan Pouthra (als Pot-iid) Buddha (s. Georgi). Invocari primum hominem (Irenäus) Gott, als Adamas (bei den Ophiten), wie Puru's aus der Erde (und so „facies" des Bythus).

des Ghartaghan Bilutu), dem den Bussübungen ergebenen (nach Ssanang Ssetsen).

Wie ein König seinen tapfern Kriegern Belohnungen vertheilt (in Städten, Dörfern, Landgütern, Schmucksachen u. s. w.), so der Tathagata seinen Soldaten, den Arya, das Gesetz predigend, „leur donne la ville du Nirwana, la grande ville[1]) de la loi, il la seduit avec le Nirwana", und wie, wenn der Sieg erfochten, der König auch das Kleinod, das seine Krone schmückt, dahingiebt, so der Tathagata, wenn Mara und dessen Widerstand, vernichtet, „donne à tous les Sravakas la possession de l'omniscience, (le suprême enseignement[2]) des Tathagata's), ce mystère de la loi, qu'il a longtemps gardé" (s. Burnouf).

In den Denkrichtungen, wie sie während des Lebens zu

---

[1]) Maudgalyayana beschreibt die Marktplätze in der Stadt Sudarsona mit Vaijayanta (Sakra's Pallast). Auf beiden Seiten des Stromes aus dem (nach Herberger) „Jeder sein Wasser vor der Thür hat" (in Neu-Jerusalem) „ist Holz des Lebens, das zwölferlei Früchte trägt und jeder Monat seine Frucht bringt" (s. Rinck). Irenäus unterscheidet οὐρανός, παράδεισος und πόλις für die Seeligkeitszustände. Unter den Bethörungen der Tantra kann der Buddhist in sivaitischen Irrgängen wieder auf ein Kailasa zurückgeführt werden. Auf unterster Stufe des Meru (Righjel) werfen die das Meer Ausschöpfenden und Wiederfüllenden (mit No-cjin-lak-na-siong-tho). Dann folgen die Kronentragenden (unter Prentho), darauf die Trinker (unter Tagno), und weiter (jenseits der Eccliptik) die Chjel-cen-sgi (Chatur-Maha-Raja). In Indra's Himmel werden die Helden durch Apsaras empfangen (nach dem Mahabharata), wie von Houris (oder Walkyren) anderswo.

[2]) Die Nyaya stellt Nihsreya, und Mocsha als Himmel vollkommener Kenntniss hin (that is, of truth). Nach Pindar sind die Seelen der Gottlosen an die untere Luft gebunden, während die der Frommen zum Himmel aufsteigen. Gott ist eine Kugel (nach Oken). Der Katholicismus fiel ins Heidenthum zurück (wie St. Angustin von Faustus vorgehalten wurde), die Idola in Martyres verwandelnd (sacrificia in agapes). Le Sest (der Aegypter) désigne l'hémisphère inférieure (Scheol der Semiten), tandisque que l'Ament correspond au Tartare (der Griechen), pays, ou, tandis qu'un grand nombre de défunts s'enivrent de l'eau de vie, les autres morts souffrent horriblement de soif (s. Selikovitsch). Der Scheol oder Hades (abgeschiedener Seelen) geht aus der Atmosphäre abwärts in den Erdkörper bis da, wo die Hölle anfängt, und aufwärts bis zum Aether, als Aufenthalt der Seeligen (nach Jung-Stilling). Nach Maimonides sind alle Seelen im Scheol, theils in der Geenrah, theils im Paradies. Die Bogu oder guten Geister stehen den bösen gegenüber (bei den Batta). Aus Furcht vor Ravana (Feind der Götter) hörte der Wind auf zu blasen, und die Sonne gab kein Licht (nach dem Ramayana). Ἔστι δὲ Ὧρος ἡ πάντα σώζουσα καὶ τρέφουσα, τον περιέχοντος ὥρα καὶ κρᾶσις ἀέρος (Plut.). Die δίκαιοι werden im Hades belohnt (nach Musäus).

habituellen werden, liegen die Voranlagen für die charakteristische Form künftiger Existenz, in welcher die Seele, bei ihrer Verwirklichung im Körperlichen, dieses nach dem eigenen Bilde zu gestalten hat. So führen die Wanderungen [1]) auf und nieder,

---

[1]) Ueber den menschlichen, folgen als Stufen der Wiedergeburt (in der Sankhya) die der Pisatscha, Rakschasa, Jaksha, Gandharva, und dann die göttlichen (des Indra, Soma, Pratschapati und Brahma). Die Wesen zerfallen nach den Existenzbedingungen in fünf gati, als Dewa, Manushya, Preta, Tirisan, Niraya. Unter den acht Classen (Pa-pu) begreifen die Chinesen die Naga (Lung), Apsara (Tien-nü), Kinnara, Gandharva, Asura, Garuda und Dewa (Tien). Die Gandharwa (der Chatur maharajika genannten Loka) begeben sich (zur Ergötzung der Dewa) nach derjenigen Loka, wohin sie berufen werden (s. Hardy). Die Apsaras (aus den Buttern des Oceans entstanden) figuriren (unter Indra's Musikanten) als Frauen der Gandharva (s. Goldstücker). Die Yaksha leben im Wasser und auf dem Lande, die Rakshas in den Wäldern des Himawan, Menschenfleisch fressend. Die Garuda leben in dem Kutasalmali genannten Baum (s. Beal) im Norden des grossen Ocean (auf die Drachen niederschiessend). Im Götterhimmel bietet der Wunderbaum (unter dessen Schatten in Yucatan die Abgeschiedenen ruhen) seine Früchte, während höher hinauf mit der geistigen Speise die Eingeweide wegzufallen beginnen. Wenn die Todten, die Nachts die Früchte Guabazo essen (auf Hayti), sich bei Festen unter die Lebenden mischen, werden sie als operito (ce qui veut dire mort) daran erkannt, dass der Nabel fehlt (s. Panc). Quand une personne est en vie, ils appellent son esprit Goeiz, et après la mort le nomment Opia (auf Hayti) und wenn die Erscheinungen zum Kämpfen kommen, verschwinden sie beim Anpacken. Die Buddhisten (China's) verehren den Küchengott Tsaükiün (s. Edkins), als den (unter der Tang-Dynastie) in das Priesterthum eingetretenen König der Kinnara oder (in Ceylon) Kindura, der deshalb über die vegetalische Nahrung der Affen gesetzt wurde. Als Sciu-ce-cio-kjel (rex inferorum), hält Cenresi eine Waffe in der rechten, und in der linken Hand einen Spiegel (in quo bona ac mala judicandorum intuetur). Neben den Kinnaras (celestial choristers looking like horses with horned head), singen und spielen die Gandharva zur Belustigung der Deva (s. Edkins). Die Kinon oder Kinnara singen, als Nymphae sylvestres (s. Pallegoix) oder verführerische Jungfrauen mit Vogelfüssen (wie in Birma). Die Kinnara (a fabulous being, the upper half of whose body was human, and lower half that of a bird), auf den Sculpturen von Bharhut (s. Cunningham), kommen vom Silberberg (im Himalaya) zum Baden herab (nach der Chandrākinara Jataka). Die Erscheinung Buddha's findet in dem Wisayak-setra genannten Sakwala (mit den Magul oder freudigen Continent) statt, in 10 000 mehr (Jammak-setra) mag er früher geboren werden, und bis zu 100 000 mehr (Agnya-setra) erstreckt sich seine Lehre. Von den Maharajas schützt Dhritarashtru (mit Gandharvas und Vaishajas) den östlichen Continent, Virudhaka (mit Kubandas) Jambudwipa (im Süden), Nirupaksha (mit Naga und Putanas) den Westen, sowie Vaishravana (mit Yaksha und Rakshasas) den Norden. Die Naga wohnen (unter den Wassern) in Bhagavati (city of enjoyment). Die Frommen

im ruhelos drehenden Rad, bis in jener Erleuchtung durchbrochen, welche zum Jenseits des Nirwana hinausführend, für das irdische Auge dort dann als erloschen verschwindet.

Nach der Abhidharmasamutschtschaja ist Alles, was als eitel vorgestellt wird, Samvriti[1]), was aber als rein Paramartha (s. Wassiljew). Parikalpita existirt nicht, aber Paratantra existirt (nach der Lankavatara).

Die Kastenverhältnisse ergeben sich in Indien aus den geographisch-politischen Bedingungen, indem eine ausländische Eroberungsrasse, gleich den Xatrya, sich stets aristokratisch (als Maniya[2]) gegen die Amanut) gegen eine einheimische Schicht

---

in der erneuerten Erde werden (s. Corodi) „keine Gedärme, noch Eingeweide haben" (nicht ganz keine, sondern nur nicht die unedlen Eingeweide) als Behältnisse der Speisen (nach Jakob Böhm).

[1]) Samvriti is that which is supposed as the efficiency of a name or of acharacteristicsign; Paramantha is the opposite. A difference prevails between the Yogacharyas and the Madhyamikas with reference to the interpretation of Paramartha, the former say that Paramartha is also what is dependent upon other things (Paratantra), the latter say that it is limited to Parinishpanna or to that which has the character of absolute perfection. In consequence, for the Yogacharyas, Samvriti is Parikalpila and Paratantra, for the Madhyamikas Parikalpita only. Samvriti is that which is the origin of illusion, but Paramartha is the self consciousness of the saint in his self-meditation, which is able to dissipate illusion (s. E. Schlagintweit). Alles was erscheint, ist in Vereinigung seiner Lage und Dinge eigenthümlicher Natur und wird deshalb von etwas Anderes abhängig (Paratantra) genannt (Wassiljew). Adi-Buddha (Iswara oder Swabhava) produced Yatna from Prajna and the cause of Pravritti and Nirvritti is Yatna (intellect or intellectual force and resource). Buddha is the representative of Mind, Dharma of Matter, Sangha is the visible world, produced by the union of Mind and Matter (in Nepaul). *Εἱμαρμένη (ὁ τοῦ κόσμου λόγος) δύναμις κινητικὴ τῆς ὕλης κατὰ ταὐτὰ καὶ ὡς αὕτως.* Vor dem Fall war der menschliche Leib ganz durchsichtig, bis durch Sünde verfinstert (nach Antoinette Bourignon). Son corps transparent et admirablement beau possedait les deux genres, masculine et feminine avant la création d'Eve (il n'avait pas honte). Vor der Schöpfung existirte eine „englische Welt, die aus sehr subtiler, hellichter und reiner Materie geformt", von Engeln bewohnt war (nach Poiret). Nach Burnet werden die Frommen 1000 Jahre früher aufstehen (als der Rest).

[2]) Die Götter, als dreiunddreissig werden (im Rigveda) angerufen, auf dem väterlichen Pfade Manu's zu erhalten und Sayana erklärt Manu, als den Vater Alles. Rudra wird um solches Wohlsein und Hülfe gebeten, wie durch Vater Manu mit Opfern erlangt sei. Agni, wenn vom Volke Manush' (Manusho visi) entzündet, vertreibt die Rakshasas (Agni wohnt unter den Nachkommen Manu's). Als Manu's Stier, der (wie die Raxasa) die Asuren ver-

von Sudra abscheiden wird, die ihrerseits bereits Eingeborene in den Dasyus zurückgedrängt haben mochten.

Die in den mehr weniger priesterlichen Functionen gegebene Hinneigung zum geistigen (oder geistlichen) Leben, im Abschluss vom Weltlichen (und Irdischen) bedingte die Heiligung des Brahmathums [1]), wobei im Anschluss an philosophisch-theologische Systeme, die in den Brahmawelten der Beschaulichkeit Wiedergeborenen, wenn sie neuerdins auf der Erde erscheinen, sich, als von tieferen Stufen in der Metempsychose befreit, von der grossen Masse der Gemeinen als erhabener, abgeschieden betrachteten, und solchen Vorzug dann auch in der gesellschaftlich gegebenen Vorstellung der Erblichkeit auf die Nachkommen übertrugen, soweit die buddhistische Reform demokratischer oder (in den Xatriya, als ursprünglich gleichberechtigter Kaste) fürstlicher Färbung nicht dagegen protestirte. Im Buddhismus selbst konnte dann wieder, in populärer Auffassung, der sonst nur jedesmal persönlich durch den vorgeschriebenen Cursus der Annäherungen erreichte Grad des Gottesthum auch bereits schon durch Geburtsrechte [2]) gewährt werden.

trieb, von deren Priestern Kilata und Akuli (mit seiner Zustimmung) für ihn geopfert war, ging die Stimme in seine Frau Manavi über, und nach dem Opfer gleichfalls, in das Opfer und die Opfergeräthe (nach dem Satapatha Brahmana). Und dann Mitra's Opfer des Selbstgeweihten. Als der Stier, Einzig Geschaffener (Tora evakdah), den Nachstellungen Ahriman's erlegen, erhielt seine sich bei Ormazd beklagende Stimme (Goshurun) den Ferouer Zoroaster's als Bringer des Wortes bezeichnet. Durch das Opfer des Stieres Hadhayaos (Carçaok) erwirkt Caoshyant die Auferstehung der Todten (im Bundehesh).

[1]) That which removes sin is Brahmanhood, it consists in Vrata and Tapas, and Niyama and Uparasa and Dhana and Dama and Shama and Sanyama (nach Ashu-Gosha). Brahmanhood depends not on race (Kuli) or birth (Jati) nor on the performance of certain ceremonies (s. Hodgson). Buddha empfiehlt (in der Abhinishkramana-Sutra) seinen Schülern die Lebensweise eines Brahmana. Im Siamesischen sind Brahmanen die Waschenden, in Abspülung von Sünden. Que la toute-puissance se décidat à créer, donnern l'être à l'âme infortunée, qui doit accompagner le fruit de la débauche. Telles sont les instances, à l'aide desquelles, on oblige le Créateur à sortir de son sublime repos (s. Reynaud). Subtilitas naturae subtilitatem argumentandi multis partibus superat (Bacom). In Mexico wurde das Kind (zur Taufe) mit dem Wasser der Göttin Chalchiuhlicuch gewaschen (als Reinigung). Sonst wäscht man die Götter selbst, über deren Schmutz Arnobius spottet.

[2]) Les enfants issus de l'union de l'un de nous avec une femme de la secte n'ont pas besoin de baptème, unter den „hérésies attribuées aux disciples

Die im Reiche Uthsang, in einem andern Lande (um von dort zurückgebracht zu werden) wiedergeborenen Priesterfürsten kommen bereits halberwachsen zur Welt, „unter den Rippen" Geborene[1]), (s. Schott), alles Vergangene und Künftige durchschauend.

Die Opposition des Buddhismus gegen die Brahmanen richtete sich besonders auf deren, auf die Vedas begründeten, Ansprüche, da weder solch heilige Bücher, noch daraus entnommene Ceremonien[2]) (am wenigsten gar: blutige Opfergaben)[3])

---

d'Amaury" (s. Jundt). Die Gnostiker erhoben sich als Söhne Gottes (τοῦ πρώτου θεοῦ) über die Götter selbst (als allein gut). Die Grönländer bezahlten ihre Angekok für Beischlaf der Bräute, um tugendhafte und glückliche Kinder zu erhalten. In Centralamerika lag häufig dem Paje die Pflicht erster Nacht auf. The term Sakya (rendered into Chinese), signifies „efficient virtue" or able to „practice virtue" (s. Beal). In Tscho (in Yucatan) wurde Bakuma Chaam verehrt (membrum virile terra factum intrans in vas mulieris).

[1]) Apud Gymnosophistes Indiae quasi per manus hujus opinionis auctoritas traditur, quod Buddham principem dogmatis eorum e latere suo virgo generavit (Hieronym.).

[2]) Durch die Fortpflanzung unter den wahren Gläubigen in der Diaspora, nicht durch bischöfliche Ordination und das Clericat war, nach den Waldenses oder Xabatenses, „der Besitz des Apostelpneumas gewährleistet; die Inhaber desselben werden an den nothwendigen Früchten dieses Pneumabesitzes, d. h. an einem christlich frommen, wahrhaftigen Glaubensleben erkannt (s. R. Hofmann). Die Quelle aller Religionserkenntniss ist die innerliche und unmittelbare Offenbarung (nach den Quäkern). „Der heilige Geist lässt sich nicht in die Elemente herabrufen" (die Rechtfertigung besteht in einer spiritualis partus). Die Gnosis stellt sich (s. Ptolemäus) den Gesetzvorschriften des Judenthums entgegen (bei den Valentinianern).

[3]) Zu Sahagaman oder Sahamaran der Wittwen weiterführend, zu Θυεστεῖα δεῖπνα und Οἰδιποδεῖοι μίξεις aller Art, oder schon in Abweichung von vegetarianischen Principien sündlich. Im Anschluss an den Jäger Nimrod oder (babylonisch) Νεβρώς (γίγας, als Orion), führte, als Gattin τοῦ Σιακλᾶ (τοῦ τῆς πορνείας ἄρχοντος) Νεβρώς (ἥν εἶναι τὴν ὕλην φησί) das Fleischessen ein (nach den Manichäern). Beim Tode des Curaca (in Peru) wurde an seiner Stelle gewählt „el quo era mas hombre y mas virtuoso, que ellos llamaban Ochamanchay, que quiere decir: temoroso de pecar (s. Santillan), also der Tugendhafte als Fürst, (wie im Orangkaya der Reiche, oder sonst der Tapfere u. s. w.). Der Paulicianer (bei Petr. Sic.) remonstrirt gegen das Verbot, die heilige Schrift zu lehren, bei den Laien (der Katholiken). Quelque développement intellectuel qu'on puisse supposer dans la masse des hommes, l'ordre social demeurera toujours incompatible avec la liberté laissée à chacun de remettre, chaque jour, en discussion les bases mêmes de la société (s. Comte),

die Heiligung zu gewähren vermöchten, indem sich diese nur als
natürliche Frucht aus den im tugendhaften Leben gesäeten
Keimen des Guten ergeben könne.

Wenn Scythianus[1]) in Jerusalem gegen den Schöpfergott
disputirte, so bekämpfte er damit die Anmassungen Brahma's (im

die deshalb auf feste Beobachtungen zu gründen (nach den aus den ethnologischen Thatsachen entnommenen Gesetzen in socialer Entwickelung).

[1]) Scythianus disputirte in Jerusalem mit den Presbytern über die Ein-
heit des Schöpfergottes und Terebinthus mit den Priestern des Mithras über
die dualistischen Principien. Im Dualismus kommt das Böse vom Süden (nach
Simplicius), wo Sutur wohnt (im Norden). In Australien gilt für jeden
Stamm der nördliche Nachbar als böser Zauberer (und für die Finnen die
Lappen). Neben Thomas und Hermas wird als Mani's Schüler Addas genannt (Buddas oder Odas), und in Indien berührt sich St. Thomas mit Gautama.
Nach Cedrenus war Manes ein Brahmane, (und Ephraem leitet für Lehre aus
Indien). Hegesippus führt den Ursprung der Irrlehren auf Thebutis (Θεβοῦτις)
zurück (bei Eusebius), wie Archelaus die Lehre des Mani auf Scythianus.
Nach Bekehrung von Helpidius in Spanien durch Agape (s. St. Hieron.), verbreitete sich der Manichäismus in Gallien. Die (manichäistischen) Paulicianer
in Armenien (IX. Jahrhundert) schickten Missionare nach Bulgarien (im Krieg
mit Byzanz). Der heilige Gregor (aus dem Lande der Parther) lebte verborgen in der Höhle der Frau Mani und den Gefährtinnen der Ripsima (bei
Mos. Chor.). Die Feste für Kukulcan (der zu den Göttern in den Himmel
aufgestiegen), wurden (nach Zerstörung von Mayapan) in Mani gefeiert (unter
Darbringung von Federbannern), indem er für Empfang der Opfer herabkam
(am letzten Tage des Festes Chic-Kaban). Die Manichäer sahen in Zaradas,
Budas, Christus und Manichäos dieselbe Wesenheit (mit der Sonne). Nach
Porphyrius widerlegte Plotin die, die Welt für böse erklärenden, Anhänger
des Zostrianos (bei Amelius) oder Zoroaster (und Mesos). Sunt autem ex
Indis, qui Buttae parent praeceptis, quem propter insignem virtutem ut deum
honorant (Clem.) Unter den „Legislatores" folgt Sciachia sen Xaca Tubpa
auf Hosrung (s. Georgi). Tupan (tupa oder göttlich) bezeichnete die Gottheit,
als Donner und Blitz (bei den Guarani), und Topa König (in Quichua). In
Nukuor werden die Götter als Tupua (selbstentstandene) verehrt. Nach
Hesychius wurden die Devi genannten Götter von den Zauberern angerufen.
Koti-Devi oder Kotytto wurde als Bellona von den Soldaten verehrt. Die
Haitier „reconnaissent qu'il y a dans le Ciel comme un être immortel, que
personne ne peut voir, qu'il a une mère et qu'il n'a pas de principe, et ils
l'appellent Jocahuva, Gua-Maorocon, et ils appellent sa mère Atabei, Jermao,
„Guacarapito et Zuimaco" (nach Pane), als Grossmutter des Teufels oder (bei
Eskimo) Tongarsuk. Vergil (Sohn des Remus) schützt Neapel durch eine
Säule mit Zauberfliege gegen alle Insecten (durch die auf der Schule Toledo's
gelernte Magie). In Indien wanderten die Schüler nach Taxila, Geheimkünste
zu lernen. Aus den cilicischen Piratengenossenschaften verbreitete sich der
Mithras-Dienst. Mit dem Kraftworte Abraxa und Mitra (als einander ent-
sprechend) wurden Stürme beschworen (nach Hieronym.).

buddhistischen System), und ebenso hatte Terebinthus [1]) gegen den Dualismus in Persien zu disputiren, weil das Böse [2]) im

---

[1]) Terebinthus (der Manichäer) Buddas est appellatus, quia Boutema aut Butam dicunt Assyrii Terebinthum (Buthma in Talmud exponitur Ulmus). Bethmto syriaco Terebinthus oder (nach Castellus) Quercus (Proprie Chaldaei Bouthema appellant Quercum), die Eiche (hebräisch) im Chaldäischen als Buthma (s. Georgi). Terebinthus besass die Bücher des Schytianus Magister (wie jam in Indas, ex Indis in Aegyptum, non tam scientiarum addiscendarum, quam mercaturae causa navigare consueverat. Im Hebräischen ist Botnim (Plur. von botn) die Pistazie (zunächst auf die Nüsse bezüglich), wie Botm (im Arabischen) die Terebinthe und Éla scheint (im Hebräischen) aus allgemeiner Bezeichnung für (hohe und starke) Waldbäume, im Besondern auf Terebinthus communis übertragen zu sein (nach freundlicher Mittheilung vom Consul Wetzstein). Paternis Aeonibus Hesychio *Bovtoi* dicuntur Aegyptiacae loca, in quibus mortui reconduntur (der Mond als Buto, quod mundas mortuorum animas quasi arca contineret). Magister Manetis semetipsum appellavit *Bovtώ*, illud scilicet luminare, in quo sedet Jesus Salvator a Manichaeis excogitatus (s. Georgi). Ci-Chiong heisst But (Menippa oder Cenresi). Kon sive Cion (Takon im Tibetischen) wird (bei Georgi) zusammengestellt mit Cjun oder Cjon, als Idol (im Hebräischen), in besonderer Beziehung auf Saturn (Techuna). In the Padma-Purana the religions fig-tree is an incarnation of Vishnu, the Indian fig-tree of Rudra and the Palasa (Butea frondosa) of Brahma (s. Pratapachandra Ghosha). Die quadratgesichtigen Bewohner von Uturukuru Diwayina erhielten, wie ihre Nahrung, auch Kleidung und Schmuck vom Baume Kalpa-wurksha. Im Jenseits der Seeligen (in Yucatan) fand sich un arbol, que alla llaman Yaxché muy fresco, y de gran sombra que es Zeyva, debaxo de cuyas ramas y sombra descansaasen y holgassen todos siempre (s. Landa). Die Todten wurden in Mitnab gequält (unter dem Dănon-Han-hau). Die Gefangenen gingen zum Paradies der Göttin Ixtab. Der Patali (Bignonia Suaveolens) ist „the Bodhi tree of the Buddha Vipasyin" (in Bharhut). Der Nyagrodha-Baum (Kasyapa heilig) wurde (in Benares) verehrt (zu Buddha's Zeit). Nach Curtius verehrten die Inder heilige Bäume. Der Bodhi-Baum gehört (mit Gürtel, Almosentopf u. s. w.) zu den Paribhogika (objects of reverence). Im Kalana-i-hau-ola (Garten der Ersten Menschen) wachsen die heiligen Bäume Ulu kapu a kane und Ohia Hemolele (nach den Hawaiern). Mancocapac liess im Wald die Bäume Apotambo und Pachamamaachi anfertigen (padre y madre). Dans la langue quichée Cun exprime l'idée du vase pudendum muliebre et aussi celle de la medicine (s. Brasseur). Co (con) radical de Comitl (vase, marmite, chaudron) dans la langue nahuatl (nach Aubin). Die Chichimeken verehrten Huey-comitl (als Mixcohua-Xocoyotl oder Itztpapalotl). Die Conopen führen in Aegypten auf die Todtengefässe, und in Peru auf die Idole (der Vorfahren). Neben Mictlanteuctli, als unterweltlichen Gott des Todes, stand im Tempel Mexico's die Sonne, um neu zu erwecken, als *ἠλέκτωρ* oder Wecker (bei Empedokles).

[2]) Dem Kosmokrator (vom Demiurg gebildet) wird der *πνεῦμα τῆς πονηρίας* beigelegt (bei den Valentinianern). Die Ketzer in der Gascogne (1202), liessen die Körper von dem bösen Princip (Luzabel) gebildet sein, die

Buddhismus nur im Bezirk des „Herrn dieser Welt" fallen würde, nach Auffassung der Gnostiker, deren Demiurg aber dennoch freundlichen Empfang gewährt, wie auch Mara erst durch Tugenderwerbungen, im Sinne Buddha's, seine Stellung gewonnen. Die Gnostiker (bei Hippolyt) unterscheiden drei Χριστοί, von denen Jesus (Sohn der Maria) dem Manushi-Buddha entsprechen würde, die andern beiden Stufen der Dhyani-Buddha (und Bodhisattwa) mit Adi-Buddha als Quelle der Prajna[1]) (wie in Christus-Gestalten der Sophia)[2]).

Wie die Sethiten[3]) oder Sethiani (unter der ophitischen Secte) in dem Demiurgos des Alten Bundes das Widerstreben gegen den höheren Aufflug des Geistes, zu den Aeonen jenseits, erkannten, — ihm also (wie auch sonst die Gnostiker) die Rolle Mara's im Buddhismus zuerkannten —, so auch die Cainiten, die aber nun auch die prophetisch verkündigten Lehren in

---

Seelen von Gott erschaffen (s. Hahn). Der διάβολος entstand aus der unbeseelten ὕλη (nach Bardesanes). Nach Simon war der Böse ein πρός τι, nur beziehungsweise Böse (s. Uhlhorn). Der Teufel (bei Clem.) als justus princeps (qui malis gaudet). Die Luciferien verehrten Lucifer als Bruder Gottes (1450).

[1]) Adi-Buddha's Wunsch (aus Einem Viele zu werden), heisst Prajna (1823). Buddha and Prajna united became Prajna Upaya, as Siva Sacti or Brahma Maya (s. Hodgson). Xaca demum Mani, νοῦς, prima proboles, filius unicus (Georgi). Nachdem der Allerverborgendste seinen Punkt gemacht, vereinigte sich das Wer? mit dem Dieses! in Elohim, nach dem Sohar (oder Kabbala). Die Autorität der Veda begründet sich darauf (nach der Vaiseshika), weil von Tad (Es) geäussert, mit Isvara (im Commentar) identificirt (aber: Es denkt). Inspirirte (arsha) Kenntniss (als in der Intuition der Jogin eingeschlossen) erleuchtete die Rishi, welche den Bericht der Veda verfassten (āmnāyavidhatrīṇām). Melius est naturam secare, quam abstrahere (s. Bacon). The laws of thought are everywhere the same (Spencer), und so lassen sich aus der Physiologie des Gesellschaftsorganismus in den Völkergedanken seine Früchte inductiv studiren.

[2]) Von Χριστός ἐξ ἐννοίας verlassen, schafft die Sophia den Demiurg und den ἄρχων ἀρίστερος (oder die ἐνώνομοι δυνάνεις).

[3]) Zur Verführung der Sethiten oder Engel belehrt Satan den Genur, (Lamech's Sohn), farbige Röcke zu verfertigen (s. Dillmann). Dicunt etiam eundem Diabolum Adam de limo fecisse et quendam angelum lucis in eo summa vi inclusisse (die Katharer). Spurcities Magorum (quia, cum sint conjugati adhuc, versantur in continuo, quasi concubinatu cum daemonibus) detestabilius est et pessimum omnium carnalium peccatorum (Silvestre Prieras). La plupart des sectes vaudoises s'adonnèrent aux pratiques de la magie (zur allgemeinen Bezeichnung) seit Pierre de Vaud (in Lyon). Cecropiam soliti Baptae lassare Cotytton (Juvenal).

in diesem Sinne auffassten, und dadurch (neben der Verehrung der Schlangen[1]) für Vermittlung der Erkenntniss) Cain als guten Gegensatz des (bösen) Abel hinstellend, die ganze Moral umkehren mussten, während das Dharma gerade (wie der auf Jesus niedergestiegene Christus) aus solchen Regionen, die bereits jenseits der Macht des Weltfürsten liegen, herabgekommen ist, um wenn auch der Körper dem Tode verfallen, doch den Geist in seine ewige Heimath einzuführen.

Die Fortwirkung des von Buddha zur Erlösung gelehrten Gesetzes wird in der Geistlichkeit (der Sangha) oder Kirche bewahrt. Gott heisst Vater in Bezeichnung auf die Gesetzgebung, auf Erlösung Sohn, auf die Inspiration (der Apostel) oder Beseeligung (der Gläubigen) heiliger Geist (bei Sabellius). So Dharma, Buddha und Sangha, als Trinitas, und in nepalischen Secten Dharma dann weiblich[2]) gefasst (mit weiteren Verirrungen in den Sakti).

---

[1]) τὴν πυλνέλικτον τῶν ἡμετέρων ἐντέρων θέσιν τοῦ ὄφεως περικεῖσθαι τὸ σῶμα δείκνυσαν τὴν ζωόγονον σοφίαν τοῦ ὄφεως (Theodor).

[2]) Prajna-surupa-Guyeswari (the mystic form of Prajna) is the same with Dharma, and the Sakti of Swayambhu or Adi-Buddha (s. Hodgson). Alle quietistischen Mystiker gehen von dem Gedanken aus, dass Gott die absolute Liebe (l'amour essentiel, le souverain amour, l'amoroso Padre, l'immensa Amabilità) ist, und dass darum die Hingabe an ihn und die Vereinigung mit ihm nur in vollkommenster Liebe (amorosa advertencia, amorosa apprensione, carità disenteressata, amour desinteressé) geschehen kann, in der sich die liebende Seele mit dem unendlich Geliebten (l'Aimé, l'Epoux) vermählt (s. Heppe). Bei den Ophiten wird der heilige Geist, als das erste Weib, die Mutter der Lebendigen bezeichnet (s. Frantz) und die Seele des Gläubigen, als Braut Christi, Schwiegertochter des heiligen Geistes (bei Hieronymus). Neben Vater und Sohn bilden die Bogumilen τὸ δὲ πνεῦμα τὸ ἅγιον ὡς λειοπρόσωπον νεανίαν. Johannes Damascenus bestimmt die Trinität als περιχώρησις. Pater ens suum totum ad filium suum transfert, et in illum transfundit (Anquetil). Der zuerst θηλείας τέκνον wird dann (bei Thedoret) zum Mann, υἱὸς νυμφίου (wie in der Couvade). Mit der Zwei beginnt die Ungleichheit und Trennung (nach Moderatos) und dann Nikomachos (in der Theologumena arithmetica). Nach Drobisch ist „alle Gesetzlichkeit, welche die moralische Statistik nachweist, das Produkt von relativ constantem, daher auch nicht schlechthin veränderlichen Verhältnissen und zusammenwirkenden Ursachen" (neben den variablen). Der πάθος führte in das θηλύνεσθαι (bei Cassian) über, wie ungerechtes Leben bei zweiter Geburt aus Männer in Frauen (nach Plato). Um bei der Dürre in Anga Regen zu erhalten, wurde der Büsser Rishyasringa (von seinem heiligen Vater Vibhandaka ohne Mutter

Wenn dabei der Geist der Inspiration allzu üppig sprudelt, bis in phrygische Prophetinnen, dann bricht eine *νέα προφητεία* hervor, im Hinblick auf Maitreja, (wie auf den Paraklet bei den Montanisten). Die Gegensätze, ob in orthodoxer Beschränkung als ketzerisch[1]) gefasst, oder wieder im Ganzen an zugewiesener Stelle assimilirt, ergeben sich unter dem Lichte der jedesmaligen Betrachtungsweise im engeren oder weiteren Horizont. Die von priviligirten Klassen prätendirten Vorrechte verbergen sich gerne in dem Dunkel der Mysterien-Culte (der Sacra seclusa oder opertanea), oft mit Rivalität der Geschlechter[2]), wie auch im centralen Afrika (wo am Gabun die Frauen eifersüchtig den Eintritt in ihr Tempelhaus wahren), während sonst in diesem Continente, wie in den übrigen das schwächere Geschlecht auch das unterdrückte ist (in südamerikanischen Geheimdiensten und sonst) bei der „Tutela Mulierum" erfordernden „Sexus imbecillitas" und „infirmitas feminarum". Die Ceremonien verknüpfen sich dann, in dankbarer Verehrung der von Hiawatha oder Triptolemos gebrachten Gaben, mit dem Festcyclus, der die in jährlicher Erneuerung der Nährpflanzen verlaufenden Arbeiten begleitet, mit der Auferstehung[3]) aus der Erde dunkeln

in der Wildniss hervorgebracht), durch die Zusendung von (bisher nicht gesehenen Frauen) hervorgelockt und mit der Tochter des Königs Lomapada verheirathet (im Ramayana). In Guatemala soll Tohil mit seinem Gottgefährt durch zugesandte Mädchen verführt werden.

[1]) Kalanki, als den Christen gegebener Name a Xacaitis Magogaeis (quanquam ii Romanum Pontificem tanquam unum ex undecim capitibus Cenresi se revereri quandoque predicent) Bramhanum lingua est Antichristus (s. Georgi). Ἡλξαΐ (als *δύναμις ἄσαρκος*) erhielt bei den Serern in Parthien das (den Sobai überbrachte) Buch, das vom Himmel gefallen (wie das Buch Ssamadok in Tibet). In den Rocha genannten Himmel stellen die Juden die Mühlen Gottes, um das herabfallende Manna zu mahlen (s. Agobard). Auf der Sankisa-Leiter kam Buddha vom Trayastrimha-Himmel herab.

[2]) Beim Dienst der Bona dea (am verdeckten Ort) wurden alle Männer ausgeschlossen und männliche Standbilder verhüllt (s. Klausen). Cum fuget a templis oculos Bona diva virorum. In den Tempel der Medea durften keine Männer eintreten (Macrobius) als Bona dea Schlangengöttin (und Kräuterkundig). Die Ixcuinames oder Cihua-Halacatecollo (Frauen-Dämone) feierten in Tollan (bei Ankunft der Chichimeken) orgische Mysterien (Knaben opfernd), bis zur Einführung des Festes Xipe-Totec (mit Frauenschinden). Beim Dienst des Hercules (als Semone), wurden keine Frauen zugelassen.

[3]) Beim Fest Mamuk Benih umtanzen (bei der Ernte) die Dayak die Erstlinge (des Reis) festlich ausgelegt, dann (während der Ernte) beim Fest Man Sawa oder Nyitungid wird durch den zum Himmel blickenden Priester

Schooss (bei Proserpina's Erscheinen und Verschwinden), und
in der Schöpfungsgeschichte Guatemala's wird deshalb bei
Entstehung des lebensfähigen Menschengeschlechts die Vorbedingung einer Auffindung[1]) des Mais gestellt (nach dem Popul-

sein Zauberstab geschüttelt „over the white cloth, into which there fall a
few grains of rice, which Tapa, in reward for their offerings and invocations
sends down to them (als die Seele, die sorgsam im Altar bewahrt wird). Bei
dem Fest Nyishupen oder Nyipidang Menyupong (am Ende der Ernte) liegen
die Kinder, sowie die unter den Priesterinnen aufzunehmenden Mädchen,
bewegungslos ausgestreckt am Boden (in Schlaflaken gehüllt), bis mit dem
Wasser der von den Priesterinnen in aufgeregten Tänzen (und unter Schwingen)
umhergetragenen Cocusnüsse (durch die Aelteste dann mit Hacker geöffnet),
begossen, und (unter Singen) „the ceremony is concluded by the head priestess
going around and blowing into the face of each of the patients, after which
thay are allbwed to chatter and amuse themselves" (s. St. John). Und so
werden in dem Tanz beim Jahresfest der Mandan (s. Catlin), die (als todt)
bewusstlos Niederfallenden durch Anblasen mit dem Mysterienbündel des
Medicinsackes in Erweckung neu belebt (zur Wiedergeburt).

[1]) Der Grosse Geist (the great spirit and his wife) machte Alles, ausser dem
wilden Reiss (which came by chance) bei den Sioux (s. Prescott). The Dacotas
believe the Great Spirit made all things, except rice or thunder. Bei dem
gemeinsamen Fest Centeotl's oder Chicomecoatl's wurden (nach Fasten) die
Götter des Ackerbaues mit Nahrungen bestreut, und auf dem über die auf-
gethürmten Speiseschüssel gestellten Bild eines gekochten Frosches wurde zur
Füllung eine mit Speise ausgehöhlte Maisähre aufgestellt. Nachdem dann (unter
Scherzen mit den Jünglingen) von Mädchen Maisähren in geschmückter
Procession getragen war, wurden Aehren in die Hand der Göttin Chicomecoatl gesteckt. Der Fastnachtsscherz schiebt sich stets (auch bei den
Eleusinien), zwischen, da unter der Trauer um das verrinnende Leben,
während noch im Leben, die Lust zum Leben kitzelt (aus der Quelle des
Phalluisdienst, als des Lebens Ursprung). Quare lascivia major his foret in
ludis liberiorque jocus, frägt Ovid (bei den Spielen der Flora). An Centeotl's (Tzintoutl's) Fest Ochpanitzli wurde die (Toci oder Mutter der Götter
repräsentirende) Frau, vor welcher die Priesterinnen (Kürbisse mit Pulver an
den Seiten tragend), einen Scheinkampf aufgeführt hatten, über den Marktplatz
(von den Aoa, Tlavitezqui und Xocuauhtli genannten Greisinnen begleitet), geführt (Mais am Wege säend), und dann geschunden, worauf die Haut der
Hüfte nach dem Tempel Centeotl's gebracht wurde und dann, (durch den
Priester Centeotl's), nach einer Hütte an die Grenze, (wo mit den Nachbarn
deshalb oft Streit entstand), während der mit dem übrigen Theil der Körper-
haut bekleidete Priester Toci's (nachdem er in Kreuzesform vor dem Tempel
Hiutzilopochtli's erschienen), mit dem Daun von Adlerfedern bestreut (nach
dem Opfer von Kriegsgefangenen), in dem mit Blumen gefüllten Pallast des
Königs, bei der Vertheilung geweihter Waffen an die Krieger gegenwärtig
war. Am zweiten Festtage wurde durch den Priester der Chicomecoatl oder
Civacoatl (als die Schlangenfrau des Mais und der Kindergeburt), am Altar

Vub), die Ernährung durch die Culturpflanze, als die der Menschheit allein erst würdigen [1]).

Der hier zu Grunde liegende Gedankengang würde manche,
weil esoterisch, verdeckt gehaltene Bräuche des Alterthums aufklären (wie seine stummen Steine der Gebrauch solcher bei
jetzigen Naturstämmen), wenn die Ethnologie hätte ernten können,
als die Originalitäten rings in der οἰκουμένη des orbis terrarum
noch blühten. Das freilich ist nicht vergönnt gewesen, zumal
die in den ersten Zeiten neuen Entdeckungen besonders für ein-
gehende Beobachtungen geeigneten Persönlichkeiten besonders, bei
religiösen Fragen auf einen dabei hinderlichen Partheistandpunkt [2])
stehen mussten, und so unsere Kenntniss fast durchweg eine oberflächliche geblieben ist, selbst für das Verständniss der socialen Verhältnisse. Mit den nach klassischen Paradigmen versteinerten Vorstellungen vom Stamm und seinen Verzweigungen (trotz Niebuhr's
Einwendungen gegen Sigonius), findet sich der auf die schlüpfrige
Bahn der Abstammungen Gerathene leicht bedroht, aus den,
naturwissenschaftlicher Forschung gesteckten, Grenzen der Relativitäten wieder in den metaphysischen Nebel des Absoluten
hinauszugleiten. In den Sacralculten finden sich indess ar-
chäistische [3]) Spuren genugsam verstreut, um hier den richtigen
Weg zu weisen, der von den Naturvölkern überall gefolgt ist,
weil der einzige, der gefolgt sein konnte.

Wie sich bei den Indianern der Einzelne im Lebensstraum
in mystischen Rapport mit dem Jenseits setzt, um (nach Art
der afrikanischen Mokisso-Gelübde) durch vicarirende Opfer
in Verehrung seines Schutzgeistes [4]) Erlaubniss zur Nutzniessung

Mais ausgestreut (dessen Körner zu haschen gesucht wurden), und dann von
den Cioatlamacazque genannten Jungfrauen geschmückte Maisähren umher-
getragen, worauf (nach Beisetzung eines mit Kalkpulver und Federn gefüllten
Korbs im Kellergewölbe des Tempels), der Priester Toci's vertrieben wurde.

[1]) Omnium aut rerum, ex quibus aliquid exquiritur, nihil est agricultura
melius, nihil uberius, nihil dulcius, nihil homini libero dignius (Cicero).

[2]) The Dayak has ever been chary of revelations touching his religion,
and since the exposure of what he did make known, as vain and guiltful,
has sensitively avoided exposure (in der Amerikanischen Mission).

[3]) One effect of that mixture of refined Roman law with primitive barbaric
usage (im Feudalismus) was to revive many features of archaic jurisprudence,
which had died out of the Roman world (s. Maine).

[4]) In their plurality of Dewattas or inferior divinities, a Siamese sometimes
selects one, whom fancy make him think will be propitious and who bears
the brunt of his intercessions (s. Low). Statt des bildlichen Symbols konnte

von dem Innerterrisok oder dem Verbieten (der Eskimo) zu erhalten, so wenn sich, als gesellschaftliche Einheit[1]), die Phratrie oder (bei den Irokesen) die Deanondaayo zusammenschliesst, ist es das religiöse[2]) Band, das die Mitglieder gemeinsam umschliesst, im Cultus des (auch im heiligen Thiere[3]) oft als Ahnherr aufgefassten) Totem. Daraus ergiebt sich Alles Weitere dann von selbst. Eine solche Gottheit, als mit der Eifersucht der ϑεοί ἐγγενεῖς bei den Griechen begabt, kann keine Fremden[4]) zu-

---

das Wappen auch im Tanz erkannt werden (wie bei den Bechuanen) oder im Blasen der Melodien (in Bonny). Jeder der Helden bläst sein eigenes Horn (Sankha), aus Muschel oder Knochen, mit bezeichnendem Namen (nach dem Mahabbarata).

[1]) All those, that use the same roots for medicines constitute a clan. These clans are secretly formed. It is through the great medicine dance, that a man or a woman gets initiated into these clans. Although they all join in one general dance, still the use, properties etc. of the medicine, that each clan uses, is kept entirely secret from each other (bei den Sioux). These clans keep up constant feuds with each other, for each clan supposes that the other possesses supernatural powers and can cause the death of any person (Philander Prescott). Some Indian families adopt Yale (the crow), others Segetee (the beaver), others Ronge (the wolf). Members of the same tribe may and do marry, but those of the same crest must not und die Tödtung des heiligen Thieres ist betrachtet „als sacrilege" (in Britisch Columbia). At their feasts, they never invite any of the same crest as themselves (s. Mayne). When an Indian wishes at any time to exhibit his family insignia, all natives, before whom he appears, are bound by certain laws of honour to show respect to it by casting property before it (s. Macfie).

[2]) Durch die γεννῆται der γένη (im γίνος) wurden die πατρῷα ἱερά zusammengehalten (in Athen). Im Unterschied von γεννῆται bezeichnen συγγενεῖς die Verwandten.

[3]) In Guatemala hing das Leben von dem der heiligen Thiere ab (nach Gage). Bei den Mexicanern waren die verschiedenen Theile des Körper unter heilige Thiere vertheilt (und andere Zeichen). Nach den Pimos und Maricopas gehen die Theile des Körpers in Thiere über (beim Tode). Die Arkansas assen beim Feste den als heilig verehrten Hund. The remedy to remove the animal from the body of the siek is for the doctor or conjuror to get the shape of the animal, cut out of bark, which is placed outside of the lodge near the door in a small bowl of water with some red earth mixed in it (bei den Sioux), um von Beistehenden beim Ausfahren geschossen zu werden (während des Rattelns des Priesterarztes).

[4]) Jure pontificum cautum est, ne suis nominibus dii Romani appellarentur, ne exaugurari possint (Servius). Die ἱέρειαι κατὰ γίνος (der ἱερεῖς) waren nur den πάτριοι oder πατρικοί zugänglich (in Athen). So hiess es: Transire in sacra gentis (Val. Max.), beim Uebergang in ein Gens (durch Adoption oder Heirath).

lassen (weil vielmehr dem hostis oder hospis gegenüber als Vorkämpfer beansprucht), wird aber zugleich innerhalb der Horde eifersüchtig über Erfüllung der Gebote (je nach abgeschlossenem Vertrage) wachen, und wer diese verletzend, dadurch göttliche Rache herabzieht, macht sich zugleich dem gesammten Gemeinwesen schuldig und also strafbar. Haben die Jäger gemeinsam in der Medicinhütte verweilt, in der Weihenacht vor dem Auszuge, so ist Jeder unter ihnen eng an die Verpflichtungen gebunden, deren leisester Bruch den Misserfolg des Unternehmens zur Folge haben würde, und Jeder ist also dem Ganzen verantwortlich [1]), während er in Behandlungen seines privaten Totems oder Fetisch eigenes Risico[2]) laufen mag, soweit nicht etwa darauf ebenfalls schon das Gemeinwesen Anspruch, und damit das Recht des Miteinsprechens, erlangt hat. Glückliche Besitzer wirksamer Zauberkraft durch den Kobold, den sie zu Diensten gezwungen, mögen oft unter günstigen Bedingungen der bereits bestehenden Genossenschaft beitreten, verpflichten sich dann aber dieser gegenüber, zum Gebotstellen[3]) seiner Machtvollkommenheiten, und je mehr solcher zum Besten einer Res publica dann vereinigt ist, desto kräf-

---

[1]) Damit wurde (für Findung geeigneter Sühnungen) die Beichte zur Pflicht, die (in Peru) den Ichuris abzulegen war (unter gemeinsamen Ausspucken auf ein Heubündel, das dann in einen Abgrund oder Fluss geworfen wurde).

[2]) Wenn nicht nach dem Gebrauche der Vorfahren lebend, wird der Indianer durch den Geist gestraft, der ein Thier in den Körper schickte (bei den Sioux). Die Sacra domestica waren (in Folge von Gelübden), den Laren und Penaten geweiht (s. Rein), gleich den Sacra gentilicia (und feriae domesticae) in die Sacra privata fallend (aus denen, nach der Opportunität, für das Publikum ausgewählt werden konnte). Neben den γενικὰ ἱερὰ fanden sich die ὀργεωνικά.

[3]) In den Sacra gentilicia (oder privata) mit jährlich (an bestimmten Tagen) darzubringenden Opfern (sacrificia gentilicia, als sollemnia oder anniversaria) fand sich der Dienst des Hercules (bei Potitier), der Diana, der Sol (bei Aurelier), der Minerva (in der Gens nautia) u. s. w. Seit Kleistheses erhielt die Geschlechtsverfassung ihre politische Umgestaltung in localer Fixirung, und neben den Symmorien (als Geschlechter) fanden sich (bei den Tejern) die πύργοι (als Demen). Den Eupatriden gegenüber gehörten (in Attika) die Θυργωνίδαι und Τιταχίδαι zu den ἄδοξα γένη. Nach Abtrennung der priesterlichen von der im Ariki noch geeinten Macht, pflegt, neben dem Kriegshäuptling (gedoppelt bei Irokesen, Spartaner u. s. w.), der Friedensfürst (der Friedensgenossenschaft) meist aus der Plutocratie hervorzutreten oder Dorocracy (the rule of the gift giver) Californien (s. Powers), und sonst.

tiger wird diese gedeihen und emporblühen, so dass weise
Gesetzgeber Sorge trugen, keine sacralischen Culte [1]) eingehen[2])
zu lassen (und eher die Gesellschaft im Pantheon durch Einführung elicirter [3]) Götter lieber noch vermehrten). Sacra privata perpetua manento (Cicero).

Um sich innerhalb des Ganzen dann wieder für eigennützige
Zwecke durch Vereinigung zu stärken, treten (als Staat im
Staat) Geheimbünde zusammen, unter den Vorzügen bald socialer[4]), bald religiöser[5]) Physiognomie die Grenzen des Fanum
und Profanum ziehend.

Was sacer[6]) (unter öffentlicher Autorität mit Zuziehung
der Pontifices den Göttern geweiht) gemacht, war damit dem
Privatverkehr entzogen, wogegen sanctus Dinge betraf, die
unter dem Schutz der Götter gestellt waren (wie Thore,

---

[1]) τοὺς μὲν εὐπατρίδας ἱερᾶσθαι καὶ ἄρχειν καὶ δικάζειν (s. Dionys.) im
jus sacrorum (der Patricier).

[2]) Sacra majorum nefas perire (Servius). Dem Staat (als sterblichen Gott)
gegenüber hat der Unterthan keine Rechte, nur nicht die Verpflichtung sich
selbst zu tödten, da die Selbsterhaltung der Zweck der Staatenbildung ist
(nach Hobbes).

[3]) Auch die Inca brachten die Götterbilder der unterworfenen Völker nach
ihrer Hauptstadt, und dort standen sie jedes auf seinem Altar (con una cadens
al pie, para denotar la subjeccion y vasalage de su gente).

[4]) Wie bei den Egbo in Guinea, mit politischer Erweiterung im Purrah
oder Semo u. s. w. Nonohualcatl gründete den Geheimbund der Nahual-
Teteuctin (Ritter des Wissens), mit den Banden der Teottahuica (heilige
Gefährte), Tzompan-Teteuctin (Richter), Xiuh-Teteuctin (Ritter vom Geist),
Quauhtli-Ocolotl (Löwen und Tiger), Tlolli-Cuetlachtlin (Falken und Wölfe),
Totozame (Kröten). Eber, Steinbock, Elephant u. s. w. finden sich als Zeichen
römischer Legionen (Pfitzner).

[5]) The men, when initiated into the great medecine-dance and clan, have
some animate object of veneration, which they hold as sacred through life.
Whatever it may be, they cannot or dare not kill it or eat any part of the
flesh thereof. Some fix on a Wolf, some a bear, some a deer, a buffalo, an otter,
others indifferent kinds of birds or different parts of animals, some will not
eat the tail or rump-piece, others the head, the liver and so on. Some will
not eat the right wing, some the left of a bird (bei den Sioux). When they
enter into the clan, any person that breaks any of these rules, by eating any
thing forbidden brings upon himself trouble of some kind. (If an Indian has
bad luck in huntings, he at once says, some one has been breaking their
laws).

[6]) Sacra begriff gottesdienstliche Handlungen in einem sacer locus und
sacer dies vollzogen (s. Scheiffele). Sacrum est (nach Trebatius) quidquid est
quod deorum habetur (s. Macrobius).

Mauern u. s. w.) und religiosus sich auf die Diis Manibus (in Gräbern u. s. w.) bezog (s. Rein). Profanum est, quod fani religione non tenetur (s. Festus).

Die im Besonderen für den Verkehr mit dem Jenseits, und den dämonischen Kräften dort, Beauftragten, erlangten nun (leichter und bequemer, als auf dem dornigen Wege zur Heiligung), mittelst priesterlicher Functionen die Gewalt[1]) zu binden und zu lösen, je nach der in Beziehung zum Staatswesen fixirten Stellung der Orthodoxie in weisser oder schwarzer Färbung, sei es der Theurgie, sei es der Goetie erscheinend.

In Allem diesen liegen gesetzliche Normen vor, die in der Geschichte eines gesellschaftlichen Organismus jedesmal in den correspondirenden Stadien der Entwickelung, nach den Phasen derselben, hervortreten müssen, und so beim Ueberschau des Globus überall in ihren klimatischen Wandlungen erscheinen werden.

Die Einwirkung der geographischen Provinz auf den in ihrer Zeugungsmitte erscheinenden Organismus lässt sich oft direct in manchen Einzelnheiten nachweisen, wie in weitgebreiteten Blättern sonniger Berghöhen, in fleischigen Cactus als Wasserhalter, auf dürrem Boden, den Pelz der nordischen Thiere u. s. w., aber ein tieferer Einblick in das Warum und Wie wird dadurch nicht gewährt, und ebensowenig im Physischen beim Menschen, obwohl auch hier die Pigmentfärbung des Negers im Zusammenhang mit vorwiegender Leberfunction erklärt werden mag, oder die Breitschultrigkeit des untersetzten Quiché aus der, einen weiteren Brustkasten verlangenden, Luftverdünnung seiner Heimath. Immerhin wird man im Nachgehen der Einzelnheiten hier bald zum Stillstand kommen, wenn aus den Localdifferenzen in die allgemeinen Grundlagen des Organischen übertretend. Das organische Product ergiebt sich (unter dem Wechsel der Monde ambiante) als der Abdruck seines Milieu, aber der Causalnexus ist nur in den klimatischen Färbungen zugänglich, ohne die Wurzel zu berühren. Wenn nun aber aus dieser hervor, in dem Nervensystem des Körpers verästelt, sich das Psychische entfaltet, ebenfalls unter der durch

---

[1]) Die We-chas-tah-wah-kat (spiritual men) can bring blessings or curses (bei den Sioux). Any person belonging to the great medecine dance has a right to perform its rites and ceremonies (s. Ph. Prescott).

die geographische Provinz jedesmalig bedingten Eigenthümlichkeit (der, für den Durchschnitt des allgemeinen Gesetzes zu eliminirenden, Localdifferenz [1])), dann werden sich an der ethnischen Schöpfung des gesellschaftlichen Horizontes, in den characteristischen Zügen der religiösen und socialen Ideen, die Phaenomene des Seins und Werdens in allen Phasen organischer Wachsthumsprocesse mit den Hülfsmitteln studiren, die durch die Induction geboten sind, und im genetischen Princip.

In der Reaction des Innen und Aussen hat jeder Organismus zum Abgleich [2]) mit seiner Umgebung zu streben: so demnach der anthropologische mit seiner geographischen Provinz, und der ethnologische mit der zum historischen Horizont erweiterten (unter den Wechselfällen der jedesmaligen Geschichte, in ihren Phasen und Epochen).

Tant que les intelligences individuelles n'auront pas adhéré à un certain nombre d'idées générales, capable de former une doctrine sociale commune, l'état des nations restera revolutionnaire et ne comportera que des institutions provisoires (s. Comte), und so ist die Sociologie auf die in ihrer eigenen Geschichte gegebenen Thatsachen (in den Völkergedanken beim Ueberschau des Globus) zu begründen, nach inductiver Methode, wie in den übrigen Naturwissenschaften.

Auf Adi-Buddha's [3]) Wunsch trat Pradschna, als Urprincip

---

[1]) Durch die Methode des Restes oder der Rückstandsmethode (bei Mill) ist unter den Variationen der geographischen Provinzen das Gleichartige der Denkgesetze festzustellen, um dann weiter die Methoden der Uebereinstimmung, des Unterschiedes (als künstliches Experimentiren) zur Anwendung zu bringen (in der Induction).

[2]) A social organism, like an individual organism, undergoes modifications until it comes into equilibrium with environing conditions, and thereupon continues without farther change of structure (Spencer).

[3]) Die Jeziden, deren Sheikhs nicht sterben, verehren die Plätze, wo Adi wiederholentlich erschienen und Adi leitet die Geschichte Java's ein, als Erster. Deus nomen est (bei Minucius Felix). Nach Brahma's Schöpfung (auf Gebeiss des Bodhisatwa Padma-Pani), als Sinnenwelt (mit der Region der 3 Iswaras), schafft Adi-Buddha (im Aganischta-Bhuwana) ausserdem 10 (oder 13) Bodhisatwa Bhuwanas, über den 18 Bhuwana's Brahma's, unter welchen 6 Bhuwanas (als Kama-Watchara) unter Wishnu stehen. Unless a man be a Vaishnawa his Brahmanhood will be lost (nach den Vasishtha Smriti). In der Schildkröten-Avatara stützt Vishnu die Welt (wie die von Mandjusri durchschossene). Nachdem aus der Calabasse mit den Knochen Jaia-el's (Sohn des Jaia) das Meer hervorgegangen, trafen die aus dem Leib ihrer Mutter geschnittenen

der Welt hervor (in den 5 Dhyani-Buddha[1]) und dann folgten (chinesische) Trennungen[2]) des Yin and Yan, wie in Syzygien (der Gnostiker), unter metaphysischen Abirrungen in jenseitigen Speculationen, bis zur völligen Vertakelung schliesslich vom Sein und Nichtsein bei den Seeligen im Himmel Naivasand-

---

Vierlinge (mit Dimivan-Caracarocol) den stummen Con-el und erhielten dann das Schnupfpulver (durch Rohr in die Nase gezogen), als Cogioba, von Aiamauaco (in Hayti). Von den vier Söhnen Itaba-Tahu-uana's ergriff Dimivan-Caracaracol, aus dessen angeschwollener Schulter (nach Verwandlung in Mandioca) die Schildkröte herausgeschnitten wurde, die Calabasse, mit dem in Fisch verwandelten Agiael, Sohn Giaia's (s. Pane). Das Wasser, worauf die tragende Schildkröte schwimmt, ruht (im Buddhismus) auf dem Sturmwind in der Leere. Aus Wirbeln wird „nicht nur das Kreisen der Planeten um die Sonne, sondern auch das Fallen der Körper zu einem Mittelpunkt erklärt" (bei Descartes).

[1]) Arapácana (arapa, unhnrt, sinless, pure) ist der „mystical collective name of the 5 Buddhas".

[2]) The Vajra represents Buddha and corresponds to the Linga, the Ghanta represents Prajna devi or Dharma, whose head is often figured on its handle and corresponds to the Yoni (s. Oldfield). Simon Magus (der Stehende) führte das Abbild der oberen Helena mit sich (als παμμήτωρ οὐσία). Die παρθένος τοῦ φωτός (bei Manichäern) ist ἡ σοφία ἡ ἄνωθεν τοῦ ἀγαθοῦ θεοῦ (ἅγιον πνεῦμα, als weiblich). Nach Eusthatius wird (bei Homer) Helena identificirt mit Artemis (σεληναία ἄνθρωπος). Prajna-Paramita (Adi-Prajna oder Dharma) is the mother of Buddha (Buddha Matra) in Nepaul (s. Hodgson). Der (doketische) Nus lässt Simon von Cyrene für sich kreuzigen (nach Basilides). Simon Magus erklärte sich als den wahren Christus, da der höchste Gott auch für Jesus verborgen geblieben. St. Olaf adorait le linga d'un cheval, qu'on avait tué, mais dont on avait conservé le verctrum (nach Holmboe). Maya (Uma) „the power which disturbs the calm repose of the Godhead and excites him into action, and is therefore his energy or power (Sakti) or his consort Prakriti or plastic nature (Rajendralala Mitra). Der Sündenvergebung galt die Caput-Zihil (Wiedergeburt) genannte Tauf-Ceremonie (in Yucatan). Janus erhascht die neckende Nymphe Carna oder Cardea mit seinen beiden Köpfen vor- und rückwärts sehend (wie Brahma zwei Köpfe wuchsen, den Reizen seiner Tochter zu folgen), wie dem Thürgott (an drehender Angel zugleich über Eingeweide wachend), zwei Gesichter zukommen, weil aus- und einschauend. An Janus fand Augustus Nichts, quod ad probrum pertineat. Gleich beweglichen Heiligen kehren die Buddha-Figuren (Pegu's) oft nach dem Platz zurück, für den sie priesterliche Vorliebe gewonnen haben. Als der Cimi (Idol) Farayauaol aus dem Baumstamm (worin sich das von dem Jäger verfolgte Thier verwandelte), durch den Vater des Caciquen Guaraionel (auf Hayti) einen Tempel verfertigt erhalten, kehrte er stets an den Ort, wo gefunden zurück, obwohl in einen Sack aufgebunden (s. Pane). Der Opigielgouiran oder (nach Peter Martyr) Epileguanita genannte Cemi aus Holz (mit „quatres pattes, comme un chien"),

jnanasandjnayatanam (des Denkens-weder-noch-Nichtdenkens)[1].
Alles ist zugleich, was es ist, und das Gegentheil von dem,
was es ist (nach Hegel). Das Principium identitatis ist die
Tautologie in Molière's schlafmachendem Schlaftrunk, als „Princip
des fixirenden Verstandes" (s. Trendelenburg).

Was wir empfinden, ist nur Modification unserer selbst,
also in uns, so dass der Begriff eines „Ausser in uns" sich
schwierig erklärt (nach Lichtenberg), als in die Maya fallend
oder selbst Maya. Nos connaissances s'épendent d'une part
du milieu, qui agit sur nous, et d'autre part de notre orga-
nisme (s. Comte), und diese wieder wurzelnd in der Natur, aus
der physischen aufwachsend zur psychischen in socialer Atmosphäre.

Im Gegensatz zu Dharma, als nicht existirend, bildet
Dharmadhatu das ächte Sein (nach den Jogatscharja). In Beendigung der Skandha folgt Gewinn des Dharma-dhatu[2]) in Erlangung des Dharmakaya (nach den Prasanga). Neben dem
Dharmakaya (des Gesetzes), oder Sambhokaya (der Herrlichkeit),
besitzt der Buddha den Nirmanakaya (Körper der Wandlungen).

Dharma, the universal substratum, is that which supports

---

wurde (weil Nachts in den Wäldern schweifend), vor dem Hause (des Häuptlings
Cauauan-Jovana) angebunden, $\dot{\alpha}\varkappa\dot{\iota}\nu\eta\tau\alpha$ $\varkappa\alpha\tau\dot{\alpha}$ $\varkappa\dot{\nu}\varkappa\lambda o\nu$ (im unterbrochenen
Wechsel, als ruhend) das Einheitliche Sein (bei Empedocles).

[1]) Die Surangama-Sutra fasst die Arupa-loka als bestimmte Localität,
whilst the Avamsaka says, that above the Rupa Loka there is no local world
(s. Beal).

[2]) Eitel erklärte den Buddhismus als „a system of whools" (für Dhar-
machakra), und mit solchen Rädern in einander beginnen die polynesischen
Weltschöpfungen. Sang-Chan of the Tsin says: What wo call Ju-loi is only
that which as the Basis of the universe (Dharma-Dhatu) is capable of Knowing.
viz.: the universe (s. Beal). The Theists say, that Nature herself (Prajna)
is merely the Law (Dharma) of Adi-Buddha in eternal operation upon the
forms of tho visible world (s. Oldfield). Eine wahre Reliquie Tathagata's oder
Bhagavati's, selbst wie ein Senfkorn gross, ist nicht zu finden (nach dem
Suvarna prabhasa), da sein eigentlicher Körper das Dharma ist (als Dharmakaya oder Dharma-dhatu). Die Kraft, wenn räumlich verwirklicht, erscheint
als Stoff, und, in Bewahrung ihrer Zeitbewegung, organische Entwicklung
durchdringend (beim Ausgehen vom Können). Dharma, bei den Nepalesen
mit Pradjna identificirt, bezeichnet (nach Hodgson) die Moral, das Gesetz und
die Kräfte der materiellen Erscheinungswelt (efficientes causae). La seconda
persona la chiamamo Ciho Khoncihoa (dio della legge) neben Saguchie und
Kedun-Khoncihoa (s. Horace de la Penna).

all form aud quality in space (the substance or supporter of
all phaenomena, whatever its nature, is Dharma). Dharanatmaka
iti Dharma, the holding, sustaining or containing substance is
Dharma (Hodgson)[1].

Als mit den zehn Kräften begabt wird Buddha als Daçabala
bezeichnet, sieben Bodhyanga (als Elementarconstituenten) besitzend, in Smriti (Erinnerung), Dharmapravitchaya (Gesetzes-
erfüllung), Virya (Beharrlichkeit), Priti (Freude), Passadhi
(Geistesruhe), Somadhi (Denkenssammlung) und Upekcha (Frie-
densheiterkeit).

Zu den fünf Dhyani-Buddha, tritt (in den Tantra) als
dem sechsten (neuen) Sinn Manas (und dem von ihm begriffenen Dharma entsprechend) Vadjra sattwa (kostbares Wesen)
als Blitz, oder (in Sherchin) höchste Erkenntniss (s. Csoma).

In der Rgyud oder Tantra (als verschieden von der Mdo
oder Sutra) werden neben den Zeichen der Cirkel (Mandala)
die Dharani gelehrt. Die Beschwörungen kräftigen sich astra-
lisch in der Astrologie[2].

---

[1] In den sechs Stützen (Alambana) ist die Erde das erste und Dharma
die letzte. In den Empfindungen, als ihre Zeichen, reden die Dinge (nach
Reid). Das Denken (als einfach Erstes) denkt, denkend, die Dinge (nach
Avicenna). Die Seele berührt sich mit dem Leib nur an einem Punkt (der
glans pinealis) im Hirn (nach Descartes), und die Einwirkung der Seele auf
den Leib und des Leibes auf die Seele setzt Gottes Beihülfe voraus (concursus
oder assistentia dei). Die epikuräischen Götter würden sich für solche Ge-
schäftsüberhäufung vornehm bedankt haben. Dharma (Sohn Bhanu's), führt
den Donnerkeil, unter den Jinas. Das Gesetz symbolisirt sich in der Schlange,
die als Naga schützt. Wenn der Todte, dem das Kraut Gueio oder Zachon
(mit abgeschnittenen Nägeln und Haaren einzugeben) auf Befragen erklärt,
dass er nicht wegen Vernachlässigung der vorgeschriebenen Arzneien, sondern
aus Schuld des Buhu-ihitu oder Zauberpriester gestorben, wird dieser von
den Verwandten getödtet, aber durch Belecken der Cemi, als Schlangen,
Nachts wieder belebt, ausser wenn die Hoden zerstampft sind (auf Hayti).
Bei dem Schlangentanz der Moqui werden die Schlangen mit Adlerfedern
gefächelt, und Quetzalcoatl erscheint als gefiederte Schlange.
[2] Nach Boëthos wirkt die Gottheit als ätherische Substanz aus dem
Fixsternhimmel auf die Welt (s. Noack). Im Himmel durchfliesst Akasa-Ganga
den Aether. Διὸς αἰθὴρ ἀνϑρώπων καὶ ϑεῶν γενέτωρ (Euripides). Auf die
Matière infiniment subtile (materia subtilissima), oder Element des Feuers,
folgt (bei Descartes), das Element der Luft und dann das Element der Erde
(für die Planeten). Bei dem früher mangelnden Unterschied zwischen ἡ ὕλη
καὶ τὸ ὑποκείμενον und ἡ ἀρχὴ τῆς κινήσεως gelangt Anaxagoras zuerst (nach

10*

Das oberste der 11 Häupter des Gottes Cenresi [1]) gilt als das des Gottes Hopame (splendores infiniti) in Tibet (s. Georgi). Unter den zehn Köpfen des Chomshim-Bodhisattwa strahlt (das Zersprungene wieder vereinigend) das Antlitz des Buddha Amitabha. Nachdem Bhishma auf seinem Bett aus Pfeilern die Pandu unterrichtet hat, theilt sich sein Kopf, um die Seele anfsteigen zu lassen.

In dem 1573 für den von dem Priester Jinchau verfassten Werk (Fah-kai-on-lib-to) bezeichnet Fah-kai „the limits or elements of Dharma", die Grundgesetze des Daseins (im Kosmos). wie für die Schöpfung im Aufblühen des Lotus [2]) organisch hervortretend. Unter allen Kostbarkeiten wird Dharma von Pradjnatara (457 p. d.) als das Kostbarste bezeichnet (the most precious). Among all things, the essential nature (Sing) of Dharma is the greatest (s. Edkins), als den Kosmos in einheit-

Aristoteles) zum Bgriff bildender Intelligenz (im Nous). Aus der Luft (bei Anaximenes) entnahm Diogenes von Apollonia die Seele (ψυχή) als Erstes (ἀρχή).

[1]) Deus distributor in religion Tibetanorum idem est ac Cenresi, materiae visibilium rerum principium, et Fatum seu natura (Georgi). Cenresi (hendecacephali simulacrum) supremus dominus Tibetanorum (s. Georgi). So der Rüsi mit zersprungenem Kopf in Folge der Gelübde, wie sich die Denker den Kopf zerbrochen. Die Pratyaka-Buddha (Pitti oder Pittikala) heissen (s. Edkins) Yuen-kioh (those who have attained intelligence by the study of causes). Bei den Nepalesen finden sich 10—13 Bodhisattva-Bhuvana zwischen dem Himmel Sudarsana und Akanichta eingeschoben. Mit der Canonisation (seit Udalrich von Augsburg) machte die Prüfung den Advokaten des Teufels nöthig. Bei der als Taufe (bei Landa), Caput-Zihil (Wiedergeburt), genannten Weihe fand die Vertretung der Dämone (zur Reinigung des Hauses) innerhalb der von den vier Chac gehaltenen Fäden statt, durch den von Kindern gestreuten Mais mit Forttragung des Weins (in Yucatan).

[2]) The Lotus of the Good law has no reference whatever to the moral law, or any law considered as a code of instruction. The object of the Sutra is to exhibit the infinite extent of the Lotus creation (s. Beal). Dharma is (s. Hardy) „the truth", aber das Wahre, als das Gesetzliche und Gesunde, für den Makrokosmos sowohl in seiner physischen Auffassung, wie für den Mikrokosmos zugleich in psychischer. Deus sive harmonia rerum (Leibnitz). Der eigentliche Grundbegriff des Dionysos ist das Wachsthum nicht blos im Sinn des Entstehens aus Nichts oder der Wiedererneuerung, sondern auch im Sinne der Veredlung und Verschönerung, der Tendenz zum Idealen (s. Menzel). Cjhang sonat etiam harmonicum et sonorum (s. Georgi) in Cjang-cihup (cihup, als Lichtgeist). Simplicius setzt die ἀγαθότις (Gutheit) als Anfang (s. Enk).

licher Harmonie durchklingend. When the sacred Dharma is rightly understood and faithfully observed (s. Hardy), ist das höchste Glück gesichert, weil in Erkenntniss und Verständniss der vier Wahrheiten, im Einklang mit den Naturgesetzen lebend, also in voller Blüthe der Gesundheit aufwachsend.

Im Dharma [1]) liegt die nothwendig gegebene Verknüpfung [2]) des Ursächlichen in organischer Wesenheit, und damit die gesetzliche Entwicklung aus dem Samen [3]), den Jeder sich selbst gesäet, seinen aus jenseitigen Quellen hervortretenden Wirkungen nach. Agassy sehaute in den Typen (zunächst in der Zoologie) hineingedachte Gedanken der Gottheit, während sie sich bei den Stoikern aus den λόγοι σπερματικοί entfalteten, und die Harmonie muss in der Wechselwirkung gegeben sein, wenn im Bestand überhaupt.

Indem die, jede Entwicklung [4]) nach gesetzlicher Zahl, durch-

---

[1]) Agnoscunt (die Siamesen) Phra-Tham esse aeternum (quod verum, quod justum, leges naturae, lex naturalis). Phra-tham est aliquid incorporeum non est spiritus neque aliud quod imaginari possit, est aliquid ineffabile (s. Pallegoix).

[2]) εἱμαρμένη (bei Chrysipp.) φυσική τις σύνταξις, als ordo seriesque causarum (s. Cicero). Fatum dicunt esse praecedentium causarum subsequentiumque rerum perplexionem (Alex. Aphr.). Das Lernen ist ein Sicherinnern (ἀνάμνησις) aus früherem Dasein (nach Plato). Die vegetative Seele wird als Rinde der animalischen, diese als Rinde der verständigen, und diese wieder als die Rinde der intellectuellen Seele betrachtet (bei Ibn Mesarra). ὅτι ζῶμεν τὸν ἐκείνων θάνατον, τεθνήκομεν δὲ τὸν ἐκείνων βίον, spricht Heraklit (bei Hierocles).

[3]) Singulis seminibus ratio quaedam a deo artifice insita (s. Hieronym.). Die εἱμαρμένη (als αἰθέριον σῶμα oder οὐσία) heisst σπέρμα τῆς τοῦ παντὸς γενέσεως καὶ περιόδου μέτρον τεταγμένης (bei Heraklit). Seminaliter, durch den actus seminalis geht Alles aus Einem hervor, weshalb alle Dinge uniter in dem Einen enthalten sind, und das Eine ist Alles unomnia (nach Patritius), durcheinander geschlungen, wie im ägyptischen Bilde der Zeit. Auf Ophion's schlangenartigen Himmel (im chinesischen Drachen) und Eurynome (Tochter des Okeanos) folgen (bei Orpheus) Kronos und Rhea (s. Zoega).

[4]) Nach den Pythagoräern trägt der Foetus in sich πάντας τοὺς λόγους τῆς ζωῆς (Al. Pol.). Die Monas, als λόγος σπερματίτης (bei Nik. Geras), schliesst die Keime der ganzen Weltentwicklung in sich. Nach Empedocles ist das Eins das Wesentliche (τὸ ὄν), als Ursache des All - Einssein (s. Lommatzsch). In der göttlichen Region sind die Zahlen weder getrennt noch unterschieden, sondern sind Eins (nach Saint-Martin). Nach der mannweiblichen Tetras (ein Gegenbild zur ersten), entstand noch eine Dekas und Dodekas von Aeonen (bei Valentinus). Nach Averroes enthält die ewige Materie die Formen der Dinge bereits keimkräftig in sich (im Uebergehen aus der Mög-

waltenden λόγοι sich beim Wachsthum des Gesellschaftsgedanken in dem von ihnen Geschaffenen entfalten, sprechen sie es damit aus, und Honover schwatzen in den Mythologien, wenn — mit der von überhöchster Gnade gewährten Erlaubniss die Körperlichkeiten (oder Gebrechlichkeiten) φυσικῶς zu nehmen (auch die θεῖαν φωνήν), — die Weltvernunft der Stoiker zum ῥῆμα[1]) abtrocknet, und da die Immanenz überall hineinzugreifen, εἰς τὸν Πρίαπον (bei Porphyr), oder hervorzuschlüpfen erlaubt, so auch aus der Luft, die zu bevölkern vergessen schien, die Logoi, οὓς ἔθος ὀνομάζειν ἀγγέλους (bei Philo). Und als Hohepriester (bei Clem.), mit dem Apparat des Eisen[2])-Baquet's, wie der Gross-Kopht jüngerer Tage. Sonst gewährte die Vereinfachung

---

lichkeit in die Wirklichkeit). In der Materie liegt die Möglichkeit, wie die Wirklichkeit in Gott (bei Ibn Sina). τὸ μηδαμῆ μηδαμῶς ἄκυρον, τῆς αὐτοί σημασίας ὃν γὰρ τοῦτο καὶ ἡ σημασία τῶν ὄντων τι καὶ τὸ δοξαστόν γε ὄν, κἂν ὅτι μὴ ἔστι δοξάζῃ, μηδαμῶς (Damascius).

[1]) διὰ ῥήματος τοῦ αἰτιόν (Verbi enim duplex est species), und als „Sermo Dei" predigte Simon Magus. Der Logos (nicht etwa als bloss tönender Laut zu fassen, sondern als ausgesprochene Vernunft Gottes) ist das Haus, in dem Gott (νοῦς τῶν ὅλων) wohnt (s. Heinze). Bei Valentinus ist der „Logos nur insofern universeller Schöpfer, als er Ursache der schöpferischen Thätigkeit des Demiurg war, durch den er wirkt, seine eigentliche Schöpfung sind die Pneumatiker, die in ihm leben und dadurch mit ihm eins werden (s. Heinrici).

[2]) Wie auch die kleinsten Eisentheilchen von der, durch viele Eisenringe sich erstreckenden Kraft des Magnetsteines bewegt werden, so werden auch, vom heiligen Geist gezogen, die, welche mit Tugend begabt sind, mit dem höchsten in sich beharrenden Princip (πρώτῃ μονῇ) in Verbindung gesetzt (s. Baur), und dann der Reihe nach die übrigen bis zur untersten Stufe, die aber, welche aus Schwachheit böse sind, und in einem habituell bösen Zustand sich befinden, werden von der Leidenschaft umhergetrieben und stürzen auf den Boden (nach Clem. Alex.). Und so Manche aus der „Kette" an Messmer's magnetischem Becken. La chaine de St. Paul (dont-il fut lié) se montre à Rome en son église. Dann (à Sainte-Pierre-ès liens) die Ketten des heiligen Petrus (in Paris auch als heilkräftige Uhrketten verkauft) für seine Nachfolger (steinharter Starrköpfigkeit). Il y avait au grand autel de la cernelle de sainct Pierre. Pendant qu'elle estoit enchassée on n'en faisait nulle doute. Car c'eust esté un blaspheme de ne s'en fier au billet. Mais quand on espluicha le nid et on regarda de plus près, on trouva, que c'estoit une pierre de ponce (in Genf, wo der Arm des heiligen Antonius sich erwies als „le membre d'un cerf"). Propter duritiam et hebetudinem sensus Kephas, id petrae nomen (s. Agobard). Der Corocote genannte Cemi war aus Baumwolle verfertigt (nach Ramusio) und die von ihm mit Frauen gezeugten Kinder wurden an Zeichen auf Kopf und am Hals erkannt (auf Haiti).

zum Wort viel verführerische Bequemlichkeiten, da sich auch
Krankheiten, als δαιμόνια, durch „Worte austreiben" liessen.
Dabei konnte dann auch organische Entwickelung gespart werden,
denn λέγεσθαι γὰρ οὐ πέφυκεν, ἀλλὰ μόνον εἶναι τὸ ὄν (Philo).
Im Uebrigen ist, wie Irenäus weiss, der Logos der Gnostiker
nur der Eros des „Comiker Antiphanes". „So geben sie nur
als ihr eigenstes, unerforschliches Geheimniss aus, was auf allen
Theatern zu sehen" (s. Baur). Die Lehre der Apostel über die
Einheit Gottes die ewige Zeugung des Logos, die Gottheit und
Menschheit Christi erörternd, betont Irenäus besonders „die
wahre Menschheit und Geburt Christi aus der Jungfrau"
(s. Alzog).

Dharma wird bei Amara Sinha als Natur erklärt, eine natura naturans, das gesammte Sein einheitlich[1]) zusammenfassend,
in Durchschlingung des physischen und moralischen Gesetzes,
als causa sui in Swayambhu, wie in den Wirkungen[2]) waltend,
ohne selbstbeschränkende Anknüpfung an Anfang oder Ende.
Die Chiliasten erwarten eine Erfüllung in dem Paraclet, als
künftigen Buddha, dem schon in Sakyaumni's Erdenwallen
spielendem Maitreya (noch in dem Charakter als Bodhisattwa).
Als der Tempel, worin sich Maitreya hatte einschliessen lassen,
um Buddha's Statun zu verfertigen, durch das neugierige Verlangen des Königs zu früh betreten wurde, blieb sie im un-
vollendeten Zustande. Wenn Auftrag gegeben wurde für An-
fertigung von Holz-Idolen (im Monat Mol) se escusavan siempre
los officiales, porque tenian se avian ellos ó algunos de sus
casas de morir o venirles enfermedades de amorticimientos, y
acceptados comenzaban los Chaces, que para esto tambien elegian
y el sacerdote y el oficial ayunarsus ayunos (s. Yucatan). Nach-

[1]) The substratum of all form and quality in the versatile univers, tho
sustainer (in space) of versatile entity, mundane substances and existences,
physical and moral (all things) such is the general meaning of Dharma
(s. Hodgson).
[2]) Les deux bouts des choses nous sont inaccessibles, le milieu seul nous
appartient (bei Comte). Le positivisme répudie toutes les hypothéses métaphysiques (s. Janet). Die Erscheinungen sind auf ihre Gesetze zu erforschen
(nach Comte), denn „für uns giebt es kein Absolutes, wir sind rein auf Relative
angewiesen" (s. E. Erdmann). Le caractère relatif des conceptions scienti-
fiques est nécessairement inséparable de la vraie notion des lois naturelles
(Comte). In der plastisch wirkenden Natur ordnet sich durch Gott, als Urheber, Alles in der Welt harmonisch zusammen (nach Cudworth).

dem der Baum im Walde ausgesucht war, arbeiteten sie (unter
Aufstellung der Göttin Acantum) in verschlossener Hütte, und
bewahrten die Figur (bis zur Vollendung) in zugedeckter Urne
(s. Landa). Bei den Batta wird die Zauberfigur im Walde
geschnitzt.

Wie zunächst dem Ich der Persönlichkeit [1]) (in Nagasena's
Gleichnissen [2])), ist jeder Realität zu entsagen, indem die Dinge,
so wie benannt, auch wirklich zu setzen, nur selbsttäuschende
Vorspiegelung sein würde, da das Warum, das Woher oder
Wohin des Sein's in jedem speciellen Falle ebenso räthselhaft
ist, als beim All überhaupt. Nur beim Zersetzen kann insofern
ein gewisser Anhalt gegeben ·werden, als man auf Einheiten
gelangt, die nicht weiter zersetzbar sind, auf die vier Elemente,
und das ihren Combinationen unter den athmenden Wesen jedesmal charakteristische Gepräge [3]) wird durch Kam aufgedrückt.

---

[1]) La théorie du moi ne réprésente qu'on état fictif. Il n'existe à cet
égard d'autre sujet de recherches positives, que l'étude de cet équilibre des
diverses fonctions animales, tant d'irrabilité que de sensibilité, qui caractérise
l'état normal, où chacune d'elles est en association avec l'ensemble des autres,
suivant les lois des sympathies, et surtout des synergies (s. Comte). Alles
unendliche Einheit; aber in diesem Allen ein vorzüglich Einiges und Einigendes,
das an sich kein Ich ist, und dies sei unter uns Gott (Hölderlin). Das
Princip der Individuation ist der Act der Existenz selbst (nach Godefredus).
Alle Wesen, ehe sie in das Sein eintreten, sind in Tao (nach Lao-tse). Auf
dem Einssein mit dem Tao und dem Festhalten an ihm beruht das Ethos des
Menschen (s. V. v. Strauss).

[2]) in Zerlegung des Wagens, bis nur der Name bleibt. Wie in der
Katha-Upanishad ist die Seele, bei Plato, einem Wagenlenker verglichen.
Gothals setzt neben die intelligible Seele eine körperlich gemischte (und dann
den Archonten).

[3]) The five Khandas or aggregates constituting a living being, succeed
each other at each generation, but in such a way, that the second generation
partakes or retains nothing of the Khandas of the first. But the causes producing them, such as Kan and Wibek, never change (s. Bigandet), the efficient
causes (the first and second cause). Von den fünf Khanda (Bündel) der
gewöhnlichen Menschen, verbleiben den Arupa noch vier, und Hume constituirt nur zu Gunsten einiger Metaphysiker eine Ausnahme bei seinen zusammengebündelten Menschen. Die verfliessenden Gradunterschiede verneinend,
erkannte Cartesius den „specifischen Unterschied von Geist und Materie",
indem das Wesen der Materie in der Ausdehnung bestehe, das des Geistes
im Denken (s. Harms), bis auf Spinoza. All living beings and their component
parts are nothing else but name and form, that is to say, a compound made
up of the four elements (Bigandet). Justitia rerum eadem elementa et principia dicuntur, ea Stoici credunt tenorem atque materiam (Censorinus). Jam

Dieses Kam (Karma), das in Vibek[1]) schöpferisch wird, ist als Naturgesetz aufzufassen, das mit organischer Nothwendigkeit bei der Entwickelung unter prädisponirten (oder prädestinirten) Formumrissen erscheint. Je nach dem moralischen Gewicht wägt sich hier die Schöpfung der physischen Existenz ab und der Grundeinschlag des Ganzen liegt im Dhamma gewoben.

In der Meditation, die sich der Lösung des Welträthsels für eigene Selbsterkenntniss zuwendet, liegt nun die erste Bedingung darin, all' solch oberflächliche Täuschungen wirklicher Existenzen abzuschütteln, und stets mit dem Secirmesser unver-

---

quoniam ad naturam substantiae pertinet existere, debet ejus definitio necessariam existentiam involvere, et consequenter ex sola ejus definitione debet ipsius existentia concludi (s. Spinoza). Factum esse mundum a virtute quadam valde separata et distante ab ea principilitate, quae est super universa, lehrte Cerinth (s. Irenäus). Nach der Schöpfung wurde die Welt durch untergeordnete Engel, als δυνάμεις und ἄγγελοι (bei Theodoret) vollendet (nach Cerinth), wie durch die Tiki oder Maui (anderswo).

[1]) In order to accomplish the entire working out of the consequences or „ripenings of acts" (Karma-vipakah), folgen die Wiedergeburten (in den indischen Philosophien). In der Μετεμψύχωσις (der Pythagoräer) τοὺς γαστρὶ μάργους εἰς τὰ τῶν ὄνων γένη ἐνδύεσται (Plato ostendit). Nach den Ebioniten schwelgten die Gläubigen an leckeren Tafeln (im Chiliasmus). Nach dem Aufhören des Lebens giebt es noch andere, von Ewigkeit her, der Möglichkeit nach, im Menschen begründete Lebensformen, ehe seine Entwickelung die Vollendung erreicht (s. Boström). Die heiligen Thiere wurden verehrt, als die Ensarkosen göttlichen Geistes (in Aegypten). ἐπίγειον ἔσεσθαι τὴν τοῦ χριστοῦ βασιλείαν, καὶ ἐν τούτοις ἔσεσθαι, ἐν γαστρὸς καὶ τῶν ὑπὸ γαστέρα πλησμοναῖς, τοῦτ' ἐστι σιτίοις καὶ ποτοῖς καὶ γάμοις, καὶ δι' ὧν εὐφημότερον ταῦτα ᾠήθη πορεῖσθαι, ἑορταῖς καὶ θυσίαις καὶ ἱερείων σφαγαῖς (lehrte Cerinth) im Chiliasmus (Dionys. Al.). Sankhata includes all things that proceed from a cause (Karma). Every sankháro is a sankhata (put together, aggregated). Asankhata and Akata, as epithets of Nirwana, mean unmade, unaggregated, immaterial (s. Childers). Nirwana is wherever the precepts can be observed, wird Milinda von Nagasena erklärt (s. Hardy). Nirwana (seiner Wesenheit nach leer), vernichtet jede Täuschung und befreit von jedem Uebel (s. Schott). Nirwana was „restoration to the true condition of Being" (s. Beal). Hardy erklärt Nirwana als „non-entity (the being, who enters this state must become non-existed). Der Tod (als Schlaf) führt „die frommen Seelen wirklich und wahrhaftig zu ihrer Ruhe, nämlich zur Katapausis und zur Anapausis, als zum Sabbatismus. Es ist auch nicht zufällig, dass der Gottmensch am heiligen Abend vor dem Sabbat (παρασκευή) begraben wurde" (s. Göschel). Das Leben hienieden ist nur Tod, und Sterben das Erwachen des wahren Lebens (nach Giordano). Die Lehren des Hegesias (Schüler des Parsibates), aus Kyrene (als Peisithanatos) wurden (das Leben für werthlos erklärend) von Ptolomäos Lagi verboten (weil zum Selbstmord führend).

zagt und entschlossen bis auf die primären Elemente zu schneiden, bei denen es dann nichts giebt, um noch weiter zu schneiden. Ist rings um den Denker herum, Alles zersetzt und ausgetilgt, dann thront der befreite Geist im selbstgeschaffenen Centrum, die Harmonien des Dhamma als gleichgestimmte empfindend, gleichsam sphärischer Melodien, ὡς ἔξω γενόμενος τοῦ σώματος ἀκήχοα ἐμμελοῦς ἁρμονίας (Pythagoras).

Im Nirwana negirt sich der Causalitätsbegriff, „ein Bastard der Einbildung" für Hume bei Kant, der dann Schritte that, um „den ganzen Umfang der reinen Vernunft, in seinen Grenzen sowohl, als seinem Inhalt, vollständig und nach allgemeinen Prinzipien zu bestimmen". Der Buddhismus verzichtet auf Vollständigkeit von Bestimmungen, die über Bestimmungsmöglichkeiten hinausliegen, fortschreitend bis zum Grenzbegriff, mit erstem Ausblick in einer neu dort beginnenden Welt anderer Wesenheit. „Der Causalitätsbegriff wurzelt in unserer Organisation und ist der Anlage nach vor jeder Erfahrung. Er hat eben deshalb im Gebiete der Erfahrung unbeschränkte Gültigkeit, aber jenseits desselben gar keine Bedeutung" (A. Lange). Für den Buddhismus bleibt sein Gesetz (im Anschluss an die Verkündigung in der Reihe[1]) der Buddhen, als Repräsentanten ihrer Culturepochen).

Von den Vorstellungen zu den Ursachen giebt es keine Brücke (nach Lichtenberg). Im naturgemässen Gebrauch der Vorstellungen (bei Epictet) werden die Dinge so scheinen, wie sie sind (nach Simplicius).

Die Welt ist unsere Vorstellung (bei Schopenhauer) und nicht die Welt spiegelt sich in uns, sondern unsere Welt spiegelt sich in der Welt (nach Lichtenberg).

In der Causalität[2]) welche (nach Comte) durch den Begriff

---

[1]) Die Weisheit, die die Erstgeschaffenen (als Vater der Welt) bewahrte, steigt in die späteren Propheten hinab (im Buch der Weisheit), nach der Σοφία Σαλωμών (Sapientia Salomonis), von Aristobulos verfasst (unter Ptolemäus Physkon, dessen Alleinherrschaft, nach Philometor's Tode, für manche Bewegung bedeutungsvoll wurde).

[2]) Das aus dem Nichts hervorgebrachte Werdenkönnen ist die Materie, selbst nichts Wirkliches, aber was wird, das wird aus der Materie, weil es werden konnte (Cusa). Nous ne pouvons comprendre le commencement de rien, pas plus celui du genre Lumain, que celui du monde ou de toute autre chose (s. Destutt). Im Wirken der Weltseele verleiht die Constellation der Gestirne den Dingen ihre bestimmte Signatur (nach Agrippa von Nettelsheim[1]).

einer constanten Folge der Ereignisse zu ersetzen, ist zunächst unter den anthropomorphen Nebenvorstellungen diejenige zu beseitigen, „welche der Ur-Sache, als gleichsam dem activ zeugenden Theil, eine höhere Würdc und Bedeutung beilegt, als der Folge" (s. Lange), und die dann, aus den Relativitäten in das Absolute hinüberführend, durch Zwischenschieben eines Incommensurablen, die für den Calcül desselben noch nicht eingerichteten Rechnungen fälschen musste.

Bei dem „Nirwana mit einem Rest" weilen die Buddha noch auf der Welt, und dagegen ist der Buddha im Dharmanakaya (oder Abstraction) „eine nicht existirende Person" (s. Wassiljew), wie die Gottheit der Basilidianer, this non-existent Deity (s. Mansel), mit νόησις νοήσεως identificirt (bei Hippolyt). Die Welt verlassend, legt Buddha den Körper Nirmanakaya ab, im Körper Sambhogakaya verbleibend bis zum Anlegen des Dharmakaya (im vollendeten Nirwana[1])). In psychologischer Entwicklung wird das Nirwana zum Asangkhara-ayatana.

Neben den Dhatu oder (sechs) Elementen, dem Dhatu des Schmerzes und der Freude, dem Dhatu der (3) Regionen, werden in der Djina alamkara aufgezählt : Nirodha-dhatu, Samkhara-dhatu und Nibbana-dhatu. Das Nirwana ist ein Nicht,

---

[1]) Le Nirwana est Asamskrita, ce qui signifie à la fois, ce qu'il n'est pas un composé, qu'il n'est pas un produit, et qu'il n'est pas conçu, qu'il échappe à toute conception (s. Burnouf). Non-Ens wird Alles genannt, was nirgends vorhanden ist (1717). Der Zustand des Bösen (vom Guten ausgeschieden) ist der des Nichtseins (nach Scholling). Extra Pleroma esse nihil (bei Valentinianer). Determinatio est negatio. Beim unbedingten Rückgang in einer Reihe von Bestimmungen stösst man überall auf ein Nichts oder ein Leeres und ist für Alles Geschehende als Fortsetzung in der Reihe zu bleiben (s. Kant). Aus dem Uebersein tritt das Tao in das Sein, nicht in ein schon vorhandenes, sondern in ein eben damit gesetztes Sein, das aus dem Nicht-sein hervorgeht (nach Laotse), als Dyas (s. v. Strauss). In höchster Einheit, als der allervollkommensten Natur und dem heiligen Abgrunde, aus welchem Alles hervorgeht, und in dem Alles zurückkehrt, schläft, wie in einem unendlich fruchtbaren Keime das Universum (nach Schelling), mit allen in dieser Unendlichkeit von Ewigkeit her inbegriffenen Dinge durch ihr Sein in den Ideen auch belebt (s. Noack). Mit Ma-habi-oc (locution négative, composée de la negation ma, du verbe impersonnel habi, il y a, et de la particule optative oc) beginnt der Schöpfungsact im Popol Vuh (s. Brasseur), und bei den Maori als Anfang das Kore (im Noch-nicht). In der Anerkennung des Unbegreiflichen geht der Geist über sein begreifendes Erkennen hinaus durch ein einfach geistiges Schauen (b. Cusa). Böhm hat Alles „unabcopirt" niedergeschrieben.

als Gegensatz oder Uebergreifendes, aber nicht ein Nichts[1]), in solcher Negation.

Winyan, die Wirkungen der Folgen (aus dem Guten und Bösen) realisirend, begreift den Chit, als the spirit (Chitr), which understands the qualities (Arom[2])) of all things (s. Alabaster). Sangban (Anordnung), gestaltet aus den in Avixa begrabenen Folgen des Guten und Bösen (als aus dem ὑποκείμενον), in früherer Existenz, die demgemäss geordnet künftige (auch εἶδος in der Rupa-khanda einschliessend), und je mehr noch ungeläutert Hylisches (aus der Mahabutarup) darin begriffen, desto fester das Kleben an der Existenz (desto schwieriger also die Loslösung zur Befreiung im Nirwana) im Rade der Bhawa auf den zwei Achsen oder Wurzeln der Mula (aus dem

---

[1]) For removing the deceptions that blind men's minds, the most successful, method is to view all things in vacancy (Kung) neben kia und chung (nach Chi-kai). The vacant mode destroys the illusions of the senses, asserting their nothingness and constructs the virtue of Pradjna (s. Edkins). In Nirwana unterscheidot sich (s. Childers) Anupadhiçesha (void of all traces of the body), und Upadhiçeshanirwana (Nirwana in which the body remains). Das Gefühl des Triebes ist das Sehnen (s. J. G. Fichte) bis zur Unendlichkeit (fortstrebend). Nach Thümmig fehlt der zureichende Grund für das Aufhören der Vorstellungen (weil in organischer Entwickelung fortgehend).

[2]) Die Arom (appearance, sound, scent, flavour, feeling and nature known by reason) entsprechen den sechs Sinnen, als Ayatana, mit sechs Zweigen verglichen, on which the six birds (appearance, sound, scent et) perch themselves, flying of and on them (s. Alabaster), und wenn festgehalten (durch Phasa) folgt Wethana. Empfindung entsteht, wenn der äussere Theil eines Organes gedrückt und in sich dieser Bewegung bis zum Innersten fortpflanzt, wobei jeder äusseren Empfindung eine Gegenwirkung entspricht im Organismus des empfindenden Wesens und aus der Gegenwirkung, welche durch die natürliche innere Bewegung des empfindenden Organs selbst entsteht, entspringt die Vorstellung oder Einbildung (s. Hobbes), als Product der Reaction in der Gedankenverkörperung (wie der individuellen, so der socialen in den Völkergedanken). Das Prinzip des Wissens liegt in dem vollkommenen Wesen (als Gott), in welchem vor der Schöpfung das Urbild lag, nach welchem die sichtbare Welt geordnet wurde (s. Cudworth). Plotin setzt die Einheit des νοῦς dem πλῆθος νόητον gegenüber. Zwischen gelehrter Bildung und dem Uebersinnlichen ist eine Kluft durch das Nichts hindurch, und wer wirklich von einem Gesicht getroffen ist, vermag dieses nur in Bildern und Gleichnissen mitzutheilen (nach G. Fichte). Nach Bonicollius liegen im göttlichen Geiste Ideen als Musterbilder der Gattungen und Arten (und die göttliche Erkenntniss der Individuen in der Erkenntniss ihrer Gattungen eingeschlossen). Die Wesensbegriffe oder Allgemeinbegriffe sind vor den Einzelwesen, als deren Grund und Form, wirklich (nach Bouillé).

Elementaren) drehend (in Unwissenheit und Lust), bis zum
Einklang mit dem Dhamma, als Unbewegliches in der Bewegung.
Indem die Buddhisten die Wirklichkeit der Dinge bestreiten,
so soll damit nicht eine Läugnung der Existenz gesagt sein,
als ob z. B. der reale Baum sich nicht von einem gemalten
unterscheide, oder die Hand nicht Hand, der Fuss nicht Fuss
sei. In relativer Beziehung zu einander hat die Wirklichkeit
der Unterschiede ihre volle Bedeutung, aber absolut genommen,
hört die Wirklichkeit auf. Indem wir sagen[1]), dies ist eine Hand,
dies ein Fuss, dies ein Baum, so muss in Gedanken gehalten
werden, dass mit derartiger Bezeichnung über die Wesenheit
des Dinges nichts weiter ausgesagt ist, dass dieses, als solches,
in keiner Weise weiter dadurch verstanden wird. Für solches
Verständniss[2]) muss zersetzend darin eingedrungen werden,
mittelst einer Analyse durch die Verstandsoperationen, und

---

[1]) Die Ketzer (lehrt Buddha) „are stubbornly attached to their false theories,
and persist in saying, that what the ignorant, delivered up to illusion, are
used to call an animal, a king, a subject, a foot and a hand etc. are really,
animals, king, subject foot and hand etc., whilst all living beings and their,
component parts are nothing else, but name and form, that is to say, a compound made up of the four elements" (s. Bigandet). Das ist die Sunyata
(Leere) oder Wesenslosigkeit (Anatmaka), indem sich die Wesenheit jedesmal
nur momentan in dem Begriff consolidirt. Das Nihilum privativum (neben
dem Nihilum negativum) theilt sich (s. Walch) als Nihilum indispositionis, Nihilum inhabititatis und Nihilum comparative tale. Durch die Erlösung wird
der Mensch zum zweiten Male aus dem Nichts geschaffen, nicht jedoch dem
Nihil negativum, sondern dem Nihil privativum (s. Sabunde). Den Vorfahren
haben die Devas die Formen gegeben, wie die Handwerker dem Eisen (nach
den Vedas). Εἱμαρμένη (bei Heraklit) als λόγος ἐκ τῆς ἐναντιοδρομίας δη-
μιουργὸς τῶν ὄντων (Stob.). Hominem corpore et anima ita absolvi, ut
anima eaque rationalis sit vera per se atque immediata corporis forma (bestimmt Pius IX.). Zu der thierischen Seele im Menschen kommt die
forma superaddita, die in ihrem Streben über den gegenwärtigen Genuss hinausgeht (nach Telesio). Während der immaterielle Geist unsterblich, verweht
die Seele mit dem Körper (nach Cardano, der viermal von seinem „spiritus
familiaris" erleuchtet war). Im Menschen verbindet sich die höchste Stufe der
körperlichen Natur mit der untersten der geistigen (nach Cusa).

[2]) Ein Aufgehen in der Begierde würde das κατκλύεσθαι einschliessen,
dagegen ist die Herrschaft über dieselben auch ein Genuss und trotz des
Genusses zugleich die Vernichtung der Begierde (bei den Valentinianern)
im φύσει σωζόμενος γένος (s. Heinrici). Nach Weisse wird der Natursterb-
liche Mensch dadurch unsterblich, „dass er vom Geist kostet" (s. Erdmann).
Hic deus nec videri potest, visu clarior est, nec comprehendi, tactu purior
est, nec aestimari, sensibus major est, infinitus, immensus, et soli sibi tantus

dann wird man nach dem buddhistischen System, stets neben den vier Elementen, welche das Unterliegende (der Hyle) bilden, nur auf Nama und Rupa kommen, nämlich auf Nama, die sich dem Verständniss entgegenstellende Erscheinungsweise (dieses speciellen Dinges, das dadurch seine Namensbezeichnung im Denkorganismus erhält), und auf Rupa oder die Form, als die gesetzlich gegebenen Umrisse, durch deren Vermittlung dasselbe in die Dwara oder Thüröffnungen der Sinnesorgane aufgenommen und durch die Denkoperation assimilirt wird. Nach prästabilirter Harmonie entsprechen sich beide, das reale Aussending in seiner Erscheinungsweise und sein Verständniss in subjectiver Idee. So ist Alles leer, aber in dieser Leerheit taucht die bunte Welt des Sansara auf in der Fata morgana der Maya, und wie Sunyata erscheint auch das Nirwana leer, weil irdischen Augen unzugänglich, im blendenden Glanze die λόγοι σπερματικοί verhüllend, welche in Welten der Dharma keimen, so oft gereift. Die Aufgabe liegt also darin, nicht durch das flüchtig Vorübergehende der äusseren Erscheinungen, als haltlosen und nichtigen, abgezogen oder gefesselt zu werden, sondern die Gedanken hinzurichten auf das ewig und unveränderlich Dauernde[1]),

---

quantus est notus (s. Minucius Felix). Die Furcht vor dem Unsichtbaren ist der Saamen dessen, was Jeder bei sich selber Religion nennt, bei denen aber, die sich in anderer Weise fürchten, als Aberglauben bezeichnet (nach Hobbes). Mit Verfolgung der Ursachen kommt man zu einer ewigen, über welche nicht hinausgegangen werden kann (und die Idee der göttlichen Natur ist im Gunste unfassbar). Mit dem idealen Gedankenbilde Gottes (als höchstem Urwesen) wird das Selbstgeschöpf des Denkens als wirklich dasciendes Wesen dargestellt (s. Kant).

[1]) Das nothwendig Existirende ist ein Wesen, welches in allen Zuständen bleibend und fest ist (nach Omar Ben-Suleiman), während die Erscheinungsformen und Zustände des nur möglich Existirenden sich verändern (s. Krehl). Das Werdenkönnen bezieht sich auf etwas Vorangehendes, welches als solches weder werden kann noch geworden, also nothwendig ewig und mit dem Wirkenkönnen Eins ist (nach Cusa). Das mögliche Sein setzt ein nothwendiges voraus (als ursachloses) in Gott, von dem die letzte Ermanation (an der Grenze der geistigen Ausflüsse) als Materie erscheint (nach Al-Farabi). Die Gottheit tritt in Bewegung (bei Aristoteles), um die Welt aus Liebe zu schaffen (κινεῖ δὲ ὡς ἐρώμενον) in ihrem Laufe (διαγωγή), die Vollendung zu bewahren, die dem Menschen unmöglich ist (während für sie ihre Freude). La Seconda Persona la chiamano Ciho Khoncihoa, dio della legge, perche questi santi avendo ristabilita la legge nel pristino stato e come avessero data la legge e cosi è legge venuta da Dio, e per mezzo di questa si divinta Dio (s. Horaz de la Penna). The term dhatu is used (s. Childers) of any relic of Buddha

das Unbewegte, als Prinzip der Bewegung (bei Aristoteteles), auch für die physische Welt gesetzt, deren Gesetz sich im Buddhismus mit dem moralischen durchdringt.

Die in Maya ausgedrückte Illusion erweist sich schon bei Buddha's[1]) Geburt, wenn er durch Brahma innerhalb eines

---

(in three sorts). Beim Verbrennen, tho principal relics were the four teeth, tho two cheek-bones and the skull (s. Alabaster). Die Organismen stellen eine gesetzmässige Zusammenhäufung von Infusorien (mit dem Infusorium als Urstoff) vor (nach Oken), in belebten Atom-Elementen. Schon die Materia prima (als formungsfähige Unterlage), besitzt einen Grad von Wirklichkeit (nach Bonicollius). Τυχοον galt als Mercur oder Venus (nach Hesychius), als (ägyptisch) Con oder (in Tibet) Ta-Con (s. Georgi), Cioa (in Tibet), pro lege sumitur (liber sive lex). Und dazu königliche oder andere Titel. Die Verbindung der Buddhisten mit dem Civaismus hat sich (nach Wilson) mit den Paçupata eingeleitet, aus der Secte Siva's, als Paçupati. Zounkaba était uu grand voleur et Scakmoyny regardait au contraire le vol comme un crime (Chappe d'Auteroche). Die Diebe beteten zu Mercur und der Göttin Laverna um Erfolg (wie polynesische Seeräuber zu Hiro). Libanius klagt über die mysischen Räubereien der schwarzgekleideten Schlemmer (die Gott mit Fasten zu dienen behaupteten) in den Tempeln (in Canobus), und wie für Heilige der Wüste gilt für die in Canobus das Sinnbild als Schweine (bei Eunapius). Josua's Schüler (bei Huldricus) lässt seine Schülern den Kopf scheeren zum Erkennungszeichen bei der Verfolgung durch Herodes M. (s. Basnage). Ause wurde Josua genannt (von Moses), zur Zerstörung des Reiches des Satan's in Amalek (nach Barnabas). Der Schimnus König stiftet Zwietracht in der Amaramak-Welt (im mongolischen Buddhismus).

[1]) Aus der Seite hervortretend (und deshalb des Muttermordes beschuldigt). Jeschu (nach dem Toldoth), wurde aus der Stirn geboren. Um von der Materie zu erlösen, bedurfte es Freiheit von derselben, im „manare de coelo" (bei Marcion), frei von der foeditas omnis nativitatis (s. Tertullian). Obwohl bei der Empfängniss (sine semine virili), die claustra pudoris virginalis intacta, und weil intacta auch clausa permanserunt ist „bestritten worden, ob denn auch bei der Geburt des Herrn selbst, das Insiegel jungfräulicher Würde nicht verletzt zu werden brauchte" (s. Oswald). Verbum volavit in alvum bei der (von der Sibylle erzähltem) Empfängniss (s. Galläus). Die Jungfrau als die göttliche Kraft, stehet im Himmel und im Paradeis (s. Baur). Im Paradies wird Jeder am Tisch von drei Engeln bedient sein (nach dem Othioth Akiba). In Jerusalem (in der letzten Zeit), wird man (nach dem Baba Batra) 180 000 Märkte zählen (wo Saucen und Gewürze, die Speisen wohlschmeckend zu machen, verkauft werden), dann 1210 Thürme (1485 nach Midrash Tillin) u. s. w. In der Stadt (der Apocalypse) auf den Inseln der Seeligen tragen die Getreidehalme fertige Brodlaibe (nach Lucian). Nach Irenäus ist Christus zu hundertfältigen Mahlzeiten verpflichtet, im neuen Jerusalem, das (nach Tertullian) oben vom Himmel herabgelassen wird, den Glanz der Steine durch Edelsteingestrahl übertreffend (nach Lactantius), mit Weinstöcken, von denen jeder (nach Papias), 2500 Trillionen (bei Corodi) Eimer (metretas) giebt·

Vimana in den Mutterleib[1]) gesetzt[2]) wird, und dort wieder um
sich her das gesammte Weltall erscheinen lässt, wie es im
Augenblicke der Apotheose aus Krishma entgegentritt, für den
die Verklärung in Aufklärung Schauenden.

Hieronymus rühmt die venustas der Schriften des Bischofs Papias, als *ἀρ-
χαῖος ἀνήρ* (bei Irenäus), oder (nach Euseb.), *λογιώτατος* (aus der Schule
des Evangelisten Johannes). Die tausendjährige Dauer des Reichs (im Chiliasmus), wurde aus den 1000 Jahren, wie ein Tag (in der Schöpfungsgeschichte)
abgeleitet, indem auf die sechs Tage der Arbeit, der siebente der Ruhe folgen
würde (s. Werner). Pseudo Ezras berechnet die Weltstunden von dem Tag der
Weltdauer (bei Nicodemus) bis zum Schlafe Brahma's (am jedesmaligen Ende eines
Tages). Nachdem der erste Messias, Sohn Josephs (aus dem Hause Ephraim),
im Kriege mit dem Antichrist getödtet, wird er durch den zweiten Messias
aus dem Hause David wieder erweckt (s. H. Schmid). Im Testament der
Patriarchen findet sich neben dem Messias aus Levi, der aus dem Hause David.
Nach dem Toldoth Jeschu war Papus der angetraute Mann der Maria, und
Pandera der Verführer (als Panthera). Aus Montan spricht der Paraklet (bei
Tertullian). *Τί με, φησίν, ωφελεῖ ἡ Ἀποκάλυψις Ἰωάννου* (die Aloger) und
Epiphanius fühlt entsetzt, dass sie „sich jenen deutlichen Aussprüchen des
Geistes widersetzten" (L. Lange). Man nannte die Gnostiker Borboritas (quasi
coenosos), propter nimiam turpitudinem, quam in suis mysteriis exercere di-
cuntur (Aug.).

[1]) Die embryonalen Stadien (Kahalam, Arbudam, Péçi und Ghana) worden
von dem Bodhisatwa im Mutterleibe nicht durchlaufen. Juno (die Blume Flora's
berührend), wird mit Mars geschwängert (tangitur et tacto concipit illa).
In Betreff der wunderbaren Geburt Jesu meint Celsus, dass es für Gott nicht
schicklich sein würde, eine Frau zu nehmen, die nicht aus königlichem Geschlecht (und bei den Jainas wird das göttliche Kind aus dem Mutterleibe der
Brahmanin in einen königlichen transferirt).

[2]) Wie Christus durch die Reiche der *ἄρχοντες σφαίρων* in Verkleidung
niedersteigt, (bei den Ophiten), so Buddha in der Gestalt eines Elephanten.
In der Evacuatio (Selbstentäusserung) tritt (bei Hilarion) unter Verhüllung
der göttlichen Herrlichkeit und Majestät das menschliche Antlitz in den Vorder-
grund (s. Alzog). Les gnostiques (und die Catharer nach Reignier) s'appellaient
Chrestiani (s. Lecanu) und die Cagot (Capot) Crestias oder Christias (Cacous in
Bretagne), wie die *πνευματικοί* als Christen (und, als solche, Gute, von *Χρηστός*).
Perperam Chrestianus pronunciatur (Tertullian) und „impulsore Chresto" (Suet.).
Aufstände der Juden oder Christiani (genus hominum superstitionis novae et
malificae), mit odio humani generis (s. Tacit) belastet, und Christo, quasi Deo
(Plinius) Lieder singend (ante lucem). Die Nazaräer oder Galiläer wurden
(unter Claudius) als Christen bezeichnet (s. Suidas). Peregrinus, der sich (nach
Amm. Marcel) verbrannte (zu Olympia), betrachteten die Christen (Palästina's)
ὡς θεόν (s. Lucian). Maidary (bei den Kalmükken) sera conçu dans le sein
d'une Vierge, fille du Roi du Japon, son règne sera à Jerusalem (Chappe
d'Auteroche). Anna Vetterinn galt für das Weib der Offenbarung (Arnold).
Simon Kepha, der Abgesandte der Juden, liess sich von den Nazarenern in Rom

Ueberwältigt in gläubiger Hingebung wendet sich dann zur Religion [1]), wer entmuthigt und verbittert durch die Unzulänglichkeit des menschlichen Denkapparates der Philosophie [2]) keinen weiteren Geschmack abzugewinnen weiss.

einen Petrus genannten Thurm bauen, wo er auf einem Stein sass (und dann folgte Elia). Der Vater ist *αἰτία προκαταρκτική*, dem Sohn eignet die Ausführung (*αἰτία δημιουργική*), die in dem heiligen Geist zum Abschluss kommt (*αἰτία τελειοτική*). Die drei Tathagata, als Dharmakaya-Tathagata (Vairojana), Sambogakaya-Tathagata (Rojana) und Nirmanakaya-Tathagata (Sakya-Muni) are all included in one substantial essence (s. Beal), wobei die Avatare zum Doketismus führt. Devoki (Soror Sati) Krishnu genuit et Barth, rerum omnium satorem conservatoremqe maximum et Satruhn, potentissimum destructorem, inimicorum sine opere viri Dasrath. Eos enim conceperat e poto lacte quod vaso figulino contentum homo quidam mirabilis et ut purus ignis splendissimus inter flammas magni sacrificii Giaghie praebuerat Marito sacrificanti (s. Georgi). Giasoda peperit Magnam Matrem Bhavani eadem prorsus hora, qua Devoki in lucem edidit Krishna (die Bud), Giodu pastorum temposc (Agiodia).

[1]) Bouterweck erklärt Religion als die geistige Beziehung zwischen dem Geschöpf und Schöpfer, Schelling als Vereinigung des Endlichen mit dem Unendlichen. Nur als homo noumenon (im Subject der Moralität), gilt der Mensch als Endzweck der Welt (bei Gant). Religion ist das Streben nach Vereinigung mit Gott (St. Hadrian). La réligion est la determination de la vie humaine par le sentiment d'un lieu unissant l'esprit humain à l'esprit mysterieux, dontil reconnait la domination sur le monde et sur lui-même et auquel il aime à se sentir uni (Réville). Der Glaube gehört (nach Jacobi), zu den natürlichen Bedingungen der Erkenntnisskräfte und den Grundtrieben der Seele (s. Noack), um nun aber, mit dem Aufwachsen derselben in Erkenntniss, in Wissen verwandelt zu werden (soweit dieses auf jedesmal erlangtem Stufengrade reicht).

[2]) Philosophie oder (bei Krug), Urwissenschaft lehrt die nothwendigen Gesetze der Welt als Ganzes und als Einheit zu denken (De Wette), und Lucrez „ein Dichter, der Philosoph“, der sich keine Ruhe lässt, bis „die Gemüther der Menschen vom lästigen Joch der Religion befreiet“ (s. Mayr), feiert im Gesange die Weisheit (die nothwendigste Bedingung zum fröhlichen Leben). Die acherontischen Bücher des Tages (bei Labeo), lehrten die Sacra, um menschliche Seelen in Götter zu verwandeln (als animales) bei den Etruskern (s. Servius). Die Sama-veda, die sich auf Pitris (wie die Rigveda auf Götter und die Yayurveda auf Weiheceremonien) bezieht, ist deshalb in ihren Lauten unrein (bei Manu). Die Brahmanen beginnen ihre Reinigungen mit äusseren Waschungen. Das Evangelium der Ebioniten (bei Epiph.), begann mit der Ankunft des Johannes, zur Taufe der Busse. Nach Lactantius wird Jesus (obwohl sündlos, sich der Sünde bekennend), zur Taufe gezwungen (in der Praedicatio Petri et Pauli) von seiner Mutter, als dem heiligen Geist (an einem seiner Haare nach dem Berg Thabor getragen). Bei der Taufe Jesus' erschien Feuer über dem Wasser (nach der *Κήρυγμα Πέτρου*). Warner wurde durch eine feuersprühende Taube mit dem „Geist der Weissagung erfüllt“ (den König von Schweden zu rufen).

Als das gesammte All[1]) mit seinem Wissen durchdringend, kommt dadurch dem Buddha auch Allmacht zu, weil die Ursachen der Dinge in seiner Hand liegen, und ebenso erwerben die Deva durch Kraft ihrer Tugendverdienste in grösserer oder beschränkterer Ausdehnung), die in den Ridhi-Chubilghan[2])

[1]) Der göttliche Weltbau (die göttliche πρόϑεσις) ist nichts anders als die von Gott vermöge absoluter Speculation genetisch construirte Weltidee (s. Rothe). Von eigentlichem Schaffen, als einer Thathandlung, vom Entstehen, als „Anfang des Seins nach dem Nichtsein", haben wir weder Begriff noch Erfahrung (s. A. v. Humboldt). The supreme Being (above every name, that is named) cannot properly be said even to exist, for he cannot be identified with any one thing that exists (b. Basilides), rather to be called non-existence (s. Mansel). Der Wille, als das An-Sich der Welt, besitzt der Erscheinungswelt entgegengesetzte Prädicate (nach Schopenhauer). Gott kommt die Aeternitas zu wegen seines Nicht-nicht-sein-können (bei Alb. M.). Gott (mit μορφή und σχῆμα) ist (bei Clem. Rom.) τὸ πᾶν und τὸ ὄν, alles Andere als das Nichts (s. Uhlhorn). Dans l'état positif nous reconnaissons l'impossibilité d'obtenir des nations absolues (s. Rig). Lessing erklärt die „Grenze" (Jacobi's) für unbestimmbar, und auf der andern Seite würde „der Träumerei, dem Unsinn, der Blindheit freies, offenes Feld gegeben". Die Grenze ist stets da anzuerkennen, bis wohin der jedesmalige Lichtstrom des Wissens reicht, aber mit der organisch ununterbrochenen Aufhellung desselben dann selbstverständlich auch dementsprechend beständig zu verschieben und erweitern. Nach Hamilton ist das Absolute undenkbar und der Gedanke Gottes unmöglich (s. Noack). Gott ist in sich selber der Ungrund des Einigen Wesen, Nichts und Alles (nach Böhme). Die Naturphilosophie ist die Wissenschaft von der ewigen Verwandlung Gottes in die Welt (nach Oken).

[2]) Der Einsiedler Hilarion in der Wüste bei Gaza verwandte die erlangte Wunderkraft zum Heilen der beim Wettrennen steif gezauberten Pferde des Italicus. Im Nirmanarati-Himmel wird durch Zauberkraft geschaffen. Gebeine und Schädel von Hingerichteten wurden von den (ägyptischen) Mönchen auf den (wie Antoninus prophezeit) aus Tempeln verwandelten Gräbern verehrt (nach Eunapius). Nach Dion beschwor der ägyptische Zauberer Arnuphis oder (nach Suidas) Julian aus Chaldaea Regen für die Römer im Krieg mit den Quaden (durch Marc Aurel's Gebet erlangt vom Jupiter Pluvius). Die Zigeuner (Pharao-nepech) hiessen Boémiens (ensorcelés ou ensorceleurs) in Frankreich (s. Lecanu). In den lombardischen Gesetzen wird die Anklage des Hereburgium verurtheilt, die Erzkessel tragend (ubi striae coccinant). Celsus hielt die Wunder des γόητος (der Christen) für μαγγανεία (bei Origenes). Magus fuit, clandestinis artibus omnia illa perfecit, Aegyptiorum ex adytis angelorum potentium nomina et remotas furatus est disciplinas (cf. Arnobius). Quidam magus, nomine Simeon, seducebat Judaeos (nach Rabbi Isaak) und (bei Chrysostomos) bezeichnen die Juden den Gekreuzigten ὡς πλάνον καὶ γόητα (wie Herban). Als Zauberpriester agiren die Paje im Süden, die Powow im Norden Amerika's (und sonst überall). Celsus vergleicht christliche Wunder mit denen der Zauberer, die Krankheiten wegblasen oder

gegebene Zauberkraft, die sich dann wieder in den Dharani's der Tantra für schädliche Zwecke von den, damit aus Weiss in Schwarz gefärbten, Magiern verwenden lässt. Die Laute spielend, lockt[1]) Kja-Cin in den Reigentanz der Wiedergeburten, von Pra-srinpo, humanis calvariis coronatus, in Umschlingung festgehalten (symbolum fati), und nur wer den Syrenensängen seine Ohren verstopft, vermag in dem, auf das in der Dhyana gewählte Symbol in Concentration hingerichteten Geist, denselben zur Befreiung hinauszuführen, den Bann durchbrechend. Neben dem an sich feindlich Bösen und zur Bezähmung derer, in welchem es wirkt, schaffen die Buddhen ihre furchtbar-schrecklichen[2]) Wandlungen, und besitzen (wie in den Nagas, auch) in der Höllengestalt der Jamandaga ihre Vorkämpfer (wie Rama in Hanuman zur Besiegung Ravana's). Mit Localisirung der Verheissungen in Pepuza, μικρότατον κουίδριον (s. Cyrill.), wo auf die Kunde des herabschwebenden Jerusalem die Pilger zusammenflockten (s. Epiph.), steigerte sich in innigere Concentration die Aufregung bis zum Hervorbrechen von Prophezeiungen[3]), wie sie (in amentia) Montan's Prophetinnen (in Glossolalie) ergriffen, und seit ihnen Christus in weiblicher Gestalt erschienen, fungirten, ohne Beachtung des Geschlechtsunterschiedes für Bischöfe selbst, Frauen im Priesteramt

---

gedeckte Tische erscheinen lassen, und Origenes gesteht (trotz Aristoteles' und Epicur's Einwendungen gegen die Magie) der Kraft die Namen zu, bei Aegypter, Perser, Bramanen, Sammanäer (und als Adonai oder Sebaoth). Bei Elxai's Ossener (Essener) diente die Taufe zur Heilung von Schwindsucht, Hundsbiss, Besessenheit u. s. w. Antinous (zu Hadrian's Zeit ertrunken), wurde in Antinopolis wegen seiner Wunder verehrt (s. Origenes), und sein Cult verbreitete sich so rasch, wie der Hamza's oder Joe Smith's.

[1]) Butes, Stifter des Priesterthums der Eteobutaden, sprang (ohne auf Orpheus' Lied zu hören) ins Meer (durch den Gesang der Sirenen bethört), wurde jedoch von den Göttinnen gerettet. In den peruanischen Todtentänzen spielt das Skelett auf der Panspfeife, und bei den Griechen tanzte es zu Silen's Flöte (und im Grabe zu Cumae). Die Musik der Sphären wird nicht hörbar (nach den Pythagoräern), weil von der Geburt an beständig ins Ohr klingend (und Laut oder Stille nur im Wechsel unterscheidbar).

[2]) Satan ward von Jesus zur Bestrafung an Beelzebub übergeben (in der Hölle), und dieser treibt auch Geister aus.

[3]) In der dem „Begräbnisse ähnlichen Untersuchung" ist der Gläubige in die Gemeinschaft mit dem Tode Christus gesetzt (s. Ritschl). Der alte Mensch stirbt ab (bei Paulus) und nun folgt die Heiligung durch den Geist in der Taufe, und somit die Kraft der Prophetie (in der Inspiration).

11*

(am phrygischen Sitze von Cybele's orgastischen Cult), bei jener Bevorzugung des Geschlechts für die Prophetie, wie unter Sibyllen[1]) auch in Veleda.

In den aus den Lobpreisungen über Davids glänzende Herrschaft entnommenen, aber seit Salomo in der politischen Geschichte nicht verwirklichten Hoffnungen der Juden keimt die Hoffnung auf den künftigen Messias, der sich unter wiederholter Enttäuschung bei vermeintlichen Realisationen leicht in mehrfachen[2]) Gestaltungen vervielfältigt oder auch im dualistischen Wechsel der Perioden (wenn selbst nach der Seeligkeit des tausendjährigen Reichs noch eine Zeit des Schreckens zwischengeschoben wird).

In Josua (Jesus), dem Eroberer, reflectirte die kriegerische Natur des Messias, während die Logos-Idee sich mit Christos[3]) verband, als dem milden[4]) und gütigen Sohne des guten Gottes (in

---

[1]) Von Maresius wurden die sibyllinischen Orakel (als phrygisch) den Montanisten zugeschrieben (und Noah's Ararat nach Phrygien). Bei dem von Justinus bis Lactanz den Sibyllen (als inspirirten) bezeigten Interesse heissen die Advocaten des Christenthums Σιβυλλισταί (bei Celsus). In den Prophezeiungen des Hystaspes (ältester König der Meder), seien die auf den Sohn Gottes bezüglichen Vorhersagungen unterdrückt, non sine fraude diaboli (meint Lactanz). In dem Urtheil über die Sibyllinen haben sich „diejenigen, welche an der Spitze der Kirche standen" (betreffs des Nutzens für die orthodoxen Glaubenslehren) „ein klägliches Zeugniss der Befähigung ausgestellt" (Reuss). Nach Celsus hatten die Christen die sibyllinischen Orakel verfälscht (s. Bleek). Nach Clem. Al. verweist Paulus die Heiden auf die Sibyllen.

[2]) Armillus von dem Bild der Jungfrau in Rom geboren, bekämpft den Messias Nehemia (bis der Sohn Davids kommt). Die David und Salomo gemachten Verheissungen werden auf den Messias (s. Rabbi Isaak) in dem ewigen Königreich bezogen (wie von Daniel prophezeit). Das Kommen des Messias, zu Rom unter Aussätzigen und Kranken sitzend (nach Rabbi Josua), wird durch den Aufgang eines Sterns geweissagt (nach dem Zohar), mit Elias als Vorläufer (nach der Siphra).

[3]) Neben der Parthei des Apollos, der Petriner und Pauliner fanden sich οἱ τοῦ Χριστοῦ (in Corinth). Ἰησοῦς χρειστός im sibyllinischen Akrostichon (bei Eusebius).

[4]) Χρηστός, ὁ ἀγαθός, καὶ Χριστός ἐξ ἀγάπης, ἀλλ' οὐκ ἐξ ἀνάγκης. Χριστὸς δὲ ὁ ἐν ἐλαίῳ κεχρισμένος (s. Suidas). Χρήστην, καὶ τον δανείσαντα καὶ τὸν δανεισάμενον (Suidas). Aristophanes Χρήστας vocat feneratores, communis enim usus loquendi debitores sic dicit. Athenienses vero creditores vocant Χρήστας, debitores autem χρεωφειλέτας (Gaisford). Bei Lacedämoniern bedeutete οἱ τύχῃ ἐχρήσαντο, die es überstanden (vollbracht) haben, die Todten, χρηστόν τινα ποιεῖν, tödten (s. Plut.) und οἱ χρηστοί wird als οἱ κατὰ διδα-

der Höhe). Adam, als Prophet (nach den Anabathmen) wird mit Oel gesalbt (von dem Baum des Lebens) als Christus (s. Clemens). Das Nirwana bildet das naturgemäss gesunde Ziel, wohin das geistige Streben gerichtet ist, und worin es dann schliesslich ausströmt. Als Quelle, oder weil Ende, auch Anfang des Daseins, liesse sich die Bhavagra[1]) (le sommet de l'existenee) setzen, oder Bhutakoti (le bout, l'extrémité de qui est), in letzter Spitze und (nach der Saddharma Langkavatara) in die Leere (Sunyata) auslaufend, bei dem auf Wind und Aether als ferneren Stützen getragenen Unterweltshöllen, aber zwischen dem hier zum Punkt nach Unten sich verengenden, und oben bis zum Nirwana, mit jeder Terrasse unermessen erweiterten Gegensatz des Unten und Oben, fehlt der schliessende Abschluss der Kreislinie gegenseitiger Wechselwirkung, wenigstens für das irdische Auge, obwohl solche im weiteren Umfang extensiv, oder intensiv in innerer Verdichtung, herstellbar wäre. Im Widerstreit zu dem nach Innen gewandten Dunkel der Lokantarika, führen

---

κασμίνοι (χρήσιμοι) erklärt (bei Hesych.). Χρήσιμος wird von Göttern gebraucht, die sich Verdienste um die Menschen erworben (wie Pan). Χρήσιμον, τὸ ἀγαθόν, ὅ τι χρῆσιν ὠφελείας παρέχεται (Suidas). Χρησμός, als (prophetischer) Spruch, bedeutete (wie λόγιον prosaische) rythmische Orakel (als χρησμῳδηημα).

[1]) Le point culminant de l'existence oder la limite extrème où finit l'existence (s. Burnouf), auf der (in Mangaia das Weltgebäude abschliessenden) Spitze (einer Spindel bei den Jainas) ruhend. The highest point of all, where Form no longer exists, is called „the limit of that which is" (Bhavagra) im Weltsystem (s. Beal). Die Osupat (16fach) umgeben Awichi, four on each side (Hardy). Avitchi ist Bhavāgra (la limité extrème ou finit l'existence) oder Bhûta kôti, le bout, l'extrémité de ce qui est (s. Burnouf). In Chicuhnauhmictlan, als unterster unter den (9) Abtheilungen der Hölle, kamen die Seelen zur völligen Vernichtung (bei den Mexikanern) und (bei den Maori) in Meto (unterster Abtheilung des Reinga). Diese zählten 10, jene 9 Himmel. Giebt es einen dritten Himmel, so giebt es auch einen ersten und zweiten, und die stufenweise Ordnung führt zu einem ersten Anfangspunkt, „welcher nichts anders sein kann, als das Fegefeuer" (Ch. Hoffmann). Vom Feuer „wollten die Griechen nichts wissen" (s. Oswald), am Locum caliginis, tenebrarum, moeroris, turbinis (als Κόλασις), trotz πῦρ τέλειον, καθάρσιον, καθαρτήριον (bei Leo Allatius). Bei der Prüfung zur Aufnahme erhielten die Essener ein Beil zum Begraben der Nothdurft, um nicht die Strahlen der Sonne zu schänden (wie der Israelit ein „Schäuflein", wegen des im Lager umgehenden Gottes). Judas (bei den Essenern), prophezeite (unter König Aristobulus). Nach Hippolyt rief Noah mit der Klapper (Crepitacula) und anhängenden Schellen

die Lokuttara hinaus zum Glanze der Höhen (im ahnenden Streben annäherbar, aber über das Begreifliche[1]) hinaus). Das Nirwana, als transcendentales Jenseits, steht ohne ursächliche[2]) Verknüpfung zu der Welt (die indess den Rückwirkungen im Dhamma empfänglich ist). Im Irdischen keine Folgen ohne Wirkung, das Gesetz der Causalität durchdringt Alles, und deshalb stets ein Grund in Hetu. Im Besondern genommen, wird die Entstehung aus Hetu vornehmlich auf das organische Wachsthum, wie in Pflanzen, angewandt und auf die dort notwendige Verkettung des Späteren mit dem Früheren, aus dem es fliesst. Daneben begreifen dann Irtuja die Schöpfungen aus den Verwandtschaften physischer (physikalischer und chemischer) Gesetze, während Karmmaja den Menschen kennzeichnet, als in der Physiognomie seiner Wiedergeburt durch sein moralisches Werthgewicht gekennzeichnet. Allem diesen gegenüber ist Nirwana (wie Nagasena seinem König erklärt), Akarmmaja, abirtuja und Ahetuja. Wie man zum Gebirge Himala wandern, aber dieses nicht nach seiner Heimath zu bringen, wie man von Sagal über den Ocean nach fremder Küste segeln, aber diese Küste oder diesen Ocean nicht mit sich zurückzubringen vermag, so liegt allerdings die Fähigkeit vor die zum Nirwana leitenden Pfade[3]) zu betreten, aber diese

(Titinnabula) die Söhne Kain's herbei, die Fluth zu verkünden (s. Corodi). Nach Ptolomäus (bei Epiph.), steht der Werkmeister als mittlerer Gott, zwischen dem feindseligen und dem unerschaffenen Vater.

[1]) Das höchste Wissen von Gott ist das Nichtwissen desselben (s. Bouillé), als docta ignorantia (nach Cusa). Und so bei den Dacotah (im Wakan).

[2]) Sat-Karyam begreift die gegenseitige Beziehung von Ursache und Wirkung (bei Kapila). Mit dem (im Nachdenken geschärften) Schwert Wipassana panya (gründlicher Forschung), zerhaut Buddha die Cirkel der Existenzen (als Mandjusri). Das Bodhischnana (in immer gesteigerter Erkenntniss), führt „allmählig zum ewigen Nirwana" (s. J. J. Schmidt). Die Erscheinungen sind das, was der gemeine Verstand Dinge nennt, der Philosoph nennt die Körper Erscheinungen (s. A. Lange). Die Prakriti-Schöpfungen gingen den mit Buddhi beginnenden voran (nach der Vishnu Purana).

[3]) Im dritten Grad, als Arhat. Wer dreimal in beiden Welten den Entschluss gehalten hat, festzustehen und seine Seele vom Unrecht rein zu erhalten, der hat den Pfad des Zeus gefunden, der zur Burg des Kronos führt (nach Pindar). Die Druiden unterschieden einen dreifachen Kreislauf. Die einzelnen Thierklassen sind als Darstellungen der Sinnesorgane zu betrachten (nach Oken), und in der Metempsychose erscheinen die Leiber den Sinnesneigungen gemäss. Mit Hu-rapa-rakan (the one exceeding great in size) wurde (in Guate-

stehen in keiner ursächlichen Verknüpfung irgendwie mit dem Nirwana. Wie wir den Wind fühlen, wie wir sein Dasein aus dem factischen Verhalten anerkennen müssen, ohne doch seine Farbe etwa beschreiben zu können oder seine Herkunft erklären, „even so, Nirwana is, destroying the infinite sorrow of the world, and presenting itself as the chief happiness of the world, but its attributes or properties cannot be declared (s. Hardy). Wie den in Gluth Erhitzten kühler Wind mit angenehmen Empfindungen durchströmt, so erfreut sich des entgegenwehenden Nirwana's, wer das ihn bis dahin verzehrende Feuer des Hasses und andere Laster abgeworfen. In der Harmonie des Kosmos stellt sich dann auch physisch wechselsweise[1]) Bedingung her, wie in der aristotelischen Idee des Unbewegten zur Bewegung. Der νοῦς (bei Anaxagoras) giebt den ersten[2]) Anstoss zur περιχώρησις, der trennenden Wirbelbewegung (s. Emminger).

Die für Nirwana vielfach (und nach ziemlich einstimmigem Verdict) angenommene Erklärung, als ein Nichts, wäre eher in den halbheterodoxen Himmel Akintschanyayatanam (unter den Arupa[3])) zu verweisen, indem das Nirwana vielmehr als Gegensatz der Maya, damit den des Nichts darstellen würde, in die Realität des wahren Seins einführend.

---

mala), der riesige Urtypus jedesmaliger Thiergattung (als ihr Beherrscher) bezeichnet (s. Brinton). Die Stufen-Gliederungen setzen sich bis in die Terrassenhimmel (der Devaloka und darüber) fort (in Kleinodien strahlend). Der Graal (gradalis in Stufen), glänzt (mit dem Lapsit exillis) in Muntsalvatsche (mit der Fontane). Bei den Maori findet sich das Lebenswasser in Tane's Himmel. Zum Prophet kommt der Berg (im Islam).

[1]) Nach Oken ist das Geistige früher vorhanden, als die Natur. Das in Wirklichkeit später Hervortretende (Leben und Geist), ist ideell das Frühere (nach Schelling), und so in der Philosophie der Maori (oder im Buddhismus).

[2]) When the powers pass from their proper and enduring state of rest into their casual and transitory state of activity, then all the beautiful forms of nature or the world come into existence (spontaneously), and all these beautiful forms of nature cease to exist, when the same powers repass again from this state of Pravritti or activity into the state of Nirvritti or repose (nach den Swabhavikas), in Swabhava or nature (s. Hodgson). Die Ruhe der Heiligen ist der seligste Zustand der Christen (s. Baxter), ungestört durch Controversen. Sancimus igitur, ut omnia quaecunque Porphyrius sua pulsus insania aut quivis alius contra religiosum Christianorum cultum concripsit, apud quemcumque inventa fuerint, igni mancipetur (Codex Theod.). Und Omar wieder verbrannte, was nicht mit dem Koran stimmt.

[3]) Die Arupa drehen sich gewissermaassen in den vier kosmologischen Antinomien Kant's (oder ihnen ähnlichen).

Immerhin liegt im Nirwana eine Negation, und daher eine jener Gedankenfragen, denen die begrifflich in fester Anschauung umschriebene Antwort fehlt, und insofern ist es eine durchaus sachgemässe Ansicht, dass Buddha selbst vermieden habe sich darüber auszusprechen, besonders wenn man, wie vorwiegend bis jetzt, von den populären Schriften der Sutra ausgeht, in denen von vornherein keine philosophischen Erörterungen gesucht werden sollten. Wenn diese im Abhidharma in Betreff des Nirwana angestellt werden, so laufen sie dann meist auf metaphysische Controversen hinaus, in denen, je subtiler die Worte gedrechselt werden, desto verflüchtigter der Sinn entscheidet.

Was mit Einführung des Nirwana in das System gesagt sein soll, kann sich nur aus dem ganzen Zusammenhang desselben ergeben, also in der psychologischen Entwicklung des hier gestaltenden Denkprocesses, und dort ist der Gang ein durchaus naturgemässer, wenn bei Hinstellung des Dharma als Aromana für Mano in dem harmonischen Ausgleich die Befreiung erkannt wird.

Als Negation tritt Nirwana im Gegensatz zur Ursächlichkeit, d. h. zu derjenigen dem Irdischen angehörige Entwicklung, die zugleich, nach Erlegung der Acme, rückläufigen Verfall anschliesst. Darüber hinaus, zwischen menschlicher Kurzsichtigkeit unabsehbarem Anfang und Ende durchwaltet das Dharma die Harmonie des Kosmos, im wechselsweisen Ausgleich des moralischen und physischen Gesetzes. Sobald es der individuellen Thätigkeit gelingt sich in den, durch die Proportionsverhältnisse der jedesmaligen Stellung bedingten, Einklang zu setzen, tritt mit Aufhebung des im Widerstreit erzeugten Leids, die Ruhe der Selbstgenüge ein, im Frieden mit dem All.

Der in Erlangung des Bodhi Erleuchtete stimmt das Triumphlied der Befreiung an, dass das letzte Gebäude zerbrochen, dass Nirwana erlangt sei, in Erlösung aus der Raddrehung[1]) der Existenzen in den Wiedergeburten.

Das Nirwana wird von der Hetu ausgenommen, jenseits

---

[1]) Durch die Dionysos-Mysterien blieben die Eingeweihten befreit vom beständigen Κύκλος γενίσεως (s. Proklus). Im Menschen selbst, seines Unglücks „culpa resedit" (Lucrez). Ein neuer Bund ist im Blute Christi gestiftet (nach Barnabas), zum Heil (aber den Juden zum Verderben). Ueber den Getäuschten, stehen die Getäuschten und Täuschenden, auf der höchsten Stufe die Täuschenden (nach Cardanus).

der Wirkungen desselben gestellt, jenseits gegenseitiger Causalverknüpfung (als rückläufiger Entwicklung), indem das Nacheinander darin ausläuft, aber ohne Zurückkehr, (d. h. für die
stofflich individuelle Erscheinung, während die Kräfte dann
allerdings auf das Gesammtall einwalten). Causa physica und
causa moralis verschlingen sich (aus scholastischem Gegensatz).
Der Inbegriff vieler aufeinander folgenden Vorstellungen,
der in dem Worte Selbst oder Ich zusammengefasst wird, fällt
mit dem Aufhören der Lebensthätigkeiten wieder auseinander
(bei Hume), wie im Buddhismus, wo dann aber das aus der
Wechselwirkung des Mano mit dem Dharma, als Aromana,
eingeleitete Verständniss des harmonischen Zusammenhanges im
Weltall, auch für den durch die jedesmalige Individualität gegebenen Impuls nachklingt, in Rückwirkung des Moralischen
auf das Physische, bis zur Herstellung gesetzlicher Einheit.

»In seinem Schlafgemache ruhend, kam König Sibahanu ein
»Traumgesicht[1]), welches das in der Welt der Devas, der Brah-
»magötter, in der der Yakshas aber und aller Wesen vorschwe-
»benden Nirwana, die Stadt der Ruhe, zum Gegenstande hatte.
»Der Traum war so: Mitten in Indien stand ein gewaltiger
»Terrassenpallast mit Edelsteinen geschmückt, von der Erde unten
»bis hinauf zum höchsten Himmel Alles überragend. Dieser
»selbst hatte 28 aufsteigende Terrassen, war 85000 Yozana hoch,
»im Anfang deckte er 10000 Cakravala. Eine Terrasse deckte
»die Welt der Götter, welche Catumaharajika heissen, eine die der
»dreiunddreissig Götter. Von den übrigen Terrassen, je eine be-
»deckte die Welt der Chakamavacaradevas, der Reihe nach deckten
»sie die Götter der 16 körperlichen Brahma-Welten und die un-
»körperlichen Brahmas. Diese Palläste glänzten in voller Gluth,
»von dem Juwel in ihnen ging ein unvergleichlicher Strahl aus
»und lag in vollem Licht über 10000 Jatiksetras und 40000
»Anaksetras. Dieser grosse leuchtende, 28terrassige, mit der
»7 Edelsteine Glanz begabte Pallast, war in seiner Pracht und
»seinen leuchtenden Strahlen Allen ein Gegenstand des Wunsches.

---

[1]) Ein Bruchstück aus diesem Traum von Maya's Vater (bei der Braut-
bewerbung) findet sich mitgetheilt (The Wheel of the Law), bei Alabaster,
dessen Name mich an gemeinsame Studien des Buddhismus erinnert, bei
meinem Aufenthalt in Siam (1863). Unter den damals mitgebrachten Pali-
Texten fand sich der obige (Pathama-Sambodhi), den Prof. Kuhn die Freundlichkeit hatte, mit den übrigen meiner Sammlung durchzusehen. Die Uebersetzung ist durch Dr. Grünwedel angefertigt.

>Wahrlich dieser grosse strahlende 28terrassige mit der Juwelen
>Glanz begabte Pallast war in seinem Funkeln und in seinen
>erleuchtenden Lichtstrahlen Allen ein Gegenstand des Wunsches.
>Auf diesem Pallast war ein Juwelsitz von 34 Lakhs Höhe
>und 7 Lakhs Breite. Auf diesem Juwelensitz sass ein Mann, ein
>Mannlöwe (Narasinha) mit Göttermädchen, seinen Müttern, und
>berieth über die Oeffnung des Pfades zu den acht Thoren. In
>dem Augenblick entstanden mit verschieden gestaltigen Tropfen
>schwangere Wolkenmassen, erhoben sich aus dem Schosse der
>umgebenden Chakkavala und regneten zu Füssen jenes Mannes
>nieder. Nachdem die Wolken in mannigfachen Formen geregnet
>hatten, vernahmen die Wolken sein Wort, wurden zu herrlichen
>Männern, die sich ihm anschliessen. Da theilte ihnen Jener
>die erhabenen Lehren mit und gab ihnen unvergleichliche
>Seeligkeit. Das war ein Traum.

>Das andere Traumbild war ein an der Ostseite dieses
>Pallastes fliessender grosser Strom (Maha-Ganga Saro, ein
>See, von grossem Fluss durchströmt). Er war sehr tief und
>gewunden, voll Strudel, reich an Wellen, sehr brausend. Am
>Ufer dieses Stromes sass er und blickte nach dem andern Ufer,
>aber er sah es nicht. Da band jener grosse Held [Maha-puriso,
>das Vorbild im Menschen], ein am Ufer des Flusses befestigtes
>Fahrzeug los und brachte es auf den Fluss. In dem Augen-
>blicke sanken Wesen aus dem grossen Meere kommend zu
>seinen Füssen hin, wurden zu Menschen und lernten seine
>Lehren. Dann kamen unten von der Erde her Wesen von
>mancherlei Gestalten, und durch den Fussfall vor ihm wurden
>sie zu Menschen und sie lernten ebenso seine Lehre, und aus
>der Luft kamen Wesen herab, in mancherlei Gestalten prunkend,
>wurden sie zu Menschen und lernten seine Lehre. Alle diese
>Wesen hiess er in sein Schiff steigen und trotz des Wassers
>voll gefährlicher Tiefen, Wogen und Brandung, drang kein
>Tropfen in das Juwelgeschmückte Schiff, er selbst lenkte den
>Lauf mit einem mächtigen Steuer, und gab sein eigenes, mit
>Juwelen geschmücktes Kleid hin, als Segel, einen Mast aufpflan-
>zend zum Hissen, unter Herabregen von Kleinodien. Einen
>Ausblick öffnend, schuf er die Möglichkeit zu schauen (mit dem
>Herantreten des jenseitigen Ufers), und fuhr hinüber an's vorher
>ungesehene Ufer, indem er das andere hinter sich zurückliess;
>er führte sie hinüber in die Nähe des von ewiger Jugend, Un-

»sterblichkeit und Seligkeit umgebenen Grundbau des grossen
»Nirwana und hiess sie eintreten in die Stadt der Ruhe, des
»Friedens und der Freiheit, mit siebenfachen Mauern umgürtet,
»mit Prachtpallästen prangend.«

Nachdem er die Angriffe Mara's (den feindlichen Widersacher[1])) zurückgeschlagen, gelangt Buddha (unter dem heiligen
Baum[2]) in der dritten Nachtwache zur Erkenntniss der Gesetze
von Ursache und Wirkung. With patient perseverance in good
deeds, for his strenght, he wielded the sword of thorough investigation. Then did he see that all twelve conditions were
but unstable, untrue, painful and illusive. Earnestly persisting
in his meditation, he progressed to a knowledge of the paths
which lead to salvation. Meditation on all things in due sequence and that meditation which reveals Nirwana to the mind,
were the steps that brought him to the first path. Reaching
the first path he destroyed belief in the existence of self and
of possession. He destroyed doubt and destroyed false doctrine.
Earnestly persisting in meditation, he arrived at the second
path, and annihilated the coarser evils, lust, avarice and anger.
Still persisting in meditation, he arrived at the third path and
annihilated the more refined passions still remaining in him.
And further persisting in meditation with yet increased force,
the Lord arrived at the fourth path, and utterly annihilated all

---

[1]) Der „grosse und stolze τριδύναμος" suchte die Sophia, als sie das obere
Licht anstrebte, durch hylische Erscheinungen zu schrecken (bei den Kopten).
Die Fürsten der Hölle in der Finsterniss erscheinen mit Thierköpfen (bei den
Ophiten). Die von Papyan geschickten Apsaras suchen Sakya-Muni zu ver-
führen (in der Lalita Vistara). Der Process Satan's gegen Jesus Christus
wurde, als Salomon das Urtheil umgestossen, an Aristoteles und Jeremias,
als Schiedsrichter, verwiesen (1392). Das Lösegeld im Tode Christi führt
(bei den Kirchenvärtern) zum Rechtshandel zwischen Gott und dem Teufel
(s. Ritschl), im ἀγοράζειν, oder ἀπολύτρωσις (bei Paulus). Da Christus
ἐπὶ σωτηρίᾳ τῶν ψυχῶν (s. Epiph.) gekommen (bei Marcion), wurde er von
den Mächten des Demuirg (ut ab aemulis) gekreuzigt (s. Tertull.). Die Taufe
ist der beglückende, befruchtende Bach, das Kreuz aber der Baum, an diesem
Bache gepflanzt, und die Vollendung war prophezeit, wenn vom Holze Blut
fliesst (nach Barnabas).

[2]) Depuis plusieurs fois dix millions, il tenait son esprit plongé dans
l'exstase, son corps ressemblait à un arbre desséché (s. Hiuenthsang), le Richi
du grand arbre (als Mahavrikcha Richi), um den (durch die von Vögeln auf
die Schultern geworfenen Saamen) ein dichter Baum erwachsen war, als Fan-
cheou (Brahmadatta in Kanyakubja) herrschte (s. Stanislas Julien).

contamination, all evil that remained to him. Thus did the
Lord arrive at the Samma-samphotthiyan, the omniscient Buddha-
hood-Srotapanna, Sagardagam, Anagamin und Arhan sind die
vier Pfade zum Nirwana (in Früchten) [1]). Alles Zusammengesetzte geht zu Grunde und deshalb ist das einheitlich Unvergängliche anzustreben. Die Hand nach der Erde ausstreckend,
für sie, als Zeugen im Kampfe mit Mara, erhielt der Buddha
Antwort im Getöse [2]) des Erdbebens [3]), a terrific earthquake
(s. Alabaster), und dies gehört unter die fünfte Rubrik der acht
Klassen, wie in der Agama-sutra erklärt.

Indem mit dem Aufbrechen des Bodhi, im Vollreichthum
des Vollendeten, der Blick bei der Erwachung das gesammte
All, in allen Existenzen und Dingen, durchschaut [4]), so enthüllt sich damit der Zusammenhang der Naturgesetze und in
ihm der dem Menschen in der Welt gezeichnete Heilsplan.

Nach Verjüngung der Welt unter den Lehren eines Buddha,
lassen sich seit dem Abscheiden desselben im Fortwirken des
Dharma, sieben Perioden der Antardhanas oder Verminderungen

---

[1]) Ariya begreift die Buddha, Pacheka-Buddha, Araha, Anagamin, Sakadagamin und Sotopanna (the saints or elect). Sekho (training) gilt für die
ersten sieben Stufen der Ariyapuggala, wogegen Asekha dem Arhat zukommt.
Die Elemente der Welt, als μονουσία (bei Hyppolyt.), sind theils unsterblich,
weil unauflöslich, theils zusammengesetzt, und darum sterblich (Flügel). Die
Beschaulichkeit strebt dem im Jenseits gesteckten Ziel entgegen, auf demjenigen
Wege, wie er von Buddha erkannt. Das Wesen (vor Himmel und Erde vollkommen) bezeichnet sich als Tao (nach Lao-tse).

[2]) Als Herbert Gott wegen Veröffentlichung seines Buches befragt, wurde
ihm durch ein Getöse vom Himmel geantwortet, das er bejahend interpretirte
(aus den Vorstadien des Sprechenlernens) im γλώσσαις λαλεῖν bis zum μὴ λεγόμενον oder τὸ λεγόμενον ὄνομα als ἄῤῥητον.

[3]) Die während der Christenverfolgungen in Cappadocien aufstehende
Prophetin rief Erdbeben hervor (nach Firmilianus).

[4]) Wenn πάσῃσιν ὀρέξαιτο πραπίδεσσι, durchschaute Pythagoras das
Seiende (τῶν ὄντων πάντων λεύσσκεν ἕκασε) durch viele Zeiten (nach Empedocles). Der Hohepriester Vilahoma lebte ehelos (Fleisch und Wein vermeidend), in der Einsamkeit, Aufseher (und für diese Spione) aussendend, sowie
die Villca genannten Geistlichen über die Provinzen (Peru's) einsetzend (mit
den Yana-villca, als Gehülfen). Die Essoner durften nur von vorschriftsmässig
bereiteten Speisen geniessen und (da Berührung durch einen Niederen verunreinigte), waren die Mitglieder der obersten Kaste die Köche (wie oft Brahmanen
in der indischen Armee). Bei den Juden konnten die Priesterrechte, ausser
in der Familie Aaron's, nur als Naziräer angenähert werden (ähnlich den
Sanyassi in Indien neben Brahmanen).

unterscheiden (nach dem Sadharmmaratnakare). Zuerst die Pratiwedha genannte Epoche, in der die Möglichkeit verloren geht, Eintritt in die Pfade zu erlangen, und alle nicht bereits darauf Befindlichen die Thür für Spätlinge verschlossen finden. All will we lost to the path sowan, then in suecessive order to the Nila kasina, the first Dhyana, the manner of performing the kasinas, and the acquirement of the nimitta or illusion (s. Hardy). In der zweiten Epoche oder Pratipatti hört die Beobachtung priesterlicher Vorschriften allmählig auf. „When those, who have been able to attain the paths have disappeared, others will still exercise Karmasthana, perform the Kasinas, and practice the fourteen ways of subduing the mind, the irdhis, appanasamadhi, the power of benefitting others and the softening of the mental and moral faculties, but as the method, in which these will be performed, will be defective, they will not avail for the attainment of the paths, und wenn man ausfindet, dass durch Kasina nicht länger magische Kräfte zu erlangen, wird davon abgestanden werden und nur die 4 Sangwara Sila noch Beobachtung finden. In der dritten Epoche (Pariyapti), wird die Kenntniss des Pali (die Sprache der Bana) verloren gehen. The sun, moon, the twelve Rasis or signs and the Nekatas or lunar mansions, will become unpropitious. Aus Misswachs folgt Hungersnoth, die Könige verhärten zu Tyrannen, und Laster nehmen überhand. Then will be lost the means of understanding the deep Abhidharma (from the patthana prakarana to the Dhammasangini, in retrogressive order). Dann geht auch die Kenntniss der Winaya (anfangs noch von den Priestern studirt) und später die selbst der Jataka verloren. In der vierten Epoche oder Linga findet keine Aufnahme unter die Priesterschaft[1]) mehr statt und diese beginnen zu verweltlichen, den Geschäften des Tages folgend und unter Verheirathungen Familien gründend. Dann folgt die fünfte Periode, Dhatu genannt, bis zu der „entire disappearance of the relics of Buddha". Nach der Selbstverbrennung derselben, unter dem Wehgeklage der Dewas und Brahmas, wird, wenn die letzte

---

[1]) Seit der apostolischen Zeit entbehrt die Kirche die Gnadengaben, so „dass sie eben noch nicht ganz todt, noch eine kümmerliche Existenz zur Errettung Vieler leistet, aber ohne jene erhöhte Lebensthätigkeit, deren Zeugen und Zeichen eben jene Charismata sein würden" („welche tragischen Vorstellungen von der ganzen historischen Entwickelung der Kirche").

Erinnerung daran verschollen, jede Spur der Religion Buddha's auf der Erde ausgetilgt sein (all knowledge of the doctrines of the Buddha's having entirely disappeared from the earth). Dann in dieser unseligen Zeit, nachdem ein klagend herabgestiegener Dewa den Untergang vorher verkündet, nachdem die unter Noth und Entbehrungen (in Folge der in Unordnung gerathenen Jahreszeiten) aussterbenden Menschen, entweder in höhere Terrassen entrückt, oder, wenn schuldbelastet, in den Lokantarikas oder ausserweltlichen Zwischenhöllen eines andern Universums wiedergeboren sind, dann steigt in dem eigenem eine feurige Sonne mehr am Horizont herauf, eine zweite, dritte erscheint und mit der siebenten bricht der allgemeine Weltbrand aus, völlige Vernichtung. Wenn jedoch im Umlauf der Unendlichkeiten, unter den Himmelsbewohnern in früheren Existenzen gesäete Frucht sich der Reife nähert, in der sie zu ernten, dann muss sich für die noch ungesühnte Karma der Boden irdischer[1]) Wiedergeburt vorbereiten, und so tritt dann eine neue Schöpfung ins Dasein.

Ihre bei den Vaishnavas den in Avataren helfenden Epiphanien anvertraute Erhaltung basirt dann wieder bei den Anhängern Shakiamuni's auf den Tugenden der Sangha, der Gemeinsamkeit der Büssermönche, um das gehörte Wort zu bewahren und weiter zu lehren.

Die Sramana (in Bändigung der Sinne) oder (als Bettler) Bhixu erhalten im klösterlichen[2]) Zusammenleben durch die

---

[1]) Als sich während des Schöpfungswindes die Berge gebildet (bei den Kalmükken), sept dieux parurent d'après un certain temps, ils avaient des ailes et voltigeaient sur la surface de ce continent. Quatre de ces dieux s'acquittèrent de certains besoins de la nature, leurs excréments étaient du miel. Deux de ces dieux de differens sexes en ayant mangé, furent privés des facultés de monter au Ciel avec les autres, ils restèrent sur la terre, qu'ils peuplèrent (s. Chappe d'Auteroche), bis zum Untergang durch steigende Sonnenhitze (statt durch Erkalten). Dem Untergang der Welt (in Peru) hatte eine lange Dürre voranzugehen (nach Zarate). Die aus der Nacht hervorgetretene Schöpfung wird durch Halbgötter vollendet, Menabozho bei den Indianern, Maui bei den Kanaka u. s. w. (im Uebergang zu den Culturheroen). Der physikotheologische Beweisgrund (nach zweckmässiger Anordnung in der Welt) würde nur auf einen weisen Weltbaumeister, aber deshalb noch nicht auf einen höchsten Welturheber führen (s. Kant), in Unterscheidung des Demiurgen von dem darüber.

[2]) Die als Mönche des Illa-Tecce (unter dem Tocrico) lebenden Huancaquilli (mit selbstcastrirten Eunuchen oder Corasca) legten (wenn in Einsamkeit

Pratimokscha-Sutra ihre Vorschriften, unter denen die Vermeidung der Zehnsünden (Dasakusala) für den Novizen das erste Gebot bildet, bei der Belehrung durch die Upasaka (Hoschang) und Acharya. Auf Ananda's Fürbitte kamen mit Pratschâpati Gautami die Bhikshuni oder (chinesisch) Nikau hinzu. Die Prawarjika (von der Welt Ausgeschiedenen) bilden (in Ceylon) als Ganinnanses (Novizen) und Terunnanses (thero oder Alter) die Mahunanse (der Mönchschaft). In den mit Pansal verbundenen Schulen werden (nach Bemeisterung des Hodiya-Alphabets) die mit den Nampota beginnenden Bücher gelesen bis zu den Amarasingha (u. dergl.), und dann folgen die Privatstudien, die der Medicin beflissen, oder der sich dauernd dem Priesterstande Weihenden, unter gegenseitigem Rasiren zur Tonsur[1]), denn „there are fifteen evils connected with the growth of the hair[2]) (s. Hardy). Für die Schur sind die Fasttage des Neu- und Vollmondes festgesetzt (und ist der Besitz des Rasirmessers vom Armuthsgelübde ausgenommen).

Man pflegte das Gebiet der menschlichen Erkenntniss[3])

---

lebend), die Gelübde Tito und Huñicui (Keuschheit und Gehorsam), sowie Usacuy (der Armuth) ab (in Peru). Die Geistlichen Tlamacajcoyotl lebten (für den Dienst des Quetzalcoatl) in Klöster zusammen, neben dem Orden der Tepochtilitzli (für Tezcatlipoca gegründet), und bei den Totonaken fanden sich Mönche des Centeotl (männlicher Wandlung). Das Triratna-Symbol (sacred Symbol of Mani) zeigt (s. Beal) the triple object of veneration (Buddha, the Law and the Sangha).

[1]) Saulus oder (nach Bekehrung des cyprischen Statthalters Sergius Paulus) Paulus (s. Hieronym.), als Schüler Gamaliel's, heisst (aus Galiläa) ἀναφαλαντίας (bei Lucian), als kahlköpfig (und krummnasig).

[2]) Until the year 1266 the monks of St. Augustin's, Canterbury, were accustomed to shave one another in the cloister (in the Sempringham rule the canons were shaved seventeen times per annum).

[3]) Human understanding (bei Locke), als φυσική, πρακτική und σημειωτική (λογική). Bei Ampère werden die „Sciences Cosmologiques" und „Sciences noologiques" einander gegenüber gestellt, und d'Alembert unterscheidet Histoire (des Gedächtnisses), Philosophie (der Vernunft) und Poesie (der Einbildungskraft). Die Wissenschaften (wie empirische und rationale), theilen sich in Sprach- oder Nominalwissenschaften, die sich nur mit dem sprachlichen Ausdruck der Vorstellungen und Erkenntnisse beschäftigen, und in Sach- oder Realwissenschaften, welche die Vorstellungen und Erkenntnisse des menschlichen Geistes selbst, wiefern sie sich auf gewisse Gegenstände beziehen, behandeln (s. Krug). Bei Comte's Eintheilung von der Mathematik bis zur Sociologie soll die positive Methode, wie in der Naturwissenschaft, auch bei moralischen und socialen Wissenschaften durchgeführt werden. La cuestion

dichotomisch zu theilen, (wie die Künste in schöne und mecha-
nische, so) in natürliche und positive, als freie und gebundene,
oder dreifach: disciplinae sive scientiae liberae, ligatae et mistae.
Dabei würden z. B. die kameralistischen Wissenschaften in die
gemischte Klasse gefallen sein, die der freien umfassten die
philosophischen, historischen, philologischen, anthropologischen,
medicinischen, physischen (oder die septem artes liberales), weil
frei von fremder Autorität (durch keine gebunden), wogegen in
die gebundenen Theologie und Jurisprudenz einbegriffen waren.
Dann wurde praktische (oder pragmatische) und theoretische (oder
speculative) Wissenschaft unterschieden, oder andere Gesichtspunkte gewählt.

In „zweifacher Wissenschaft" (a priori und a posteriori, seit
Albertus S.) begreift die Erfahrungswissenschaft „alles dasjenige
Wissen, welches die menschliche Vernunft aus dem ihr durch
die Erfahrung von Aussen Gegebenen hervorbringt", die reine
Vernunftwissenschaft „den Inbegriff desjenigen Wissens, welches
die menschliche Vernunft aus sich allein erzeugt" (s. Rosenkranz)[1]).

de método domina y comprende hasta cierto punto todas las ciencias filosoficas
(Serrano). Die Philosophie ist aus Idealismus und Realismus, wie die Natur
aus Leib und Seele zusammengesetzt, und die Schulvernunft theilt sich im
Idealismus und Realismus (nach Hamann). Jede Wahrscheinlichkeitsrechnung
ist auf Induction gegründet, und die Schätzung der Wahrscheinlichkeit, wie
die der Gewissheit ist nur dann rationell, wenn sie durch eine vollständige
Induction auf Beobachtung der Experimente gestützt ist (nach Mill). Die
Aesthetik (philosophia poetica) bildet die erste, und die Logik den zweiten Theil
der Gnoseologia, der Metaphysik (mit der rationalen Psychologie) und der
Physik vorangehend (nach Baumgarten). Ramus verband die Logik mit der
Rhetorik in der Ars disserendi (als Dialectik). Die Geistesheilkunde (als
Realphilosophie von der Wort- und Geschichtsphilosophie unterschieden), hat
eine allgemeine Methodologie oder Anleitung zum wissenschaftlichen Erkennen
(in der Kunst wissenschaftlicher Entdeckung) darzustellen (nach Tschirn-
hausen). Bei Wolff geht der Metaphysik (als Kosmologie, Psychologie und
Theologie) die Ontologie voraus, als Grundwissenschaft (über Nichts und
Etwas).

[1]) Die synthetische reine Vernunftwissenschaft zerfällt in Theologie (über
den schöpferischen Grund), Naturlehre (in dem bedingten Seienden ausserhalb)
und Geisteswissenschaft, denn „der Natur gegenüber unterscheidet die Vernunft
sich selbst als ein freies mit dem Vermögen der Selbstbestimmung begabtes
Wesen, und in ihrer freien Thätigkeit als Geist", aus dem „eine neue Welt
des Denkens und Handelns entspringt" (bis zur Ewigkeit). Im Gegensatz zu
Mill's Ansicht (that the advances henceforth to be expected even in physical,

Auf dieses Aussichselbsterzeugen der Vernunft war die Frage von jeher gerichtet. Dass die Forschung mit der Deduction beginnen musste, lag in der Natur der Sache, indem erst die bereits fertige Idee (wie bei dem zum Bewusstsein erwachenden Kinde) die Aufmerksamkeit fesseln und zum Zersetzen anregen konnte, während wie bei dem, sein Leben mit dem Aufsteigen der Geschichtssonne beginnendem, Culturvolk die dunkeln Vorstadien der Prähistorie rasch vergessen wurden, bis mit der Induction die genetische Methode in ihrer Bedeutung hervortrat. So lange beim Mangel dieser der Weg und der Anlass fehlte auf die Entstehung zurückzugehen, drängte sich die bereits fertig gegebene Idee als angeboren (mit den Formen der Kategorien)[1]) auf, und wenn nach ihrer Zerlegung in der Analyse[2]) die Synthese aus den Theilen wieder auf-

---

and still more in mental and social science, will be chiefly the result of deduction) bemerkt Whewell „that there are still a vast mass of cases, in which we do not at all know the causes, at least in their full generality, and that the knowledge of new causes and the generalization of the laws of those already known, can only be obtained by new inductive discoveries. Except by new inductions equal, in their efficacy for grouping together phenomena in new points of view, to any, which have yet been performed in the history of science, how are we to solve such questions (wie sie ausserdem auch in der neuen Wissenschaft vom Menschen für die Ethnologie herantreten).

[1]) Von der Kategorie, als Urbegriff oder Stammbegriff des Verstandes (in dem Verstande von der Denkform) unterscheidet sich das Kategorem als abgeleiteter Begriff (praedicamentum und praedicabile). Im Gegensatz zu den reinen Kategorien bilden die schematisirten Kategorien die „Versinnlichung der reinen Verstandsbegriffe oder Kategorien durch Verknüpfung derselben mit den reinen Anschauungen der Sinnlichkeit" (s. Krug). Bei den 10 (statt 8) Kategorien (des Aristoteles) ist die Substanz der Neunzahl zugefügt.

[2]) Die analytische Methode im Beweise, als regressive (erfindrische oder heuristische) ist diejenige, wo man von dem gegebenen Bedingten ausgeht, um die Prinzipien aufzusuchen, von welchen es abhängt (regressus a principiatis ad principia), während die synthetische (als progressive) das umgekehrte Verfahren befolgt (progressus a principiis ad principiata). Die empirischen Schluss- und Beweisarten sind die inductiven und analogischen (s. Krug). Der apagogische Beweis (als indirecter) „reflectirt auf das Gegentheil, um diese Ungereimtheit darzuthun". Dialectisch heissen (bei Aristoteles) Schlüsse aus wahrscheinlichen Sätzen. Bei der Induction hat die Synthesis der Analysis vorzugehen (im Anschluss an genetische Methode), während in der Deduction (auch der mathematischen in Theilung geometrischer Figuren) die Analysis als erstes auftritt (mit Bestätigung durch die Synthesis), als vom Gegebenen ausgehend. Mill macht die Induction zur Grundlage aller Wissenschaften (auch der deductiven

baute, konnte nichts Neues zu Tage kommen. Immer lag eine
einheitliche Behandlung für das ganze Gebiet der Wissenschaften nahe: „Indem das principielle Wissen den Unterschied
des Objectiven und Subjectiven aufhebt, erscheint alle wahre
Wissenschaft als reine Vernuuftwissenschaft" (s. Rosenkranz),
wogegen auf der Kehrseite Alles als Erfahrungswissenschaft
vorgeführt wird, was früher nicht gestattet wäre. Bei der Vernunft ist „nicht die Rede von einem Vernehmen des Sinnlichen,
Räumlichen, Vergänglichen u. s. w. durch Auge, Ohr oder
andere Sinnesorgane, sondern vom Vernehmen des Uebersinnlichen, über Raum und Zeit Erhabenen, Ewigen, durch die
eigene Kraft des Geistes (s. Krug), und die Metaphysik[1]) gilt
als „Wissenschaft[2]) von den höchsten Grundsätzen der menschlichen Erkenntniss", wobei es sich nicht um die τὰ μετὰ τὰ
φυσικὰ (wie von Andronikos gesammelt), sondern um ein, wenn
nicht Ueberschwängliches oder Transcendentes, doch um ein
Transcendentales handelte, und darunter versteht sich das „Ursprüngliche, d. h. dasjenige, was in Ansehung unserer Erkenntniss nicht nur, sondern auch in Ansehung unserer gesammten
Thätigkeit a priori bestimmt ist, mithin dem Empirischen oder

oder demonstrativen). Neben der Induction, oder analytischen Methode (als
resolutiva), ist gleichzeitig die synthetische Methode (als compositiva) zu be-
folgen, um Erkenntnisse zu gewinnen (nach Bacon).

[1]) Die Erkenntnisslehre (Metaphysik) nimmt „an, dass zwar der Stoff oder
Gehalt der Erkenntniss (materia cognitionis) durch die zu bestimmenden Dinge
bestimmt oder gegeben werden, dass aber die Art und Weise des Erkennens
oder die Gestalt der Erkenntniss (forma cognitionis) in, mit und durch das
erkennende Subject selbst bestimmt oder gegeben sein müsse". Die naturwissenschaftliche und mathematisch-mechanische Behandlung der Psychologie
hat sich von Psychophysik und Moralstatistik über das gesammte Gebiet des
Geistigen zu erweitern. In social phenomena there is a general ordre of co-
existence and sequence (s. Spencer), und das Leben des Gesellschaftsorganismus
ist in den von ihm nach Aussen projicirten Völkergedanken für seine Wachs-
thumsgesetze zu erkennen. Der Inhalt aller Erkenntniss besteht zunächst aus
Verhältnissen von Ideen, den (schwächeren) Nachbildungen der Sinneseindrücke (als ursprünglicher Vorstellungen), und Nichts kann werden, was nicht
vorher als Sinneseindruck empfunden (bei Hume), — während bei den Völkergedanken der Ausgangspunkt von der sprachlich gegenseitigen Umbildung der
Vorstellungen zu einer gesellschaftlich allgemeingültigen zu nehmen ist.

[2]) Das Streben der Metaphysik ist darauf gerichtet, das Wirkliche zu
begreifen (s. Suabedissen). Die freie Position des Denkens ist der Anfang der
Philosophie (s. Braniss). Nach Wolff ist die Philosophie die Wissenschaft des
Möglichen.

a posteriori Bestimmten zu Grunde liegt". Dabei ergab sich die Vorstellung des Absoluten (Vollendeten oder Unbedingten, weil Abgelösten) als „die Grundidee der Vernunft".

Indem im Unterschiede vom logischen Grunde [1]) (principium cogitandi) die Ursache (causa) einen realen Grund (principium essendi oder fiendi) abgiebt, so verketten sich in der Relation das Relatum und Correlatum, im Verhältniss zu einander, das nur durch die Analogie, als dem Verhältniss ($\lambda\acute{o}\gamma o\varsigma$)[2]) gemäss, vergleichsweis zu berechnen. Der inductive Beweis ist nicht apodiktisch, sondern nur probabel, bis zur vollständigen Aufzählung (inductio completa), „obwohl bei der Unendlichkeit der Erfahrung die Unvollständigkeit bleibt (als inductio incompleta)", — bis in der Entwicklung der organischen Wachsthumsprocesse das jedesmal beherrschende Gesetz nach seiner Progressionsformel klargelegt werden kann.

---

[1]) Nach dem Gesetz der Consequenz (principium rationis), als Prinzip der Synthese oder Grundsatz der Verknüpfung, hat man „im Denken jedes zu Setzende, als Folge, mit einem schon Gesetzten, als Grund, zu verknüpfen, also überhaupt nichts ohne Grund zu setzen". Als Gedanke, um des Verhältnisses gewisser Vorstellungen zu einander auf bestimmte Weise bewusst zu werden, bildet das Urtheil (durch Worte bezeichnet oder sprachlich dargestellt) einen Satz (mit natura und forma judicii). Die Ursache einer Erscheinung ist die Summe aller ihrer zusammenwirkenden Bedingungen, und obwohl die urwirkenden Ursachen den menschlichen Fähigkeiten unzugänglich bleiben, giebt es doch keine Gegenstände, die nicht in einigen ihrer Erscheinungen dem Gesetze der Zusammensetzung der Ursachen gehorchen (nach Mill), und dass, was in einfacheren Combinationen gilt, auch bei verwickelten zu beobachten sein würde, ist auch in den Erscheinungen des Geistes (als Gesetze desselben) aufzufinden (s. Noack). La connaissance du passé levera le voile, qui nous cache l'avenir (Condillac). Gott will vom Menschen erkannt sein, und dadurch in der Natur selber wachsen (nach Sabunde), wie die Schöpfer der Quiché, durch redelose Thiere unbefriedigt, den Menschen bilden, damit ihr Name ausgesprochen werde (aber den Gnostikern bleibt ein $\mathring{\alpha}\acute{\rho}\acute{\rho}\eta\tau o\nu$).

[2]) Die Logik oder Denklehre, „als analytisches oder formales Denken" (während „das materiale oder synthetische der Metaphysik" zufällt), entbehrt der Heuristica als Erfindungskunst (weil nicht neue Wahrheiten hervorbringend, sondern nur die neu Entdeckten ausverfolgend). Ohne (gleich der Logik) einen selbstständigen Theil der Philosophie, bildet die Kanonik (bei den Epikuräern) die Propädeutik zu Physik und Ethik. Alkindi fasst, mit der Mathematik, als Grundlage der Philosophie, die Naturwissenschaft als wesentlichen Theil derselben. Nur was Naturgesetz, oder Folgerung aus Naturgesetzen, ist wahre Wissenschaft (L. Knapp). Mill erklärt Induction als „the operation of discovering and forming general propositions (generalization from experience).

Mit dem naturwissenschaftlichen Anschluss der Psychologie an die Physiologie wird immer unabweisbarer der Anhalt an das deutlich Erfassbare sich fühlbar machen (τῶν γὰρ καθ' ἕκαστον ἡ αἴσϑησις), während es früher hiess, dass sich im Allgemeinen auf „das Besondere[1]) und weiter auf das Einzelne" schliessen liesse, nicht jedoch von dem Einzelnen auf das Besondere oder selbst auf das Allgemeine. Dafür muss freilich erst der Zeugungsvorgang in den Logoi spermatikoi studirt sein.

Dagegen wurde vormals der demonstrative oder mathematische Beweis von dem philosophischen oder der Deduction unterschieden, und die Deductionen „aus der ursprünglichen Gesetzmässigkeit des menschlichen Geistes" wurden als transcendentale gefasst. Da keine Erkenntniss ohne Erfahrung, wurde diese als negative Bedingung (conditio sine qua non) zugelassen, nicht jedoch als „positive Bedingniss jeder Erkenntniss, denn der menschliche Geist kann auch durch eigene Kraft und nach eigenen Gesetzen Erkenntnisse in sich erzeugen, welche nicht von der Erfahrung abhängig, vielmehr diese selbst bestimmen und gleichsam anticipiren" (*Krug*), also Erkenntnisse a priori (neben denen a posteriori)[2]). Aber das hier (für seine Genesis) unver-

---

[1]) τὸ δὲ καϑόλου ὅλον τι ἐστιν (Aristoteles), τὸ δὲ καϑ' ἕκαστον ἄπειρον καὶ οὐκ ἐπιστητόν. Erst im Peras ist dem Geist ein harmonisches Verständniss möglich, aber dann vielleicht manchmal auch der eingeschlossenen Keime, die bei ihrer Entfaltung über die Grenze der Augenblicklichkeit wieder hinausführen werden. Die Gattungen sind im Verstande Gottes vor den Dingen. in den Dingen ist das Allgemeine gegenwärtig, sofern es mit seinen Eigenthümlichkeiten in der Materie verwirklicht erscheint, nach den Dingen ist das Allgemeine insofern, als der Verstand die Form abstrahirt, um sie wieder auf die vielen verschiedenen Dinge zu beziehen (nach Avicenna) und dann die realistisch-nominalistische Streitfrage (s. Noack). ἀρχαί δε τά γένη τῶν ὁρισμῶν εἰσίν (bei Aristoteles). Der Gegensatz zwischen dem der Natur und dem Begriff nach Früheren (bei Aristoteles) wird durch die genetische Methode aufgehoben, als das analytische und synthetische Verfahren vermittelnd (Helfferich). Jede Vorstellung, die sich auf eine Mehrheit von Dingen bezieht. ist „für sich betrachtet eine allgemeine und heisst nur eine besondere in Hinsicht auf eine noch grössere Mehrheit", von der jener ein Theil ist. (Auch das Besondere kann als Allgemeines gedacht werden, sobald man es als ein Ganzes denkt). So reducirt sich das Denken auf ein logisches Rechnen, das, wenn die Aufgabe richtig gestellt ist, der Richtigkeit der Lösung gewiss sein darf (wogegen bei Ungleichwerthigkeit der Componenten heillose Verwirrung folgen muss).

[2]) Im Beweis (zur Darlegung der Gründe oder Gültigkeit eines Urtheils). unterscheidet sich „vom Erfahrungsbeweis" (a posteriori) der „Vernunftbeweis",

standen, und oft mit der Ueberraschung einer Offenbarung
Entgegentretende, ergiebt sich (wenn im genetischen Wege auf
die Entstehung zurückverfolgt) als die naturgemässe Entfaltung einer Knospe, Blüthe oder Frucht im organischen Wachs-
thums- oder Denkprocess (aus der Entwicklung des Geistes).
Als anderes Bild kann die „architectonische Natur der Vernunft"
(bei Kant) dienen, die (im Einheitstrieb) zum Monismus führt,
aber der Dualismus zwischen dem Künstler und seinem Material
fällt vorderhand bereits fort bei organischer Durchdringung.
Der mit den Naturwissenschaften eingeführte Gegensatz
ist nicht zwischen Induction und Deduction, sondern zwischen
verificirten und unverificirten Fällen[1]) der Induction und Deduction (nach Lewes), und wie die Philosophie in ihrem Credit-
system (s. Thomson), um neue Reichthümer zu erwerben, über
das in den Händen befindliche Capital hinauszugehen hat, so
der Naturforscher, aber dieser mit dem Bewusstsein, dass solides
Capital nöthig, „um die Wechsel zu zahlen".

Mit dem Ding an sich als blosser Grenzbegriff gefasst (bei
Kant), liesse sich mit dem Causalitätsbegriff wohl das ganze
Reich der Erfahrung durchmessen und finden, dass jenseits desselben ein Gebiet liegt, welches der Erfahrung absolut verschlossen ist (s. Lange), und welches eben in dem (jenseits der

---

darlegend durch allgemeine Grundsätze, deren Gültigkeit auf ursprüngliche
Gesetzmässigkeit des menschlichen Geistes selbst beruht. Zur Induction,
„als Ableitung der Begriffe aus der Erfahrung", kommt (in der Erfahrungswissenschaft) der analytische Weg (der Erklärung zur Erforschung der Ursache). Bacon insists upon a graduated and successive induction, as opposed
to a hasty transit from special facts to the highest generalizations, (ascending
continuously and by degrees, so that in the end it arrives at the most general
axioms).

[1]) Looked at in general way, the Aristotelian Method seems to be the
Method of positive Sciences, but on closer meditation we shall detect their
germinal difference to be the omission in Aristotetle of the principle of ri-
gorous Verification of each inductive step (Lewes). Durch die Induction (um
allgemeine Urtheile, Sätze, Wahrheiten zu entdecken) wird geschlossen, dass
das für einen besonderen Fall oder besondere Fälle Wahre, auch in allen
Fällen wahr sein wird, welche unter wesentlich gleichen Umständen oder in
irgend nachweisbarer Beziehung ähnlich sind (nach Mill), nicht nur im Nebeneinander des anorganischen Reiches, sondern auch im organischen Nacheinander progressiver Entwickelung (im Causalgesetz, als allgemeine). Induction
is experience or observation consciously looked at in a general form
(Whewell).

Hetu stehenden) Nirwana ausgedrückt sein soll, mit „transcendentaler Idealität" von Raum und Zeit, wo diese Apriotitäten sinnlicher Auffassung zu verschwinden haben. Der Mensch ist
nicht geboren, die Probleme der Welt zu lösen, wohl aber zu
suchen, wo das Problem angeht, und sich sodann in der Grenze
des Begrifflichen zu halten (bei Göthe). Mit der Raum-Umgren-
zung der Dinge, im Raum, negirt sich die Unendlichkeit[1], nämlich die wahre, als grenzenlose, Auffassung des Geistigen, (der also
ein nichtig Vergängliches gegenübersteht), während die Zeit das
Grenzenlose an sich schon bewahrt, trotz particller Abzählungen
(unter gegenseitigen Verhältnisswerthen), innerhalb der dem Sinnlichen gesteckten Grenzen[2]).

Bei dem Unthunlichen, in der Unendlichkeit einen Anfang
oder ein Ende zu suchen, ergiebt sich der Widersinn, einen metaphysischen Ansatz[3] an der Peripherie (einer das All umschliessenden Linie) zu suchen, und müssen die Forschungen
ihren Ausgangspunkt deshalb vom Centrum nehmen, bei der
Berührung des Objectiven und Subjectiven im Denken.

Der genetische Weg (der Induction) führt in den Völkergedanken auf die Naturstämme zurück, den einfach durchsichti-

[1] Our whole knowledge of mind and matter is relative, conditioned, re-
latively conditionyd. Of things absolutely or in themselves, be they external,
be they internal, we know nothing, or know them only as incognisable (Hamilton). Nach Comte kennt sich weder das innerste Wesen noch die wirkliche Art der Hervorbringung irgend einer Thatsache, sondern nur ihre
Beziehungen zu anderen Thatsachen in der Form der Aufeinanderfolge oder
Achnlichkeit (unter constanten Verhältnissen).

[2] Der Skepticismus hat die Untersuchungen auf dasjenige einzuschränken,
was die Fassungskraft des menschlichen Geistes nicht übersteigt (nach Hume).
Bei dem Standpunkt der Philosophie als Standpunkt der Vernunft liegt die
Erkenntniss in einer Erkenntniss der Dinge, wie sie an sich sind (nach
Schelling). Aristote et sur ses traces, Saint Thomas et Bossnet, ont en plaine-
ment raison de distinguer deux sortes de sensibles, les sensibles propres et les
sensibles communs. Les sensibles propres sont, pour l'odorats les senteurs,
pour l'ouie, les sons, pour le goût les saveurs, pour la vue, les couleurs,
pour le toucher les degrés de solidité et la température. Les sensibles communs sont l'étendue et la figure (Saisset).

[3] Bei den zwei Enden der Erkenntniss ansetzend, hat man versucht, den
„Aal der Wissenschaft am Schwanze zu erwischen", aber es liegt mehr daran,
die eigene Besetzung innerhalb ihrer Grenzen kennen zu lernen, als jenseits
derselben in unbekannte Länder (von den Schmetterlingsflügeln der Metaphysik gehoben) hinüberzuschweifen, in den leeren Raum (nach Kant). Die
positive Philosophie (von dem durchaus transcendentalen Sein aussetzend) geht
der Erfahrung zu und in diese hinein (nach Schelling), rückwärts.

gen Organismen für elementare Primärgedanken, in welchen schliesslich vielleicht ein Kleinstes [1]) erfassbar wäre, wenn das Grösste sich bisher stets dem Umgreifen entzogen.

Bei der von Lichtenberg aufgeworfenen Frage, woher der Begriff eines „Ausser uns" [2]) überhaupt, da Alles, was zu empfinden nur Modificationen unseres Selbst [3]) seien, und also in [4]) uns, würde zunächst bei den Sinnesempfindungen zu unterscheiden sein. Das Gefühl sowohl, wie das Gehör lebt in Hallucinationen, die wir in Folge gewonnener Erfahrung im normalen Zustande von den realen Auffassungen abscheiden, oder auch als blosse Erinnerungen aus diesen charakterisiren können, die aber dennoch, als solche, eigene Schöpfungen innerer Thätigkeit darstellen, mit Projection nach Aussen. Diese fehlt bei Geruch und Geschmack, bei denen nur innerliche Modificationen vorliegen, obwohl diese ihrer Ursächlichkeit nach auf Aeusseres übertragen werden, soweit eben auch nicht Hallucinationen [5]) (von der Bewirkung durch abnormale Köperzustände abgesehen).

----

[1]) In Bruno's Minima ist das Kleinste das Mächtigste (mit dem Grössten zusammenfallend).

[2]) Das Ausser-uns-sein wird als Raum bezeichnet, das durch die Erinnerung früher wahrgenommener Bewegung innerlich gegenwärtige Bild der Bewegung, in Aufeinanderfolge, als Zeit (s. Hobbes). Als existirend vorgestellt sind nur Körper (in Folge der Bewegung oder Ortsveränderung unter dem Begriffe der Zeit). Alle Substanzen sind Körper, und zu den künstlichen Körpern (neben den natürlichen) gehört der Staat (s. Hobbes). und überhaupt jedes Product des Denkorganismus (in religiösen oder socialen Ideenkreisen). Das von den Vorstellungen unabhängige Dasein der Aussendinge wird durch die Einbildungskraft hervorgerufen, in Folge der in den Erinnerungen zu Gleichartigkeit verschmelzenden Eindrücke (bei Hume), indem diese im Sprachaustausch eine selbstständige Gestaltung erhalten, und sich so gesellschaftlich zu Ideen verkörpern (im Weiterwachsthum der Völkergedanken).

[3]) ὅτι τοιαῦτα αὐτοῖς τὰ ὄντα οἶα ἂν ὑπολάβωσι (s. Anaxagoras).

[4]) Das Ich setzt das Ich und Nicht-Ich, als sich gegenseitig bestimmend (J. H. Fichte). Wollen ist Ursein (nach Schelling).

[5]) Da die Krankheit des Phantasten nicht eigentlich den Verstand, sondern die Täuschung der Sinne betrifft, so kann der Unglückliche seine Blendwerke durch kein Vernünfteln heben, weil die wahre oder scheinbare Empfindung der Sinne selbst vor allem Urtheil des Verstandes vorhergeht, und eine unmittelbare Evidenz hat, die alle andern Ueberzeugungen weit übertrifft (Kant). Alle Kunst kann überhaupt nichts sein, als die sinnliche Ausprägung des Characters der Zeit, welcher sie angehört (s. Hermann). In der schönen Seele (wo Pflicht und Neigung harmoniren) ist Anmuth der Ausdruck ihrer Erscheinung (nach Schiller). Das Ziel der Liebe ist die göttliche Schönheit (nach Giordano).

Die Tastempfindung dann führt in der Undurchdringlichkeit der Raumerfüllung auf eine Realität, deren Läugner sich eine Beule an harter Stirn stossen würde, was bei reinen Hallucinationen nicht zu fürchten (ausser etwa der „Hallucination vraie", als Taine's Anschauung). So setzt sich die Raumbegrenzung der Dinge als Negation der Unendlichkeit[1]), worin das Geistige waltet, das, wenn sein eigenes Wesen als das eigentlich wahre erkennend, den negativen Gegensatz auf das dem Sinnlichen Positive übertragen würde, wenn auch erst mit Hülfe desselben zu solchem Verständniss gelangt. Der Zeitstrom geht ohne Anfang und ohne Ende hindurch, nur innerhalb der Spanne, welche in die Sinnlichkeit fällt, gemessen, als Zeit[2]), (und aus dieser wieder in die Ewigkeit aufzulösen).

Indem (wie Kant andeutet) Sinnlichkeit und Verstand aus gemeinsamer Wurzel entspringen, so führt sich auch das „reine Denken der Metaphysik" auf physische Wurzeln zurück, woraus in organischer Entwicklung (mit Folgerungen zu Schlüssen)[3]) die Früchte hervortreten, welche zwar noch nicht als solche, aber in jenen nothwendigen Voranlagen, gegeben waren. Nach A. Lange ist die sinnliche Synthesis der Eindrücke die Grundlage, aus welcher eine Kategorie der Substanz erst entwickelt wird und „selbst die Apodikticität der Logik durchaus auf Raumbilder des Vorgestellten zurückzuführen." Statt angeborener Denkgesetze, die (bei Czoble) von Geburt an als logische Sätze im Bewusstsein liegen, sind die Keime eingebettet, die im Laufe

---

[1]) Anaximander fasst τὸ ἄπειρον als Erstes, „eine unsterbliche und unvergängliche Einheit, als ewig schaffende Energie" (s. Ritter). Erst aus der Einheit und dem ἄπειρον entsteht das πεπαρασμένον (bei den Pythagoräern). Das Imaginiren eines bestimmten Raums ist nur Einbildung eines Körpers in das flüssige des eigentlichen Weltraums oder Raumrealen, wie Baader sich ausdrückt (mit der „Scheinzeit" im Gegensatz zur ewigen und wahren Zeit). Bei Hobbes erscheint als sechster Sinn, (Gedächtniss oder Imagination), das Nachtönen der Empfindnng, indem die Affection des Sinnesorgans auch nach dem Aufhören der Empfindung fortdauert (in der Erinnerung). Thought comes from the memory (sihiya) bei Nagasena (s. Hardy). Ende und Anfang fällt weg (in Hamann's Auffassung). Die Grenze als solche ist der gemeinsame Berührungspunkt zwischen Ich und Nicht-Ich (J. G. Fichte). Das Erste ist die Causa sui (bei Spinoza).

[2]) Alle Veränderung geschieht durch die Zeit, als Maass der Bewegung, ein Werk der Wärme (nach Telesio), in Erhaltung der Kraft.

[3]) Axiomata a particularibus rite et ordine abstracta nova particularia rursus facile indicant et designant (Bacon).

der durch sinnliche Eindrücke angeregten Entwicklung (aus δύναμις in ἐνέργεια) zu den Kategorien sich gestalten, welche Kant als Stammbegriffe des Verstandes hinstellte (neben den aprioristischen Formen der Anschauung in Raum und Zeit). Die den Zuständen des Körpers zukommende Gesetzmässigkeit liegt als immanente auch in den Geisteszuständen, weshalb Mill, gegen Comte's Unterordnung unter die Physiologie, der Psychologie ihre Selbstständigkeit vindicirt (auf dem Gesellschaftsgedanken zu begründen).

Indem in Verhältnissen gedacht wird und Verhältnisse ihre allgemeinen Formen besitzen, so ergiebt sich, dass solch' allgemeine Formen die Verhältnisse allgemeiner Formen im Bewusstsein sind (nach Spencer), und aus derartig physiologischen Wachsthumsgesetzen eines psychologischen[1]) Organismus reifen dann die Vorstellungen heran. Philosophisches[2]) Denken hat die Verhältnisse des eigenen Wesens, gegen die Dinge ausserhalb ausfindig zu machen, die Verhältnisse des Subjectiven gegen das Objective bestimmend (nach Lichtenberg), im Denken, als Rechnen.

Zunächst zur Erinnerung an Wahrgenommenes, dann für den Zweck der Mittheilung werden willkürliche Zeichen oder Namen (Wörter) erfunden, welche die wahrgenommenen Gegenstände bezeichnen, wie sie in der Erinnerung liegen, und als Zeichen für viele ähnliche Gegenstände den Charakter der Allgemeinheit erhalten, den die Dinge selbst niemals haben; Worte sind darum für den Weisen nur Rechenpfennige (um eben damit zu rechnen), für die Thoren sind sie Geld (nach *Hobbes*), und werden auch in der Philologie oft als klingende Münze behandelt, während es für die Psychologie auf die Gedanken-

---

[1]) Die Psychologie ist Physiologie unter den ihr entsprechenden Gesichtspunkten (nach Cabanis). Fries rechnet die psychische Anthropologie zur Naturwissenschaft (als mathematische Physik des Geistes). Nach Bilfinger hat die Psychologie (statt der Selbstbeobachtung) die naturwissenschaftliche Methode einzuführen († 1750).

[2]) Den ursprünglichen Trieb der Menschenbestimmung, den Trieb des Idealisirens, Vervollkommnen's der Natur zu beleben, diesen Weg, den die Menschen blindlings gehen, ihnen zu zeigen, dass sie ihn mit offenen Augen, mit Freudigkeit und Adel gehen, dies ist das Geschäft der Philosophie, der schönen Kunst, der Religion, welche selber aus diesem Triebe hervorgehen (s. Hölderlin), und ihn zunächst auf den Thatsachen der Menschheitsgeschichte nachgewiesen zu begründen haben (in ethnologischer Umschau).

verkörperungen ankommt (in den Völkergedanken). — Das Verstehen oder der Verstand ist das Verbinden einer Vorstellung
mit dem gehörten Wort, was auch dem Thiere zukommt; dagegen vermag nur der Mensch die Zeichen mit einander zu
verbinden und sie wieder zu trennen. Bei Zahlzeichen nennt
man diese Verbindung Rechnen, sonst aber Denken oder Vernunft, welche wesentlich nichts anderes ist, als die Fähigkeit
zu addiren und subtrahiren (s. Noack), — und dann in physiolo-
gischer Weiterführung auf eine mathematische Psychologie und
psychologische Principien im Individuum (neben den sociologi-
schen des Menschen, als Gesellschaftswesen).

Nach Lange hat die Psychologie (als künftige Wissenschaft)
„nicht von einem Seelenbegriff, sondern von den psychischen
Functionen auszugehen und sich auf Physiologie zu stützen",
aber derartig naturwissenschaftliche Begründung solch' individueller
Psychologie ist dann nur als integrirender Theil innerhalb des
Gesellschaftsgedankens zu betrachten, bei dessen naturwissenschaftlicher Durchbildung, der psychischen Functionen in ihm
(auf historisch-philosophischem Gebiete), die Psychologie ihren
vollen Umfang gewinnt. In der „rationellen Psychologie [1]"
wird eine transcendentale Definition der realen Natur der Seele
über alle Thatsachen und Verhältnisse gesetzt (s. Mansel), wogegen es jetzt vor Allem ein Sammeln von Thatsachen gilt, um
den vergleichenden Ueberblick der Völkergedanken zu gewinnen, eine Beschaffung des Materials zunächst, in vorläufig möglichster Enthaltung [2]) von Theorien.

Die Metaphysik hat bisher nie „den sichern Gang einer
Wissenschaft einzuschlagen vermocht" (s. Kant) und würde
einen solchen erst erlangen, wenn die naturwissenschaftlich
durchgebildete Psychologie in der Genesis der Ideen auch die
ihrigen darlegte. Bei Hamilton verwandelt sich die ganze Phi-

---

[1]) Die rationale Psychologie (von der Seele als einfach selbstständiges
Wesen) dreht sich zwischen Zweideutigkeiten und Widersprüchen in dem
Blendwerk von Erschleichungen und Fehlschlüssen (s. Kant). Für die rationale
Psychologie haben die Thatsachen der inneren Beobachtungen den Stoff zu
schaffen, aus der empirischen Psychologie (nach Wolff).

[2]) Die Pflicht des Stillschweigens (in pythagoräischer Echemythie) ist eine
wesentliche Bedingung für jede Bildung und jedes Lernen (nach Hegel). Wer
über noch nicht Erforschtes (auf geographischem, oder sonst wissenschaft-
lichem Felde) redet, ἀγνοεῖν καὶ μύθους διατίθεσθαι νομιστέον (s. Polybius).

losophie (ausser Naturphilosophie) in Psychologie (aber nur die individuelle, die durch die sociologische zu vollenden). Der Zweck alles Wissens ist der Nutzen des menschlichen Lebens und die Lehre vom Menschen bildet den Schluss der Naturphilosophie, sowie den Uebergang zu der politischen Philosophie (nach Hobbes) in der Psychologie, als Naturwissenschaft. Wie Bacon den Ausgang von der Naturphilosophie, so zeigte Hume (in Anregung von Smith's Nationalökonomie) die Moral- und Staatsphilosophie als Fortgang für die von der Metaphysik losgesagte Philosophie (von der Erfahrungsphilosophie zu der Philosophie der Sitten und Geschichte). Mit der Psychologie, als Grundwissenschaft der Philosophie (bei Fries), fasst Beneke die anderen Zweige derselben als „angewandte Psychologien", wogegen Herbart die Psychologie zur angewandten Metaphysik rechnet (s. Drbal). Beim Ausgang von den Völkergedanken hat die Psychologie in den ethnischen Provinzen[1]) Wurzel zu schlagen. Die Kenntniss der Natur des Menschen eröffnet nicht nur die Quelle aller Wissenschaft, sondern auch der Sitten, wie des Verfahrens, Menschen zu bilden und zu regieren, so dass auf dem Wege der Beobachtung, Erscheinungen und ihre Gesetze, als die ersten Gründe der Möglichkeit zur Bestimmung der menschlichen Natur überhaupt zu suchen sind, (nach Kant's practischer Vernunft, und damit demnach auf ethnologischen Thatsachen (in geographischer Gestaltung des Menschheitsbildes).

---

[1]) Zu (de Candolle's) Eintheilung der Pflanzen in Macrotherme, Mesotherme, Meiotherme, Microtherme (bei Baker), kommen die Xerophilen, Hygrophilen, Noterophilen (s. Goeze), dann nach den Standorten u. s. w., für die Naturphysiognomie (bei Humboldt) in der Physiognomik der Gewächse, als künstlerische (s. K. Müller) in den Typen (bei Zollinger), der Zonen, — aber Alles dieses würde, mit den sonst meteorologischen sowohl, wie topographischen, geologischen und anderen Agentien in einander zu rechnen sein, um das Gesammtfacit für den geographischen Character (der jedesmalig botanischen Provinz) zu gewinnen. Für den ethnologischen müssen Messungen der Gedanken die derer Kapsel ergänzen, denn so wenig Spitzbauten in China oder Rundbauten in Indien bei Parallelisirung mit entsprechenden Formen in gothischer oder romanischer Architectur deshalb auch damit etwa als vorwiegendes Eintheilungsprincip zu verwerthen wären, so wenig das Auftreten von Dolichocephalen und Brachycephalen an verschiedenen Theilen des Globus, trotz ihrer anderseitigen Wichtigkeit und Bedeutung für das Untereinanderschieben in jedem dieser Theile.

Les Phénomènes sociaux[1]) étant conçus comme assujettis à des lois naturelles, il s'agit de fixer quels doivent être le sujet et le caractère de ces lois (*Comte*) nach inductiver Methode (auf dem durch die Ethnologie in den Völkergedanken geliefertem Material vergleichender Psychologie). Der Substanz entbehrend, ist die Naturlehre des Geistes auf das Gesetz der Causalität beschränkt (nach Fries), in organischer Entwicklung, wobei die (dem unbewusst gegenwärtigen Subject fehlende) Beobachtung durch die Völkergedanken zu liefern ist (in Selbst-Objectivirung der Gesellschaft, worin das Einzelwesen zum Bewusstsein gelangt).

In organischer Entwicklung ist die Culturgeschichte jetzt herangereift zu denjenigen Früchten, welche die lang gesuchte Wissenschaft vom Menschen zu gewähren haben, indem die bei Ueberschau des Globus gewonnenen Materialien nach der in den Naturwissenschaften[2]) genügend bereits vervollkommneten Methode ihre Verarbeitung erhalten.

Der Skepticismus, der (bei Hume) die Untersuchungen auf das der Fassungkraft Zugängliche beschränkt, ist der des Buddhismus, der sich (gleich Comte's Positivismus) innerhalb der Relativitäten bewegt, das Absolute ausschliessend, oder sich demselben (wie Kant) nur als Grenzbegriff annähernd. Der Ausgangspunkt ist von (Bacon's) Naturphilosophie zu nehmen, in den Erfahrungen der Naturwissenschaft, und hier (unter vor-

---

[1]) Les phénomènes sociaux doivent être conçus comme aussi susceptibles de prévision que tous les autres phénomènes, entre les limites de précision compatibles avec leur complication supérieure (Comte). Die Physik (auf Mathematik zu begründen) bildet zugleich die Grundlage der Ethik (nach Tschirnhausen). Vernunft ist unsichtbar ohne Sprachen (nach Hamann), und diese ohne die Verkörperung in vorstellbaren Ideen, wenn sich (mit der Philosophie als „Grammatik") die Gesammtwelt (des Menschen) in den Völkergedanken spiegelt (um dort gelesen zu werden).

[2]) Les théories positives ont rallié d'abord les phénomènes astronomiques, ensuite les phénomènes de la physique terrestre, ceux de la chimie, et enfin les phénomènes biologiques (und Comte beabsichtigt die Hinzuziehung der „Phénomènes sociaux"). Die Erklärung einer Thatsache zeigt ihre Ursache auf, das Gesetz oder die Gesetze angebend, wovon die Erzeugung der bestimmten Thatsachen ein besonderer Fall ist (s. Mill). Das Ideelle, als aus dem Reellen entspringend, ist aus diesem zu erklären (s. Schelling). Der Mensch ist ursprünglich nur Geist, dessen sinnlich erscheinende Gestalt der Leib ist (nach Boström). Domus animae caro est, et inquilinus carnis anima (nach Tertullian).

läufiger Vermeidung der Ballon-Reisen durch das Luftreich der
Metaphysik) der durch Thatsachen gesicherte Weg zum Geistigen zu betreten, wofür in den, dem Materiellen nächsten, Interessen die Nationalökonomie (von Smith) geordnet wurde. Daran
schliesst sich unmittelbar die Rechtskunde, um in dem organischen Wachsthum der Staatsvereinigung das Wohl und Wehe
der Gesammtheit auf deutlich erkannte Gesetze zu begründen,
und dann das mythologisch Religiöse in den verschiedenen
Formen, wie sich die Welt in den Vorstellungen des Denkens
gestaltet hat und überhaupt gestaltbar ist, in beiden Fällen
mittelst der im Menschen, als Gesellschaftswesen, wirkenden
Psychologie, und so in dem, bei ethnischer Umschau des Globus,
der Induction (für vergleichende Betrachtung und gegenseitiger
Controle) geliefertem Material aus den Völkergedanken. Die durch
die Reize der Aussenwelt angeregten Eindrücke werden in der
dem Nervensystem (dem vegetativen sowohl wie psychischen)
immanenten Reflexthätigkeit[1]) nach Ausserhalb hin zurückgeworfen, so am umgebenden Horizont die Früchte spiegelnd,
die im innern Wachsthumsgesetz zur Reife sich entfaltet.

Comte erkennt „la souveraineté intellectuelle" der „Philosophie Sociologique" (les droits de l'esprit sociologique à la su-
prematie), und als letzte der Naturwissenschaften, die der früheren als Staffeln bedurfte, bildet zugleich den letzten Abschluss
die Psychologie, die freilich, als individuelle Psychologie, von
Comte[2]) keines Plätzchens selbst würdig erachtet wurde (und
durch die Phrenologie ersetzt werden sollte), die aber, als Psychologie des Gesellschaftsorganismus, auf das ethnische Studium
der Menschheit überführt (in den Völkergedanken), in die frei-
ren Regionen geschichtlicher[3]) Bewegung, ohne die in der

---

[1]) Auf das Ich kann keine Einwirkung geschehen, ohne dass dasselbe
zurückwirkt (J. H. Fichte). Wenn es bei der unendlichen Thätigkeit durch
Hemmung zur endlichen Production kommt, können sich nur Schein-Pro-
ductionen ergeben, mit der Tendenz zur Fortsetzung der Entwicklung (nach
Schelling).

[2]) The study of mental phenomena (moral and intellectual functions) wird
(s. Mill) unter Biologie gestellt (but only as a branch of physiology).

[3]) Die Psychologie ist das eigentliche Bindeglied zwischen der Natur und
Geschichte (George). In der Religionslehre, als Teleologie der Natur, (in einer
Kunstanschauung der Natur) hat die Ahnung die Natur selbst als Erscheinung
des Reichs der Zwecke zu bestimmen (nach Fries). Diogenes Seleuc. setzte
das Gute in die vernünftige Wahl des Naturgemässen (als Schüler des Chry-
sippos).

Physiologie eines körperlich Festgebundenen gesicherten Wurzeln zu verlieren.

In ihnen verkörpern sich die psychologischen Processe, die das darin einverwickelte Bewusstsein in sich selbst nicht[1]) studiren kann, während die (in den Geistesschöpfungen des Gesellschaftsverkehrs) nach Aussenhin projicirten Objecte sich jeglicher Art der Beobachtung und des Experimentes darbieten, also für inductive Behandlung in jeder Weise geeignet. Das unverbrüchliche Festhalten an den mathematischen Grundregeln ist selbstverständliche Vorbedingung, wie überall, auch im Denken. Wer die Zahlen, unbeachtet ihres Ziffernwerthes, beliebig durcheinander wirft, darf solches Spielen damit kein Rechnen nennen, und ähnlich bei allen Gleichungen, um Unbekanntes zu lösen. Um Solches, durch Substituirung eines bestimmten Werthausdruckes, in die Reihen des Bekannten einzuführen, muss bei der Entwicklung an den Proportionsverhältnissen streng festgehalten werden, und wer aufs Gerathewohl, bald hier, bald da, mit incommensurabeln[2]) Grössen dazwischen

---

[1]) Les fonctions affectives et surtout ces fonctions intellectuelles, ne peuvent être observées pendant leur accomplissement, mais seulement dans leurs résultats (Comte). The subject of Psychology is the uniformities of succession, the laws, whether ultimate or derivatiee, according to which one mental state succeeds to another (s. Mill), und wie sich also in den Völkergedanken die leitenden Ideen menschlicher Gesellschaft realisiren und vollenden (in gesetzlicher Entwicklung). Die auf die Sensation (Empfindung) folgende Suggestion oder Eingebung (des Verstandes) ist so eng mit ihr verbunden, um in gleicher Quelle suchbar (nach Stewart), als naturgemässe Folge im organischen Wachsthumsprocess (des Denkens). Nach Brown führt sich das ganze Vorstellungs- und Begehrungsleben auf das Prinzip der „Suggestion" zurück (in der „contiguity") als Kette (organischer Entwicklung). Die Ursache bezieht sich auf den schon hervorgebrachten Effect, die Potenz auf den künftigen. In demselben Augenblicke, wo die Potenz voll wird, ist die Potenz deshalb auch ein Actus, nämlich eine Bewegung, welche nur deshalb Potenz genannt wird, weil ein anderer Actus von ihr hervorgebracht wird (s. Hobbes). Das Weiterstreben, dieses Aufopfern einer gewissen Gegenwart für ein Anderes, Ungewisses, Besseres und immer Besseres ist der ursprüngliche Grund von Allem, was die Menschen treiben und thun (Hölderlin). Gleich der unendlichen Anziehungskraft des Magnets auf das Eisen, wirkt die höchste Weisheit als unerschöpfliche Nahrung (im Wissen des Nichtwissens) auf den Geist (nach Cusa). Der Begriff des nothwendigen Zusammenhanges zwischen Ursache und Wirkung wird durch die in den Vorstellungen zur Gewohnheit gewordenen Uebergänge von Einem zum Andern gegeben (bei Hume), und in diesen pulsiren die Wachsthumsprocesse des organischen Denkens.

[2]) Obwohl nach den Ideen des Uebersinnlichen (in Betreff der Seele, des

fährt, darf sich nicht wundern, wenn ihm Alles unter den Händen, in Nullen[1]) entschlüpft, oder schliesslich eine läppische Absurdität aus den Mühen seiner Arbeit hervorgrinzt.

The human beings, on the laws of whose nature the facts of history depend, are not abstract or universal, but historical[2]) human beings (nach Comte's „necessity of historical studies, as the foundation of sociological speculation"), denn: as society proceeds in its development its phaenomena, are determined, more and more, not by the simple tendencies of universal human nature, but by the acumulated influence of past generations over the present (s. *Mill*), und so umzieht ein ethnologischer Horizont die anthropologische Provinz, wogegen die „conclusions (from the universal laws of human nature) concerning the very earliest stages of human progress", dann directer auf die Ursächlichkeiten im Milieu oder (s. Spencer) „the environment" zurückführen (auf physische Grundlagen des Individuum, das sich geistig als Gesellschaftswesen erfüllt).

Der Mensch, als redend, bildet sich eine neue Welt, die ihn neben der physischen (übriger Naturwesen gleichfalls) umgiebt, und kann aus den Ideen, in welchen (als seinen Gedankenverkörperungen)[3]) er lebt, aus der zeugenden Ursache in sich selbst auf eigenes Bewusstsein zurückschliessen. Auf Voraussetzung der Richtigkeit des Gemeinseins beruht Wissen, Wesenheit und Tugend (nach Beattie). Statt Folge eines Gesellschaftstriebes (bei Grotius) geht die Uebereinkunft in Staatsverträgen

---

Weltganzen, Gottes) zu verfahren, dürfen doch derartige Gedankenwesen (polemisch, aber nicht dogmatisch brauchbar) nicht als wirkliche Gegenstände in Rechnung gebracht und bei Erklärung der Forschungen zu Grunde gelegt werden (nach Kant).

[1]) Die Charactere des Zero (als Unaussprechbaren) fallen mit denen des Absoluten zusammen (nach Oken).

[2]) La comparaison historique des états consécutifs de l'humanité constitue le principal artifice scientifique de la Sociologie (s. Comte) und mit geographischer Erweiterung über den Globus: die Ethnologie. On the sets of conditions, inorganic and organic, characterizing the environment, primarily depends the possibility of social evolution (s. Spencer), als Produkt der ethno-anthropologischen Provinz.

[3]) Die Philosophie (als unsichtbare Natur) steht im Menschen, wie ausserhalb, wie Einer, der sich im Spiegel sieht (Von Hohenheim). Mit der absoluten Identität (im Gesetz der Identität, als Gesetz für die Vernunft und alles Sein) ist die Vernunft (Schelling's), sowohl dem Wesen, als dem Sein nach, identisch (in der Unendlichkeit).

aus der Furcht (nach Hobbes) und der Sorge für den eigenen
Nutzen (der Selbsterhaltung zum Besten desselben) hervor (aber
diese Motive wirken nur als Factor in dem Organismus).

Un aphorisme empirique prescrit, en tout sujet possible, de
procéder du simple au composé (s. Rig), wogegen es sich nach
Comte richtiger nur darum handelt „d'aller toujours du connu
à l'innonnu", und so folgt bei grande différence entre la philosophie inorganique et la philosophie organique (und für diese
„la marche opposée") „the inversion of the ordinary relation
between Deduction and Induction (s. Mill), la necessité de
procéder de l'ensemble aux parties (für die Sociologie). Nachdem jedoch die Elementargrundlagen der Völkergedanken fest-
gestellt sind, wird sich dann die Psychologie in gesichertem
Gange der Naturwissenschaften den übrigen gleichfalls anschliessen [1]) können. Und damit wird die erforderliche Festig-
keit des Unterbaues gewonnen sein, für die wichtigsten Fragen
der Menschheit, denn „il n'y a d'ordre et d'accord possible, que
dans la subordination des phénomènes sociaux à des lois naturelles" (s. Comte). Da jeder sein eigenes Recht wahrt, und
die Beurtheilung von Tugend und Laster bei verschiedenen
Menschen verschieden ist, folgt der Krieg Aller gegen Alle, vor
der gegenseitigen Beschränkung im Staatsverein (nach Hobbes).
The permanent relations of a society are analogous to the permanent relations among the parts of a living body (Spencer).
Society is an organism (exists for the benefits of its members).
Die, jeder seine eigene Gedankenwelt, bewohnenden Philosophen
werden erst, nachdem sie aufgeträumt haben, sich beim Erwachen in einer gemeinschaftlichen Welt zusammen finden, wie
bereits die Grössenlehrer (s. Kant), und dann im gesicherten
Verständniss auch psychologischer Fragen, wie jetzt mathematischer.

Wie mit Lavoisier für die Chemie, mit Bichat für die Physiologie datirt mit Bentham der Versuch, in der Sociologie Gesetzlichkeiten zu normiren, aber die Wissenschaft vom Menschen
(in seinem Charakter als Gesellschaftswesen) konnte nach in-

---

[1]) In Schelling's Dynamik gilt die Chemie für die augenfällig empirische
Widerlegung der mechanischen Natureinsicht, und wie diese sich jetzt, als
mächtigste Stütze, derselben eingereiht hat, so wird es beim besseren Eindringen (durch die Induction) mit der Psychologie (bis dahin die Domäne
der Philosophie) gleichfalls geschehen.

ductiver Methode selbstverständlich erst dann in die Hand genommen werden, nachdem vorher der Mensch in seiner Gesammtheit, bei Ueberschau des Globus erkannt war, nachdem
also die Ethnologie begonnen hatte, Arbeitsmaterial zu be-
schaffen.

Die naturwissenschaftliche Psychologie, d. h. eine nach der
Methode der Induction durchgebildete Psychologie, wird das
naturgemässe Complement zu den übrigen Naturwissenschaften
bilden, und die dem Menschen wichtigsten Fragen im Studium
des Daseins können nur dann eine, naturwissenschaftlichen Ansprüchen entsprechende, Inangriffsnahme finden. In der Theilung der Arbeit liegt es jeder der Naturwissenschaften ob, auf
dem ihr zustehenden Gebiete die in den dort gestellten Pro-
blemen geforderte Antwort zu finden, und die Erfolge beweisen
bereits, dass wir den richtigen Faden gefunden, dass die exacten
Naturwissenschaften zu dem, was von ihnen erwartet wurde,
befähigt sind, also in ihren Consequenzen, soweit diese im zugehörigen Bereich bleiben, anzuerkennen. Aus unklarer Vermischung incongruenter Forschungsgebiete konnte aber nur
Verwirrung folgen, wie diese genugsam bereits eingetreten. Die
Räthsel der Geisteswissenschaft waren stets vorzugsweise an-
lockend, und so lag beständig die Verführung vor, sich an sie
zu wagen, ehe die genügenden Vorbereitungen zur Bewälti-
gung getroffen. Solch gelegentliche Plänkelzüge, aus den
Theilbezirken der Chemie und Physik, später aus dem der
Zoologie, auf das bis dahin von der Philosophie beanspruchte
Terrain, konnten zu keinen Resultaten führen, und erwiesen sich
insofern der Naturwissenschaft unwürdig, weil diese bisher überall siegreiche hier mit (oft nicht unverdientem) Hohn zurück-
gewiesen wurde. Es lässt sich nicht Hafer säen und Waizen
ernten, aber jede Naturwissenschaft wird die gereiften Früchte
bringen von dem, was sich auf ihrem Felde pflegen liess, wenn
ernstlich dort gepflegt. Alle Beobachtungsobjecte der Welt
sind bereits unter den Disciplinen der Naturwissenschaften vertheilt und geordnet, mit Ausnahme eben der psychischen, und
in ihnen liegen nun gerade die vornehmsten und dringend-
sten derjenigen Aufgaben, welche bisher der Philosophie als
ihr Monopol zufielen. Ein Angriff auf diese letzte, und zugleich
centrale Festung, kann, wie gesagt, nicht in sporadischen Ueber-
fällen effectuirt werden, sondern verlangt allseitig systematische

Vorbereitungen, in methodischer Fundamentirung der Psychologie
als Naturwissenschaft. Dass dieses erst jetzt unternommen werden
kann, liegt bei der graduellen Ausbildung der Naturwissenschaft
(in den Naturwissenschaften) in der Natur der Sache, denn stufen-
weis ist sie fortgeschritten vom unorganischen Reich bis zu den
Pflanzen, Thieren, und kann jetzt an den Menschen denken.
Mit dem Menschen selbstverständlich erst kann sie die, diesen
am nächsten berührenden, Streitfragen eigener Beurtheilung unter-
werfen. Das Körperliche des Menschen ist durch die Physiologie bereits in die Hand genommen, und so wird durch deren
naturwissenschaftliche Begründung der erste feste Halt gewährt,
für naturwissenschaftliche Gestaltung der Psychologie, für das
ganze Geistesreich[1]), (d. h. Alles, was bis dahin die Philosophie
bei ihrer Deduction in Anspruch nimmt). Es handelt sich also einfach darum, ob auch hier die Induction (unter der jetzt gebotenen
Hülfe der Völkergedanken) zur Anwendung gebracht werden
kann, ob sich den übrigen Naturwissenschaften eine psychologische gleichfalls anschliessen kann. Damit wäre dann, unter Beseitigung doppelter Buchhaltung, eine einheitliche Weltanschauung
wieder gesichert. Forschungen, die den Idealismus nicht nur
gelegentlich streifen, sondern sich mitten in sein Dickestes
hineinwagen wollen, werden, wie es nicht anders sein kann,
eine mehr weniger idealistische Färbung tragen, aber wenn die
Methode eine nüchterne bleibt, wie es hier, mehr als je, angezeigt ist, werden sie so realistisch[2]) gesättigt herauskommen,
wie es der crasseste Materialismus nicht besser wünschen
könnte, aber zugleich dennoch dem von solchem nicht Befriedigten
den ihm zum Bedürfniss gewordenen Genuss gewähren. Freilich
nur ein wenig Zeit, mit Verlaub. Rom war nicht an Einem
Tage gebaut, und bei der neuen Wissenschaft vom Menschen,
ihr noch völlig unabsehbares Gebiet in Rechnung gezogen, wird

---

[1]) Als denkendes Wesen (mit dem Denken als Attribut, wie der Ausdehnung) kann Gott (bei Spinoza) nur im Denken erreicht werden (also durch
die mit dem Denkprocess beschäftigte Wissenschaft der Psychologie), und da
die Vorstellungen des menschlichen Geistes von seinem eigenen Körper, (auf
dessen Physiologie eine naturwissenschaftliche Psychologie zu basiren hat),
unzutreffend und unausreichend sind, kann erst beim Objectiviren der Gesellschaftsgedanken als fremde Aeusserlichkeit, im Studium derselben die verwandte Methode Aussicht auf Erfolg gewinnen.

[2]) Durch die anthropologische Begründung der Metaphysik ist die Realisirung der Gegenstände transcendentaler Ideen zu erhalten (nach Fries).

kein billig Denkender mehr erwarten, als was von ihr, die völlig aus dem Frischen und unvorbereitet Rohen schöpfen musste, innerhalb weniger Decennien bereits geleistet ist, während die mit Recht als classische geachteten Wissenschaften innerhalb fest (und eng) beschränktem Gesichtskreises auf jahrtausendjährigen Vorarbeiten basiren.

Mit dem Denken als Rechnen, haben wir, wie in jeder Inductionswissenschaft, auch bei ethnischer Psychologie (um sie zu solcher zu gestalten) innerhalb rationeller Verhältnisswerthe[1]) zu bleiben, und dürfen uns dem in unzugänglichem Jenseits verschlungenem Anfang und Ende nur mit der Auffassung eines Grenzbegriffes annähern, innerhalb einer Kreislinie, die mit fortschreitendem Wissen freilich beständig zurückgeschoben und erweitert wird, aber je weiter gewissermaassen desto unerreichbarer, so dass die Forschung auf das Centrum des Contactes zurückgeführt wird, auf die Berührung des Aeussern und Innern im psychologischen Process.

Vor der Kritik der reinen Vernunft, wandelte diese (wie Kant bemerkt) unbedenklich im Uebersinnlichen, ohne einen Boden des Erkennens unter den Füssen, aber dennoch aus der Erfahrung nicht widerlegbar, so lange es vermieden wurde, mit den Urtheilen in sich selbst einen Widerspruch einlaufen zu lassen. Sobald man sich das System einer Logik gebildet hatte, musste das damit Ueberstimmende als zuverlässig gelten, und wer sich (in Böhmen) seine Hühneraugen[2]) durch einen Wagen (mit

---

[1]) Relativement à la doctrine, la philosophie positive se distingue par une tendance à rendre relatives toutes les notions, qui étaient d'abord absolues (Comte). Mit dem Zurückfallen auf einen Ursprung in der Descendenz hat sich die an Belehrungen so reichgeschmückte Transmutationslehre in ein metaphysisches Nebelland verirrt, wo es selbst einem wohlgeschulten Dialectiker schwer sein möchte, Pfad und Weg zu finden, wie viel mehr also uns armen Naturforschern (oder die wir es werden wollen). Der Verständige bleibt deshalb lieber in der von klarem Tageslicht erhellten Natur, wo es ohnedem auch viel schöner ist, und zu thun noch genug.

[2]) Wer Hühnerwurzeln hat, ruft einem vorüberfahrenden Holzfuhrwerk nach: „Nimm einmal meine Wurzel mit!" diese wird nun mit fortgefahren (s. Wuttke), die Wurzeln dem Holz entsprechend. Die Kraft, das Feuer auszuzusehen, besitzt, wer so lange auf den Funken hinsieht, bis er allmählig verglimmt ist (und wenn etwa nochmaliges Aufflackern droht, ist damit dann auch zugleich Vorkehr zur Hand). Dergleichen genug im Volksaberglauben, durch dessen labyrinthisches Gewirr indessen ein Faden einfachster Sätze leicht hindurchleitet.

13*

Hühnern am besten) fortfahren lässt, oder Beinbruch durch Schienen der Beine eines Tisches heilt, kann sich auch seinen Syllogismus zur Ueberzeugung bilden, so lange das Denken noch nicht im Rechnen zerlegt ist, um nur Gleichwerthiges in feste Proportions-Verhältnisse zu setzen.

Die Forschung wird darauf zu richten sein, Gesetze, wo sie sich für Feststellung finden, in ihren Consequenzen zu verfolgen, leitende Wahrheiten zu erkennen, und in der Harmonie des Kosmos trifft die Ahnung des Absoluten, das, in der optischen Täuschung umziehender Peripherie zu erfassen, keinem Versuche[1]) noch gelungen ist.

Wenn dagegen das in den Elementar-Operationen des Rechnens allmählig geübtere Denken bis zur Erfindung eines höheren Calctils fortgeschritten sein wird, mag es dann die Möglichkeit vor sich sehen, auch solche Probleme zu lösen, welche vorher über die Fassungskraft hinauslagen.

Nach Fortnahme des erfahrungsmässig Gegebenen in der Empfindung, bleibt die reine Form der Erscheinung, und dasjenige, wovon sich, als subjective Bedingung der Anschauung, nicht weiter abstrahiren lässt, bildet (in Raum und Zeit) den Rahmen der Einrangirung, innerhalb welches dann die (durch die Einbildungskraft bereits verknüpften) Vorstellungen durch den Gebrauch des Verstandes (im Denken) geordnet werden, zur Einheit des Bewusstseins (nach Kant). Nicht die Vorstellungen sind angeboren, aber der Grund, aus dem die ursprünglichen Vorstellungen entstehen, zur naturgemässen Vereinigung mit der Sinnlichkeit. Daraus werden dann die Stamm- (oder Grund-)begriffe der Verstandeshandlung aufgestellt, die sich indess eben als die (aus sinnlichen Wurzeln der Erfahrung genährten) Wachsthumsprocesse[2]) des Denkens ergeben, unter

---

[1]) All possible conceptions have been one by one tried, and found wanting (in Ontology), the reality existing behind all appearances is, and must ever be, unknown (s. Spenser), human knowledge is incapable of absolute knowledge (bei der „Relativity of all knowledge"). Aucun attribut ne caractérise mieux l'esprit positif que la substitution du point de vue relatif au point de vue absolu (Comte). La philosophie positive assujettit tous les phénomènes inorganiques ou organiques, physiques ou moraux, individuels ou sociaux, à des lois invariables (la prépondérance de l'observation sur l'imagination en constitue le principal caractère).

[2]) in einer Mechanik des Denkens, wie von Herbart in der individuellen Psychologie gesucht, aber dem Gesellschaftscharacter des Menschen gemäss in der socialen zu begründen (auf dem Völkergedanken).

der (optisch überwiegenden) Kreislinie des Raumes und dem (aus dem Entwickelungslauf fliessendem) Nacheinander der Zeit. Dass sich das Etwas, was hinter dem Ding-an-sich steckt, nicht wissen lässt, liegt darin, weil wir es leben, im Denken des eigenen Selbst. Zu Objectiviren würde es für den Einzelnen nur sein, wenn es sich selbst wieder aus dem Gesellschaftsgedanken (als integrirender Theil desselben) herausrechnet.

IV.

Der Buddhismus zeigt für naturgemäss gesundheitliche Geistesentwicklung denjenigen Weg, der sich in der Meditation besonders begünstigter Persönlichkeit als der entsprechende erwiesen, um zu harmonischem Ausgleich zu führen, und zugleich dient dabei der Lehrer selbst, aus fürstlichem Geschlecht entsprossen, zum Vorbild, wie für irdisch Vergängliches das Unvergängliche und ewig Dauernde einzutauschen.

Da vielerlei Strassen dahin leiten mögen, lässt der Buddhist auch für die in anderen Religionen angezeigten seine Anerkennung zu, obwohl er, neben dem philosophischen (oder naturwissenschaftlichem) Protest gegen einen Anfang des Anfangs (in der Gottheit, als ex nihilo schöpfend), in der jedesmalig gewählten Form des Heilsplans, für die Erklärung des Warum auf Hindernisse des Verständnisses stösst, die in seinem eigenen Lehrgebäude fortfallen, weil mit der psychologischen Construction desselben zusammenfallend.

Ohne die Möglichkeiten willkührlichen Eingriffs von Aussen, ohne die Möglichkeit also auch von Gnadenbezeugungen, bleibt der Einzelne (von Furcht nicht geschreckt, von Schmeichelsucht nicht verführt), auf sich selbst hingewiesen und eigene Kraft, getröstet und gestärkt im Kampfe nicht nur, sondern in stets mächtiger schwellender Strömung emporgetragen in den Hoffnungen, dass auch das Schönste und Erhabenste, in den Kleinodien des All, das seine werden müsse, wenn ernstlich gewollt.

Statt eines gefallenen Lucifer, der trotz Fesselung (wie Prometheus) und Unterwürfigkeit, mit übermüthiger Willkür in der Welt umherspukt[1]), setzt der Mazdeismus (bis zur ver-

---

[1]) Singe de Dieu, il veut avoir aussi ses autels, ses adorateurs, ses apôtres, et opérer des miracles à sa façon (s. Lecanu). Mephistopheles erzählt Faust die Geschichte der Erdschöpfung als ob er „dabei gewesen". Als Satan

suchsweisen Vermittelung in Zeruane-akarene) einen ursprünglichen
Gegensatz zwischen Ahriman und Ormuzd, während in Petrus'
Gespräch mit Lazarus (bei Clem. Rom.) der „Teufel nicht eigentlich ein böses Wesen ist, sondern ein gerechtes, Gott dienendes"
(s. Uhlhorn), indem der διάβολος und der υἱός eine Syzygie
bilden, als die linke und rechte Hand Gottes (zum Tödten [1])

zum Himmel hinaufsteigt, wird er von Michael hinausgeworfen (als Wider-
sacher des Sammael). Bei Saturnin sind die weltschaffenden Engel (mit dem
Judengott) nicht böse Mächte (wie bei den Manichäern), sondern die Gegner
des sie bekämpfenden Satan (s. Baur), als schreckliche Wandlungen (im
Buddhismus), ἀρχὴ σοφίας φόβος θεοῦ (bei Basilides) und timor (als Erstes).
Celsus stellt die Drohungen ewiger Strafen aus den Mysterien mit denen in
Stiftung des Christenthums zusammen, und in den Mysterien des Bacchus
wurde durch Schreckbilder Furcht erregt (s. Origenes). In dem Satz, deum
irasci, quoniam gratia commoveatur, liegt der Schwerpunkt der Religion (nach
Lactanz). Τὴν φιλίαν διὰ τῆς ἑνώσεως τὸν σφαῖρον ποιοῦσαν, ὃν καὶ θεὸν
ἐπονομάζει (Empedocles). Quid enim humilitate ditius, quid pretiosius invenitur (St. Bernhard). Nicht der Zweifel, sondern die Bewunderung ist Anfang
der Philosophie (nach Baader). Gott denkt im Menschen, der sich zu ihm
wendet (nach Ibn Caspi). Le vrai Grand-Etre objet de la religion, c'est
l'humanité (bei Comte). Mithras signat illic in frontibus milites suos (s. Tertull.).
In Here's Berührung der Blume Flora's wurde Mars geboren, und sonderbarer
noch Kartikeya (das martialische Seitenstück in indischer Phantasie). Ein
Staat, der die Brücke der Religion noch braucht, zeigt, dass er lahm sei
(J. G. Fichte), bei (japanischer) Trennung der Schwerter (gedoppelt getragen).
Da der Teufel den Menschen (seit der Verführung) mit vollem Recht (integro
jure) besass, konnte er auch nur auf dem Rechtswege (in Christus' Leiden)
depossedirt werden (nach Augustin). Hassan Sabbah aus Itoi, der (als Neben-
buhler des Vezier Nisamolmulk) vom Hofe des Seldschukiden-Sultan Melekshah
(Sohn Alp Arslan's) vertrieben war, wurde (unter Chalif Mostanssar in Kairo)
als Dai (Missionär) in den Geheimbund der Fatemiden (zum Sturz der Ab-
bassiden in Bagdad) aufgenommen und bemächtigte sich (im Einverständniss
mit den Einwohnern) des Schlosses Alaniut (trotz der Vertreibungsversuche
der Seldschukiden), wo er (als Scheich al Dschebal) einen Geheimbund eigener
Herrschaft gründete, den Dai (Missionaren) und Refek (Gesellen) die Fedavie
(Haschin oder Assassinen) oder Geweihten (Aufopfernden) und die Lasik zu-
fügend (1090 p. d.). Riswan, Fürst von Haleb (im Kriege mit den Kreuz-
fahrern und dem Fürsten von Damaskus), räumte den Assassinen Burgen ein.
Der Seldjukiden Sultan Sandschar (Nachstellungen fürchtend), schloss einen
Vergleich mit den Ismailiten (Assassinen).

[1]) Als Cpentu-mainyu, der Geist des Wassers (mainya oder Geist) steht
Ahura mazda (Schöpfer der Asha oder Ordnung), dem Angra-Mainyu (angra
oder hantar, tödten) gegenüber, von dem Aji-Dahaka geschaffen (als feindliches Prinzip der Schlange). In Indien werden die Siege des kriegerischen
Indra's gefeiert, dem etwaigen Falles der jüngere Bruder Vishnu mit Hülfen
aus dem Büsserthum (des Siva-Dienstes auch) vermehrte Stärke zu leihen ver-

und Lebendigmachen). So scheiden sich, wie die Lha und
Lha-ma-in (im Streit um den Baum Zampu oder Giamun),
auch ihre Welten, indem die jener durch Mihi-kj-ne (der
Menschen) zu den Pretas[1]) führt, die jener zu thierischen Wiedergeburten (in Tu-droi-ne) und dann kalten Aussenhöllen, während
der Feuerschlund in centraler Unterwelt glüht, weil einem grösseren Zirkelkreis angehörig, der im oberen Gegensatz der Yama
über die unteren Himmel dort hinausführt. Gleich den sieben
Buddha's werden (bei Clem. Rom.) die sieben[2]) Säulen aufge-

mag, während Brahma zum Anhören stets bereit, handelnd nicht eingreift.
Wenn der Riss dualistischen Zwiespalts eintritt, haben auch die Götter der
Beschaulichkeit in ihrer Rüstung mit dem Schwert der Discrimination zu
streiten (wie Manjusri). Sub gladio redimit coronam (Mithras). Die Mönche
heissen milites Christi (bei Cassian) und das Mönchsleben militia (nach Si-
donius), als militia clericalis (des Papst Gelasius). Nach Florinus ist der
Eine Gott auch Urheber des Bösen (bei Irenäus). Günther fasst die Welt
(antipantheistisch) als Contraposition Gottes. Maradheyya (als das Reich
Mara's) steht dem Nirwana gegenüber. Epicur verschonte seine (seeligen)
Götter von der Arbeit, mit Blasebalg und Amboss die Welt in Hammerschlägen
zu schmieden (während Pythagoras aus denen des Schmiedes die Intervallen
der Harmonie heraushört). Bacon weist den faber fortunae auf Kenntniss
seines Handwerkzeuges hin (zur architectura fortunae). Nach Aristoteles steht
die Wissenschaft je höher je weniger nützlich. Nach Merian bildet die Aufgabe des Philosophen die Geschichtsschreibung der menschlichen Natur in
Beobachtung und Zergliederung ihrer Thatsachen. Die Natur hat Glück und
gesellschaftliche Tugenden an die Erhaltung der Gleichheit geknüpft (nach Mably).
Adam erhielt nur das adjutorium quod aliquid non fit, nicht das adjutorium
quo aliquid fit (nach Augustin) und „der heilige Geist bläst wohin er will"
(s. Wiggers), ohne Rücksicht auf Verdienste, im „fatum sub nomine gratiae"
im Vorwurf des Pelagius, dem wieder der Vorwurf seiner Worte gemacht
wird (donare deum ei, qui dignus fuerit, omnes gratias).
    [1]) Zu den von Hunger gequälten I-than-kj-ne, aus enger Kehle mühsam
athmend (in Feuerflammen), steigt Xaca herab, zu predigen (als Tzhik-tou).
Nemo peregrinatus a corpore statim immoratur penes dominum, nisi ex mar-
tyriis praerogativa, scilicet paradiso, non inferis deversurus (Tertullian). Ju-
dicium extremum est vel particulare et occultum, vel universale et manifestum
Particulare fit in morte vel extremo mortis agone cujusvis hominis (Quenst.).
Emori nolo, sed me esse mortuum nihil aestumo (Epicharmus). Auf zweifelnde
Fragen über die Knochen des Grabes („diese Gebeine sollen wieder auferstehen"?) begannen dieselben sich zu bewegen (in Gross-Döbbern).
    [2]) oder (mit Zutritt von Christus) acht, sonst sechs (bei Ausschluss von
Adam), als Henoch, Noah, Abraham, Isaak, Jacob, Moses, Christus (mit Petrus,
als Schüler). Der προφήτης τῆς ἀληθείας (ἀληθῆς προφήτης) ist Träger der
fortlaufenden Offenbarung Gottes (die θρησκεία verkündend), als ὁ πάντοτε
πάντα εἰδώς, Namen und Gestalten wechselnd (s. Uhlhorn), die αἰών (αἰών

zählt, und auch die Gegensätze treten hervor, von Kain und Abel (Sohn des Anthropos) bis Petrus und Simon.

Nicht Eine Seele *ἅμα ἀγαθή τι ἐστι καί κακή*, sondern zwei Seelen[1]) fühlte Araspas an sich (s. Xenophon), duas simul

οὗτος) durchlaufend, bis zum *αἰών μέλλων* eigener Zeit (wo ihm ewige Ruhe beschieden). Die bei den Statuen in Finzenu Begrabenen waren glücklichen Fortlebens gewiss, und deshalb wurden auch die Fürsten im Umkreis von Pacha-camac's Tempel (s. Zarate) begraben (in Peru). Les Martyrs portent leurs têtes coupées en leurs mains et les offrent à Dieu, indem (wie bei St. Ferreol) en enterrant les martyrs, on leur mettait quelquefois la tête entre les bras (s. Tillemont).

[1]) Existimaverunt antiqui, animas a Jove dari et rursus post mortem eidem reddi (Macrob.). Isidor nahm zwei Seelen an, wie die Pythagoräer (nach Clem. Al.), die Karen kommen bis auf sieben (und für jede ist nach dem Tode vorgesorgt, bei Vertheilung der Phut in Siam). Jede theilweise Seele kann hinabgeben durch Zeugung, in's Unendliche, und hinaufgeben aus der Zeugung in's Seiende (nach Proklos). Der Tod ist nichts Schreck-liches (für Socrates), aber die Meinung von dem Tode, dass er schrecklich sei, dies ist das Schreckliche (nach Epictet). Nur die Vorstellungen von den Dingen machen glücklich oder elend (im Willen beruht die Glückseligkeit). Der Wille schafft sich seine Welt (bei Schopenhauer). Die Verbindung von Materie und Form geschieht durch die Bewegung (nach Avicebron) und ausser Gott (in Absolutheit keine Unterlage zulassend) ist jedes geistige und körperliche Wesen aus Materie und Form zusammengesetzt (durch den göttlichen Willen bewegt). Die erste Trias besteht aus Grenze, Unendliches und Gemischtes (Schönheit, Wahrheit und Symmetrie), in der zweiten ist das Eins (als Gött-liches und Wesenhaftigkeit) das Höchste, während die dritte Trias, als das ihr Zugehörige, die vernünftigerkannte Vernunft darstellt (nach Proklos). Nach Plutarch lässt Empedocles das Athmen zuerst erfolgen, wenn die in den Neu-geborenen (*βρίφεσιν*) befindliche Feuchtigkeit abgeschieden sei, wo dann die Luft in die leeren Gefässe von Aussen eindringe (erstes Einathmen), dann werde die Luft durch die hervordringende, angeborene Wärme wieder ver-drängt (erstes Ausathmen), bei dem nach Innenkehren der Wärme dagegen, dringe die Luft wieder zu (zweites Einathmen), nun erst dringe das Blut nach der Oberfläche des Körpers (zweites Ausathmen) und so erfolge weiter das Wechselspiel zwischen Luft und Blut (s. Lommitzit). Nach Descartes wird die Erde durch bewegten Aether schwebend erhalten. Nach Thomas Aq. ist das Prinzip der Individuation die durch Raumdimensionen bestimmt abgegrenzte Materie (materia signata). Das nach dem Ganzen Messende ist die Ewigkeit, das nach den Theilen Messende die Zeit (und die Ewigkeit doppelt, als be-stehende und werdende). Alles irgendwie Seiende ist aus Grenze und Un-endlichkeit wegen des ersten Seienden, alles Lebendige ist selbstbewegt wegen des ersten Lebens, alles Erkennbare hat an der Erkenntniss Theil, wegen der ersten Vernunft (nach Proklos). Von Anbeginn der Schöpfung haben die Geister in menschlichen Keimen als lebendige Intelligenzen existirt (nach Robinet). Bacon unterscheidet die theoretische Naturphilosophie (als ascensoria)

animas in homine lehrte Manes (nach Aug.), aber es handelt sich nur um den Gegensatz zwischen Seele und Leib, oder Geist und Fleisch, und „das Wesen des Fleisches setzte er in die Concupiscentia" (s. Baur), wie bei dem im Reiche Mon wiedergeborenen Lhama Maximus (s. Georgi), als er sich sinnlichen Lüsten ergab, im Kloster Brepung darüber verhandelt wurde, ob die Seele „bonae lucidaeque substantiae Ciangciub" (spiritus Ciangciub) aus seinem Leibe entwichen; τὸ ζῶν πνεῦμα (der Manichäer) Tibetani Zin viventem et vitae largitorem nominant (Gang-cihup vel cihup spiritum designat splendidum, mundum, purum et candidum, sicuti nix).

Wessen Sangkhan[1]) verdienstlich (Bunyaphi) gestimmt ist, der verbleibt (auch ohne künstliche Steigerung zu den Dhyana, die zur Wiedergeburt in die Byamha-Himmel führen) in den reinen Sinnen (Bhawana) als reinen Seins (und so mit der Möglichkeit directen Eingehens in das Nirwana), wogegen Abunyaphi zu den vier Existenzen (in der Hölle, unter Thieren, als Preta oder als Asura) führt, und Anenchaphi, als festhaltend (in den Verzückungen der Dhyana) zu den (Arupa[2]) in den) formlosen Welten (wo nur Chit-Chetasik übrig bleibt).

Die von Empedocles[3]) in Vierzahl unterschiedenen Ele-

---

von der practischen (als descensoria). In der Idéologie (Grammaire générale oder Logique) la science des idées renferme celle de leur expression et celle de leur combinaison (s. Destutt). Der Genius, die geistige Eigenthümlichkeit in ihrer Einzelnheit, ist ebenso ein Wesen sui generis, wie irgend eine neue in die Geschichte der Schöpfung eintretende Thierspecies (s. Fichte). Die Harmonie der Geister wird der Anfang einer neuen Weltgeschichte sein (s. Hölderlin).

[1]) Sanghan oder Samskara (arrangement or tendency to arrange) oder (s. Alabaster) predisposition geht von 52 (bei Abzug von Wethana und Sanya) auf 50 (für seinen Inhalt). Im Miezu Paramatta werden die 89 Tzit zu 121 durch Einrechnung der Megga in den fünf Dhyan.

[2]) Souveraine Herren im Reiche der Luft, die den festen Boden unter den Füssen verloren (wie de Stael's Philosophen). Die (getrennten) Dhyana im Himmel entsprechen den „Gedankenwelten" der Luftbaumeister, deren Jeglicher die seinige mit Ausschliessung Anderer ruhig bewohnt (nach Kant). Doch fehlen nicht Rivalitäten, und unter den Partheien der Christen würden die Würfel zu entscheiden haben (meint Celsus).

[3]) Die ἀρχὰς ποιητικάς (mit φιλία und νεῖκος) aufstellend, und daneben die ἀρχὰς ὑλικάς (das Elementarische in Vierzahl). Zur Verdeutlichung der Weltschöpfung (aus Zeus) verwandten die Ophiten die Bilder des Mischkrugs, Mantels und Netzes (im Weben und Verknüpfen der Stoffe). Con (der Peruaner) wird (in Mexico) auf Urnenkrug bezogen (s. Brasseur).

mente ruhen durch die Liebe vereinigt in gegensatzloser Mischung (in der Weltkugel als Gottheit), wenn nicht durch Zwischenfahren des Hasses auseinandergesprengt, in (als zusammengesetzt) vergänglicher Welt des Zerfalles, gegenüber harmonischer Einigung im Nirwana. Durch Hingabe in der Liebe hat sich der Mensch (mit den Reinigungen oder Katharmen) aus dem Erdenleben, als unseliger Welt zu befreien, um in die reineren Regionen des Aether zu gelangen, und Empedocles erzählt von sich selbst die Stufen der Seelenwanderungen, welche er (von Staude zum Menschen) auf dem Wege durchgangen (in Vor-Existenzen eines Buddha). Den ἄτης λειμῶνα, als τὸν διακεκριμένον (aus Zusammensetzung in Vergänglichkeit zerfallend) erkennend, strebt der Geist aufwärts, um göttliches Leben zu gewinnen, unter den ἀθανάτοις ἄλλοισιν ὁμέστιοι, als ἀθάνατος θεῖος, ἄμβροτος, οὐκ ἔτι θνητός. Für solchen Zweck wird in den Katharmen den Agregentinern besonders die Enthaltung von Fleischkost gepredigt, da „in der Gestalten-Verwandlung" (s. Lommatzsch), die Verwandten geschlachtet werden mögen, wie solche von chinesischen Bonzen im Gekakel der Enten wiedererkannt worden sind, um sie sich als Geschenk zu erbitten, wenn an ihrem Frühstück eine Schüssel noch fehlte.

Der Wunsch, dass durch Tugend erworbene Verdienste abgeschiedenen Verwandten gleichfalls zu Gute kommen mögen, kann sich, ausser für die in der Hölle abgeschlossenen (obwohl auch hier, bei aussergewöhnlichen Anstrengungen, wie in den Sutra Beispiele[1]) vorliegen) oder den schlimmeren Klassen der

---

[1]) Wie das der frommen Tochter, die ihre Mutter selbst aus Avitchi erlöst. Unter den Pretas, die Klasse der Wantarikas, Khuppipankas und Nijjhamatrisnikas „derive no benefits from offerings" (s. Hardy). There are also Devas of such scanty merit that they are sometimes seen in Jambudwipa plucking sour berries to eat. When men see their miserable appearance and ask them, who they are, they reply: we are Asuras (fi-jin, not men), Devas, alas, but of scanty merit (s. Beal). Und griechische Götter mussten sich des lieben Brodes willen als Knechte verdingen und Heerden hüten. Dass man den Göttern, die über das Leibliche Einfluss ausüben, Verehrung erweise, kann nicht schaden, so lange nicht die Verehrung des höchsten Gottes dadurch beeinträchtigt wird (nach Celsus). Wer leblose Dinge als Götter anbetet, redet zu einer Wand (nach Heraclit). Id volunt, quod merentur (Caecilius) die Christen (im Kreuz). In die Mysterien wurden solche gerufen, die sich reiner Hände wussten (s. Celsus), zur Taufe Verbrecher (nach Julian). Die Kolosser suchten sich durch Mysterien mit höherer Geisterwelt in Verbindung zu setzen (zu Paulus' Zeit). Die Einzuweichenden (des Mithras) traten durch acht

Pretas, verwirklichen, aber eigene Laster (wie Nagasena aus-
führt) schaden ihnen nie, da das Böse solcher nur etwas pri-
vativ Verminderndes ist, das keiner Mittheilung fähig, wogegen
in dem Guten ein reicher Strom der Gnaden schwillt, an dessem
Genuss auch die dabei in Gedanken Eingeschlossenen Theil haben
mögen. Ob factisch dies geschehen wird, darüber braucht man sich
keine Sorgen zu machen, da wenn der Bedachte etwa nicht
in der Verfassung sein sollte, das Zugedachte zu verwerthen,
dieses doch nicht verloren geht, weil dann dem eigenen Besten
zu Gute kommend. Das Absprechen einer Persönlichkeit bezieht
sich nur auf die psychologische Unmöglichkeit das Ich zu fixiren,
denn für alle practischen Zwecke in moralischer Hinsicht, gilt
sie in voller Kraft, durch das Karma gebunden.

Für künftige Bestimmung wiegt (in Abwägung der Effecte
aus Kusala und Akusala) der moralische Werth des Menschen
am schwersten[1]), als ein durchgreifend entscheidender, denn obwohl
sich ausserdem mancherlei Vorzüge des Geistes gewinnen lassen,
bis zu solchen, die mit dem Glanze magischer Gewalt (in den
Irdhi) und Beherrschung der Umgebung schmücken mögen,
so sind sie doch unmächtig gegenüber den dunkeln Mächten,

Treppenpforten ein (nach Celsus). Nicetas zählt 12 und Nonnus 80 Prüfungen
(in den Mysterien des Mithras). Aridac et ardentis naturae sacramenta leones
Mithrae philosophantur (Tertullian). Die Perser feierten das Fest des Mithras
(als allgemeines). Als die Prophetin Priscilla (Quintilla) Christus in weiblicher
Gestalt erblickte, hörte sie, dass das himmlische Jerusalem auf Pepuza herabkommen würde (nach Epiphanius). Nach Corinth werden die tausend Jahre
(des Chiliasmus) zu Jerusalem in hochzeitlichen Lustbarkeiten und frohen
Opfergelagen verbracht werden (bei Cajus). Nach Commodianus werden die
Heiden von den Heiligen nicht nur unterjocht, sondern noch überdies, als
Sklaven und Lastthiere, gebraucht werden (im tausendjährigen Reich). Zu
den Kranztragenden (bei der Sibylle), gehören die Märtyrer und die παρ-
θενικαί. Trotz der sieben Posaunenstösse (oder Donner) tritt keine Besserung
der Menschen ein (in der Apocalypse). Nach Athenagoras wird das πλῆθος
ἀγγέλων καὶ λειτουργῶν bei der Weltschöpfung thätig. Nach der Κήρυγμα
πέτρου setzte Gott jeder seiner Schöpfungen einen princeps vor, angelis angelum
principem, et spiritibus spiritum, sideribus sidus, daemonibus daemonem
(s. Hilgenfeld). Nach den Indianern „each species of animal included one
enormous one, much larger than the others, to whom the others were subject",
als Hu-rapa-rakan (the one exceeding great in size) in Guatemala (s. Brinton).

[1]) Of all things, that are achinteyya, the most powerful is Karma (s. Hardy),
und das Gute ist mächtiger, als das Böse. When merit and demerit is acquired,
the former increases in a greater degree, than the latter (the reward of
demerit is small and insignificant, that of merit is vast).

die bei noch nicht völliger Läuterung[1]) von bösen Neigungen
und Leidenschaften, in diesen fortlauern werden.

Jeder ist seines eigenen Glückes Schmidt, im Diesseits,
wie für das Jenseits; was er gesäet, wird er ernten, und muss
er seine eigenen Früchte[2]) essen, seien sie gute, und somit lieb-

[1]) Dazu werden ausser Täufern (oder Wieder-Täufern) und (waschenden)
Brahmanen, auch Purgatores ausgesandt, wie in Mani's Schüler die Catharistae,
von denen sich (nach Ekbart) die Katharer herleiteten (als Reinmacher). Die
Mutter des am ganzen Körper rauhhaarigen Mädchens hatte sich in Petra
Sancta an einem Bilde Johannes des Täufers versehen (nach Vanini). Bei
den Zusammenkünften der Stadinger: un homme éblouissant de lumière, depuis la tète jusqu'à la ceinture et couvert ensuite jusqu'aux pieds d'un poil
épais et herissé apparait subitement (nach Raynaldi). Die Trui und Komang
(bei den Dayak), are described as of a fierce and wild appearance, being
covered with coarse red hair like on orang-utan (s. St. John). Die Erhebungs-
stufen der Seelen begannen von dem mit den Thieren gemeinsamen Instinct
(nach Ibn Badschch). Die Japaner schreiben Hunden und Affen die Fähigkeit
zu, Geisterspuk zu sehen, so dass sie dadurch weniger leicht verwirrt werden,
als Menschen (s. Reed). Intellige, ut credas (Abälard). Als beim Tode des
Arhat Godhika der (böse) Mara nach der Seele sucht, versichert ihn Buddha,
dass er sie nicht finden würde, weil der Heilige in Nirwana eingegangen (ohne
neue Wiedergeburt). Nulla gens tam fera, nemo omnium tam est immanis,
cujus mentem non imbuerit deorum opinio (Cicero). Als Schüler des Diogenes
(aus Babylonien) vertheidigte Antipatros (aus Tarsos in Cilicien) die Mantik
(sein Leben freiwillig endend). Schubert schien es oft, im Innern an Tage
erinnert zu werden, die nicht mit den jetzigen, sondern mit andern Augen
gesehen. Theodoros, Schüler des Aristipp, wurde als Atheist angeklagt, als
Lehrer des Euemeros (in der Schule der Cyrenaiker). Aristipp, die Schule
der Hedoniker stiftend (in Cyrene), unterrichtete seine Tochter Arete (Lehrerin
des Theodoros). Annikeris setzte die Lustempfindung als Strebeziel (in Cyrene).
Die Verschiedenheit in den Götternamen führte Chrysipp auf die des viel-
namigen Zeus zurück. Apelles (Schüler des Marcion) introducit einen Deus
infinitis superioribus partibus (s. Tertull.). An der Spitze der übersinnlichen
Götterordnungen steht das Eine oder Urgute (als Ueber-Eins) und die Henaden
(des Urwesens) sind die höchsten unter den Göttern (nach Proklos). Valentinus
30 deorum nuntium se praebuit, (bei Cyrill.), lehrend, quod Bythos, id est
profundum (docebat enim ut qui fundum esset malorum, a fundo doctrinae
sumeret initium) genuerit Sigen, id est Silentium, et de Sige procrearit Logon,
qui Jupiter sit Gentilibus (τοῦ παρὰ Ἕλλησιν Διός) et deterior ac inferior eo,
qui cum sorore sit mixtus (s. Grodecius). Basilides (Vater des Isidor) prophetas
sibi confinxit, quos Barcabbam et Barcoph vocavit, aliosque, quibus barbara
nomina imposuit (s. Cave).

[2]) The reward of merit is according to its character, as well as its
degree. When it arises from something unconnected with the Dharma, worldly
prosperity is received, or birth secured, as a garuda, suparnna, or naga.
When it arises from something connected with the Dharma, it secures birth

liche, oder böse und widerlich. Indem dabei die Kharma aus früheren Existenzen (in einer Art Erbsünde gleichsam) nachwirkt, so ergiebt sich das in den folgegemäss bedingten Dispositionen, die dementsprechend für ihre schlechten Neigungen schwerer oder leichter zu überkommen sein werden. Das Ganze beruht, hier wie überall, auf einem gesetzlich gefesselten Zusammenhang, an dem als solchen nichts zu ändern ist, an dem sich aber Alles nach Wunsch umzugestalten hat, wenn man ihn in seiner Ursächlichkeit erkannt und dadurch den eigenen Geistesfunctionen unterworfen hat. Es kann hier keine fremde Hülfe gewährt werden, weder von Göttern, die anzuflehen oder durch Opfergabe zu bestechen[1]) wären, noch durch Dämone, die zu be-

---

in a Dewa loka or Brahma-loka, or entrance in the paths (s. Hardy). Ὁι δὶ-πολλοὶ κεκόρηνται ὅκωσπερ κτήνεα (Herakl.). Der Verstand „will schlechterdings an geistigen Gegenständen geübt sein, soll er zu seiner völligen Aufklärung gelangen und diejenige Religion des Herzens hervorbringen, die uns fähig macht, die Tugend um ihrer selbst willen zu lieben" (s. Lessing). Our primary experience is a faith (s. Hamilton). Alanus stellt den Glauben zwischen Meinen und Wissen. Das Gute ist das naturgemässe Sein in Jedem, in dessen Betracht es seine Vollkommenheit hat, das Böse aber der naturwidrige Zustand dessen, das es hat, in dessen Betracht es des Naturgemässen und des Guten beraubt ist (nach Simplicius), wie sich Krankheit zur Gesundheit verhält (s. Enk). Obwohl alles Seiende nach dem Guten begehrt, ist doch das erste Gute über alles Sein erhaben (nach Proklos). Gut ist, was dem Menschen nützt, und was der Gesellschaft nützt, das Gut der Gemeinschaft (nach Bacon). La philosophie positive subordonne au point de vue sociale la moral elle-même, en rapportant tout non pas à l'homme, mais à l'humanité (s. Comte). Thorild macht die Nothwendigkeit, auf bestimmte Weise zu denken, zur Grundlage alles Wissens. Nach Destutt bildet die Ideologie einen Theil der Zoologie (die Psychologie der Biologie). Ἀρχὴ καὶ ῥίζα παντὸς ἀγαθοῦ ἡ τῆς γαστρὸς ἡδονή (Epicur). Die Anthropologie hat (als philosophia humana und philosophia civilis) die menschliche Natur und die menschliche Gesellschaft zum Gegenstand (nach F. Bacon). Gott ist ein Insichselberwirken, Gebären und Finden, und seine Harmonie tönt aus dem Menschen, als Saitenspiel hervor (nach Böhm). The establishment of rules of right conduct on a scientific basis is a pressing need (Spenser), wie es bei Durchforschung der Völkergedanken unter Ableitung allgemein gültiger Gesetze, wird geschehen können.

[1]) Wie reimt es sich, dass Gott von den Unrechtübenden durch Geschenke verführt werde, frägt Simplicius, „so dass die Ungerechten und Habsüchtigen und Raubenden, wenn sie einen kleinen Theil dazu verwenden und denen, die für dergleichen zu beten und Gott zu versöhnen vorgeben, schenken, dasselbe zu thun erlaubt und die Strafe ihrer Sünden erlassen würde" (s. Enk). Die „jetzigen Menschen" glauben so, bemerkt der vor den Christen zu den Persern flüchtende Philosoph (beim Schluss der Schulen in Athen). Resur-

schwören, sowenig wie durch Schutzgeister[1]) irgend anderer Art, wenn nicht im eigenen Bewusstsein gefunden.

---

rectionis fidem admittere noluisse (schrieb Synesius an Theophilus), aber dennoch „initiarunt mysteriis et ad episcopi provexerunt gradum" (s. Photius), quamvis resurrectionis dogma nondum admitteret, neque profiteri vellet (s. Euagr.) Haec si mihi Episcopatus nostri jura permittant, possum hanc dignitatem admittere, ita ut domi quidem philosopher, foris vero fabulas seram (τὰ μὲν οἴκοι φιλοσοφῶν, τὰ δὲ ἔξω φιλομυθῶν), ut nihil penitus docens, sic nihil etiam dedocens, atque in praesumpta opinione animi permanere sinens (Synesius). Ut vestitum, sic sententiam habeas, aliam domesticam, aliam forensem (s. Cicero). Erst aus der allgemeinsten und grössten Kraftaufwendung und Dialectik des christlichen Geistes ging endlich das Hochwürdige, dem christlichen Glauben und Wissen zur Richtschnur (regula) gegeben und als neue Gesetztafel in der christlichen Kirche aufgestellte, nicäische oder athanasische Symbolum hervor (s. Mussmann), das (nach Gibbon) Manchem nicht leichtverständlich ist und bei Unverständlichkeit für docta ignorantia (bei Cusa) mit Substituten des Nirwana zusammenfallen könnte, im Nihilotheismus (nach Damiron) als Nichtwissenkönnen von Gott (bei Robinet). Auf Athanasius, als Vater der Orthodoxie (bei Epiph.) in Vertheidigung des nicäischen Glaubensbekenntnisses, wird das seit dem 7. Jahrh. in der occidentalischen Kirche, „als echtestes Document in der kirchlichen Trinitätslehre" (s. Augusti) angenommene Symbolum Quicunque zurückgeführt (oder auf Virgilius von Tapsus). Diabolus (s. Tertullian) ipsas quoque res sacramentorum divinorum in idolorum mysteriis aemulatur (des Mithras). Im „belief", dass der Empfindung etwas Gegenständliches entspricht, ruht das unmittelbare Wissen, als gegenständliches Bewusstsein in der Wahrnehmung (nach Reid). Jedes Element der Welt wird (indem die Ausflüsse durch Poren eindringen) von den gleichartigen im Organismus (durch die Sinneswahrnehmungen) verstanden (nach Empedocles), wie in buddhistischer Psychologie.

[1]) La posterité sanctionnera (hofft Comte) „le culte", gewidmet dem „ange gardien objectif" (l'éminente prolétaire, Sophie Blot), neben dem der „anges gardiens subjectifs" (Mad. Comte, la mère und Cleotilde de Vaux, l'épouse mystique, — Tochter durch Adoption und Geliebte). By herself Uma is a maiden or mother, united with the Godhead she produces the androgynous figure of Ardhanariswara (as wife of Rudra). Dem Markos (Schüler des Valentinus) erschien die göttliche Vierheit (Tetras) in weiblicher Gestalt (als Offenbarungsorgan der Sige). ζευγνῦναι τὴν ψυχὴν τῷ πνεύματι τῷ ἁγίῳ (Tatian). Recipit enim illum dei spiritum, quem tunc afflatu ejus acceperat, sed post amiserat per delictum (der Getaufte), im beatum connubium (s. Tertull.). Die Propheten und Evangelisten heissen πνευματοφόροι (bei Theophilus). Die Vernunft, als Verblendung des menschlichen Bewusstseins, ist das Vernehmen des Uebersinnlichen (nach Thrahndorff). Zur körperlichen Seele tritt die vernünftige, als (angehauchtes) spiraculum (bei F. Bacon). Man machte den Versuch, man that die Augen auf (s. Göthe), und das Zeitalter der Aufklärung wurde inaugurirt, und so wird sich noch Manches mehr aufklären, wenn man den ethnologischen Thatsachen gegenüber, die Augen nicht länger verschlossen

Der Buddhist trägt sein Geschick in eigener Hand, die Religion appellirt an den festen Willen der Selbstrettung [1]) unter den passiven Volksstämmen, die sie anerkannt haben, wogegen unter den, in ihrer mächtigen Geschichtsbewegung kraftvolle Thätigkeit bethätigenden, Völkern die Religion vielfach zu passiver Indolenz verdammte, zu stumpfer Hingabe an tyrannische [2]) Willkür, gegen die ein Murren selbst nicht gestattet, weil nur verbrecherisch das bodenlos Sündhafte der „Massa [3]) perditionis" noch verschlimmernd. Wenn dabei die Frömmigkeit ihre Anrechte auf das Gemüth behauptete, so konnte das nicht wegen, sondern trotz solcher Lehren gelten, die darauf abzuzielen schienen, jede Rücksicht auf Religiosität [4]) zu vernichten. Tota

hält, sondern zu beginnen wagt, sie deutlicher ins Auge zu fassen und anzublicken (obwohl es dann freilich neuer Arbeit genug zu thun geben wird, um die von allen Seiten einstürmenden Fragen zu bemeistern).

[1]) Dem vom Tathagata voran begangenen Pfade folgend. Das Urbildliche in Christus ist zugleich als Vorbildliches zu denken (s. Schleiermacher). Wer an Seelenkrankheit leidet (in Verwechslung von Gut und Böse), bat sich an die Weisen, als seine Aerzte zu wenden (nach Maimonides). Gottesverehrung beruht in Erfüllung der Pflicht und Handeln nach Vernunftgesetzen (s. Lichtenberg). L'évolution de la méthode positive demeure incomplète jusqu'à ce qu'elle s'étende à l'étude de l'humanité (Comte).

[2]) Unter Reservirung des Genusses hüben und drüben, wie Fichte den (theologischen) Atheisten vorwirft.

[3]) In originali malo duo sunt, peccatum et supplicium (s. August.), für die massa perditionis, die „Auffassung des Menschengeschlechts im Grossen und Ganzen und die unbedingte Verwerfung desselben gegenüber der Gottheit und dem Ideal des Evangeliums" (Baumgarten-Crusius). Das Opfer Christus' (δόξα θεοῦ) ist wirksam als Kapporeth (ἐν τῷ αὐτοῦ αἵματι). Athenagoras erklärt die θυίσεια δεῖπνα (der Christen) für unerweisbar (und im Mittelalter wurden Kinderopfer den Juden vorgeworfen).

[4]) In Leibnitz' Optimismus erscheint das Uebel nicht (wie im manichäischen Dualismus) als positive Ursache, sondern als Mangelhaftes (causa deficiens), und so im Buddhismus (trotz vermeintlichem Pessissismus). Der Angelus igneus (als praeses mali), heisst als Schöpfer (in den Clementinen) ἄλλος θεός (bei Epiphanius). Erst ὁ χρηστός Ἰωάννης erklärte Jesus für Gott, was weder Paulus oder Matthäus und Marcus gewagt (nach Julian). Im Passahstreit beruft sich Polycarp auf das Zeugniss des Johannes (am Busen des Herrn), die Stirnbinde tragend (als Priesterzeichen). Der Judengott hat seinem Volk im (kriegerischen) Messias die Weltherrschaft verheissen (bei Marcion), und als daher der Messias des Guten kam und frei von Leidenschaften, still und milde, ganz Liebe und Gnade den Seinen den Weg zu einem Reiche eröffnete, das über dieser Welt steht, erschrak der Demiurg über diese Offenbarung eines ihm unbekannten Gottes und trieb die Seinen in die Schlacht gegen dessen Boten (s. B. Bauer). Die unter Chrestos (dem Holden oder Gütigen) Aufständischen wurden aus Rom vertrieben (nach Sueton).

haec doctrina ad illud certamen perterrefactae conscientiae referenda est, nec sine illo certamine intelligi potest. Verständniss zu gewinnen ist hier in jeder Hinsicht schwer, wogegen es mit psychologischer Entwicklung mehr weniger durch diese selbst gegeben sein muss. Sonst ist auf höhere[1]) Aufklärung zu hoffen.

---

[1]) Im jansenischen Streit (über die Gnade) wurde von Paul V. den Partheien Stillschweigen auferlegt: „bis zur neuen Offenbarung des heiligen Geistes"; und diese Verordnung durch Urban VIII. bestätigt (1625). Doch dem heiligen Augustin bereits war bekannt: Certus numerus electorum, neque augendus, neque minuendus. Für Origines stellt in der ἀποκατάστασις τῶν πάντων sich Alles wieder her, unter den Geburtswehen des Maschiah (bei den Rabbinen). Die Ebioniten (bei Epiph.) hielten Christus ὡς ἕνα τῶν ἀρχαγγέλων, μείζονα δὲ αὐτῶν ὄντα (wie Elxai erscheinend). Intellige itaque afflatum minorem spiritum esse (s. Tertullian). Zur Pflege des Gemüths diente (als Cultur desselben) die georgica animi, in sittlicher Leitung des Willens (nach Bacon). Augustin bekämpft die zwei Seelen (böse und gute) im Menschen (bei Manichäern). Beim Reinigungsfest (unter den Pahari) citirt der nach den Noten die Formeln absingenden Lama (den Vajra schwingend) die Dämone in eine Teigpuppe, die (nach Einschiessen von Pfeilen) mit magischem Dolch durchbohrt wird. Beim Reinigungsfest der Laren werden die Pilae genannten Figuren (aus Wolle) aufgehängt. Das neue Jahr vertreibt den alten Jahresgott (Mamurius Vetus) im März (s. Usener). Wie fünfjährig im Lustrum wurden die Uebel jährlich durch das Suburbale oder Suburbium genannte Reinigungsfest gesühnt (im Begraben). Aus der unseligen Welt des Erdenlebens hat sich der Mensch, in Reinigungen und Sühnungen, durch völlige Hingabe an die Liebe zu befreien (nach Empedocles). Als der heilige Babylas beim Tempel des Apollo in Daphne begraben wurde, verstummte das Orakel. Die ἀλλοιωτά (wandelbaren) Durchläufe (bei Empedocles) bilden Stufengrade der Entwicklung (von Göttern zur Pflanze). Die Vor-Existenzen Buddha's spielen in der Jataka (als Fabeln bei Lokman). Bei Verunreinigung des Feuers in Plataea durch die Fremden holte (nach Auslöschung) Euchidas reines von Delphi. Venus Cloacina war von cluere (purgare, lustrare, expiare, februare) benannt, an dem Ort, wo vor dem Kampf der Römer und Sabiner, die Schmückung mit Myrthen (unter Ablegung der Waffen) stattfand. Bei dem Em-ku (Niedersteigen des Gottes) genannten Fest der Kinderweihe oder Caput-Zihil (Wiedergeburt), musste (bei Vertreibung der Dämone) das durch den Priester den Göttern dargebrachte Gefäss mit Wein von dem Cayom genannten Gehülfen in einem Zuge geleert werden (von Yucatan). Zur Vertreibung einer Pest wurde das Lectisternium aus den sibyllinischen Büchern eingeführt (s. Banier). Die Seuche in Abdera (unter Lysimachus) wurde mit den Tragödien des Euripides in Beziehung gesetzt, wie Mummenschänze zur Vertreibung dienten bei den Reinigungen (im Carneval der Saturnalien). Bei dem ennaeterischen Cyclus der Delphier wurde durch die Thyaden eine Puppe der Charila begraben (s. Plut.), als lustrum condere (s. Usener).

Dannenher bekennen wir, dass Gott vor und ehe die Welt erschaffen, alle die erwölt hat, die er mit der erbewigen Seeligkeit begaben will (bei der Reform in Basel), und der Mensch ist nicht nur ganz stocksteif[1]), hülflos der Besessenheit[2]) von Rechts oder Links überliefert, sondern edler Entschluss zu grosssinniger Anstrengung könnte selbst sündlich zu deuten sein, weil die Majestät göttlicher Allmacht schmälernd[3]). Ohne Ret-

---

[1]) Ante quam homo per Spiritum Sanctum illuminatur, convertitur, regeneratur et trahitur, ex sese et propriis naturalibus suis viribus in rebus spiritualibus et ad conversionem aut regenerationem suam nihil inchoare, operari aut cooperari potest, nec plus quam lapis, truncus aut limus (in der Concordienformel). We are sorely in need of a pastor, but we dont want any cheap trash. We want a good muscular Christian, who can match sinners by the scruff of the neck and drag them howling up the plane of righteousness, and who will not drink more, than he can hold. Such a man will get a right smart lay out here, heisst es in Aurora (Nev.) Herald (1880). Hincmar empfahl seinen Geistlichen die von Berthold beim Besuche des Fegefeuers gesammelten Erfahrungen. Der Mönch Drithelm, ins Leben zurückgesandt, konnte von den Schrecken der Hölle erzählen (s. Bede). Der Demuirg lohnt und straft in der Unterwelt, wogegen die Seeligkeit Gottes im Himmel erlangt wird (nach Marcion). In der Hand des Metatron, der die Seele vom Feuer erlöst (nach Rabbi Jochannan) liegt die Auferstehung der Todten (s. Reuchlin). Bei Erneuerung der Erde wird die Sonne 49 fach leuchten und wärmen (nach Schemoth Rabba) zur Erquickung der Gerechten (und Pein der Gottlosen). Sakka (mit seiner Frau Sayata) in der Handelsstadt Masakkasara residirend, liest wöchentlich in seinem Buch die Thaten der Menschen (bei den Buddhisten). The Mahabrahma of Gotama's time was a monk, named Sahaka, who under the dispensation of Kassapa-Budha by the practice of Jhana attained the sovereignty of the Brahmadevas (s. Childes). Mara war durch Dhana aufgestiegen (in Werkheiligkeit). Aus der Sündhaftigkeit schliesst Julius Müller auf vorweltliches Dasein (für die erste That der Selbstentscheidung zum Bösen). Die Tupi schnüren die Glieder der Leichen, damit sie nicht kommen, die Lebenden zu belästigen. Lex sic mittit ad regnum coelorum (nach Pelagius), wie das Evangelium (s. Wiggers), und daneben dann die via sancta (im gnostischen Jenseits).

[2]) Humana voluntas in medio posita est ceu jumentum, si insederit Deus, vult et vadit, quo vult Deus, si insederit Satan, vult et vadit, quo vult Satan (Luther). Bei der poena Debita der perditionis massa können nur Einzelne (nach Augustin) befreit werden (durch indebita gratia dei). Indess: Quis mihi Augustinus? (zur Tröstung).

[3]) Si meo studio gratiam dei obtineo, quid opus est Christi gratia? (Luther). Gratia dei primaria est fidei causa, sine qua non posset homo recte libero arbitrio uti (s. Limbosch). Ambrosius begründet die Praedestination auf die Präscienz). Im Römerbrief ist die „schonungsloseste Prädestination gelehrt", ausser wenn die Exegese „nach den Regeln einer höheren Hermeneutik den Gedankengang des Apostels überschaut" (s. Rettberg), während sonst

tung ihrer Gnade [1]) und Erbarmen[2]) anheimgegeben (somit über-

---

wieder „demuthsvolle Unterordnung der Hermeneutik" empfohlen wird (in der Theologie). Die absolute Prädestination wurde (bei Calvin) zu einem „so consequent durchgeführten Schreckenssystem" ausgebildet, dass sich nur auf politischem Gebiet (im Terrorismus der französischen Republik) Aehnliches aufweisen liesse (s. Alzog).

[1]) Nach den reformirten Symbolen (Calvins u. s. w.) gewährt Gott seine bessernde Gnade nur denen, die er vermöge eines ewigen, unbedingten Rathsbeschlusses (decretum absolutum) aus Gnaden selig machen will, und in solchen wirkt die Gnade auch unabweisbar die Besserung (gratia irresistibilis), alle übrigen, welchen sie nicht angetragen wird, sind von Gott zu ewiger Verdammniss bestimmt (s. Winer). Nec tormentis ullus modus aut terminus (Minucius). „Das Höllenfeuer leuchtet nicht, denn Licht ist eine wohlthätige Wirkung des Feuers, und in der Hölle herrscht Finsterniss" (ohne zu hindern, „dass die Verworfenen durch den Anblick ihrer geistig-leiblichen Hässlichkeit gequält werden"). Nach der andern Seite steht der glühende Brand der Hölle nicht im Wege, dass ihre Bewohner die Empfindung eisigen Frostes und grausiger Erstarrung leiden (Oswald). Die Buddhisten haben die kalten und warmen Höllen in getrennten Localitäten eingerichtet, was bequeme Benutzung erleichtert, auch für die Strafarten des ignis vindicativus, doch weder „citra" noch „infra condignum", sondern genau entsprechend. Les bienheureux, sans avoir besoin de sortir de la place, qu'ils occupent, en sortiront cependant d'une certaine manière, en vertu de leur faculté d'intelligence et de vision distincte, afin de considérer les tortures des impies, et en les voyant, non seulement ils ne ressentiront aucune douleur, mais ils seront comblé de joie et ils rendront grace à dieu de leur propre délivrance, en assistant au spectacle de l'ineffable calamité des impies (Lombard). Da mit der Incorruptibilität (nach St. Thomas) nur die Verbrennung, nicht aber die „Möglichkeit einer enormen Erhitzung" ausgeschlossen ist, wird sich die „mit dem Höllenfeuer verbundene Wärme" oder noch besser gesagt, Gluthbewegung" (s. Bautz) „in alle Theile des verdammten Lebens bis in das Innerste des Organismus hinein fortpflanzen", in der sonst Auflösung und Verbrennung bedingenden Intensität. „Die Heftigkeit jener Schmerzempfindung lässt sich hiernach einigermaassen bemessen" (1877). Durch das Fenster des Momus blickt man in die dunkelen und krumm verschlungenen Wege des menschlichen Herzens (nach F. Bacon).

[2]) Unde factum est, ut tot gentes una cum liberis eorum infantibus aeternae mortis involveret lapsus Adae, absque remedio nisi quia Deo ita visum est (s. Calvin). Ubi ergo quaeritur, cur ita fecerit dominus, respondendum est; quia voluit (car tel est mon plaisir). The existence of a suprême Lord is unproved (Isvarasiddheh) in der Sankhya (s. Williams). Bei Manu werden die Nastika (Atheisten) anathematisirt (als die Veda missachtend). Nach Lehren der delphischen Priesterin Themistokleia begründete als pythischer Redner, Pythagoras (der sich vor Leon in Phlius, als Philosophos bezeichnete) den Kosmos (als Bund der Ordnung) auf Tugend (in Kroton) nach den Lehren (ägyptischer) Mathesis (als Magister matheseos) mit dem Geheimzeichen dreifach verschlungenen Dreiecks (als Hygieia).

14*

haupt auf Almosen daraus hingewiesen)[1]), droht jeder Regung von Selbstgefühl, und jeder Thätigkeit selbst, die pflichtgemässe Erstickung.

Was den Menschen vor Gott gerecht macht, ist nicht irgend etwas auf seiner Seite (nach Luther). Der Mensch ist lediglich auf das Erbarmen[2]) (gratia oder favor) Gottes angewiesen

---

[1]) Gott hat sich selbst mitgetheilt. Er selbst ist der einzige Inhalt der Offenbarung. Er giebt aber dem Menschen gerade soviel von seinem Leben, als diesem auf der jedesmaligen Stufe seiner Entwicklung nöthig ist, um ein göttliches Leben zu führen. Die Empfänger der göttlichen Gabe sind die Gottesfreunde (s. Lohmann). Der wahre Gottesdienst ist Tugend (nach Antisthenes). Le peuple français reconnait l'existence de l'Être suprème et l'immortalité de l'âme (im Decret des 20. Floréal) und bei den von David arrangirten Festen des folgenden Monats blieb nur „La Sagesse" übrig, als die andern Statuen in Brand gesetzt waren. Die Welt ist nicht angelegt von einer höchsten Vernunft, aber angelegt auf die höchste Vernunft (s. Strauss). Die Pradschnikas fassen Pradschna als „supreme wisdom of nature" (s. Hodgson). Weisheit besteht in Erlangung von Glückseligkeit oder dauerndem Vergnügen (nach Steinbart). Der endliche Verstand vermag es nicht, das Wesen Gottes zu erkennen, sofern sich nicht Gott durch seine Gnade mit ihm verbindet (Thom. Ag.), und in solchem Gnadenzustand leiten sich dann leicht die mystischen Beziehungen ein. Das Charactoristische der Mystik ist, dass sie ein unmittelbares Erleben und Schauen des Göttlichen erstrebt (s. Preger). Die Essenz eines Geistes entsteht aus Verdichtung der Ideenformen im ewigen Prinzipium durch die zusammenziehende Kraft der Herbigkeit (Jacob Böhm). Bei Peratae wurde der Logos zur Schlange (wie sonst der Nous im contortus).

[2]) Aus der Prämisse eines selbstverschuldet angeborenen Verderbens, aus welchem kein menschlicher Entschluss und keine menschliche Kraft, sondern einzig und allein die Gnade Gottes die zu retten vermag, denen sie sich mittheilte, musste von selbst der Schlusssatz folgen, dass Gott somit vermöge eines ewigen Rathschlusses und zwar ohne Rücksicht auf das künftige Verhalten des Menschen, aus der verdorbenen Masse Einige zum Gefässe seines Erbarmens (vasa misericordiae) erwählt, die Uebrigen aber als Gefässe des Zorns (vasa irae) der gerechten Verdammniss überlasse. Das Erste nennt Augustin Praedestinatio, das letztere Reprobatio (Hagenbach). Deus ante jacta mundi fundamenta (in Christu Jesu) fecit πρόθεσιν αἰώνιον propositum saeculorum (Calvin). Da Gottes Wissen mit seinem Wesen in Eins zusammenfällt, ist sein Vorherwissen nicht als Vorherbestimmung aufzufassen (nach Maimonides). Basilides setzte ein σύγχυσις ἀρχική (bei Clem.) als Anfang der Schöpfung oder (s. Gieseler) des Sündenfalls. Durch Vereinigung Mehrerer zum Zwangsgesetz, wird dadurch ein Gemeinwille gesetzt (nach J. G. Fichte). „Zwang und Nothwendigkeit, nach welchen die Vorstellung des Besten wirkt", erscheinen „willkommen" in Lessing's Determinismus. Während Alles der εἱμαρμένη unterworfen, ist der Mensch allein αὐτεξούσιος (bei Bardesanes). Wenn (an der Goldküste) einer Familie Trennung bevorsteht, begeben sich die Glieder derselben zum Priester des Boossum, der ihnen aufgemischte

(s. Plitt). In der Religion zeigt sich der Gang, welchem gemäss die menschliche Vernunft jedes Ortes ihre Entwicklung
nimmt (Lessing). Die apathischen Völker des Ostens, die man
zu den passiven gerechnet hat, sind für ihr ewiges Heil einzig
und nur auf eigenen kräftigen Willensentschluss hingewiesen,
da ihnen Niemand, und nichts Anderes, helfen kann.
Das decretum praedestinationis ist der unabänderliche Beschluss Gottes (decretum immutabile), was mit jedem Menschen
für Zeit und Ewigkeit werden soll (nach Calvin), als ein ewiger,
völlig freier und unabhängiger Beschluss Gottes (decretum
aeternum, absolutum) vor aller Sünde, in dem der lapsus
Adami selbst mitprädestinirt war (s. Hofmann). Socin ver-
wirft die Prädestinationslehre als den Ruin aller wahren Religion [1]) (s. Hagenbach). Religio peperit scelerosa atque impia

---

Fetischsubstanz (oder Souman) zum Essen vertheilt, und dann ein (erblich
fortüberliefertes) Gebot giebt, sich einer bestimmten Nahrung (Ei, Huhn,
Milch u. s. w.) zu enthalten, indem sie ihren Gott in sich aufgenommen haben
(s. Cruikshank). In der transcendenten Perspective (Lambert's) wird (im
Gedankenreich) derjenige Gesichtspunkt verlangt, von dem ein Anderer seine
Sache betrachtet (und ohne welches Hineindenken das Verständniss ethnologischer Ideenkreise undenkbar ist). Adam würde nie gestorben sein, wenn
er nicht gesündigt hätte (nach Augustin), und die Menschen würden nicht
sterben, wenn gegen sie nicht gesündigt würde (durch Zauberei), meinen die
Naturvölker (überall auf der Erde). Dabei mag dann die Unterscheidung
eines posse non mori und non posse mori zu weltbewegenden Streitigkeiten
führen (mit pelagianischen Contraversen).
[1]) How do we know, that this Bible is Jehovah's book? White fellows
tell us plenty of lies, how do we know this is not White fellow's lie? wurde
Taplin unter den Narrinyeri gefragt (1859). Auf die Frage, „how do you
know, that Bible is Jehovah's book, did he give it to you?" wurde von
dem Missionar (der die eingeborenen Gebräuche als verwerfliche aufzeigte)
geantwortet: „Jehovah gave it to my fathers, a long time ago", und dann
kam die Erwiderung: „And our God told my fathers these customs a long
time ago" (1860). Γυναικῶν γὰρ εὑρήματα ταῦτα γραΐδιων καὶ παίγνια, meint
Lucian (von der Lehre der Christen), und Antolycus: μωρίαν εἶναι τὸν λόγον
ἡμῶν (s. Theophilus), λῆρον ἡγῇ τυγχάνειν τὸν λόγον τῆς ἀληθείας (dementia
bei Plinius). Οἱ λόγοι, καὶ τὸ Ἑλληνίζειν, ὡς καὶ τὸ σέβειν θεούς, stellt Julian
gegenüber, und ἡ ἀλογία, καὶ ἡ ἀγροικία (s. Greg. Naz.). Von den (jonischen)
Philosophen werden diejenigen unterschieden, die über den Ursprung der
Dinge „theologisirt", d. h. in mystisch-poetischer Form philosophirt oder
vielmehr phantasirt hätten (bei Aristoteles), als Orphiker (s. Noack). Unter
den Pisistratiden wurden Theogonien und Kosmogonien verbreitet (von
Onomakritos). Da zufällige Geschichtswahrheiten nicht zum Beweis von nothwendigen Vernunftswahrheiten werden können, sträubt sich Lessing, „für wahr

facta (Lucrez). Ad poenam quoque pertinet et haereticorum odium, quod fides illis data servanda non est, bis (s. Leake) „the writ de Haeretico comburendo was expunged from the Statute Book" (wenigstens in England). Sonst wurden bei Excommunicationen die Lichter verlöscht, und überall treffen sich auf der Erde die Ceremonien der Feuerlöschung, als feierliche Bussfeste, und auch im Scherz. Mos per Saturnalia missitandis ceris (Festus) accensibus luminibus excolentes (die Altäre des Saturn), im zehnten Monat (der Geburten) unter Schenkungen (und Schmausereien).

In Umkehrung der Legende von Petrus und des Magier Simon's Zusammentreffen in Rom, kommt im Buddhismus der Buchgläubige an den Sitz des Gnostiker, und unterliegt in seinen Künsten denen dieses, der ihn beim Luftaufsteigen durch Durchbohrung des Schatten tödtet. Valentin (Lehrer des Axionicus) hatte seine Lehre von Theodas erhalten, dem Freunde des Paulus, dessen ϑεὸς τοῦ αἰῶνος τούτου polytheistische Fassung erhielt (neben den Aeonen des Pleroma).

Als characteristischer Zug der Häresie, gegenüber der rechtgläubigen Kirche[1]) tritt bei den Electi (s. Tertullian) in der

---

zu halten, dass Gott einen Sohn habe" (oder seine metaphysischen und moralischen Begriffe darnach umzubilden). Dagegen weist, bei Celsus' Einwürfen, Origenes auf die ohne Männchen sich fortpflanzenden Thiere hin (wie Geier besonders), und ausserdem liesse sich auf Periktyone oder Amphiktyone (Plato's Mutter) zurückgehen (nicht jedoch auf Danae, Melanippe, Auge, Antinoe). Bei den Karpokratianern wurde das Bild Jesu unter den Bildern des Pythagoras, Plato und Aristoteles aufgestellt (nach Irenäus). Die den Serapis verehren, sind Christen und die sich Bischöfe Christi nennen, sind Verehrer des Serapis (zu Hadrian's Zeit) in Aegypten (s. Vopiscus). Nach Eusebius gehörten die Therapeuten zu der von Marcus in Alexandrien gestifteten Kirche (der Christen). Wie Simon und Dositheus nach Jesus, hatte Theudas vor ihm und Judas zu seiner Zeit gelehrt (s. Origenes). Jesus als υἱὸς τοῦ ἀνθρώπου ὁ ἐκ τοῦ οὐρανοῦ καταβάς (in Unterscheidung als ἄνθρωπος οὐράνιος und γήϊνος).

[1]) Die Combination des Orientalen und Abendländers, des Juden und Römers, Philo's und Seneca's, des heraklitischen Logos und des stoischen Weisen brachte die belebte Gestalt, die man auf beiden Seiten suchte (s. B. Bauer). Die Christen verlangten Glauben für die Propheten der Juden, während sie die Orakel von Delphi, Dodona, des clarischen Apollo von den Branchiden, des Jupiter Ammon verwerfen, obwohl von diesen so viele Colonien in die Welt gesandt sind (bemerkt Celsus). Paulus lehrt die (pharisäische) Todtenauferstehung nach dem ihm durch Erscheinung gelieferten Beispiele (unter den Heiden das Stricto der Gesetzesvorschriften lockernd). Charinus und Lenthius, die mit Jesus auferstanden, lebten ohne Sprache in Arimathia (ihre

Gnosis die Auffassung eines Gegensatzes zwischen neuem und altem Bund hervor, indem jener eben aus den höheren Beschauungsregionen die erlösenden Kräfte zugeführt habe, denen der Schöpfergott des Irdischen sich feindlich gegenüberstellen musste, während die Orthodoxie diesen, in Identificirung mit Jehovah, zugleich zum Vater dessen gemacht habe, der gekommen sei, ihm (besonders in ophitischen Fassungen) Krieg[1]) anzukündigen, um die Seele zu retten. In dieser Grundidee des Heilsplans stimmt der gnostische mit dem buddhistischen überein, und bei derartiger Erweiterung des Blickes in das Unendliche (somit also Unbegreifliche) fallen alle die hemmenden Schranken, welche sich bei anthropomorphisirenden Auffassungen der Gottheit, innerhalb eines mit starren Wänden verblendeten Horizontes, dem freien Fluge des Geistes entgegen stellen müssten. Innerhalb der für ihn anschaulichen Sinneswelt vermag der Mensch den Ursächlichkeiten nachzugehen. Darüber hinaus liegt die Bemeisterung derselben ausserhalb seiner Fähigkeit, aber zugleich in ihm das Gefühl, sich mit ernstem Willen solche Kraft erwerben zu können, wenn aus den irdischen Banden gelöst.

Die an ägyptische Mysterien angeschlossenen Emanationen des Horos sollten im Stauros[2]) Festigung erhalten, unter den

---

Erfahrungen aus dem Jenseits aufschreibend). Der Priester Zacharias wurde der Sprache beraubt, um nicht das Geheimniss von dem im Tempel gesehenen Esel zu verkünden. Περὶ ὄνου παρακύψεως, entstand der Streit mit dem Töpfer, aber später dichtete der Erzbischof Pierre de Corbeil seinen Sang „au Sire Asnes“. Als ὄνος συλλογιζόμενος räsonnirte Beza im Abendmahlsstreit (gegen Heshus).

[1]) Den Topos, „dessen Feuerreich bis zur unendlichen Leere der Gehenna sich ausbreitet und der sein feuriges Angesicht verschleiert, um nicht Allos zu vernichten“ (s. Heinrici), sucht Jesus zu besänftigen (neben ihn niedersitzend).

[2]) Christus (als Figur riesiger Grösse) war oft (πολλάκις) entstanden (nach Elxai), und dann (im Raume stehend) die menschliche Kreuzfigur (auch in Tibet). Die Menschenopfer (s. Landa) tenian por santos (in Yucatan). Hostia ab boste sacrificato. Pour nous la victime la plus sainte n'est pas seulement un homme, c'est un Dieu immolé pour nous sauver (sagt l'abbé Brasseur de Bourbourg). La sainte Eucharistie s'arrachant aux mains impies des profanateurs est venue cent fois se reposer saignante sur l'autel à notre prière, bezeugten die Schüler Vintras' (vom Erzengel Michael erleuchtet) dem Bischof von Bayeux (zur Darlegung vor dem Papst). Diejenigen, die den verstorbenen Fürsten ins Jenseits zu begleiten gelobten, schlachteten aus ihrem

Wandlungen, wenn *μεταφέρουσι δὲ καὶ μεταπλάττουσι καὶ ἄλλο ἐξ ἄλλου ποιοῦντες.* Doch sicher mit der Begründung *ἐν φύσει* bei Einpflanzung des *σπέρμα πνευματικόν* zu organischer Entwicklung (mit pathologischer Abweichung im Bösen[1]). An Stelle der Sittenlehre (*ἠθικόν*, als philosophia moralis) setzten die Stoiker die Pflichtenlehre (*περὶ καθήκοντος*), als das Rechtthum auf Naturgesetze begründend (wobei der Buddhismus den moralischen Sinn mit dem physischen[2]) verquickt), und die

Viehstand Stücke, denen sie ihren Namen (und die der Familienmitglieder) beigelegt hatten, zum vicarirenden Opfer (in Peru), wie Numa Köpfen der Menschen den Kohl substituirt. Nach der Antwort, die Baudyck-Bastiaanse von dem Häuptling erhielt, assen die Battas die Eltern aus Liebe und Verehrung, damit sie nicht nach dem Begraben den Thieren zur Beute fieler. En leur donnant pour tombe leur propre corps, ils identifiaient en quelque sorte avec eux-mêmes les êtres, qui leur avaient été chers. Und so, wie in Indien (die Kalantas), am Orinoco u. s. w. Nach Saturnin hatte man sich des Fleischgenusses (*ἐμψύχων*) zu enthalten (damit sich nicht unreine Seelen anhängen). Die Gnostiker des Evangelium Eva's dachten im Essen von Fleisch, Gartengewächsen oder anderen Nahrungsmitteln Verdienste zu erwerben, weil die Theile aus der im All verbreiteten Weltseele wieder in sich vereinend, um nach dem Himmlischen zurückzuführen (s. Epiphamus). Die Jäger feierten ein Fest (im Monat Zac) para aplacar los dioses de la ira, que tenian contra ellos y sus sementeras, que las hiziessen por la sangre que derramassen en sus caças (in Yucatan). Die Artotyriten gebrauchten Käse bei der Eucharistie, und Secten der Schiffer-Religion in Samoa Cocoswasser für Wein (Taro als Brod). Die Ebioniten feierten das Abendmahl mit ungesäuertem Brot und Wasser (einmal jährlich).

[1]) Als unter den nach Adam's Gesetz lebenden Menschen mit der Habsucht die Sünde in die Welt gekommen, entstanden giftige Thiere und Pflanzen (nach Clem.).

[2]) Moral ist (im Franz.) „dem Physique entgegengesetzt", als das Geistige und Intellectuelle (s. Hegel). L'univers est réellement créé par l'effet des œuvres de ses habitants (s. Burnouf) im Buddh. Le démerite général de tous les animaux est la véritable cause de la destruction des mondes, comme le mérite général de tous les animaux est la véritable cause de leur reconstruction (s. Pallegoix) im Buddh. Die Atome werden durch das Gesetz zusammengehalten und mit dem Entschwinden dieses zerfallen sie (im Buddhismus). Die Elemente kamen aus *ἀόρατον εἶδός τε καὶ ἄμορφον* (bei Plato). Der *λόγος τομεύς* (bei Philo) ist das die Einheit in der Vielheit auflösende Prinzip der Differenz (s. Baur), und als *σφαγίς* bildet der *λόγος* die formlose Materie (jedem Einzelnen, der aus ihr ins Dasein kommt, seine bestimmte Form aufdrückend). Der Gesetzesmensch (*νομικός*) wird vollkommen (bei Clem. Al.) als nach dem Gesetz lebender (*ὁ κατὰ νόμον*). Im Gefühl der Einsamkeit innerhalb einer Welt nur flüchtiger Erscheinungen, findet der Mensch eine stetigende Kraft nur im Gewissen, dem unbedingten Gesetzgeber des Handelns (nach F. G. Fichte).

Tugendlehre (als christliche Sittenlehre) wurde dann (bei Ca-
lixtus) zur Moraltheologie. Unter den von dem moralischen
Sinn gebilligten Willensbestimmungen erscheint als höchste das
Wohlwollen (bei Hutcheson). Die Tugend[1]) als ἀρετή oder virtus gefasst, drängt zu
activer Bethätigung, durch das Positive des Kusala das den

Das Gewissen „freudig einschlafen zu lassen in Christo, ohne alle Empfindung
des Gesetzes und der Sünde", war die grosse Entdeckung Luther's, die Räthsel
des religiösen Lebens zu lösen (s. Döllinger). Julian's religiöse Pflichten begriffen φιλανθρωπία (den Armen zu helfen), ἄσκησις (Enthaltsamkeit) und
σωφροσύνη (in Uebereinstimmung mit Gotteslehre). An Stelle des Sittlich-
Schönen (bei den Griechen) hat der Römer das Honestum zu setzen (nach
Cicero), und dann Abgrenzung des justum von honestum und decorum (bei
Thomas). Die Zweifelsgesichtspunkte (bei Ainesidemos) verlaufen in die Re-
lativität beziehungsweiser Geltung (bei Sextus). Lokovisayo (Entstehung der
Welt) gehört (im Buddhismus) zu der Vierheit undenkbarer Probleme. Nach
Forberg ist Religion der Glaube an eine moralische Weltordnung (und zu
handeln, als ob eine solche existire, liegt auf als Pflicht). In Billigung der
Handlungen durch das Gewissen (in der Vernunft) besteht die Glückseligkeit
(nach Wolff). Crusius setzt das oberste Moral-Prinzip in den Willen Gottes.
Alles Seiende, soweit es ist, ist damit auch gut, als aus dem Guten (s. Dionys.
Areop.). Clarke begründet auch das Sittengesetz auf die „fitness" (gegenüber
der unfitness). Nicht aus den Sinnen, sondern aus der Tiefe der Seele, der
die Keime aller Wissenschaft und Tugend eingepflanzt sind, kommt die Erkenntniss (nach Charron).

[1]) Tugend (ἀρετή, virtus) oder Tüchtigkeit ist (bei Möser) „Taugsamkeit
in allen Lebenszwecken" (mit Einwirkung auch auf die jenseitigen im Buddhismus).
Aller Frevel entsteht aus dem Unverstand (nach Socrates). Endzweck der
Moral ist (neben der Begründung des Seelenheils) die Uebereinstimmung des
Willens mit dem höchsten Vernunftgesetz (nach Ammon). Speusippos setzt
als höchstes Gut die Vollendung der naturgemässen Thätigkeit und Zustände
(wie durch Tugend zu erreichen). Tugend und Laster ergeben sich nur als
Vorstellungen im Gemüth, indem jedoch das sittliche Gefühl ein gemeinsames
ist, werden die Interessen der Gesellschaft von dem Gemeingefühl beherrscht
(nach Hume), im organischen Wachsthum des Gesellschaftskörpers, woran
dann die (bei Hume) als künstliche bezeichneten Tugenden belebt werden (und
ihre berechtigt wurzelnde Existenz erhielten). Bei den Stoikern galt die Tugend
als διάθεσις ψυχῆς σύμφωνος αὐτῇ περὶ ὅλον βίον (s. Stobäus). Das Ziel ist
weder Gutheit noch Wissen, sondern nur Freiheit vom Schmerz (s. v. Hartmann). Nihil aliud est virtus quam animi affectus ordinatus et moderatus
(Richard von St. Victor). The Swabhavikas whilst they deny a moral ruler
of the universe, affirm the existence of morality as a part of the system of
nature (s. Hodgson). Das Böse ist ein Mangel des Guten und eigentliches
Uebel nur das Böse der Schuld (nach Thom. Aq.), und um solche Schulden
abzutragen, zwingt die Karma in Körper zurück (im Soll und Haben des
Menschen, oder Abrechnung zwischen Bun und Bab).

Gegensatz des Akusala „abzuschneiden" hat, wogegen der Mensch als „Klotz" der Neigung zum Bösen in seiner Natürlichkeit verfallen gesetzt wird.

Wie Kant die Tugend erklärt als „diejenige Gesinnung eines moralisch endlichen Wesens, welche dasselbe bestimmt, seine Pflicht zu thun, weil es Pflicht ist", so empfindet der Buddhist solche Pflicht gegen sich selbst, um die geistige Gesundheit zu wahren, und Pflicht, „die Nothwendigkeit und Handlung aus Achtung für das Gesetz" erkennt sich bei ihm, als das, weil in der Natur begründet, Richtige an.

Wenn als vornehmster Bewegsgrund zur Ausübung seiner Pflicht dem Christen gelten muss, „weil er einiges Wohlgefallen an Rechtthun selbst findet und Gottes Wille ihm wichtig und heilig ist" (Jenchen), so fühlt der Buddhist heilige Ehrfurcht gegen das Naturgesetz, und strebt nach dessen richtigem Verständniss, damit die Befolgung zum Besten des Einzelnen sowohl, wie des Ganzen ausschlage. „Ahme Gott nach in Liebe", das ist das eine und allumfassende Pflichtgebot der Religion (s. Vogelsang), und dazu die Variation einer Nachahmung Buddha's für diejenigen Schüler, die in seinem Vorgange den nach psychologischen Gesetzen richtigen erkennen.

Der wirkliche Beginn des christlichen Lebens ist Eintritt eines geistigen Lebensprinzips, welches seinem Wesen und seiner Wirkung nach im directen Gegensatz zu der den Menschen natürlich gewordenen Herzensstellung steht (s. Harless), aber da solch natürliche, oder zur Natur gewordene, nicht die natürliche ist, nach dem Buddhismus, strebt dieser nach Herstellung der letztern, nicht um sie durch fremden Gegensatz zu vernichten und durch Höheres zu ersetzen, sondern dieses durch Einleitung in die gesundheitsgemäss natürliche Bahnen zu erreichen, die „facultas recte agendi" (Anlage zum Guten), als „Natura" erkennend.

Je weniger die wissenschaftliche Form des Begriffs in der objectiven Darstellung des Christenthums vorwaltet, um so lebendiger wird die subjective Auffassung erfolgen (s. Kähler), wogegen der Buddhismus seine Auffassung eben nur auf wissenschaftliches Verständniss, soweit aus der Beobachtung psychologischer Vorgänge zu schöpfen, basiren möchte. Gnade[1]), „unver-

---

[1]) Die infusio justitiae wird gratis zu Theil („aus lauter Gnade") bis zum Glauben. Nach dem Protestantismus war „rettungslos ewig verloren Jeder,

dientes Wohlwollen eines Höheren gegen einen Andern" (s. Bretschneider) ist Wohlwollen, das einem Unwürdigen oder solchen
bewiesen wird, die kein Recht haben, es zu fordern (s. Meineke)
und das Betteln um Gnade bedingt das Bitten und Beten, weshalb dem Buddhismus vorgehalten wird, das Gebet nicht zu
kennen, sondern nur Bekenntnisse in dem Ausdruck des Eigen-
willens sich selbst zu helfen, wie Reinhard als Moralprinzip [1])

der nicht im wahren seligmachenden Glauben in Christum wiedergeboren,
von der Welt abscheidet, und im calvinistischen Theil der Kirche ein Theil
der Menschheit, ja der Christenheit, gleich geboren unter dem unentfliehbaren
Geschick ewiger Verdammniss (s. Baumgarten-Crusius). Quia vita aeterna
Sanctorum sine fine erit, supplicium quoque aeternum quibus erit, finem procul
dubio non habebit (Aug.), μὴ δεῖν πιστεύειν διὰ τὴν διαφωνίαν τῶν αἱρήσεων
(s. Clem. Al.). Amelius unterschied die Persönlichkeiten des Seienden,
Habenden und Schauenden im göttlichen Verstande. Der Yana-Sampayuth-
Kamaphachon-Xavara entsteht aus Upacharaxavana, Lomaxavana und Kho-
taraphuvaxana. Im Chittubpath, oder dem Aufkommen (Uppada oder Entstehen) der Chitr zählen sich 10 Ghana-Chitr, nämlich Manothavaravaxanatham
mit 7 Xavana und 2 Tathalamphanam. Die Vitthi-Chitr gehen, nach ihrem
Entstehen, in die Phavangka zurück. Das Dharma in sechs Arten, als Hetu
(im Kusalakuson) entfaltet sich aus wurzelndem Baum (durch Hetu-Pachchai).
[1]) Moralgesetz (Sittengesetz) ist die allgemein geltende Vorschrift unserer
Vernunft über das, was wir thun und lassen sollen (s. Cannabich). Moralität
ist die Uebereinstimmung der menschlichen Freiheit in ihren Wirkungen mit
dem Sittengesetz (s. Bretschneider). Natürliche Moralgesetze sind solche, zu
welchen Natur und Vernunft den Menschen unmittelbar anleiten und welche
allgemein und unveränderlich sind (Stäudlin). Das Wesen der christlichen
Sittlichkeit ist die Entfaltung und Bewährung des persönlichen Lebens in der
Liebe, gegründet auf das Lebensgesetz des Geistes und gerichtet auf die Verwirklichung der vollendeten Lebensgemeinschaft, oder des Reichs Gottes
(J. P. Lange). Das Erkennen des Wesens der Vernunft ist die Ethik oder
Sittenlehre (s. Schleiermacher). Richtung des Bewusstseins auf den sein Wesen
und seine Bestimmung verwirklichenden Menschen, wird die christliche Ethik
erklärt (bei Nitzsch). Die christliche Moral ist „das System der unbedingten
Gesetzgebung Gottes durch Christum für die Gesinnung und durch diese für
das Verhalten des Menschen" (s. Vogel) oder (als theologische Moral) „das System
der Sittenlehre, wie es aus der Bibel, besonders im neuen Testament entwickelt werden kann" (b. Meineke). Moral ist die „Wissenschaft von der Uebereinstimmung unseres Willens mit dem höchsten Gesetze der Vernunft oder
von der Begründung unseres Seelenheils durch die Annäherung unseres Willens
an Gott" (s. Ammon). Philosophische Moral heisst solche, die durch freies
Selbstdenken aus der menschlichen Vernunft geschöpft ist, oder die Darstellung
der practischen Gesetze der Vernunft mittelst der Selbstbeobachtung der
Vernunft (s. de Wette). Non ideo malum est, quia vetatur lege, sed ideo
vetatur lege, quia malum est (Aug.). La vraie liberté consiste partout à

aufstellt: „Strebe nach Vollkommenheit, suche Alles zu werden, was Du nach Deiner Bestimmung werden sollst".

Glauben ist die Abschattung des göttlichen Wissens und Wollens im endlichen Geiste des Menschen (nach Jacobi) und was nun, in dem Bestreben mit verbesserten Hülfsmitteln solch unbestimmte Schattenbilder schärfer zu fixiren, daraus deutlich erkannt wird, das ist damit dem Wissen gewonnen.

Wenn die Befreiung der natürlichen Menschheit von der Sünde, durch welche für sie die Möglichkeit, die ihr gesetzte sittliche Aufgabe zu lösen, bedingt ist, als die eigene That derselben nicht möglich ist, so ist sie' doch möglich durch eine erlösende That Gottes (s. *Rothe*), oder, im Buddhismus, durch Nacheiferung eines in göttlicher Verklärung gestellten Beispiels, mit den daraus gegebenen Lehren. Von der „That", die einen übernatürlichen und also aussernatürlichen Eingriff mitbedingt, wird Abstand genommen, um bei der natürlichen Fortentwicklung zu bleiben, bis zu der Wirkung eines Uebernatürlichen (also hier dem auf natürlichem Wege hervorgewachsenen). Im Uebrigen bleibt Alles in der Hauptsache desselben, wie es bei der Gleichartigkeit der Denkprocesse (unter ihren localen Variationen) auch sein muss, da das Herz überall dieselben Bedürfnisse empfindet, und für diese immer auch nur auf dem in der Natur gesetzlich vorgeschriebenem Wege seine ausreichende Befriedigung zu finden vermag.

Zunächst wird das Intelligible im Sinnlichen erkannt, und erst indirect erkennt die auf sich selbst zurückschliessende Seele auch sich selbst, dann der Verstand Gott durch Vernunftschlüsse (nach Thomas Aq.). In G. E. Schulze's psychischer Anthropologie werden die inneren Erfahrungen analysirt, während der Character des Gesellschaftlichen ein Studium der im Ethnos reflectirten Vorstellungen verlangt um (aus dem Objectiven auf das Subjective zurückschliessend), im Organischen der geistigen Wachsthumsprocesse das Gesetzliche[1]) festzustellen.

suivre sans obstacles les lois propres au cas correspondant (nach Comte). Moral ist die Wissenschaft des Nützlichen oder des Eigennutzes im Selbst-Interesse (nach d'Alembert). In der Gelehrten-Republik gilt das Recht des geistig Stärkeren (nach J. G. Fichte), und bei den Indianern des körperlich Stärksten.

[1]) On pourrait reconstruire plus ou moins complètement un système, si on en connaissait seulement l'idée maitresse (Gugau), die sich indess erst wieder aus der Induction ergeben kann.

Den Verdammten in der Hölle warten „ewige, nie endende Strafen" (nach der Reform[1])), damnamus eos, qui senserunt et daemones et impios omnes aliquando servandos, et poenarum finem futuram, wogegen im Buddhismus, obwohl die Strafen, weil möglicherweise ungezählte Zeiträume dauernd, für alle praktischen Zwecke abschreckend lang genug sind, doch die Keime einer etwaigen Aenderung nicht ausschliessen, wenn im Leben überhaupt dafür auch nur die leiseste Hinneigung gewesen sein sollte. Also auch hier hängt die Zukunft vom eigenen Benehmen in der Gegenwart ab.

„Die Thätigkeit oder die Kraftäusserung, wie sie das philosophisch Sittliche ergänzt, beruht ganz auf der Vernunft" und, „indem die Vernunft als ein Organ des göttlichen Geistes er-

---

[1] „Calvin scheut sich nicht die absolute Reprobation mit allen ihren scheusslichen Folgen auszusprechen" (Oswald). Grade die Erwählung Gottes vermöge derer er nicht allein Menschen ohne Unterschied die Hoffnung der Seeligkeit giebt, sondern Etlichen schenkt, was er Andern versagt, setzt die Gnade Gottes in ein helles Licht (Krummacher). God's election and reprobation is about infants, as well as adult persons (Burgesse). Quae secundum fatum sunt, etiam ex providentia (Chalcid.). Simon läugnete die Auferstehung, glaubte aber an ein Gericht. Aus Furcht vor Strafe sich des Bösen zu enthalten, kommt nur bösen Menschen zu (nach Bayle). Celsus vergleicht die Auferstehung Jesus mit der des Zamolxis, Rhampsinit, Orpheus, Protesilaos, Herkules, Theseus (und das Grab des Zeus wurde in Creta verehrt, als heiliges). Nec me revocabat a profunditate voluptatum carnalium gurgite, nisi metus mortis et futuri judicii (August.). Paulus unterscheidet zwei Epochen in der Gechichte des Gottesreiches und der Parusie (nach welcher die erste Auferweckung nur die Bekenner Christi begreift). Der Seelenschlaf (Psychopannychie) dauert, so lange der Leib verwest, bis zum Aufgang des Morgensterns (bei Petrus). Nach den Thnetopsychiten (bei Pompatius) dauert der Seelentod bis zur Auferstehung am jüngsten Tage (XVI. Jahrh. p. d.). Nach Auferstehung der Todten richtet Σαβαωϑ (bei der Sibylle). Nach dem Richten im neuen Jerusalem (beim Pfarrer Chimonius) „wird es nun an ein Werfen gehen" (in den Feuerpfuhl hinein). Anubis est une personnification de l'hypocéphale, auquel on attribuait la faculté de conserver dans le corps, même momifié, une sorte de vie latente, qui permettait plus tard aux Dieux de le ressusciter et de rendre à l'homme sa forme primitive (s. Selikovitsch). Die Peruaner glaubten, que el que era bueno, cuando moria, volvia a donde habia venido, que era debajo de la tierra, y que alli vivian los hombres y tenian todo descanso, y que el que era muerto por justicia ó hurtaba, ó hacia ostros pecados, cuanda moria, iba al cielo, donde hay fuego y alli pagaban por ellos (s. Santillan). Aehnlich die Eskimo. Irenäus beweist die Auferstehung des Fleisches, weil genährt durch „die Eucharistie des Leibes und Blutes Christi" (gegenüber den Gnostikern).

scheint", auch im Christenthum (s. Vetter), wogegen der Buddhismus sie als menschliches Organ zu betrachten vorzieht, und so
die körperliche Grundlage seiner psychologischen Entwicklung
anknüpft. Statt dem Endzweck, welchen sich der Mensch
setzen konnte (im τέλος bei Democrit), wurde der Begriff von
„Bestimmung des Menschen" eingeführt (s. Baumgarten-Crusius)
bei einem selbstwillig ordnenden Gott, wogegen im natürlichen
Verhältniss die τέλος nicht gesetzt wird, sondern bereits gegeben
ist. Unter Entfernung des Zweckbegriffs aus der Natur ergiebt
sich, „wie Zweckmässigkeit der Bildung in den Organismen
auch ohne alle Einmischung von Intelligenz durch das blinde
Wollen eines Naturgesetzes entstehen kann" (s. Helmholtz). Aristoteles fasst den Zweck als die Mitte (τό μέσον). Die Natur
wirkt nicht nach Zwecken, sondern nur nach strenger Nothwendigkeit (bei Holbach).

Nach Schelling besteht die Moralität darin, dass man mit
absoluter Freiheit, d. h. mit Nothwendigkeit handelt, mit Gott
eins wird, ins Absolute, von dem man abgefallen, übergeht und
mit demselben versöhnt wird (s. Herbig), in harmonischer Einheit des Nirwana verschwindend. Gott setzt sein Nicht-Ich,
sein Anderes zu dem Ende, um es mit sich selbst gleichge-
stimmt und dadurch in Einheit zu setzen, um so sein eigenes
Sein in ihm zu haben, oder sich selbst ihm mitzutheilen (s. Rothe),
und im Umschlagen der Gegensätze vertakeln sich dann be-
kanntlich oft genug die Sein und Nichtsein. Bei den Valentinern wird die Materie wieder zu Kenoma, das Leere der
Sunyata[1]) bei den Buddhisten, und so vom Ende zum Anfang
oder vom Anfang zum Ende, oder weder Anfang noch Ende,
oder wie man sonst will, im Reiche der Worte und ihrer Leere
(wenn ohne Gedanken). Bei Syrianos (s. Noack) werden die im
Verstande des Weltschöpfers wirksamen Ideen als intellectuelle
Zahlen gefasst.

---

[1]) There are seven degrees of Shunyata, where of the first is Akash (s. Hodgson). Die Madhyamika (unter den Bauddhas oder Sangatas) maintain, that
all is void (Sarva-sunya). Vermittelst der Negation des Extrem's des Seins
wird in Folge der bedingten Erscheinung auch das Extrem des Nichtseins,
welches sich nicht im Paramartha befindet, geleugnet (bei den Prasanga) als
Controverse (s. Wassiljew). Gott als anima mundi, von der bewegenden Ursache (in dem von der niedern Welt getrennten Himmel) abgeschieden, entzieht sich, dem Begriff nach, den Formen des Denkens (bei Caesalpinus).

Der „Inhalt der theologischen Moral besteht hauptsächlich
darin, dass sie umständlich jenes Verhältniss [1]) aufstellt, worin
der Mensch mit Gott steht" und der „letzte Zweck" (finis ulti-
mus, summa hominis destinatio): „den Menschen vermittelst
der Belohnungen zur höchsten Stufe der Tugend oder sittlichen Vollkommenheit, zur vollkommensten Aehnlichkeit und
Freiheit mit Gott hinanzuführen" (s. Ruf) oder (nach dem
Buddhismus) mit dem (hier substituirten) Weltgesetz (in einem
naturgemäss harmonisch geordneten Leben).

Es liegt in dem Begriff der Schöpfung selbst, dass die
persönliche Creatur aus der Materie, und zwar genauer aus der
materiellen Natur, zunächst nicht anders herausgearbeitet werden konnte, denn als unmittelbar noch durch die Materie ob-
ruirte und verunreinigte [2]) (s. Rothe), wenn aus der Erde
hervortauchend, wie Jarbas in Libyen oder Kallak bei Eskimo
(Purus der Ophiten) [3]).

---

[1]) Depuis l'ordre matériel jusqu'à l'ordre moral, chaque ordre s'y super-
pose au précedent (s. Comte). Nach Caesalpinus giebt es keine anderen Substanzen, als lebendige Wesen (auch in leblosem Elemente).

[2]) Deus (sagt Epicur) aut vult tollere malum et non potest, aut potest
et non vult, aut neque vult, neque potest, aut et vult et potest (s. Lactanz).

[3]) Confusam et permixtam aquarum molem (narrant Banianenses) tubo
quodam flatus jaculatorio prodigiose sufflando commovisse deum, cum primum
mundum condere voluit. Mox aquae immaniter tumefactae rotundam induerunt
figuram avi, zur Bildung von Himmel und Erde, oder: Jussit deinde terrae, ut ex
intimis suis ipsius visceribus hominem foras emitteret, et ecce, ex medio telluris
centro caput statim et reliqua deinde humani corporis membra gradatim pro-
dire, als Pourus oder Porus, dem (nach Einblasung des Lebens) Parcutea als
Frau zugegeben wurde, mit den Söhnen Brammon, Cutter, Shudder und Wisi,
als Vorfahren der Menschen, die (nachdem irre gehend) durch eine Fluth
vertilgt wurden. Dann, für die zweite Welt, „e cacumine Meropurbatei montis
supremus Imperator Deas", bestellte Bremaw als Schöpfer (mit Wisteney und
Ruddery), und die Erde, in Geburtswehen, corpus diffusum Geminos emittit,
e dextero latere marem, e sinistro foeminam, hanc Ceteroupa (Ceterupa) oder
Cetr. Rup (figuram), illum Manow (spiritum), oder Manus hominem (s. Georgi),
also neben Citta und Rupa (als Nama-Rupa) das Mano als selbstständige
Persönlichkeit (zur Seele überleitend). Die 18 Rupa (4 Mahaphutha-rup,
5 Pasatha-rup, 4 Wisai-rup, 2 Phawa-rup, 1 Hatthai-rup, 1 Chiwitr-Rup,
1 Ahan-Rup) in Siam (s. Alabaster) erweitern sich (bei Hardy) zu 28 (mit
space, power of giving and receiving information by gesture, speech, lightness,
elasticity, adoptation, aggregation, duration, decay, impermanency). Die
Materie steht in der Mitte zwischen dem reinen Nichts und dem Etwas (nach
Aegidius Rom.). Die Figur von Jagannauth schliesst einen Knochen Krishna's
ein (nach Cunningham). In der Stupa liegen die Dhatu (Elemente) der Buddha

Als ausser dem „immensum chaos aquarum" nur Nharen auf einem Lotus über den Wassern schwimmt (nach den Nepalesern), scheidet Bramha, aus dem entstandenen Ei hervorgehend[1]), dieses in zwei Hälften, die sieben Continente und Meere bildend, septem vero Caelos ex septem Ovi tunicis fabricatus est (s. Georgi). Nach David von Dinant ist „die materie prima oder das Substrat für alle körperlichen Dinge, der *νοῦς* oder das Prinzip für alle Einzelwesen·und Gott, als Quelle der himmlischen Wesenheit eines und dasselbe" (s. Preger).

---

begraben (als Reliquien), *στοιχεῖα* (bei Eusebius), oder Gräber der grossen Gebeine, die in Asien begraben liegen (nach Polykrates). Als *ναός* diente der Tempel zum Haus Gottes. *Εἰσιν οἷον ἐν ἱερῷ χωρίῳ τῇ ὑποκειμένῃ εἰκόνι* (die Götter) bei Porphyrius (s. Euseb.). Die Knochen der Verwandten wurden (auf Hayti) als Cimi (von Holz oder Stein) verehrt, „les uns qui parlent, les autres qui font naitre les choses qu'ils mangent, plusieurs qui font tomber la pluie, d'autres qui font souffler les vents" (s. Panc). Das Orakel Apollo's erklärte die Wunder an den Grabstätten der Märtyrer für Blendwerke des Teufels (nach Porphyrius). Hierokles stellt Apollonius dem Gott der Christen gegenüber (*δι' ὀλίγας τερατείας τινάς*). Stadae filius secum extulit ex Aegypto artes magicas in incisura, quam in carne sua fecerat (für den Schemhamephoras), als Sohn des Pandera (nach dem Sepher toldos Jeschu) zur Zeit des Königs Janeus (Gemahl der Olena). Manetho setzt die Verehrung der Stiere (in Heliopolis) und des Bockes (in Mendes) in die Zeit des Königs Kaiechos (s. Africanus). In antemna, quae crucis pars est, extremitates cornua vocantur, und so Cornutus (cujus cornua essent crucis extrema) universas gentes ventilat per fidem (s. Tertull.). Von den Stämmen der Aschanti enthalten sich die Aquonna des Büffels (Quonna), die Abrutu des Kornhalms, die Abbradie des Pisang, die Anonna der Papageien, die Essonna der Wildkatze (Esso), die Yoko der rothen Erde, die Intschwa der Hunde, die Tschwidam der Panther (Etschwi), die Aguna des Palmöl.

[1]) Semen mundi (apud Malabares) Ixoretta, eadem quae Bavani Nepallensium (s. Georgi), in summitate funiculi (das Untere und Obere durch Faden verbindend). Aus der Mitte des aus der Erde erhobenen Berges trat figura trianguli cum orbiculo prominenti hervor (bei den Malabaren), quod Quevelingam vocant (als Linga). Credentes ex deo ipsorum patre et ejus dilectione essentialiter regenerari fierique *θεανθρώπους* et *ἀνθρωποθέους* (in der Unio hypostatica). Nicht aus der Einheit der Continuität, welche der Quantität wesentlich ist, entsteht die Zahl (in gleichsamen Zufügungen von Einheiten), sondern vielmehr so, dass die erste Einheit der Continuität durch Theilung des Gedankens sich in die Mehrheiten immer weiter von der Einheit selbst entfernt (nach Duns Scotus). Das Vorstellen Gottes ist das Schöpfen der Welt und ein Naturkörper bildet einen krystallisirten Gedanken Gottes (mit unmittelbarer Position in Aether) in Erstarrung (nach Oken). Gottes Bewegung (als bewegliches Stehen oder stehende Bewegung) ist sein Wille (nach Erigena).

Tò γὰρ εἶναι πάντων ἐστὶν ἡ ὑπὲρ τὸ εἶναι θεότης (s. Pseudo-dionysius).

Philosophiren lässt sich in gewissem Betracht über Alles, das besondere Object der Philosophie aber ist das Selbstbewusstsein oder die menschliche [1]) Subjectivität (s. Helfferich). *'Ην ἄρα, ὡς ἔοικε, πάντων μεγίστων μαθημάτων τὸ γνῶναι αὐτόν* (Clem).

Die Naturwissenschaft bildet die Grundlage aller Philosophie, auch für die geschichtlichen Wissenschaften (nach Comte) und mit der Anthropologie (die auf Physiologie basirte Psychologie einschliessend) verknüpft sich die Sociologie (indem der Mensch in der Gesellschaft erst zum Menschen wird) in der Philosophie positive (Gesetze erforschend, ohne letzte Ursachen auszuverfolgen). Nach Roger Bacon ist die Grammatik, nicht theoretisch als solche, sondern in den Sprachen, und also zunächst diese selbst, zu lernen (da hier, wie überall, nur ein auf thatsächlichen Pfeilern ruhendes Fundament dem Fortschreiten der Forschung ihren gesicherten Gang gewährleistet).

Denken wir uns den, im pflanzlichen Samenkorn eingeschlossenen, Nisus formativus von solchen Neigungen durchwaltet, wie sie sich auch im Bewusstsein fühlbar machen, so liesse sich (gleichfalls nach menschlicher Auffassung geordnet) keine Erkenntniss [2]) vorstellen, weder in den gegebenen Voranlagen, noch in der mit Entwicklung der Pflanzen eintretenden Verwirklichung der successive hervortretenden Theile. Im thierischen Organismus erhebt sich über das vegetative Leben, dann noch (an die Thätigkeit des Nervensystems angeschlossen) eine zweit höhere Stufe, auf welcher der Nisus formativus seine Realisationen in die Aussenwelt projicirt, und nun denselben, als so dem Subjectiven gegenüber, wieder eine selbstständige Betrachtung herantreten mag, um im Gange genetischer Unter-

---

[1]) Ce n'est pas dans les possibilités c'est dans l'homme même, qu'il faut étudier l'homme (de Brosses). Atmanam atmana panja, Sieh dich selbst durch dich Selbst, als brahmanischer Spruch (des griechischen Orakel), für inductive Realisirung bei Objectivirung der Gesellschaftsgedanken, welche die individuellen einschliessen. Vom realen Sein der Dinge (an und für sich) unterscheidet Gerson ihr objectales (im erkennenden Geiste).

[2]) Durch das Ich, welches denkt, wird nichts weiter, als ein transcendentales Subject der Gedanken vorgestellt = x, welches nur durch die Gedanken, die seine Prädicate sind, erkannt wird, und wovon wir, abgesondert, niemals den mindesten Begriff haben können (Kant).

suchung, den Weg zu finden, das in der Formel aufgegebene X zu lösen.

L'esprit humain peut observer directement tous les phénomènes, excepte les siens propres (s. Comte), so dass die Ideen in ihren nach Aussen verwirklichten Schöpfungen anzuschauen sind, und zwar (dem Gesellschaftscharakter des Menschen entsprechend) in den Völkergedanken.

Obwohl im Buddhismus die Moral zunächst Jedes eigene Sache ist, da Jeder das zu ernten haben wird, was er gesäet, und kein eifersüchtiger Gott für die zu seinen Gunsten bestellten Seelsorger das weltliche Richtschwert als Mitkämpfer beansprucht, so bleibt doch das individuelle Verdienst- und Verlust-Conto nicht ein gleichgültiges für die Gesammtheit, da die moralische Atmosphäre des Einzelnen mit der der Gesammtheit zusammenfliesst, und also diese zum Segen oder zum Unheil des Landes mitgestalten hilft — wie in anderen Wirkungen [1]) der physischen Natur auch bei den in der Atmosphäre bemerklichen, die in Amerika sowohl, wie in Afrika, oder sonst, für günstige Gestaltung der Zauber oder Gegenzauber bedürftig wird, und bei mittelalterlicher Auffassung des Hexenwesens [2]) die darauf

---

[1]) Los Yucataneses naturalmente conocian que hazian mal, y por que creian que por el mal y pecado les venian muertes, enfermedades y tormentos (s. Landa). Durch Füttern der Bonzen mästete sich das Land. „In der Beziehung der Ethik zur Physik tritt der ethisch verdorbene Mensch mit der Natur in solches Verhältniss, dass er den Umfang und die Tiefe seiner Corruption in ihren Leiden auch der umgebenden Natur mittheilt". Durch Heiligung seines Wesens hat der Mensch alle Wirksamkeiten des Weltalls zu heiligen, und durch diese die ganze Natur (nach Saint-Martin). Der erste Schritt zur Philosophie ist der Unglaube (nach Diderot); οὐδὲν ὑπὲρ τὸ πιστεύειν, τῆς ὑμετέρας ἐστὶ σωφίας (Greg. Naz.). Knipperdolling (unter dem Volke herumspringend) „blies Allen, die ihm vorkamen, in den Mund", zu heiligen durch den heiligen Geist (der von der Metropole Abyssinien's in Schläuchen versandt wird). Durch den Trunk eines Bechers feuerfarbenen Weins (in der Vision) wurde Esra mit Weisheit erfüllt (wie der Magier unter den Sassauiden).

[2]) Wegen des „orage violent de greles, foudres et tempestes, qui gata les fruicts" (in Coutances) deux femmes (Anno de Meidelen und Agnes) furent bruslées vifues (Bodin). Bei Regenmangel (in Peru) hatten diejenigen zu beichten, die angeklagt wurden, mit Hocha (Pecado) belastet zu sein (s. Santillan). Die Caraiben beobachteten die Fasten nach dem Gebot des Maire Monan (s. Thevenot). Die Quichua beichteten den Ichuris. Die Indianer (in Canada) legten (beim Fest) ihre Kriegssäcke (Pindikossan) vor dem Gotte aus (s. Perrot). Bei den Mundrucus zaubern die Paje durch den bösen Cäuschi

bezüglichen Verfolgungen und Ausrottungen bis zur Pflicht machen würde. Die gegenwärtige Spaltung in Materialismus und Idealismus, in Naturwissenschaft und Philosophie, markirt nur ein zufällig gegebenes Uebergangsstadium, das, wie früher die Einheit gegeben war, so auf höhere Stufe dazu zurückkehren wird. Augenblicklich besitzen die Materialisten die richtige Methode, diejenige eben, durch welche sie siegreich ihre Anerkennung erkämpft haben, das Gebiet aber, auf welchem diese Methode, für die den Menschen am lebhaftesten interessirenden Fragen, zur Anwendung zu bringen wäre, findet sich in den Händen ihrer Gegner, dort mit einer Methode operirend, von der keine zusagenden Resultate zu erwarten sind. So lange nun den Materialisten der Zugang zum Geistesreich noch verschlossen ist, suchen sie, durch ihre bisherig raschen und unfehlbaren Erfolge in allen übrigen Zweigen der Naturwissenschaften verwöhnt, auch auf Dasjenige bereits Antwort zu finden, dessen Eröffnung ihnen noch verschlossen ist, und können deshalb den gehegten Erwartungen soweit noch nicht entsprechen. Der auf beiden Seiten mangelnde Ausgleich, wird mit der naturwissenschaftlichen Durchbildung der Psychologie (auf Grundlage der Völkergedanken) hergestellt werden, indem dann die philosophischen Lehren vom Geist nach der den Naturwissenschaften geläufigen Methode in Angriff genommen werden, um auch die höchsten Probleme, die eigentlichen Räthselfragen des Daseins, mit der Schärfe eines mathematischen Wissens zu durchforschen, und dem menschlichen Verständniss zugängliche Ergebnisse herauszurechnen.

Das Wunder ist immer um uns; je wunderbarer sich die Welt gestaltet, desto näher und dichter, und um so weniger würde man also die neuen Wunder und Verwunderungen[1] be-

---

(neben dem guten Getünt), und bei den Zaparos (am Napo) wird dualistische Theilung erwähnt. Marcion fügte den zwei Principien des Cerdon ein drittes hinzu (im διάβολος). Da Gott für den Menschen „in hac cellula creationis" am Kreuze gestorben, sei die Weltverachtung (Marcion's) unzulässig (nach Tertullian). Plotin lässt einen Demuirg als Κακόν nicht zu, weil die Welt in bester Ordnung sei (das Böse nur Mangel an Einsicht).

[1] Διὰ γὰρ τὸ θυμάζειν οἱ ἄνθρωποι καὶ νῦν καὶ τὸ πρῶτον ἤρξαντο φιλοσοφεῖν (Aristotl.). Peregrinus lernt die θαυμαστὴν σοφίαν der Christen (bei Lucian). Die Anerkennung des Ewigen im Endlichen ist die wahre Bedeutung aller Gefühle der Ahnung (nach Calker). Nach Knapp sind alle Ge-

ständig überraschender Naturwissenschaft zu läugnen unternehmen dürfen. Dagegen hat diese aber gegen seine Zulassung energischen Protest einzulegen, vielmehr bestrebt zu sein auf möglichst weitere Zurückschiebung desselben, um nur dasjenige aus ihm in den Argumentationen zuzulassen, was bereits dem Verständniss erobert ist. Und hier ist dann mit nüchternster Entschiedenheit vorzugehen, um auch die höchsten Ideale, ohne von ihrem Zauber bestochen oder abgeleitet zu werden, nach strenger Methode der Induction zu seciren und in ihre Elemente zu zerlegen, damit im Wiederaufbau aus denselben das bisher im Gefühlsdrange nur intuitiv Geschaffene, jetzt seinen Gesetzlichkeiten nach im eigenen Bewusstsein verstanden werde.

Vom buddhistischen Gesichtspunkt erkennt sich im Wirklichen der Ausdruck der Nothwendigkeit, aber einer gerecht rechtenden, mit Jedem gleich. Der Vornehme[1]) ist zu achten, der Hohe und Mächtige (wie im Gehorsam des Unterthanen gegen die Fürsten) zu ehren, denn das Glück, dessen er geniesst, spriesst aus den Früchten tugendhafter Thaten in früheren Existenzen. Der Arme und Verachtete hat noch ausserdem und

---

fühle nur Empfindungen des Getastes (wie im Tast- oder Gefühlsorgan auch für die durch die andern Sinne eingeleiteten Gefühle). In den Nidana tritt Phassa als Repräsentation voran (im Tastgefühl, für die übrigen Sinne). Condillac beginnt seine Experimente an der Statue mit den Gerüchen, und mit dem Urtheilen über die Düfte entsteht „das Erstaunen" (s. Reinhold) in der Nase, als Kopf-Thorax (bei Oken). Neben Gott Mephitis (im „terrae putor, qui est in nemoribus gravior propter densitatem silvarum" waltend) findet sich (s. Klausen) Leucothea oder Albunea (als dea odoris gravissimi), und hier liessen sich (wie von Jamblichus im Leichenzug) Seelen riechen, wenn sie als Genius (endemicus) oder δαιμόνιον Fieber bringen (im indischen Jungle). Als der verstorbene Häuptling Umbia im Traume Tschaka erschienen war (zum neuen Krieg auffordernd), wurde (bei der Ungläubigkeit) ein Alter durch einen Löwen aus seiner Hütte fortgeschleppt und gelangte in die Unterwelt der Schatten, von wo er nach drei Monaten zurückkehrte und von den Priestern als ächt herausgerochen wurde (und die Izanuze fungiren als Hexenriecher).

[1]) Bei Empedocles stehen (neben Seher, Sänger und Aerzte) die πρόμοι, als Fürsten (und Vorkämpfer) unter den Menschen den Göttern am nächsten, um sich ihnen (bei Gewinnung göttlichen Lebens) hinzuzugesellen, als ἀθανάτοις ἄλλοισιν ὁμέστιοι, wie vielfach die Helden in den Walhallen der Mythologien. Domi pares esse gaudent, in proelium euntes omnem praebent obedientiam regi, vel ei qui doctior ceteris a rege prefertur (Ad. Br.) die Normannen und (bei Germanen) der Herzog oder Dux (s. Tacit.). Der Fürst führte (bei den Quichés) den Titel Tlatohuani (Redner oder Vorsprecher). Die Butadae bewahrten das Priesterthum der Athene Polias, und die Aegidae (in

obendrein, sich selber anzuklagen, ob früherer Uebelthaten.
Aber dennoch ist er vielleicht der frohere, gleich einem Eulen-
spiegel, der beim Aufsteigen des Berges freudig singt, beim
Herabsteigen weint, die Beschwerden des nächsten Empor-
klimmens wieder vorempfindend. So hier. Der Reiche und
durch Güter Begünstigte würde es freilich leicht genug haben,
seine Verdienste in guten Werken zu vermehren, aber gerade
das Leichte wird allzu oft leicht genommen, und wie schwer
ein Reicher in's Himmelreich einzieht, ist aus dem Sprich-
wort bekannt. Dagegen ist Armuth und Leiden eine zwar
harte, aber beste Schule, und obwohl so der Arme seinem
reicheren Bruder die schuldige Ehrerbietung bringt, für das,
was er früher gethan, so liegt doch nicht nur die Möglichkeit,
sondern selbst die weitaus grössere Wahrscheinlichkeit vor, dass
in der nächstkommenden Existenz die Rollen sich vertauscht
haben möchten. Also Sporn genug für die Elenden, gerade
denjenigen Glückslockungen hoffnungsvoll nachzujagen, deren
man im materiellsten Genusse habhaft werden kann, während
der an verfeinerte Ergötzungen Gewöhnte sich auch diese, je

Sparta) das des Apollo Carneus, während in Rom die Rechte der Potitii (auf
Semo Sancus) vom Staat erkauft wurden. Die (heidnischen) Confrerien (Cultores
Herculis, Dianae et Antinoi, Jovis u. s. w.) wurden mit dem Zweck des Unter-
stützungsverein in christlichen Gemeinden adoptirt. Die Haare der Medusa wurden in Tegäus verehrt (und die Buddha's unter der Pagode Rangun's). Stilpon
wurde (nach Diogenes) aus Athen verjagt, weil er die Gottheit der Minerva
des Phidias geläugnet. Nach den Pythagoräern war die Gerechtigkeit eine
Quadratzahl, wogegen Aristoteles in der correctiven (addirend und subtra-
hirend) so wenig, wie in der distributiven „eine Multiplication nicht findet“.
Nach Alexandros von Aphrodisias kommt nur den Einzeldingen höhere Wirklichkeit zu. Indem das wahre Sein im τὸ ἀγαθόν (als νοῦς) liegt, konnte der
höchste Gott nicht δημιουργικός werden, sondern theilte dem zweiten seine
Ideen mit (zur Schöpfung), wie dieser dem dritten (nach Numenius). Die
Intelligenzen sind nicht aus der Materie, sondern durch die Schöpfung aus
Nichts hervorgebracht (nach Achillini). Was ist, ist ungeworden und unver-
gänglich (nach Melissos). Das Nichtseiende kann weder erkannt noch aus-
gesprochen werden (nach Parmenides). Die Grundsätze des Schönen und
Guten kennen und üben zu lernen, ist Philosophiren (nach Musonius), bis die
„Erzräthsel“ kommen der „verzweifelnden Metaphysik“ (bei Oberreit). Nach
Hinrichs hat die „Genesis des Wissens“ zur „politischen Metaphysik“ zu
führen. Nach Hippias ist das Naturgesetz den positiven Gesetzen zu substi-
tuiren. Die Tugend liegt im naturgemässen Leben, als Glückseligkeit (nach
Polemon). Das höchste Gut menschlichen Strebens bildet ein vollkommenes
Leben, im Einklang mit natürlichen und äussern Gütern (nach Potamon).

nach den in geistiger Gymnastik abgelegten Proben, in der ihm jedesmal zusagenden Auswahl schaffen kann.

Manche der in Moraltheorien aufgeworfenen Controversen, heben sich bei der im Buddhismus bewahrten Consequenz aus sich selbst, innerhalb des gezogenen Anschauungskreises. Ueber das Recht zum Selbstmord wird seit Cato zwar schön rednerisch gestritten, ohne dass sich eine endgültige Entscheidung hat herstellen lassen, wogegen diese im Buddhismus von selbst gegeben wäre. Bei ekelnder[1]) Abkehr von dem Körper, der in Darmsäcken täglich erneuten Schmutz mit sich umherträgt, möchte der Wunsch nach Befreiung gern zu gewaltsamer Beschleunigung führen, wenn nicht der im Bann der Wiedergeburten Eingeschlossene beständig neue Einkerkerungen vor sich sieht, die von dem Charakter moralischer Anlage abhängen, und bei ungeordneter Unterbrechung der Entwicklung desto schwerer drücken werden. Nur in organischer Entfaltung dieser, bis zu völliger Negation des Körperlichen, kann die wahre Befreiung erlangt werden, und sie zu erlangen, muss, um den naturgemässen Gang nicht zu unterbrechen[2]), die Bürde des Körpers

---

[1]) Von Petrarca wurde (Cicero's) aegritudo animi als Acedia (ἀκήδια) gefühlt (im Weltschmerz), ex confusione mentis nata tristitia sive taedium (s. Heisterbacensis). In ἀνέχω und ἀπέχω (bei Gellius) fasst Epictet die Summe seiner Lehre zusammen (s. Grosch). Abstractio est actio intellectus quo separat a phantasmatibus seu visis universale el ipsum denudat omni materiali conditione (Zabarella) Philosophum necesse est esse ἀφαιρετικόν abstractivum et τὰ καθόλου extruere abstrahendo a circumstantiis loci et temporis (s. Godenius). Von der Einheit der unsterblichen Vernunft im ganzen Menschengeschlecht, kam Vernias auf individuelle Unsterblichkeit zurück. Sunt aliquid manes, lethum non omnia tollit. Das Zusammenfassen von Gegenwart und Vergangenheit bildet die Erinnerung (nach O. Lindner), wie Atitaromano im Pachchubahn (bei Patisontichitr).

[2]) Wenn in der Legende die Patriarchen, wie schon der Nachfolger Upagupta's, die Scheiterhaufen besteigen, so hat sich für sie dann eben die Vollendung auf der Erde schon erreicht. Und so indische Büsser zur Zeit Alex. M. (wie Kalanus). Als Quetzcoatl sich am Fusse des Orizaba im Flammentod opferte, sah man seine Seele zum Himmel steigen (nach dem Codex Chimalpopoca), wie die des Romulus (oder andere die Waidewutten), und die Seele des Grafen von Mâcon wurde allen sichtbar vom Teufel fortgeführt, hoch zu Ross durch die Lüfte (1108 p. d.). Seelen, die viel Böses gethan, erscheinen als feurige Schweine, schnaubende Pferde u. s. w. (in Mähren), auch (nach Grohmann) in Besen, Strohbündel und Misthaufen bestraft (in Böhmen). Durch den Donner wurde bedroht, qui in tartaro sunt, und das Knacken im Feuer hiess Drohung des Hephästos oder der Hestia (s. Aristot.). Nach Origines

getragen werden, und wenn in der Menschenwelt damit belastet, selbst gern und freudig, weil in der für Verständniss der Heilslehre günstigsten[1]) Existenz. Im Menschen liegt der Keim zum Guten mit naturgesetzlicher Entfaltung beim gesunden[2]) Aufwachsen des Geistes, in

wurden die Seelen zur Strafe mit den Körpern verbunden, weil sie vorher schon gesündigt (in Praeexistenz).

[1]) Der Mensch ist das einzige Wesen, in welchem Gott wohnen kann, weil er das einzige Buch ist, welches der lebendige Geist selber erfüllt (Saint-Martin). He who is born as man in the time of a Buddha and refuses to acquire the merit necessary to attain nirvana, is like one, who having swam across the 7 seas, surmounted the 8 concentric circles of rocks and succeeded in climbing to the summit of Maha Meru, for some frivolous reason falls back into the sea, whereby he places himself in the position, he occupied before his toils commenced, rendering then after all their arduousness and difficulty, utterly without profit (s. Hardy). Nullas infestas hominibus bestias; ut sunt sibi feriales plerique Christianorum, wusste Amm, More. (und die Vermengung der Religion „anili superstitione" durch Constantin). Ne quis initio statim quasi in Moisi et Christi scholam impingat, leges audiat nulla constitutas demonstratione (Galen.). Nach Barnabas waren die Juden in der Beschneidung durch einen bösen Engel getäuscht. Der Aion Nus ist gesandt, um das göttliche Menschengeschlecht im Kampf mit den von den Gestirngeistern durch Satan geschaffenen zu befreien (nach Saturninos). Das Opfer des Mitra (zugleich Votiv- und Averruncalopfer) wird an der Mündung einer Höhle zwischen Bildern von Tag und Nacht (in Sol und Luna) dargebracht (s. Zoega). Fuit haec sapientia quondam, Publica privatis secernere, sacra profanis Concubitu prohibere vago, dare jura maritis Oppida moliri, leges incidere ligno (s. Horaz). Wie die Brahmanen, als Zweifach-Geborene, bei der Einweihung (Huscanavvement) der Jünglinge (als Cocharusen oder Männer), galten sie nach den Prüfungen durch den Werovvance (Priester) als todt (indem der Okee oder Dämon ihnen das Blut aussaugte) und durften (nach der Rückkehr ins Leben) nicht aus den Erinnerungen reden (in Virginien) seit dem Trank des Wisoccan (s. Smith), und dazu die Analogien (in Afrika, Australien u. s. w.). Mystica autem Jacchi ideo dicit, quod Liberi patris sacra ad purgationem animae pertinebant, et sic homines ejus mysteriis purgabantur, sicut vannis frumenta purgantur (s. Servius). Und die Schwingfeste überall.

[2]) Die „Justitia originalis" des ersten Menschenpaares erlitt (seductione Satanae) eine gänzliche Umgestaltung als „intima, pessima, profundissima (instar cujusdam abyssi) inscrutabilis et ineffabilis corruptio totius naturae", in Forterbung (depravatio naturae cujuslibet hominis ex Adamo naturaliter propagati) und daher „impotentia atque ineptitudo, ἀδυναμία, et stupiditas, qua homo ad omnia divina seu spiritualia sit prorsus ineptus (durch concupiscentia carnis). An vero adeo corrupti sumus, ut ad bene agendum prorsus non simus idonei? Certo: nisi per spiritum sanctum regeneremur. Die Voluntas existirt nur zum Bösen, im derart verderbten Menschen „ut ex ingenio et natura sua totus sit malus, deo rebellis et inimicus (per baptismum initio

der Wahlverwandtschaft mit dem Dhamma, wogegen das Böse nur als pathologisch krankhafte Verirrung auftritt, die zu heilen, und heilbar. Mit der Geburt Buddha's erscheint der „Tugendkern" genannte Baum (emporwachsend). Die Entwicklung der Keime[1], um die selbstgezogenen Früchte zu essen, liegt für den Buddhisten in jedes eigener Hand, und so die Erlösung. Dass der Mensch aus eigener[2] Kraft könne gläubig werden, ist eine „schändliche Unwahrheit" (s. Christoph). Der Teufel, der bei der als

---

regeneramur). Deus ante jacta mundi fundamenta in Christo fecit propositum seculorum (der „Zornwahl"). Prédestination (Kadro) signifie le „libre arbitre des hommes, grace auquel ils acquièrent par leurs actions ou la felicité ou la peine dans l'autre monde" (s. Schmölders). Oinomaos setzte die Freiheit des Willens als Grundlage des sittlichen Lebens.

[1] Im Gegensatz zu den Pythagoräern: dass der Saamen das Prius der Pflanze, setzt Aristoteles die Pflanze vielmehr als das Prius des Saamens (E. Reinhold), wie im Streit von Huhn und Henne.

[2] Der Pfad der Tugend leitet (nach den Prasanga) zum höchsten Glückseligkeitshimmel in Sukhavati, der Pfad der Wissensforschung zur Befreiung im Nirwana (je nach der Neigungswahl zwischen religiöser Moralübung oder philosophischer Denkerprobung). Die Markosier identificirten $\dot{\alpha}\pi o\lambda \acute{v}\tau\rho\omega\sigma\iota\varsigma$ und $\gamma\nu\tilde{\omega}\sigma\iota\varsigma$. Nirwana (das ewig Immaterielle und Absolute) ist die eigenthümliche Eigenschaft oder Natur der Buddhas, die aber den im Gegensatz, dem Sansara, befangenen Wesen unbegreiflich ist (s. J. J. Schmidt). Das Dasein als Vorstellung (in der Kunst) gewährt seinen Genuss des Schönen, Freiheit von Qual aber nur vorübergehend, indem erst im Quietiv des Willens Erlösung liegt (nach Schopenhauer). Die Eindrücke gelangen stets zu einem Mittelpunkt der Reaction, aus dem sie (in Action und Reaction) zurückgeschickt werden (nach Condillac). Epicur setzt die Glückseligkeit in die $\dot{v}\gamma\iota\epsilon\iota\alpha$ des Körpers und Ataraxie der Seele (als $\dot{\eta}\delta o\nu\dot{\eta}$ $\varkappa\alpha\tau\alpha\sigma\tau\eta\mu\alpha\tau\iota\varkappa\dot{\eta}$). Durch den Gebrauch der von den unvernünftigen Thieren unterscheidenden Kräfte erkennt der Mensch den Gott und sein Gesetz (nach M. Tindal) und wird deshalb dafür geschaffen (bei den Quichés). Die natürliche Religion (von der Offenbarung nur durch die Art der Mittheilung verschieden) war immer und gleichartig vollkommen (im Deismus). Der Eine oder Gott steigt in die Geschöpfe hinab in drei Enneaden, jede aus der Vier, als Wurzel der Zahl (nach Zorzi). Die $\dot{o}\varkappa\tau\dot{\omega}$ $\tau\rho\dot{o}\pi o\iota$ (des Aenesidemos) beweisen die $\delta o\gamma\mu\alpha\tau\iota\varkappa\dot{\eta}\nu$ $\alpha\dot{v}\tau o\lambda o\gamma\iota\alpha\nu$ als nichtig (s. Sextus), wie die $\pi\acute{\epsilon}\nu\tau\epsilon$ $\tau\rho\dot{o}\pi o\iota$ $\tau\tilde{\eta}\varsigma$ $\dot{\epsilon}\pi o\chi\tilde{\eta}\varsigma$ (bei Agrippa). Nous voilà a reculons jusques à l'infini (Montaigne). Auf den Causalitätsbegriff ist nur zu schliessen, aber ohne dass Sicherheit gegeben (nach Glanvil). Karneades bestimmt die Gründe der Wahrscheinlichkeit (nach den Sinneseindrücken) in drei Grade. Das Wesen der Dinge ist unzugänglich (nach Huet) im Schattenlicht der Vernunft (bei Poiret). Alle schlüssige Gewissheit ist Naturwissenschaft und der Fortschritt in der Zukunft der geschichtlichen Wissenschaften ihre Ableitung aus Naturgesetzen (nach Knapp). Gaunilo verlangt das reale Sein des Objects vor dem Erschliessen auf die Prädicate (im

Leihgut überlassenen Sünde durch die Zinsen das ganze Geschlecht in Schulden versetzt hat (defoeneravit), hielt die handschriftliche Verschreibung, bis durch das Pretium des Blutes getilgt (Ambrosius)[1]. Schon im X. Jahrhundert kommen Teufelsbündnisse vor, aber noch ohne schriftlichen Vertrag (s. Wuttke). Aus Würtemberg schreibt uns ein erfahrener Seelsorger: „Unterschreibungen mit Blut kommen vor" (1869). Die Katholiken (in Albanien) „glauben an Gespenster, Wiederauferstandene, irrende Seelen, Vampyre, Bergfeen (Vila), Djinnen, böse Blicke, Amulete, Wahrsager, Hexen, Zauberer, Wunder u. s. w.", (s. Gopčević), leben also in einer mythologischen Welt, die mit dem Christenthum nichts zu thun hat, und so bleibt der Kern des Buddhismus unberührt von den populären Auswüchsen auf der je nach der Localität darauf niedergeschlagenen Schaale.

Das Punctum saliens in der Controverse mit den Gnostikern[2] bildet der Streitpunkt über das Fortleben, ob ein flüchtig wankelmüthiges Forteilen der Seele aus dem Kerker irdischer Materie, oder ob eine handgreiflich[3]) ehrliche Auferstehung,

---

ontologischen Beweise Gottes). Der erworbene Intellect emanirt aus dem (in Gott) thätigen (nach Ibn Badschoh). Augustin unterscheidet drei Arten der Visio (corporalis, spiritalis, intellectualis). Als Ueberseiendes ist Gott Alles und Nichts von Allem (bei Campanella). Die Seele als ἀειχίνητος war ἀθάνατος (nach Alkmäon).

[1]) Τὸ γὰρ κακὸν τοῦ ἀπείρου, ὡς οἱ Πυθαγόρειοι εἴκαζον τὸ δ'ἀγαθὸν τοῦ πεπερασμένου (s. Aristotl.). Zur Dike geleitet erhält die Seele die Wahrheit (nach Parmenides). Ἀρχαίνετος μὲν αἰτίαν πρὸ αἰτίας εἶναί φησι, Φιλόλαος δὲ τῶν πάντων ἀρχὰν διασχυρίζεται (bei Syrianus).

[2]) Den Gnostikern gegenüber betonten schon die ältesten Kirchenväter, wie Clemens von Rom, Irenäus, Justinus, Martyr, Tertullian auf Grund der Schrift, dass derselbe Leib, der in diesem Leben der Seele zum Organ gedient habe, auferstehe, wie von den Scholastikern weiter ausgeführt (s. Rinck). Nach Isidor diente die Taufe weniger zur Abwaschung, als zur Wiedergeburt. An dem „lethale vulnus", wie Adam empfing, wären Alle gestorben, ohne den herabgestiegenen Samariter (s. Ambrosius). Nach Gregor von Nyzanz folgte der Tod (seit Adam) wegen Genusses der verbotenen Frucht (als Giftiges). Invidia diaboli mors intravit in mundum, lehrt die Sapientia (auch burätische).

[3]) Wer hätte Lust in einen faulig verwesten Leib zurückzukehren? ob Alle von den Christen selbst? (frägt Celsus). Die Aphartodoketen läugneten, dass der Leib Christi der Verderbniss anheimgefallen. Jehuda (Judas) zeigte den Leuten von Ai (Kapernaum) den verwesten Leichnam Jeschu's. Bischof Papias entnahm aus seinen Mittheilungen (τῶν τοῦ κυρίου μαθητῶν), dass Judas die Eingeweide aus dem geschwollenen Leib gequetscht, beim Ueberfahrenwerden (auf Zeugniss der Augenzeugen, wie auch sonst der Urapostel).

wie sie der Volksverstand, in Uebereinstimmung mit dem heiligen Hieronymus, verlangt, „den Auferstehungsleib mit Zähnen, Haaren, Bauch u. s. w." Dabei konnte kein Missverstand, wie in jenen metaphysischen Subtilitäten leicht erklärlich (und entschuldbar), obwalten, zumal (in Mysterien freilich viel gedeutelten)[1]) Mumien in Aegypten vor Augen lagen; ursprünglich balsamirt, um durch Bewachung des aus der Lebenszeit zur Gewohnheit gewordenen Hauses, die früheren Insassen, als Schutzgeister, als die durch die Sacra (in Tages' acherontischen Büchern) aus Seelen gebildete Götter (animales), im Lande (und in der Nähe) zu bewahren, wie auch bei den in Hinterkammern aufgestellten Leichen auf den Darnley (und früher in Darien) beabsichtigt. Unter den vielfachen Schwierigkeiten[2]), wie sie selbst dem

---

[1]) Sic et Osiris quod semper sepelitur et in vivido quaeritur, et cum gaudio invenitur, reciprocarum frugum, et vividorum elementorum, et recidivi anni fidem, argumentantur, sicut aridae et ardentis naturae sacramenta leones Mithrae philosophantur (Tertull.) Nach der Lehre des Amara Toco (unter den Amauten Cuzco's), que ningun hombre nacido de hombre y muger puede ser dios, verbot der Inca die Menschenverehrung (wie in der Synode von Caxamarca bestätigt, zur Zeit Huayna Capac's). Modus Fidius (Gründer von Cures) wird von Mars Quirinus mit dem im Reigentanz vom Trieb des Gottes ergriffenem Mädchen gezeugt (s. Klausen). An den Palilien (Parilien) oder Fest der Pales (über die Geburt der Hausthiere waltend) legten sich schwangere Frauen ins Kindbett (in Rom). Ohne Gemahl (οὐ φιλότητι μιγεῖσα) gebärt Hera den (lahmen) Hephästos. Wie Kircher den Phallus (neben ausgedeuteten Jonas) erkannte Seroux d'Agincourt auf seiner Kirchenlampe die Venus pudica (als Eva).

[2]) „So wird auch ein Jeder mit seinen und mit keines fremden Körper, fremden Augen, fremden Ohren, fremden Gliedmaassen hervorkommen, ungeachtet und unangesehen, dass er von fremden, wilden Leuten mag verschlungen und verzehrt sein" (s. Nicol.), und so (s. Bertram) betont Rufinus ausdrücklich: hujus carnis resurrectionem. Die Kretinen werden der vollen Herrlichkeit theilhaftig sein, „doch ist zu vermuthen, dass nach den verschiedenen Graden des Blödsinns die Erinnerung einer Vorstellung an das diesseitige Leben, wie bei todtgeborenen Kindern und unreifen Früchten mehr oder weniger mangeln wird" (s. de Valenti). Nach Menasse stehen die Todten mit den Leibesgebrechen des Lebens auf, und dieser Umstand wird es den Auferstandenen erleichtern, sich unter einander zu erkennen (wie die Naturstämme die Wiedergeburten beim Namengeben, wenn nicht vom Grossvater her). Bei Trennung von der Materie erhält die Seele vollkommene Organe (nach Keratry). Nach Nemesios erhält der Leib von der Seele seine Bewegung. Shahrestani führt die Seelenwandlung auf die Hernaniter (unter den Sabäer) zurück (s. Schmölden). Nach Plotin geht Jeder in die Lebenssphäre ein, in welcher er am Meisten gelebt (s. Kirchner). Zum Paradies im dritten

heiligen Augustin blieben, bei Reconstruction der verwesten Körpergewebe, konnte das Bild vom Samenkorn aushelfen, wie es sich auch dem Negerkönig, in Baker's Gespräch, zur Illustration anbot.

Es liessen sich noch Mittelwege[1]) einschlagen, für Gewinnung ätherischer (statt der in Cumae mumienhaft auf Gerippen vertrockneten) Leiber[2]) mannigfacher Art, und immer empfand

Himmel gelangt man auf schmalen Pfad, mit Feuer rechts und Wassertiefen links (nach Bromley). Dass das Paradies jenseits des Weltmeers in einer hohen Gegend liege, versichern einige Kirchenväter (nach Bar. Cepha), oder auf unübersteiglichen Bergen (s. Corodi). Das Empyreum umschliesst das All als Feuerkreis (nach Patritius). Nach Ephräm lag das Paradies auf der andern Seite des Oceans, der die Erde umfliesst. Die Seelen frommer Märtyrer weilen in dem (für Adam geschaffenen) Paradies (s. Tertullian). Die Seelen der Heiligen waren im Inferus (dem unteren Theile der Erde) eingeschlossen, bis von Christus in den Himmel geführt (bei Hieronym.). Die Corporalitas der Seele wird aus ihrem Eingeschlossensein in der Unterwelt bewiesen (nach Tertullian). Nach Alexandros von Aphrodisias vergeht die Seele mit dem Leibe. Die Seele, weil zusammengesetzt, ist sterblich (nach Tatian). Die Seele (im Herzen) ist (bei Caesalpinus) nicht Materie, sondern Form (s. Noack) und, ausser in den Metaphysikern — denn: wer kein Philosoph, kann kaum ein Mensch heissen (s. Philelphus) — selbstgespiegeltes Band, ein Gebündel nur (bei Hume), wie im Buddhismus, wo sich für Mano die Bunyak-Blume verbirgt, in der Vatthu des Herzens (das vielfach solche Geheimnisse einschliesst).

[1]) Die Albigenser verwerfen die Auferstehung des Leibes, indem die Seelen in die verklärten Leiber, die beim Sturz der Engel aus dem Himmel in der Luft zurückgelassen, zurückkehrten, nachdem sie zur Busse sieben irdische Leiber nach einander bewohnt haben (s. C. U. Hahn). Nach dem Midrasch giebt es sieben Ordnungen der Gerechten (in Gan Eden).

[2]) Gott wird es nicht unmöglich sein, den (wie bei „lympathischen Wesen des Ovuli") zugerichteten Grundstoff wieder zu reduciren und einen Menschenleib daraus zu machen, wenn er am jüngsten Tage die jetzige Wirkung und Einrichtungen der Natur aufgehoben und die Auferstehung der Todten als ein Wunderwerk wird geschehen lassen" (1748). Como principalmente los Ingas y sus amautas (sabios) tuvieron por opiniou que habian de volver las ánimas á sus cuerpos en cierto tiempo y resuscitar, añidieron que esto no ternia efecto ninguno, sino es que los cuerpos estuvieren guardados incorruptos sin que les faltase nada, á lo menos huesos, ya que la carne se consumiese, por lo cual pusieron excesivo cuidado en enterar á sus defunctos embalsamados, ó embetunados con cierta confeccion (nach der Relácion anonima). Die Fürsten wurden in dem Begräbniss Ygnaca (mit ihren Schätzen) beigesetzt, (in Cuzco), um bei Wiedererweckung durch Viracocha aufzustehen und habian de bibir en esta tierra entre los bibos despues do resucitados (Navamuel). Karl Martel verfiel auch mit seinem Körper der Hölle, so dass Fulrade den Sarg leer fand (und angebrannt). Das wurde bei eigener Feuer-

sich das Bedürfniss des einigenden Bandes für die Persönlichkeit, selbst im seelenlosen Buddhismus, um seine Seelenbündel durch die Rupa zusammenzuhalten, (gesetzlicher Erscheinung nach Maass und Zahl), da Abwerfung derselben in den Arupa das Endziel nicht näher bringt, sondern eher davon wieder entfernt, durch transcendentale Ueberfeinerung.

Indess (1877): „Die heilige Kirche und die Offenbarungsquelle lehren die numerische[1]) Identität, wie der auferstehenden Leiber, so auch der Leibesstoffe[2])" (s. Bautz). Non potest re-

---

anlegung vermieden, sowie bei parsischer Bestattung durch Vögel oder Aussetzen an Raubthiere (in Bartrien). Die ausgesetzten Leichen in Uttarakuru werden durch die Vögel fortgetragen (nach dem Yugandhara-Felsen). Beim Tode des Fürsten (mit einem Grab como una habitacion) le quitaban los intestinos y embalsamaban todo el cuerpo con balsamo traido de Tolu y con otras confecciones (in Peru). Dagobert's Seele wurde durch das Gewicht des von ihm erbauten Klosters (St. Denys) aus der Hand der Dämone befreit, als diese seinen heiligen Vertheidigern die Appellation an ein Abwägen zugestanden hatten.

[1]) Cum suis propriis resurget corporibus quae nunc gestant (nach dem Concil von Lateran). Da dasselbe Medium, wie zur Fortpflanzung des Lichtes, auch zur Fortpflanzung des Tones zu dienen hat, wird (nach dem heiligen Thomas) „im Jenseits an Luft kein Mangel sein. Suarez aber theilt diese Ansicht des heiligen Lehrers nicht, sondern ist ebenfalls der Meinung, dass der Aufenthaltsort der Seeligen ein vollkommen luftleerer Raum sein werde. Nichtsdestoweniger aber werde eine sinnlich wahrnehmbare Ton- und Sprachbildung möglich sein. Denn es verhalte sich hiermit in folgender Weise: Zur Erzeugung des Ton's sei freilich die Luft unentbehrlich, und daher könne die zu diesem Zwecke erforderliche Luft dem gloriösen Leib nicht fehlen. Er trage dieselbe in seinem Innern mit sich und bediene sich ihrer zum Sprechen, wobei er aber, damit nicht endlich der Vorrath ausgehe, ein Hinausströmen derselben nach Aussen über die Zähne und Lippen hinaus verhindern müsse und auch zu verhindern wisse. Zur Fortpflanzung des Tons sei aber keine Luft und überhaupt kein anderes Medium nothwendig, vielmehr theile sich der Ton ohne Medium, ganz unmittelbar dem Ohre der vielleicht weit entfernten Zuhörer mit" (s. Bautz). Supervacuus ibi esset usus vocis, si non posset esse auditus.

[2]) Si capilli toties tonsi unguesve desecti ad loca sua deformiter redeunt non redibant, nec tamen cuique resurgenti peribant, qua in eandem carnem, ut quencumque ibi locum corporis teneant, servata partum congruentia, materiae mutabilitate vertentur (St. August.). Menschenfleisch, als widernatürlicher Genuss, wird bei dreifachem Verdauungsprocess abgeworfen und (nach Athenagoras) „als Excrement" ausgestossen. Σαφῶς ἐδίδαξεν, ὡς οὐχ ἕτερον ἀναστῆσαι ἀλλὰ τὸ φθειρόμενον (Theodoret). Nach den Merinthianern (Cerinth's) wird Christus erst beim Antritt des neuen Reiches auferstehen.

surgere nisi quod cecidit (Thomas Aq.). Somit muss derselbe[1] Leib, welcher im Tode gefallen ist, wieder belebt werden, und darf nicht an seiner Statt ein anderer neugeschaffen werden (s. Oswald). Nach Suarez haben die Engel am Tage der Auferstehung die zerstreute Asche der Menschenleiber wieder zu sammeln, sichten und vorzubereiten.

Bei der „Sinnesthätigkeit[1]" der auferstandenen Leiber" (in corporibus gloriosis) „erit immutatio a qualitatibus tangibilibus spiritualis tantum" (St. Thomas), ohne „immutatio naturalis seu materialis, die (nach Bautz) dagegen festzuhalten, indess lediglich als Bewegung (ohne „stoffliche Zersetzung") zu fassen, „da gerade in der Bewegung das eigentliche Wesen jenes materiellen

---

[1] Post resurrectionem eadem habebimus membra, quibus nunc utimur, easdem carnes et sanguines et ossa (Hieronym.). Bei den Mohamedanern bläst Israfil die Drommete des Schreckens. Justitia exigit, ut non modo anima auctrix, sed etiam corpus ministrum bonorum operum dei regnum mereatur (nach Tertullian). Die Priester der Isis substituirten für den Gott Anubis den Liebhaber Decius Mundus (nach Joseph.). Bertha (la reine Pedauque) gebar filium anserinum per omnia collum et caput habentem (Damianus). Das mögliche Sein setzt ein nothwendiges voraus, als erstes (nach Al-Farabi). Auf die Sympathie aller Dinge begründet Campanella die (natürliche) Magie (zu der auch die Rhetorik gerechnet wird), die Seele war Harmonie (nach den Pythagoräern). Einige Pythagoräer meinten, dass die Sonnenstäubchen, Andere, dass das, was jene bewege, die Seele sei (s. Rothenbücher). Die Seele ist ein Rad der Geburt (nach Oetinger); ψυχή ἀνθρώπου, φησὶν ὁ Πυθαγόρας, ἐστὶ τετράγωνον ἐνθυγώνιον. Ἀρχύτας δὲ τῆς ψυχῆς τὸν ὅρον οὐκ ἐν τετραγώνῳ, ἀλλ᾽ ἐν κύκλῳ ἀποδίδωσι διὰ τοῦτο, ψυχὰ τὸ αὐτὸ κινοῦν, ἀνάγκα δὲ τὸ πρῶτον κινοῦν, κύκλος δὲ τοῦτο ἡ σφαῖρα (s. Lydus). Nach den Magiern wurde die Welt vom Einzigen (in einspännigem Wagen) gelenkt (s. Curtius). Der Wagen des Zeus wurde von 8 Pferden gezogen (bei den Persern) mit nebenhergehendem Fuhrmann (s. Herodot). Aus den „Rapports du physique et du moral" führt die Bewegung des Ich nach dem Unendlichen zum mystischen Leben (bei Maine de Biran). Das Ich, als unendlich, strebt unendlich zu sein, aber im Begriff des Strebens selbst liegt schon die Endlichkeit, indem dasjenige, dem nicht widerstrebt wird, kein Streben ist (J. G. Fichte), wogegen in der gesetzlichen Verkettung des Organischen das durch den Anstoss angeregte Streben über die ursprüngliche Kraftsphäre in seiner Entwicklung hinausgeht.

[2] Organon visionis hujus sunt partim intellectus, partim oculi corporis glorificati (Quenst.). Indem sich die intelligibelen Formen (als in Gott befindliche Ideen der Dinge) im Verstande eingeboren finden, so vermag der Geist alle sinnlichen Formen aus sich zu erzeugen bei dem Erkennen, als Geformtwerden durch die göttliche Intelligenz (nach Ficino), wie durch die Aramana (im Buddhismus).

Vorganges besteht" (1877). „Ueber die Objecte des Tast- und Gefühlssinn's in der verklärten Welt lassen sich nur unbestimmte Andeutungen geben", doch weiss der heilige Laurentius Justiniani: „ipse demum tratus ibi congruis abundabit deliciis, quas experti narrant." Suarez nennt als Objecte des Tastsinnes die verklärten Leiber selbst.

„Bezüglich des Geschmackssinnes ist der heilige Thomas geneigter anzunehmen, dass den im Munde befindlichen Säften, also dem Speichel, wohlschmeckende Stoffe beigemischt würden, welche die Aufgabe hätten, liebliche Geschmacksempfindungen hervorzurufen", und für den Geruch „beatorum corpora suavissimum odorum emittent; habebunt enim intestina plena humoribus et aere optimis qualitatibus et odoriferis affectis". Doch in Betreff der Vermuthungen, in welchen sich die Scholastiker bezüglich der Objecte des Geruchssinns ergehen, ist es „hier und da ergötzlich ihre Gedanken zu hören", meint Bautz, und seine eigene Erklärung, „macht keine sonderlichen Schwierigkeiten: meistentheils sind es ja ätherische Oele, welche den Wohlgeruch erzeugen. Und möge die Bildung derselben in der jetzigen Welt durchgehends auch von der Pflanzenwelt abhängig sein, so steht der Annahme nichts im Wege, dass später eine Fülle derselben im fertigen Zustande auf die unorganischen Körper der Erde werde vertheilt sein, um etwa in wechselnder Bewegung von ihnen entlassen und wieder aufgenommen zu werden. Dass damit der Incorruptibilität der verklärten Erdkörper, von welchen der heilige Thomas spricht, nicht zu nahe getreten ist, liegt auf der Hand" (1877).

Dass dem Leib (bei der Auferstehung) „nichts von dem fehlen wird, was zur Bethätigung des vegetativen Vermögen erforderlich ist", „ita sentiunt omnes theologi".

Die Speise[1]) wird nicht „conversus in carnem, sed resolutus in praejacentem materiem" (s. St. Thomas), durch Dos Subtilitatis („in einer beliebig anderen Art entlassen"). Nicht an die „Regenerationem" (carnis) zu glauben[2]), ist „maximae blasphemiae"

---

[1]) Habituelle Constipation (s. Schlagintweit) führt (in Tibet) zur Abdominalmanie (Schönlein's). So werden zunächst die Brahma-Himmel ersehnt, wo die Eingeweide wenigstens ausser Function treten (und später hofft man sie dann ganz los zu werden).

[2]) One of the most obvirus consequences of the Doctrine of exclusive salvation, is that it places the moral in permanent subordination to the dog-

(nach Irenäus), wogegen bei Celsus die Reden der homines rustici und pauperes (nach Porphyrius) darüber, als ἰδιώτικοι bezeichnet werden.

Das nächste Bestreben ist: das Leben dauernd zu erhalten, wie in den Unsterblichkeitsträuken der Tanisten, oder nach Eintritt des Todes, die Körper wieder aufzufüttern, wie in den Aru, Sibirien u. s. w. Dann hofft man, dass sich die augenblickliche Betäubung nach einiger Zeit ausschlafen (die ψυχοπαννυχία nicht in einen Seelentod übergehen) und der Körper (nachdem wegen benöthigter Entfernung aus der Wohnung, begraben) sich aus der Erde dann wieder erheben werde, oder, wenn die Seele vielleicht nur verirrt sein sollte (wie bei den plötzlich Erweckten unter den Tagalen), so bewahrt man die Leiche unter Präparationsprocessen in der Wohnung, damit, sobald der Rückweg gefunden, die Wiederbelebung ohne Schwierigkeiten eintreten möge. Ist einmal die früher oder (in austrocknender Luft, wie in Peru und Aegypten) später eintretende Zersetzung als unausbleibliche erkannt (und dann oft auch lieber durch die Verbrennung sogleich beschleunigt), so bleibt das Phantom der umherschweifenden Seele, sei es in dem feineren Körper eines Linga sarira (eigenthümlich ihr angehörig und schon im Leben vom gröberen abtrennbar, bis auf den verbindenden Lebens-Faden), sei es in einem durch Einfahren in Besitz genommenen, oder auch in göttlich angebildetem in den Himmeln. Der Buddhist dagegen, dem eine der durch diese Vorstellungen gebotenen Garantien genügt, lässt die Denk-Elemente[1]) ihren

---

matic side of religion (s. Lecky). Καὶ φησὶν αὐτοὺς λέγειν κακὸν ἢ ἐν τῷ βίῳ σοφία, ἀγαθὸν δὲ ἡ μωρία (Celsus) in der Controverse (s. Origines). Zur Göttin Carna (quae vitalibus praeest) wurde gebetet, ut iecinora et corda quaeque sunt intrinsicus viscera salva conservet (s. Plinius). Ossipaga (bei den Römern) durat et solidat infantibus parvis ossa (Macrob.). Beim Auferstehen schwillt das von Gott übriggelassene Knöchelchen Tarfad Racaf, als unterstes am Rückgrat oder (nach Abarbanel) am Schädel durch den auffallenden Thau wie ein „Sauerteig zur Grösse eines gewöhnlichen Menschen" empor (nach R. Meir Ben Gab).

[1]) Gott ist Denken und Denken Gott (nach Ibn Caspi). Indem der Gedanke mit dem Eintritt in die Materie sich selbst verliert und zur blossen Erscheinung wird, löst sich die Einheit seines Wesens in die volle Mannigfaltigkeit auf (nach Plotin), das Sinnliche flieht das ἐκεῖ ἕν (s. Kirchner). Nach Philolaus konnte die Seele durch verschiedene Bildungsstufen hindurchgehen, thierische Gestalten, neben der menschlichen, wogegen, nach Empedocles, der

jedesmalig entsprechenden Anziehungen folgen, da auf welcher immer durch das moralische Gewicht bedingten Stufen, das Ganze (unter dem Gesetz der das All durchwaltenden Harmonien) nothwendig den einheitlichen Zusammenhang zu wahren hat, (mit Einschluss der einst zum Bewusstsein der Persönlichkeit entfalteten Keime, unter dem ihnen in neuer Existenz entsprechendem Ausdrucke).

Bei einer auf Förderung der Geistesthätigkeit gerichteten Tendenz, tritt der naturphilosophisch entgegengesetzte Pol im Sinnlichen, als derjenige Feind, in religiöser Fassung, hervor, den es zunächst zu bekämpfen gilt, weshalb mit Verheirathung der Talapoinen das Maass der Frevel erfüllt ist, dessen Ueberlaufen dann die Sonnenvermehrung zur Zerstörung der Welt hervorruft. Ueberall waren bei den Culturvölkern des alten Amerika (wie bei den heutigen Indianern) Peinigungen [1]) im Schwang,

---

Dämon ausserdem auch in Pflanzen einzugehen vermochte (s. H. Ritter). Die buddhistische Metempsychose rollt vom Himmel zur Hölle durch die Zwischenstufen. Morte carent animae, semperque priore relicta sede novis domibus habitant vivuntque receptae (s. Ovid). Während jedes Wesen von unorganischer Gestalt bis zum Thier von blinder Nothwendigkeit der Eigenheit erfüllt ist, kommt der Mensch zum Erkennen seiner selbst und der Andern (nach Lindner). La doctrine de Proclus se ramène à trois triades, la triade psychique, la triade intellectulle, la triade divine (s. Chaignet). Ἄνϑρωπος πάντων ζώων ἐπὶ πολλὸν γέγονε σωφρώματος (bei Archytas). Im göttlichen Ebenbild bildet das Ur-Ich im Menschen den Grund der Leibesgestaltung, wie der Gemüths- und Gedankenwelt (nach H. S. Lindemann), wie gnostischer Urmensch oder Maha-Puruso (im Patisonthi).

[1]) Aehnliche Prüfungen, wie bei den Mandan (und sonst), werden auch bei den Maya beschrieben (mit Aufreihen an einer Kette). Otros se harparan lo superfluo del miembro vergonçoso, dexandolo como las orejas (bei den Bussen) in Yucatan (s. Landa). Sabia el suzio del sacerdote vestido, y con una flecha en la parte verenda, fuesse muger ó hombre, le heria y sacave sangre y baxavase y untava con ella los rostros del demonio (bei Menschenopfer nach dem Tanz). Der durch Ueberstehen der Κολάσεις zum Miles (des Mithros) Geweihte schritt durch die Grade der Leontica, Coracica, Perses, Gryphius, Heliodromos oder (bei Hieronymus) Helios Bromius u. s. w., dem der Patrica (der Patres unter dem Pater patrum) fort (als Adler und Falken). Habuerunt Christiani praeter agapas eucharisticas vel dominicas, quoque natalitias, connubiales et funerales sive funebres (s. Drescher). Agapes nostrae pauperes pascunt, sive frugibus, sive carnibus, pascitur enim creatura dei de creatura Dei, quae hominis dapibus congrua est (Aug.). Infans farre contectus, ut decipiat incautos, apponitur ei, qui sacris imbuitur, is infans a tirunculo farris superficie quasi ad innoxios ictus provocato, caecis occultisque vulneribus occiditur, hujus sitienter sanguinem lambunt (bei Caecilius). Tantum ab humano

um den Stachel im Fleisch abzustumpfen, und bei den Chibchas
(Bogota's) wurden Unempfindlichkeiten gegen derartige Verführungen, wie sie (in Indien) den Rüsi die Apsaras stellen, in
harten Proben selbst zur Vorbedingung weltlicher[1]) Würden-
würdigkeit gestellt.

Mit solcherlei absurden Barbaritäten wurde kurzer Process
gemacht, sobald die Vorkämpfer europäischer Civilisation die
Schenkung der Wilden, oder wilden Kinder, vom heiligen Vater
bestätigt erhalten.

Von den Frauen der Mayas rühmte Diego de Landa, dass
sie liebenswürdiger gewesen, als seine eigenen Landsmänninnen
(de mejor dispusicion, que las Españolas), und sittsam — wenigstens früher, denn zu seiner Zeit beklagten schon die Alten „die
alten guten Zeiten", da in ihren Augen Alles schlechter geworden sein sollte, seit ihnen mit dem Licht des Ostens die weissen
Herren gekommen. Unter diesen stand als Beispiel voran, wie
seiner hohen Stellung geziemend, des Gouverneurs (Montejo)
Schwiegervater, Alonso Lopez de Avila in Behandlung seiner
weiblichen Gefangenen (una moça india y bien dispuesta, y gentil
muger). Da die Züchtigkeit dieser Wilden durch keine Züchti-
gungen zu brechen war, da sie unerschütterlich festhielt an das
ihrem Gatten gegebene Versprechen (de no concer otro si el no),
warf man sie den Hunden[2]) vor, davon zerrissen zu werden, etwa

---

sanguine cavemus, ut nec edulium pecorum in cibis sanguinem noverimus
(Minuc.). Das Orakel Delphi's veranlasst die Translation der Knochen des
Arcas (Sohn der Nymphe Kallisto). Nocturna muliorum sacrificia ne sunto,
praeter illa, quae pro populo rite fiant (leg. XII.).

[1]) Neben dem erblichen Anführer wurde beim Fest Pax der Nacon genannte auf drei Jahre gewählt, während welcher Zeit er keine Frau sehen
durfte und sich nicht betrinken (in Yucatan). Acostumbravan a volver las
espaldas a los hombres quando los topavan en alguna parte, y hazerles lugar
para que passassen (und ebenso, wenn sie zum Trinken reichten), die Frauen
(s. Landa).

[2]) Preciavanse de buenas (die Frauen in Yucatan), antes que conociessen
nuestra nacion, segun los viejos aora lloran (s. Landa). Quel aveu pour un
evêque! (Brasseur). Jene Indianerin, in Avila's (Montejo's Schwiegervater)
Gefangenschaft, widerstand (weil verheirathet) allen Verführungen, por lo qual
la hizieron apperrear (par des hommes, qui avaient la pretention d'introduire
l'Évangile). Zur Zeit des Hieronymus schlichen sich die Stutzer und Schma-
rotzer (mit den Klerikern) in die Häuser der Vornehmen (um die mit Sünden
beladenen Frauen zu täuschen).

als christliche Revanche gemeint, für jungfräuliche Märtyrerinnen und den Schrei: Leonibus.

Obwohl dem (mit dem Tradux animae) verbundenen Tradux peccati den Creatinismus gegenübersetzend, lässt Pelagius doch eine gewisse Verderbtheit zu, aus langer Gewohnheit des Sündigens (s. Rettberg), indem dieselbe gleichsam zur anderen Natur wurde, „vim quodammodo videatur habere naturae", und dies ist eben dasjenige, was bei den Buddhisten im Karma wurzelt. Ohne den Zwang des Willens (bei Augustin) wird das „multiforme et ineffabile donum gratiae" im „illuminare", in Augeneröffnen gesucht (wie bei dem unter dem Bodhi-Baum zur Erleuchtung Aufwachendem).

Die Brahmanen versuchten in ceremoniellen Heiligungen das Wasser zu kräftigen, um auch die Unreinigkeiten der Sünde abzuwaschen (aus dem Sangkara Acharya vom Lama gezeigten Innern), und das Evangelium der Ebioniten (bei Epiph.) begann mit der Ankunft des Johannes zur Taufe der Busse (im Anschluss an die Oannes, Annius, Nanas u. s. w.). Der σωτήρ kommt mit αἷμα καὶ ὕδωρ (von der Sünde zu reinigen). Die poenalis vitiositas subsecuta hat „aus der Freiheit die Nothwendigkeit hervorgebracht" (s. Wiggers), und gefolgt ist die „harte Nothwendigkeit, Sünde zu haben" (dura necessitas peccatum habendi). Es giebt eine nothwendige Sünde, von der sich zu enthalten man nicht die Freiheit hat, welche nicht allein Sünde, sondern auch Strafe der Sünde ist (Augustin). Cyrill[1]) setzt eine Seele mit freiem Willen (ψυχὴν αὐτεξούσιον) und so die Sünde aus freier Wahl (ἐκ προαιρέσεως).

Bei Marcion[2]) ist die bei den Kirchenvätern als gnostisch

---

[1]) Wer nicht durch sich selbst (μὴ οἴκοθεν) gesündigt, kann keine Strafe verdienen (nach Cyrill). Willibrod, der für die Taufe Radbod's zu spät kam, war bereits vorher in einer Vision belehrt, dass derselbe zu den für Verdammung Prädestinirten gehöre (s. Buss). Le plan de l'univers n'est pas l'œuvre libre du premier moteur, il s'établit lui-même dès le principe, par le fait, que le premier moteur se place en face de la matière et donne ainsi lieu à une série de proportions graduées (nach Cremonini), le pouvoir de Dieu n'est donc point infini (s. Mabilleau). Πυθαγόρας φησὶ, γεννητὸν κατ' ἐπίνοιαν τὸν κόσμον, οὐ κατὰ χρόνον (Stobäus). In infinitis nihil primum, nihil medium, nihil ultimum (s. Goclenius).

[2]) Die Evangelienschrift des Gnostiker Marcion war (nach Tertullian) verstümmelt (aus dem Lukas-Evangelium). Pantänus brachte das hebräische Evangelium des Matthäus (das Bartholomäus nach Alexandrien mitgenommen)

aufgefasste Differenz, in den aus einem *Μωυσῆς ἀττικίζων* (bei
Numenios) verschlungenen Fäden des Osten und Westen, am
einfachsten ausgedrückt, der Orthodoxie gegenüber, die sich damals (bei der Polemik des Irenäus sowohl wie Tertullian's)
noch eng an den Chiliasmus anschloss, in fasslicher Greifbarkeit
(wie in der leiblichen Auferstehung) jedem Doketismus wider-
strebend.

Der subito (de coelo ad synagogam) emanirende Circumlu-
cator des höchsten Gottes (deus per semet ipsum revelatus),
liess sich in den christlichen Lehren nicht mit den Vorschriften [1]) des Judengottes vereinigen, und drängte dieser (aus der
Stellung des Gerechten)[2]) dann leicht in die Vorstellungen eines
dualistischen Gegensatzes (wie im Manichäismus), — ihn als Kakon
gestaltend, wogegen Plotin auch (von Seiten des Neu-Plotinis-

aus Indien zurück (nach Hieronym.). Das von Matthäus (der aus einem
Zöllner ein Apostel geworden) hebräisch geschriebene Evangelium der Bibliothek (des Pamphilus) in Caesarea, wurde von den Nazaräern (in Beröa) bewahrt (nach Hieronym.). Nemo, quaeso, legat Evangelium Thomae, non enim
est unius duodecim Apostolorum, sed unus de tribus discipulis Manis (Cyrill).
Paulus tritt (als Teufelswerk) der Ehelosigkeit entgegen, wie im Evangelium
der Aegypter gelehrt, neben dem Nacktgehen (wie Digambara der Jainas).

[1]) Die Galater wurden über Moses Gesetz hinaus auf die höhere πίστις
hingewiesen (s. Paulus). Nach der Himmelfahrt übergab der Herr die γνῶσις
an Jacobus, den Gerechten, Johannes und Petrus, sie an die übrigen Apostel
und diese an die Jünger (nach Clem. Alex.). Durch die Sünde Adams ging
der höhere Geist (bis auf einen Funken desselben) verloren (nach Tatian).
Speusippos drückte eine aufsteigende Stufenfolge (aus seelischer Centralkraft)
durch Zahlen aus (in geometrischen Gebilden). Im Denken, als Rechnen,
kehrt beim Tode die Seele zum allgemeinen Gedanken zurück (nach Cuffelaer).
Mit Eintritt aus dem göttlichen Licht in die göttliche Finsterniss (der Un-
begreiflichkeit und Unaussprechlichkeit) erhebt sich das Nichtwissen zum
höchsten Wissen (nach Pico von Mirandola). Gegen Zenon's φαντασίαι κατα-
ληπτικαί (zur prüfenden Unterscheidung von φαντασίαι ἀκατάληπται) recte
consensit Arcesilas (s. Cicero). In Gott als Ursubstanz findet sich kein Unterschied von Substanz und Accidenzen (nach Gabirol). Alle Vorstellungen sind
Selbsterhaltungen der Seele, als eines einfachen Wesens (*Herbart*) und die
Buddhisten fassen das Denken gleichzeitig als Activ, Passiv und Reflexiv (im
Chitr).

[2]) Zur δικαιοσύνη, als Zustand sittlichen Rechtsverhalts (bei Petrus)
konnte dann (bei Paulus) λογίζεσθαι εἰς δικαιοσύνην. Die Tugend als Mittel
hinzustellen, um zum Glück zu gelangen, gehört zu den gefährlichsten Er-
dichtungen (nach Averroës). Nach Aenesidemos sind es haltlose Meinungen,
womit die über Tugend Philosophirenden einander täuschen (bei Photius).
Ὁ δέ ἐστιν ὁ θάνατος χωρὶς εἶναι τὴν ψυχὴν τοῦ σώματος (s. Plotin).

mus) protestirt — und damit bis in die Materie, bei der künstlichen Durchbildung der Kosmologie, (mit Einverwicklung des „Logos aus dem Buch der Weisheit" in der Sophia), wie besonders bei den Valentinianern, um nun alle diese verschiedenen Functionen, unter Einordnung in ein System, zu erklären; obwohl der Abschluss ermangelnd blieb, da einmalige Ueberordnung bereits zu unendlicher Vermehrung der Pleroma (wie Irenäus bemerkt) weiter führen würde (wenn das nur als Wesenheit Seiende in die Kategorie eines Räumlichen zu zwängen versucht wird).

Im Buddhismus ist diese Klippe umgangen, durch das gesetzliche Wirken des Dharma in der Weltgestaltung, und die Translocation des Nirwana in ein direct nicht weiter zurückwirkendes Jenseits. Auch hier erscheint der Erlöser aus höheren Regionen, und also mit (Marcion's) Abneigung gegen das Fleisch (Caro, stercoribus infersa), auch hier tritt deshalb der „Fürst dieser Welt", als Mara (oder Ponyros) im feindlichen Widerstreit, aber dieser macht keine Ansprüche auf den (selbst dem in die Maha-Brahma[1]) Terrasse Descendirten nicht cedirten) Titel eines Schöpfer's[2]), (obwohl mit schöpferischen Kräften, wie durch frühere Verdienste erlangt, zu beliebigen Eingriffen begabt), und jene höheren Regionen, aus denen das errettende Wort herniederschallt, sind nur eine an sich gegebene Phase innerhalb eines gesetzlich waltenden Kreislaufes, dessen Erfüllung aber in dem (für die irdischen Fassungskräfte ausser Rechnung bleibenden) Jenseits liegt.

Als nach der Taufe durch Johannes[3]) und dem Fasten in

---

[1]) und unter ihm der gleich den (die Sänger zahlenden) Opferherrn, machtvolle Maghavan, als Indra (der Vedas) oder Chormisdas, den Magavan (als Himmlischen) entsprechend (im Avesta). Auf der Inschrift von Behistun (s. Spiegel) wird Bardiya als Magus bezeichnet (falscher Smerdes). In Brahviharo ist Setthaviharo und Ariyaviharo begriffen, oder Ariyaviharo neben Dibboviharo und Brahmaviharo unterschieden.

[2]) Der oberste Gott (vom Weltbildner verschieden) ist jedem Werk fremd (Numenios). Der Dunkel des Anfangs umschattet die Moho im Buddhismus, wie die Po polynesischer Kosmogonien. Die Finsterniss ist actu noch nichts, aber potestate Alles (nach Oetinger), mit der Tinctur des Ens penetrabile (als Spiritus rector). Non-Ens primo est absolute vel $K\alpha\tau\acute{\alpha}$ $\tau\iota$ (Goclenius). Das Eine ist ungetheilt und ganz (nach Xenophanes).

[3]) Solus autem Joannes in utero existens, exultavit (Cyrill.). Zoroaster lachte bei der Geburt.

der Wüste, durch das Aufsehen in Austreibung unsauberer Geister
aus den Besessenen (in Capernaum am galiläischen See) unter
der Gilde der Fischer, (die · in Beschwichtigung der Stürme
und reichlichen Fischzügen zugleich ein practisches Interesse
an der neuen Lehre fand), die Apostel sich zur Begleitung auf
den Predigtreisen angeschlossen, folgte zunächst die Differenz
mit den Pharisäern über die stricten Vorschriften des Ceremonialgesetzes, das in der in Jerusalem (wo der Toldoth Jeschu
den Leuten von Ai[1]) oder Capernaum den verwesten Körper
durch Judas zeigen lässt) constituirten Gemeinde (unter dem
ascetischen Jacobus)[2] noch an der Beschneidung festhalten liess,
obwohl bereits mit Hinneigung Petrus' zu Paulus' Vorstellungen,
der aus Gamaliel's Schule hinzugetreten. In seiner und Barnabas[3]) (seines Gehülfen oder Meister's) Schriften tritt dann

---

[1]) Durch das Avonkelajon (Evangelium) verleitete Simeon (Oheim Jesu's)
die Leute von Ai zum Götzendienst, Der Diakone Wulfilach stieg von seiner
(in Nachahmung Symeon's errichteten) Säule, als sie niederzureissen, freiwillig
herab (weil es in Trier kälter sei, als in Antiochien). Die von den Diakonen
am Altar zum Abwehren der Insecten (vom Kelch) getragenen Fliegenwedel
konnten, wie aus Papier- oder Leinwandstreifen, auch aus Pfauenfedern gemacht
sein (beim Aufzug des Papstes bewahrt), und ergeben sich in indischen Mosquito-
ländern als stetiges Emblem der Fürsten (aus Nothwendigkeit). Der Mönch
Paulus zählte seine 300 Gebete täglich mit Steinchen ab (nach Palladius) bis
zum Rosenkranz, der als Phing pa (tibetisch) oder Aerkinn (mongol.) aus
108 Kügelchen besteht. Im Tempel Christi waren die Thüren des Eingangs
zu küssen (nach Chrysost.) und die Schwelle (bei Fortunatus). Nach Theodor.
hingen die Geheilten $\dot{a}\nu\alpha\vartheta\dot{\eta}\mu\alpha\tau\alpha$ (in Bilder von Händen oder Füssen) auf (in
den Kirchen), wie Weihgeschenke in Stupen (oder Cylinder). Zu Chrysosto-
mus' Zeit verhandelten Juden Amulette ($\pi\epsilon\varrho\dot{\iota}\alpha\pi\tau\alpha$). Ein im Halse stecken-
gebliebener Knochen, war im Namen des Märtyrers Blasius zum Auf- und
Absteigen zu bewegen (nach Aetius) und Alexander von Tralles empfiehlt eine
mit gnostischen Diagrammen beschriebenen Eisenring gegen Kolik (sowie
Amulette und Oelblatt gegen Fieber). Aqua sacerdotis prece sanctificata abluit
delicta (Cypris). Wenn der heilige Martin aus seinem Kloster trat, um sich
nach der Kirche in Tours zu begeben, begannen sogleich die Energumenen zu
winseln und zu heulen (s. Sulpicius).

[2]) mit der Werkheiligkeit des Ebionitismus. Fides nuda meritis inanis et
vacua est (Faustus). Philosophie und Religion sind Wissen und Glauben des
vernünftigen Lebens (nach Weiss).

[3]) $O\dot{v}\delta\epsilon\dot{\iota}\varsigma$ $\gamma\nu\eta\sigma\dot{\iota}\omega\tau\epsilon\varrho\sigma\nu$ $\ddot{\epsilon}\mu\alpha\vartheta\epsilon\nu$ $\dot{\alpha}\pi'$ $\dot{\epsilon}\mu\sigma\tilde{v}$ $\lambda\dot{o}\gamma\sigma\nu$, und diese ächteste Lehre
des (Apostel's) Barnabas (dem Paulus als Gehülfen diente) besteht in der
Buchstabendeutung, wodurch die 318 Beschnittenen Abraham's die Kreuzigung
Jesus' geweissagt. „Ist die Zahlenmystik spielend, so ist die Kinderspeise-
mystik kindisch“ (in Betreff der $\gamma\tilde{\eta}$), aber Schenkel sucht „zu beweisen, dass

die *γνῶσις*, in allegorischer Deutung hervor, zur Begründung einer, dem Judenthum[1]) gegenüber, selbstständigen Religion, die besonders durch Marcion eine systematische Gestaltung erhielt, während die bis zu exstatischen Verzückungen fortschreitende Aufregung (in Localisirung chiliastischer Hoffnungen[2]) in

die hier herrschende Allegorie eine wahre und tiefe sei" (s. Hefele). Quasi numerare vellent, antequam numeralium nominum valorem intelligerent (Hobbes); *ἀριθμοὺς εἶναί φασιν αὐτά τὰ πράγματα* (die Pythagoräer), *μιμήσει ἀριθμῶν* (s. Aristotl.). Augustin verwerthet das Akrostichon (*ἴησσους χριστος θιοῦ υἱὸς σωτήρ* auch für *ἰχθύς* (bei der Sibylle). Mit jedem logischen Schluss oder Cirkelschluss hat der Skeptiker sein Urtheil zurückzuhalten (nach Sextus). In der Theologumena arithmetica, wird die pythagoräische Zahlenlehre auf Physik, Moral und Theologie verwendet von Nikomachos aus Gerasa, während Nökomachos, als Sohn des Aristoteles, die Ethik des Schülers Eudemos in theologischer Hinneigung siegreich bestreitet. Alles geschichtliche Werden ist natürliche Nothwendigkeit, in welcher das Denken als Naturkraft wirkt (nach Knapp). Im Denkprocess, als Naturprocess ergeben sich die „Denkgesetze der Psychologie" (als Physiologie des Denkorgans) als „Naturgesetze". Hervaeus stellt dem genus naturale das genus logicum gegenüber. Indem die ins Unendliche hinausgehende Thätigkeit des Ich, am einen Punkte angestossen, in sich zurückgetrieben wird, folgt das Streben nach unendlicher Verursachung, und bei sich selbst hervorbringendem Streben, als Trieb, setzt die Aeusserung des Nichtkönnens eine Nichtbefriedigung, in Fortgetriebenwerden nach dem Unbekannten (J. G. Fichte), in organischer Entwicklung.

[1]) Der Demiurg (neben judex et severus, auch saevus) wird mit dem Judengott identificirt, und über ihn setzt Marcion den christlichen Gott (mitem et placidum, et tantummodo bonum atque optimum) und sein Circumlator (vom Himmel „subito" emanirend, de coelo statim ad synagogam) offenbarte ihn (verschieden von dem, den Juden verheissenem Christus, in der „differentia duorum Christorum") als (doketisches) Phantasma (um auch im Fleisch von der Abhängigkeit an den Demiurg frei zu bleiben). Dositheus gab sich (bei den Samaritanern) für den von Moses geweissagten Christus aus (nach Origenes). Nach Hermogenes wohnte Christus in der Sonne (s. Theodat). Stifel erklärte seinen Schwestersohn Meth für die göttliche Natur aus Gott in Christo (in Langensalza). Der im Wagen angefahrene Engel „tüpfet mir auf die Nase" (kündet der Prophet Joachim Greulich). An der Nase wurden die Neophiten berührt, damit sie sagen könnten: „Wir durch Christum Erlöste sind ein angenehmer Geruch vor dem Herrn" (nach Cyrill). Nachdem die Täuflinge für die Effeta vom Priester an Nasen und Ohren berührt, that sich das Sancta sanctorum auf, wo neben dem Oberpriester im Osten (Wasser u. s. w.) das Holz erblickt wurde, sowie eine Taube, als Symbol des heiligen Geistes, und ein Rabe, als Bild der Sünde (nach Ambrosius), „nackt wie geboren, nackt zur Taufe tretend", (um „nackt und leicht zur Himmelsthür zu eilen").

[2]) Den Thessalonichern werden die Berechnungen des Messiasreichs durch Möglichkeiten des Plötzlichen durchkreuzt (bei Paulus). Eller prophezeite

Pepuza) bei dort erwartetem Herabkommen des himmlischen
Jerusalem[1]) durch die montanistische Bewegung über Afrika und
Italien hinaus die verwandten[2]) Geister durchwühlte, in weib-

---

durch Offenbarung seiner Frau, deren Sohn Benjamin als Sohn Gottes anerkannt wurde (1733).

[1]) Auf die neue Erde (unter einem neuen Himmel) kommt das neue
Jerusalem aus der unsichtbaren himmlischen Welt hernieder (Koch). Bei Keil
„erhalten wir den monströsen Gedanken, dass zu derselben Zeit, wo das Thier
und der Satan mit allen ihren Gräueln auf Erden herrschen, die Gläubigen
mit Christo herrschen" (1872). Die Pernaner setzten die Herrschaft der
Thiere vor die des Menschen (und so in Birma). Das Thier aus dem Meer
ist das Hildebrandische Pabstthum (in der Offenbarung Joh.), das Thier aus dem
Abgrund ist der sogenannte besondere Antichrist, in individuo (s. Bengel).
Als der aus dem Thier verwandelte Thurm (der papistischen Königreiche)
zerfiel, gab er „einen abscheulichen Gestank von sich" (nach Stephan Melisch).
Nach Sulpicius Severus (Schüler des heiligen Martin) steigt der Antichrist aus
dem Abgrund herauf. Nach Hippolyt wird der Antichrist aus dem Stamm
Dan geboren. Irenäus rechnet Titan als Namen des Antichrist heraus,
Andere (nach den Regeln der Gematria) Γευσηρικός u. s. w. Wo Porphyrius
auf geschichtliche Personen kommt, mit Antiochus, setzen die Christen (bei
Hieronymus) den Antichrist. Bei Victorinus beginnt die Reihe der römischen
Kaiser mit Galba. Auf Befehl des Herrn Zebaoth überbringt Dabricius an
Georg Ragozky das Balsamöl, um ihn zum König von Ungarn zu salben
(1645). König Friedrich V. wird aus den Wäldern Böhmens kommen, als der
Löwe des Waldes (nach Plaustrarius). Der fliegende Löwe bekommt Gewalt
über alle Länder und herrscht über sie (1758). Die Prophezeiungen Kotter's
(der mit zwei Engeln den Löwen, mit weissem Kopf, blauem Körper und
rothem Schwanz erschienen: ein Stadium lang ausgemessen) examinirend (auf
Befehl des Churfürsten von Brandenburg), erklärte der Generalsuperintendent
D. Pelargius, „er könne nach reiflicher Erwägung der Sache kein anderes
Resultat herausbringen, als dass der Herr seinen Engel gesandt habe, seinem
Knecht zu zeigen, was in Kurzem geschehen soll" (bei Komenius). Die
Landgräfin von Hessen schenkte Redinger 8 Thaler für die ihren Predigern
mitgetheilten Offenbarungen. Oliger war (nach seinen Offenbarungen) zum
Judenkönig bestimmt. Prof. Egli (in Marburg) hat sich „unterwunden die
zween Heringe und den Grypswaldischen Fisch auszulegen" (1587 in Nor-
wegen und Dänemark und 1596 als Kabeljau), und daraus gefunden, „dass
der Satan im Jahre 1710 aufgelöst wird" (was ihm „wider alles Verhoffen
geoffenbart worden"). Um das Weltreich zu zerstören, beschlossen die Quinto-
monarchisten den Anfang mit der Eroberung Londons zu machen (1661), und
die Wiedertäufer hatten es nach Münster's Fall auf Amsterdam abgesehen (und
Leyden).

[2]) In der διάκρισις πνευμάτων (nach Paulus) ist der Mendax Prophetes
(bei Hermas) zu unterscheiden von ihm, der tunc loquitur, quum vult deus
(sicut Deus vult). Paulus rechnet die Glossolalie περὶ τῶν πνευματικῶν. Dem
πνεῦμα τοῦ θεοῦ (als πνοή) steht τὸ περὶ τὴν ὕλην ἔχον πνεῦμα gegenüber

lichen Propheten[1]) (bei denen der Geschlechtsunterschied[2]) selbst
für die Bischöfe sich aufhob) auf den Spuren eines orgiastischen
Cybeledienstes (den Wegen, welcher dieser schon durch das
römische Reich gewandert) folgend (oft auf gefährlichen
Scheidewegen richtigen Scheidung)[3]). Auf derartig vorbereiteten
Boden konnten dann, nach dem Abstossen excentrischer Aus-
wüchse, bei der günstigen Gestaltung der politischen Constellationen, theologische Dogmen innerhalb der durch die gesell-

---

(bei Athenagoras) und ὁ τῆς ὕλης ἄρχων (als feindlicher Gegensatz). Mit
νοῦς und λόγος verbindet Metrophanes (in dem dreifachen) ἀεὶ πνοία ἀθανα-
σία). Bonaventura beschied sich mit seiner docta ignorantia (wie Cusa), während
Antiochos, Lehrer des Sosos, das Nichtwissen seiner Collegen in der Aka-
demie beklagte, als mit Philon von Larissa's Bekehrung Cicero's Weisheit
den Gymnasien zu Gute kam, und durch seinen Bruder Aristas dem Brutus
(der Caesaren).

[1]) wie schon die vier jungfräulichen Töchter des Philippus oder wenigstens (bei Polycarp) δύο γεγηρακυῖαι παρθένοι. Wegen der Visionen Philu-
mene's (als Inspirirte) wurde Apelles aus Markion's Schule ausgeschlossen.
Ueber die Doppelklöster geboten die Aebtissinnen (in Irland dagegen der Abt).

[2]) Christus erschien den phrygischen Prophetinnen weiblich, als Sophia,
Gottes Syzygie (bei Clem.), wie (bei Philo) die göttliche Weisheit in der
Gattin des höchsten Wesens erscheint. Aus beschattender Wolke trat Jane
Lead (in ihrer den Bräutigam Christus ersehnenden Wittwenschaft) die göttliche Weisheit entgegen, als goldgeschmücktes Weib (in Sophia). Sie gehörte
wohl in Feustking's Gynaeceum Haeretico-fanaticum (mit der Fröhlichinn u A.m.).
Als (in der Ekstase) die (neben den Kindern, vor welchen die „Monarchen
des Erdbodens" ihre Schätze niederlegten) nackt erblickten Frauen sich in
Tauben verwandelten, wurde Joris selbst zu einem Täuber (um sich mit ihnen
zu mischen), seiner Secte nackt zu gehen empfehlend (wie jainistische Digambara, mit der Ausdehnung der Himmel, als ihr Gewand, bekleidet). In der
Ausdehnung liegt die eigentlich active Grundeigenschaft des Seins (siehe
Schaden) und Freiheit in der Identität (mit der Form als Subject). Mithras
wurde als τριπλάσιος verehrt (s. Creuzer). Die Vernunft begreift die Welt
radio directo, die Menschen radio reflexo und Gott radio refracto (nach Bacon).
Als Raumwesen gehört der Leib mit zum Ich, als Zeitwesen hat Jeder seine
eigene Lebensgeschichte (nach Herbart). Neben der angewandten Metaphysik
(in Naturphilosophie, Psychologie und rationale Theologie zerfallend) unterscheidet sich (bei Herbart) die allgemeine (als Ontologie). Für οὐσία entsprechen substantia und essentia, bis durch die Speculationen über den Gottes-
begriff (bei Augustin) getrennt. Multa ex Graeco formata nova ac plurima a
Sergio Flavio, quorum dura quaedam ad modum videntur, ut ens et essentia,
(Quintilian).

[3]) περὶ τοῦ μὴ δεῖν προφήτην ἐν ἐκστάσει λαλεῖν (Miltiades) in der πλήρης
πνεύματος ἁγίου ἔχγναις (Clem. Al.). Die Montanisten verbanden ihre Propheten durch ein διαδοχὴ τοῦ πνεύματος (s. Schwegler).

schaftliche[1]) Ordnung geforderten Grenzen aufgestellt und ab
geschlossen werden (um auf den Concilien nähere Bestimmungen zu erhalten), in apostolischer Tradition[2]) bei geregelter
Regula fidei (s. Rufinus) mit dem Durchdringen der Logoslehre.
Im Montanismus zeigt sich eine democratische Reaction,
weitgreifend, wie die methodistische, und protestirend gegen die
erstarkende Gewalt der Bischöfe[3]), (für welche Cyprian dann
den Priester-Titel beansprucht), gegen den Pontifex supremus und Episcopus Episcoporum (s. Tertullian), gegen römische
Decrete, gegen willkürliche anmaassende Sündenvergebung.
Die nova prophetia (des Montanismus) erkannte den Spiritalis
homo in jedem mit den Charismen des heiligen Geistes[4]) Be-
günstigten (den Psychikern gegenüber), wogegen seit Cyprian
die Vorrechte auf den heiligen Geist sich für die Bischöfe[5]) reservirt

---

[1]) Die (montanistischen) Propheten (in amentia) beteten für die consummatio
saeculi (festinantes ad spei nostrae complexum).

[2]) Οἱ ἀπόστολοι, ὡς ἂν τῷ ὄντι γνωστικοὶ καὶ τέλειοι (Clem.) hatten die
Tradition durch Einsetzung von Bischöfen fortgepflanzt (in den Gemeinden).

[3]) in episcopo Dei nomen operatur (Pacianus).

[4]) „unter Nachlassen der Energie des heiligen Geistes" bei „dem über-
historischen Begriff des Falles" nach Thiersch (und Neander), um das Räthsel
des zweiten Jahrhunderts zu lösen (Ritschel). „Die Kirchenväter haben von
den Verhältnissen der apostolischen Zeit unglaublich wenig gewusst, und das,
was sie wissen, wissen sie meist falsch". Als jüngster Kirchenvater (1824)
warf Lammenais das Papstthum zu den Todten (1831). Als Führer haben
die Aerzte zu gelten, die Philosophen sind, nicht jedoch die Philosophen, die
keine Aerzte sind, erklärt La Mettrie, der der Unkenntniss seiner Kunst erlag
(nach Diderot). Der Bretwalda Oswin, als Oberherr Englands, entschied sich
im Streit über Columban oder Petrus für den letzten (und für Rom), um nicht
etwa später die Thür des Paradieses, durch den Hüter derselben, verschlossen
zu finden. Mathematik ist Religion, als höchstes Leben der Götter (nach
Novalis). Nur durch Versenkung in die Geheimnisse der Zahlen, gelangte
der Geist zur Anschauung der höchsten Einheit (nach Numenius). Die Zahl
Eins ist Sinnbild der Einheit und Gleichheit, der Ursache und des Bestandes.
Scholastici ens intentionale appellant ens, quod sola intellectu conceptione et
consideratione inest, seu ens quod est intra animam per notiones (s. Goclin.).
Die Kategorien werden (bei Aristoteles) als das bezeichnet, οἷς ὥρισται τὸ
ὄν, d. h. wodurch der noch leere und unbestimmte Begriff des Seienden seine
Bestimmtheit erhält (s. Bonitz).

[5]) Das Charisma veritatis certum liegt im Episcopat (bei Irenäus). Das
πνεῦμα (ἀπὸ θεοῦ) verlangte den Anschluss an den Bischof (nach Pseudo-
Ignatius). Trotz Synesius Vorbehalt einer (heidnischen) Nothlüge dem (christlichen) Volk gegenüber, sah der Patriarch Theophilos kein Hinderniss, ihm
die Bischofswürde von Ptolemäus zu übertragen. „Unser Fabelwerk hat uns

hatte, in Fortpflanzung desselben (und damit der Tradition).
Zur Festigung auf bereits vorhandener Stütze (von der man
sich in der Polemik mit den Judenchristen entfernt hatte), fand
dann ein Zurückgehen statt auf das alte Testament, dessen Gott
bei Marcion so tief herabgedrückt worden war, um (gnostisch)
in feindlichen Gegensatz überzugehen. Jetzt dagegen (mit dem
neuen Testament als Erfüllung) „Christus, dei verbum, in Moyse
atque prophetis erat" (Origenes), und der Logos trat dann als
Mittler auf. Ὀυδενὶ ἄλλω ἦευφοροὖνται οἱ προφητενόντες εἰ μὴ
λόγῳ θείῳ (Just.). Bei Clem. Al. heisst der Logos der grosse
Hohepriester, sofern durch seine vermittelnde Thätigkeit Alles
zur Einheit mit Gott erhoben wird (s. Bauer). In der Ogdoas
(bei Valent.) zeugen Logos und Leben die Dekas, sowie Mensch
und Kirche die Dodekas (in der „Logik des göttlichen Denkens"). Als artikulirt ist die φωνή selbst λόγος; und insofern eine
φρόνησις (nach Chrysippus) und (bei Athene's Geburt): dass
der Mythus nicht sage διὰ τοῦ στόματος, sondern ἐκ τῆς κο-
ρυφῆς, ist dem Stoiker eben eine Synekdoche (s. Krische).

In Antiochien, wo neben den Jüngern des Stephanus
Männer von Cypern und Cyrene (mit Libertiner[1]), Alexandrier,
Cilicier) zusammentrafen, wurden (als Saulus von Barnabas dort-
hin geführt war) die Jünger zuerst Christen genannt. Die
Juden waren für das Reich des Demiurg, die Heiden für das
Reich der ὕλη oder des Satans erklärt, die Christen als πνευ-
ματικοί erhoben, in dem βάρβαρον τόλμημα (bei Porphyr.).
Ammonius (Θεοδίδακτος) trat zu den „hellenischen Göttern" über.

---

manch guten Bissen eingebracht", meinten (beim Geschenk des Käse's) die
beiden Zeugen aus der Apocalypse in Brügglon, und unter reichen Geschenken
durch die Indulgenzen entstand der päpstliche Ausspruch über die fabula (und
ihre Nutzanwendung). Ἀρχὴ τῶν πάντων ἐστὶ καθολικὴ καὶ ἁγία ἐκκλησία
(Epiph.). Praecepta quae καθολικά vocitent, id est (ut dicamus quomodo
possumus) universalia vel perpetualia (Quint.). Paulus gründet die Gemeinde
Korinth's κατὰ τὴν χάριν τοῦ θεοῦ. Dagobertus divina favente clementia Fran-
corum rex (623 p. d.).

[1] Die Libertiner (wenn nicht aus Libertum in Afrika) waren kriegsgefangene Juden (unter Pompejus) als Nachkommen der Freigelassenen (mit den
cyrenäischen und alexandrinischen Juden eine Synagoge bildend, neben den
cilicischen). Die Töchter der Λιβερτῖνοι, als jüdische Kriegsgefangene in Rom
(nach Chrysostomos), waren von der Ehe mit Priestern ausgeschlossen. Die
Judenschaften von Rom, Alexandria und Cyrenaika bildeten die Mehrheit der
Diaspora.

Anfangs wurde das Wort χριστιανοί in einer Art verächtlichem
Sinne gebraucht (s. Hefele), wie bei den Races maudites (und
in russischen Sectenbezeichnungen), ausserdem auch Chrestiani
von χρηστός (statt χριζω)[1].

Die Differenzen beim Paschastreit folgten zunächst aus der
Verschiedenheit der Zwecke, die zu vereinigen, wie in den Mysterien im Trauer- und Freudenfest[2]), so wie dann weiter (mit
den Allegorien vom „geschlachteten Lamm")[3]) im vermittelnden

[1] Christus vocatur, non humanis manibus unctus, sed a patre perpetuo,
in eam, quae super homines, supremam sacerdotis dignitatem inunctus (Cyrill).
Participes ergo Christi effecti, merito Christi, hoc est, uncti vocamini et Deus
dixit de vobis Nolite tangere Christos meos (τῶν Χριστῶν μου), sanctum hos
unguentum (ἅγιον τοῦτο μύρον), non amplius est unguentum undum, neque
(si quis ita appellare malit) commune, postquam jam consecratum est, sed est
Charisma, quod Christi et Spiritus sancti (ἀλλὰ Χριστοῦ χάρισμα καὶ πνεύματος
ἁγίου), id est, divinitatis ejus praesentiam efficit (und dann das Bestreichen
der Körpertheile). The baptized were styled οἱ μεμνημίνοι, initiati (s. Bingham), als μύσται und μυσταγωγηγτοί (bei Isid.). Die Katechumenen wurden
durch das Zeichen des Kreuzes und das Sacrament des Salzes aufgenommen
(zu Augustin's Zeit). Cyrill erklärt (im Seitenstück zu Apulejus) den φωτι
ζομένοις die ὀνοματογραφίαν (nachdem mit Verhüllung ihres Hauptes der
Exorcismus gesprochen): „Aus den Vorhof tretet ihr in das Taufhaus selbst,
wo ihr die Kleider ablegtet, und mit ihnen den alten Menschen mit seinen
Werken und nackt den darstelltet, welcher am Kreuze entblösst war. Hierauf
wurdet ihr vom Scheitel an bis hinab mit geweihtem Oel gesalbt, um die
Sporen der Sünde zu verwischen und die unsichtbaren Dämone zu vertreiben,
dann wurdet ihr an das heilige Taufbecken (Κολυμβήθραι) hinabgeleitet"
(s. C. Schöne). In Cypern halfen die Diakonissinnen den Frauen beim Auskleiden (für die Taufe). Est disciplina, arcani illo usus antiquae ecclesiae
per prima saecula institutus, quo certa quaedam christianae religionis praecepta
de mysteriis augustissimis neophytis seu catechumenis ad tempus quoddam
statutum reticebantur, paganis ac gentilibus nunquam aperiebantur (praecique
mysteria Trinitatis, Incarnationis et Eucharistiae, et quidquid sacris polluendis
per homines initiatione indigentibus inservire posset). Catechizare (Catechismus) est illa methodus docendi, quae dicitur socratica (s. Toklot). Nach
Evagrius wurden die Knaben aus der Grammatikalschule herbeigeholt, um
die übriggebliebenen Theile des Leibes Christi zu verzehren (um darüber zu
disponiren) und ähnlich in Macon (wo die Brocken für die Kinder in Wein
eingeweicht wurden).

[2] In dem Pascha verband sich die Feier des Todes später mit der der
Auferstehung (πάσχα σταυρώσιμον und ἀναστάσιμον), und dann blieb nur
der Freudentag (bei Chrysostomos).

[3] En lugar de los hombres prisioneros, que habian de morir, se daban
tantas cabezas de ganado para que se sacrificasen y á estos llamaban Runa,
esto es, carnero, que muere por el hombre (die Incas) unter Namenbeilegung
(desjenigen Dienstes, für welchen sich dem Fürsten beim Begräbniss weihend).

Anschluss an traditionelle Bräuche der Juden, zumal dann im
Pfingsten [1]) auch noch die Ceremonien des Ackerbaues zu denen
mythologischer Ausmalung hinzukamen. Gerade in solch' unbestimmt verworrenen Kreuzungen der Meinungen machte sich
am schlagendsten die durchgreifende Stimme einer Führers fühlbar, die bei dem natürlichen Schwerpunkt des Reichs in Rom
auf den dortigen Bischof fiel. Als Bischof Victor auf den ab-
gehaltenen Synoden die römische Paschafeier als die richtige
hatte anerkennen lassen, erklärte er (bei Polycrat's Widerspruch)
die kleinasiatischen Gemeinden, ὡς ἑτεροδοξούσας (im Anschluss
an den jüdischen Paschatag, statt die Jahresfeier nach den
Wochentagen zu ordnen).

Auf Johannes, den Hohenpriester, der sich die Binde um
die Stirn gelegt, beruft man sich im Osten, während in der
weltbeherrschenden Stadt[2]) die Autorität der Pontifices und ihres
Haupts zu ersetzen, und in byzantinischer Rivalität Johannes der
Kappadocier[3]), mit dem Titel Οἰκουμενικὸς Πατριάρχης (unter
Kaiser Justin I.), die Tiara (wie in ägyptischen Mysterien getragen)

[1]) Am (jüdischen) Pfingstfest wurde die Webegarbe der Erstlinge dargebracht, als Dankfest der ersten Ernte (sowie Gedächtniss der Gesetzgebung
auf Sinai), wozu (nach Christi Himmelfahrt) der πνεύματος ἡμέρα kam (für
ἀπαρχὴ τοῦ πνεύματος).

[2]) Die phrygische Mütze wurde von den römischen Priestern der grossen
Göttermutter in ihren Mysterien getragen, und ähnlich vom Pontifex maximus
(mit apex). Der Pedum (Bischofsstab) ist dem Lituus (der Auguren) nach-
gebildet (s. Schöne). Die Tiara (der Magier) mit Lappen für Wange und
Mund, (bei Strabo), wurde auch von den Priestern in Lydien getragen (nach
Pausanias). Als dem Ὠμοφόριον (der orientalischen Kirche) entsprechend
(seit dem IV. Jahrhundert p. d.), kam (in der Kleidung der Bischöfe) das
Pallium (im Occident) zum Vorschein (seit VI. Jahrhundert), dann (im
VII. Jahrhundert) annulus et baculus (s. Rheinwald). Aus den in Rosen verwandelten Gebeten des von Räubern ermordeten Jünglings, wanden die Engel
den Rosenkranz (für St. Dominican).

[3]) Das Land der Syrer (als Λευκόσυροι am Pontus Eux.) erhielt den per-
sischen Namen Hvaspadakhja (Kappadokien) oder (auf den Keilschriften) Kat-
podhuk (wegen guter Pferde). Dem Reich des Königs Archelaus (in Cappadocien) wurde von den Römern das Seeräubergebiet zugefügt (aus Cilicien).
Die (nach Josephus) von Meschech (Sohn Japhet's) stammenden Moschi oder
Muskai, deren Hauptstadt (Mazaca) durch Masacus (Sohn Aram's) gegründet
wurde (s. Mos. Chor.), erhielten den Namen der Cappadokier. Ἐν τῇ Καππα-
δοξίᾳ πολύ ἐστι τὸ τῶν Μάγων φῦλον (s. Strabo), mit Verehrung des Omanus
oder Vahman (πολλὰ τῶν Περσικῶν θεῶν ἱερά). Οἱ καὶ Πύραιθοι καλοῦνται
(bei Strabo) als Magier in Kappadokien (wo mit einer Keule geopfert wurde).

oder Mitra[1]) annimmt (s. Cedrenus), und daraus dann weitere
Cedirungen[2]), unter Ausbildung des bischöflichen[3]) Ornats.
Im Passahstreit complicirten sich zugleich die durch feste
Woche im römischen Reich (unter Festhaltung des Sonntags)[4])
und bewegliches Jahresfest nach orientalischen Cyclen, an sich gegebenen Schwierigkeiten durch die beim Zurückgehen auf den
jüdischen Typus[5]) bereits eingetretene Verschiebung des Mahls
nach dem Opfer; dann: ob, je nach den aus Geheimdiensten
vertrauten Weihen, das Freudenfest bei der Vollendung, (also
mit dem Tode bereits), einzutreten habe, oder im Anschluss an
den Seelencult, dem im Grabe ruhenden Todten Frist zu geben,

In den von ἱερόδουλοι (weiblichen, als Prostituirten, und männlichen) bedienten
Tempeln der Anaitis (Tanais oder Anaea) oder Nanaea (Ancitis) fanden sich
heilige Kühe (s. Plut.). In Sacasene wurde Anaitis mit Omanus (als Hom)
und Anadatus (Anandatus) verehrt. Der Prophet Homanes stiftete (unter
Djemsid) die Magismus und das Schöpferwort Hom tönt auch in Aum oder
in Om (Mani padme hum) im Unendlichen (Ananda's).

[1]) Die Mitra wurde anfänglich aus mehreren Binden (μίτρα), wie ein Turban
gebildet (s. Siegel), von der mosaischen hergeleitet (nach Braun). Von Tsongkapa wurde die Mütze (Sha-sser) bei den (im Süden baarhäuptigen) Mönchen
eingeführt. In die Mitra, wie Papst Sylvester von Constantin geschenkt,
ging die corona (XI. Jahrhundert) über (bei den Bischöfen), während die der
griechischen Kirche den Kegelhut in Form der Sidaris des jüdischen Hohen-
priesters trugen, gleich päpstlicher Tiara, als dreifacher seit Urban (nach
Zufügung des zweiten Kronstreifens durch Bonifacius VIII.).

[2]) Der Abt, dem die Bischofsmütze (mitra cum infulis) vom Pabst zugestanden, wurde ein infulirter Abt (Abbas infulatus). Der buddhistische Abt
erhält bei der Installation die fünfspitzige Krone aufgesetzt (in Tibet).

[3]) Das Pallium, als Hauptstück des Kaiserlichen Schmuckes, wurde mit-
unter Bischöfen zum Geschenk gemacht, und römische fingen dann an, solche
Auszeichnung (auf Wunsch fränkischer Könige) ihren Vertretern in Gallien zu
schicken (s. Schöne). Der Ueberwurf, als buddhistisches Pallium (Uttara-
sanghati oder Sankakschika) heisst (Tib.) Tschoss-goss (Kleid des Gesetzes).
Das Sudorium (Orarium) der römischen Soldaten wurde von den am heiligen
Tisch dienenden Diakonen als Wischtuch angenommen, und Klerikern das
Tragen untersagt (nach der Synode zu Laodicea). Die Alba wird (bei Isid.)
auf das Füssewaschen bezogen (von dem Κολόβιον kam die Dalmatica).

[4]) Nach den Occidentalen konnte das μυστήριον der Auferstehung an
keinem andern Tage, als dem der Κυριακή (Κυριακή ἀναστάσιμος) gehalten
werden (s. Eusebius), und deshalb habe dieser die ἐπίλυσις des Passahfestes
zu bilden.

[5]) Im Todesjahr wurde mit den Jüngern das jüdische Passah nicht mehr
genossen, weil dieses νομικόν durch das πάσχα ἀληθινὸν Κυρίου ersetzt war
(nach Apolinaris).

und zwar bis zum thatsächlichen Beweis in der Auferstehung (wie von den Aposteln bezeugt). Bei dem (in Verbindung mit dem Feldbau)[1]) zugleich eniautischen Character, der neben dem social-politischen (bei Anknüpfung an den historisch überlieferten Exodus) dem religiösen (zum Abkaufen der Erstgeburt vom Würge-Engel) hinzutrat, war hier einer mystischen Symbolik nach allen Seiten hin Thür und Thor geöffnet, zumal mit dem μια-σαββάτων dann noch die Sonne des Sonntags der Stille des Sabbats mit freudiger Stimmung[2]) dazwischen kam, um ihre Cyclen, oder die übrigen, nach idiosynkrasischen Schwärmereien zu reguliren; ἱστοστασίου τῆς ἔριδος τοῖς διεστῶσιν ὑπαρχούσης, bis kaiserliches Machtgebot den Knoten zerhaut in der διαφωνία τῆς σωτηρίου ἑορτῆς, in Loslösung der christlichen Feier von der Gemeinschaft mit ἀνθρώπων ἔθεσι παγκάκων, der dennoch in allen Ecken und Winkeln der Erde ängstlich Gesuchten, und schon Eldad (1281 p. d.) erzählt von Ansiedlungen der zehn Stämme unter Aethiopen, Meder und Perser (*Bartolocci*), wozu (seit Adair) Amerika käme (mit Australien und Afrika überher). Les mystéres de l'histoire se révélent, les archives s'ouvrent, les caractéres historiques se dessinent, la vie des nations diverses se dévoile (Chasles). Si les circonstances sont heureuses, si le milieu favorable, un grand peuple peut naître, aber: dans ce creuset de transformation des millions d'être humains périssent. Ce qui arrive aux Peaux Rouges. Des fractions de l'humanité disparaissent, — und wenn dann die Elementarstoffe nicht

---

[1]) Nachdem das Passah-Lamm am Tage vorher geschlachtet, folgte auf die *νυκτήμερος* (ἡ μεγάλη τῶν ἀζύμων) der dritte Tag der Erstlinge, an welchem die Primitien der Gerstenernte (von den Juden) dargebracht wurden (s. Weitzel). Neben *τὰ πάσχα* und *τὰ ἄζυμα* unterscheidet Philo *τὸ δράγμα* (als Omer).

[2]) Ὁ Κακῶν ἑαυτοῦ τὴν ψυχὴν ἐν κυριακῇ ἐπικατάρατός ἐστι τῷ θεῷ (in der *διάταξις πᾶν ἀποστόλων*). Die Empfindungen der Urwache waren zwischen Samstag und Sonntag scharf abgegrenzt, Trauer und Jubel, Furcht und Hoffnung stiessen in jener Mitternachtsstunde aneinander, die Samstagsnacht sollte auch in der Feierwoche die Grenzlinie dieser Empfindungen sein, bis dahin Trauer, von dort Freude, ja die Trauerwoche sollte mit einem besonders feierlichen Schluss, mit einer Vigilie beendet und in der Nacht noch, wie dort von den Jüngern, der Festjubel begonnen werden (s. Weitzel). Auf Basilides Anfrage, wann die Quadragesimalfeste zu beenden, schwankte Dionysius, ob erst um das Hahnengeschrei zu beenden, oder ob dies bereits am Abend vorher erlaubt sei (wie in Alexandrien).

zu richtiger Zeit, als noch rein und ursprünglich, gesammelt[1]), ist es schwierig, auf sie zurückzuschliessen, aus den Productionen der Umgestaltung, und diese selbst zu verstehen (im Process des Werdens).

Aus Beziehung zu dem (seit den Parthei-Ergreifungen im Bischofsstreit Jerusalems) verfeindeten Rufinus (praecursor ejus Grunnius) und weil „conatus est", die neue Uebersetzung zu tadeln, dem (in Palästina) in mönchischen Kasteiungen die Jugendsünden abbüssendem St. Hieronymus, verhasst, fand sich Pelagius, (dessen Unterricht Marius Mercator auf Theodor von Mops. zurückführt), als Ketzer erklärt (auf afrikanischem Concil) und seine (bei Zosimus' Bestätigung der von Innocenz ausgesprochenen Verurtheilung) von Rom nach Constantinopel, in den Schutz des Nestorius, geflüchtete Lehre wurde (auf der Synode von Ephesus) in dessen Sturz verwickelt (wie früher in das Vorgehen gegen Origenes, im Gegensatz zu Tertullian).

Beim Durchblick des pelagianischen Streites, der mehr wie andere die Kirche bewegt hat, fühlt man sich zunächst getroffen von dem unbestimmt Schwankenden der Ansichten, indem die an sich unlöslichen Principien, die den von Augustin (ehe er als Ciceronianus auf himmlischen Befehl gegeisselt war) geforderten Besitz der Wahrheit sehr precär machen (wenn nicht durch unwiderstehlichen Machtspruch der Gnade im Willen), in Gegensätzen von einer Parthei zur andern überspringen, da die in Augustin nachwirkenden Reste manichäischer Lehren durch seine Auffassung des malum (in Substanz) als Gut (und Definition der affectionalis qualitas) in die Controverse geworfen werden, und ebenso gerade von ihm der freie Wille, den die Pelagianer vertheidigten, für sich, als maassgebend, in Anspruch genommen wird. Auch handelte es sich im Grunde nicht um Parthei-Kritteleien, sondern (durch unbewusst handelnde Werkzeuge) im Gange der Geschichte, um die entscheidende Frage, ob das Christenthum eine, wie in früheren Zeiten, geschlossene

---

[1]) Zum Orientiren in der Induction sind die Ordnungsreihen (tabulae et coordinationes instantiarum) übersichtlich aufzuführen (nach Bacon) in den Materialsammlungen (auch psychologischen). Durch Aufstellung der Kategorien sucht Aristoteles über den Inhalt des Gedankenkreises die Uebersicht einer höchsten und allgemeinst begrifflichen Eintheilung zu gewinnen (s. Bonitz). Nach Trendelenburg führten die Redetheile der Stoiker auf die Kategorien.

Secte bleiben, oder als allgemeine Kirche politisch (als Gottes-
staat) aufgebaut und begründet werden sollte, und deshalb
wurde die Kindertaufe zum Ausgang und Mittelpunct der Polemik. Um die pelagianische Scheidung (ethisch willkührlicher
Wahl) zwischen via (salus) aeterna und regnum caelorum ein
für alle Mal auszumerzen, musste das Taufen [1]) in remissionem
peccatorum zunächst durch Dick und Dünn festgehalten werden,
und trotz alles Widersinns gegen die einfachste Logik auf der
Synode von Ephesus (431 p. d.) zur orthodoxen gemacht werden, obwohl der klare Augenschein, dass sie nur eines Barbarus
perduellis [2]) (bei Julianus) würdig sei, zum mehr weniger still-
schweigenden Zulassen des Semipelagianismus (seit Cassianus)
führte. Allerdings lag Augustin's Grundansicht, wodurch er zum
Fortwirken der Concupiscentia [3]) (auch wenn der Reatus aufgehoben) geführt wurde (actu), seiner Lehre vom peccatum ori-
ginale, statt peccatum naturale oder naturae, tief in eben dieser
Natur begründet, und fand bei ihm den symbolisch-mythologi-
schen Anschlus an Adam, während sie sich im Buddhismus aus
der Wirkungsweise der Karma von selbst ergeben würde, denn
so lange diese überhaupt noch zu Wiedergeburten prädisponirt,
so lange ist auch das Böse (ein peccatum ex traduce, wenn
man will) zu bekämpfen, weil vorhanden, und erblich zwar,
wenn auch nicht aus speciellen Erzeugern, im tradux animae,
doch (unter Wegfall der individuellen Seele) erblich gleichsam
aus der Einheit des Menschengeschlechts und der demselben im
Weltall angewiesenen Stellung.

Die triumphirende Kirche erliess bald ihren Machtspruch,

[1]) Dagegen waren die Kinder (nach Pelagius) im Stande Adam's vor der
Uebertretung (ante praevaricationem). Vor der Taufe ist der Mensch gleichsam lapis, truncus aut limus in Sache der Gerechtigkeit, nach der Taufe re
vera renatus, wieder im Besitz des liberi arbitrii (s. Lange). Die Taufe ist
signum regenerationis.

[2]) Die Kinder, für fremde Sünden, ewiger Verdammniss zu überweisen,
erklärte Julianus als Ansicht eines Barbarus perduellis, aber Augustin berief
sich auf die „altitudo divitiarum sapientiae et scientiae Dei" (s. Wiggers).

[3]) Da auch in den Getauften (vom Fürsten der Welt her) die concupiscentia, obwohl der Reatus aufgehört hat, actu bleibt, steht der Gezeugte noch
in der Macht des Teufels, bis durch die Taufe erlöst (und nur Christus ist
ohne Erbsünde, weil ohne concupiscentia von der Jungfrau empfangen). Die
Gnadenwirkungen gehen vom heiligen Geist aus (als Operationes Spiritus
Sancti).

und wie Augustin sein „Coge" im donatistischen Streit gerufen, so auch im pelagianischen. Die Kleinen, auch wenn sie „widerkämpfend, und mit Thränen entgegenschreien", werden durch die Taufe gezwungen, als Heilige und Gerechte (die indess „vor dem Gebrauch der Vernunft" gestorben sein müssen) ins Gottesreich einzugehen, während von den Heiden [1]) selbst die „wegen ihrer Tugenden noch so sehr Gepriesenen" auf ewig verdammt sind. Die „Regeneratio monastica" gewährte (wie Vorzüge im Himmelreich) Unverletzlichkeit gegen diabolische Angriffe (bei Hieron.), wie die Taufe (bei Jovinian.). Augustin schreibt der Gnade [2]) das „donum perseverantiae" zu (gegen Rückfall).

Dem Augustinismus, der mit Beifall aufgenommen worden, weil er zur Begünstigung des Lasters beitrage, wird Zerstörung der Moralität vorgeworfen (bei Julianus), indem (nach Pelagius) der Sünder, statt den Willen anzuklagen, sich mit der Natur des Menschen entschuldigte (s. Wiggers), und seine Theorie der Erbsünde eröffnete ein weites Feld „der sittlichen Trägheit und der trostlosesten Verzweiflung", also unter der Autorität des (als Casuistiker [3]) wenigstens) gefeiertsten der Kirchenväter, und viele Jahrhunderte hindurch, bis zur Verjüngung gar im tausendjährigen Jubiläum, „sittliche Trägheit und trostloseste Verzweiflung" fördernd, während sonst gewöhnlich das Gegentheil als Zweck und Aufgabe der Religion angesehen wird, in Ermunterung zur Sittlichkeit und Linderung der Verzweiflung. Noch sonderbarer aber muss Einem (unter den Buchgläubigen) zu Muthe werden, wenn nun das Ganze nur auf einem Missverständniss beruht, bei der Uebersetzung in quo (statt quia)

---

[1]) In Seneca wollte man das als Christliches auffinden, was aus dem älteren Stoicismus den Einfluss desselben, bei den Aehnlichkeiten (mit dem Christenthum), zeigt.

[2]) Die gratia (Charis) wirkt als Benignitas (Gottes). In den Gnadenmitteln (media gratiae) findet sich (neben Aqua exhibens forinsecus sacramentum gratiae) spiritus operans intrinsecus beneficium gratiae (bei Aug.). Die protestantische Kirche bestreitet die Synergismus vor der Bekehrung, während Katholiken, Arminianer und Sozinianer einen passiven Synergismus (der freien Hingebung) statuiren (*Lange*). In der Heilsordnung wird der status gratiae (Gnadenstand) erlangt. Unio mystica gratiae sive virtutis divinae cum verbo (bei Quenstedt). Zu den χάρισμα gehören γλώσσαις λαλεῖν, προφητεία u. s. w. Eschenmayer sucht die Ur-Kunde durch Natur-Metaphysik zu erlangen (mit magnetischen Hülfen).

[3]) La question est de paroles et se paye de même (Montaigue). Nihil sophisticum est magis, quam si industria loquaris improprie (s. Taurelius).

für $\iota\varphi'\,\bar\omega$. Das ist an sich ein kleines Versehen[1]), und selbst einem Tiro im Griechischen gern entschuldbar, — aber nun die Folgen! Das hat manches Gott-sei-mir-gnädig gekostet, und in mitleidloser Beraubung jeder Hoffnung die Menschenherzen gebrochen, denen so ihr letzter Anker verloren ging. Obwohl das Wohlverhalten der Menschen nur als göttliches Geschenk (donum divinum) zu verdanken, konnte Augustin doch, da er den manichäischen Dualismus bis zu der doppelten Seele bekämpft, das Böse nur als privatio zulassen, und mit solcher Beraubung muss jeder Teufel immer ärmer werden und im Buddhismus mehr, als irgendwo. Man schiebt ihn dort, aus gnostischer Perspective, auf (ebionistische) Werkheiligkeit herab, denn während Maha-Brahma im Himmel der Dhyana prangt, kann sich Mara (der Versucher oder Pamattabandhu) auf Dhana blos für seine Stellung berufen. Wenn zu seiner Bezähmung die heiligen Bodhisatwa ihre furchtbaren Wandlungen annehmen (in Jamandaga und seinen Confratres), dann sehen sie eben so gräulich aus, wie der vertausendfachte Mithra[2]), wenn er im Zendavesta auszieht, für Zoroaster's Ruhm, den verheerenden Drachen zu bekämpfen. Der dadurch gegen das feindlich Gefürchtete gewährte Schutz empfahl ihn dann (in cilicischen Mysterien) vor Allen den Soldaten, die auch in den Kriegerzeiten des XVII. Jahrhunderts besonders hoch den Kugelsegen schätzten oder die geheimnissvolle Passauer Kunst. Trotz seines Sonnenglanzes hatte er in so dunklen „Spelunca" Dienste zu thun, wie die Trinität beim Wurm im Finger, und andern Volksheilungen.

Dass die Taufe die Kraft habe, von der Gewalt des Teufels zu befreien, bestritten die Pelagianer, da ihre Weihe vielmehr die Werke Gottes, als seine Pignora heilige, so dass die bis dahin nur der allgemeinen Seligkeit (im Salus oder vita aeterna) Fähigen dann, als Getaufte, in das Regnum Caelorum einzugehen vermöchten. Als Paritta (Abwehr oder Schutz) werden die Pirit gelesen (s. Childers), with a view of warding of the influence of evil spirits (amanussa, yakkha, bhuta etc.).

Auch beim donatistischen Streit, wodurch die „Vermischung

---

[1]) So konnte auch die zweifelhafte Lesart von Endelechia statt Entelechia manche Verwirrung anrichten (in Melanchthon's Seelenkunde).

[2]) $M\iota\vartheta\rho\eta\nu$ $\Pi\acute{\epsilon}\rho\sigma\alpha\iota$ $\tau\grave{o}\nu$ $M\epsilon\sigma\acute{\iota}\tau\eta\nu$ $\acute{o}\nu o\mu\acute{a}\zeta o\upsilon\sigma\iota\nu$ (s. Plutarch), als zwischen Ormazd und Ahriman ($\mu\acute{\epsilon}\sigma o\nu$ $\delta'\dot{a}\mu\varphi o\breve{\iota}\nu$). Die Perser fügten ihrem Cult die Urania (Mylitta oder Alitta) als Mitra zu (nach Herodot).

des Weltlichen mit dem Kirchlichen" herbeigeführt wurde (s. von Coelln), lagen Autoritätsfragen des emporstrebenden Kirchenstaats unter, da die Donatisten, welche selbst, um die Gemeinde nicht (durch Verlust der Gnadengaben) zu schädigen[1]), schon Ausweisung notorischer Sünder aus der Kirche verlangten, um so mehr die katholischerseits[2]) beanspruchte Kraft der Gnadenmittel zurückweisen mussten.

Indem die Donatisten, wenn auch nicht bis zu der den Traditoren (von den Rigoristen) vorgeworfenen Verrätherei (in der Bücherübergabe) fortgehend, den Staatsanforderungen Zugeständnisse (für den bürgerlichen Wohlstand Carthago's) machten, blieben sie, wie in den vom Bischof Meletius den schwärmerischen Uebertreibungen der Confessoren gesteckten Schranken, innerhalb der dem practischen Leben erforderlichen Grenzen, während sie später, als die ihnen gegenüberstehende Parthei im Laufe der Geschichte zur orthodoxen Kirche erhoben war, den diese stützenden Staatsanforderungen wieder (weil in die schismatische Stellung verwiesen) gegenüber (und dann besonders unter die Landbevölkerung)[3]) zu treten hatten (in Forderung einer Scheidung von Kirche und Staat); denn „das Eingreifen des Staats, und zwar von Staatswegen, verrückte nun die kirchliche Streitfrage" (s. Vogel).

In der Bewerbung um ein Presbyter-Amt warf der Diako-

---

[1]) und fortwirkende Naturbeeinträchtigungen, wie auch nach Augustin die Kränklichkeit des Körpers aus Adam's Sünde folgt, und ebenso das Aufwachsen von Dornen und Disteln auf den Feldern (die deshalb im Schweisse zu bearbeiten sind).

[2]) Trotz der Spaltung mit den Donatisten erkannten die Primianisten die Taufe der Maximianisten an, nicht jedoch die der Katholiken, (welche der körperlichen Abwaschung die geistige Reinigung von Sünden beifügen solle).

[3]) Als nach Abtrennung der Donatistae oder Donatiani (als pars Donati des Donatus) der Protest gegen den nachgesuchten Richterspruch des Kaisers zur Opposition geführt hatte, verband sich diese mit den durch die Leiden der Zeit genährten Umtrieben (unter den Duces sanctorum Circumcelliones), als (fanatische) Agonistici oder Montenses (Campitae oder Rupitae), die auch, nach der temporären Begünstigung unter Julian, wieder auftauchten, und über die Collatio cum Donatistis fortbestanden, bis (nach den Vandalen) die Saracenen ein Ende machte (mit ihnen und den Andern). Sie erstrebten die Seeligkeit durch Bluttaufe, und auch Augustin weiss, dass ausser durch die Taufe in Christus, auch durch den Tod für Christus sich das Reich Gottes erwerben lasse.

17*

nus Paulinus seinem Rival[1]) Caelestius (Schüler des Pelagius)
diejenigen Sätze vor, welche in einer aus manichäischen Erinnerungen (in Augustin, wie bei Julianus' späterer Beschuldigung)
gefärbten Orthodoxie als ketzerisch erscheinen mussten (auf der
Synode Carthago's). Und so waren es materiellere Interessen,
als Unterschiede zwischen Homousia und Homoiusia, die zu
Kriegen mit Heterusier führten (lombardischen bis 662 p. d.)
und Verfolgungen der Antitrinitarier (seit XVI. Jahrh.).

Im Unterschied von den Manuschi sind die Dhyani-Buddha
Anupadaka (ohne Eltern)[2]), indem alle diejenigen, welche in
der Meditation schon während des Lebens[3]) aus dem Geist in
Himmelsregionen wiedergeboren sind, dadurch von dem, im
Körperlichen waltenden, Nexus der Hetu (und so der Fort-
pflanzung)[4]) befreit sind, wogegen, wenn in Folge thierischer

---

[1]) In der ganzen Dogmen- und Kirchen-Geschichte giebt es Gelegenheit
genug, die freilich niederschlagende, aber wahre Bemerkung zu machen, dass
nicht die Ueberzeugung von der Wahrheit einer Lehre allein die veranlassende
Ursache von Streitigkeiten zu werden pflegt, sondern dass sich gewöhnlich
das Interesse des Eigennutzes hineinmischte, und die Veranlassung gab, dass
man bei dem Gegner Irrlehren suchte, die man dann auch bald fand (s. Wiggers), als legitime Beute auf den „Räubersynoden".

[2]) Melchisedek (ἀπάτωρ und ἀμήτωρ, als ἀγενεαλόγητος) wurde über
Christus gesetzt (bei Theodoret).

[3]) Die durch die Kraft der „Projection" Wiedergeborenen (als „Neugeborene"
werden in der sichtbaren und unsichtbaren Welt wechselsweis leben (nach Jane
Leade). In der Contemplation geniesst die Seele bereits von der Seeligkeit
des Jenseits (nach Gerson). Damit die Induction in geschlossener Reihe von
Stufe zu Stufe an der Leiter emporklimmt, sind dem Geist nicht Fittige an-
zulegen, sondern Gewichte von Blei (nach Bacon). Die Allgemeinbegriffe entstehen nur beim Wegsehen von der Repräsentation der Species (nach Ver-
berius Aureolus). Die Vorstellungen sind Selbsterhaltungen der Seele, als
eines einfachen Wesens (nach Herbart). Gegenüber den Rechtsphantasmen
(aus der Vorstellung, dass das menschliche Handeln Willkür sei) liegt die
Rechtsphilosophie in der Erkenntniss, dass Alles Naturprocess, also auch die
Geschichte ein Mechanismus (s. L. Knapp). Die Psychologie bildet (bei Salat)
die propädeutische Einleitung zur Philosophie (in psychischer Anthropologie)
und die Grundlage (inductiv).

[4]) Die Seele erkennt im Leben die Ideenwelt wieder, weil früher darin
praeexistirend (nach Plato), wenn z. B. nach Ablauf der Lebenszeit in einem
Dhyana-Himmel, daraus auf der Erde wiedergeboren. Nach Periktyone ist der
Mensch geschaffen, um den Logos τᾶς τῶν ὅλων φύσιος (λόγος τᾶς σοφίας)
zu betrachten (bei Stob.). Im Mahajana sind die Welten durch den Gedanken (Wei-chi) geschaffen (s. Wassiljow). αἰτιατῆς θεωρίας ἡ γνῶσις αὐτή
(Clem. Al.).

Neigungen, sich bei der Wiedergeburt auf's Neue ein materiell beschwerter Körper schafft, dieser allen Bedingungen (und dadurch allen Leiden) der Materie [1]) ferner noch, wie früher, unterliegt. Die heiligenden Kräfte [2]) der Tugend vermögen indess auch das plumpe Skelett im dicken Mönchsgewande gegen die Anziehung der Schwerkraft zu erheben, so dass man in den Mahayana-Sutras die Bodhisattwa lustig in der Luft sich umhertummeln sieht.

Zu Tryphon kommt der langnasige Glatzkopf [3]) der Galiläer (durch die Lüfte in den dritten Himmel aufgefahren) zur Wiedergeburt durch Wasser (*Lucian*). Rabbi Josua (unter Trajan) besass durch die Kraft des Namens Gottes, die Kunst in den Lüften zu fliegen (s. Bullet). Jeschu [4]) und Judas stiegen in die Luft auf (im Wettstreit).

---

[1]) Nebrod (materia, ὕλη) galt als Frau des Sacla (ἄρχον τῆς πορνείας). Adam et Evam ex parentibus principibus fumi asserunt natos, cum Pater eorum nomine Saclas sociorum suorum foetus omnium devorasset (Aug.). Der σῶμα (bei Plato) σῆμα (der Seele). Nach Oken ist die weibliche Natur eine unvollendet männliche (auf Hayti durch den Vogel verbessert). Erst nach Verwandlung in Männer können Frauen in die Byamha-Himmel eingehen. Nach Celsus herrscht die Frau in der christlichen Kirche. Usus indifferens foeminarum wird von Augustin den Nicolaiten (Bileamiten) zugeschrieben (qui indiscrete vivunt).

[2]) Vor der Gegenüberstellung von immanent oder transcendent (b. Kant) sprach man (seit dem XIII. Jahrhundert) „von einer actio immanens (permanens) und actio transiens, einer innerhalb des Subjectes verharrenden und einer darüber hinausgehenden Thätigkeit, sowie von einer causa immanens, die sich in der Wirkung erhalte, und einer causa transiens, die darin untergehe" (s. Eucken), wie omnium rerum causa immanens, non vero transiens (bei Spinoza), und dann, als „eigenthümlichstes Schauspiel", die Termini subjectiv und objectiv (von Apulejus bis 1730 p. d.).

[3]) Bei Rückkehr Mika's, Lehrer des Perachia (Vater des Josua), wurde Jeschu der Kopf gewaschen mit einem Wasser, welches das Wachsen der Haare verhindert (sonst beim Schleifen ausgerissen, nach Erlangung eines Esels in Nobeh). Unter den Imperii pignora sandte Jupiter das Ancile vom Himmel (bei Ovid).

[4]) Als alles Holz brach, weil bezaubert, brachte Judas aus seinem Garten einen Kohlstengel, qui non est lignis, sed de herbis, et suspendebat eum super eum (wie es der Mistel für Baldr's Tod bedurfte), und von dem im Tempel wachsenden kommen jährlich centum librae seminis (im Bilde von der Lotus); τὸ τοῦ σταυροῦ προσκυνεῖτε ξύλον (hält Julian den Christen vor). Der Platz, wo der Robur Jovis von Bonifaz umgehauen wurde, heisst Johanneskirchhof (wüste Kirche). Neben Bhuta (living beings) begreift Butas Halbgötter (gandhavas, yakkhas), und Bhuto (von Bhavati) a living being, a spirit, an

Als Chogi dangpoi sangye (ohne Anfang und ohne Ende) wird Adi-Buddha (im Kala Chakra) durch den (unzerstörlichen) Diamanten Dorjechang's oder Vajradhara's symbolisirt im Sambhogakaya, als dem unvergänglichen Körper der Buddha, die im Nirmanakaya auf der Erde erscheinend, sich mit dem Dharmakaya in's Nirwana zurückziehen, wenn mit dem letzten Umlauf einer grösseren Periode, unter Zerstörung der Reliquien oder Sarira, auch das vernichtet wird, was bis dahin als verhältnissmässig ewig galt (nach der Yogachara).

Die vier Wahrheiten Dukkha (Schmerz)[1]), Samudaya (die Erzeugung), Nirodha (die Beendigung), und Mirga oder Megga (der Pfad dahin), führen, als Aryani satyani, zur Heiligung[2]).

evil spirit or demon, vegetation (as tree, shrubs, grass), an Arhat, the five Khandhas (s. Childers), an element, thought, the real state of the case or what has actually been, evident, apparent, known, part, resembling, proper, right true (bei Clough). Die Ghou-Damap (als von den Hottentotten nach den Hügeln getriebenen Damara) stammen von einer durch Affen begatteten Frau (wie die Dogrib vom Hunde), und ähnlich Jakun (oder Tibeter).

[1]) Die Philosophie hat zunächst den Zwiespalt, eine Zerrissenheit (als Schmerz) wieder gut zu machen (s. Michelet). Der Gewinn des Todes liegt im Aufhören der Leiden und dem verherrlichenden Nachruhm (bei Euripides).

[2]) L'affranchissement d'une idée conçue, et (samkhatârammana vimôkhô), et l'affranchissement d'une idée non conçue (asamkhatârammana vimôkhô), c'est d'une part l'élement du Nibbâna où il reste quelque attribut, et d'autre part, l'élément du Nibbana, où il ne reste aucun attribut (s. Burnouf). Nichts wissend, weiss man selbst nicht einmal, nichts zu wissen (s. Sanchez). Unter den gewissen Dingen ist das Gewisseste der Zweifel (Lamothe le Vayer), im Lob des Esels (bei den Thorheiten des Zeitgeistes). Bei dem in der Erfahrung stets unerhört neu hinzutretenden muss die Wissenschaft ewiges Stückwerk (in ewiger Arbeit) sein, und das allumfassende Abgeschlossensein philosophischer Systeme nur Schein (nach Knapp). Von der seelischen Schönheit erhebt sich das Schauen zu der geistigen, von der alle andern entspringen, zu der Schönheit der Ideen, wie sie der νοῦς umschliesst (bei Plotin); da aber auch der νοῦς noch nicht das Letzte ist, sondern seine Thätigkeit von einem Höhern empfängt, so kann dieses Höchste allein das eigentliche Endziel des Strebens sein (s. Kirchner), bis zum Anschauen im Einswerden (ἐνοῦσθαι). Wenn der Bejahung der Selbstsucht die Verneinung (als Erhebung) gegenübertritt, verwandelt sich das Wollen in Wohlwollen (nach Lindner) im Gesellschaftswesen (in dem der reflectirende Laut die Worte der Sprache redet). Der Erkenntnisskeim in der weiblich empfänglichen Natur des Menschen entfaltet sich durch Befruchtung seitens der Aussenwelt und göttlicher Offenbarung (nach Molitor). Nach Achillini sind die Universalien in den Gegenständen wirklich gegenwärtig (und ihr Inhalt an Einzelheiten erhält durch den denkenden Verstand die Form der Allgemeinheit).

Paripàtchaniya saññâ (l'idée qui doit être conduit à sa maturité) beginnt (bei dem Schmerz und seiner Vernichtung) in der Saggiti sutta (les cinq affranchissements). Apollophanes identificirte die Tugend mit φρόνησις.

Im ersten Dhyana werden die drei Brahma-Himmel bewohnt [1]), im zweiten die drei nächst oberen Himmelsregionen, im dritten die drei darauf emporsteigenden, im vierten die zwei darüber (mit übernatürlichen Kräften begabend), und die fünf höchsten der (18) Meditationshimmel gehören (im fünften Dhyana), den in den untersten der Himmelspfade Eingetretenen (während zu den vier Arupa-Himmeln die Dhyana der Brahmanen führen, denen ihre Rupa verloren gegangen).

Nach Eintritt des Pfades Srota-apatti folgen noch sieben Wiedergeburten, für den Sakridagamin nur eine noch, auf Anagamin keine mehr in der Sinnenwelt, und der Arhat betritt das Nirwana. Die Paramita schreiten (ita) zum Jenseits der Küste (im Nirwana). Wer noch im Wirbel der Wiedergeburten eingeschlossen, ist stets, auch wenn bis zu der Höhe der Arupa geführt, ferner von Gefahren strafender Folgen bedroht, wogegen, wer die Pfade betreten hat, damit gegen Rückfall [2]) gesichert ist. Samâpatti (Snoms par hdjug pa) signifies (s. Eitel) the process, by which people may arrive at the perfection of indifference (Samàdhi).

Das erste Dhyana (als Region die drei Iswaras), im Uebergang zur dritten Welt, geht bei jeder Zerstörung derselben zu Grunde, und tritt zuerst wieder in's Dasein, worauf aus dem zweiten Dhyana (bis Abhaswara) die Schöpfung neu beginnt

---

[1]) In der Palingenesie der erscheinenden Seele lebt dieselbe (in das Geschlecht der Ideen zurückkehrend) rein für sich in der Intellectualen Welt (nach Schelling). Die Auferstandenen heirathen nicht, weil den Engeln gleich (s. Just. Mart.). Die phantastischen Einheitsbestrebungen des Denkens ergeben sich als die Methode der Seligkeit (bei Knapp). Aus mythologischer Bilderbuntheit und metaphysischen Höhen kommt Comte auf nüchternen Positivismus zurück. Alles unmittelbar Gegebene ist Erscheinung (nach Herbart). Das scheinbar Zufällige kommt im Zusammentreffen verschiedener Ursächlichkeiten zu Stande (nach Gemistos). Suivant les Motázelites: Savoir c'est percevoir l'objet à connaître dans toute sa portée (s. Schmölders). La Science est la notion générique de l'intelligence (Abou l'Hassan). Das Eine Sein ist zugleich Denken und Gedachtes (nach Parmenides), wie der Chitr (im Chittubaht).

[2]) Die Inspirirten im Methodismus unter Maxfield's (Wesley's Schüler) Predigten, hielten sich für vollkommen, wie die Engel (indem das Gnadengeschenk der Wiedergeburt nicht wieder verloren gehen könne).

oder (jedes 56. Mal, als weiter gehend) vom dritten Dhyana mit viertem Dhyana (bis Aganishta), und dann das vierte Dhyana (der ersten Welt). Das Bodhischnana führt zum Nirwana, als Eigenschaft eines Buddha (J. J. Schmidt). Die Schöpfung der vergänglichen (als dritten) Welt oder Savalokadhatu geht aus von der zweiten (im zweiten Dhyana beginnend und im ersten vollendet) mit der Nivriti. Lastly, he completed the meditation which is devoid of all pleasure and pain, and is absolute knowledge. Thus was perfect knowledge acquired by the Bodhisattwa, and he became a Buddha (Rajadrenlala Mitra), um sein Lehramt anzutreten, im Drehen des Gesetzesrades. Dem Propheten der Wahrheit (Alles im Wissen durchschauend) ist zu folgen (Clem. Al.).

In der durch Dhyana[1]) herbeigeführten Versenkung (Samabatti) werden die Aphinya-Yan (Abhi-Djna) erlangt (als Zauberkräfte)[2]). Bodhyanga (Photchangkha) begreift (als höchste Weisheit) Sati, Pasathi, Virya, Piti, Samathi, Thammavisai und Ubekha[3]).

Die Kammathan genannte Meditation ist auf die materiellen Elemente des Körpers gerichtet und in der Dhyana, die in ihren

---

[1]) The dzan or meditation have five parts, viz thought of the object, reflexion on the object, satisfaction resulting therefrom, affectionate inclination for the object, fixity in the object (s. Bigandet). Djnana (durch Dhyana erlangt) schliesst Mokscha ein. In meditatione est sollicitudo, in speculatione admiratio, in contemplatione dulcedo (Hugo von St. Victor). Keine Einsamkeit ist ruhiger und anmuthiger, als die der eigenen Seele (nach Marc. Aurel.). Die Seele betrachtet ihre ἐκλογή als eine in der Welt fremde (nach Basilides), weil (gleich dem bei der Taufe vereinigte) Logos übernatürlichen Ursprungs (wie in brahmanischer Philosophie).

[2]) Die Djnana (im übernatürlichen Wissen) begreift Samapatti und Allwissenheit (nach der Djina alamkara) im Upekcha des vierten Dhyana (mit den Wunderkräften der Abhidjna). Avalokitesvara, dessen Namensnennung alle Wünsche gewährt (die der Frauen für Kinder u. s. w.), heisst Ahayamdada (celui qui donne la securité), weil gegen alle Gefahren (auch magischen Zauber und Dämone) schützend. Samantabhadra lehrt magische Formeln zum Schutz (als Segnungen, auch zur Wiedergeburt im Tuchita-Himmel).

[3]) In Upekkha, als Gleichmuth, liegt zugleich das Schwanken zwischen gegenüberstehenden Motiven ausgedrückt (zur Entscheidung). Für den im Willen zwischen gleichgewichtigen Gegensätzen unschlüssigen Esel (Buridan's) baut Petrus Tartaretus seine pons asinorum (zum logischen Mittelbegriff), und Le Vayer singt das Lob des Esels (nach der Mode).

Steigerungen zu dem umwandelnd befreienden [1]) Moment der Wiedergeburt zu führen haben, liegt das Ueberlegende ausgedrückt. Der im vierten Dhyana [2]) zu einem Zustand der Beständigkeit und Unbewegtheit gelangte Geist ist Karmanya. Im Augenblick des Todes durchdringt Sakyamuni die vier Dhyana, sowie vier andere Sphären (s. Turner), und in dem Wagen [3]) des grossen Fahrzeug's (als Mahajana) fährt man weiter, als im Hinajana, durch die (auch von dem des Elias' erreichten) Himmel.

Der von Jaldabaoth zwischen Luftraum und Lichtraum (damit sich der Mensch nicht über die Götter erhebe) aufgerichteten Scheidewand entsprechend, umgiebt Ri-ghjel-po-khor-ju-khi-ri (Peripheria ferrei Hemisphaerii) die Patze genannte Kreisung, von den No-yin-ko-ngon-bo-cen genannten Ungeheuern, am Eingang, bewacht (auf dem Bilde Jon. de Lahuri's). Ausserhalb wächst (Blumen und Blüthen tragend), der Baum Zampu (arbor dissensionis inter Lahas et Lamain). Auf der andern Seite steht (unter dem Bodhi-Baum) der Mönch (als Xaca oder Sang-kye-con-ciok) das (zirklige) Vacuum [4]) (caeli symbolum) betrachtend (in der Dhyana).

---

[1]) Der Akt der Heilsmittheilung seitens Gottes, oder der Heilsergreifung seitens des Menschen, muss nothwendig ein bewusster Akt sein (nach Wesley), als der „intensivste Moment in der ganzen sittlichen Entwicklung, das fröhliche Finden des lang Gesuchten, das Setzen des neuen Lebens aus Gott" (s. Schöll). La regénération des cœurs aménera necessairement la regénération du monde (s. Monod), und mit Entartung der heiligen Priesterschaft geht das buddhistische Weltsystem dem Ruin entgegen.

[2]) Dhyâna (contemplation), Samâdhi (méditation ou concentration sur soi-même) et Sampatti (acquisition) embrassent (s. Burnouf) les évolutions de l'intelligence, so perfectionnant (à travers les huit sphères). Eunomios setzte neben der Erkennbarkeit des Göttlichen das μυστήριον τῆς εὐσεβείας in den Gedanken (s. Baumgarten). Neben den nach oben gerichteten Seelen, sind andere der körperlichen Naturen (in der Körperwelt) der Bewohnung der Seelen untheilhaft (nach Proklos). Omnium vitiorum materiem, nennt den Körper (Hilarius). Die Göttin der Gnade (Tsze pei Kwan yin), die statt Nirwana zu betreten, zurückblieb, die Gebete zu erhören, wird für günstige Wiedergeburten angerufen (in China). Ψυχὴν πᾶσαν μὲν ἄφθαρτον, aber die guten nur erhalten ἕτερον σῶμα, die Bösen werden gestraft (bei den Pharisäern).

[3]) Jeschu lernte in der Schule Josua's das Geheimniss des Wagens und den heiligen Namen.

[4]) Daneben finden sich die Bilder der Sonne und des Mondes, wie auf der von Salcamayhua gegebenen Zeichnung an der Seite des Symbol Uiracocha-pachaya-chachic, als Symbol des Schöpfers Tica-ccapac oder Caprichay, das statt Verehrung der Sonne (bei den Hatun-Collas) und des Mondes (sowie

Mit höchster Erkenntniss (Sambodhi) erlangte Buddha[1]) die sieben Arten vollendeter Weisheit (Bodyangas) durch Beharrlichkeit (Virya), wie der Kaufmannsprinz, der das Meer mit einem Löffel ausschöpfen wollte, um den verlornen Mani wiederzufinden, (den die erschreckten Wassergeister dann zurückgaben).

Von der Geburt, vom Alter, vom Tode und Schmerz befreiend, führt Buddha's Lehre zum Nirwana[2]) (nach der Saddharma pundarika). Mit dem Schwert der Wipassana panya (vollendet durch Forschung) zerschnitt Buddha den Cirkel der Existenzen, die Allweisheit (Samma-samphottiyan) erlangend.

Im Bodhi wird Anuttara Samyok Sambodhi erlangt, als Streben des Buddha (nach der Abhinishkramana-Sutra). Als (nach der Flucht Mara Pisuna's) in Uebung der Dhyana (mit der Dämmerung vierter Nachtwache) Anuttara Samyak Sam-

---

des Donners, von Apu-Huallpaya zugefügt) von Mayta-Capac eingeführt wurde, nach den Lehren des Propheten Tonapa (abgehärmt in Kasteiungen). Jacobus (Bruder Jesus') zeigt Schwielen in den Knieen („wie ein Kameel"), vom steten Knieen im Gebet (Hegesippus), wie die Sculpturen Guatemala's (am rechten Bein).

[1]) Fo n'est autre chose que la connaissance parfaite de la nature ou la nature intelligente, antwortete (auf die Frage des Königs) Poloti, Schüler des Tamo, der sich (527 p. d.) nach China einschiffte (s. Deshauterayes). Pratibuddha (den in Leiblichkeit weilenden Atman erkennend) ist Schöpfer. Nach Beryll hatte Jesus erst durch seine Erscheinung unter den Menschen, als persönlich selbstständiges Wesen zu sein begonnen (κατ' ἰδίαν οὐσίας περιγραφήν). Unter den San tsing (drei Reinen) findet sich der Schöpfer der Welt, der ihre Regierung auf Yukwang-Shanghto übertrug, die Vergötterung des Chang, (Vorfahren der tauistischen Hierarchie). Verschieden vom Weltschöpfer war der πρώτιστος θεός (bei Simon). Bei Artemon galt Christus nicht als θεὸς λόγος, sondern ψιλὸς ἄνθρωπος (s. Euseb.). Nur der Vater war ἀληθινὸς θεός (nach Sabellius), filium carnem esse, patrem autem spiritum (s. Praxeas). Noetus bekannte ἕνα θεὸν (γεννηθέντα, πεπονθότα, ἀποθανόντα). Zum Confessor Natalis (Bischof der Artemoniten) kamen Nachts die Engel für seine Prügel, (bis er sich zur Rückkehr in die rechtgläubige Kirche entschloss).

[2]) Free from evil desire (Wana), it is called nirwana (Hardy). In Mano-vinya dhatu samphasso begründet sich das Bewusstsein (s. Gogerley). The Buddhists (Shavabhikas) believe, that nothing exists but nature, not by a sovereign fiat of a Supreme Being, but by an occult power of itself (s. Ram Das Sen). Bei den Messaliern (Thracien's) les euchètes se livraient à tous les genres d'extases et les gnostes enseignaient aux disciples, que Dieu ne s'occupait de rien, ayant abandonné le gouvernement des choses créées à ses deux fils (s. Lecanu). Hadrian beabsichtigte Christus (aus den animas sanctiores) inter Deos recipere (wie Alex. Sev.) in den bildlosen Tempeln (s. Lampridius).

bodhi von Bhagavata (unter dem Bodhi-Baum) erlangt war, stimmten bei den hervorleuchtenden Strahlen die Devas ihren Lobgesang an, im Blumenregen. Bhagavati's Lehre hörend, erklärt Sariputtra, dass er sich beruhigt im Besitz[1]) des vollen Nirwana fühle (im Saddharma pundarika). Mit Ayusamkhàram ossadjdji bezeichnete sich die Entsagung des Lebens[2]) (für Buddha).

Im Besitz der Pradjna paramita sind (für den Zustand des Nirwana) noch zu erlangen (in der Allwissenheit Buddha's) die zehn Kräfte[3]) Tathagata's, die vier Furchtlosigkeiten, die 18 Bedingungen. Unter den Dasawidha-irdhi (zehn übernatürlichen Kräften) gelten als hauptsächlichste Adishtana, Wikurwana oder Wikumbana und Manoma.

Der Bodhisattwa[4]) hat die zehn Paramitas zu durchlaufen (bis zur Pradschna), ehe in das Nirwana einziehend (s. J. J. Schmidt). Durch Vodwa oder Vyavadhana (das Verschwindenlassen) werden die Hindernisse aufgehoben, um in die Meditation einzutreten (s. Burnouf). Die Gesetze der Hemmung, sowie der Wiedererweckung der Vorstellungen sind mathematischer Bestimmung fähig (nach Herbart), und die Buddhisten zählen die Khana-Chitr (in der Kala).

Von den Samyojanam (dasavidham, als zehnfach), deren drei ersten durch den ersten Pfad entfernt werden, verursachen

---

[1]) Mit seinen Spielgeführten vom Bauerndorf zurückkehrend, erlangt der Knabe Siddharta im Gehölz (unter einem Djambu-Baum) la perfection de mémoire et de l'indifférence dans l'absence de toute douleur est de tout plaisir in den letzten der vier Dhyana (pour épurer l'intelligeece humaine par la suppression de tout ce qui peut la troubler) nach der Lalita Vistara (s. Burnouf).

[2]) Das Streben ist λύειν τὴν ψυχήν (bei Plato). Im Dualismus des guten und bösen Prinzips erleidet das Erste (wie Simplicius bemerkt) einen Verlust, die Seelen (um das Ganze des Uebrigen zu retten) als Beute hinwerfend, und obwohl einige derselben nach den überstandenen Qualen im Ringen nach Oben wieder befreit werden, bleiben andere doch auf immer verloren (oder dem Bösen verfallen).

[3]) Die Zauberkräfte durch Bala führen auf die Ba-la-men (s. Edkins) oder Polomen (Brahmanen). Von den Magiern unterrichtet, besass Empedocles, Schüler des Telauges (Sohn's des Pythagoras) Macht über den Regen, und für Todten-Erweckungen, wie bei Panthea, die an ὑστέρας διατροφή litt (nach Galen).

[4]) Ueber den Bhuwanas (oder Ajatanas) finden sich die Buddhas im Pradschna-Paramita oder Nirwana. Tota mentis natura consistit in eo, quod cogitet (Descartes). αἷμα γὰρ ἀνθρώποις περικάρδιόν ἐστι νόημα (Empedocles).

die fünf unteren Wiedergeburten in den Tiefwelten, wogegen die andere Hälfte in Rupa- und Arupadevaloka, bei der Befreiung im Arhattathum, die Frucht (als Sanditthikam sippaphalam) des Samanja, im Leben inniger Sammlung, in Samwizzekeit oder Samwizzelicheit (bei Eckhart). Unter den Kasina begreift Arammanawawattapana (vavatthapanam, fixing, bei Childers) the reflecting, that this is pathawi-kasina, this apo-kasina etc. (s. Hardy), während im Arammanasankantika dabei die Dhyana in der Reihenfolge durchgenommen werden. Daneben die entsprechenden Anga, während die als Angam bezeichnete Kunst (im Brahma Jala Sutra) sich auf das Prophezeien aus den Körpergliedern bezieht, wie die leiblichen Zeichen des Volksaberglaubens (s. Wuttke).

Die Beglaubigung des Pneumatiker, als „Wesen höherer[1]) Ordnung" (s. Heinrici), wenn das ἀμόςφωτον τέκνον des σπέρμα πνευματικόν einen substantiellen Halt gewonnen hat (μόρςωσις κατ' οὐσίαν oder κατὰ γένεσιν), wird im Arhat mit Entwicklung der Lokuttara-Chit, durch Betreten der Megga gewährt. Wie der Charakter der individuellen Natur (der moralische Werthmesser im Bab und Bun) die Wiedergeburt prädisponirt, so ist „der Pneumatiker durch die Natur zur Seligkeit, der Hyliker durch eben diese zur Verdammniss bestimmt", und dem Psychiker bleibt nun die Möglichkeit offen, sich von der λύτρωσις zu befreien, in Erhebung zu den Aether-Regionen des Denkens. Wenn aber nicht, als pneumatisirt, in das Pleroma gelangt (wohin nichts Psychisches kommen kann), ehe der Demiurg an den Ort der Mitte vorgerückt (und so in einer Scheidewand den fernern Zugang abgeschlossen hat), dann ist es mit der Rettungsmöglichkeit vorbei, denn „dann wird das in der Welt verborgene Feuer hervorbrechen, und wenn es die ganze Materie verzehrt hat, selbst auch mit ihr verzehrt werden und dem Nichtssein anheimfallen", wie die Götterwelten in buddhistischen Weltzerstörungen, je nach der Ausdehnung, — wobei noch die Möglichkeit bleibt (im Vishnu Purana) für die Heiligen im Janaloka, sich weiter nach Oben, in die Brahmaloka zurückzuziehen.

---

[1]) Von den zwei Arten von Putuzan (Menschenwesen), ist die eine die aus dem Geschlecht der Sonnenkönige, wie es der erhabene Herr gelehrt: die andere der Dzan (Dyana) entbehrend, kam von sich selbst in Existenz (nach dem Paramatta-Miezu).

Durch eine Wand von Sapphir am Aufsteigen gehindert, werden die in den Wolken[1]) treibenden Seelen der Abgeschiedenen auf dem Mond zusammengedrängt, um bei Sonnenfinsternissen auf der Erde zu neuem Leben erweckt zu werden (bei den Druiden).

Der brahmanische Yogi übt die Regulirung des Athmens (im Pranayama), und die Samanäer (unter Buddhisten) erlangen Wunderkräfte durch Kasina, ohne indess in den, den Zauberpriestern bei den Dämonen-Beschwörungen vorbehaltenen Zustand (schamanischer) Verzückungen überzugehen, wie er auch beim Tantra-Dienste einzulaufen bereit liegt, (indessen für das Ausfahren der Seele[2]), diese selbst erst voraussetzt). Necesse est excidat sensu (*Tertullian*)[3]) der Montanist (in den Exstasen).

Die 16 Regionen[4]) der Lahae (die vor Schöpfung der sicht-

---

[1]) τρὶς μυρίας ὥρας irren die mit Blutschuld belasteten Geister (nach der ἀνάγκης χρῆσμα, als θεῶν ψήφισμα παλαιόν).

[2]) Nach L. Knapp ist der Begriff der Seele eine Abstraction, die aus dem im Gedächtniss verknüpften Thatsachen des Bewusstseins nach den Gesetzen der Verschmelzung der Vorstellungen gewonnen und bei dem ersten Durchbruch im Bewusstsein für ein Ding gehalten wird (s. Noack), und die Wahngespinste der Speculation sind nur die verzerrten Schattenbilder, welche das Seelenflämmchen (in den Hoffnungs- und Schreckengestalten der Religion) auf die maasslosen Hohlflächen der Weltkugel wirft (aus menschlichem Ich).

[3]) Tertullian protestirt gegen Aufhören des χάρισμα προφητείας mit Johannes Baptista (weil in den Montanisten fortdauernd). Aus Montanus redete Gott der Vater, aus Maximilla der Geist und die Kraft (πνεῦμα καὶ δύναμις). Statt des γλώσσαις λαλεῖν (in den Ekstasen) redete Gott der Vater (durch den Mund des Montanus). Bei den Eweern überlässt es Mawe den Wong, sich um irdische Angelegenheiten zu kümmern. Vom bethörenden Geiste getrieben, erhenkten sich Montanus und Maximilla (nach Eusebius), wogegen Theodotus beim Auffahren in den Himmel sich zerschmetterte, aber (nach Tertullian) verübte Praxeas beim Auftreten gegen Montanus (dessen ekstatische Prophezeiungen auf Maximilla und Priscilla übergingen) diabolische Thaten (den Paraclet vertreibend und den Vater kreuzigend). Joses erhielt den Namen Barnabas, als gottbegeisterter Redner (Paulus als Gehülfen annehmend). Paulus berief sich auf ὀπτασίαι und ἀποκαλύψεις zur Beglaubigung seines Apostelamtes. Bei der Bekehrung Paulus sahen seine Begleiter ohne zu hören oder (nach Lucas) hörten sie ohne zu sehen, und so bleibt es der Kritik bis heutzutage unbenommen, zu entscheiden, ob sie gehört oder gesehen, oder weder gehört noch gesehen haben.

[4]) Der Himmel ist für 1000fältige, das Paradies für 60fältige, die Gottesstadt für 30fältige Frucht bestimmt (bei Irenäus). Nach den Dayak findet sich die Erde in der Mitte der 15 Welten, oben rund und unten flach (s. Kessel) als umgekehrtes Boot (auf oceanischen Inseln). Die Himmel Polynesiens sind

baren Welt bestanden) beginnen von Unten auf (bis Hua Min, Omnium Summus) mit Chaden oder Kaden, wo im Pallast Rivo trung zim die Dreiheit von Ciangcuib, Giam Jang und Cenresi weilt. Als dort über Bildung der Menschen Rath gepflegt wurde, verkörperte sich aus den Luftgespenstern fünffacher Farbe (zur Tudro oder Thierwelt gehörig) Khadroma als Aeffin (Prasrinma), und Cenresi (auf Giam Jang's Vorschlag) erscheint als Prasrinpo, drei Söhne und drei Töchter zeugend. Statt also dass sich die Engel (oder Wundervögel der Cherubim und Seraphim) mit den Töchtern der Menschen vermählen, oder zum Psychischen im Hylischen das Pneumatische hinzutritt, entsteht hier aus Göttlichem und Thierischem das Mittlere im Menschlichen.

Ehe das $\pi \tilde{v} \varrho$ [1]) $\tau \varepsilon \chi v \iota \varkappa \acute{o} v$ im feurigen Helios (unter wässrigem Mond) innerhalb der $\mu \acute{\varepsilon} \tau \varrho \alpha$ durch die $\delta \acute{\iota} \varkappa \eta$ gebunden (als der exitus im Feuer vor dem primordium im Wasser wieder zurückgetreten), hatte der unerwartet (und soweit gesetzlos) zwischenfahrende Blitz die erste Bewegung des $\pi \acute{o} \lambda \varepsilon \mu o \varsigma$ in die Schöpfung gebracht, und so führt Ciangciub den Donnerkeil (Torceh). Den Wandlungen in normaler Form (zum Ausgleich im Nama-Rupa) steht (auch in Verbindung mit zeugendem Lingam) Giam Jang (als Yama in Vishnu) vor; um aber hier mit dem rein Hylischen in Tudro eine vervollkommnende Verbindung für erste Vervollkommnung einzugehen, darf dieses nicht in schon vorhandener Mischung gewagt werden, weshalb der (bis zur Arupa) extreme Gegensatz des büssenden Cenresi gewählt wird, der den Lingam[2]) abgeworfen (indess denselben auch wieder in seinen Erscheinungen für sich in Anspruch nehmen mag), und

---

mit den Rangstufen der Götter bevölkert. Anaximandri autem opinio est. nativos ess deos, longis intervallis orientes occidentesque, eosque innumerabiles esse mundos (Cicero). Xenocrates fügte den Elementen ein fünftes im Aether hinzu (als Akasa in Pali).

[1]) Die Gottheit ist $\tau \grave{o} \ \tau \tilde{\eta} \varsigma \ \mu o v \acute{a} \delta o \varsigma \ v o \varepsilon \varrho \grave{o} v \ \pi \tilde{v} \varrho$ (nach Empedocles).

[2]) Pasupati vocant Nepallenses Phallum quadriformem flavi, rubri, viridis albique coloris, und bei dem Weiblichen in Khadroma (der Tibeter) tritt noch das Blaue hinzu (s. Georgi). Giam (Deus Mortis und Richter) wird zugleich mit Isuren identificirt, als Mahdeus (Nepal's), idem ac Linga (atque Priapus). Alles Begehren ist von Unlustgefühlen erwecktes Denken (nach Knapp). Das Glück beruht auf dem Lustgefühle (nach La Mettrie), und so die $\dot{\eta} \delta o v \acute{\eta}$ (bei Epikur). Mara (Papima oder Kanho) heisst Pamattabandhu (der Versucher).

zwar bietet sich, für das Gefäss, die als letzte vom Thierischen erreichbare Stufe (aus den äussersten Nachwellen, die aus dem
Untergang des Höheren in dem wiedergesammelten Weltstaub
abklingen mögen) in der sanften Affen-Natur der Früchte-Esser
(zum Uebergang in den Menschen).

Vom Bekannten [1]) zum Unbekannten fortschreitend, durch-
wandert der Mensch im Geiste die Welt, Wege eröffnend in
neue Felder des Wissens, Brücken schlagend über weit klaf-
fende Klüfte, Schachte abwärts senkend und in Stufen aufsteigend, vielleicht auch gelegentliche Luftfahrt [2]) versuchend, wenn
ein brauchbarer Motor dafür ausgefunden sein sollte und die
Lenkung besser in der Gewalt. Die Wege der Metaphysik
sind ungangbar, und was sie erste Ursache nennt, kann kein
Gegenstand der Untersuchung, nicht einmal des Zweifels sein
(nach Cabanis) [3]).

Die in der Induction vorschreitende Forschung hat, sobald der
feste Boden unter den Füssen zu schwinden beginnt, behutsam
anzuhalten, um auch ferner der Beherrschung der Thatsachen
gewiss zu bleiben, unter deren Controlle allein die Folgerungen
gesichert sind. Deutlich umschriebene Begriffe müssen unter

---

[1]) Die Anfänge des Systems sind nicht im Unendlichen, sondern im All-
bekannten zu suchen (nach Herbart). Tout notre dignité consiste en la pensée.
C'est de là qu'il faut nous relever, non de l'espace et de la durée que nous
ne saurions remplir (*Pascal*).

[2]) Nach L. H. Jakob sind metaphysische Spinngewebe zu vermeiden, um
sich in den Grenzen der Erfahrung zu halten (und aus Vorstellungszuständen
folgen andere Vorstellungen, ohne weitere directe Einwirkung der körperlichen
Vorgänge, die ursprünglich zu Grunde liegen).

[3]) In der Physiologie die Lösung aller Probleme suchend, findet Cabanis
die Quelle der Moral in der menschlichen Organisation (und der Psychologe
hat die moralische Natur von ihren Krankheiten zu heilen). Religion ist Medicin
und Medicin ist Religion (nach Troxler), um die bald rechts, bald links, oder
auch ganz durcheinander verdrehte Knäuelseele zu lösen (aus den Systemwinden
der Philosophie). Wie sich leibliche Krankheit vom Vater auf die Kinder
fortpflanzen, so wirkt dies weiter (nach Augustin, der das Podagra als Beispiel
wählt), in der Erbsünde, und auch im Buddhismus ist die Lage im Uterus
(wodurch sich Versetzungen nöthig gemacht haben) nicht gleichgültig, weshalb
eine Geburt, als andaya (aus dem Ei, wie Kuntraputra) oder opapatika (spontan)
sich empfehlen mag. Das Vorhandensein der Erbsünde wird dann (nach
Augustin) bewiesen durch die Mysterien des Taufritus (in Exorcisiren und
Exsuffliren, sowie in der abrenuntiatio). Einwürfe der Skepsis sind auch für
die Beweisführung abzuweisen (wie übrige Silloi). Die Fusssohle des Petrus
abluitur, ut haereditaria peccata tollantur (s. Ambrosius).

Deckung des Namens bewahrt werden, der sie in die jedesmal specifische Terminologie eingeführt hat, und wer deshalb die im Organischen mit rückläufigem Verfall unabweislich verknüpfte Entwicklung[1]) gleich einer Zahlenreihe unendlich verlängern zu können meint, der würde mit solcher Incongruenz mathematischer Abstractionen gleich schlimme Verwirrungen anstiften, wie andere mit metaphysischen.

Erst nachdem die „vier Idole", darunter auch die der Höhle oder Eigengötzen (neben denen der Bühne oder überlieferten Schulmeinungen, die des Marktes oder populären Vorurtheile und die der Gattung) umgestürzt sind, nachdem man aufgehört hat (im unreifen Schwatzen) die Probleme umherzudrehen und zu wenden, ohne auf die Anschauung der Erfahrung zurückzugehen, wird der Induction freie Bahn geschaffen sein, bei dem temporis partus maximus (nach F. Bacon), und so bedarf es zunächst (unter vorsichtiger Enthaltung von vorschnellem Urtheilen) der anfangs einer (ungeordneten) Sylva gleichenden Materialiensammlungen, in der „Sylva Sylvarum sive historia naturalis". Auf vielen ihrer Gebiete ist es seitdem bereits möglich geworden, zu ordnen und zu lichten, glänzende Triumphe haben die Naturwissenschaften, kraft der inductiven[2]) Methode, zu verzeichnen, von den unorganischen an durch die organischen hin bis zur Biologie, hinauf an die Grenze der Physiologie. Dort beginnt jetzt der Kampf mit metaphysischer Philosophie um die Psychologie, dass auch sie eingeführt werde in die Reihe der übrigen Naturwissenschaften, nachdem bei Anerkennung des gesellschaftlichen Charakters im Zoon politikon, als primären Ausgangspunkt der Forschung, durch die ethnologischen Thatsachen die conditio sine qua non der Möglichkeit einer Materialiensammlung[3]), beschafft ist. Hier, wo nun plötzlich die ganze

---

[1]) Alles, was aus einem Hervorbringenden heraustritt, kehrt zu dem zurück, woraus es hervortrat (weiss schon Proklos). ὁμοῦ πάντα χρήματα (*Anaxagoras*), im Anfang (als Urzustand).

[2]) Da die Induction, wenn nur an einigen der Einzeldinge hereintretend, unsicher bleibt, alle aber, der Unbegrenztheit wegen, nicht erschöpfen kann, so wirkt sie auf beiden Seiten (nach Sextus Empiricus), so lange eben noch nicht das organisch beherrschend verbindende Gesetz gefunden.

[3]) Statt vorwiegend als Kritiker zu loben und zu tadeln, haben die Geschichtsschreiber vorerst die Objecte darzustellen, wie sie sind (s. Bacon), wenn auch solche Suspendirung besser wissender Beurtheilung Manchem harte Selbstüberwindung kosten mag.

Weite des Globus in noch unerforschten Gebieten entgegentritt,
hier kann es um so weniger Wunder nehmen, wenn die ersten
Arbeiten der Pioniere, aus allgemein orientirenden Entdeckungsfahrten zurückgebracht, den Eindruck exotischen[1]) Urwaldes
auf Solche machen, die bisher an sauber geschnitzte Idole in
ihren Büchern gewöhnt waren. Aber auch hier wird es sich
lichten, sich ordnen, kommt Zeit, kommt Rath, mit ihm zugleich vernünftige Regelung, und damit werden sich dann die
dunkelsten, im Bewusstsein selbst verschlungenen Fragen auf-
klärend lösen, beim Rückschluss aus dem Völkergedanken auf
den eigenen. Denn überall waltet auch im Geistesleben organisches Wachsthum, in nothwendiger Verknüpfung, und deshalb
Erklärung des Einen aus dem Andern, sobald ein erstes ποῦ στω
gewonnen, und wie jedes philosophische System aus der „idée
maitresse" (s. Guyau), wenn man sich dieser erst bemeistert hat,
abgeleitet werden mag, so in den Schöpfungen des Gesellschaftsorganismus oft die gesammte Weltanschauung aus einzelner Vorstellung bereits, wie wenn die Meisterschaft eines Cuvier gewon-

---

[1]) Zur Orientirung für Pfadfinder, die bei Recensionen nach einem Standpunkt der Beurtheilung suchen, gestatte ich mir, in Betreff des mehrfach in
meinen Büchern über die gegenwärtige Form derselben Gesagte, auf einige der
letzten Erwähnungen zu verweisen, im Völkergedanken, S. 118 u. flg., Culturländer des alten Amerika, S. XXV u. a. O., Ethnologische Forschungen II,
S. IX u. A. m. Es scheint Jedem zugegeben sein, in seiner eigenen Wissenschaft, auf den dafür als leitend erkannten Wegen zu verbleiben, und andererseits wird dann auch erwartet werden dürfen, dass wer seine Ansicht in
Betreff derselben darzulegen beabsichtigt, sich vorher über die leitenden
Gesichtspunkte und die (mit Recht und mit Unrecht) befolgten Prinzipien
unterrichte. Wenn verständiger Rath zu geben ist, Verbesserungen als aus-
führbar anzuzeigen sind, wird jede solche Hülfe dankbar anerkannt werden
von dem, der sich als Fachmann und Sachkenner beweist, in Beherrschung
der in der Ethnologie gestellten Aufgaben, ihrer ungeheuren Massenan-
häufungen und vor Allem der psychich logischen Fragen, die hier herantreten.
Mitarbeiter sind dringend erwünscht, und Jeder wird freudig begrüsst worden,
dem es ernst um die Sache zu thun ist, und der in eingehender Detailkenntniss
auf berechtigter Basis der Beurtheilung steht. Wer dagegen in diesen Dingen,
wie der Blinde von der Farbe redet, ins Blaue hinein (von ethnologischen
Büchern, ohne sich je mit Ethnologie ernstlich beschäftigt oder auch nur be-
kümmert zu haben), der möge es entschuldigen, wenn man nicht mit ihm streitet,
da für Wortfechtereien die den gestellten Ansprüchen längst ungenügende Zeit
allzu kostbar ist. Im Uebrigen wird es jeder Nachkommende leichter haben,
aber je gründlicher, um so weniger das Rohe der Vorarbeiten ersten Anbruches
schmähen, ohne welche spätere Verfeinerungen nicht zu ermöglichen wären.

nen ist, ein zufällig gefundener Zahn genügen mag, das ganze Thier zu reconstruiren. Und ohne solche Aussicht wäre bei der allzu späten Anerkennung vollberechtigter Forderungen in der Ethnologie die Hoffnung auf eine Wissenschaft vom Menschen leider als bereits verloren zu betrachten. Um so weniger darf aber jetzt wenigstens noch gesäumt werden, den letzten Rest der Originalitäten zu retten, wo sie etwa vorhanden übrig sein sollten. Und deshalb wiederum ein „Ceterum censeo" für die ethnologischen Museen und Beschleunigung derselben.

Mit Verneinung der Persönlichkeit[1]) wird der Srotapatti-Pfad betreten, vom Nirvana nur durch sieben Wiedergeburten noch getrennt, und in diesen gegen die Höllenwelten gesichert. Der Sakridagamin, vom Sinnlichen abgewendet, wird nur noch eine Wiedergeburt in der Götterwelt untergehen, vor dem Erreichen des Nirwana. Der Anagamin, dem mit der Unwissenheit auch letzter Zweifel schwindet, hat jeden Augenblick die Macht, in der Götterwelt zu erscheinen und dann ins Nirwana überzugehen. Der Arhat, wenn im Priesterstande im vollen Besitz der vier Wahrheiten, schaut das Nirwana (mit den fünf Zauberkräften[2]) der Abhijnas[3]) begabt). Der bereits durch Vorgeburten

---

[1]) Aus Eindrücken von Lust und Unlust wird das Bewusstsein des Ich erlangt (nach Cabanis), wogegen im Abdhidhammatthasangaha protestirt wird. Die Seele ist kein besonderes Wesen, sondern eine Thätigkeit oder Function der leiblichen Organe (nach Cabanis), und so im Buddhismus. Da die äusseren Sinne nicht ihre eigene Thätigkeit empfinden, so tritt ein innerer, vom Herzen ausgehender, und im Gehirn vollendeter Gemeinsinn hinzu, durch welchen empfunden wird (Duns Scotus), als Mano (in buddhistischer Psychologie). Xenocrates fügt den vier Elementen (des Empedocles) den Aether, als fünftes hinzu, und Philolaos führt, wie die physikalische Beschaffenheit auf die Fünfzahl, die Beseeltheit auf die Sechszahl zurück (wie zum Akasa für Mano das Dharma tritt).

[2]) Zu den Merkmalen für Annäherung des Augenblicks, in dem die Siddhi erlangt werden, gehören angenehme Träume (auf einen Thurm zu steigen, einen Pallast zu betreten, auf Löwen, Elephanten u. s. w. zu reiten) nach den Tantra (unter Fasten). Von dem zur Erde zurückgekehrten Buddha wird Arapatschana (das Symbol aller Buddha) dem Bodhisatwa Mandjusri (Lehrer des Vairotschana) gelehrt (als innere Dharani). Die Gewalt über die Naturnothwendigkeit in seinem Leibe macht den Menschen zum Herrn der Schöpfung (nach Snellmann). Zur Einigung mit dem Urwesen erreicht der Gottbegeisterte (Entheastikos) die Wahrheit des Göttlichen (nach Proklos). γενόμενος γὰρ τοῦ ὅλου τὸ ὅλον ποιεῖ (s. Plotin).

[3]) In Abhidjnàna (les huit connaissances sur naturelles) il faut ajouter à l'idée de connaissance celle de pouvoir et de faculté (s. Burnouf). Die Einzelnthätigkeit wächst nothwendig zur Gattungsthätigkeit empor (deren Werden die Ge-

zum Buddha Geläuterte wird in stetiger Entwicklung der Bodhi ohne Unterbrechung zum letzten Pfade geführt, und erlangt dann (in Nimitta) die glücklichen Vorzeichen beseligenden[1]) Heils. Durch die Einstrahlungen des geistigen Lebens entstehen im Menschen Vorempfindungen (nach Oetinger) bei den Abglänzen (oder Sephiroth). Sind kraft der Gotrabhu-Gnyana die Pfade[2]) betreten, so wird Gnyana-dassana-sudhi erlangt, und im Margga-bhawana ist Klesha mit Stumpf und Stiel ausgerottet, weil nach dem Abhauen (durch Kusa) keinen Boden mehr findend, um neu[3]) wieder zu keimen. Dagegen ist jetzt die ununterbrochene Mög-

---

schichte der Menschheit, als Weltgeschichte), und in der Sittlichkeit, als zweckgemässestes Menschenwerk, arbeitet jeder Einzelne, mit der ganzen Gattung als Baumeister (s. Knapp).

[1]) Durch Kraft der Paramita den Angriffen Mara's widerstehend, erlangte Buddha (im ersten Yama der Nacht) Pubbenewasananan (gift of knowing the past), during the middle yama acquiring the dibbachakhun (divination) and at the dawn of day arriving at the Pachchayakarenanan (the attributes of all the Buddha) and realizing the Chattutthajjhanan, by means of the Ana-panan (meditation or respiration), and glorifying the Wipassanan (sanctifica-tion), he overcame the power of every evil passion, by pursuing in due course the Maggo which leads to the fourth Maggo, dann den Siegessang anstimmend (s. Turnour), indem er jetzt der Erlangung der Phala oder Frucht (im Nir-wana) sich selbst sicher fühlt, und kein Architect sein Körperhaus, dessen Balken zerbrochen, fortan wieder neubauen wird.

[2]) They, who have entered into any of the paths can discern the thoughts of all in the same or the preceding paths (s. Hardy). Die Geister der dritten Stufe werden mit ihren Leibern „die Leiber der zweiten Lebensstufe um-fangen, als eine gemeinschaftliche Mutter, wie die Leiber der zweiten Stufe die der ersten umfangen" (s. Fechner). Apollonius von Thyana bedurfte des Damis als Dollmetscher nicht, weil er die Gedanken aller Menschen kannte.

[3]) Neben den Lamhae Rinboce (principes seu pontifices) unterscheiden sich die Ciangciub Lhamae (Lhamae Renati) und Kombei Lhamae (Electi), und über alle: Is qui sedet in aede sacra Potala (in Lhassa). Die Ciang-ciub sind von niederen Wiedergeburten (im Thierischen) befreit. Die Wiederge-borenen können sich keiner Todsünde ferner schuldig machen. Bei G. F. Meier gelten die obersten Stufen der Thierseele (mit niedrigstem Grade von Vernunft) als vielleicht Keime künftiger Menschenseelen (XVIII. Jahrhundert). Διὰ τό χεῖρας ἔχειν φρονιμώτατον εἶναι τῶν ζώων ἄνθρωπον (sagt Anaxagoras). According to the Paticcasamupada (s. Childers) Nama-rupa is the immediate effect of Vinjana, so dass zur Rupakhando nur drei Khanda gefügt wären (in Vedana, Sanja und Sankhara), aber Sankhara (wohinein auch Vedana und Sanja fallen) geht bereits als Ursächlichkeit dem Vinyan voraus, das als Effect zugleich den Keim des Heraustretens einschliesst.

18*

liebkeit, sich durch die Dhyana in die zugehörigen Stufen-
himmel zu erheben, oder vielmehr: der das jedesmalige Dhyana
Uebende lebt damit dann auch in dem zugehörigen [1]) Himmel.
Doch muss stets der Gedanke als letztes [2]) Ziel auf das Nirwana
gerichtet sein, und vor diesem alles Andere [3]) entschwinden.
Die allgemeine Menschenliebe nicht nur, sondern Wesens-
liebe des Buddhismus mag auch zu jener Innerlichkeit gesteigert
werden, die in pietistischen Richtungen das Maass überschreitet
oder in der Liebe zu Gott, als ein „Affect des Seins, wodurch das gewesene Ich in das reine göttliche Dasein hineinfällt" (bei Fichte).

Als vier Brahmaviharas folgen Metta, Karuna [4]), Mudita,

---

[1]) Das Jenseits, wenn er in dasselbe einkehrt, ist für die Menschen nichts
absolut Neues, er lebt schon hier darin mit seinem Geist (Melchior Meyr).
Im Dhyana wird die Wurzel der Existenz-Anklebung „ausgebrannt", dass
„Freuden und Schmerzen verdorren" (s. Graul), und derjenigen Stufe der
Dhyana, bis zu welcher der Heilige in der Todesstunde aufzusteigen fähig,
entspricht das Geschick künftiger Existenz, ob im Himmel der Brahma's, ob
in denen der Lichtgötter, ob in denen der Reinen oder den bis Maha-Iswara's
Behausung aufsteigenden, von wo der auf dem ferner zu Arupa-dhatu fort-
leitenden Weg nach Nirwana abzweigende Pfad als naheliegender zu erreichen.

[2]) Gegenüber dem (noch in Aufziehung befindlichen) Sekho der sieben
Ariyapuggalo (von Sotapattimaggatto bis Arhattamaggatto) gilt (als achter) der
Arhat (für Asekho in Arhattaphalattho). Bei den Keern wurde der Todte
nicht betrauert; τὸν θανατον (die Gaditaner) παιανίζονται (Philostratus).
Nach Valerius Maximus feierten die Celten den Geburtstag mit Trauer, den
Todestag mit Freuden und die Thracer (bei Herodot) beklagten die Neuge-
borenen, wogegen sie jubelnd begruben. Niemand ist in dieser Welt so
glücklich, dass nicht bei seiner Leiche sich Viele über das, was ihm wider-
fahren, freuen sollten (nach Marc. Aurel.).

[3]) La pensée de Dieu met l'homme au-dessus de tout (Thibaut). Fichte
setzt den Grundgedanken der Moral in die Selbstbestimmung des Ich zur
unbedingten Unabhängigkeit von dem Nicht-Ich, wie der Buddhismus von der
Aussenwelt, obwohl die gegenübergestellte Persönlichkeit im Prozess des
Werdens hier verschwindet. Die Philosophie hat aufzusteigen μέχρι τοῦ ἀνυ-
πυθέτου (bei Plato). Die „Delectationes corporales" sind nur „aegritudinales"
und werden bei der Auferstehung durch „spirituales" ersetzt (bei St. Thomas).
Toutes les théories sur la vie future roulent entre ces deux solutions, la mé-
tempsycose et le prolongement de la personnalité (s. Caro). Mendelsson lässt
für die Unsterblichkeit „Socrates sprechen und Kant erlaubt sie als Forderung
der practischen Vernunft". Bei der Taufe öffnete sich (den nach Osten
Schauenden) Paradisus Dei, quem ipse ad Orientem plantavit (Cyrill).

[4]) Karunabhavana, exercising the meditation of pity or sympathy; Metta-
bhavana, development or increase of friendliness and good will towards all

Apekkha im Kammatthanam, und die fünf Bhavana begreifen[1]) Metta, Mudita, Karuna, Upekha und Ambha (im Anschluss an die Dhyana)[2]).

Der Buddhismus lehrt den Kampf des erwachenden Bewusstseins und des Aufwärtsstrebens zum göttlichen Ursprung gegen die Bethörungen der Sinnlichkeit und die damit verbundene Degradation der Vernunft, als höchsten Zweck der practischen Religion (s. J. J. Schmidt). Nach den Essenern (bei Josephus) waren die Seelen (aus feinstem Aether) vom Leibe, wie mit Zäunen, umflochten (und wurde transfretatio nach lieblichem[3]) Ort jenseits des Meeres erhofft in den *νῆσοι μακάρων*).

---

living beings. Zu den nach Nirwana leitenden Paramita (Dana, Sila, Kshanti Viriya, Dhyana, Prajna) kommen noch Upaya, Bala, Pranidhi und Jnana (s. Williams). In den Tantra dienen Zauberformeln der Mantra nicht nur im Gebet, sondern auch beschwörend als Dharani, und dann folgen orgiastische Ausartungen, wie überall (bis zum Linga-Dienst). Tota in adytis divinitas, tota suspiria epoptarum, totum signaculum linguae, simulacrum membri virilis revelatur (bei den Valentinianern).

[1]) There are four Appamaññas consisting in an unlimited or perfect exercise of the qualities of friendliness, compassion, good will and equanimity (metta, karuna, mudita, upekcha). Die Silakhandho begreift die priesterlichen Vorschriften (mündlich fortgepflanzt, bis zur Niederschrift bei dem Concil). Die Glaubensregel der Regula fidei veritatis (*παράδοσις ἀποστολικὴ*) durfte anfangs nur mündlich mitgetheilt werden (s. Gumlich), und so die esoterische Lehre der Pythagorüer). Indem das Ist unendlich das Ist bleibt (das Unendliche das Endliche) knüpft sich an die Copula das Band der unendlichen Liebe (nach Schelling). Ausser den vier Cardinaltugenden besitzt die Seele Contemplation, Urtheilskraft und Gedächtniss, sowie die natürlichen Tugenden in Fünfheit (nach Cassiodor). Das Sammapathan begreift die vier Vorsätze, Befreiung von früheren Missethaten, Vermeidung weiterer Missethaten, Beschaffung von Verdienst, Mehrung des bereits angesammelten Verdienstes.

[2]) Erst die *γνῶσις*, als allegorische Deutung des (jüdischen) Ceremonialgesetzes, schliesst den wahren Sinn auf (nach Barnabas), wie es der weiss, der das eingepflanzte Geschenk der Lehre niedergelegt hat (*ἔμφυτον δωρεὰν τῆς διδαχῆς*) und die *γνῶσιν* ergänzt die *ἀγάπη* (bei Paulus). Die Materie diente (bei Marcion) dem Gott des Gesetzes (bei der Schöpfung) als Weib zur Begattung (nach Esnig).

[3]) *ἡδίους τὰς ἐλπίδας ἔχειν, βελτίονας χρηστάς, ἀγαθάς* (durch eleusinische Weihen). Und dann die Fragen der Komiker, weshalb geweihte Schurken den Göttern lieber, als der Profane, wenn schlicht und recht (und dennoch schlecht). Der Geist, wenn nicht zur Verbildlichung kommend, nicht aus der *δύναμις* in die *ἐνεργεία* übertretend, wird wieder aufgelöst und hat mit dem Tode des Menschen ein Ende (nach den Simonianern), wenn er dagegen zur

Unter den ascetischen Uebungen begreifen sich in den (40) Kammathan die 10 Kasina[1]), 10 Asubha (über die Unreinigkeiten), 10 Anussatiyo (Belehrungen), 4 Brahmavihata (Metta, Karuna, Mudita, Upekha), 4 Arupa (in der Himmelvierheit), Sanja und (als Catudhaturavatthana) Vavatthana (s. Childers), und die Kammathana-Betrachtung geht auf die Bemeisterung oder Bemächtigung der Arammana (Arammanam ganhati).

Den Mönchen sind für ihre Betrachtungen fünf Hauptarten[2]) der Bhawana hingestellt (s. Hardy) in Maitri (über Mitliebe), Karuna (über Mildthätigkeit), Mudita (über Wohlwollen) und Upeksha-bhawana (meditation of equanimity), zusammen als die Brahma-wihara-bhawana, nämlich Maha Brahma's (und seiner Glückseligkeit) würdigen, und daneben dann die Asubhabhawana, die auf Kirchhöfen und an Leichnamen grübelnd, sich in der Erkennung von Aneitza, Dukha, Anatta, von den Ge-

---

Verbildlichung kommt, wird er dem ungezeugten Gotte völlig gleich, und wird bei diesem sein (Uhlhorn). In Polynesien wird dem Volke die Seele abgesprochen, und unter denen der Fürsten (auf Tonga) haben nur die der Egi Kraft zur Inspiration. Neben den Urgutheiten fanden sich (im sublunarischen und storblichen Raum) diejenigen Guten (bei Simplicius), welche umzuschlagen geschaffen sind von dem Natur-Gemässen, und in das, was böse genannt wird (s. Enk). Καθαρμοί sunt purificationes animi (s. Bentley). Bei Santati's Heiligung erklärte Buddha auf gestellte Frage für gleichgültig, ob seine Schüler Samana oder Brahmana zu nennen.

[1]) Für die Kasina (über Pathavi, Apo, Tejo, Wayo, Nila, Pita, Lohita, Odata, Aloka, und Akasa) giebt es 14 Arten der Ausführung in Kasinanuloma, Kasinapatiloma, Kasinanuloma-patiloma, Dhyananuloma, Dhyanapatiloma, Dhyananuloma-patiloma, Dhyananukhantaka, Kasinanukhantaka, Dhyanakasinanukhantaka, Angasankantika, Arammanasankantika, Angarammanasankantika, Angawattapana Arammanawawattapana, um die Irdhi zu erlangen (s. Hardy). In der Vergottung lässt die Seele den Körper halbtodt zurück (bei Zorzi), wie den des Schamanen (beim Ausfahren). Die Gnade Gottes hat sich im Reich gegründet, regnum gratiae, welches in der Mitte liegt zwischen den regnum potentiae und regnum gloriae (s. Lange).

[2]) In Bonaventura de septem itineribus aeternitatis wird die Meditatio behandelt als intinerarius mentis in deum (mit diaetae salutis). Ueber das Reich des Jao, aus dem die Seele durch das lebendige Wort geboren ist, führt (bei den Ophiten) der Weg zur Pforte des Sabaoth (dann Astapheus, Eloeus und Horeus). „Nun so dünkt ihm, dass er voll Gottes sei, und dass Gott und alle Dinge ein ewiges Ein seien, und er wird in seinem Gemüthe florirend, wie ein aufgährender Most, der noch nicht zu sich selber gekommen ist", so Suso (nach dem „süssen Trank") oder Seuss (derer von Bergen und Seussen).

brechlichkeiten der Menschennatur mit Ekel [1]) abwendet, um
nach Besserem [2]) zu streben.

_____

[1]) In corpore hominis sunt 80 species vermium, alimenta sumpta in
quinque partes abeunt, ignis stomachi (Phlöng datu) absorbet unam, secunda
in urinam evadit, tertia in excrementa, quarta alit vermes, quinta sustentat
carnem et sanguinem (s. Pallegoix).
[2]) Die moralische Anlage in uns ist eine Ueberlegenheit des übersinnlichen
Menschen in uns über den sinnlichen (s. Apelt). Scientia id praestat, ut quomodo et quo perveniamdum sit noverimus, virtus ut preveniamus (Lactant.).
Crusius setzt das oberste Moralprinzip in den Willen Gottes. Die Umkreisung
der Kaaba gewährte Sheriat, die des Hauses Gottes Tarikat, die Hinrichtung
auf Gott im festen Glauben Hakikat, dann folgt Marifat (cognitio), dann Kurbat
(appropinquitas), dann Werlat (adventus), dann Tauhid (unitio), dann Sekunat
(quies), and beyond this there is no superior degree (s. Leyden). Virtutem
liessen die Manichäer in „Sole" wohnen, sapientiam vero in Luna, und den
heiligen Geist im Licht (bei Faustus). Dem Deo Sapientiae, Giam Jang (cujus
nomen interpretatur suavem cantum) oder Ciangciub Sembah weisen die
Tibeter zum Sitz den Mond an, und Cihana Torech die Sonne (wie die Manichäer die Tugendkraft des Gottessohns). Die Rechnenkunst aus dem kauf-
männischen Geschäftsbedürfniss herausziehend, betrachtete Pythagoras alle
Dinge unter der Form der Zahl (s. Cantor). Die Pythagoräer bezeichneten
Gott als ἀρχή πάντων (nach Philolaus), ἀριθμόν ἄρρητον ὁρίζεται τὸν θεόν
(s. Athen.). Das Erste ist (bei den Pythagoräern) τὸ ἕν, und die Eins geht
(bei Damascius) der Monade voran. Die Eins ist ῥοατῶν μέτρον (nach Cli-
nias). Paccayo begreift die Verkettungen in den organischen Wandlungen
der Uebergangszustände (bei der Entwicklung), wie für die Nidana aus Paccu-
yakare Jnanam (s. Childers) verstanden. Zwischen Relativitäten findet sich
eine Mitte, nicht dagegen zwischen Positiven und Negativen, wo immer Bejahung oder Verneinung bleibt (nach Archytas). Jedem Ding kommt die
quidditas zu, und keine Existenz kann sein ohne quidditatio (nach Duns
Scotus). Die Quidditäten sind nicht ihrem wesenhaften Sein nach im göttlichen
Verstande, sondern nur ideell vorgebildet in Gott durch ihr wesenhaft intelli-
gibles Sein (nach Mayron). Mit dem steten Wachsen der Erkenntniss wird
vorher Unbegreifliches (aus dem Uebervernünftigen) verständlich (nach Toland).
Jene Gedankenmasse, die von einem obersten Gedanken beherrscht wird, mag
im Gegensatz zur ästhetischen die noëtische Substanz bilden (s. Waldeck). Die
in Gott geschaffenen Ideen sind wieder selbstschaffend (nach Amaury). Der
Verstand ist vom All untrennbar (nach Deschamps). Das Brahma kommt
aus dem Akshara (einfach Untheilbaren) für die Ceremonie der Opfer (nach
dem Bhagawad Gita). Da bei seitwärts gedrückten Augen die Gestalten, Figuren und Grösse der sichtbaren Dinge länglicht und schmal erscheinen, so
ist es wahrscheinlich, dass Wesen mit schrägen und länglichen Pupillen (wie
Ziege, Katze u. s. w.) andere Erscheinungsbilder haben (nach Sextus). Indem
den südafrikanischen Eingeborenen das Auge für den rechten Winkel und
das Grade fast völlig abzugehen scheint, lassen sich Einige nur mit der
grössten Mühe (s. Büttner) „dazu bringen, gerade und schief unterscheiden

In tugendhafter Reiuigung[1]) des Geistes breitet sich dann (mit Erkennung der vier Wahrheiten)[2]) unter innerer Sammlung der Boden[3]), von dem die Dhyana aufsteigen mögen, indem

---

zu können" (wogegen es ihnen verhältnissmässig leicht wird, „eine gleichmässige Rundung herzustellen"). Nach Price ist der Verstand eine von der Sinneswahrnehmung verschiedene Quelle von Vorstellungen und Erkenntnissen (selbstständiger Art). Die Ratio urtheilt über sinnliche Dinge, die intelligentia über unkörperliche (nach Guilielmus Aneponymus). Sammasati, als richtige (oder ächte und fest umschlossene) Erinnerung fasst die Vergangenheit zusammen (aus ihren Entwicklungsstadien). Aristoteles fasst mit den höchsten Verstandsbethätigungen der Abstraction, Schlussfolgerung u. s. w. die Phantasie im *νοῦς* zusammen (neben *ὄρεξις*). Zu dem Urtheilenden (ὁ *νόος*) und dem Beurtheilten (ὁ *λόγος*) kommt die Regel des Urtheilens (bei Archytas). Alles ist für Jeden, was sich jedesmal davon denkt (nach Metrodorus). Aus den drei Elementen (mit Aether und Chaos) natam esse magnam gentem deorum, quae *πεντέμψυχος* fuerit vocata, lehrt Pherecydes (bei Damascius), und Hea begabt mit Sinnen die 4000 Götter (in Assyrien).

[1]) Nach Richard von St. Victor besteht die Grundbedingung aller Erhebung des Geistes zur Contemplation in tugendhafter Liebe (s. Stöckl), und dazu muss dann die Versenkung (in Selbsterkenntniss) treten, damit die Stufen der Grade in den Contemplationen ihre Entwicklung beginnen können (in imaginatione et secundum imaginationem, in imaginatione et secundum rationem u. s. w.) bis zum quintum contemplationis genus (quod est supra rationem, non tam praeter rationem). Auf der letzten und höchsten Stufe ist die Contemplation sowohl „supra", als auch „praeter rationem" (etiam contra rationem). Jede der (10) Paramitas wird vom Bodhisattwa in 3 Graden geübt. Gott, als *ὑπὲρ γνῶσιν πάντως* *καὶ ὑπὲρ οὐσίαν*, ist nur in reducirenden Verneinungen (*διὰ ἀφαιρεσέως*) kennbar zu nähern.. Erlösung bringt (bei Basilides) *ἡ τῶν ὑπερκοσμίων γνῶσις* (in Transcendentalen). *Γνῶσις μέν ἐστι τὸ εἰδέναι τὰ ὄντα, σοφία δε καὶ τὸ τὰ ὄντα γιγνώσκειν καὶ τὸ τὴν τῶν ἀντιπιπτόντων λύσιν ἐπίστασθαι.* When anyone has gnyana, he had also pragnyawa (s. Hardy), und dann unterscheidet Nagasena die untergeordneten Arten der Kenntniss (sanya und winyana) von pragnyawa (sowie chintapragnyawa, als intuitio).

[2]) Die Cattari Ariyasaccani (Dukhan, Samudayo, Nirodha, Maggo) werden durch den achtfachen Pfad (Ariyo atthangiko maggo) erlangt.

[3]) Die Karmikas betrachten Karma (conscious moral agency) und die Yatnikas dagegen Yatna (conscious intellectual agency), als „causation from the beginning" (s. Hodgson). Archytas fasst Gott als *πέρατος καὶ ἀπειρίας ὑποστάτην.* Volition (yatna), effort or exertion, is a determination to action, productive of gratification (in der Nyaya) aus Zuneigung und Abneigung (s. Colebrooke). Der Sympathie (im Licht) steht die Antipathie (in der Finsterniss) gegenüber (bei Fludd). Ishwara (Adi-Buddha) produced Yatna from Prajna, and the cause of Pravritti and Nirvritti is Yatna (s. Hodgson). Empedocles setzt *τὸν διακεκριμένον* einer-, und *τὸν ἠνομένον* andererseits, indem dem *Κόσμος νοητός* der *Κόσμος αἰσθητός* gegenübersteht. *γῆν τὴν πάντων*

vor den höheren und reineren Fähigkeiten[1]) die niederen dahin-
schwinden und ersterben, in naturgemäss mächtigerer Anziehung[2]) des Besseren und Guten (unter Uebungen und Vor-

---

εἶναι ἀρχήν, setzte Pherekydes (nach Sext. Emp.), σπερματικῶς ὑπάρχοντα
πάντα τὰ ἐν τῇ φύσει ὄντα (Nicom. Ger.).

[1]) Den Fakir der Khouan liegt auf (s. Trumelet): El azlet an en-nas
(le renoncement au monde), El Kheloua (la restraite ou là solitude), Es-
sahar (la veille), Es-siam (le jeune on l'abstinence), Ed-diker (l'oraison continue).
Dans la langue sainte le mot sabbat vient de la racine schab, qui veut dire
repos, dans la langue démoniaque, il vient du mot grec Sabadzios, Bacchus
(s. Lecanu). Am Uposatho (viermal im Monat) legen Layen die Gelübde der
8 Sila ab, während die Mönche beichten (beim Vorlesen des Patimokha)
Septimum diem more gentis Sabbatum appellatum in omne aevum jejunio
sacravit (s. Justin.). Pythagoras unterwarf sich der Beschneidung, um in die
Mysterien der Aegypter aufgenommen zu werden. Die regula fidei (πίστις)
oder regula veritatis (κανὼν ἀληθείας) faisait partie de la disciplino secrète
(disciplina arcani) in den Symbolen (s. Lichtenberger). It is vain to get rid
of miracles, when the whole substance of objective Christianity, as based on
the Incarnation, is miracle, and of subjective Christianity too, as resting on
the mission of the Holy Ghost, it is vain to get rid of prophecies, when the
whole Christianity folds up in its bosom the greatest of all prophecies (s. Cairns).
Die wunderbare Thatsache der Heilsbeschaffung als dem Menschen behufs
der Gewinnung des Heilsvermittelten und Kundgegebenen, verbürgt die Realität
der übernatürlichen Offenbarung, als der Form, in welcher die in Gott be-
schlossenen Heilsgedanken für die Erfassung von Seiten der Menschen sich
verwirklichen (s. Frank). Die Frömmigkeit besteht in der Verehrung κατὰ
τὰ πάτρια (nach Porphyr.). Die Skeptiker folgten im Leben τὰ οἰκεῖα πάθη
(s. Sext.). Alle die dazu thun, Leib, Gut und Ehre daran setzen, dass die
Bisthümer zerstört und die Bischöfe-Regimente vertilgt werden, das sind
liebe Gotteskinder, rechte Christen, halten über Gotteskinder, und streiten
wider des Teufels Ordnung (Luther). Nachdem Hegel in das „diamantene
Netz" des reinen Begriffs das ganze Universum hineingebaut, „wandelte sich
die Speculation, nachdem sie alle Räthsel gelöst, die Entstehung der Natur
mit angesehen, und den ganzen Geschichtsverlauf als nothwendig erkannt
haben wollte, rasch aus einer dunkel grossartigen Offenbarung zu einer scherz-
haft allverständlichen Lüge um, welche jetzt, wenn sie in den reellen, d. h. den
wahrheitsstrebenden Wissenschaften mitreden will, eine so kurze Abfertigung
erfährt, wie im Drama der Poet, der sich zwischen die Feldherrn drängt
(s. Knapp). Se moquer de la philosophie, c'est vraiment philosopher (Pascal).
Durch die Zweifel von der φαντασίαι befreit, erlangt der Skeptiker (nach
Sext.) die ἀταραξία in gleichgültig heiterer Ruhe (als Upekha). In Vimutta-
yatanam (vimutti oder Erlösung) ist Cittam Samadhiyati erlangt durch Sa-
muchedo (in der Pahana).

[2]) Synderesis est vis animae appetitiva, suscipiens immediate a deo natu-
ralem quandam inclinationem ad bonum, per quam trahitur inseqni motionem
boni ex apprehensione simplicis intelligentiae praesentati (Gerson). Nur durch

übungen) seinem Ziele[1]) entgegen, die Rangstufen[2]) der Heiligen durchwandernd[3]) (während weltliche Tugenden nur bis

---

Abwerfung (*διὰ ἀναλυσεῶς*) aller endlichen Ideen, lässt sich die der Gottheit annähern (nach Clem. Alex.). Ssufii (s. Tholuck) tres vel quattuor gradus posuere: Scheriat (lex), Terikat (iter), Hakikat (veritas), Marifat (cognitio) bis zu den Salikan oder Mystiker, die sich selbst ertödten (bei Hammer). Una potentia animae abu essentia animae procedit mediante alia (s. Thomas Aq.). Les Sauvages (in Brasilien) estiment l'âme être immortelle, qu'ils nomment Cherepicouaro (s. Thevet). Nach Hermippos kam Pythagoras aus seiner (nur der Mutter bekannten) Zurückgezogenheit, bleich, wie aus der Unterwelt, zurück, und wurde wegen der Auferstehung von seinen Schülern als Gott verehrt. In Seelenwanderung begleitet Aristeas als Rabe Apollo nach Italien. Celsus stellt Fragen über den Engel, der den Stein fortgewälzt, sowie über Magdalene, als *γυνὴ πάροιστρος* (femme hallucinée). Mit eisernen Ketten war (in Metallner Figur) der Geist des Actaeon an den Gräbern von Minyos geschmiedet (nach Hesiod) und Astavat bis zum Weltende (in Armenien), wie Zohak (am Demavend). Eurytos erkannte die Stimme des Philolaos an seinem Grabmale (s. Jambl.). *Πυθαγόρας Εὔφορβος γεγενῆσθαί φησιν* (bei Tatin), *καὶ τοῦ Φερεκύδους δόγματος κληρονομος ἐστί* (s. Sturz). Sibyllam quidem Cumis ego ipse oculis meis vidi in ampolla pendere, et cum illi pueri dicerent: *Σίβυλλα, τί θέλεις*, respondebat illa; *ἀποθανεῖν θέλω* (Petronius). Sibyllam Apollo pio amore dilexit (Servus). Alkmene wird (nach dem Tode) auf Zeus' Geheiss mit Rhadamanthes vermählt (nach Pherecydes). Das Eins wurde auch männlich weiblich gedacht (Nicom.) bei den Pythagoräern (s. Ritter). *Διὰ τὸ τρία πάντα εἶναι καὶ τὸ τρὶς πάντη, καθάπερ γάρ φασι καὶ οἱ Πυθαγορεῖοι, τὸ πᾶν καὶ τὰ πάντα τοῖς τρισὶν ὥρισται* (Aristotl.).

[1]) Zum höchsten Gut (als *ὁμοίωσις θεῶ*) gelangt der Mensch (nach Pythagoras) durch Reinigung (*Κάθαρσις*), Uebung (*ἄσκησις*) und Betrachtung (des *Κόσμος*) mit „Thätigkeit für das allgemeine Beste und Wohlordnung" (*εὐταξία*). Das selbstpflichtmässige Handeln (im Prozess der Wiedergeburt zur Heiligung) ist, als ascetisches, „einerseits ein reinigendes oder Kathartisches" und andrerseits ein „ausbildendes oder gymnastisches" (s. Rotho). Der Mensch ist sterblich (nach Alcmäon), weil ihm die Kreisbewegung fehlt (das Ende mit dem Anfang zu verbinden). Die Dukkhanirodhagamini patipada sind die zum Aufhören des Leidens führenden Stufen, als Ariyo Atthangikamaggo (bis zum Ariyasaccam). Si dans la théologie de la race sémitique nous avons une base a priori d'optimisme limité, dans les idées métaphysiques et religieuses des Aryas de l'Inde nous trouvons une base évidente de pessimisme (s. Sully).

[2]) Gregor von Nazianz nahm Grade und Stufen der Seeligkeit an, und das Leugnen derselben bei Jovinian wird von Hieronymus als Irrlehre vorgeworfen (s. Hagenbach). Quae supra sunt, non verbo docentur, sed spiritu revelatur. Verum quod sermo non explicat, consideratio quaerat, oratio expetat, mereatur vita, puritas assequatur (Bernhard von Clairveaux). Tyrbo septem commemorat Electos, (bei den Manichäern). Cunctos animi sui morbos Electis (die Manichäer) revelant (Greg. Naz.).

[3]) bis zu den Auserwählten. Die ganze Schöpfung (als in sich geschlossen

Indra's [1]) Himmel erheben mögen, oder angestrengte Werkheiligkeit zu dem der Nasavartin).

und harmonisch gegliederte Kette von Wesen) strömt in neun Stufen aus, um dann in den, mit leblosem Stoff anhebenden, Entwicklungsreihen (durch Pflauzen, Thiere, Menschen, Engel) zur göttlichen Einheit zurückzuströmen (nach den Ihwan-es-safa). Der Kopf ist hauptsächlich Luft- und Bewegungsorgan, und daher auch sein Geist ein Luft- und Bewegungsgeist (Oken). Nichts stirbt, aber das Zusammengesetzte zerfällt (nach Hermes), nicht zur Vernichtung, sondern für Erneuerung (s. Ménard). Nulla omnino res interit nisi in speciem, quemadmodum nec gignitur quidquam nisi specie (Apoll.). Le Sahou, dans l'ombre mystérieuse du tombeau (s. Pierret), était un être formé par la reunion (sahou, rassembler) d'éléments corporels élaborés par la nature, et dans lequel l'âme renaissait pour accomplir une nouvelle existence sous une forme quelconque (s. Devéria). Die Natur ist eine versteinerte Zauberstadt (nach Novalis), in den Schöpfungen der Völkergedanken und ihrer Wunderpracht. Wie mit einem Zauberspiegel werfen sich die im Dunkel eigenen Wachsthums den Blicken unzugänglicher Denkprocesse, aus sprachlich ausgetauschter Klärung, auf den gesellschaftlichen Horizont, als die Schöpfungen des Volksgedankens erscheinend (und schöpferisch wieder eingekörpert in den Objecten ethnologischer Sammlungen, wenn sun auf statistischer Basis einstens noch begründbar). Die Vorstellung zum Denken zu erheben, ist (nach Hegel) Aufgabe des Philosophirens (und in dem Zurück-Analysiren werden die Denkprozesse dann zum Bewusstsein ihrer eigenen Schöpfungen kommen in den Völkergedanken).

[1]) als Maghavan (wie Chormisdas). Toka magahara in Kami Xodomari, beginnt das an „Kami im hohen Himmelsfeld thronend" gerichtete Gebet der Shinto (s. Rein). Die durch Hahe (Idole) repräsentirten Geister oder Nouma stehen unter Yliambertjo, Besitzer der Sterne (Noumgy), bei den Samojeden (s. Rae). Πρὸ Κρόνου καὶ Ῥέας Ὠγίων καὶ Εὐρυνόμη ἡ τοῦ Ὠκεανοῦ τῶν θεῶν ἐβασίλευον, οὕς Τιτᾶνας καλοῦσι, und (bei Max. T.), ἡ θεῶν μάχη (zwischen Kroniden und Ophioniden). Unter den, Dionys in Nyssa erziehenden, Nymphen wird Bromo unter die Hyaden versetzt. Das Buch Belot's (Vater des Di oder Aramazd), als Ersten der Götter, wurde in Babylon bewahrt (s. Ardzrouni). Der capitolinische Jupiter beklagt sich über Abnahme der Verehrer (tonantem pro janitore ei apposito). Der Brahma genannte Priester hatte die Fehler zu beaufsichtigen, um sie vorher, wenn vorgefallen, sogleich durch ein Sühneopfer zu beseitigen (s. Haug). Unter den Giganten steht Ἐγκέλαδος ἡ Ἀθηνᾶ der Athene gegenüber, wie Pallas (als ihr Vater). Im kindischen Spiel sollte die Natur des Zagreus auf die Mysten übertragen werden (s. Klausen). Medea hiess Angitia (bei den Marrubiern am Fucinus), quod ejus carminibus serpentes angerent hi populi (s. Servius). Die Potniaden genannten Göttinnen (von Potnia) stürzten in Raserei. Die Chao werden im siamesischen Zaubertanz gerufen. Vor politischen Beschlüssen hat der in Buro bo geisterte Priester den Ausspruch des Orakel zu verkünden (auf Fiji). Gott selbst hat alle Obrigkeit und Gewalt aufgehoben, wo sie wider das Evangelium streitet (s. Luther). In dem Illuminaten-Orden wurden (1780) die schottischen

Buddha[1]) verwarf die Tapas[2]), wodurch die Brahmanen
künstlich[3]) den Boden für die Extase vorbereiteten, indem die

---

Novizen und Ritter (Illuminati majores et Dirigentes) der niederen Mysterien
theilhaftig gemacht, während diese später dem Presbyter und Princeps vorbehalten wurden (bis zum Regentengrad der höhern Mysterien). Die in Spanien
unterdrückten Alumbrados erstanden, nach Frankreich vertrieben (1635), dort
in den Illuminés (1722).

[1]) Nirjara, (that which utterly and entirely wears and antiquates all sin
previously incurred and the whole effects of Carma) consists chiefly in Morti-
fication (Tapas) nach den Jainas (s. Colebrooke). In unbeweglicher Haltung
(Sthanu) üben die Dhurjati (Digambara) Büssungen (tapas), um in samadhi
(Sammlung) durch jnana zur Yoga aufzusteigen (mit den Paramatman). Nach
Richard von St. Victor (s. Schmid) schreitet der Geist in drei Richtungen zur
Anschauung vor, in der Erweiterung (dilatatio), Erhebung (elevatio) und Entrückung (alinatio). Auf der höchsten Stufe des mystischen Weges versinkt
die Seele in Gott (nach Al. Ghazzali). The process of forming a lively image
in the mind, exclusive of all other objects, constitutes Dhyana or meditation
(nach der Vishnu Purana) in sechs Stufen (Yama, Asana, Pranayama, Pratyahara, Bhavana, Dharana) bis zu Samadhi (s. Wilson). Adibuddha (in Pali)
means „a former Buddha", a Buddha belonging to a former kappa (s. Childers).

[2]) In dem Methodistenclub zu Oxford erlag Morgan der ascetischen Lebensweise, des Fastens u. s. w. (1732). Die Thiere, bei gemeinsamem Lebens-
prinzip (Κοινον δικαιον ημιν εχοντων ψυχης), durften nicht gegossen werden
(nach Pythagoras). Amaratapam begreift die für Erlangung von Unsterblichkeit untergangenen Büssungen.

[3]) Dans le temps qu'ils sont restés sans manger, à cause de la faiblesse
qu'ils éprouvent dans le corps et dans la tête, ils disent avoir vu quelque
chose, peut-être désirée par eux (bei Verehrung der Cimi) auf Hayti (s. Pane),
wie im indianischen Jünglingstraum (für den Manitu des Totem). Durch
Fasten geschwächt erhielt der Cazique Caziuaguel oder Caizihu (Vater des
Guarionel und Guamanacoel) eine Offenbarung von Jocaunaghama (im Himmel),
dass fremde Eroberer kommen würden (nach Hayti). Zum Prophezeien vor
dem Könige sitzt der Priester (auf Hayti) nachdenkend im Hause und redet
dann in der Begeisterung des durch die Nase geschnupften Cagioba, was die
Erscheinungen ihm eingeben (im Beisein der Fürsten). Ils disent, qu'il leur
semble voir, que les maisons tournent avec leurs fondations, sens dessus
dessous, et que les hommes marchent les pieds en l'air (s. Pane), gleich dem
Schütteln der Medicinhütte (bei den Rothhäuten). Mit den Chytren wurden (zur
Erinnerung an die Fluth) die Χοες gefeiert (des Anthesterion), εν ω δοκουσιν
αι ψυχαι των τελευτησαντων ανιεναι. Neben Durchgängen durch Feuer und
Eis begriffen αι εν Μυθρω βασανοι Hunger und Durst, Schläge, Wanderungen u. s. w. (zur Prüfung). Bei den Mandan wurden die schmerzhaften
Prüfungen bis zur Ermattung und Scheintodt fortgesetzt (beim Fest der
Epheben), im Anschluss an die Fluthsagen und dem (da Vogel und Auge fehlten)
durch den Gedanken Herbeigerufenen. Im Bellipaara werden die Gemisshandelten

Dhyana auf psychologisch angezeigten Wegen einzuleiten sei, auf den dafür natürlichen, soweit eben die Wissenschaft der Natur im System verstanden wird (bis zum naturwissenschaftlichen Charakter desselben). Während bei Kant die Stammbegriffe des Verstandes aus den verschiedenen Formen des Urtheils abgeleitet werden sollen, muss für Feststellung[1]) dieser selbst erst die Induction das Material in den Völkergedanken zusammengebracht haben, um diese auf die (in den Naturanlagen des Menschen bedingten) Fundamentalbegriffe zu analysiren.

Aus den Kamapachonkusonchitr, in Zählung der Aromana, ergeben sich 80 Kamaphachonkusou, und beim Rechnen jeder der Sinne 480, nach der Hälfte zu 240, und durch das Verdienst des Jahn Sommapajutta in der Vierheit (in Xantha, Viriya, Chitr, Vimangsa) 960 im Ganzen.

Sasanapajjoto bezeichnet den in Frömmigkeit Strahlenden (im Licht der Religion) und Kasavapajjoto den in gelben Kleidern glitzernden (glittering with yellow robes) Kahlkopf, wie Zeus (*γαλακρύς*) in Argos (s. Clem.).

Die Mönche vermögen sich aus den feindlich schadenden Mächten der Umgebungswelt, aus (anthropophagischen) Rakkhasa Solche, die zum Schützen (rakkhati) erforderlich sind, dienstbar zu machen, wie in römischer und persischer sowohl, wie chinesischer und anderer Geschichte von den bedrängenden Nomadenstämmen die der Grenze nächsten in Vertragsverhältnissen zu den Markgrafen (die Chichimeken in Vasallenschaft zum Hohenpriester von Teotihuacan) zu treten pflegten, um das Reich gegen ihre eigenen Verwandten zu schützen. Die Yakkho (als

---

schliesslich ganz stumm, während sonst ein Stammeln bleiben mag. *λαλοῦσι μέν γὰρ, οὐ φράζουσι δέ* (die Thiere), und so in mantischer Begeisterung (*γλώσσαις λαλεῖν*). Die Zunge ist der Dolmetscher zwischen dem Herzen und den Hörern (nach Abraham Ibn Esra).

[1]) Das combinirende Nachaussensetzen der Empfindungen ist ihre Erhebung zur Vorstellung (nach Knapp). Der Eindruck der Vorstellungen auf die Seele ist dem Abdruck eines Siegels in Wachs vergleichbar, nach Kleanthes, und auf die „harte Tafel“ dieses Faustkämpfers und Wasserträgers schrieben sich zuerst durch Zeno's Lehren die Zweckmässigkeitseinrichtungen (physikotheologischer Beweise neben den ontologischen), wie sie auch Kirchenväter gefielen (in theologischen Preisgesängen). Bei heilender Kraft des Gesanges bildeten *ἐπαοιδαί* einen Haupttheil der alten Heilkunde (s. Richter). Epimenides wurde (ohne zu essen) von den Nymphen mit Speise versehen. *Ἀνθρώπου εἶναι πρὸς θεοὺς συγγενείαν*, lehrten die Pythagoräer (bei Diogn.).

Amanussa [1]) in den Wäldern hauseud) sind (im Catummaba-rayiko) unter ihrem König Vessavana bereits so gut organisirt und dressirt, dass sie zum Schätzespenden (aus Kuvera's Füll-haus) herangezogen werden können. Die Nagas dort gehorchen den Befehlen Virupakkho's, wenn es die Himmelsstadt zu ver-theidigen gilt, und auch Virulhako ist dann bereit (mit Kum-bhandha), sowie Dhatarattha, während im heiligen Kriege (des Ramayana) die Affen [2]) Hanuman's als Helfer erscheinen, Ceylon zu erobern, wo Buddha's Affenzahn im kostbaren Reliquien-schrein bewahrt wird.

In der Sattaloko folgen auf Nerayika, Tiracchanagata, Peta. Asura, Manussa, die Deva und dann Bewohner der anderen Himmel (bis Suddhavasa, und Arupaloko darüber). Ex quolibet puncto horizontis dispositi sunt decem milliones millionum Cha-kravala mundorum, vel potius mundi sunt infiniti (Pallegoix). Die Phra-Ariyasangk (sancti et veri Talapuini) theilen sich in acht Klassen der Heiligkeit. Talapuini digni sunt, qui recipiant oblationes fidelium. Qui salutat illos aut illis affert munera, habet merita inestimabilia (durch Sangka-than oder priesterliche Almosen). Nach Prierias trat Luther (im Ordensneid zwischen Augustiner und Dominicaner) gegen Tetzel auf (bei den Ein-nahmen durch den Ablass).

In Samadhi [3]) liegt eine bindende Verpflichtung (des Men-schen mit den Mächten des Jenseits im Religions-Contract), wie auch von den Laien für die Sila eingegangen (und sonst bei den Mokisso in Afrika, oder anderen Gelübden), dem Arahat (als Samahito) einwohnend, und in Ihana sowohl (als upacara an-nähernd zu appana) erreicht, als auch in Maggophala aufstei-gend, durch Piti, Sukha, Ceto (in paracittam, in die Gedanken Anderer hineingedacht), Aloka (mit Dibbacakkhu, oder hell-

---

[1]) So steht Anaro dem Naro gegenüber (mit Narasiho, als Schmuckwort Buddha's), aus Nri (statt Nari in Narayana) auf ἀνήρ führend und (sabin.). Nero, oder Anklänge aus Andrus (dem Seher auf Andros) und Andreus (dem Streiter für Rhadamanthys) in Indra (mit Iskander). In Ἀνδρῶν πόλις (Chabur des Delta) galt die Verehrung der Todtenschatten (s. Manetho).

[2]) Der (zu Alexandrien) als Affe verehrte Gott (s. Prudentius) wurde vom Bischof Theophilus aus dem Serapistempel bewahrt (bei Socrates).

[3]) Satisampajanno (durch Samadhi erlangt) begründet (im Verständniss der Erinnerung) das Bewusstsein. Sankhata dhammo ist der Ariyapuggala (als ausrechnend oder zählend). Nach Timon folgt auf die ἐποχή (am Ende des Lebens), wie ein Schatten die ἀταραξία (s. Diog. L.).

schenden Augen umherblickend) zu Paccavekkhananimittam (begeistert im Schauen voll Wohlwollens).

Als über die Srawakas (in der Klasse der Kschina, Triwidyaprapta und Shatabhignyaprapta) neben die Pasé-Buddha die Bodhisattwa traten, zog sich der Kreis der Hörerschaft enger, mit dem durch Unwissenheit schon auferlegten Stillschweigen (*ἐχεμνϑία*), wie bei den *ἀκουστικοί* der Pythagoräer. So unterscheiden sich (bei Porphyr) die Acusmatiker und Mathematiker (*συμβίωσιν διὰ παντὸς βίου*), wie (nach Photius) neben Mathematiker und Politiker die Sebastici (der Betrachtung).

Die Pythagoräer hatten sich gefallenen Viehs zu enthalten [1], während die Buddhisten, bei Verbot des Schlachtens, nur das Fleisch natürlich verstorbener Thiere essen können (wie die zu Tode getrockneten Fische).

In Japan hat sich neben den (ehelos) Amida [2] (Namru Mida Butzu) verehrenden Yodo (und den mit Amuletten zaubernden Shoretzu) in den bei politischer Verbindung mit den Shogun (als Hüter der Gräber) die Ehe zulassenden Monto (von Shinran oder Shionin gegründet) eine Art erblicher Priesterschaft gebildet, anfangs (unter Begünstigung [3]) durch den Mi-

---

[1] Ὀρφικοί τινες λεγόμενοι βίοι enthielten sich der Fleischnahrung (s. Plato) Jedes Stückchen Brod und jeder Tropfen Wein enthält den ganzen Christus wie im Himmel (nach Ruysbroeck).

[2] Die statt nach Goku-Raku, Ort der Seeligen, dem der Qualen (unter Jemma's Richterspruch) in Djin-koku verwiesenen Seelen können von ihren Verwandten (durch Vermittelung Amida's) erleichtert werden (in Japan). Los Indios en la segunda edad dedicaron dos meses de el año llamado Micaylhuitl y Hueymicaylhuitl à la Commemoracion de los difuntoss y en la tercera exercitaron varios actos de piedad en su memoria, prueba constante de quo confesaron la immortalidad de el alma (Boturini). Uppajjitwa nirujjhanti (entstehen und vergehen). Das Todtenbuch zeigt „le défunt arrivant à l'Ouest, subissant le jugement, qui le déclare pur devant Osiris, se levant en Dieu vivant, c'est-à-dire ressuscitant en Horus et parcourant le ciel, c'est l'assimilation à Ra, puis traversant le Noun ou abime céleste et revenant au Duau, c'est l'assimilation à Osiris, et enfin associé aux dieux au milieu desquels il siège (s. Pierret). Der Ablass gewährte Nachlassung der, bei (durch Reue, Beichte und das Sacrament der Busse vorher bereits erlangten) Vergebung der Sünde (Verzeihung der Sündenschuld und der ewigen Strafen), noch übrigen zeitlichen Sündenstrafen (s. Hasak), da Luther „nicht wusste, was der Ablass wäre, wie es dann kein Mensch nicht wusste", schlug er seine Thesen an.

[3] Nach Verfolgung durch Nobunaga wurde der Buddhismus durch Tokugawa geschützt (und die Yodo-Secte durch Yyeyasu).

kado) von Jeddo ausgeschlossen (bis auf Yyemitz). Neben der das Leben als nichtigen Traum auffassenden Secte der Buddhisten lehren die Hosho Gleichgültigkeit und die Gusha Bezähmung der Leidenschaften.

Der Siuto Koshi's oder Confucius' (Lehrer des Moschi oder Mencius) macht in seinen Lehren (als Dsin, Gi, Re, Tsi, Sin) die Elternliebe[1]) zur ersten der Tugenden.

Der die Reinigungen bis auf Ubuya (Gebärhäuser)[2]) und

---

[1]) Los mozos reverenciavan mucho a los viejos (in Yucatan), und so (nach Wilson) in Tonga. Bei den Tschuktschen ist es Sohnes-Pflicht den alternden Vater auf seinen Wunsch zu tödten (wie in Fiji).

[2]) Wie bei Koloschen und Andern auch für die Menstruation. Dazu die Reinigungsfeste in allen Erdtheilen, durch Kunst der Καθάρτης, wie in Delos und (um auch den Begu der Zwietracht zu vertreiben) in Athen durch Epimenides, nach 55jährigem Schlaf, der χρησμοί (und καθαρμοί) kundig. Im Ambilustrum wurden die Opferthiere (der Suovetaurila) um das Volk geführt (in Rom). Καθαίρειν τὴν πόλιν (bei Hipponax). Der religiöse Brauch (im lustrum conditum) erhielt von Servius Ausdehnung auf den Census (fünfjährig). Das μιασμα der Verstorbenen bedingte ein καθαρμός durch καθαρσαί (ἀπομάκται, φαρμακομοντεις, ἰατρομαντεις. oder weiblich: Καθάρτριαι, περιμάκτριαι, ἐγκολικίστριαι) für die Dii Averrunci (θεοὶ τρύπαιοι λύσιοι, καθάρσιοι, ἀγνῖται, φύξιοι, ἀποπομπαῖοι), wie Καθράσιος, Φύξιος, Ζεὺς Μειλίχιος, Παλάμναιος, Jupiter Purificus et Prodigialis (s. Baumstark). Piatrix sacerdos dicitur, quae expiare erat solita, quam quidem simulatricem, alii sagam, alii expiatricem vocant (Festus). Für lustrationes (piacula oder piamenta) oder caerimoniae (Καθαρμοί, ἁγνισμοί, ιλασμοί, τελεταί) diente das Aqua lustralis (in den Tempeln). An den Lustrici dies (der Kinder) wurden die Fata scribunda angerufen (in Rom). Bei Reinigung Athens von der aus der cyclonischen Schuld verursachten Pest liess Epimenides die den schwarzen und weissen Schafen nachfolgenden Männer an den Plätzen des Niederlegens Altäre errichten (ohne Namen, wie die Fetischhütten auf den Strassen Acra's). Die Pythagoräer reinigten die Körper durch Arzneien und die Seele durch Musik. Nachdem Kirke zur Reinigung am Halse des Mörders das Opferblut hinabgegossen, wurden Sühnmittel (μειλικτρα) verbrannt (mit Ausgiessen von νηφαλία). Der Lorbeer, als immergrüner, wurde zu Sühnungen (suffitiones) verwandt, (so wie die Soldaten von dem in der Schlacht vergossenen Blut). Disguised in bearskins or buffaloes-robes zogen die Indianer (taking corn pounders in their hands) bei den Häusern umher, befehlend: Clear away the rubbish, drive out all evil animals (s. Morgan) am Neujahrsfest oder Giyewanousquägowä (der Irokesen). Die Lustratio paganorum wurde von den magistris pagorum vollzogen, wie die lustratio agrorum (ululato carmine Diaboli). Bei Missernten riefen die Priester die Vermittelung des Auschweit an, während das Volk reuig seine Sünden beklagte (unter den Preussen). Die Gottheit Kalma (Leichengeruch) herrscht über die Gräber (bei den Finnen). Ἡ δ'ὀσμὶ καπνω δή? τις ἀναθυμίασις (bei Aristl.).

Moya bewahrende Shinto-Dienst stellt in seiner durch Torii (Vogelruhe) gekennzeichneten Mija den Gohei (zum Niederlassen der Kami) auf (neben dem Spiegel). Unter den Hotoke oder zum Glückseligkeitszustand gelangten Schutzgeistern wird Taishaku-zama (als Kaiser des Himmels) verehrt. Die Secte der Zen-schiu leitet sich (in Japan) von Dharma her, die Tendai wurden von Saito (VIII. Jahrh.) gegründet, die Shingon von Kubodaishi (813 p. d.), die Shin-Monto von Shinran-Shonin, die Ji von Ippen (1288 p. d.); die Yodo wurden von Tokagawa begünstigt, die Hokke oder Nischiren bekennen: Namu mia horen ge kio (Ehre dem erlösenden Buch des Gesetzes[1])), mit Dhamma als Mittelpunkt der Trinität.

Die Japaner, für ihre Anfänge im Dunkel polynesischer Kosmogonien verschwindend, ragen in jenen Archipel hinein, wo sich unter den Malayen die Verhältnisse des griechischen wiederholen. Neben (schon gemischten) Lelegern werden als ursprüngliche Bewohner Griechenlands die Cauconer genannt, während über die Inseln gebreitete Verzweigungen im dortigen Wanderleben als Pelasger bezeichnet werden, aber im gleichzeitigen Uebergewicht, nach Niederlassung in Attica (und unter Zutritt des göttlich gezeugten Jon aus Apollo, durch pelasgische Schiffer zeitweis aus Delos weitergeführt, wie später aus Delphi dorische Wanderungen begleitend) im Anschluss an proselenische Arcadier sich an verschiedenen Punkten des Festlandes zur Geltung bringen, und als Graeci (mit Beziehungen zu italischer Oenotria durch die Chaones) auftreten in Dodona (wo nach Aufnahme der Tauben den ϑεοι ägyptische Namen zugefügt wurden) unter den Selli oder Helli, Schwarzfüssen gleich Melampus, der bacchische Phallus-Riten (des Horus, als Khem) einführte. Als die Thesprotier die Ebene des Peneus in Thessalien, von wo bereits die Minyäer ihren Eroberungszug nach Böotien (mit Theben des phönizischen Cadmus) unternommen, besetzten, wurden (unter den eingeleiteten Bewegungen) die Dryoper (mit Asineer) von Herakles, dem Heros der Dorer, vertrieben, und

---

[1] Im Wahren, als Gesetzesregel (Maat im Gegensatz zu Asfet) war die Gottheit begriffen (für die Aegypter). Horus „renverse les Seba-u par la verité de parole, le ma-kheru" (s. Pierrot), als Held, wie Buddha-Viro und Vira (bei Jainisten) mit Weiterleitung (etymologisch) auf Vir und keltische Helden (Vergobretus, Vercingetorix etc.), oder (peruanisch) Viracocha und Hiro (als oceanischer Wikingerkönig der See).

als diese dann die Aegialeer in Achaja, wo nach dem von Pho-
roneus (Sohn des pelasgischen Fürsten Inachus) gegründeten
Argos aus Attica auch Jonier gekommen (und dann die ägyptischen Einflüsse der Danäer unter Danaus im Dienst jungfräulicher Göttin), unterworfen, wurde in den Stammbaum Hellen's
(durch Xuthus, von Deucalion stammend) Achäus als Bruder (und
Jon [1]) als Adoptivsohn) aufgenommen. Nach Codrus' Tode dehn-
ten die von Medon's Brüdern (Neleus und Androclus) geführten
Colonien den Stamm der Jonier in Asien aus, von wo durch
Carer (aus der Nachbarschaft baukundiger Solymer in Lycien)
unter den Pelasgern die Modification der tyrrhenischen hervorgerufen wurde, die, wie in Attica, dann bis Etrurien erschienen.
Auf Lemnos (als Insel des Hephästos mit dem Vulcan des
Moschylus), wo (mit Krankenbädern und Arzneien oder Sigillata)
die grosse Göttin (als Lemnos) verehrt wurde, folgten auf die
Minyer [2]) (aus den Frauen der Sintier mit den Argonauten) tyr-
rhenische Pelasger (und Ἀιμνια ἔργα in Attica). Aus Syros (mit
Σιριῶται oder Σύρανοι) kam (neben Wein) der Sil (Scyros').
Zu den pelasgischen [3]) Bewohnern (Achaia's) als Aegialeis

---

[1]) Jon, mit Creusa (Tochter des Erechtheus) durch Apollo gezeugt, wurde
als Sohn adoptirt von Xuthus (Vater des Achaeus und Dorus). Achaeus er-
oberte Aeolien. Die (durch Thessalier) aus Aeolis (mit Arne) nach Böotien
Vertriebenen verbreiteten sich (wie die Minyer) im Peloponnes.

[2]) In Orchomenos, Hauptstadt der aus Thessalien eingewanderten Minyer.
herrschte Andreus (Sohn des Peneus), und Heracles befreite Theben von dem
(durch die Böoter gezahlten) Tribut an Orchomenos mit Verehrung der Cha-
riten (und des Dionysos). Die mit dem Weihrauch (der Sabäer) handelnden
Minyer (Nachbarn der Rhadamaei) werden von Minos hergeleitet (nach Plinius).
Die Thiere des Mondes (15 mal grösser, als die der Erde) entleeren keine
Excremente (nach Philolaus). Des Rhadhamanthes' heiliger Eid war bei den
Thieren. Habis (unter den Thieren des Waldes aufgewachsen) stellt Ackerbau
und Gesetze fest (in Lusitanien).

[3]) Der Ἄναξ Πελασγῶν (in Argos) heisst (bei Sophocles) König der Tyrrhenischen Pelasger, die (nach Thucydides) aus Attica nach Lemnos kamen,
die Lacedämonier und Minyer austreibend (nach Pausanias). Nach Anticleides
begleiteten Pelasger aus Lemnos die Tyrrhenier nach Italien (bei Strabo). Nach
Myrsilus wurden die Pelasger als Tyrrhenier bezeichnet, vom Bau der Festun-
gen (τύρσεις). Die Pelasger (in Sicilien) wurden vom Zorn der Götter getroffen, weil sie vernachlässigten, die Erstgebornen zu opfern (und die Erstlinge des Feldes). Puras ad caelum manus tollere (im Gebet), vivo flumine
(gewaschen). Die Brahmanen (Byamha in Birma) gelten als die Waschenden
(in Siam). Visuddhibrahmano (als Arhat) bezeichnet (im Gegensatz zu dem
Geburtsadel) den Brahmanen aus Rechtschaffenheit (als Bastard). Von Varh

(an der Küste) kamen (in Attica) Jonier in Dörfern, unter denen die (durch die Dorer) aus Argos vertriebenen Achäer Städte bauten. Der erdgeborne Cecrops, bei dem (in Troezen unentschieden geführten) Streit zwischen Poseidon und Athene für diese entscheidend, wiederholt sich in dem Sohn des mit ihr in seiner Geburt verknüpften Erichthonius, als Cecrops, Vater des Pandion (Bruder des Metion), und dann wurde aus dem Fürstengeschlecht Oraea's (des Orus oder Troezen's) Theseus geboren, der bei dem Streit mit Creta (von wo die Verehrung des Zeus durch Cecrops bereits in Athen eingeführt) Delos besuchte, Sitz des (von cretischen Schiffern nach Delphi geführten) Apollo (oder Horus), und so an Jon der Jonier wieder anknüpfte (bis mit Menestheus die Rivalität neu überwog).

Wie Horus (Horemheb) oder Haroeris die Grezen in Säulen des (bei Herodot) pelasgischen Hermes (oder Terminus) setzte, wehrte Phoebus oder Apollo das Uebel (auch vom Vieh, in Admetus' Heerden) ab, obwohl auch strafend damit schlagend, während Phoebe (Bubastis) dann in den Geburten (aus Wandlungen des Mondes) erneute, bis weiter (nach Zurückdrängung des Titaniden Helios) mit Umläufen der Himmelskörper verknüpft, und (wie Hermes) in vicarirenden Opfern heiligender Kriophoros [1]) (zum Ersatz, oder zur Ergänzung, der Kriobolien). Die bakchischen Riten des Dionysos vermitteln die Ueberleitung von dem Blutdienst des väterlichen Osiris, in die Unterwelt eingegangen (wie Demeter oder Isis für symbolische Pflanzenverjüngung), mit dem in Horus neugebornen Kinde, auf Nysa führend, arabischer oder (bei Diodor) libyscher Höhlen (in Aethiopien), montemque Merum, Libero patri sacrum (s. Plinius), Jovis femine (μηρῷ) editum (in Meru).

Wie als Sonne [2]) am Himmel wurde Apollo (in der Unter-

(vrh, brh) in Vṛkṣa, als Rukkha (im Pali) oder Rukkha (im Pakrit), in Beziehung zu ruh (rudh) führt die Bedeutong über. Buddho ist der Voll-Entfaltete (Buddhambugam der zur Blumenblüthe aufgebrochene Lotus) und Buddho (in Vaddhati) der Alte (oder Weise, als Budho) für das Bodhapakkhiyadhamma.

[1]) Wenn Christus (wie Tertullian erwähnt) als guter Hirte (wie der Prophet Amos für Schafe) dargestellt wird, findet sich auch Hirtenflöte (oder Stab) in einer Hand.

[2]) Der Dienst des Titaniden Helios fiel schon durch die Opfer-Unkunde der Heliaden.

welt) auf der Erde als Liber verehrt (bei Porphyr), und (in
Rom) als Apelles oder abtreibend (bei Festus). Auf der schwim-
menden Insel Chemmis (bei Buto) verbarg Leto (oder Latona)
die (von Osiris oder Dionysos mit Isis gezeugten) Kinder, Horus (Apollo) und Bubastis[1]) (als Monds- und Geburtsgötter).
Delos, bei den Göttern Olymp's Asteria, als Stern ($\mH{\alpha}\sigma\tau\rho\sigma\nu$)
dunkle Erde genannt, war deutlich ($\delta\tilde{\eta}\lambda\sigma\varsigma$) gesehen von
Schiffern, wie Ternate (im arabischen Schiffermärchen).
Als namenlos[2]) noch die Pelasger[3]) göttliche Kräfte verehrten, klang im heiligen Sang das Walten des Schöpfungsgesetzes
in Hellas einst (wie in Polynesien bis auf jetzt). Aus jenen
mythologisch ahnungsvollen Traumgebilden der Dichtkunst, als
neben Musäus unter den Vorfahren Homer's (s. Damastes) Orpheus[4]) (thracischer Herleitung) mit Calliope (der Muse[5]) des
Epos) von Apollo gezeugt wurde, aus der philosophischen Vorzeit der Theologen[6]) (bei Aristoteles), leitete sich mit Phere-

---

[1]) Nach Aeschylus war Artemis (Bubastes) Tochter der Ceres, als Isis
(s. Herodot). Apollo (aus Delos) wurde durch cretische Schiffer nach Delphi
geführt (das Orakel Pytho's), als Phoebus.

[2]) und bildlos auch, wie (nach Varro) alte Römer (s. Aug.), während die
vor griechischer Kunstentwicklung zur Verehrung errichteten Säulen (s. Clem.)
auf die des Hermes führen (b. Herod.).

[3]) Die $\vartheta\varepsilon\sigma\iota$ wurden von den Pelasgern als Anordner verehrt, bis die aus
Aegypten zugetragenen Namen auf Autorität des Orakels von Dodona bestä-
tigt wurden (s. Herodot), und wie dorthin die Tauben, gelangte Latona in
Schnepfengestalt nach Ortygia ($\mathring{\sigma}\rho\tau\nu\xi$) oder Delos (und Aristeas als Rabe in
Apollo's Begleitung bis Italien, wohin Pelasger die Schrift gebracht).

[4]) Wie Orpheus (bei Diodor) Wanderungen der Demeter, wurden ihre
Hymnen (nach Pausanias) dem (bei Suidas) thracischen Musaeus zugeschrieben.

[5]) Von den Pieres (am Peneus) wird die Verehrung der Musen in Böotien
eingeführt. Als Musagetes reinigt Apollo (von den Pythagoräern verehrt)
durch Musik. Dans le titre des Actes grecs Thécla porte le titre de $\mathring{\alpha}\pi\mathring{\sigma}\sigma\tau\sigma\lambda\sigma\iota$,
pris au féminin; le latin porte apostolatu defuncta (s. Rénan). Ueber Boni-
faz's Verurtheilung des bairischen Priester, der (aus Unkunde des Latein) in
nomine Patria, Filia et Spiritus Sancti getauft, wurde an Papst Zacharias
appellirt.

[6]) $\sigma\mathring{\iota}$ $\mu\mathring{\varepsilon}\nu$ $\sigma\varphi\mathring{\sigma}\delta\rho\alpha$ $\pi\alpha\lambda\alpha\iota\mathring{\sigma}$ $\vartheta\varepsilon\sigma\lambda\sigma\gamma\iota\varkappa\sigma\mathring{\iota}$ $\pi\sigma\iota\eta\tau\alpha\mathring{\iota}$, als erste Philosophen (bei
Plut.). Die griechischen Theologen nahmen ihren Ursprung aus orphischen
Mystagogien (nach Proclus), und Pythagoras war durch Aglaophemus einge-
weiht (in $\tau\mathring{\alpha}$ $\pi\varepsilon\rho\mathring{\iota}$ $\vartheta\varepsilon\tilde{\omega}\nu$ $\mathring{\sigma}\rho\gamma\iota\alpha$). Durch Tiridathes Magier wurde Nero in
magische Mahle eingeweiht (s. Plin.). Als Haus- und Tischgenossen Gottes
(Königs und Vaters) sind der Götter mehr als 30000 (bei Hes.) zu zählen
(Max. T.).

cydes Syrius [1]) der Uebergang zur Prosa ein, und Thales [2])
(von Milet) begründete als Erster die nach bleibendem Urstoff
der Dinge forschende Philosophie (*Aristoteles*) auf dem Wasser,
die Erde darauf zu schwimmen (wie in Menabozho's und Anderer Schöpfungen). Die Vermittlung wird in dem Namen des
Pythagoras gesucht, Schüler bald des Pherekydes, bald des
Thales, oder Beider. Von den alten Physikern wandte sich die Philosophie (mit Socrates), beim Erstarken des politischen Lebens
diesem und der Moral zu, während die Pythagoräer noch *κοσμο-
ποιοῦσι καὶ φυσικῶς βούλονται λέγειν* (obwohl bereits in Förderung geselligen Zusammensein's).

Nach dem, bei seiner Wiedererstehung als *καθάρτης* ge-
feierten Epimenides [3]) (dessen auf Felle geschriebene Sühnlieder
sich in Sparta aufbewahrt fanden) ging aus Luft und Nacht der
Tartarus hervor, und dann bei weiterm Zutritt das Weltenei.

Indem aus den *Μυχά* [4]) (den Winkeln und Schluchten der
sich bildenden Welt) gesammelt, die Naturkräfte sich scheiden

---

[1]) *Φερικύδην τὸν σοφὸν ὑπὸ Λακιδαιμονίων ἀναιρεθέντα, καὶ τὴν δοράν
αὐτοῦ κατά τι λόγιον ὑπὸ τῶν βασιλέων φρουρουμένην* (s. Plut.). Primum
dixit animos hominum esse sempiternos (Cicero).

[2]) *ἄριστον μὲν ὕδωρ* (bei Pind.). Wie *οἱ μαγοί*, setzte Pherecydes als
Grundprinzip bonum et optimum (*ἄριστον*).

[3]) Die Kretenser fügten die Verehrung des Epimenides den Kureten bei,
gleich Korybanten aufregbar bis dämonischer Beschaffenheit, und in dieser
wieder Feindliches bekämpfend, als Exorcistae, „Geistrüettler, die Teufel mit
Rütten austreyben" (s. Herold). Zum Opfer ausgehend trug der Flamen dialis die
Commetacula genannte Virga, um Begegnende fern zu halten. Barsom (im
Mazdeismus) führt auf (brahmanische) Reiser. *σὺν τῇ μητρὶ περίοντα αὐτόν
ἐς τὰ οἰκίδια Καθάρμους ἀναγινώσκειν* (wird von Epicur erzählt). Flamines
a flocculo lanae, quem praeeminentiae causa super apice ferebant. „Die Gottheit ist ihm so nahe, dass dergleichen sie verletzen würde, wenn sie in das
lebendige Heiligthum seines Leibes einzicht; ist sie aber nicht in ihn einge-
taucht, so erhült ihn die lange Ruthe mit ihr in Verbindung, und dazu dient
der heilige Wollbüschel selbst" (s. Klausen), wie die langen Ruthen von Lavi-
nium (zum Verscheuchen der Vögel). Das Bild des Bodhisattwa Avalokides-
vara, das sich zur Aufnahme seiner Verehrer geöffnet (s. Hueienthsong), wurde
durch ein Gitter von den dringenden Volksmassen fern gehalten. Der in
der Entwicklung begriffene Buddha ist Buddhankara (als Embryo-Buddha).
Der Vetaliko (als Bodhakaro) hat den König mit Musik zu erwecken.

[4]) *καὶ τοῦ Συρίου Φερικύδου μυχοὺς καὶ βόθρους καὶ ἄντρα καὶ θύρας
καὶ πύλας λέγοντος καὶ διὰ τούτων αἰνιττομένου τὰς τῶν ψυχῶν γενέσεις καὶ
ἀπογενέσεις* (Porphyr.).

und mischen (in Θεοκρασία und Θεογονία), folgt γένεσις θεῶν aus der κρᾶσις (s. Preller) in (Pherekydes') ἑπτάμυχος.

Als Lehrer des Pythagoras [1]) (und Schüler des Thales) setzte Pherekydes als Grundprinzipien Kronos, Chthon und Zeus oder Aether, und nachdem Kronos Feuer, Wind und Wasser aus seinem Samen hervorgebracht (für fünf weitere Göttergeschlechter), verwandelt sich Zeus in Eros, den Mantel der Schöpfung, unter Widerstreben des Ophioneus mit seinen Schaaren (die ins Meer geworfen werden). Die ὑπομνήματα (der Pythagoräer) durften nicht mitgetheilt werden (s. Diog. Laert.), als τὰ Πυθαγορικὰ ἔπη (bei Hierocles) in suis aureis versibus (bei Chalcidius), wie die Γνῶναι χρυσαῖ (Democrit's). Diogenes ging im Mantel umher mit einer offenen Schulter (nach Sext. Emp.), wie Talapoinen (in Graden der Genossenschaft, gleich Pythagoräer oder Egbo [2]).

Obwohl kein unsterblicher Gott, selbst nicht ein Heros, sondern einfach Mensch [3]), empfing Pythagoras doch, indem er sich den Göttern verähnlichte, von seinen Schülern Verehrung, wie einem sichtbaren Bilde der Gottheit schuldig (s. Hierocles), also wie ein (gleich ihm in ὅμοια lehrender) Buddha [4]) - Jünger (bei Diog.), als μαντίας ὑπὲρ φωνᾶς zu Buddha-Ghosa stimmend [5]), — vor der Identificirung (in Croton) mit dem hyperboräischen Apollo (bei Aelian) oder Buddha's Uebergang (als Täuschender) in Vishnu's Avataren bei Brahmanen [6]).

---

[1]) Pythagoras stammte von den Tyrrheniern auf Lemnos (nach Aristoxenos), nach Samos auswandernd (bei Theophrastos). Den Esoterikern (der Pythagoräer) gegenüber gründete Hypasos die Secte der Akusmatiker, wonach die Zahl nicht der Begründer und Erzeuger der Dinge hin, sondern nur das beurtheilende Werkzeug Gottes, die Welt zu gestalten (im Vorbild). Die über Moses hinausgehenden Lehren der Kabbala hatten sich durch Plato und Pythagoras fortgepflanzt (nach More). Die τῶν ἔξωθεν mochten die Lehre auf die Bühne bringen (wie Epicharmus die des Pythagoras).

[2]) Die Candidaten wurden Prüfungen unterworfen (bei den Pythagoräern) βασάνου τε ποικιλωτάτας καὶ κολάσεις καὶ ἀνακοπὰς πυρὶ καὶ σιδήρῳ (Jambl.).

[3]) Πρῶτον μὲν ἄνθρωπον γενέσθαι καὶ τότε θεόν, lehrt Pythagoras (s. Jambl.), ἕπου θεῷ (Stob.).

[4]) Der räumliche Anschluss an Indien wurde dann durch Apollonios von Thyana (aus Cappadocien) hergestellt, dem in Verehrung der unnennbaren Gottheit (als höchster der Götter) das Irdische unwerth blieb (unter Neu-Pythagoräer).

[5]) οὐκ ἐμός, ἀλλὰ τοῦ θεοῦ λόγος (Pythagoras), wie bei der Offenbarung des Koran.

[6]) Wenn der Bodhisatwa im Tuschita-Himmel die Herabkunft nach zwölf

Als Vajrapani schleudert Indra den Donnerkeil [1]), und wie mit Huracan's dreifachem Blitzesschlag die Ruhe des Chaos schöpferisch durchbrochen wird (bei den Quiche's), so fällt im Weltenstaub früherer Kalpa der den Boden für Herabkunft der Abhassara vorbereitende Regen. Τοὶς Φαίακας ἔχειν τὸ γένος ἐκ τῶ σταγόνων τοῦ Οὐρανοῦ (Ἀλκαῖος nach Acusilaus).

Die Anapana-sati-karmasthana genannte Meditation controllirt Aswasa und Praswasa (Ein- und Ausathmen), und die Kasain, um Nimitta (oder Erleuchtung) und später Irdhi (Zauberkraft) zu erlangen, concentriren sich auf den Kasina mandala in Pathawi (Erde), Apo (Wasser), Tejo (Feuer), Wayo (Wind), Nila (blau), Pita (golden), Lohita (roth), Odata (weiss), und ferner noch Aloka (Licht) und Akasa (Raum oder Aether). Wenn die von der Aussenwelt abgezogenen und auf den vorgesteckten [2]) Augenzielpunkt (wie bei Ὀμφαλοψύχοι) concentrirten [3]) Gedanken die Stetigkeit (der Samadhi) gewinnen, dann

Jahren beschliesst, begeben sich die Göttersöhne in Brahmanentracht zur Erde, um die Brahmanen in den Veda zu unterrichten, nebst den Zeichen des Cakravarten; dann der Pratyeka-Buddha neben den Bodhisatwa (nach der Lalita Vistara). Als ohne Schutzherrn in den Vorfahren adoptirten die Stämme der Xatrya den Heiligen ihrer jedesmaligen Priesterfamilie, wie die Sakya (nach Burnouf) den der Gotamiden.

[1]) Perkun (der Preussen) oder (bei Letten) Wezzais tehws (Alter Vater) hielt (als Perun in Novgorod) den Blitzstein (s. Guagnini), und bei Quichés schafft der Blitz (Yllayllapa der Quechua).

[2]) Gautama (Verfasser der Nyaya) liess Aksha-wada (eye-footed) having his eyes always fixed in abstraction on his feet (Williams). Siva, als Yogesa oder Yogin (lord of abstract meditation) sitzt (in der Kumara sambhava, in the posture called Paryanka-bandha, with his breath suppressed and his vision fixed on his nose (wie in Athos).

[3]) The exercise of the Yogi, whilst endeavouring to bring before his thoughts the gross form of the eternal, is denominated alambana. He is then to perform the pratyachara, which consists in restraining his organs of sense from susceptibility to outward impressions and directing them entirely to mental perception (s. Wilson). He who is thoroughly versed in Prajna and also deeply exercised in the practice of severe meditatinon, he shall arrive at Nirwana (nach den Schiu-chi-kwan). Marche dans les voies de la religion sous la bannière de la science (nach Zamakschari), als „la science du raisonnement (s. Meymard). Neben Cintamaya-panja, Sutamaya-panja, Javanamaya-panja werden Sekha-panja, Asekha-panja und Neva-asekha-nasekha-panja unterschieden. Da die menschliche Vernunft nicht genugsam dazu beflügelt ist, so hohe Wolken zu theilen, wie sie die Geheimnisse der andern Welt aus den Augen ziehen, bleibt es rathsamer sich zu gedulden, bis man dahin kommen wird (nach Kant), und Confucius lehnt die Fragen über den Himmel

leuchtet[1]) Nimitta auf, und mit allen unreinen Neigungen verscheucht, kann sich der Geist jetzt zum ersten Dhyana erheben, dem weitere (bis zum vierten und fünften) folgen mögen (in ihren verschiedenen Angas).

Die Zauberkräfte[2]) (in Pathawi die Macht der Vervielfältigung u. s. w. gewährend, in Apo die Macht[3]) über Regen u. s. w., in Tejo die Macht über Feuer u. s. w., in Wayo die Macht der Windeseile u. s. w., oder sonst die Macht, farbige Erscheinungen hervorzurufen u. s. w. oder Irdhi werden erst, nachdem zu der Upachari-Samadhi noch Arppana getreten ist, um die vierzehn Uebungsweisen (vom Kasinanuloma bis Arammanawawattapana) zu ermöglichen, daraufhin hervorgerufen, und wenn Khippanisanni erlangt sein sollte, könnte sich dann im Parama-Pratishtabhawa der Rahat vollenden.

Die Dhyana (that which burns up evil desire or the cleaving to existence)[3]) in five principles (witarka, wichara, priti, sepa

---

ab, da erst die Erde kennen zu lernen. Die Pythagoräer beschäftigten sich zuerst mit dem τί ἐστι (s. Aristl.). Da der Verstand die Allgemeinbegriffe (Universalien) zu erkennen vermag, muss in ihm der erkennbare Act (species) früher anzunehmen sein, als der Act des Erkennens selbst (nach Duns Scotus). Die Universalien, als einheitlich gleichzeitige Dinge, in unzerstückter Ganzheit wohnen den unter sie fallenden Individuen zugleich ein (nach Champeaux). Le Baieth d'Horapollon se traduit par l'âme du cœur, c'est-à-dire la vie. Ἔστι γὰρ τὸ μὲν βαῖ, ψυχή, τὸ δέ ἠϑ καρδία (Ba, l'âme). La ψυχή des Grecs représente bien l'âme matérielle des sens et des organes, et le νοῖς l'intelligence, le χου (s. Pierret).

[1]) Zwölf Stufen der Demuth unterscheidet der heil. Bernard. Diese Stufen muss der Mensch durchschreiten, und ist er auf der höchsten angelangt, dann geht ihm das Licht der Wahrheit heller und leuchtend auf (s. Stöckl). Mit der Liebe wird dann (im höheren Leben des Geistes) das mystische Gebiet betreten (consideratio est intensa ad investigandum cogitatio). Auf der ersten Stufe (als Betrachtung) folgt die Zweite (als Contemplation) und diese „führt mit sich die staunende Bewunderung der Wahrheit" (bis zur Extase). Gott ist ἐπέκεινα τῆς οὐσίας (nach Just.). Nicht die Meditation, sondern erst die Contemplation führt zur Ausübung vollkommener Liebe (nach Fénélon). Visudhi-maggo bildet den Weg zur Heiligkeit (oder Reinheit).

[2]) Die Magie (als fernwirkende Kraft der, der Seele angeborenen, Erkenntniss) wird (durch die Sünde in Schlummer gesunken) entweder vom Satan geweckt (zur Hexerei und Zauberei), oder vom heiligen Geist, zur Kabbala oder Geheimwissenschaft (nach Helmont). Durch Tapas wird (in Concentration) das Brahma erlangt (für übernatürliche Kraft).

[3]) Samyadjana (selon Turnour) exprime ce désir par lequel l'homme, convaincu de la nécessité de la transmigration, s'unit, c'est-à-dire s'attache par la pensée a une existence future, qu'il espère meilleure que celle,

und chitta-ekangama) theilen sich in Pratamadhyana, Dwitiya-
dhyana, Tritiyadhyana, Chaturtadhyana und Panchamadhyana
(s. Hardy).

Ist in dem durch die Meditationsübung der Kasina in sich
zurückgezogenen Geist durch hervorleuchtende Nimitta (frei von
wastu-kama und klesha-kama) reine Bahn gemacht (im Ausbrennen von Raga, Dwesa, Moha), so erhebt sich das Denken
in die erste Region des Dhyana, indem die vorher unklar bewegten Wellen des Gemüthes sich mit dem Sonnenlicht von
Witarka und Wichara, geregelter[1]) Aufmerksamkeit und Beobachtung, abglätten, bereits einen kleinen Vorgeschmack der
Upeksha (Gleichmuth)[2]) im Samadhi[3]) gewinnend, und dann, in
klarerer Befestigung dieser, einen grösseren im zweiten Dhyana,

qui va quitter (s. Burnouf). Der Atman blickt unberührt von den Leiden
der Welt, über Alter und Tod hinweg (nach Yajnavalkya). Atman (the seat
of knowledge) ist zweifach (im Tarka-san-graha), als Jivatman und Paramatman (s. Ballantyne). Die vom Hauche der allgemeinen Weltseele losgelöste
Seele dringt in den Körper ein. Die Noaide Gagge (assistant ghosts) führen
zum Wahrsagen to the Country of the dead" (s. Rao) den Noaide (der Lappen).
Neben den Varalde Noaide (wizards of the gods) finden sich die Ailekes
Olmak (holy day divinities). An den Bassek (heiligen Plätzen) werden Seida
aufgestellt (für die Halde).

[1]) Hugo von St. Victor unterscheidet eine dreifache Erkenntnissthätigkeit
(cogitatio, meditatio, contemplatio). Der Geist (mens) ist das Auge für die
übersinnliche Welt (Reuchlin). Tria sunt genera meditationis (s. Hugo von
St. Victor). Nach dem Sekho oder Pfaden der Ariya puggala wird in Asekho
der Pfad des Asiya erreicht mit der Dasa-asekha-Dhamma. Yoga wird
erreicht durch Yama, Niyama, Asana, Prana-yama, Pratyahara, Dharana,
Dhyana and Samadhi (nach Patanjah). Weil das erörternde und schluss-
folgende Denken nur in der sinnlichen Seele seinen Sitz hat (und deshalb
trügerisch bleibt), wird die wahre Erkenntniss auf dem mystischen Wege der
Gelassenheit erlangt (nach B. Van Helmont).

[2]) Pyrrhon verlangt Aphasie oder Akatalepsie, um zur Ataraxie zu gelangen. Pythagoras erkannte in dem heulend geprügelten Hund die Stimme
seines Freundes. Erst nach Bildung ihres Leibes wird die Seele geschaffen
(nach Gulielmus Aneponymus). Mit dem conceptus mentis begründete
Abälard (subjectiv) die Universalien. Die Seele spielt auf dem Leibe
als Cither (nach Guilelmus Alvernus). In den Leibern der Eltern praeexistiren
bereits die Seelen der Kinder (nach M. Van Helmont). Ogni coza há la divi-
nità latente in se (Bruno).

[3]) Restraint of the body, retention of the mind and meditation, which
thence is exclusively confined to one subject, is Dhyana, the idea of identification with the object of such meditation, so as if devoid of individual
nature, is Samadhi (nach Pantanjali).

wo sich die Freude (Priti) verbreitet, Wohlgefühl in Sepa (aus
Wiweka) gewährend, im geistigen Gleichgewicht des Chitta-
Ekangakama. Auf solches Gleichgewicht eben kommt es an, den
verführerischen Anziehungen der Freude (Priti) zu widerstreben,
die leicht über das erlaubte Maass hinausleiten, wenn nicht im
dritten Dhyana die Upeksha, als indifferente Gleichgültigkeit,
zum Durchbruch gelangt (mit Smriti und Sampajana). Im
zweiten Dhyana muss nun diese zur andern Natur werden,
gleichsam in Leib und Blut übergehen, als Upeksha-wedana,
und damit verbreitet sich die ruhige Nacht der Versenkung[1],
von Tetramadyastopeksha als Mond durchglänzt, und so kann
dieser nur in solchem Geiste scheinen, dem die Sonne[2] (in
Witarka und Wichara) bereits erloschen ist. Der von Sepa,
Dukha, Sowimanasya Befreite bewahrt Upeksha, Smirti und
Parisudhi im vierten Dhyana.

Nach Erlangung des Parikarmma (oder Gottheitsschauen)
in diesen vier Graden der Dhyana ist die Befähigung gegeben,
die Pfade oder Megga zu betreten, welche zum Nirwana führen,
und wird dabei von den Orthodoxen der seitliche Irrweg des
fünften Dhyana vermieden werden, da er sich in die Arupa-
Brahma-lokas verrennt (oder excentrisch[3] dahinein fortschiesst).

Als beim Pflanzenfest das von seinen Ammen allein gelas-
sene Knäbchen sich der Anapanasati überliess, wurde Patamajjha-

---

[1] Bonaventura unterscheidet in cogitatio, meditatio, contemplatio, und
die Contemplatio, als sechsfach (in drei Hauptstufen doppelt getheilt), steigt
im inneren Sinn (per vestigium Gottes) durch imaginatio, ratio, intellectus, intelligentia, Syntheresis (apex mentis) und zur Entrückung in der Extase
(Spiritus noster quadam ignorantia docta supra seipsum rapitur in caliginem
et excessum). Die von Ebn Joktan mit geschlossenen Augen (niedergesenkten
Hauptes) erlangte Gottanschauung ist, nach Asal, die von Mohamed in Bildern
gelehrte (bei Ibn-el-Tofeil). In verworrener Erkenntniss wird das Einzelne
zuerst erkannt, um das Allgemeine zu abstrahiren, in der genauen Erkenntniss
dagegen das Allgemeine früher, als das Einzelne (nach Burlaeus). Ohne Unendlichkeit des Ich, als ein absolutes, ins Unbegrenzte und Unbegrenzbare
hinausgehendes Productions-Vermögen ist keine Möglichkeit des Vorstellens
der Entstehung einer Vorstellung, zu erklären (J. G. Fichte). Njanadassanavi-
suddhi ist die durch die Pfade erlangte Kenntniss.

[2] Witarka and wichara are like the sun (s. Hardy), when witarka and
wichara are in existence there can be no tatramadyastopeksha (moon).

[3] In überschwänglicher Feinheit der Speculation metaphysisch die Natur
zurücklassend, (als excentrischer Irrwisch). So ist an Rupa festzuhalten
Quis enim, negabit, Deus corpus esse, etsi Deus spiritus est (Tertullian).

nam erlangt, aber der unter dem Bodhi-Baume vollendete Buddha durchläuft in der Todesstunde zwar (um seine Allbeherrschung zu zeigen) sämmtliche Dhyana bis zum fünften, kehrt dann jedoch erst nochmals auf die natürliche[1]) Basis zurück, um bei schliesslicher Erhebung, auf dem Zwischenraume des vierten und fünften Dhyana, eben am Wendepunkt des kritischen Kreuzweges, abzuscheiden.

Nach Erweiterung der Laufbahn[2]) des Arhat oder Sravaka zu der der Bodhisatwa wurden für diese (unter Niedersinken der herabgedrückten Arupa[3]) die Bhavana eingerichtet[4]), und da

---

[1]) Die gänzlich der Meditation Ergebenen (ohne Glauben an das Nirwana) werden in den Himmeln der Abstraction geboren, wo sie aber vor späteren Leiden noch nicht sicher sind. Da die Brama zögerten, sich beim Nirwana einzufinden, mussten sie durch Absendung des Diamantenkönigs herbeigezwungen werden. Si Deus irascitur et aemulatur, et extollitur et arcerbatur, ergo et corrumpetur, ergo et morietur (bei Marcion). Richard-sans-peur (von Normandie) wird vom Teufel (als Hellequin) durch die Luft geführt; und dann la mesgnie Hellequin, als wilde Jagd (la chasse de Herliquinus) oder chasse Hennequin (bis zum Harlequin, von Hel herauf). Das Abschrecken durch göttliche Strafen ist tadelnswerth (nach Chrysipp), ὡς οὐδὲν διαφέροντα τῆς Ἀχκοῦς καὶ τῆς Ἀλφιτοῦς δὲ ὧν τά παιδάρια τοῦ κακοσχολεῖν αἱ γυναῖκες ἀπείργουσιν (s. Plut.) und andere Mormolukeia (oder Mormo).

[2]) Auf dem Sterbebette geht Buddha aus dem ersten Ihanan sampati versenkt, in das zweite über, dann das dritte und vierte (nach der Mahaparinibbana sutra), und passing from the fourth Ihanan, he became absorbed in the akasananchayatanan, dann in das winnananchayatanan, dann in das akinchannayatanan, dann in das Newasannanasannayatanan, dann in das Sannawedayitanirodhan und „from this wedayitanirodhan, he step by step descends again to the first jhanan, and again rises to the fourth jhanan. In the transition between the fourth and the fifth Jhanan Bhagawa expired (s. Tournour). Nach Timon (s. Diog. Laert) folgt auf die ἐποχή (wie ein Schatten, Schatten, die ἀταραξία (am Schluss des Lebens), wie beim Zweifel (nach Sextus Emp.). Par la sceptique nous parvenons premierément à l'Epoque, ou à la suspension de l'esprit, et ensuite à l'Ataraxie, c'est-à-dire, à l'exemtion de trouble, ou à la tranquillité de l'âme (s. Huart).

[3]) Agit in mundo incorporalem vitam (s. Philol.). Sankhata includes all things that proceed from a cause (s. Childers) in Kama (neben Akasa und Nirwana). Nirwana ist Akata (Akataṁ) und Asankhata (in Asankhatadhatu). Zu dem Vorzug, den der „Auserwählten Leiber" haben werden, gehört „die Kraft, auch dasjenige zu durchdringen, welches ein natürlicher Leib nicht durchdringen kann, da der Engel zur Jungfrau Maria einging, bedurfte er nicht die Thür zu öffnen (s. Hunnius).

[4]) In Rupawazarabbhumi (neben Kamavazarabbhumi und Arupavazarabbhumi) werden die 16 Brahmalokas in fünf Bhumi unterschieden (und Buddhabhumi, supreme Buddhaship).

solche Himmelsschichtungen in beliebiger Zahl übereinander[1]) fortgestapelt werden könnten, ist es rathsamer, den Seitenpfad zum Nirwana einzuschlagen.

Als Sariputtra (Scharûba) nach Durchlaufung des ersten, zweiten, dritten, vierten Dhyana von diesem in die Betrachtung des Akasanantyayatanam einging, dann in Vidjnanatschayatanam, weiter Akintschanyayatanam und schliesslich in Naivasandjnanasandjnayatanam, stiess er dann auf ein Hinderniss (Nirodha), und erst nach der Betrachtung dieses (und damit seiner Wegräumung) vermochte er ins Nirwana einzugehen, also auf einem weiten Umweg, der demjenigen erspart bleibt, wer nach dem vierten Dhyana Maass hält, und auf dem Halbwegshaus (von dort zum fünften) dem richtigen Weiser folgt.

Der zum ersten Dhyana Gelangte hat zwar das Irdische der Welt möglichst von sich abgestreift, bleibt aber durch die dialectischen Operationen seines klügelnden Verstandes (gleich denen brahmanischer Gelehrten) darin eingewickelt und befangen. Im zweiten Dhyana ist die volle Freude über die neu erschlossenen Hoffnungen zum ungetrübten Durchbruch[2]) gekommen, und der elastische Schwung derselben wirkt im Rückstoss gleichsam wieder belebend auf die niederen Schichten ein, welche dadurch (wie im Herabsteigen der Abhassara-Götter) erhellt werden.

Im dritten Dhyana, mit der entschiedenen und schärferen Loslösung von dem, was darunter, waltet für dieses die Upekcha

---

[1]) Wenn die Gnostiker über den unteren Gott einer höheren setzen, könnten sie noch eine unendliche Zahl von Pleromen über einander folgen lassen (wirft Irenäus ein). Die reale Dingheit (oder metaphysische Substanz) ist negativ unendlich zu fassen (nach Duns Scotus), als Nirwana. Τέλος ὁμοίωσιν θεοῦ (bei den Pythagoräern). Als Anicha-Sanja, Anicha Dukkha Sanja, Dukka Anatta-Sanja, Pahana-Sanja und Viraga-Sanja führen die Vimuttiparipacaniya Sanja zum Stande des Arhat (und Virago giebt Nirwana).

[2]) Beatitudo non est virtutis praemium, sed ipsa virtus (Spinoza). Nirwana (Nyangdas) oder (Tibet) Mya ngnan las hdas pa (der Zustand dessen, der von Schmerz befreit ist) heisst (mongolisch) Ghassalang etse angkidschirakasan oder Ghassalang etse nöktschiksen (vom Jammer abgeschieden oder entwichen), statt „beseeligende Lehre des Nichtigen" (s. Köppen). Die Chinesen erklären Nirwana (s. Boal) as the condition, in which there is neither „birth nor death" (wou nang sse) oder als silent-extinction (tsih mieh). Die Vernichtigung (in der Mystik Ebsabeth's Baillou) ist die letzte Stufe der Vollendung (nach Bernières), als annichilazione (bei Molinos). Die Todtenmesse erbetet für die Verstorbenen requiem aeternam (mit quies delectationis).

(Gleichgültigkeit), gleichzeitig aber beginnt das bis dahin nur den (keine Persönlichkeit kennenden) Khanda, als Bündel gleich den übrigen, beigefügte Geistige sein eigenes Centrum deutlicher zu gewinnen, im Smriti [1]) oder Gedächtniss (die Gesammtheit der Erlebnisse und Erfahrungen einheitlich zusammenfassend) und der Assimilation des gesammten Wissens im Sampradjna (Sampajana oder Selbstbewusstsein, in innerlicher Erleuchtung). Auch im vierten Dhyana, wo Alles dann in reinster Reinheit (Parisudhi) zerfliesst, steht Smirti neben Upekcha (mit den Ashthanga marga des Arhat).

Wenn ohne eine „Critique of language" (s. M. Müller) in den Bezeichnungen [2]) die voces und nomina, als willkürliche Zeichen, für die unwillkürlich hervorzurufenden Gedanken (s. Occam) genommen werden, führen die terminorum proprietates, wie von Psellus (mit Hispanus' Nachhülfe) aus Aristoteles missverstanden, zur „tollgewordenen Logik", während darin der Logos reden sollte, dem Abirrungen in Universalsprachen [3]), oder zum Nihilum [4]) selbst, eher zu Gute gehalten werden mögen.

___

[1]) It is the property of smirti (said Nagasena) to divide that which is united or combined, one kind or species being separated from another or distinguisted from it, according to its own essential nature (s. Hardy). Who seeks nirwana unites that which it is proper to unite and refrains from uniting that what it is improper to unite (by smirti all meanings or tendencies are discovered). The Smriti (recollections) „possers authority as grounded on the vedas" (nach der Mimansa). In Jnana unterscheidet Sankara Misra von der falschen (avidya) die wahre oder vidiya (mit Pratyaxa, Laingika, Smriti und Arsha). Die Skeptik heisst Zetative (suchend) oder effectiv (zurückhaltend) und aporetik (zaudernd). Wenn vom himmlischen abgewandt, nimmt die Seele (nach Athenagoras) den ὑλικὸν πνεῦμα auf (durch Dämone bethört). Empedocles stellt die γνῶσις der ἀπάτη entgegen (nach Philoponus). Alles trügt und betrügt sich in der Welt (nach Pascal). Sakala dasasahassiloka-dhatu (tho whole of 10 000 Cakkavalas).

[2]) Heiric fasst Gattungen und Arten als sprachliche Bezeichnungen der in Natur gegebenen Dinge und Begriffe (an Stelle substantieller Einheiten bei Scotus).

[3]) Nach Hamann liegt allen Sprachen eine Allgemeine zu Grunde, wofür sich der Philologie mancherlei Candidaten empfehlen, während die Linguistik, mit Ausnahme der auch ihr (und leider nicht am wenigstens) zugehörigen Phantasten, gar bald zu einer Theilung der Arbeit ernüchterte, als vorläufig jedenfalls unumgängliche.

[4]) Das schöpferische Urbild (für die Schöpfung der Welt aus Nichts) waltet (in der Form der Dinge) als innere Rede in der göttlichen Vernunft (nach Anselmus).

Ehe ein Pherecydes die Prosa zur Geltung bringt, wird in jedem ἱερὸς λόγος die mündliche Ueberlieferung schon eine zunehmende Heiligkeit des Metrums bedingen, und manche „nugacitatem", wie sie sich der heilige Augustin im Selbsttadel vorwirft.

Nach Erlernen des Hodiya und Pillan wird unter den Schulbüchern bei dem Unterricht in den Pansal (auf Ceylon) keine Rücksicht auf Grammatisches genommen, während dies beim Studium der heiligen Sprache um so durchgreifender hervorzutreten hat, und auch die des Schneereichs bei Mongolen und Kalmükken geübt wird, denn obwohl der Priester die Gebete nicht gerade zu verstehen braucht, da der Buddha sie schon versteht (s. Köppen), käme es doch bei der schwarzen Magie für den, der die Risico-Geschäfte derselben zu übernehmen denkt, etwas genauer darauf an. Auch gehen die grammatischen Bücher in das Abhidhamma ein, für technische Ausdrücke schon, wie bei Paccayo, als Affix, in den Flexionen als organische Ausentwicklung der Gedankenreihen u. dergl. m.

Dem Tode, dem Jeder verfalle, wird sein Gegensatz in erlösender Kraft zugestrebt, und so steht dem Genius infernus ein Jovis Genius gegenüber, der dunkeln Unterwelt verborgener Anfang, das himmlische Licht am ersehnten Ende. Phanes führt ins Leben ein, Maneros ins neue himmlische Leben, jener aus Nacht, dieser aus dem Tode[1]) (s. Menzel).

Die Statue Michitlatecotle's wurde der der Sonne gegenübergestellt, damit diese von der Unterwelt befreie (in Mexico). In der Unterwelt fanden sich (neben Miquitlamtecotl oder Zitzimitl) Yzpunteque, der lahme Dämon (mit Hahnenfüssen). Nextepelma (Aschenzerstreuer), Contemoque (der kopfüber Herabstürzende). Mictecacihuatl (Frau Mictlan-Teuctli's) hiess (als Izcuina) Tlaçolteotl (Göttin der Excremente) oder Tlaçolquani (Verzehrerin der Excremente), und die unterste Etage im Reinga (der Maori) Meto oder Gestank (der Verwesung). Die Seelen der in der Schlacht Gefallenen wurden von der Göttin Teoyao-

---

[1]) Beim Altar des Chalkioikos neben einer Statue der Aphrodite standen die Bildsäulen des Thanatos und Hypnos (bei Pausanias). Auf dem Kasten des Kypselos hielt die Nacht im rechten Arm einen weissen Knaben, der schlief, im linken einen schwarzen, schlafähnlich (als Schlaf und Tod, Söhne der Nacht). Die Deiwes Walditoyes genannte Göttinnen webten dem Menschen sein Todtenhemd (bei den Preussen).

miqui zum Wohnsitz der Sonne geführt, die andern fielen Mictancteucli[1]) anheim (nach Torquemada).

Als Memento Mori zirculirte bei ägyptischen Festen ein Gerippe (wie bei Petronius)[2]), und Σικελιτοι, als Manes[3]) (bei Steph.) in ossea forma (bei Ovid). Apulejus trug eine Larve (larvalis imago, sceletus) als Amulet oder Zaubermittel.

Kascey oder Koscey heisst (bei den Russen) der Unsterbliche, mit wunderbar klingender Leier, aber Jaga-Baba aus Knochengebein führt mit Eisenkeule umher, im Mörser zu zerstampfen. Der Bud sieht aus, wie eine Knochengestalt (bei den Wenden), als Irrlicht (in verschiedener Gestalt) irre führend (s. von Schulenburg). Von den Bludnik führt der schwarze irre (s. Veckenstedt). Der Todesgott Pauguk erscheint, als (mit

[1]) Mictlan-Teuctli liess das See-Ungeheuer Cipactli aus dem Wasser hervorgehen (nach Motolinia). Mictlantecutli (Gott der Unterwelt) wohnt (mit seiner Frau Mictecacihuatl) in Tlalxicco (den Eingeweiden der Erde), als Tzontemoc, die Köpfe der Leichen zu sich herabziehend. Als Ce Miquiztli wurde der Gott des Todes im Tempel Tolnahuac verehrt. Beim Monatsfest Hueimiccailhuitl, die Tlascalauer daban nombre de divinos à sus Reies difuntos y à todas aquellas Personas señaladas, que havian muerto haçañosamente en las Guerras, y en poder de sus enemigos, y les hacian sus idolos (Torquemada). Neben der Statue des Teoyaotlatohua Iliutzilopochtli fand sich die der Teoyaomique (la cabeza separada del cuerpo, arriba del cuello) in Mexico (s. Gama).

[2]) Larvam argenteam attulit servus sic aptatam, ut articuli ejus vertebraeque laxatae in omnem partem verterentur (Petron.). Zu Galen's Zeit wurde die Osteologie in Alexandrien studirt. En las puertas de los cercados de los caciques, que siempre presidian à las fiestas, como à todas las funciones públicas, se mantenian, mientras que ellas duraban, dos Indios viejos desnudos, uno de cada lado, tocando chirimia, que es un instrumento de viento triste y desapacible, y cubiertos solamente con una red de pescar ó utassaya que entre estos Indios era el simbolo de la muerte, porque decian, que no debia perderse esta de vista, sobre todo en tiempo de fiestas y regocijos (s. Acosta) beim Jahresfest (in Guatavita).

[3]) Die Larvae (abgeschiedene Seele böser Menschen) wurde als Gerippe gebildet (Lessing). Larvarum habitum nudis ossibus cohaerentium (bei Seneca), Propo quam jacet Sceletus (bei Pori). Σικελιτος, larva (larva, δαιμόνιον, φάντασμα, είδωλον, σκελετός). Bei dem Fest Camayguilla (wo die Jünglinge von Hanau-Cuzco und Hurin-Cuzio mit Schleudern kämpften), wurde den herbeigebrachten Mumien der Inca zu trinken gegeben, mit den Worten: „Als im Leben trankt und ass't ihr so, möge jetzt davon die Seele geniessen, wo immer sie sich findet" (s. Molina). Beim Leichenfest wurden die Todten in ihren früheren Wannen gebadet und geschmückt (in Peru).

dünner Haut überzogenes) Gerippe [1]) (feurigen Augen), Bogen und Pfeil (sowie eine Keule) führend (bei den Ojibway).

Im Einfallen der Musik beginnen sich die Knochengebeine zu regen, und es schliessen sich jene Todtentänze [2]) zusammen, wie in mittelalterlichen Kirchen nicht nur, sondern auf peruanischen Graburnen auch zu sehen, und im Leichenlied der Tolteken gesungen.

Die Auffassung der Kla als Sisa (bei den Odschi), der Luwo (und Aklama) als Noali (bei den Eweern) findet überall in den fünf Erdtheilen die entsprechenden Analogien, und wenn als Theil der Anima mundi gefasst, mag die Seele (μέρος τοῦ ὅλου) in irgend einen Körper fallen, wie angetroffen (τὴν τυχοῦσαν ψυχὴν εἰς τὸ τυχὸν ἐνδέεσθαι σῶμα) [3]). Pythagoras omnium inter omnia cognationem esse dicebat, et aliorum commercium in alias atque alias formas transeuntium (Seneca). Bei Plato dagegen führte eine Regulirung nach Strafen und Belohnungen auf die fernere Vorstellung, dass das irdisch Körperliche die Himmlischen in ein Gefängniss [4]) schlösse, ex universa mente divina delibatos animos (Cicero) in der Emanation (der Pythagoräer) und dem κύκλον ἀναγκῆς ἀπείθουσον (Diog. Laert.).

Indem nicht die Seele, sondern der Körper ändert, handelt es sich nicht um eine Metempsychose, sondern eine Metenso-

---

[1]) οἱ ὑπὸ τὴν γῆν σκέλετοι, defunctorum manes (cadaver hominis exsiccatum). τῶν ὑπὸ γῆν σκελέτων λεπτότερος πέταται multo tenior et gracilior manibus inferorum (Steph.). Sceleton humanum in saxis jacet, supra quod lacerta muscam captat et papilio advolat (Gruter), Basrelief an einem Cippus in Neapel (Schmetterling aus der Hülse). Die Eidechse (σαυρος), das Irdische, vom Geistigen bekämpft und besiegt (Olfers), wie Crocodil (als οὐτχος) in Arsinoes verehrt (Phoebos als σαυροκτονος). Der Zauberdoctor zieht den bösen Geist des Kranken durch die gestopfte Eidechsenhaut aus (s. Powers) bei den Yokaia (in California). Bei Ankunft auf der Begräbnissstätte wird den Geistern früherer Todten zugerufen: „Dies ist der Eine, den ihr bekommt, aber ihr dürft seinen Hinterbliebenen, Enkeln und Brüdern nicht nachstellen" (bei den Tonala). Bei den Sakalava wird den Todten die Ankunft eines Verwandten angezeigt, um ihn freundlich zu empfangen (auf Madagascar).

[2]) Ein Skelett tanzt nach Silens Flöte (s. K. O. Müller); Skelett mit Schmetterling aus dem Munde; Skelett einer Frau mit Bändern geschmückt. Unter den drei Skeletten mit Haut bekleidet (im Grab zu Kumae) fanden sich zwei männliche und ein weibliches in tanzender Stellung (s. Olfers), als Umbra (der Tänzerin).

[3]) Πάντα τὰ γινόμενα ἔμψυχα ὁμογενῆ (Porphyr).

[4]) Les chemins du ciel et de la terre sind geöffnet (mon principe vital n'est ni emprisonné ni écarté, mes membres se renouvellent), im ägyptischen Todtenbuch (s. Pierret).

matose (nach Olympiodor), und bei Gallier, Scythen, Thracier, Preussen u. s. w. bleiben in allgemein gleichartigem Ueberzug die Modificationen des Detail umschlossen.

Plato perpetuam [1]) dicit animam ad diversa corpora transitum facere statim pro meritis prioris vitae, Pythagoras vero non μετεμ-ψύχοσιν, sed πολιγγενεσίαν ἐsse dicit, hoc est redire per tempus. Der Buddhismus kennt das Seelengespenst selbst nicht in den Pretas, die eher zum Skelett abmergeln, und was die stets erneuten Geburten schafft, ist das unablässig Bewegte, ὡς ἀεὶ κινουμένη [2]) (bei Alcmeon). Die Chetasika, als wirksame Thätigkeiten innerhalb der Chitr, rufen aus den Prädispositionen diese hervor, und deren jedesmalige Eigenthümlichkeit, also auch die des in der zugehörigen Rupakhandho (in dem Hetuppabhava Dhamma) miteingeschlossenen Körpergerüstes, ist von dem im Naturganzen aus der frühern Karma zurückgelassenen Eindruck abhängig, als nothwendig correspondirender Abdruck.

Der im Tusita - Himmel lebende Bodhisatwa Metteyyo (Maitrija) wird als künftiger Buddha herniederkommen, durch (wohlwollend aufgefasste) Befreundung (metta) [3]) gegen Uebel schützend, als Amitra (sans erreur, qui ne trompe pas), qui ne peut nuire (mit, nuire), während Mitra (contrat, engagement) „est le gardien de la foi jurée" (s. Harley) bei den sonst gesetzlosen Banden cilicischer Flibustier (Passauer und sonst schwarze Künste treibend, mit geeignetem Material für Rosenkreuzer oder andere Mysterienbrüder).

Im Unterschied von den Puthujjana sind die Ariyapuggala insofern ihrer Seligkeit sicher, als sie schliesslich Nirwana erlangen werden, doch stehen dem Sotapanna noch sieben Wiedergeburten (oberhalb der Apaya) [4]) bevor, dem Sakadagami zwei (in Menschen- und Götterwelt), wogegen der Anagami (der nicht mehr Zurückkehrende) innerhalb der Rupabrahmaloka verbleibend, dort zu höheren Stufen aufsteigt, und der Araha (der

---

[1]) Mit Samsarati (ununterbrochen hindurchgehen) werden die Transmigrationen bezeichnet (als Samsaro).

[2]) ἀριθμὸν ἑαυτὸν κινοῦντα, fassten die Pythagoräer die Seele (s. Plut.), τὸ αὐτὸ κινοῦν (bei Archytas).

[3]) Gula (Guda or Mylitta) is the standard name for the Great Goddess throughout the Inscriptions (Rawlisson), als Mitra (s. Herodot) oder (in der Pehleviform) Mettun.

[4]) In den Catubbidho Apáyaloko begreifen sich Naraka, Tiracchána, Petaloka und Asuraloka.

auch die letzten fünf der zehn Samyojanam abgeschnitten) mit
dem Todesaugenblick im Nirwana verschwindet. Die Mahabhuto[1]) (als Cattaro der Dhatu in Erde, Wasser,
Feuer, Licht) ist in der Rupa-khando eingeschlossen, aber zu
den Panchadvara tritt dann noch Mano (aus den sechs Indriyas)
hinzu (als Vinjana-dhatu) in den sechs Ayatana. (Dhamme
me ramati mano, das Herz sich des Gesetzes freuend.) Mano-
pubbhangama dhamma manosettha manomaya (im Dhammapada).
Hadayavattu ist die Substanz des Herzens. In den Cha Ajjhattikani Ayatanani entspricht Manayatanam mit Dhammayatanam
(der Cha Bahirani Ayatanani), und in den sechs Dhatu kommt
zu den vier (der Mahabhuto) Vinjana-dhatu für Mano (und
Akasa-dhatu für das Auge, als Cakkhudatu mit Rupadhatu).
Die Rupakhando begreift neben der Vierheit der irdischen Elemente noch Akaso (den Himmels-Aether) und vermittelt so in
Auffassung der Form (als Rupa) durch das Auge den Uebergang zu Mano (der Nama-khanda), um die Eigenthümlichkeit des
Menschen (der Manussa-bhuti) zu constituiren. Mit der Rupa-
khando werden zunächst die drei Khanda (Vedana, Sanja und
Sankhara) verbunden, und (während Vedana und Sanja, obwohl
im besondern aufgeführt, keine Selbstständigkeit besitzen, weil
innerhalb der Sankhara wiederholt) ergiebt sich Vinjana nur
als der unmittelbare Effect der Sankhara, worauf dann wieder
Nama-Rupa (im Paticha samuppada) resultirt. Von den dadurch
(bei Zutritt der im unreinen Karma ihrer Unterlage nach noch
nachwirkenden Bhuta) hergestellten Ayatana tritt nun (als erste
Function der Sankhara) Phasso[2]) (in Beziehung zur Patavi) in
Thätigkeit, und indem sich dann Vedana fühlbar macht, folgt
(mit Tanha) das Ankleben (in Upadana) und somit das nothwendig Uebrige im Kreislauf (so lange der Heraustritt nicht

---

[1]) In der Individualität tritt die Materia particularis mit der forma particularis in Verbindung (Occam). Dinanto fasst die Allgemeinheit der geistigen
Substanz als das formfähige. Sankhata begreift Khandha Dhatu, und Ayatana.

[2]) Phasso begreift neben den fünf Sinnes-Eindrücken auch Manovinjana-
dhatusamphasson sowie sechs Phassakaya, und phasu (sukhasparsa) ist das
Angenehme, wie in der Berührung verführend, und so das Ankleben be-
wirkend, in Ueberführung zum Gegensatz, als Sukham Dukkham. Die (4)
Aharo (zur Ernährung) begreifen Kabalin-Aharo (als materielle Speise), Phasso,
Manosancetana, Ninganam. Photthabbudhatu (mit Kaya-Dhatu) entspricht der
Patavi-Dhatu. Mano besitzt Vastu ohne Dvara. Sanja führt die sechs
Sanjakayas zum gemeinsamen Zusammenwirken im Bewusstsein (aus den sechs
Vedanakaya in Einzel-Empfindungen).

erlangt ist). Die in der Sankhara wirkenden Thätigkeiten manifestiren sich, je nach der Stütze (die sie finden), als schlechte
(auf moralischer Scala, als böse) oder als gute, und also beim
Stossen auf irdische Elemente an diesen gleichfalls. Ohne Rupa
würden sie allerdings gegenstandslos werden, aber in der Rupa-
khando[1]) findet sich auch Akaso-dhatu, das dann die Existenz
in den Regionen der Dhyana-loka (über das Irdische hinaus)
zu vermitteln vermag. Diese mit dem Sehen (des Auges) verknüpfte Function fällt aber noch (wie die übrigen) mit den (nach
Phassa) nächsten zwei Thätigkeitsäusserungen der Sankhara
(Wedana und Sanja) zusammen, während die vierte (Chetana)
dann die Reihe der geistigen Thätigkeiten einleitet, zunächst
das im Denken wachsende Wissen, bis auf zur Panja, dann
(unter zauberisch erleichterter Aetherisirung den materiellen oder
psychischen Substanzen) die Tugenden, und dann angehängt die
Laster (bis wieder in Mijja oder träumerischen Schlaf hinab,
zum Zurückfallen in Moho), indem dazwischen auch ferner noch
wieder (zum Besten künftiger Existenz) zu entscheiden sein wird,
wenn nicht auf gesetzlicher Mitte durch Panja, im Verständniss
des Dhamma, der harmonische Ausgleich im Nirwana erlangt ist.

Bei dem Zusammentreffen mit den äusserlich[2]) entsprechenden Gesetzlichkeiten[3]) (in den Aramana), gestalten sich die
(durch die Chetasika thätigen) Denkregungen, als Gedachtes
(im Chitr)[4]). So Kartta, Karana, Bhäva, als Chinteti, Chin-

---

[1]) Zu den (4) Bhutarupa treten (in der Rupa-Khando) die Upadayarupa als
das Ankleben (Upadiyati) bedingend (in Vermittlung). Durch Patisandhivinjana
wird die Wiedergeburt eingeleitet (in Ueberführung). Die Vyrdhen (Bei-
sitzerinnen im Göttergericht) sprechen als Schöpferinnen das Urtheil, welches
als von Ewigkeit und Uranfang angelegte Satzung (orlag oder orlegi) jedem
Menschen zukommen (s. Mannhardt), als Gachschepfen (in Oberdeutschland).

[2]) συγγενείαν πρό φύσιν besitzend, erkennt der Verstand die Dinge (bei
Philolaus).

[3]) Die Ideen (aus dem Mundus archetypus), als ante rem (äussere
Formen im Geist des Schöpfers) existiren zugleich (in re) als Universalien
innerhalb der Individuen (nach Gulielmus Alvernus), und dann post rem
(nominalistischen Scholastizismus'), inductiv zu gewinnen (für Verkörperungen
des Völkergedankens).

[4]) Ce qui est le support est la pensée même (tchitta). Ueberall wo im
Erkenntnissact und im Denken der Geist seinen Vorstellungen gegenübertritt,
erscheint die Apperception als die eigentlich geistige Thätigkeit (s. Staude).
Der in Zweckbeziehung verwirklichte Begriff ist (als Idee) der adäquate, in
Entsprechung mit dem Dasein (nach Hegel). Das Denkende und das Gedachte

tenti (etena), Chittam. Es denkt — durch sich denkend — sich selbst gedacht. Dem Aufkommen oder Entspringen (Uppada) folgt Chuti (Thiti) bis Phavangka oder Bhavanga (zur Existenz gekommen, darin verbleibend), und für den durch die Khana (Augenblicklichkeiten) für Theilungen gemessenen Zeitstrom in Kala folgt auf Patisondhi-Kala (der Empfängniss) und Pavatti-Kala (der Fortentwicklung), Chuti (im Uebergang) mit Bhavanga (als Existenzdauer). Indem dann die durch die Sinnesthore einfallenden Reize den gleichmässig rinnenden Strom der Bhavanga momentan aufstauen, entspringen aus den Hemmungen die Gedanken.

Die Saphava (Wesenheit) des Wirken's fällt zusammen mit den Pachhai oder den Folgewirkungen[1]) (der Entwicklung), und indem die Aramana (in der Kiriya oder Thätigkeit) begriffen werden, entsteht dasjenige, was Chitr genannt wird, als Saphava-Tham.

Innerhalb zweier Kaya[2]) oder Corporationen werden, als Rupa-Kayo und Nama-Kayo die fünf Khando begriffen, worin dann der Rupa-Khando die Vierheit der Nama-Khandho gegenübersteht.

Beide bedürfen einander für vollendeten Abschluss, und gewaltsame Losreissung von dem Körperlichen in Rupa-Khando, um das Geistige in Arupa zu befreien, führt zu excentrischen Verirrungen, derentwegen die Bewohner jener Arupa-Regionen mit Blinden verglichen werden (als ob sie sich das Auge, das sie geärgert, ausgerissen), weil ihnen gleich solchen die Vithi-Chitr im Chakka-Vinyan fehlen müssen. Um die Idee der Fort-Existenz zu befriedigen, muss dieselbe so, mit allen Theilen und Gliedern, wie im Leben gedacht werden, nur dass, bei dem Widersinn leiblicher Auferstehung des Fleisches, der neue Körper ein vergeistigter[3]) zu sein hat, wenn eine Befreiung von Wiedergeburten in der Höllenwelt anstrebend.

---

identificiren sich im Denken. Als denkend und Gedachtes ist der Chitr „causa causans" und „causa causata" (bei Bruno) oder ordo ordinans und ordo ordinatus (s. Fichte). Nach Philolaus entspricht die Seele dem Körper (unter den nach Zahlen geregelten Beziehungen).

[1]) ἀεὶ γὰρ ἐν τῷ ἐφεξῆς ὑπάρχει δυνάμει τὸ πρότερον (Aristl.).

[2]) Unter den Sinnen bezieht sich Kayo, als Körperliches, zunächst auf das Tastgefühl.

[3]) Durch Dhamma, als Aromana des Mano, indem Mano-Winyana alle

Für solchen Zweck liegt nun eine deutliche Aufgabe vor, nämlich die Löslösung von der Maha-Bhuto (die Cattara-Maha-bhuta), der materielle Niederschlag in dem als Bhavan[1]) Seienden, und insofern eine (theilweise) Loslösung von Rupakhando, aber nur von dieser Bhutarupam, in der einen Hälfte, nicht etwa auch von der andern, als Upadayarupam, denn hierher gehören z. B. die Indriyam, (in den Beziehungen zu Mano), für Pflege der (moralisch) bessernd veredelnden Empfindungen, indem Ananjatanjassamitindriyam für Sotapattimagga gilt, Anindriyam für die Stufen bis Arahattamagga und Anjatavindriyam für Arahattaphala (s. Childers).

Um solche Bhavakhayo (Erschöpfung[2]) der Bhava) im Zustande des Arahatta (für das Nirwana) zu erlangen, muss also dahin gestrebt werden, von Allem auf die Bhuto im Körper-Elemente bezügliche, möglichst frei zu werden.

Die geistigen Thätigkeiten functioniren in der Namakhandho, in welcher den Dingen ihre Bezeichnungen[3]) gewährt werden, d. h. ihre charakteristischen Zeichen, unter welchen sie von den fünf Sinnen begriffen und verstanden werden. Die Vinyana-Chitr[4]) stützen sich auf die inneren Ayatana und diese communiciren mit den äusseren Ayatana, auf welche wieder die Aramana (den verschiedenen Sinnen entsprechend) ruhen. Die inneren Ayatana lagern in den Prasath, den körperlichen Sinnes-organen, und diese, als Vatthu, schliessen dann in ihrer Substanz Elementar-Mischungen aus der Mahabbhutarupa ein. Man hat also nur zu suchen, die Thätigkeit der Vinyana von solch' sinnlicher Basis frei zu machen, und sie auf die Aramana zu werfen, innerhalb des Gocara oder Weideplatz[5]) zum Genusse (wie Rupa z. B. für das Auge, Saddo für Satayatanam u. s. w.).

übrigen Sinnesthätigkeiten begleitet (bei Nagasena) und so in Dhammayatanan die überleitende Brücke zu schlagen befähigt ist.

[1]) Mit der Stufe Bhava in der Nidana determinirt sich der Loko der künftigen Wiedergeburt (den bis dahin bereits eingeleiteten Prädispositionen entsprechend).

[2]) Der jedesmal individuelle Tod ist Ayu-Khayo (Erschöpfung des Lebens), dann Punjathayo (Erschöpfung des Verdienstes) u. s. w.

[3]) dann bereits im heiligen Namen mit der Verehrung (Namo) verknüpft (nama, und solche).

[4]) Etadahosi, es war (vz.: cittam) zu ihm: er dachte (es denkt in ihm).

[5]) Unter den vier Arten von Nahrung (Chaturwidha-ahara) wird neben der materiellen (in Kabalinka) die mit Leid gemischte (als Phassa) unter-

Alles Zusammengesetzte ist vergänglich, und so also das der Sankhatadhatu Angehörige, im Unterschied von welcher (als die Vielheit abgleichender Einheit) Asankhatadhatu (im Gegensatz zum Kharma des Sankhato) hergestellt wird, in dem zum Nirwana überleitenden Akasa.

Um Befreiung zu erlangen, muss nun der Cursus der Kammatthanam oder Karmasthana geübt werden, um die Grundlagen (sthana) des Kamma zu zerstören (Attham), indem zunächst die Ambha (Unreinigkeiten) in Angriff genommen werden.

Wenn sich der Geist in der Kasina auf die Wesenheit des in dem Ziele gesteckten Objectes concentrirt, wenn der Chitr, von körperlicher. Basis gelöst, sich frei mit der Aramana verbunden hat, dann springt, als Zusicherung der in Heiligung erlangten Errettung, das Zeichen (Nimittam) in Offenbarung (mystischer, als Glanz aufleuchtend) hervor.

Das Grundübel, als Wurzel des Schmerzes, liegt in dem Leid des Lebens, im Dukkham (der Traurigkeit)[1]. Also lehrt der naturgemässe Weg, dass ihr Gegensatz anzustreben sei, nämlich Sukham.

So in Hinrichtung der Aufmerksamkeit erlangt sich Vitakkavicarapitisukhekaggatasahitam im ersten Dhyana, mit weiterer Betrachtung Vicarapitisukhekaggatasahitam im zweiten, und im dritten (Pitisukhekaggatasahitam) ist Freude (Piti) und Seeligkeit (Sakham) bereits ungemischt. Nachdem dann die Freude, als noch leidenschaftlicher Erregung fähig, in reine Sukham aufgegangen ist (Sukhekaggatasahitam), repräsentirt die vierte Dhyana (in welcher zugleich die Kräfte der Allmacht in den Iddhi hinzutreten) die vollste Seligkeit[2]. Wenn hiermit noch

schieden, dann Manosanchetana (in anhaltend geübte Denkbefleissigung) und Winyana (für Hervorrufung Nama Rupa's).

[1] Als „der Geist der Trauer" von Whitefield genommen, „erschien der Stern" (aufgehend im Herzen). Mit Whitefield's Predigt wurde die „Revivals of Religion in (Wesley's) Methodismus eingeführt.

[2] In diesem Zustande fanden sich die Insassen an dem Durchschnittsschlage des gewöhnlich normalen Gottes in den Religionen, unbedingter Seeligkeit und mit der Fähigkeit, zu thun, was ihm däucht. Dass sie Welten geschaffen haben, steht für Specialitäten nicht vermerkt, doch stände dem theoretisch nichts im Wege, und bei den Myriaden von Chacrawalla kommt es auf ein paar mehr oder weniger nicht an. Da sich hier zugleich die Bhuwana einschieben lassen für die Bodhisattwa, folgen die zum Heil der Menschen aufopfernd Niedersteigenden, und was sonst sich anschliesst.

nicht Befriedigte darüber weiter hinaus streben sollten, kommen sie im fünften Dhyana[1]) bereits in eine einigermassen bedenkliche Lage, da hier Upekkha (Gleichgültigkeit) eintritt, die, bei mangelnder Fixirung, dem Schwanken, und also dem Zweifel unterworfen bleiben müsste. Indess dauert von hieraus (bei Vollbesitz der 10 Stufen von Sadangopeksha bis Dhyanopeksha und Parisudhi-upeksha) die Möglichkeit, in das Nirwana überzutreten, wogegen diejenigen, die sich bis zu den überverfeinerten Arupa hinaufgeschraubt haben, nach Beendigung ihrer zahllosen Lebensjahre dort, erst noch einmal wieder, von schwindelnden Höhen hinab in die Tiefen der Hölle zu tauchen haben, um so allmählig die Mitte des richtigen Gleichgewicht's wieder zu finden.

Die Frage in Betreff des Sakadagamin, und ob er einmal oder noch zweimal zurückzukehren habe, verlangt für ihre Entscheidung umsichtige Erwägung, wenn Localkenntniss, wie bei Hardy, Alabaster u. a. m., dann Burnouf's und gleichstehender Gelehrsamkeit, neben Childers, in den Streit zu führen, und wenn ausserdem, wie der Letztere bemerkt, Puncte berührend, die trotz (oder vielleicht gerade wegen) ihrer Wichtigkeit sind „carefully avoided by all authorities" (wie auch von Gogerley selbst, wie Clough u. s. w.), — indess nicht ganz so, wie Verweisungen beweisen können. Auch wieder, wenn der Upasaka (Sudatta) „returns to the world", nach den Weisen der Wiedergeburt der Schluss kein unbedingt nothwendiger sei, dass „he must in the interval have been in another world." Doch bleiben hierfür, und Alles Anschliessende, der Einzelheiten, sobald darin eingegangen, so vieler, dass zunächst besser davon abgesehen wird.

Während für die Wahl des Ausgangspunctes vom Allgemeinen oder vom Besonderen, die beim Uebersehen der Relativität (im numerisch die Theile begreifendem Ganzen) absolut Verlorenen in bethörenden Wortgefechten zanken, mag bei der Entscheidung zwischen Bekanntem und Unbekanntem, der Vorrang gern dem Ersteren gegeben werden, und die von ihm weiter fortschreitende

---

[1]) Während Jhanam von Dhyai (adix i) auf Ueberlegung führt, in buddhistischer Gnosis, liegt die etymologische Wurzel dieser in dem (dem Veda entsprechendem) jnanam aus einer mit Jati berührten Ableitung. Die technischen Unterscheidungen in der Definition von Sanga, Vinjana und Panjawa werden bei Nagasena gegeben (in seiner Parabel vom Golde).

Forschung wird dann fernerhin auch an deutlich Gegebenem stets
festzuhalten haben, ob einem einfach oder vielfach (und viel-
fachst) zusammengesetzten. Für die in Verhältnisswerthen[1])
controllirte Forschung kann es ein ursprünglich Erstes ebensowenig geben, wie ein definitiv Letztes, sondern nur Mehrheiten
in grösserer oder kleinerer Zahl der Componenten, die sich
dann in ihren Proportionen zu dem als einheitliches Ganze Umschliessenden bestimmen lassen. Das an sich bereits Gegebene,
eine (ihre innere Zusammensetzung vorläufig verdeckende) Einheit repräsentirend, erhält nun in der Ausrechnung der Componenten eine feste Werthbestimmung, unter welcher, als Einheit, sich weitere Verwendung (für das Ganze oder Bruchtheile
desselben) mit gleichwerthigen Grössen treffen lässt. So müssen
Analyse und Synthesis sich stets gegenseitig bedingen, die erste
um das primär Gegebene auf die Möglichkeiten der Auflösun-
gen und Zersetzungen zu prüfen, die zweite, um nach solcher
Kenntnissnahme vom Inhalt (des aus seinen Theilen reconstru-
irten Ganzen) die dadurch mit fester Werthbezeichnung ver-
sehene Einheit als Baustein, nebst dem sonst für gleichen Zweck
Zusammengetragenen, zu verwenden.

Damit beginnt nun die Induction, im Aufbau aus dem zusammengetragenen Material, das, wenn treu und unverfälscht
gesammelt, wenn ein jedes Stück mit scharf markirender
Werthgrösse versehen, zu einander passen muss (in gesetzlicher
Harmonie) und sich zugleich bei Gleichungen höherer Grade
in den Formeln verwenden lässt, um das noch Unbekannte aufzulösen. Nachdem das Ganze, nach dem von der Natur ange-
legten Riss, im Aufbau vollendet, würde dann die Deduction
zurückzuschreiten haben, um die Genesis der Entstehung auf
die Richtigkeit der Methode zu sichten und dann, nach gegenseitiger Controlle von Induction und Deduction, einen neuen
Wahrheitsfund dem Wissensschatze zuzufügen.

Solcher Aufbau von dem Besondern zu dem Allgemeinen
in der Induction konnte erst nach längerer Beschäftigung mit

---

[1]) Tout être n'est qu'un rapport (nach den Pythagoräern). Le nombre
n'est qu'un rapport, mais c'est un rapport concret, réel, vivant, l'unité du
contenu et du contenant, de la forme et de la matière, parcequ'il est leur
limite commune, où ils se pénétrent, se réalisent et s'identifient (s. Chaignet),
und das Denken ein Rechnen (zum rationellen Gerüst in den Phantasien einer
Ars magna sive universalis, bei Lullus oder Geistesverwandter).

der Naturgeschichte, und Einblick in ihre Processe, den Gedanken vertraut werden. Der mehr in seinem Innern, als in der äusseren Umgebung Lebende fasst das in dieser Erscheinende unter unbestimmten Allgemeinheiten auf, die bei undeutlichen Grenzlinien schattenhaft in einander überlaufen, und obwohl sie deshalb nicht als Rechnungswerthe für die Induction dienen können, doch insofern sich vielleicht verwerthen lassen, dass man unter dem Schleier unbestimmt[1]) verschwimmender Allgemeinheit wenigstens Einzelnes hier und da schärfer zu erfassen strebt, also durch eine Art vager Deduction[2]) Wissensbrocken zu gewinnen sucht.

Nur in richtiger Einleitung und Ausfolge der inductiven Methode kann mit Hoffnung auf Erfolg, derjenige Forschungsweg betreten werden, der in unendlicher Welt unendliche Vermehrungen des Wissens verspricht, und darin neu verjüngende Entfaltungen, im harmonischen Abgleich des Bewusstseins.

Die Ethnologie, in der Psychologie[3]) des Gesellschaftsorganismus, setzt als an sich gegebenen Ausgangspunkt die Anthropologie voraus, die Physik des Einzel-Menschen, und damit also die gesammte Medicin, besonders in ihren physiologischen Weiterführungen auf Optik und Akustik mit den andern Verzweigungen biologischer Lehren.

Hierauf, als erstes Fundament basirend also, hat die Ethnoogie vom gesammten Wissensschatz des Geistesreichs, in Ar-

---

[1]) gleichsam in Comte's état théologique (des Glaubens, als Meinen und Scheinen), das zum metaphysischen Stadium weiterführt (ehe die Grundlage im Positivismus gewonnen), wie Kant das Meinen als problematisches, und das Glauben, als assertorisches, neben das Wissen als apodiktisches Urtheil stellt.

[2]) Nach Ermitelung der besonderen Ursachen durch directe Induction geht die deductive Methode zu den Folgerungen oder Schlüssen aus einfachen Gesetzen auf besondere Fälle über, und dann zur Verification oder Bestätigung der gewonnenen Resultate (nach Mill). Die κοινά bleiben wahr, die ἴδια können täuschen (s. Heraclit). Croyance ist das von dem Menschen allgemein und nothwendig für wahr Gehaltene (Royer-Collard). Nach Reid bildet der Belief das unmittelbare Wissen, in dem Bewusstsein, dass der Empfindung etwas Gegenständliches entspricht (im gegenständlichen Bewusstsein, als Wahrnehmung). Crede, ut intelligas (bei Anselm). Die Geisteswissenschaft ist nur ein Zweig der Naturgeschichte des Menschen (nach Cabanis).

[3]) Hegel's Psychologie (als Phämenologie des Geistes) „enthält zugleich eine Philosophie der Geschichte, da die nothwendigen Entwickelungsstufen des Bewusstseins, als Epochen in der Geschichte des Geistes aufgefasst werden" (s. Harms).

chaeologie, Philologie, Theologie, Rechtswissenschaft, Nationalökonomie, Statistik, Historik u. s. w. eine derartige Beherrschung
zu gewinnen, um sich für eine Philosophie der Geschichte befähigt
zu fühlen, und dazu würde, neben dem ästhetischen Gefühlssinn für schöne Künste, noch die Forderung technischer Kennt-
nisse in Handwerken und Gewerben kommen. Was bei derartigem Umfang der Wissenschaft vom Menschen, von dem gegenwärtig als Anthropologie oder Ethnologie
Bezeichneten als charakteristisch gelten kann, reducirt sich also
auf die Kenntniss der praktischen Hülfsmittel, um für jene, die
gesammte Universitas der Gebildeten interessirenden Forschungen die erforderlichen Materialien zu sammeln, und jetzt besonders, beim Verschwinden derselben in vielen Originalitäten,
für später zu sichern.

Dies, was unter der Ethnologie, als Grundlage einer neuen
Wissenschaft vom Menschen zu verstehen sei, hat sich bei dem
gegenwärtigen Umbildungsprocess des Werden's noch nicht in
festen Grenzen umschrieben, und obwohl man bereits von Ethnologen spricht, so dürfte doch wohl kaum unter den Jetztlebenden
sich Jemand finden, kühn genug, eine solche Bezeichnung für
sich in Anspruch zu nehmen, wenn voll und ganz die Aufgabe
begreifend, um welche es sich hier handelt. Wie früher sich die
Ethnologischen Museen auf Raritäten - Cabinette reducirten, so
begriffen die ethnologischen Compendien ein Sammelsurium von
allerlei Curiositäten über Völker „dahinten in der Türkei", und
ihr Durchblättern könnte ebensowenig Anspruch auf den wissenschaftlichen Charakter eines Ethnologen gewähren, wie der Leser
von Fenelon's Telemach sich für einen classischen Archäologen
ausgeben könnte, oder „Blätter für das Haus aus der deutschen
Geschichte" u. dgl. zur Beanspruchung des Titel als Germanisten
berechtigten. Als unerlässliche Vorbildung des Ethnologen, wie
er sein soll, ist die gesammte Beherrschung unseres historisch-
philosophischen Wissensschatzes erforderlich, und wenn er dadurch einen festen Halt in unserer eigenen Culturentwicklung
gewonnen hat, — einer, wenn auch in weitester Ausdehnung
gewonnen, räumlich immerhin leicht überschaubaren, — dann
hat er, mit solchen Waffen ausgerüstet, auf Entdeckungsfahrten
hinauszuziehen, in die noch unabsehbaren Weiten unerforschter
Räumlichkeiten auf dem Globus, um eine nach der andern für
die Wissenschaft zu erobern, und jede derselben in gleich deut-

lichen Gesetzesbestimmungen, in allen ihren Einzelheiten, zu
ordnen, wie wir dieselben, nach tausendjährigem Kämpfen der
Gelehrsamkeit, auf eigenem Grund und Boden errungen haben.
Die Ausbildung der Ethnologie wird ,also erst als Frucht künftiger Entwicklung zu erwarten sein, und eben deshalb hat es
uns als dringendste Pflicht aufzuliegen, die gerade jetzt, bei rasch
zunehmender Verbreitung der internationalen Beziehungen, im
rapiden Verschwinden begriffenen Originalitäten zu retten, soviel
von ihnen hie und da noch übrig ist, um wenigstens der Nach-
welt die Materialien für ein inductives Studium der Menschheitsgeschichte bewahrt zu haben. Hierin mögen sich die Vorläufer, die vereinzelt erschienen sind, nützlich erweisen, aber
auf einen Messias Hoffnungen zu setzen, wie sie sich in anderen
Forschungszweigen manchmal realisirt haben, würde in dieser
trügerischen Illusion, für jetzt wenigstens, bleiben, da die Arbeiten
in ihrer Vielfachheit und mannigfaltigen Verschiedenheit zu sehr
die Kräfte eines Einzelnen übersteigen, um nicht das Zusammenwirken der Gelehrtenrepublik voraussetzen zu müssen.

Die buddhistische Philosophie centrirt um den Menschen
als ihren Mittelpunkt, und nach dem moralischen Werthe dieses
wiegt sich das Gleichgewicht im gesammten All, weil, obwohl
die beseeligenden Worte der Lehre auch in anderen Welten
verkündet sind, nur in der des Menschen die Begründung im
ersten Anstoss der Raddrehung beim Antritt des Lehramtes statt-
haben kann (durch den geistigen oder geistlichen Chakravarti).
Mit Unterbrechung der Vinyana hört das Ganze auf (Viñ-
ñánassa nirodhana etth'etain uparujjbati) und unter den Khandba
zerfällt Vinjana in 89 sudivisions (s. Childers), unter Kusalavîn-
ñánam (mit 8 Kamavacarakusalacittas, 5 Rupavacarakusalacittas,
4 Arupavacarakusalacittas und 4 Lokuttarakusalacittas), Akusala-
viññánam (mit 8 Lobhasahagatacittas, 2 Paṭighasampayuttacittas
und 2 Momuhacittas) und Avyakataviññaṇa (als Vipaka mit
7 Akusalavipakacittas, 8 Kusalavipäkahetukacittas, 8 Sahetuka-
kamavacaravipakacittas, 5 Rupavacaravipákacittas, 4 Arupavacara-
vipakacittas und 4 Lokutaravipákacittas, sowie als Kiryá mit
3 Ahetukakriyacittas, 8 Sahetukakamvacarakriyácittas, 5 Rupa-
vacarakriyacittas, 4 Arupavacarakriyácittas).
Leblosen Dingen gegenüber, gewährt Vinjana das charakteristische Zeichen des Lebens, eines (auch geistig) deutlich er-

kennbaren (von animalischen Bewegungen an), während der vegetative Lebensprocess im Thier dem Leben als Jivam näher steht (in den Jivitindriyam der Rupa-Khandho) und bei den Pflanzen nur als ursächliche Folgereihe (in organischer Entwicklung) gefasst wird (aus Hetu)[1]), weshalb die Pflanzen Hetuja entstanden gelten, wie Steine, Wasser, Wind u. s. w. Irtuja (durch Zeit und Klima), während die Menschen Karmaja, also aus Karma, als deren Effect nun zunächst, der künftigen Existenz entsprechend, die Chitr (der Vinjana) in Gestaltung treten (mit der stets für sie vorauszusetzenden Thätigkeit der Chetasika in Sangkhara).

Somit tritt (durch die zwingende Wirkung der Karma) die psychische Unterlage des Geschöpf's in das Streben nach Manifestation, beim Manusso oder Manujo in der Menschenwelt, wo, bei Auffassung des Dhamma als Aromana des Mano[2]) in Panja, das Manasam des Arhattathums erreicht wird, und dann harmonisches Eingehen ins Nirwana.

Der Aufbau des sinnlichen Körpers in Nama-Rupa folgt aus den nach nothwendigen Gesetzlichkeiten vorhandenen Prädispositionen, unter welchen (damit das für Sühnung der Karma erforderliche Dasein durchlaufen werde) die Khandha sich zusammenzuschliessen haben, also in der Hauptsache Rupakhando der Vinja-khando hinzuzutreten, denn diese repräsentirt die Nama, weil die Sangkhara (welche ihrerseits wieder Vedana und Sanja einschliesst) nur als ihre Vorbedingung (in den Chetasika für die Chitr)[3]) Bedeutung besitzt.

Das Nirwana fällt jenseits der Hetu (jenseits directer Ursächlichkeit in der Entwicklung als rückläufigen), indem die Vorgänge in dasselbe verlaufen, ohne Rückwirkung daraus, da solche

---

[1]) Als aus ursächlicher Folge werden dann die fünf Khandha auch als Hetuppabhava Dhamma bezeichnet u. s. w.; νοὸς ἀρχὰ καὶ μέτρον (bei Pyth.).

[2]) Manopubbaṅgamá dhammá manoseṭṭhá manomayá (im Dhammapadam). Das aus Mano folgende Gesetz, als Mano herrschendes, erscheint als Mano (manujesu, unter den Manujo). So wenn symbolische Allegorik suchend. Sonst einfacher. Die sich mit dem Mano (als vorangehend oder voranstehend) besonders beschäftigenden Theile der Gesetzeslehre haben so das Mano zum Hauptgegenstand, aus Mano hervorgehend.

[3]) In den Denkregungen der Chitr wirken sich die Wandlungen in den Paccayo, und auch die Nidana (Khayo paccayanam) wurden als paccayas gefasst, als Ursache oder (bei Notker) Machunga. In der Erkenntniss findet sich eine Umschliessung, wie im Gnomon das Viereck (bei den Pythagoräern).

erst auf einen weiteren Kreislauf eintritt, beim Durchdringen[1]) des Moralischen mit dem Physischen im Weltgesetz. So löst sich einer der Räthselknoten, den andere Philosophien nur gewaltsam zu zerhauen wussten. Das Endliche mag zum Unendlichen ausgedehnt werden, die endliche Zahl in unendliche verschwinden, aber von unendlicher Entwicklung zu reden, ist eine Contradictio in adjecto, weil soweit wir Entwicklung überhaupt unter thatsächlicher Controlle kennen, in der Fortbildung der Entstehung zugleich die Rückbildung des Zerfalles involvirt liegt. Lässt man die letztere also ausfallen, um unendlichen Fortgang zu erreichen, so wird die dadurch von thatsächlicher Controlle gelöste Entwicklung zum reinen Gedankending oder, für die Induction, zum Unding. Der Buddhismus, wie gesagt, hilft sich hier, indem er am kritischen Wendepunkt auf ein neues Gebiet überleitet, so dass nur Wechselwirkung waltet, frei von den Schwierigkeiten des Anfangs oder des Endes, bei den Fragen über Unendlichkeit und Ewigkeit.

Das Nirwana ist die Seelenstimmung dessen, dem das Bewusstsein erwacht ist, es erlangt zu haben, im harmonischen Ausgleich seines Seins mit der Gesetzlichkeit im All.

Die Buddhisten rechnen als Ditthi oder Ketzereien die Bhavatanha oder Sassaladitthi, im Hinstreben nach ewiger Fortdauer des Sein's, und die Vibhavatanha oder Ucchedaditthi (ucchedavado), im Hinstreben nach Vernichtung[2]) (und Ausrottung) des Sein's. Kamatanha (die Lust nach Sinnlichem), Bhavatanha (die Lust am Sein) und Vibhatanha (die Lust für Vernichtung) stehen neben einander, aber so auch Rupatanha, Arupatanha und Nirodhatanha.

Im Gegensatz zu Palirodha oder Palibodha[3]), das, als Hinderniss, ein solches auch für die Vervollkommnung bildet,

---

[1]) Aus dem eigentlich Realen heraus. Bezüglich des Nirwana liegt eine Vernichtung in Nirodhadhatu (neben Rupa-Dhatu und Arupa-Dhatu), indem das Zuendegehen des Gesetzes (der Gesetzesherrschaft oder Dhamma-Cakkham unter dem Gesetzesherr als Dhammassami) zugleich eine Zerstörung der (dann selbstverbrannten) Dhatu herbeiführen muss (eine relative also der jedesmaligen Grundlagen). Ausserdem unterscheiden sich Kama dhatu, Rupa-dhatu und Arupa-dhatu (mit Grundlagen in der Lust, der Form und dem Formlosen).

[2]) Nirodhasamápatti (Sanjavodayitanirodhasamápatti) wird (als Nirodhasamápanno) in der Verzückung des fünften Jhána erlangt.

[3]) Als solche Palibodha oder Hindernisse ergeben sich Rayo-Kinjcanam, Doso-Kinjcanam, Alopo-Kinejanam (s. Childers).

bezeichnet Nirodha das Aufhören, als Unterbrechung (jenes gleichmässig fliessenden Stroms ununterbrochenen Wechsel, bis bei plötzlicher Aufstauung, mit dem Erwachen bewusster Kenntniss das Nirwana erlangt ist). Bei Herbart werden in gegenseitigen Hemmungen, unter Verdunkelung der Objecte, die Thätigkeiten des Vorstellens zu Bestrebungen herabgesetzt.

In der Philosphie (nach Herbart) wird vorausgesetzt, dass es in den streitigen Gegenständen, sofern denkbar, eine Nothwendigkeit giebt, sie auf einerlei Art zu denken. Schlechthin unbezweifelbar ist das Gegebene, als Unmittelbares, und die reale Natur der Dinge ist nicht ihr Wesen (der Dinge an sich), sondern nur ihre Erscheinung, als Aussendinge, weil das allein Erklärbare (im Idealismus, als Realismus). Erfassen wir also den Völkergedanken (als Schöpfungen des Gesellschaftsorganismus), so haben wir auch in den bei den philosophischen Controversen bisher (weil uncontrollirbar) nicht vereinbarlichen Puncten die Erscheinungen des unmittelbar Gegebenen vor uns, worüber mit mathematischer Zuverlässigkeit der Zweifel ausgeschlossen wird, und als Vorbereitung des inductiven Studiums bedarf es zuvor einer statistischen Uebersicht des von dem Menschengeschlecht auf der Erde, weil denkbar, thatsächlich Gedachtem, mit Untersuchung der Keime fortwachsender Entwicklung, die darin liegend, nach ihren Gesetzlichkeiten zu erforschen sind, und so in ihren Wirkungen, (dem bereits actuell gewordenen), wie sie vorliegen, sowie der potentiell weiterstrebenden Triebkraft nach, um auch für das sociale Leben Denkregeln aufstellen zu können, zur Heilung und weiteren Pflege der Volksseele[1]) sowohl, wie der Ahnungen in jedem Einzelnen.

Das Heil der Buddhisten hängt von Wiriya ab, ernstem und thatkräftigem Streben (einem Aufraffen dazu), denn durch Wiriya wird Akusala (das Böse) verjagt[2]), durch Wiriya dann Kusala erlangt. Mit Anerkennung des Schmerzes (Dukkham), als dem Dasein innewohnend, wird die Abscheidung (Nirodha

---

[1]) Doctrina de moribus non est Scientia (s. Leibnitz), und konnte es erst werden, nachdem Ansammlungen von Materialien in der Sociologie die Vorbedingungen für inductiven Aufbau in Aussicht stellten.

[2]) Tanha (Lustbegier), Arati (Missgunst) und Rago (Leidenschaft) erscheinen als die durch trügerische Lockungen zum Irthum verführenden Töchter Mara's. Als Triwidhagni (dreifaches Feuer) brennen Raga (Bosheit), Dwesa (Hass) und Moha (Dummheit).

oder Unterbrechung) der Tanha (als Ursache der Daseins-
Dauer) zur Aufgabe in den Magga (und Patipada).

Im Kama-vachara, in Vastu-karma oder Pancha-karma (das
Angenehme in den Sinnen suchend) und Trisnawa-karma (dem
Netz mit 138 oder 108 Schlingen) zerfallend, begreift Akusala
das Gierige, Zornige und Dumme (Lobo, Doso, Moho) in
Akusalamulam, und als Akusaladhatu neben Vyapadadhatu (der
Bosheit) und Vihimsadhatu (des Feindessinnes), zuerst Kama-
dhatu, als jenes in der Kamavachara selbst wurzelnde Grundprinzip des Uebel's in der Fleischeslust (des Kama oder Liebe-
gottes), als Kamo-kamo (Kamarago oder Sinneslust). In Vernichtung der Kilesa ergiebt sich der Grad des Arhattathums,
und neben Vatthukamo steht Kilesakamo.

Wer also aus Kamavachara, der Welt der (oder des) Kama
Befreiung wünscht, der hat selbstverständlich, als Erstes, die
Wurzel abzuschneiden, aus der das Ganze emporwächst im
Kreislauf der Geburten, die Fleischeslust nämlich, und so steht
Allen voran im Buddhismus das Gebot der Keuschheit und ge-
schlechtlicher Enthaltung, d. h. für die, aus Neigung oder aus
Ueberredung, einem geistigen (oder geistlichen) Leben Zuge-
wandten. Nicht jedoch, wie die Predigten in den Sutra aus-
drücklich betonen, würde der Stachel im Fleisch gewaltsam
auszureissen sein, denn nicht mit der Beseitigung des Körper-
Organs in der Entmannung (wie secirende Sectirer meinen) wäre
Etwas gewonnen, sondern auf Bezähmung der Leidenschaften
kommt es an, auf Kräftigung der die Körper-Organe beherr-
schenden Gedanken, bis zu völliger Unterwerfung derselben.
Dafür ist dem Mönch das Coelibat auferlegt.

Wenn dann in östlichen sowohl wie westlichen Klöstern
sich mitunter eine Ausschliessung des Weiblichen, selbst in Thieren, nöthig zeigt, so sind im düster ernsten Charakter der anderen Hemisphäre dagegen widernatürliche Verirrungen, obwohl
unter Wilden (wie in Darien) angetroffen (zur Zeit der Con-
quista), unter dem Lichte der Gesetzesordnung stets von härtesten
Strafen bedroht gewesen, unter den Inca mit Ausrottung der
ganzen Familie bis in entfernte Verwandtschaftsglieder.

Anders bei jener, ästhetische Auffassung berauschenden
Essenz des Schönen, in den Idealen der Athener oder ἀρσενο-
ϰοῖται, wie von ihren Zeitgenossen beibenannt. Aeschines
stützt sich bei seiner Vertheidigung auf das solonische Ge-

setz, wonach die Knabenliebe zu einem „Vorrecht der Freien" erhoben (s. Becker), mit sonstigen Verirrungen[1]) genug. Unter den Namen der Edelsten und Besten fühlten Aristides und Themistokles beide die Rivalitäten der Liebe, τοῦ καλοῦ Στησίλεως (s. Plut.), und von Socrates, sanctus paederasta, redet Gesner. Dazu mag eine Gegenrede (Piedrahita's) folgen:

Beim Tode eines Caziquen wählte (für die Nachfolge) der König (von Bogota) dos hombres nobles de buenas presencias y partes para el oficio, y naturales de aquella Provincia, donde avia vacado el señorio; à estos los mandaba desnudar en su presencia y de los Ministros de su Corte, y la misma diligencia hazia con una dama la mas agraciada y hermosa, que se hallaba para el intento, y poniendola muy cerca dellos, atendia a las acciones menores, que obraban, y si en ellos reconocia algun señal de sensuales, los despreciaba y elegia otros (pareciendole, que el mas fiero enemigo de la justicia era la sensualidad).

Wenn zu den Einbildungen eine Einbildungskraft, zu den Erinnerungen ein Gedächtniss, zu den Begriffen ein Verstand, zu den Musterbegriffen und Vorstellungen des Unbedingten eine Vernunft vorausgesetzt, hinzugedacht, hinzugedichtet wird, was ist das anders, als wenn rohe Völkerschaften zum Donner und Blitz den Gott des Donners, zu den Winden den Windgott, zum Meer den Neptun zudichten[2]), meint Herbart gegen Kant polemisirend, in jener für Psychologie (seit Gocelin) eingeführten Terminologie, die durch Tetens (s. Eucken) ihre „systematische Durchbildung und Befestigung" erhalten. Indiscrete Fragen eines Positivisten über derartiges Zurückfallen aus höchstem Triumph philosophischen Heroenthums auf tiefste und unterste Stufen

---

[1]) Die ἑταιρίστριαι (bei Plato) waren unter die griechischen Frauen aus den Lesbierinnen gerathen (nach Lucian).

[2]) Und dann kreuzende Mischungen, wie zwischen Buddhismus und Brahmamismus (in Kambodia oder Java), und sonst. Nach Bonanni bedeuten auf dem Stuhl Petri (in der bronzenen Kathedra der Peterskirche) die Thaten des Hercules oder (nach Marangoni) Simson die göttliche Kraft des Petrus (s. *Piper*). Wie Gott als Eterno Giove (bei Petrarca) wird Christus als Summo Giove angerufen (bei Dante), Tonans et fulgens Deus genannt (bei Cortesius). Im Defensorium inviolatae virginitatis bei Mariae virginis, beruft sich De Retza auf Dan (Danae) und Europa (XV. Jahrhundert). Die alten Chinesen verehrten das Querholz Hiene-Yuene (s. Hautes-Rayes), im Anschluss an den (auch durch japanische Tempelpforte) angedeuteten Dorfabschluss (wie bei Dauer der Genna in Assam), um Krankheit abzuhalten.

des mythologischen Stadiums, würde der „gefällige Cicerone"
dem „Uneingeweihten" mit genügendem Geschick zu beant-
worten, Schwierigkeit haben, und so ist Rosenkranz nicht gut auf
Kiesewetter zu sprechen, da alle die Indiscretionen zu Tage kommen könnten, aus „philosophischer Geheimlehre" (bei Weisse)
oder „transcendentalem Münchhausianismus" (bei Weiller). Vanam itaque, absolute vanam, pronuntio scientiam, sicut vanum
appellamus mundum (Hirnhaim). Und das ungefähr sagt das
heilige [1]) Pali in jener berüchtigten Doctrin vom (atheistischen)
Nichts. Aber in diesem Nichts des Nirwana weht die das Ewige
im Endlichen (bei Calker) erahnende Sehnsucht eines unbegreiflichen Jenseits, und für die durch vorgeschriebenen Cursus psychologischer Läuterung zur Auffassung solch freien Aethers in
der (statt der Philosophie[2])) zur Wahrheit führenden Mystik (bei
Al Ghazzali) noch nicht genugsam verfeinerten Seelen, — oder
vielmehr für die, weil von über- (oder hinter-) natürlichen Privilegien ausgeschlossen, nur lose (wie bei Hume) in den Khandha
Zusammengebündelten, — da giebt es dann im Buddhismus der
Dogmen genug und kosmogonische Schauspiele mit Götterwelten
auch, im ungeheuerlichsten Weltsystem, die sich in ihren, die des
Pythagoras, (vir sagacis animi bei Plinius), — oder die Achtfachheit
concentrischer Kugelschaale (bei Plato), — weit übertreffenden Dimensionen, sowie in Buntheit der durcheinander spielenden Unterhaltungen aus aesopischen Fabeln der Jataka mit jedem andern
messen können, (so viele ausserdem mit den Primitivfasern der
plexuum nervorum im menschlichen Hirn zusammengewebt worden sind).

Welche Hoffnung bleibt also für den, der sich in der mit

---

[1]) Die Ketzer entstellten Buddha's Worte aus ihrer eigenen Nirutti (grammatischen Bedeutung). Unter den Sanyojana begreift Sakkayaditthi (die Ketzerei
der Individualität) auch Attavada (die Lehre von der Seele oder dem Selbst).

[2]) Niedergekrochen dasitzend in ihren Löchern, kramen dort die Philosophen ihre prächtige Weisheit aus, gegen Schatten prahlend, Windhalme
erntend und aus Sand Seile drehend (Aelius Aristides). „Die Philosophen
brüsten und blähen sich und wollen die Ersten sein und kommen sich gross
vor und sagen das auch selbst, und wollen weder den Rhetoren nachstehen,
noch meinen sie sich den Pädagogen gleich achten zu müssen." Nach Quincti-
tian ist wahrhaft weise der Bürger, der sich der Staatsverwaltung widmet,
worauf der Philosoph keinen Einfluss übt. Der Untergang des Helvidius
(wie des Thraseas) gilt (bei aufrührerischer Schmähung der Staatsgewalt) als
selbstverschuldeter (bei Sueton).

metaphysischen Fühlfäden geordneten Sprache nicht zurecht-
finden kann, wenn dann aus kaleidoskopisch gebrochener Weltanschauung eines Fetischismus (bei Comte), und ihr genügbaren
Facettenaugen (kriechender) Kreucher eine, zoologisch als demonstrirbar erachtete, Evolution zur einheitlichen Optik in der
Linse des zum Himmel schauenden Anthropos aufgestiegen?
Kenne dich selbst, gebeut der Lacedämonier Chilon (s. Voss),
in goldener Aufschrift zu Delphoi, und zunächst also der
Anthropos sich als Zoon politikon, da der l'homme machine, in
dem von dem Kirchenvater im vierzigsten Jahre erst aus der
Einsamkeit zum Weisheitsmahl Geführten, sich allzu wackelig (bei
La Mettrie) bewiesen hat, um aus ihm oder dem Philosophus
autodidactus (des Ibn-el-Tofail) etwas besseres zu machen, als
einen Caspar Hauser etwa, wie es die Erfahrungswissenschaften
erwiesen haben, denn die Seelenriecherei in neuster Auflage, als
jüngste Blüthe descendirender Wissenschaft, hätte zu Ehren des
guten „taste" im Tasten des deutschen Geschmackssinn erspart
bleiben mögen, da sie sich bereits im Geruch der von Condillac
fabrizirten Bildsäule, als keine annehmliche erwiesen.

Als die erhabenste Verehrung Gottes bezeichnet Avicenna
die Erkenntniss seiner Werke, und wende also der Mensch seine
Aufmerksamkeit aus den Werken der Schöpfung zunächst denjenigen zu, die ihm am nächsten und vertrauten liegen, denen
aus seinem eigenen Denken, und im Gesellschaftsorganismus
demgemäss den Völkergedanken, bei welchen er ohnedem den
Bau-Apparat thatsächlich gesicherten Materials vor sich liegen
sehen wird, um den gesicherten Weg der Induction zu betreten

L'esprit religieux, l'esprit d'érudition, qui caracterise notre
siècle, l'esprit matérialiste qui l'entraîne, se concilient avec l'esprit
de scepticisme et d'indifference; et voilà pourquoi le scepticisme
est si fort, ruft Saisset, der hervortritt, ihn zu bekämpfen (son-
der après Acnésidème, après Pascal, après Kant, le problème
de l'analyse de la raison humaine et y chercher les titres éter-
nels du dogmatisme). Aux sceptiques je répondrai, que la
raison humaine est faible en effet, limitée, exclusive, mais qu'elle
est fait pour la verité. Elle apprend quelque chose en vivant,
en cherchant, „vires acquirit eundo"[1]).

---

[1]) Im Buddhismus wird das skeptische Stadium in der Ataraxie (der
ohne Fixirung wieder schwankenden Zweifeln ausgesetzten Gleichgültigkeit)

Alles das ist in seiner Art ganz schön (tout cela est bien, um bei den Worten des Textes zu bleiben), aber man füllt keinen frisch gährenden Wein in alte Schläuche, und mit den Dogmen ist es nun einmal vorbei[1]), dagegen hilft kein Gott[2]).

Statt dessen ist ein neuer Schoss gepflanzt, der jüngst hervorsprosste im Garten der Naturwissenschaften, am Stamm der Physiologie die Knospe der Psychologie, mit den Keimen der auf der Antbropologie wurzelnden Ethnologie. Sie ist's, die voll Triebkraft schwellend, in ihren Blüthen die Völkergedanken auf dem Erdenrund zu entfalten hat, bis aufgewachsen zu jener Baumes-Majestät, in deren Zweigen es dann rauschen wird, wie einst in den Ideen zur Philosophie der Geschichte, bis sich die Wissenschaft vom Menschen geklärt hat.

Von unruhigen Zweifeln wendet sich die Skepsis zur Gleichgültigkeit[3]) (Upekkha), wogegen der Buddhismus (der Upekkhasahagatam, Cakkhuvinjanam u. flg. unter die Akusalaripakacittas verweist), seinen Pfad (Megga) klar vor sich sieht, zu jenem Standpunkt führend, von welchem aus, noch im letzten Moment des irdischen, ein Fernblick auf das gelobte Land des Jenseits geworfen werden kann.

Auf dem praktischen Standpunkt des Durchschnittsmenschen unterscheiden sich auch im Buddhismus (wie in andern Religionen) die zur Hölle oder zum Himmel Eingehenden, als die Tamotamoparayano, Tamojotiparayano, Jotitamoparayano und Jotijotiparayano, als der vorher und nachher Elenden, vorher Elenden und nachher Glücklichen, der jetzt Glücklichen und

---

dadurch vorgebeugt, dass bei gesunder Entwickelung bis zum vierten Jhana (vollster Seligkeit) dann (um den bedenklichen Uebergang durch das fünfte in die Arupa zu vermeiden) nach dem Nirwana abzuleiten wäre.

[1]) „Cette façon de raisonner prend l'inverse de l'ordre naturel des choses", mit welchen Worten sich de Brosses seinen Fetischen zuwendet.

[2]) Il nait quelquefois des esprits sublimes, qui devinent et préviennent les siècles et la postérité, qui percent dans les profondeurs les plus ignorées de la verité, des esprits de cette trempe doivent nécessairement paraître obscurs au vulgaire (Grimm). C'est le privilège du vrai génie et surtout du génie, qui ouvre une carrière, de faire de grandes fautes (s. Voltaire). Demetrius (auf dem Strohlager) war (nach Seneca) zum Vorbild seines Zeitalters geschaffen (übertriebener Ueppigkeit).

[3]) Ἡ μὲν γὰρ ἀταραξία καὶ ἀπονία καταστηματικαί εἰσιν ἡδοναί, ἡ δὲ χαρὰ καὶ εὐφροσύνη κατὰ κίνησιν ἐνεργείᾳ βλέπονται (Epic.). Quum privamur dolore ipsa liberatione et vacuitate omnis molestiae gaudemus (s. Cicero).

nachher Elenden, der jetzt und nachher Glücklichen. Für die
(108) Ariyapuggalas kommen zu 3 Sotápannas und 3 Sakada-
gamis, neben Patipadas der vier Zustände (Chandadhipateyyam,
Viriyadhipateyyam, Cittadhipateyyam, Vimanisadhipateyyam)[1],
der 24 Anagamis in den Himmel der Aviha, Atappa, Sudassa,
Sudassi und Akaniṭṭha, sowie 2 Arahantas (Sukkhavipassako
und Samathayaniko) mit 4 Maggaṭṭha, unter Doppelung[2] durch
Saddhádhura und Paññádhura[3] (s. Childers). Mit Ekabiji (im
Sotapanna ist der erste Keim[4]) (bijam) gelegt (für höhere Erkenntniss). Das bringt zum (sonst mythologisch ausgemalten)
Genuss (in Erzeugung) des (runden) Apfels in der Kola- (Ju-
juba-) Frucht (phallisch als Banane der Liebe) und weiter zur
siebenmal herrlichen Heiligkeit (in den Paramita). Die Sakadagami erfreuen sich dann der vollen Früchte im Kama, Rupa und
Arupa, wogegen fernerhin die Anagami sich zu den Himmeln
heiterer Friedensruhe[5] erheben, aber, wenn höheres Streben
verbleibt, als Antaraparinibbayi im Aviha-Himmel die Seligkeit

---

[1] In drei Adhipateyyam wird der Mensch zur Tugend geführt (und dann
die Denkpalläste des Vimamsadhipateyyam). Die ächte Tugend besteht einzig
in der Enthaltung von Unrecht (neminem laedere), in der wahrhaften Askese
und in der Freude am Denken (von Hagen). Demonax (bei Lucian) sucht
die Religion in allgemeiner Freude und Wohlwollen. Pythagoras ultimum in
amicitia putavit, ut unus fiat ex pluribus (Cicero). Omnes pari sorte nascimur,
sola virtute distinguimur (Octavius). Quelques familles importantes avaient une
sorte de privilège sur l'épiscopat des petites villes (s. Rénan), wie Polycrates
(in Ephesus) „fut le huitième évêque de sa famille" (bei Euseb.). Das Ziel
aller Erkenntniss ist das Leben zu verachten (bei Seneca). Das Leben des
Philosophen ist eine Vorbereitung auf den Tod, ohne Schrecken (nach Socrates).
Ertragen und Entsagen, war Epictet's Wahlspruch, wogegen, für Aristoteles,
die Demuth, im gelassenen Dulden von Beschimpfungen für ein Zeichen
knechtischer Gesinnung galt. Glücklich ist nur der Freie, der nichts hofft
und nichts fürchtet (nach Demonax).

[2] Im Ausrechnen, τὸ ὡρισμένον ist durch die Zahlen ausgedrückt (bei
Pythagoräern). Selbst die Gottheit vermag nicht zu ändern, dass $2 \times 10 = 20$
(s. Plinius), wogegen Descartes noch übernatürliche Möglichkeit zulässt (bei
$2 + 3 = 5$).

[3] In Führung durch Glauben und Weisheit in σοφία, als höhere Erkenntniss (der Pythag.) und πίστις (bei Philolaus), woneben ἐπιστήμη und
δόξα (bei Archytas).

[4] Wie organisches Wachsthum aus der ῥίζωσις (bei Pythagoräern) zur
naturgemässen Entwicklung des Guten führt, das einwohnt (ὑπάρχει), und so
in „l'Osiris végetant" (s. Pierret) die Seele (in Aegypten).

[5] Gleich der Meeresstille, wie in den ὅροι des Archytas (oder im Popol
Vuh). So Samathayániko (neben Sukkhavipassako).

nur halb auskosten, um noch aufwärts zu schweben, und so schliesslich mit dem Akanishta-Himmel ununterbrochen den Strom[1]) emporsteigend (uddhaṃsoto akaniṭṭhagami), bis zur Vollendung.

Amitabha (in Sohnschaft Adi-Buddha's), als der himmlische Reflex[2]) Sakyamuni's im (westlichen) Sukhavati (dem Land der Sukham im Gegensatz zu Dukham) erzeugt den geistigen Sohn Padmapani (Kwan-yin mit Kind) oder Avalokitesvara, als Logos (in svara), die Hölle (Potala's) in Paradies verwandelnd (durch Kwan-yin mit Kind).

Die Bedeutung der Dhyani-Buddha liegt darin, dass sie, ohne im Nirwana zu verschwinden, sich (aus Liebesopfer) im himmlischen Reflex des Freudenlandes (Sukhavati's) erhalten, um ihre Segnungen der Menschheit theilhaft zu machen, und Gnaden (magischer Art) lassen sich besonders dann erhoffen, wenn die wandernden Schüler auf einen noch irdisch zugänglichen Meister verweisen können, wie die des in ecstatischer Versenkung verlorenen[3]) Mahabhidjna Djnanabhibhu[4]) (aus der Kalpa Maharupa).

Neben Akchobhya als Dhyani Buddha (Kanakamuni's aus dem Kassyapa-Stamm) oder Djnanakara (mit Vadjrapani, als Bodhisattwa), weilt im (östlichen) Abhirati der Buddha Meru-kuta (unter den Söhnen Mahabhi Djnadjanabhibu's), und Mandjusri[5]) (in der Trias mit Avalokitesvara und Vajrapani) gilt (mit

[1]) Avihesu nibbattitva tato paṭṭhāya patisandhivasena Akanittham gacchanto uddhaṃso ti vuccati (s. Childers), dem Lokanātho (Heiland der Welt) nachstrebend.

[2]) Bei Sakyamuni's Entfernung (zur Bekehrung seiner Mutter) in den Tuschita-Himmel, stieg dorthin Mandgylyana auf, um durch Visvakarman seine Statue verfertigen zu lassen, (die bei der Rückkehr dann in den Lüften verschwand). Durch Pasado (von pasidati) oder Glanzruhe (der Pāsādo oder Palläste) folgt Wiedergeburt im Tavatimsa-Himmel (oder Paseh).

[3]) Der Patriarch Dhritika verzehrt sich in ecstatischer Versenkung (statt auf dem Scheiterhaufen). Abdrücke von Tsongkapa's Händen und Füssen in Butter werden in Potala bewahrt (als Reliquien).

[4]) Im Mahabhinikkhananam vollführt sich die Rückziehung ins ascetische Leben zu Vorbereitung auf das Buddhathum (ein irdisches Vorbild des Maha-parinibbānam).

[5]) Manjusri (s. Schlagintweit) swinging the sword of wisdom, Shesrab ralgri, (with a flamed point, to dissipate the darkness-among men) nahm die Schreckensform Jamandaga's (when repelling the obnoxious Choichisbalba). Gegen die Lhamayin schützen die 4 Gyalchen zhi oder 4 Maharajas (auf dem

Visvakarman identificirt) als geistiger Sohn Akchobhya's, während in Vadjrapani der (aus Gelübden zur Rache) als Yaksha wiedergeborene Indra erscheint, in furchtbarer Gestalt[1]) (wogegen Manju der lieblich Schöne).

Durch Upali (des ersten Concils) wurde der Brahmane Dasako bekehrt, und der von diesem aufgenommene Karawanenführer Sonako weihte (im Samadhi) den Fürstensohn Siggavo, der im Hause des Brahmanen Moggali den (durch den Ocean der Trivihedo geschwommenen) Jüngling Tisso (dessen Einkörperung, als langlebender Brahmane der Brahmaloka, auf dem zweiten Concil vorhergesagt) zur Kenntniss Buddha's führte, um (nachdem Tisso, der Sohn der Kinnari, das Nibbuti erlangt) Asoka[2]) in Dhammasoka zu verwandeln (und so Nagasena für Milinda).

Berg Meru) und Opfergaben werden den 5 Grosskönigen (Bihar, Choichong, Dalha, Luvang und Tokchoi) oder Kungagyalpo dargebracht, (und Choichong wird unterstützt durch Damchan-dorje-legpa, Tsangpa und Chebu damchan). Das gegen das Hala-Hala-Gift aus dem Ocean gequirlte Lebenswasser (Dutsi oder Amrita) wurde dem hütenden Vajrapani oder Chakdor von Rahu geraubt (auf der Verfolgung von dem Mond, sowie der Sonne, verrathen). In der Dragshed genannten Form schützen die Götter gegen den (bösen) Dudpo oder Shinje, als Yab yum chudpa (in Umarmung), den Beichtenden Sündenvergebung gewährend (in Tibet). Gegen Prajapati's Buhlschaft in Form der Gazelle (Mriga) mit seiner Tochter rufen die Götter Rudra zur Strafe (im Chatapatha-Brahmana). Durch Abrahma Tschariya Veramani wird den Novizen Keuschheit auferlegt (im Buddhismus). Der heilige Lupus von Sens fungirt als Schutzpatron der Schafe (wie Wendelin mit Schäferhund). Gegen Zahnweh helfen die heiligen Apollonia, Christoph, Gregor Erem., gegen Ungeziefer der heilige Pirminius (gegen saures Bier, Ludwig von Frankreich), die Pudenda werden von den heiligen Appollinaris und Briccius geschützt, Schuhflicker von Theobald, Schuster von Crispin oder Crispinian (s. Wessely). Aus der Schule des Basilides lehrt Markos (das Wasser des Kelches durch Pulver in Blut verwandelnd) die Tetras (Qol arba oder Colabases), durch himmlisches Weib (als Sige) enthüllt (und prophezeiende Frauen in geistlichen Hochzeitskammern). Nach den Klagen der Lampadophores genannten Jungfrauen in der Kirche (der Montanisten) commençaient les scènes d'illuminisme (s. Rénan), und auch im Dunkel der Mysterien leuchtete das Licht hervor.

[1]) Pan, dem die Fichte (von der Nymphe Pitys) heilig, schreckt durch seine Stimme (im Walde) und warf panischen Schrecken unter die Titanen, beim Kampf mit den Göttern, die Muscheltrompete blasend. Trotzdem bekam er von dem rohen Jäger, wenn diesem die Beute nicht genügte, seinen Buckel voll Prügel in Arkadien (wie der gute Heilige).

[2]) In Patala (Patalam) unter dem Tikula Pabbata, hausen die Naga und in Kusumapura (Blumenstadt) als Pataliputtam residirte Asoka (zur Zeit des

Im Tripitaka begreift für die Majjhimanikaya die Khuddba-
gantha (Khuddhanikayo) Bücher der Sattapitaka, für die Dighani-
kaya dagegen aus dem Abhidhamma, oder sonst aus beiden,
„beginning with Khuddahapatha" (s. Childers). Zur Vinayo gehört Buddhaghosa's Commentar im Samantapasadika.

Bei meinem letzten Aufenthalt in Ceylon (1879), von freilich nur wenigen Tagen (einen Besuch in Buddhaghosa's Studir-
stübchen[1]) in Alu-Vihara einschliessend) erhielt ich (in populären
Versionen)[2]) über die Bücher der Sutra folgende Angaben:
Kudhakanikale (15 Bücher) mit 800 Sutra (ca. 1200 Seiten),
als Kuddhanikayo (die 500 Jataka einschliessend); Dikhanikale
(1 Buch) mit 32 Sutra (ca. 300 Seiten), Madjhimerikale (1 Buch)
mit 300 Sutra (ca. 580 Seiten), Sangpitranikale (1 Buch) mit
300 Sutra (ca. 700 Seiten), Angutranikale (ca. 800 Seiten). Die
an Menschen gerichtete Sutra enthält 5 Sangi: das Angotra-
Sangiya, Dikha-Sangiya, Kudukut-Sangiya, Sangyut-Sangiya,
Medung-Sangiya.

Die Zahl der Sangi im Abhidhamma (an die Devi und
Götter gerichtet) ist unbestimmt (je nach den Stanzas). In der
Sutra-Pitaka finden sich 40575 Sutra (als Bücher), und dazu
gehören 299000 Jataka.

Die Vinaya enthält 5 Bücher: Parajika, Pachiti, Suluwagge,
Mahawagge, Pariwarepate. (Pūrājika, Pūcitti, Sūla-vagga, Mahā-
vagga, Parivāra-pātha). Die Abhidhamma enthält 7 Bücher:
Dhammasangeniprakarane, Wibangaprakarane, Katawastupra-
krarane, Putgelabprakarane, (Puggala-paññatti) Dhatuprakarane,
(Dhātu-Kathā) Jamakaprakarane, Pathanaprakarane.

Vimanakatawastu, Katanawatiya, Puya-walinga und andere

Concils). Wie Milakkadeso das Land der Mlecha, bezeichnet Milakkho auch
eingeborene Stämme (auf Ceylon) und Avalokitesvara weilt auf dem Gebirge
Potala bei Malakuta, östlich von dem Malaya-Bergen (part of the Nilgherries),
wie auf (chinesischer) Insel Poo-too, während im westlichen Lande (der Bodhisattwa) Pattala oder Tattah (Ikshwaku's) liegt und Potala in Lhasso (Sitz
des Dalai-Lama's). Unter den von Thespesius aus Soli bei der Rückkehr
ins Leben berichteten Qualen, findet sich auch die Einzwängung in Thierleiber
(bei Plut.) Seinen Heiland segnend, wird der Tanagräische Kampfbahn ge-
heilt (bei Aelian).

[1]) Zu Justin's Zeit wurden die Zellen der heiligen Uebersetzer in Alexandrien gezeigt.

[2]) Siehe auch Völker des Oestlichen Asiens Bd. II, S. 184 u. folg., Bd. III,
S. 155, 403, 465 u. a. a. O. Bd. IV, S. 66 u. folg., B. VI, S. 564, 575 u. s. w.

Bücher (der von Buddha an besondere Adressen gerichteten Lehren) werden nicht zur Tri-Pitaka gerechnet, indess durch König Kitissri aus Siam nach Ceylon gebracht, weil bei der Niedermetzelung der (den Vatermord missbilligenden) Priester durch König Silawaka Raja Sinha die heiligen Schriften vernichtet waren (damit das Maass der zur Hölle führenden Sünden voll werde).

Von Anuradhapura kam Buddhaghosa nach dem seit Dewanipatissa existirenden (aber vom König Welamgabahu erneuten) Tempel von Alu-Vihara, wo ihm 500 Rahat die heiligen Schriften dictirten, mit dem von Sakrya überlieferten Schreibgriffel und gespendeten Licht oder Aloka (in Aloka-Wihara), dann über Kohun-Vihare (bei Aldupihilla) nach Djambudwipa weiterziehend.

Die während der Schriftarbeiten Buddhaghosa's für die Fäden ausgeschnittenen Flicken der Palmblätter füllten 5 Pala und 5 Saja ($2^3/_4$ Acker) Land, bei der Uebersetzung aus dem Pali in's Singhalesische (des Commentar in der Atthakatha zum Pitekat).

Die Figuren Buddha's finden sich sitzend (Badhapuryanking) oder Indima, stehend (Sitthipilimawahanse) oder Sittima, liegend (Satthapennapilimawahnse), dann schreitend (Sakmankirime). Auf dem Haupte, wo beim Abschlagen der Haupthaare mit dem Schwert die Stoppeln kräuselten, findet sich der Buddharasma-malawa oder Anulo-Buddhung-datua genannte Glorienschein (wie ein Dampf während des Lebens emporsteigend).

In der Sarmandekalpa erschienen mit Dipankara in Rambhagannura oder Rambhawutti geboren (nach der Tupawahanse in 240 Seiten) 4 Buddha, in der Sarekalpa 1 Buddha (Anomadasih), in der Mandekalpa 2 Buddha (Paduria u. s. w.), in der Parakalpa 3 Budda (Sudassi u. s. w.), in der Sarmandekalpa 14 Buddha (Padunamanbuddha, Sudjata, Sumanam, Rewatanam u. s. w.), in der Badhrakalpa 5 Buddha (der Gegenwart).

Indem durch die im Lebenslauf zurückgelassenen Eindrücke die Umrisse zum Vorbilde einer künftigen Existenz gezeichnet sind, tritt diese (durch die Kraft schöpfender Karma) in Wirklichkeit, also, an sich genommen, als Opapatiko (Ephiphanische Geburt der Erscheinung), wie solchergestalt in der Devaloka, wogegen in der (den Causalitäten des Hetu unterworfenen)

Manussatbam (in Manussaloko) die Entwicklung (von Patisandhikane [1]) an) eintreten muss (wenn nicht etwa ausnahmsweise durch besondere Leitung der psychologischen Processe in den Chitr hier vorgebeugt ist). Die Ariyapuggala (Ariya oder Heilige) haben die Pfade betreten, als Budda, Pacheka, Araha [2]), Anagamin, Sakadagamin und Sotapanna.

Mit Wichara entspringen die Aromana [3]) oder Arammana (Aramunu), um ergriffen und festgehalten zu werden, damit sie von Wiraya bei richtiger Leitung zu den höheren Regionen fortgeläutert werden können (in Pritiya).

Anfänglich war der Sakadagami, als noch einmal (Sakim) Zurückkehrender, der Sakyaputto (wie zuletzt im Gautama-Buddha), als Sakyamani (und Sakyaputtiyo der Samana), im Anschluss an bestimmte Gottesgestalten, gleich Sakko (mit Sujata in der Gerichtshalle Sudhamma thronend, um viermal im Monat

---

[1]) Neben dem an die Conception angeschlossenen Patisondhi findet sich das Wiedergeborenwerden (als eintretend oder aufkeimend) in Upapajjati. Vollendete Menschenseelen können zu Heroen, diese zu Dämonen und aus solchen Einzelnen zu Göttern aufsteigen (bei Plut.). In der Grabkammer der Sieben frommen Priester (bei de Rossi) wird Vibia in der Unterwelt von Dispater und Abracura (Acrecura) gerichtet.

[2]) Arahat from Ari or foes (sinful passions) and hattatta, being destroyed or overcome (s. Turnour), ari-hat (destroyer of the enemy) oder Arhat, deserving worship (s. Eitel). Dem Ariyako steht der Milakkha (s. Childers) oder Mlechha gegenüber (als Anariyako). Von den Stämmen Ariana's (bei Strabo) wurden (neben Gedrosier, Arachosier, Paropamisader) die (Ἄριοι) Ἄριοι (Haryu) oder (bei Herodot) Medier eingerechnet in Indien (s. Plinius) mit (Manu's) Aryawarttha (Aryanem Vaejo). Das (annähernd) Genossenschaftliche in Ari, als Freund oder Feind, hat sich für letzteren, in Correspondenz mit ἔρις erhalten, während sich in Ariya freundschaftlich die Ehrwürdigen verbinden, denen Argen zum Opfer gebracht werden mögen (wie als Opfer Argeer), im Anschluss an ἄρχω (arahā und arbā) auf Arhant (und arahattaṁ) führend. Als Samanta Prabhasa erfolgt die Wiedererscheinung der Arhat in Buddha.

[3]) Die erste Operation des Verstandes (als Apprehension) ist keinem Irrthum unterworfen, indem Gott die intellectuellen Abbilder der Ideen (als unmittelbare Gegenstände der Perception) dem Geiste einprägt (nach Gerdyl). Wedagu als intuitive Erkenntniss (in Prana-jiwa) mit Kenntniss der Veda verknüpft, wird von Nagasena (beim Gespräch mit Milinda) im Fluss der Nidana aufgelöst. Statt räumliche Ausdehnung der Seele (bei Speusippos) verliert sich das Seelische in der Zeit (als Denken). Die Psychologie ist arithmetisch (bei Numenios). Dhyana commonly represents the lowest degree of contemplative quietism, Samapatti the approach to and Samadhi the final attainment of absolute quietistic indifference and final cessation of all bodilly or mental activity (s. Eitel).

die Thaten der Menschen aus goldenem Buch zu lesen), während mit künstlicher Ausbildung der Mystik in den unendlichen Fortbewegungen der Seele schliesslich auch ihre Schatten verloren gingen, welche die Sakkaya-ditthi, in den Ketzereien vom eigenen Körper (Sakkayo) oder Selbst, bei den Variationen ihrer zwanzig Formen zu bewahren suchten. Gerne wird schon in Plato's Geistesdrang dem Gefängniss entfleucht, das selbst in der verführerisch reizenden Sirima deren Liebhaber von Buddha (im Beisein König Bimbisara's) als von Würmern zerfressener Leichnam gezeigt werden kann.

Unter der Indriya führte der Ananjnjatanjnjassamitindriyam zum Streben, das Unwissbare (Unbekannte) zu wissen im Sotapattimagga, der Anjindriyam (der Sinne vollendeter Kenntniss der Anja) über die Stufengrade von Sotapattimagga zur Arahattamagga bis zum Anjatavindriyam (dem Sinne des völlig Verstandenen) im Arahattaphala. In Nibbuto [1]) liegt die Ruhe des Erlöschens (Nibbati) [2]) in dem Nibbattanam [3]) (als Wiedergeburt des neu Erstandenen).

Die Götter [4]) fürchten zunehmende Busskraft [5]) in ihren zerstörende Folgen, nämlich auf die von ihnen hübsch und niedlich geordnete Welt, bei Einführung (gnostisch) maassloser Unend-

---

[1]) nirvrtá (vr, var mit nis, frei, befreit).

[2]) nir-va, nirvāyati, nirvati (va, wehen).

[3]) nirvartati (vrt vart mit nis), nibatti (nirvrtti) Geburt oder Wiedergeburt, (nirvatanam). Khinabijo, mit Erschöpfung der Karma (Khinajati, zu Ende der Geburt) ist der Arhat (als Jina).

[4]) König Wiswamitra (aus der Xatrya-Kaste) erlangte (da die Götter die Zerstörung seiner Busskraft fürchteten) die Begrüssung als Brahma-Rischi (durch Brahma), dann in Rivalität mit dem (in Besitz des Brahma befindlichen Vasishta, Sohn des Mitra-Varuman und der Urvasi), als Purohita des Königs Sudas. Wie die Götter die Opfergaben (oder Ahuti), erhalten die Brahmanen (als Menschengötter) Dakshina (zum Geschenk). Wenn die Fürsten der Quiché (sich ihrer Frauen enthaltend) im Tempel der Götter fasteten (dem Himmel um Licht und Leben für ihre Unterthanen klagend), assen sie nur Früchte (keinen Mais), Weihrauch verbrennend. Die Fürsten Lambayeque's (unter welchen Tempellec wegen der durch Aenderung des Idol im Chot über das Land herbeigeführten Unglücksfälle von den Priestern getödtet wurde) observaient à leur avénement des jeunes si sévères et qui les affaiblissement tellement, qu'ils ne pouvaient jamais recouvrer la santé et succombaient même souvent pendant la durée de cette pénitence (Balboa).

[5]) Vor allem durch Bekämpfung der in den Verführungen des schönen Geschlechts lauernden Feinden erlangt. Un des mystères le plus profondément

lichkeiten, und suchen deshalb im äussersten Falle, wie bei
Wiswamitra, durch Verleihung des Brahma-Titel zu beruhigen,
obwohl ein solcher bereits über ihre eigene Stellung, als Deva,
emporhebt.

Indem die Iddhi[1]) die natürlichen Eigenschaften des Araha,
sich auch durch die Jhana[2]) gewinnen lassen, so muss der darin
ausharrende Büsser eine Allmacht erlangen, vor welcher die
Gesammtkräfte der Deva als nichtiges Kinderspiel fortgeblasen
werden.

Den 5 Balas (negative moral agents, preventing the growth
of evil) stehen die 5 Indriyas (positive moral agents producing
sound moral life) gegenüber (bei Eitel), und so fallen die Bali-
Opfer (mit den aus Bal und Bel weitverzweigten Mythen indischer Fassung) in die schreckbaren Wandlungen (des Guten)
zum Schutz (gegen das feindlich Böse). Der Rattakkhi (re-eyed
monstre) genannte Yakkho erhielt bei der Ceylon verheerenden
Epidemie[3]) in jedem Dorf Bali-Opfer (auf König Sanghabhodi's
Anordnung).

---

ontrevus par les fondateurs du christianisme, c'est que la chasteté est une
volonté, et que la pudour est une des formes de l'amour (s. Rénan). Wahrhaft sittliche Bildung war (nach Seneca) nur durch Verbindung des paräne-
tischen Theils der Moralphilosophie mit dem theoretischen System der Dogmen
zu erreichen.

[1]) Unter den Iddhi begreift Manomayo die Fähigkeit eine beliebig körperliche Form anzunehmen (Geistgestaltend).

[2]) Die „triumphing heavens" (s. Upham) beginnen jenseits der Asandjnisattwas, in deren Bewusstlosigkeit alle Beziehung zum Irdischen ausgelöscht ist.

[3]) Zu Tanagra hatte Hermes, als Κριοφόρος, die Stadt von der Pest be-
freit, einen Widder um die Mauern tragend, wie im Geheimfest (mit Lamm)
wiederholt (nach Pausanias). Im bacchischen Zuge trägt der Satyr (auf dem
Sarkophagrelief) ein Lamm auf den Schultern (bei Visconti). Nach dem
Orakel des Apollo Clarius begriff Jao die Götter Pluto, Zeus, Helios (und
Adonis). Neben Rhea (Mutter aller Dinge) wurde Attis, als Sonnengott verehrt (allwissend, weil allsehend). Auf Erzmünzen (Constantin's) findet sich die
Umschrift (Soli invicto comiti) im Kreuz zugefügt. Der Geburtstag Christi
war auf die Dies natalis invicti Solis verlegt. Aeneas (quum pugnans cum
Mezentio nusquam apparuisset) erhielt einen Tempel als Jupiter Indiges (cadaver
inventum et consecratum). Helios heisst Vater aller Dinge (bei Sophokles).
Rahu (wie Vepacitti) heissen Asurindo (als Fürst der Asura oder Surasipu)
und Indu (der Mond) ein Somatropfen oder Indra Devindo (Sakko devanam indo
oder Sakra Dewendra) wie Suranatho (Suro, die Sonne). Samyatendriya (in
den Sinnen gebändigter) ist Manu. Intaphernes (Artaphernes), der die Ver-
schwörung gegen den Magus geleitet, wurde dann (als des Aufstandes ver-

Die Willensbewegung (in Manakota-karana (oder Mana-
sikara) ergiebt sich (aus dem Chetana)[1]) als Hita für das Zu-
sammenpassende, im Ociasionalismus[2]), und wie (nach Malebranche) der Mensch nur zwei Arten Ideen hat, die Idee vom
Geist und Körper, so entsprechend: Nama und Rupa, beides im
Dhamma ruhend (als Gottheits-Substitut). Die Entscheidung
giebt Wiriya[3]), als fester Entschluss, im Gegensatz zu Kusita
(wie wichara zu wichikichawa).

Das Element des Windes[4]) oder der Luft (Wayo-dhatu) tritt
im Körper (neben Udwangama, Adhogama, Aswasa und Pras-

---

dächtig) von Darius getödtet (s. Herodot). Migo (Antilope) ist das Wild und
Migindo (Migaraja) der Löwe (wie in Amerika Tiger und Reh zeugen). Unter
den als Buddha predigenden Söhnen des in ecstatischer Versenkung verlorenen
Mahabhidjna Djnana bhibhu war Indra Dhvadja gleichzeitig mit Sakyamuni.
Numenius unterschied den Demiurg dreifach, als βασιλεύς, ἀρχιτέκτων und
τεχνίτης (bei Amelius). Zeus, als ἀρχηγέτης und τέλειος (bei Aristides), wurde
(nach Varro) von den Indern verehrt (Jovis omnia plena). Was die höchste
Einfachheit ausdrücken soll, kann nur durch Negationen bestimmt werden
(nach Plotin) und jeder Name ist sinnloser (ἀσαφέστερον), als gar kein Name
(s. Kirchner). Das wahrhaft Eine ist das vollkommen Einfache im Wunder
(θαῦμα). Neben den fünf Grosskönigen (Ku-nga-gyalpo) schützen (gegen
Dämones) noch Tsangpa (wegen der Verführung wüthend, welcher er dem
Mädchen verfallen), Chebu Damchan und Damchan Dorje legpa. Im Spiegel
Shinje's (als Todesgott) werden die Thaten der Menschen gesehen (von Choigyal
als Dharmaraja). Das dritte Dhyana wird durch diejenigen erreicht, „die
ohne Buddha und seine Lehre zu kennen, das Maass der Tugend und
Pflichten erfüllt haben".

[1]) The action is unceasing, as when a cow has a sore from the abrading
of the skin, she feels continued pain when anything touches it, wherever she
may be (s. Hardy), und so ist für schliessliche Linderung des Schmerzes, in
Unterbrechung der einfallenden Reize (Nirodham árammanam Katvá) nach
dem Nirwana zu streben. Kuso (Poa Cynosuroides) ist das Gras (der Opfer)
zum Abschneiden (in Kusala) und Tödten (Vena's). Τέλος εἶναι μήτε ἀλγεῖν
κατὰ σῶμα, μήτε ταράττεσθαι κατὰ ψυχήν (Epicur).

[2]) Indem Gott die Bewegungen der Materie und die Willkür des
Willens (in, dem Begriff unzugänglicher, Weise) verbunden hat, ist der Mensch,
als Zuschauer dieser Welt, sich selbst das grösste Wunder (s. Geulinx), und
so die staunend umherblickende Seele (in brahmanischer Philosophie).

[3]) Veriyam oder (sanset.) vairyam von Vīra (und Mann).

[4]) Ik oder (in Mexico) Ehecatl (Wind) galt als die Seele (oder der Geist
des Lebens). Sextus (Sohn des Pompejus) beschwört durch die Hexe Erichtho
die Unterweltsgötter (bei Lucan), wie Saul die von Endor (und andere im
Mittelalter). Zu St. Patrik's Zeit wurde in Irland Seidhe oder As Sidhe verehrt (wie Saida bei Lappen).

wasa, Kukshira, Katthasa) in der sechsten Form als Angaman-
ganusari auf, die Muskeln bewegend (durch Hita), demnach die
den Seelenstoff (bei Diogenes von Apollonia) vertretende Luft
(im Urstoff bei Idaios), wie als Lebensprincip (bei Anaximenes),
so hier als Lebensmanifestation, in der Bewegung.

Bewegung[1]), als solche, wird in der bekanntesten Form,
als animalische, gedacht, wie bei Sonne und Mond, die sich
auf den in der Chaturmaharajika-Loka für sie ausgeschmückten
Wegestrassen[2]) der Ziege (Aja), Schlange (Naga) und der Kuh
(Go) umherbewegen[3]). Das Bewegende liegt in Vayu (Vayo,
als Lebensspriesser), dem bei noch ungesühnter Karma aus der
Unruhe gestörten Harmonie hervorblasenden Wind zur Schöpfung,
sowie bei der weitest reichenden der drei Zerstörungen (das
dritte Dhyana einschliessend bis zum vierten).

Der Brahmane[4]) Magadha's (braying like an ass)[5]) wird
von Rewato (as Maha-Thero) bekehrt, und „as he was profound
in his (ghoso) eloquence, as Buddho himself, they conferred on
him the appellation of Buddhaghoso, the voice[6]) of Buddho"
(s. Turnour), ein Pythagoras (Pytho's).

Nach einem siamesischen Compendium (für das Verständniss

---

[1]) Auf den Wegen (Vithi) der Gestirne wandeln auch die Chitr (als Vithi-
Chitr), bis dann in den Khane-Chitr das Augenblickliche des Zeitmoments
die relativen Bewegungen innerhalb endlicher Grenzen annullirt. Nach Melito
von Sardes wird auf die Weltzerstörung durch Wind und Wasser, die des
Feuers folgen (in der Apocalypse), wie in buddhistischen Kappa (und mexi-
canischen), ἔστι γὰρ εἱμαρμένη πάντως (Herkl.).

[2]) Bias und die ihm folgenden Philosophen nahmen an, dass die Bewegung sei, Parmenides, Melissos u. A. m., dass sie nicht sei, wogegen die
Skeptiker, sie sei nicht mehr, als sie nicht sei (s. Sext. Emp.).

[3]) Die Fahrzeuge der Triyana sind „drawn by sheep or by deer or by
oxen" (s. Eitel).

[4]) geübt in wijja und sippa, den Künsten (sippam) und Wissenschaften
(vijja) und vollendet im Verständniss der drei Weda (tayo vedu).

[5]) wie unter den Philosophen Xenokrates dem Esel gleichgestellt wird,
(bei Diog. Laert.) und (s. Friedreich) redende Esel (gleich dem des Bileam)
im bacchischen Mythus (bei Hyg.).

[6]) Osque illud Platonis, quod in philosophia purgatissimum est ac luci-
dissimum, dimotis erroris nubibus emicuit, maximo in Plotino (s. Aug.), im
Sinne und Geiste des Ammonius (nach Porphyr), einem Sakas (Scythianus oder
Sakyamuni). Unter den um Dutthagamini's Maha-Thupo versammelten Thero
findet sich (im Mahawanso) auch Dhammarakkito aus Alasadda (im Yona-
Lande). Vaisravana, König der Yakshos, residirt in Alaka.

des Abhidhamma) theilen sich die von Hetu abhängenden Kicha der Thätigkeit (als hetuka) vierzigfach unter den Vierzehn (Chutasa), als Pattisonthi (Empfängniss) in 19 Chitr, Bhavangka (Aufkommen zur Existenz), Avachana (erste Regung der Existenz), Thassanam, Savanam, Shayanam, Sayanam, Pusanam, Sampatixanam (Einverständniss), Santirana (Geniessen), Votthapana (Selbstauferstehung), Javana (Bewegung), Tadaramanam (Aufstützung), Chuti (Sinken).

Nach den Sthana (Oertlichkeiten) folgt zehnfache Eintheilung der Kicha Pattisanthi, Bhavangka, Avachana, dann die der 5 Vinyana (der Sinne), unter Zutreten von den zwei Santirana der Upekkha (zuschauende Ueberlegung), und ist bei den 8 obigen die Vipaka (Reifung) von bedeutendem Erfolg, obwohl 9 nach Rupa und Arupa. Das Mano-dvara-vaxanam (das Ausgehen durch das Thor des Sinnes) vollendet (in den Panchadvara) die Kicha des Vothappana. Mit Abzug von den zwei Avachana finden sich Kiriya (Handlungen) für Kusala und Akusala in 55 Chitr in Javana, Santirana (mit Einschluss der auf Upekkha bezüglichen) und Tadarammanam.

Neben Widarsana wird richtiges Verständniss in den Chaturwidha-pratisambbhida (s. Hardy) erlangt, in der Kenntniss von Arttha, Dhamma, Nirutti und Pratibhana, wie sich die Tugend (der Moral) in den Panchindra vervollkommt (Sardhawa, Wiriya, Sati, Samadhi und Pragnyawa). Die Satta-bodhyanga (sieben Theilungsglieder der Weisheit) führen durch Sihi oder Smirti, Dharmmawicha, Wiraya, Priti, Passadhi, Samadhi und Upeksha (in zehn Arten bis zur Parisudhi-upeksha).

Auf den Cattári Ariyasaccáni[1]), die Vierheit verehrungswürdiger Wahrheiten (Dukkhaṁ Ariyasaccaṁ, Dukkhasamudayaṁ Ariyasaccaṁ, Dukkhanirodhaṁ Ariyasaccaṁ, Dukkhanirodhagamini patipada Ariyasaccaṁ) beruht der Fortgang der Lehre (in den Chaturwidha-arya-satya) bis zum Ariyo Aṭṭhaṅgiko Maggo in acht Anga oder Gliedertheilungen, als Sammádiṭṭhi, Richtigkeit oder Entsprechung der Ansicht, Sammásaṅkappo (richtig angemessener Entschluss), Sammávácá (entsprechende Worte), Sammakammanto (entsprechende Handlungen), Sammá-ájívo (entsprechende Lebensweise), Sammáváyámo

---

[1]) Nirwana ist Saccaṁ als das Wahre (und Nirodho Nibbánaṁ das Ende). ὕλη est faex omnium elementorum unde cuncta procreantur (s. Servius); τὸ πᾶν μίνει (Plot.).

(angemessene Bemühung), Sammāsati (richtiges Erinnerungsstreben), Sammamādhi (Richtigkeit der Friedenssammlung), in den Patipada oder Stufen (Dukkhanirodhagaminipatipada) zum (künftigen) Herankommen (āgāmī) der Unterbrechung des Schmerzes. In den Ariya begreifen sich die Buddha, Pacceka Buddha, Araha, Anāgāmin, Sakadāgāmin und Sotāpanna, und wenn der Arahattamagattho sich zum Arahattaphalattho vollendet, hat er (als Khīnāsavo oder Vítarāgo) das Nirwana (Kilesaparinibbāna oder Upādisesanibbāna)[1]) erlangt und beim Tode Khandaparinibbāna oder Anupādisesanibbāna. Das ist (Nirupadhi oder) Aufhaltung (Unterbrechung[2])) des Rades, auf Khandha, Kama, Kilesa und Kamma rollend, in Arhat (als Nirupadhi).

Als den Gedanken ewiger Unendlichkeit angehörig, fällt das Nirwana[3]) jenseits von Raum und Zeit, über deren Schranken hinaus, nicht länger durch Zeittheilungen zu messen, wie noch bei den höchsten der Himmel möglich, und ebensowenig, gleich diesen, im räumlichen Nebeneinander.

Ins Nirwana geht ein, wem das Bewusstsein erwacht, es erlangt[4]) zu haben, im Gefühl[5]) der das Sehnen hoffnungsvoll ab-

---

[1]) So lange die Khandha noch verbleiben: Catúhi upádánehi upádiyatiti upádi, paücakkhandhassa etaṁ adhivacanaṁ (s. Childers). The five Khandas succeed each other at each generation, but in such a way, that the second generation partakes or retains nothing of the Khandas of the first; but the causes producing them, such as Kan and Wibek, never change, they ever remain the same (Bigandet). The patti-tsit is the production of kan (as well os the Khandas).

[2]) Avijjáya nirodhá cágá patinisaggá n'atthi sattánam nivaraṇam (bei Alwis). Nirodho, cessation, annihilation, Nirwana, obstruction, impeding (s. Childers), und dann Rodhaṁ der (aufstauende) Damm im Strom (Heraklit's, ὁ σκοτεινός im Westen).

[3]) s. Zeitschrift für Ethnologie (1871), Weltauffassung der Buddhisten (1870) S. 22, Völker des östlichen Asien, Vol. II (1866) und III (1867), Zeitschrift der morgenländischen Gesellschaft (1875) S. 730.

[4]) Auch in den Jhana ist Nimitta das gewährte Anzeichen der Begnadigung, das aufspringende Gefühl, jetzt ein Geretteter und Heiliger zu sein (dann auch im mystischen Glanz leuchtend). Es handelt sich nicht um das Einflössen übernatürlicher Gnadengaben in die Thätigkeiten des Geistes, sondern um psychologische Vervollkommnung dieser, das Walten in denselben aufzufassen, und so in das Jenseits überzutreten.

[5]) Mano entbehrt der Dvara, und die Dvara der übrigen Sinne müssen geschlossen sein, damit ihm ganz und voll sein Aromana (in Dhamma) eingeht, im harmonischen Einklang dann des Physischen und Ethischen mit dem Psychologischen.

gleichenden Stimmung, im Seelenfrieden ringsumher, sich als integrirender Theil empfindend von dem Sein oder, wenn man lieber will, von dem Nichtsein, aber jedenfalls die eigene Wesenheit gleichartig zu dem, was begreifbar, im harmonischen Einklang mit den Gesetzlichkeiten des All's.

Was freilich dieses? Das Auge vermag's nicht zu schauen, aus der Erde entlegenem Stern hindurchdringen zum Anfang weder noch Ende. Wohl aber aus wundersamen Geheimnissen dunkel verhüllter Schöpfungsnacht hallen dem erwachenden Bewusstsein hoffnungsvolle Verheissungen, in den Klängen sphärischer Harmonien, eines (buddhistischen) Dhamma, oder was naturwissenschaftlich verstanden wird als Harmonie des Kosmos, (in den Völkergedanken entfaltet, aus genetischer Entstehung im Selbst, durch psychologischen Wachsthumsprocess).

In einer von mir bei dem Aufenthalte in Siam angefertigten Uebersetzung[1]) des Abhidhammatthasangata[2]) heisst es, dass nicht auf Öpfer, auf Ceremonien oder Geburtsadel die Verehrung zu gründen sei, sondern im Hinblick auf Phra-Phutta-Ong, als Sammara-Samma-Phutta-Chao, zur Erkenntnis des Saphava-Thamma aus dem Phra-Sajampujhan zum Sapphanjatajhan, und dass im Kleinod des Sammapatha begriffen liege die Thätigkeit Phra-Ong's, begabt mit Phra-Maha-Karuna und bewahrend das Phra-Boromma-Phottisamphan, um sich als Phra-Ong-Sammama-Sam-Phutthu-Chao zu vollenden (wie des Weiteren dann ausgeführt wird).

Wenn eine Verehrung des Phra-Sammasammaphuttachao zusammen mit Phra-Tham und Phra-Ariyasangkha in der Jokhi (Yogi) gewahrt wird, liesse sich das vergleichen, als ob von Vater und Mutter (als Eltern) neben dem Sohn gesprochen werde. Es folgt aus der Saphava der Pronibat (Verehrung), vor der Wiedergeburt in den 4 Abaiya zu bewahren und dem Vatthu-Thuk, im Tham des Phra-Noph-Lokuttara-Tham-Chao, mit 4 Phra-Ariya-makh, 4 Phra-Ariya-Phon und Neibban, sowie Phra-Bariyatti, als Zehntes (für Vertreibung der Kilet).

Das in den Megga noch Bewegte, zur Ruhe der Phon, wird im Parayattitham mit den Lehren des Traipidok abgeglichen, und das Phra-Lokuttara-Tham-Chao (in 9 Arten) nebst den Phra-Pariyatitham, bildet Eigenheit des Sappa-Rutsa.

Es wird dann auf die psychologische Darlegung eingegangen, zunächst unter Zurückweisung der populären Vorstellung, dass es im

---

[1]) Bei der für die vielerlei Aufgaben eines kurzen Verweilens dort allzu beschränkten Zeit, in freilich nur cursorischer Niederschrift im Englischen (worin ich des internationalen Charakters und bequemen Kürze dieser Sprache selber meine Reisenotizen meistens führte) und hieraus vorläufig auszugsweise wiedergegeben, auf die Hoffnung hin, dass die Beschaffung der soweit zugänglichen Texte in kritisch gesichteter Uebersetzung des Ganzen, der Gelehrsamkeit unserer jetzt auch dem Pali mehr und mehr zugewandten Sanscritisten bald schon zu danken sein möge.

[2]) Neben der Sarasangaha (in Ceylon verbreitet) erwähnt Childers die Abhidhammatthasangaha: a masterly analysis or compendium of the Abhidharma, by a modern Burmese scholar, named Anuruddha Acharya (im Sinne Buddhaghosha's), als Abhidharmārthasangraha (im Sanscrit).

Tua, ein Ton, Butkon, Abang-manang gäbe (ein Selbst, eine Persönlichkeit, ein Ich). Derartigen Missverständnissen gegenüber kenne das Phra-Baramat nur die Vierheit von Chitr, Chetasik, Rupa und Niphan, oder Nama und Rupa, indem neben dem Rupa-tham das Nama-Tham die Chitr und Chetasik mit Niphan umfasst.

Chitr ist das den Aramana Entsprechende, indem, dem Naturgesetz (Thammada) gemäss, das die (Unterlage der) Aramama (im Verstehen) Wissende damit die Zeichen (und Bezeichnung) Chitr erhält. Die Folgewirkungen (wie Nissasaya-Pacchni, Samamantara-Pacchai) u. s. w. können für sich allein nicht bestehen, und wenn die entsprechenden Pacchni der Aramana (in Rupa u. s. w.) fehlen, so kann der Chitr nicht in's Bestehen treten. Deshalb also das Saphava-ru (die Wissenswesenheit) des Aramana, das heisst: Chitr.

Man hat darüber klar zu sein, dass das Chitr ausserhalb der Aromana nicht zu existiren vermag (keine Existenz besitzt), denn das, was es ist, wird es erst im Begreifen der Wesenheit der Aramana (Arom). Daher nun also jener Satz im Kattusadhanaṁ: Cintetiti cittaṁ ārammanaṁ vijānātiti attho ti, und demgemäss die Auslegung.

Solches Cittam (Chitr) wird erklärt, die Hetu (Ursächlichkeit) zu sein, um das ārammanaṁ zu kennen, im Sanpayuttadhamma, als karaṇasādhanaṁ (karana sathana). Und so die Stelle: Cintentiti etena karaṇabhūtena sampayuttadhammā ti cittaṁ, mit der Bedeutung, dass das Sampayuttadhammo, nämlich die Cetasikā (Chetasik), als Phasso (Berührung) u. s. w., welche mit dem Cittaṁ, als Eigenschaften desselben, sich erhebt, das ārammanaṁ begreift, und so in dem cittaṁ versteht, (im Entstehen).

Cittaṁ entspricht der Thätigkeit (Kiriya), eben im Wissen des ārammanaṁ mit der Bhāvasādhana, wie es in dem grammatischen Verse heisst: cintanā mutam cittam (das Denken heisst das Gedachte). Der Sinn ist der, dass die Natur (sabbāva) des Handelns (Kriya) mit den dahin führenden Mitteln (Pratyaya oder Paccayo) stimmt, d. h. sowie das ārammanaṁ begriffen wird, so ist das cittaṁ geschaffen, und im Sabhāvataṁ (seiner Wesenheit nach) wird es also Cittam genannt. In solcher Beziehung besitzt jeder der Paramattha-Dhammā, wie atta[n] zum Beispiel, die durch den Commentar (Attha) gebotene Regel der Grammatik (Vikrob) von bhāvasādhana, bei der Thätigkeit im genaueren Bezuge zu den in ihr wirkenden Mitteln, wie vom Lehrer (Achan) darzulegen.

In Bezug auf die grammatischen Regeln der kattusādhanaṁ und der karaṇasādhanaṁ müssen die Gelehrten (Nak-prat) sich bewusst bleiben, dass hier nur eine annähernde Erläuterung geliefert ist, denn in der gewöhnlichen Tagesrede verwendet man die Worte Karana und Katta, wie wenn man von anderen Dingen spricht, wie Thiere, Personen u. s. w.

Die hier gesprochenen Worte treffen zusammen mit den sabhāva-paramatthadhamma, indem cittaṁ dabei das erste ist, als das kattu-kāraka. Der heilige Lehrer (Phra-Achan), erklärt das Weitere, wie hier ein Nebeneinander statthabe und entsprechende Wechselwirkung, weil die, die paramatthadhammas (Baramattatham) in's Dasein rufende, Thätigkeit, sich damit selbst hinstellt in zunehmendem Wachsen, sich im eigenen Werk erfüllen, nämlich in der Aufgabe, die Aromana zu begreifen (zu wissen) u. s. w. Weiterhin dienen mit zur Erkenntniss des ārammaṇaṁ die mannigfachen sabhāvaparamatthadhammās, z. B. Karaṇa-Kāraka, das Gesetz in sich selbst erfüllt, und das Upakan, um die Kiriya zu vollenden, im Wissen des Arom, (die ārammanaṁ zu erkennen).

Der heilige Lehrer (Phra Achan) legt dies dar aus dem Nebeneinander und entsprechender Wechselwirkung beim Insdaseinrufen der Saphava (sabhāva) als Kattu-Kāraka (kattu-karok) unter der Ordnung der Sampayuttadhammas, wie Phassa (Gefühlssinn) u. s. w. Dies die Betrachtung für das kattu-karok.

Nun ist das Chitr als karanakarok aufzufassen, mit den Ergänzungen aus dem kattukarok. Und der Lehrer (Achan) in der Behandlung des paramatthadhamma erweist beim Ueberblick des Katta und Karana, dass um sabhāva-sammutti zu begreifen, sich von Katta und Karana, bei der Unfähigkeit (Unmöglichkeit) über das paramattha (Baramat) hinauszugehen, die Zustimmung (Einschränkung) als Behälter (Schutzhaus) ergiebt, bei dem ursprünglich hervortretenden (manifestirten) Paramattha, um kattu oder harok zu sein, (nach der Ursprünglichkeit). Im populären Gerede wird dies für Satva geschätzt, gilt aber, in den Definitionen nach dem Paramattha nur für Papha-Sathana, weil in geeigneter Correspondenz mit den Pachchai, in der das Arom begreifenden Thätigkeit, und deshalb Chittang (cittaṁ) genannt). Dies nun ein Capitel für sich.

Die verschiedenen Phra-ācāriya-chao, in den Erklärungen des Commentars, pflegen des Weiteren bei der Erläuterung zum Cittaṁ sich zunächst mit dem Vicitta zu beschäftigen, worüber die folgende Lehrstelle (aus dem Pali) u. s. w.

Indem (in der Bhava-Sūthana) die Kiriya (als Energie) in ihrer Eigenheit (Sapava) unter forttreibender Entwickelungstendenz (in Pachchai) die Aromana begreift, entspringt der Chitr, und Chintana (das Denken) erklärt sich als Chittang (Gedachtes), weil identisch (und in der Thätigkeit selbst erst hervortretend) im Saphava-tham. Die 13 Chetasik (7 Saphphasutharana und 6 Pakirana) schwanken zwischen Sopphanachitr (im Glanze strahlend) und Asophanachitr (durch Moho verdüstert), und das Bestreben muss darauf gerichtet sein, aus dem Kuson-tham jeden Gegensatz auszumerzen, (in Hinüberführung der Lokuttara-Chitr). Citta (Chitr) bedarf zu seiner Existenz der Arammanaṁ als Stütze, und wenn diese, von sinnlichen Anhängen befreit, zu der dem Mano entsprechenden geläutert sind, löst sich die Harmonie des Dhamma im Nirwana.

In der Alamphana-Sangkhaha werden die 6 Aromana behandelt, als Ruparamana, Saltharamana (Ghana, Jiwa, Kaya) etc. (mit Mano). Es ist so zu verstehen. Wenn Einer der zum Rupa gehörigen Gegenstände die Chakkhupasath trifft, als Aromana des Chitr im Chakkhuthavaravitthi, dann wird dies Ruparomana genannt. So dann bei der Stimme u. s. w.

Und das Dhamma von sechs Arten, nämlich Pasatharub und Sukhumarub, Chitr und Chetasik, Niphan und Panja, diese sechs Arten, wenn als Aromana des Chitr, manifestirt, der im Manothavaravitthi liegt, werden dann zu jeder Zeit Thammaromana genannt.

In der Kamaphachon-Phum entsteht der Vittichitr in der Sandan der Satva, mit der der Phob entsprechenden Geeignetheit, im Sukati und Thukkhati für Aseka-Buthkon und Sekha-Buthkon, sowie Buthuxon. In der Rupa-Phob fehlt Patikhaxavana und Thatalampana. In der Arupa-Phob fällt Sodamakhachitr aus mit 15 Rupavacharachitr und Hasanaxavana. Bei den in der obersten Arupa Wiedergeborenen ist kein Hettimarupachitr in der Sandan erzeugt. Dies das Eine. Dann bleibt das Kapitel von den Geburten in der Welt, unter Trennung in Pasatbarub und die für Verbindung damit geeigneten Vittichitr. Wenn z. B. kein Chakkhupasath vorhanden, weil blind an beiden Augen, dann mangelt in der Sandan unter den Vithichitr der Chakkhu-thavan-vithi, bei Sotathavaravithi mit Taubheit u. s. w. Desgleichen bei Arupa in Bezug auf Rupa. Mit Rupa fehlt Chakkhathipasath, und also die Chitr zur Verbindung. Und wie ist es mit der Zahl der Chitr in den 3 Phum (Kamabhumi, Rupabhumi und Arupabbumi)?

Die in der Kamaphachon haftenden Vithichitr belaufen sich auf 80 Chitr, durch Abzug der 9 Mahakhata-Vibak (von den 89 Chitr), für Vithichitr der Kamaphob. In der Rupaphob finden sich 64 Vithichitr, indem von den 89 Chitr die 8 Tathalamphana, 2 Patbikaxavana, 6 Khanathittaya und 9 Mahakhata-Vibak (25 zusammen) abgezogen werden, für die Vithichitr der Rupabhava. In der Arupaphob werden von den 89 Chitr 47 fortgenommen, nämlich 2 Patikhaxavana, 10 Thavipanchavinyan, 3 Manothat, 1 Hasana, 11 Tathalam, 15 Rupavacharachitr, 1 Pathama-Makh, 1 Arupavibak. So bleiben 42 Chitr, als Vithichitr der Arupaphob. So viel über die Vertheilung der Chitr in den Phum (zur Erläuterung der Phumiviphakha).

Im zweiten Kapitel: Ekuppâdanirodhâ ca ekâlappaṇavatthukâ ïeto vuttâ dvipaññâsu dhammâ cetasikâ matâ.

Bezüglich der Chituppada (uppâdo von uppajjati) ergiebt sich die Eintheilung der Chetasik in Kicha, Dvara und Alambana, für den Gegenstand (Vatthu oder Substanz) und für die Ursächlichkeit (Hetu) in den Vedana.

Die Vedana zerfallen (dreifach) in Suka, Duka und Aduka-Asuka oder in Suka, Duka, Somanassam (Gutgesinnt) Domanassam (Schlechtgesinnt) Upekha, (als fünffach).

Nach den auf der Mula der Lobo, Thoso, Moho, Alobo, Athoso Amoho beruhenden Hetuka-Chitr folgen die 18 Ahetuka-Chitr, aus den Pancha der Vinyana (fünffach), Sampatixana, Santirana, Votthappana und Hasana. Bei der Sahetuku kommen zu Momuha mit den Akusala, die Sophana (im Kamavachara), die Lokuttara mit Jnana.

Im dritten Kapitel werden die Pakinnakasangkhaha erörtert. Für das Chitr-Chetasik-Tham in 53 (52 Chetasik und 1 Chitr) bei Vethanasangkhaha, Hetu-sangkhaha und Kitcha-sangkhaha aus den Chithubpatha (Upadanam im Ankleben).

Nachdem Anuruttachan im 1. bis 3. Kapitel die Chittubbath (Chitta-uppada oder Bildung der Chitr) bei den vier Arupakhan erörtert hat, wird im 4ten Borixet übergangen auf das Pavatti Sangha (Zusammenfassung im Werden) für Anfang und Ende des Chitr in der Pathisonthi-Kala (status nascens) und Pavattikala (ens), das Entstehen und Vergehen, je nach den verschiedenen Phum (und deren Wesen, wie die Ahetu-Buthkon). Die Gesetze sind festzulegen für Anfang und Ende der Chitr in der Pathisonthi-Kala nnd Pavatti-Kala für Erzeugung der Arupa-khandho, und in der Vithi-Sangkaha unterscheiden sich als 6 Xaka die Vatthu, Thavara, Aromana, Vipyana, Vithi und Visajabpavatti für die Vithi-Chitr. Als Vithi-mutta begreifen die Chitr drei Arten, in Kamma, Kammanīmīt und Katinimit.

In Bezug auf die Vinyan, als Chakkhu-Vinyan, Sota-Vinyan, Khana-Vinyan, Xivaha-Vinyan, Kaya-Vinyan, Mana-Vinyan sind die Erklärungen früher gegeben. Die Vithi werden zugleich auf die Dvara als Chakkhuthavaravitthi u. s. w., zuweilen auch nach dem Vinyan, benannt, wie Chakkhu-Vinyan-Vitthi u. s. w. (bis Manovinyavithi).

In Bezug auf die Visaiyabpavatti finden sich Atimahantaramana, Mahantaramana, Parittaramana und Atiparittaramana, erzeugt in der Panchadvara, sowie als Vithutaramana und Avithutaramana in der Manothavara. Mitunter wird Atimahantaramana als Tathalamana bezeichnet, Mahantaramana als Xavanavara, Parittaromana als Votavanavara und Atiparittaromana als Mokhavara, aber die Vithutaramana hat den durch ihren Platz angezeigten Namen ohne Aenderung zu bewahren.

In Betreff der Visatiyabpavati sind ihre Zeichen aus den Kana-Chitr zu verstehen, unterschieden als (Appadam-) Ubpatha-Khana, Thithi-Khana, Phangkha-Khana (im Aufspringen, im Sein, im Verschwinden), als die Khana-noi (wenn klein). So folgt das Chittakhana in 17 Kbana-Chitr. In gleicher Weise bezüglich des Rupa-tham, das in der Sandan wirkend, das Rupa-tham aufzubauen, und wenn hervorgebracht, in der Constitution aller Geschöpfe hienieden begleitet, in den bestimmten Zeitverhältnissen der 17 Khana-Chitr, bis zum Untergang. Das ergiebt sich in Saphavathammada. Die Bedeutung liegt in dem Langsamen des Rupa, im Raschen des Chitr. Die Chitr deshalb entstehen und verschwinden vollständig in 17 Khana. Und dann geht das Rupatham zuerst unter, mit all den fünf Aramana, (nämlich Ruparamana, Sattharamana, Khantharamana, Rasaramana, Photthupphavamana), die, nachdem sie die Pasatharub getroffen haben, ihr Geschäft im folgenden Anschluss ausvollenden, als Aramana der Vithichitr.

Nachdem das ārammanaṁ das Prasād getroffen hat, so ist noch die Atisapharangka übrig als khaṇacittaṁ, denn da ist die Phanangkakalana des Phavangkacittam in Bewegung. Ist dies beendet, dann bleibt die Phavankupacched, d. h. die Strömung der Bhavangka und wenn in der Unterbrechung die phavankhupaccbed endet, so erhebt sich pañcadārūjjanacitta für die bhavangkha in regelmässiger Ordnung, und so wie dies entstanden ist in einem khana, so verschwindet es; dann in der Reihenfolge, der pañcaviññānacittam, welcher Anordner ist, um das Arummanam verständlich zu machen, entsteht in einem Khana und verschwindet. Dann der Sampaticchanakhanacitta, um das Arom aufzunehmen, ist erzeugt und nach der Erzeugung verschwindet er. Dann der santiranacittaṁ, um das ārammaraṁ in Betracht zu ziehen, ist erzeugt. Nachdem der santiranacittam erzeugt ist und sich erhoben hat in einem khana, verschwindet er. Dann der Voṭṭhapacittam, der die Regelung für das ārammanam festzustellen hat, ist erzeugt. Nach der Erzeugung und Erhebung in einem khano erlischt er. Dann der Pavanacitta, um das ārammanaṁ zu geniessen. Der pavanacitta erzeugt rasch, zählt aus im khanacittam, und verschwindet dann. Nachdem der Pavanacitta verschwunden, wird der Tathâlambanacitta erzeugt, um das ārummanaṁ des Pavana festzuhalten und entsteht so in der Reihenfolge. Der Tathâlambanacitta wird herangebracht in zwei Khanacittas und als Bhavangkapad fällt er nieder in den Strom des alten Phavangka und die vara des citta, welche in der vithi wirkt (wie oben), und so heisst er Atimahantârammanaṁ-Tathâlambanavaram. Und dies Mahantaāramma-cavanavara wie ist es damit? Die Bedeutung ergiebt sich, dass indem das ārammanaṁ das cakkhupasāda trifft, das pasāda nun erkannt wird, die sota im sotapasāda etc.

Wenn diese ārammana das prasāda getroffen haben und noch das Atitabhavankha in 2—2 khanas existirt, so ist dies Phavankbacacalanabhavankbapached und nachdem er unterbrochen ist, erhebt er sich, um einzugehen in das Pañcadvāravajjana — pañcaviññānasampaticchana-santirana-voṭṭhappana — bis zum cavanaṁ, und indem er nun nicht in den Strom des Phavangkha-Tathâlambana fällt, wird er Mahantaramanaxavanavara genannt.

Wenn das ārammanaṁ das prasāda getroffen hat und das Atita-bhavankha (noch) vorhanden ist, existirend in 5—6—9 khana, dann besteht da nachher das Phavankhacalana-bhavankhapached. Der Arom desselben ist unterbrochen, aufsteigend, um in die vithi einzugeben als pañcadvaravajjana — sampaticchana-santirana bis voṭṭhappana in 2 (und noch rascheren Manifestationen von) 2 khanas fallen sie hinab in den Strom der Phavanggahas ohne Cāvana und Tathālambana. Dann heisst es Parittā-votthappanavaram.

Wenn das ārammanam die pasāda getroffen hat und da atitabha-vangka ist in 10—11—12—15 khanacittas, so ergiebt sich Phavangkha-calana in 2 khanas; der Strom der Phavangka bewegt sich bis zum Ende der vara in 2 Zeiten; indem da kein vithicittam ist; als pañca-dvārasassana-sampaticchana-santirana in der besprochenen Weise; dann heisst es Atiparitta-mokkhavara.

Dann ergiebt sich der Atimahantārammaram-Tathālambanavara-Mahanvantbharammanam - Cāvanavaram (Parittārammanam - Voṭṭhapan u. s. w.). Diese Makkhavara in 4 Arten sind begabt mit den 5 vitthis als cakkhudvāravithi, sotadvāravithi etc., und in jedem einzelnen der vitthis sind 7 vithicitta, als cittakhana in 14 khana, wenn man die vithicittas zählt, die in die 5 vithis eingeben mit dem vitsathara; da finden sich 14 citta in Ausführlichkeit, worüber die gāthā, welche sagen will, dass in den Cakkhudvaravithi sich finden von den Vithicittas 7; nämlich der Pañcadvaracavanacitta, Cakkhuviññānacitta, Sampaticcha-nacitta, Santiranacitta, Voṭṭhappacitta, Cavanacitta, Tathālambanacitta.

Wenn im cittuppāda gezählt wird, so ergeben noch beim Zählen der khanacittas 14 khanacittas, nämlich:

Pañcadvāravajana, 1 khana; Cakkhuviññana, 1 khana; Sampaticchana, 1 khana; Santirana, 1 khana; Vothapana, 1 khana; Cavana-khana in 7 khanas; Tathalambana in 2 khana = 14 khana. In der Sotadvāravithi, Jīvhadvārāvithi etc. da sind in jeden von diesen 7 vithi-cittas und khanacittas in 14 khanas bei allen überein. Wenn man die citta von jedem zusammennimmt, hervorgebracht in der pañcadvāra, so werden von den vithicittas 54 gezäblt, nämlich:

Pañcadvaravajjana 1, Thavopañcaviññāna 10, Sampakchana 2, Santirana 3, Voṭṭhapana 1, Cavana 29, Tatbālambana 8 = 54.

Die Gelehrten werden verstehen, dass das Phavangkacitta, welches in der Reibenfolge entsteht, in der sundāna existirt zum Vergleich bei uns Allen, mit einem Strom Wassers. Wenn der vithicitta des pa..-cadvāra vajjana den Strom des bhavangka schneidet und so hervor-gebracht wird, so ist dies zu vergleichen mit einem Manne, der einen Damm aufwirft, das Wasser zu hemmen. In dem Augenblick, wo der pancaviññāna entsteht, kommt āramana zur Kenntniss in dem Augen-blick, wo das sampaticchanacitta aufnimmt und ergreift das āranam, in dem Augenblicke, wo das Vothapanacitta sich erhebt, um dies ârammanaṁ zu bezwingen in seiner Art; und das mag nun verglichen werden, wenn das Wasser durch einen Damm abgeschnitten ist und beiderseits in Kanälen ausfliesst. In dem Augenblick, wenn der Xavanacitta entsteht, so geniesst er das ârammanam als kusala oder akusala (gut oder böse), und das wäre zu vergleichen einem Wasserstrome, der niedergeleitet ist über die Reisebenen und Wald und Feld erfüllt, überfliessend auf die Karrenwege. In dem Augenblick wird der Tathâlambanacitta erzeugt als Xâvana rasch und schnell in 7 khanas und tritt ein in den Strom der Bhavangkha. Das liesse sich vergleichen mit einem Wasserstrom, der die Strasse entlang gelaufen und zurückgeflossen in den Strom des Flusses. Es liesse sich auch vergleichen mit einem Manne, der seinen Kopf verhüllt zu schlafen, unter einem Mangobaum; während er so dort schläft, fällt eine reife Frucht herab (die sich gelöst) und nieder auf die Fläche, und wenn das Geräusch gehört wird in's (linke) Ohr eingehend, so fährt er auf und blickt umher, und so sieht er die abgefallene reife Mangofrucht, die grade dort hingefallen. Er streckt die Hand und fasst die Frucht und befühlt sie und drückt den Saft aus, er riecht daran, um den Geruch aufzunehmen und isst sie.

Das ist mit dem Vithicitta zu vergleichen, die den Strom des Bhavanga abgeschnitten haben und dann sich erheben. Der Bhavankha, wenn im Dasein, ist immer in der Wesenheit unser aller, wie in dem, bedeckten Kopfes, unter dem Baume schlafenden Mann. In dem Augenblick, wann das ârom das prasâd trifft, so dass rupa dem cakkhu deutlich wird, entspricht das der abgefallenen Mangofrucht, deren Lärm in's Ohr einging. In diesem Moment wird der Pañcadvâravajjanacittam erzeugt und erhebt sich, und nachdem er den Strom des Bavankha abgeschnitten, betrachtet er, wie der Mann, der den Lärm gehört hat, sich vom Schlafe erhebt. In dem Augenblicke, wenn das viññânacittam sich erhebt, bewirkt er die Vollendung der Thätigkeit im Sehen und Hören, wie der Mann, der beim Erheben umherblickend, die Frucht sieht. Im Augenblick, wann das Sampatitxanachitr erzeugt wird und das ârammanam aufnimmt, so ist das gleich dem Manne, der die Hand ausstreckt und die Frucht erfasst; in dem Augenblicke, wann der Santiravacittam sich erhebt, ist es gleich dem Manne, der die Frucht berührt, ob sie saftig ist; in dem Augenblicke, wo der Voṭṭhapanacitta sich erhebt, um das ârammana zu unterscheiden, so ist das gleich dem Manne, der nach Befühlung der Frucht sie riecht und schmeckt. In dem Augenblicke, wann der Xâvana assimilirt, ob gut oder böse, so ist das gleich dem Manne, welcher geniesst nach seinen Wünschen und Begehren. Wenn dann der Mann sich wieder zum Schlafe niederlegt, so ist das gleich den Vithicittas, die, nachdem sie sich erhoben haben, wieder niederfallen in die Bhavangka.

Der Vergleich kann auch von einer Spinne hergenommen werden, die, nachdem sie ihr Netz in die 5 Punkte gebreitet, und geöffnet, in der Mitte niederliegt. Wenn nun eine Fliege sich an der äussersten Fadenreihe beim Vorbeifliegen verwirrt, kommt die Spinne, zu der die Fäden aufleiten, rasch heraus, den Fäden folgend, und das Thier packend, saugt sie den Kopf aus zur Nahrung. Dann kehrt sie zurück, am Platz bleibend, wie früher. Ebenso wenn der 2., 3., 4., 5. Kreis berührt sein sollte, sogleich kommt die Spinne rasch heraus, zu saugen wie früher, um dann zurückzukehren. Und dies ist ein Vergleich mit den Vithi-Chitr, welche den Strom den Phavangka unterbrochen, so dass Phavangka-Chitr sich erhebt, um in der Sandan unser Aller zu wirken, und die 5 Prasath (Chakkhu-Prasath etc.) entsprechen dann den 5 Schichten im Gewebe der Spinne. Und das Auftreffen der Aromana gleicht dem des Insekts, das die Fäden berührte, die sich in 5 Reihen von der Spinne erstrecken. In dem Augenblick, wann die Pancha-thavara-vaxana unterbricht und ihn schneidet, den Strom der Phavangka, dann erhebt sich die Betrachtung der Phavangka, der Spinne zu vergleichen, welche sich im Zeitpunkt bewegt; wenn das Pachavinyana, sowie Sampatitxanachitr, Santiranachitr und Votaphanachitr in ihrer Erzeugung aufstehen, das Aromana zu empfangen, das Aromana zu betrachten, das Aromana zu unterscheiden, dann mögen sie der Spinne verglichen werden, welche das Thier erspähend und beschauend, das sich gefangen hat, rasch hervorkommt, und den Fäden folgend, die Beute zu ergreifen. Zur Zeit, wenn im ersten Khana der Xavanachitr sich erhebt, verursacht derselbe die Absorption des Aramana, ob gut oder schlecht, vergleichbar der Spinne, die nach Durchbohrung des Kopfes den Saft saugte und verspeiste. Zur Zeit, wenn die Spinne nach Innen zurückkehrt, um im früheren Platz niederzuliegen, ist das den Vithichitr zu vergleichen, die hervortretend die Kreisungen wandeln und dann hinabfallen, in die Phavangka eingehend. Die Hauptsache liegt darin, dass Visajabpavati, als in der Atimahantaromana-Thathalamphaxavana, Mahantaromana-Xavanavara, Parittaromana-Votthapphanavara, Atipasitharomana-Mokhavara, dass diese 4 begabt sind mit den 5 Vithi, in denen Chakkbuthavaravithi der Erste und Kayathavaravithi der Letzte ist. Und die Visajabpavatti, zweier Arten, nämlich die Viphutaromana und die Aviphutaromana, sind begabt mit der Manothavaravithi. Zur Zeit, wenn der Vithi-Chitr, als Manothavaravaxana erzeugt ist und aufgestiegen ist in einer khana, dann wird der Xavana-Chitr erzeugt in der khana, und beim Zurückfallen in das Phavangkha erhält er die Bezeichnung Aviputaromana. Im Manothavaravithi finden sich 3 Vithichitr, welche Chittakkhana in 10 Khana besitzen. Wenn die Chitr zählend, die im Manothavaravithi in Ausbreitung fortgehen, dann kommt man auf 51 Chitr, (und so in dem Verse).

In diesen Manothavaravithi liegen 3 Chitr als Manothavaravaxana-Chitr, Xavana-Chitr und Tathalamphana-Chitr, als 3 Chitr. Wenn

die Chittubpath zählend, d. h. wenn man die Khanachitr zählt, so erhält man 10 Khana, nämlich die Manothavara-vaxana-kbana, als 1,
die Xavana in 7 Khana, die Tathalamphana in 2 Khana, und so ergeben
sich Khanachitr in 10 Khana. Die Zahl der Kamaphachara-Chitr, in
der Manathavaravithi erzeugt, beläuft sich, in Ausführlichkeit, auf
41 Chitr, nämlich die Manothavaravaxanachitr 1, die Xavana-Chitr 29,
die Tathalamphana 11, im Ganzen zusammen 41 Chitr. Und bezüglich der Regelung der Visajabpavatti im Manothavaravili mit dem
Praphet der Viphutaromana und Aviphuttarama verhält es sich fol-
gendermassen. Die Festlegung in der Kamapharavithi, in der Appa-
navithis wird die Praphet erlangt haben, als Viphutaromana (Vibhuti,
Glanz) und Aviphutaromana, durchaus nicht in der der Kamapha-
chara-Vithi ähnlichen Weise, da im Abpanavithi das Tathalamphana
fehlt. Das Abpanavithi mag Mahakhata-tham sein, mag Lokuttaru-
tham sein, und so demgemäss. Im Beginn der Abpanavithi (appana,
thought), ursprünglich als der Manothavararavaxana entsteht, erhebt
sich und nach Betrachtung des Aromana im Abpana für ein khana,
erlischt er sodann. Wenn der Manothavara-vaxana erloschen ist, dann
in der Reihenordnung folgt der Jana-Sampayut-kama-phachara-
xavana in 7 Chitr, indem sich jeder davon einen Austritt geschaffen,
in Trennungen, für Erzeugung und Vollendung der Xavana im Beginn der Abpana-Vithi. Zuweilen ergeben sich 4 khana, zuweilen
3 khana, je nachdem geeignet für die Verdienstkraft der Persönlichkeit, als Thantha-Phinja (langsam) und Khibpa-Phinja (rasch).
Wenn ein zum Thantha-Phinja Gehöriger sich langsam im (Erkennen)
vervollkommnet, dann erhebt sich der Jahnasampajuttakamaphacha-
ravaxana in 4 Khana, mit dem ersten, als Parikam (Betreden) bezeichnet. Die Khana, die als zweite im Kreise folgt, ist Upachara (Scheidung)
und die Khana, als dritte, heisst Anuloma (Anschluss), die Khana
als vierte im Kreise, heisst Khotaraphu. Der zum Kibpaphinja Ge-
hörige wird rasch in der Erkenntniss fortschreiten. Der Yana-sam-
payutta-kamapacha-thavara entspringt aus 3 Khana. Der erste dieser
Khana heisst Upacharaxavana, der zweite im Kreise heisst Lomavaxa-
vana, der dritte khana heisst Khotaraphuxavana. Und der Upacharaxavana, der zuerst entsteht, wendet in dieser Entstehungszeit die
Betrachtung auf das Sangkhara-tham, als Anitchang, Thukkang,
Anattang, die Dunkelheit der Avixa austreibend, wodurch die
Panja verschleiert und umdeckt wird, so um nicht mit den Phra-
Chaturariyasatcha (die 4 heiligen Wahrheiten der Ariya) übereinzu-
stimmen. Es zerstreute die dichte Dunkelheit, das ist das Dunkel
des Akuson, und nachdem damit ein Ende gemacht, wirkt es die
Panja (Weisheit) aus, in ihren drei Zeichen, als Anitchang, Thukkhang
und Anattang, um dieselben offenbar zu machen, deutlicher, als früher,
und wenn dies geschehen, verschwindet. Nachdem der Upachara-

vaxana, als erster, erloschen ist, erhebt sich der zweite Upacharavaxana aus der Kreisung. Dieser zweite Upacbaravaxana ist hell
und scheinend, stark und kühn, scharf hauend, wie ein zweischneidiges
Schwert, weil er den Asevanapachchai aus dem Sitz des ersten Upacharavaxana erlangt hat, in Betrachtung des Sangkbara-tham als
Phra-Anitchang, Thukkang und Anattang; es wirkt die Zeichen der
Punja (Weisheit) in den drei Zeichen (Trailaksana) und macht sie offenbar im Dasein. Aus diesem Grunde ist der zweite Upacharavaxana
glänzend, hell, kühn und stark, hoch aufsteigend. Der zweite
Upacharavaxana vertreibt die Dunkelheit, aus dem Akusou der Mitte.
Er wirkt aus die Phra-Trailaksana des Jhana, um es offenbar zu
machen und höher zu erheben, als früher, und dann erlischt er.
Darauf, in der Reihenfolge, wird das Anulomavaxana hergebracht, das
sein Asevanapachchai aus dem Upacharavaxana der zweiten Kreisung
entnimmt, so dass die Kraft und Stärke sich demgemäss vermehrt.
Das Anulomaxavana vertreibt die subtilere Dunkelheit, das ist das
Subtile im Akuson, und wenn damit ein Ende gemacht ist, wirkt
es die Phra-Trai-Saksana-Jhana hervor, in Glanz und Licht, vollkommen, schimmernd und scheinend. Dann verschwindet das Anulomaxavana. In der Reihenfolge erhebt sich, aus seiner Entstehung,
das Khotaraphuxavana, die Betrachtung hinwendend, auf Phra-Niphan,
als Aromana. Welcher Vergleich kann hier dafür dienen, dass das
Khotaraphuxavana die Aufgabe hat, das Phra-Niphan als Aramana
zu contempliren? Die Vergleichung sei mit der eines Mannes, der
in seinen Augen zur Zeit gesund und vollkommen, hingeht, um nach
den Vakkhattarök (den Constellationen) auszusehen, mit der Absicht,
die Culmination (Rökh) um Mitternacht zu beobachten. Nachdem er auf
einen offenen Platz hinausgekommen ist, erhebt er sein Angesicht,
auf das Rund des Mondes zu blicken. Doch in dunklen Sturmeswolken ist dieser verhüllt, und keine Klarheit wird offenbar, nirgends
umher. Da bläst ein Windstoss hervor, stärker und stärker, die
Wolken davon treibend, und nachdem sie verjagt sind, ist es mit dem
Winde vorbei. Und ein anderer Wind springt auf, an Stärke anschwellend, und die Wolken vertreibend, welche innerhalb des Mondes-
runds noch verblieben. Dann noch ein anderer Wind führt daher,
die subtileren Wölkchen leise fortblasend von dem Rund des Mondes,
der nun in Glanz und Helle hervortritt, seine Strahlen aussendend.
Dann legt sich der Wind und verschwindet völlig. Wenn nun der
Umfang des Mondes heiter und frei geworden, in Reinheit scheinend,
dann der auf die Vorzeichen Bedachte blickt hin auf das Rund des
Mondes, in nachdenkender Betrachtung, und dann erkennt er so die
Deutungen vom Guten und vom Bösen. Und, wie verhält es sich nun
hiermit? Es ist dies in der Parabel, dem Khotaraphuxavana zu vergleichen, das über das Phra-Niphan als Aromana meditirt. Die dicht

geballten Wolken, die Wolkenrollen, das Wölkchengeflock, diese drei
Wolkenschichtungen, welche den Umkreis überdecken, die Mondscheibe
verhüllend, sie entsprechen in der Vergleichung den Kilesa (Leidenschaften), welche in grober Art, in mittlerer und subtil-feiner, die
Panja (Weisheit) überdeckten, sie verhindernd, das Phra-Ariya-Sat
(die heilige Lehre) zurückzustrahlen. Die Winde, die in drei Arten
sich erhebend, daherwehen, die Nebel-Wolken zu zerstreuen, sie
entsprechen in der Parabel den beiden Upacbaraxavana und dem
Anulomaxavana. Er, der in Betrachtung nachdenkt über das Nakkharökh, er ist dem Khotaraphujhana zu vergleichen, und des Mondes
Scheibe ist gleich Phra-Niphan. Dann, wenn der erste Wind sich
erhebt, hierher und dahin blasend, die umhergejagten Sturmeswolken
von der Oberfläche des Mondes zu vertreiben, dann ergiebt sich eine
Vergleichung des ersten Upacharavaxana, welches sich erhebt, um die
gröbere Sündhaftigkeit (im Akuson) zu zerstreuen. Der Zeitpunkt des
zweitfolgenden Windes, um die in der Mitte zurückgebliebenen Wolken
zu verwehen, fällt in das Upacbaraxavana, als zweites aufstehend, um
das im Innern eingewurzelte Böse auszurotten. Der Zeitpunkt des dritten
Windes, die feinsten der rückgebliebenen Wolkenreste auflösend, kommt
überein mit dem des Anuloma-Xavana, das, wenn bei der Entstehung in
Wirksamkeit getreten, Heilung bringt, im Aufspüren und Vertilgen der
minutiös zersplitterten Reste des Sündhaften (Akuson-la-iet). Der Zeitpunkt, wenn im Hervorscheinen des Mondes, hell und klar, das
(Horoskop gestellt) Nakkharökh in Ueberlegung und Betracht gezogen wird, ob gut oder böse, das ist der des Khotaraphuxavana[1]),
in Betrachtung des Niphan, als Aromann. Dieses Khotaraphuxavana,
helfend zur Hand, die Bahn zu zeigen und zu leiten, ist der Wegweiser,
für die verheissenen Zeichen auf den Pfaden der Betrachtung (Makkha-
Yahn) u. s. w. Dieser Makkha-Yahn, der sie vernichtet (die Sünden),
Lopha, Thosa, Moha, ein Schutz für die Keimeszeichen (Samkhan), aus
denen der Khotaraphuxavana zu entstehen hat, wie sollen wir hier die
Vergleichung für ihn entnehmen? Dazu mag ein geschickter Bogenschütze
dienen, der nach einem Brette schiesst, in hundert Lagen übereinander,
auf das ihm zu gebende Zeichen im Drehen der Zielscheibe wartend,
und dann im richtigen Zeitmoment abdrückend, das Centrum durch-
bohrend. Und so in Vergleichung giebt das Khotaraphuxavana das
Signal für den Makkha-Jhan, der dem Schützen entspricht, und so wird
Phra-Niphan erlangt, beim Abwerfen der Kilesa, im Samutxetha-praban.

---

[1]) The wisdom necessary for the reception of the paths is called gotrabhu-
gnyana; when the paths are entered, the wisdom, that is received by those, who
have made this attaiment is called Gnyana-dassana-sudhi (s. Hardy). When nirvana has been revealed gotrabhu-gnyana is of no further use, it is like the guide,
who is dismissed at the end of the journey (the exercise of anuloma drives away
darkness from the mind); mit (Subhuti's) Erklärungen bei Childers (des Puggalo Gotrabhu).

Es kommt darauf hinaus, dass die 26 Xavana-Chitr, nämlich die
18 Mahakhataxavana und die 8 Lokuttaraxavana den Jhan-Sampayut-
Kamaphachon-Xavana zu Hülfstruppen erhalten und damit vorrücken.
Mitunter entstehen sie in 2, 4 oder 5 Plätzen gleichzeitig. Nachdem
erzeugt, werden sie auf 5 Khana gemessen, zuweilen auf 6 Khana,
auf 8 Khana, oder mitunter ist die Kamaphacharaxavana nirgends
(zeitlos). Die Mahakalaxavana und Lokuttaraxavana entspricht genau
den Wünschen im Suth des Abpanaxavana, und sinkt, im Eintreten
der Phavangka, als erzeugt im Suth des Abpana. Und das Abpana
wird Somanatsa und Ubekkha sein, mit der Macht der Upacharaxavana, Anuloma-xavana und Khotaraphuxavana, im Beginn der Vithi
hervorgerufen. Wenn Upachara-Xavana, Anuloma-Xavana, Khotaraphuxavana, Samanatsa, dann Abpana auch Somanatsa, wenn Ubekkha
jene Ubekkha, dieser wenn Kuson, so Kuson, bis zum Phra-Ariya-
buthkbon, der in die Hettiphonsamapatti einzugehen hat, in den drei,
Sodapatiphonlajhan, Sakathakhamiphonlajhan, Anakhamiphonlajhan, im
Besitz von Upacharaxavana, Anulomaxavana, Khotaraphuxavana, als
Kuson, Alle in gleicher Weise. Aber der Arahattaphonsamapato besitzt
die Upacharaxavana, Anulomaxavana, Khotaraphuxavana, als Kiriyah,
das will sagen, dass der Phra-Ariya-Buttkon, die Phra-Arahatta-phon erlangt hat, im Eingehen in das Arahatta-phon-samadhi, zu irgend welcher
Zeit, besitzt er als einwohnend die Jhanasampayuttakamaphachakiriya,
im Beginn der Vithi erzeugt, und dann vollendet als Upachara, Anuloma
und Khotaraphu. Bei der Vervollkommnung zum Phra-Arahat mag
Rupajahna und Arupajahna beim Zurückgehen betreten werden durch
die Thätigkeit der Kiriya-Jahn ein Jhanasampayuttakamaphachon, als
im Beginn der Vithi erzeugt, und um die Thätigkeit (Kicha) zu vollenden, als Upachara, Anuloma und Khotaraphu in derselben Weise, wie
beim Beginn der Vithi im Arahattajhan. So werden die Gelehrten ein-
sehen, dass die 58 Abpana, nämlich die 18 Mahakata-Abpana und die
40 Lokutara-Abpana verbreitet sind in den 26 Somanatsakusonabpana,
als 12 Ubekkhakuson-Abpana, 8 Somanatsakiriya-Abpana und 6 Ubek-
khakiriya-Abpana, und dann folgt die Berechnung der Somanatsakusonabpana auf 32 Chitr, sowie, unter Zufügung von 12 der Ubekkha-
kusonabpana, 8 der Somanatsakiriya-Abpana und 6 der Ubekkhakiriya-
Abpana auf 58 Abpana. Der Abpana-Jhan (im Abpana-Vithi) schliesst
sich dreifach (traihetu) im Kamapachonkusonchitr, als Folge. Die Aromana bethätigen sich (durch Kicha) in der Aromana-Pachchai. Bei
Anittaromana ergeben sich die Vithichitr im Panchavinyana und
Sampatitxana-Santirana-Tathalamphana, als Akuson-Vibak, im Festhalten des Aromana, weil Ahetukavibak. Bei dem Aromana als
Itthiromana ergeben sich die Vithi-Chitr in der Panchavinyana und
der Santirana-Tathalamphana als Kuson-Vibak. Bei dem Aromana
als Athi-Itharomana erheben sich Santirana und Tathalamphana zur

Himmelsgeburt (savanakhöt) mit Freudjgkeit (somanatsa). Das mit
den Früchten (Phon) des Kuson hervorgebrachte Vatthu ist Ittharomana
(im Wunsch liegend), das in Sünden (Bab-tham) Anitharomana. Einige
der Vatthu besitzen Vinyana, andere nicht. Wenn kraftvoll aus dem
Akusonla-Vibak in den Früchten das Anittharomana aufsteigt, erscheinen
die Gestalten der Thiere, wenn auch vielleicht im schönen Aeussern,
doch dem Akuson-Vibak angehörig (gleich den Pret, Asurakai, Satva-
Narok.) Wenn die der Vinyan entbehrenden Dinge den Sinnen gefallen, wird Itharomana vorbereitet. Bei vollem Durchgreifen des
Akuson-Vibak werden die Sinne mit Thukkha-Vetbana (Schmerz) gefüllt, im Anitharomana. Beim Menschen (Manut) ist stets bereits
Itharomana vorhanden, weil in seiner Erzeugung Kuson-Vibak mitzu-
wirken hat. Bei der Patisonthi (Empfängnis) ist der Ubekkha-Santirana-
chitr (wenn auch sonst dem Aeussern nach vielleicht hässlich).

Die Vatthu trifft den Sinn bald als Ittharomanna, bald als
Anitharomana, und demgemäss das Sampatitxana-santirana, indem
die Vibak-Chitr (aus den Vithi) den Aromana entsprechen (ob gut
oder ob böse). Der Xavana-Chitr schwankt unstät. Wenn die Form
die des Somdet-Phra-Phuttbichao ist, die Stimme die seine, und so
in Geruch, Geschmack, Getast, dann heisst es Ati-Jtharomana, und
wenn solch Ati-itharomana das Prasatharnb trifft, dann wird die
heilige Form (Phra-Rup) gesehen, in Schönheit und Glanz des
Somdet-Phra-Sapphannjapbutthachao, dann wird des Löwen Stimme
(Phra-Sura-sieng) gehört, dann das unsterbliche Gesetz (Amaruttayara-
tayayatham) verkündet, und so in Geruch und Geschmack, sowie im
Gefühl (wie beim Berühren der heiligen Füsse). Sobald das Ati-
ittharomana offenbar geworden, dann sind Santiranachitr und Tathalamphanachitr im Besitz des Somanatsabarakhöt (gleichzeitig entstehend).

Die im Somanatsa empfangenen Wesen besitzen Phavankha-Sandan-
Sahakhata nach dem Naturgesetz. Wenn unter Dirathi (Ketzer oder
Barbaren) geboren, erzeugt die Gestaltform Somdet-Phra-Phutta-Chao's
bedrückten Sinne im Thomanatsa-Xavana, und so kann der Tathalamphana (zur Ubekkha) nicht erzeugt werden, weil der Somanatsa entbehrend.

Dann im Streben nach dem Aromana im Kamavachon (aus
früheren Erwerbungen der Dirathi) wird am Ende des Thomanatsa-
Xavana im Anschluss Ubekkha-Santirana erzeugt, worauf Somanatsa
folgen kann.

So der Tathalamphana-Chitr (aus der Kamavacharaxavana in
Rupavacharaxavana und Arupavacharaxavana überführend, erfasst das
Aromana des Kamapharachitr für sich selbst.

Das Auffolgen des Tathalamphanachitr dem Kamaphacharaxavana
lässt sich der Wasserfurche vergleichen, die dem durchschneidenden

Boot dicht am Kiele folgt. So wenig wie ein Kind, obwohl vielleicht durch Aehnlichkeiten über seinen Vater getäuscht, die Hand eines völlig Fremden, etwa eines Hoflakaien, beim Ausgehen ergreifen wird, so wenig z. B. der Tathalamphanachitr ein ihm durchaus nicht vertrautes Aromana, wie Rupaphachara, und wie ein Kind sich fürchten würde, in den fernen, wilden Wald zu gehen, aber gerne am Spielplatz neben dem Hause verbleibt, so der Tathalamphanachchitr beim Aromana des Kamaphachara.

Betreffs der Phumiviphattha sind die im Kamaphachara-Phumi (Bhumi) entstehenden Vithi-Chitr für Sukati und Thukkhati entsprechend. In der Rupa-Phob fehlt Patikha-xavana und Tathalamphana. In der Arupa-Phob fällt der Sodamakkho-Chitr weg, mit den Rupavachara-Chitr, 15 an Zahl, und auch Hasanaxavana (Lachen oder Heiterkeit) giebt es dort nicht. Für die in den höchsten Regionen der Arupa Geborenen wird kein Hettimarupachitr in der Sandan angelegt. Wie in Blindheit (beim Mangel der Chakkhupasath für die Pasatharub) der Chakkhu-thavan-vithi (unter den Vithi-Chitr) ausfüllt, so im Arupa, beim Mangel der Rupa, das Chakkhathipasath.

In der Kamaphachou finden sich (als Vithi-Chitr der Kamaphob) 80 Chitr, indem von den 89 die 9 Chitr der Mahakhata-Vibak (Maha-Agha-Vibak) abzuziehen sind.

Bei den 64 Vithichitr der Rupaphob sind 25 von den 89 abgezogen, nämlich Tathalamphana 8, Pathikaxavana 2, Khanathittaya 6 und Mahakhata-Vibak 9. In Arupaphoh bleiben 42 Vithi-Chitr, indem 47 (von 89) abgezogen werden, nämlich Pathikhaxavana 2, Thavipachavinyan 10, Manothat 3, Hasana 1, Tathalam 11, Rupavacharachitr 15, Pathama-Makh 1, Arupavibak 1.

Auf das Vithi-Sangkaba im vierten Borixet, folgt dann das fünfte (des Phra-Apithamma-Sangkaba) über die Pavatti-Sangkaba betreffs der Patisonti-kala, und lässt Phra-Anurutta-chan zunächst (für die Vithi-mutta-Sangkaba) eine Viertheilung folgen, in Pumi-chatuka-prakan, Patbi-sonti-chatuka-prakan, Kamma-chatuka-prakan und Morana-chatuka-prakan

Die Pumi-chatuka-prahan begreift Abaiya-phum, Kamasukhathi-phum, Rupavacharaphum und Arupavacharaphum mit einschliessender Beschreibung. Die 4 Abayaphum mit den 7 Kamasukhatiphum bilden die Kamaphachon-Phum.

In den fünf Stufen der Sutthavatsa kann nur der Phra-Anakha wiedergeboren werden, für die Pfade Soda und Sakathukha ist das unmöglich, und weder Soda noch Sakathakha (ebensowenig Anakha) können in Asannjiphrobm oder Abayaphum wiedergeboren werden, das wäre unmöglich. In 21 Phum mögen also Phra-Soda, Phra-Sakatbakha, Phra-Anaka und Buthuxon, alle miteinander geboren werden.

In den Patisonti-Chatuka unterscheiden sich Ubaiyapatisonti-Lao, Kamasukhatiratisonti-Lao, Rupaphachonpatisonti-Lao und Arupaphachonpatisonti-Lao. Nur ein einziger Chitr führt zur Wiedergeburt in den Abaiyaphum (den Höllen), als der Ubekkhasattiranachitr aus Ahetuka-Vibak des Akuson bei Empfängniss im Okkantikhana, bei directem Uebergang des Patisontichitr in den Chutichitr (für die Pavangka).

Empfängniss in der Manutsukhati und dem Xa-Kamaphachonsavan kann neunfach veranlasst werden durch den Kusonvipaksantiranachitr, oder durch die 8 Maha-Vibak-Chitr, also durch die 9 Sukhatipatisonti-Chitr, im Ganzen zusammengefasst. Der Kuson-Vipak-Santirana-Chitr vervollkommnet die Patisonti-Kicha oder Phavangka-Kicha und Chuti-Kicha (der an den Sinnen verstümmelten Menschen), und die 8 Maha-Vibak-Chitr bringen den bereits Vollkommenen unter die Kamapachon-Thevada und Manut zur weiteren Vollkommenheit.

Aus den Abaiyapatisonthi mit den 9 Kamasukhatipathisonthi ergeben sich die 10 Kamaphachonpatisonti, und wird dann die Lebensdauer in den verschiedenen Klassen gezählt.

Der zur Empfängniss in der Rupaphachonphrobmalok führende Chitr ist fünffach seiner Art, als Pathommajahn-Vibak, Thutiyajahn-Vibak, Tatiyajahn Vibak, Chattuthajahn-Vibak, Panchamajahn-Vibak. Der Pathommajahn-Vibak-Chitr vollendet die Kicha als Patisonthi, Phavangka und Chuti der Phrahm in der Pathomma-Phum u. s. w. Eine Ausnahme bildet Asanjiphrom, indem dort die Rupa selbst die Wiedergeburt bewirkt.

In der Arupaphram unterscheiden sich für die Wiedergeburt die vier Regionen.

Die Art der Wiedergeburt erfolgt mit Nothwendigkeit, indem der Vibak-Chitr den Phavangka-Chitr bedingt, und so Patisonti, Phavangka und Chitr in den Abstammungen folgen, dem Aromana geneigt.

Im Kammachatuka werden unterschieden Xanaka-kam, Apattam-phakan, Upapilakakan und Upattata-kam, indem die Schuldreste des (Kuson und) Akuson in derselben Existenz gesühnt werden, oder in späteren, oder aus früheren Ursachen her oder plötzlich.

In Betreff der Früchte unterscheidet sich das Kam in Kharuka-kamma, Asannakamma, Achinnakamma und Katattakamma, wobei Kharukakamma durch sein schweres Gewicht dominirt, Asannakamma durch den mächtigen Eindruck der Todesstunde (in Erinnerung des Guten oder Bösen), das Achinnakamma nur beim Wegfall des Widerstreites in Wirksamkeit treten kann, und das Katattakamma einzig, wenn überhaupt kein anderes vorhanden.

Dann nach den Zeiten unterscheiden sich das Thitha-kamma-vetha-niya-kamma, das Upapatxa-Vethaniya-kamma, das Apasapara-Vethaniya-kamma und Ahosi-kamma, je nachdem die Früchte in dieser Generation reifen, oder (wenn in dieser gepflanzt) in der nächsten, oder in einer späteren oder unmittelbar folgend, ohne alle Fruchtreifung.

Ausserdem sind für das Kam zu unterscheiden Akuson, Kamapbachonkuson, Rupaphachonkuson und Arupaphachonkuson. Die Folgen des Akuson-kam sind Leiden (Thukh) und dem entsprechende Wiedergeburten (gleich den in Chaturabai oder Hölle), das Kamaphachonkuson giebt Früchte in Kamasukhatiphiphob und Rupaphachonkuson in Rupaphrohm, und Arupaphachonkuson in Arupa-Phrohm. Der Akuson-kam (als Kaiya-kam) begreift 12 Chitr (8 Lobha-Chitr, 2 Thosa-Chitr, 2 Moha-Chitr), das Kamaphachon-Kuson (in Beobachtung der Sila, Gebete u. s. w), 8 Chitr, 4 der Samanatsa und 4 der Ubekkha, und diese 20 Chitr zusammen ergeben das Kamaphachonkamma.

Das Rupapachonkamma reducirt sich auf das einzige Manokamma (indem nicht mehr, wie früher, Kayakamma, Vachikamma u. s. w. unterschieden werden können) und die 6 Phavaua-Maya-Kuson theilen sich in die Phra-Abpana fünffach als Jhan.

Das Arupaphachonkuson, gleichfalls nur im Mano-Thavan entstehend, scheidet sich fünffach, zunächst Akasa als Krasin nehmend.

Die bevorstehende Realisirung im Kammanimitr und Katinimitr für die Zukunft, bedingt die Morana-sanna-xuen des Kamma, und Kammanimitr und Katinimit nach den Aramana (mit Kuson und Akuson).

Das am Thavan-Vithi anlangende Kuson und Akuson (als Xanakakamma) beginnt mit dem Eintritt in das Morana-sanna-vithi die künftige Existenz (Phob) zu ordnen, nnd so folgt auf den Moranasannuvithi-Chitr die Moranasannaphob. Zuweilen entspringt der Chuti-Chitr beim Ausgang der Moranasannaxuen, zuweilen am Ende der Tathalamphana, zuweilen, am Ende der Phavangkba, als der Chitr am Ende der gegenwärtigen Existenz (Pachchubanna-phob.) Der ChutiChitr entspringt und vergeht, im Augenblick des Entstehens, und dann wird der Patisontichitr geboren, der in die künftige Existenz (Phob) überzugehen hat, und sein Aromana entspricht dem Aromana im Phasoph-aromana (als selbstgewilltes) der Moranaxuen. Wenn im Besitz von Vatthu vollzieht der Patisonthi seine Wiedergeburt in den Panchavakaraphob, wenn ohne Vatthu in der Arupaphrohm. Und diesem Patisontichitr gehört Avixxanusaya als Begleitung zu, dann Tanhanusaya (als in den Leidenschaften wirkende Wurzel), weiter Sangkhara in drei Arten, um die Geburt zu ordnen, unter dem Chetasika-thamma. Der Patisonthi-chitr entsteht vorau im Sahaxattatham, und deshalb wird der Vibak-Chitr selbst als Puthisontichitr bezeichnet. Die im Moranasanavithi mitwirkende Thätigkeit ist schwach und machtlos, von 7 Khana auf 5 herabsinkend, und so, wenn die gegenwärtigen Aromana sich in den Mano-Thavan-Vithi zu manifestiren beginnen, können sie die Zahl von 12 Khana-Chitr noch nicht überschreiten. Und wenn der Chuti-Chitr aus der Moranaphob, die Patisonthi für die künftige Existenz begründet, wird das Aramana dieses Patisonthichitr als Pachchubpannaromana bezeichnet, obwohl in Bezug auf künftige Patisonthi. Und so läuft das Pachchupannaromana gegen-

wärtigen Geschlechts (Xat) rasch in künftige Xat über, gleich einer
Trommel, über sich hinaus tönend.

So heisst es, dass dies Kamaphachonpatisonthi als Aramana zuweilen das Kamma besitzt, zuweilen das Kamma-nimitr, zuweilen das
Khati-nimitr. Das Kamapachonpatisonthi besitzt stets das Aromana
als Kamaphachon. Und das Rupaphachonpatisonthi besitzt nur und
allein das Kammanimitr als Aromana, wie z. B. Kasinapanjat, als Aromana
des Xahn, und dann Kammanimitr genannt, weil Aramana das Rupa-
pachonpatisonthi. Und das Arupapachonpatisonthi besitzt einzig und
allein das Kammanimitr als Aramana, wie Akasapanyati und Nakthi
phava-paiyat. Und Akasananjchayatanachitr und Akinjachaiyayatana
heissen Kammanimitr, als Aramana des Arupaphachonpatisonthi. Und
der Asaniyiphrohm wird mit Rupa allein empfangen in Xivitanavaka
mit den 8 Chitr, die Trai-Hetuka-Patisonthi vorzubereiten, in den
16 Vibak-Chitr für die Navathkala. Der Kamaphachonkusonchitr, als
Traihetu, schreitet über, der Kamaphachonakusonchitr, als Traihetu,
ist gering, und dann bereiten sich die Hetukapatisonthi, in der Pavatti-
kala für die Vibakkachitr in 12 Chitr ohne Mahavibakchitr. Und die
Kamaphachukuson als Thuhetu, bereitet das Ahetukapatisonthi in der
Pavattikala für die Vibakchitr, als sieben, mit dem Mahavibak der
8 Chitr.

Gegen die Einwürfe des Kechi-Achan, dass das Kamaphachon-
kuson, als Sasangkharika (aus Sangkharika) nur Früchte des Savang-
kharika geben könne, nicht jedoch das Asangkharika, bemerkt Phra-
Anurutthachan, dass der Vibakchitr (aus 12 Chitr) im Sasangkharika-
Trayhetuka in 4 Chitr verloren geht, und der Kamaphachonchitr
erzeugt den Vibakchitr in der Pavattikala von 10 Chitr. Und das
Kamaphachonkuson, als Thuhetu-Omuk verursacht die Erzeugung der
Vibakchitr in irgend einer Pavattikala der 8 Chitr, indem die Ahetuka-
vibak dieser 8 Chitr in ihrer Kiriya sich erfüllen, ohne Beziehung
zu Asangkharika und Sasangkharika.

Betreffs der Rupaphachonkuson versteht es sich, dass wenn die
Entwickelung zum Pathammajahn nur gering ist, die Geburt nur im
Parisatxapbrohm stattfinden kann, bei mittlerem Werth in der Phrabma-
Parahit, und bei grosser Umfassung im Mahaphrohm.

Bei geringer Entwickelung des Thutiyaxahn und Thatijaxahn geschieht die Geburt im Parittaphapbrohm, bei mittlerer im Apamana-
phrohm, bei grosser im Aphassaraphrohm.

Bei ganzer Entwickelung im Chatuthu-xahn erfolgt Geburt im
Parattasuphaphrohm, bei mittlerer im Abpamanasuphaphrohm, bei
grosser im Suphakinnanaphrohm.

Der zum Panchamaxahn Entwickelte wird in der Stufe (Xan)
der Vehabphon geboren, und wenn im Panchama-Xahn Abneigung
und Widerwille gegen den Chitr erfasst, folgt Geburt im Asannji-

phrohm. Und so steigt das Suththavatsaphrohm in 5 Stufen (Xan) vom Phra-Anakha-Buthkon auf.

Wer sich zum Rupaphachonkuson entwickelt hat, wird beim Durchlauf des Pathomma-Rupa-Jahn in der untersten Stufe (Xan) des Arupaphrohm geboren, bei Thutiya-Rupa-Phrohm auf der zweiten, bei Tatiya-Rupa-Xahn auf der dritten, bei Chatuttha-Rupa-Xan auf der vierten. Alles in nothwendiger Folge, denn Kuson und Vibak sind eng mit einander verschlungen.

Deshalb lehrte Phra-Anuruttachan, dass die Früchte des Kuson die Existenz bedingen in Pavattikula und Patisonthi.

Die Morana-Chatuka zerfällt in Ayukkhayamorana (an Altersschwäche zu sterben), Kammakhayamorana (durch Erschöpfung des Verdienstes zu sterben) Uphayamorana (aus Zusammentreffen der Vollendung des Kammana und des Alters zu sterben). Upachxethakamma (in gewaltsamem Tod durch Unglücksfälle zu sterben). Beim Herannahen des Todes prädisponirt das Kamma als Aramana des Moranasanna-xuen die künftige Existenz im Patisonthi, je nachdem im Mano-Thavan die Vithi-kam sich gut oder böse ergeben für Sukhatiphob des Tukhatiphob.

Wenn beim Herannahen des Todes keine Kamma sich verwirklicht, dann erscheint das Kamma-Nimitr (Spiegelbild des Kamma), und wenn auch das Kamma-Nimitr ausfällt, dann offenbart sich Khati-Nimitr, als Spiegelung der Khati (Vorschrifts-Beobachtung). Und so gelten Kamma, Kamma-Nimitr und Khati-Nimitr als die Aromana des Morana-Sanna-Vithi, sowie des Patisonthi-Chitr.

Nach der Kamma, auf Kuson und Akuson bezüglich, folgt eine zweite Kreisung, Kamma-Nimitr, als Atitaromana (des Vergangenen), und wenn Pachchupan (gegenwärtig) in der Panchathavan (als vergangen dagegen im Manothavan). Und das Khatinimitr, im Manothavan allein manifestirt, vollendet den Patisonthi-Asannji-sati, als Rupasonthi, weil nur Rupathamma besitzend. Das Patisonthi der Arupaphrohm heisst Arupa-Patisonthi, weil nur Arupa-thamma besitzend. Das Patisonthi der übrigen Satva heisst Ruparupapatisonthi, weil gleichzeitig Rupatham und Arupatham besitzend.

Die Zeichen (laksana) der Chitr und Patisonthi begleiten sich gegenseitig. Die bis zur Arupa Aufgestiegenen kommen schwer zurück, weil die unteren Jhan vernichtend. In Rupa-phrohm ist Sicherheit gegen Wiedergeburten in Abaiya (in Höllen).

Wenn der Kamaphachonchitr-Thutetu oder Ahetu ist, wird der Patisontichitr besessen, bald als Ahetu, bald als Thuhetu, bald als Traihetu.

In Betreff der Patisonthi in den verschiedenen Kamnöt ergiebt sich das Folgende. Wenn nach dem Entstehen des Patisonthi-Chitr und seinem gleichzeitigen Verschwinden, der Vithi-Chitr, als versteckter, nicht hervortritt, ist es der Chitr, welcher selbst, in Anordnung, die Empfängniss bedingt, als Phavangka-Aromana hervorgebracht, im Aromana des Phavangka-Chitr, durch die ganze Xat bis zum Chuti-Chitr. Dies ist nicht als der Chitr einer anderen Xat zu betrachten, sondern der Xat-Phavangka selbst heisst Phavangka, in persönlicher Selbstheit (Ongk) aufgefasst, als durch die Phob (Existenzen) fortdauernd. Gleich wie ein Wasserstrom dahinrinnt im Fluss, ohne Unterbrechung, so geht die Phavangka für das Ganze der Phob hindurch bis zum Chuti-Chitr, der dann in seinem Khana (Zeitmomente) entspringt. Nachdem das Sangkhara-tham zerfallen ist, nachdem der Phob geendet ist, und mit ihr die Xat (Geburtsgeschlecht), wird in anschliessender Folge der Patisonthi-Chitr geboren, eine neue Phob, einen neuen Xat zu begründen, wiederum im treibenden Kreise, ohne Aufhören drehend, zu vergleichen dem Rade eines Wagens, eines Karrens, das umher sich dreht und dreht, ohne Aufhören, ohne Ende. Der Patisonthi-Chitr, der Pavangka-Chitr und der Vithi-Chitr folgen in der Xat dicht hintereinander, um überzugehen in das künftige Dasein (Phob), des Patisonthi-Chitr, des Phavangka-Chitr und Vithi Chitr, eng verbunden. Sie fallen wieder hinein in den Wirbel der Leiden, in den Wirbel der Sorgen, den Wirbel des Alters, den Wirbel des Kummervollen, den Wirbel der Trauer, in den Wirbel dauernd schmerzlicher Empfindungen, und da ist kein Unterbrechen, kein Ende ist da, nach dem Arichchang-Sangvet, der elenden Vergänglichkeit ohne Beschränkung und Milderung.

Deshalb nun kündet der heilige Lehrer Phra-Anurutthachan die Verse der Phra-khatha in den Sutra der Vithimutha-Sangkhaba, und ihre Erklärung ist also:[1])

Die Verständigen, welche Einsicht zur Ueberlegung besitzen, erkennen es, dass das Sangkhara-Tham nicht echt und wahr ist, vielmehr nur ein Haufen des Elends und der Uebel, ohne irgend welchen Anhalt und Stütze. Deshalb also Verachtung und Abscheu dem Sangkhara-Tham, und dass du nicht sterbest in dem Wirbel, um in dem Wirbel wiedergeboren zu werden, strebe nach dem Phra-Samathi seitens des Vipatsana, und um es zu erfüllen das Phra-Niphan-Tham,[2]) damit du hingelangst zur auslöschenden Beruhigung der Schmerzen, der Beruhigung der Uebel, zur Beruhigung der Sorgen und Noth, jener Empfindungen steten Weinens und Seufzens, dass sie enden möge die Trauer des Sangsara (Sangsara-thukh), um nicht länger umhergewirbelt zu werden im Strudel beständigen Geborenwerdens und Sterbens. So vollende sich die Seligkeit des Phra-Lokuttara-

---

[1]) Die Verse (Bath) der Phra-Katha (Gatha).
[2]) Des Nirwana heiliges Gesetz, oder die geheiligte Wesenheit des Nirwana (Nibbana).

Thamma (-Sukh), das herrlichste, als Ekanta-Boromma-Sukh, wahr und echt, nach Art der Ariya-Nakprat. Sie alle von früher her und für ferner fort.

Iti Abhidhammatthasaṅgahe vīthimuttasaṅgahavibhāgo. So lautet der Abschnitt, welcher Vīthimuttasaṅgaha (Zusammenfassung der Befreiung von den Wegen) heisst, in dem Buche Abhidhammatthasaṅgaha, Abgekürzte Zusammenfassung des Sinnes des Gesetzes, Abhidhamma).

Aus der Birmanischen Pali-Ausgabe des Abhidhammatthasaṅgaha, welche Herr Dr. Rost die Freundlichkeit hatte, mir aus London zur leihweisen Benutzung zu übersenden, hat Herr Dr. Grünwedel (von dem bereits bei verschiedenen Stellen des Vorangehenden eine, den Fachmännern leicht ersichtliche, Hilfe geleistet ist) folgende Uebersicht des Inhalts ausgezogen.

Paṭhamo paricchedo.

Sammāsambuddham atulaṁ sasaddhammagaṇuttamaṁ | abhivādīya bhāsissaṁ abhidhammatthasaṅgahaṁ. ||

1. Abschnitt.

Nachdem ich verehrt habe den vollständig Erleuchteten, den Unvergleichlichen und die höchste Versammlung sammt der guten Lehre: — will ich aufführen eine Zusammenfassung des Sinnes des Abhidharma.

Tatthā vuttābhidhammattbū catudhā paramatthato | cittaṁ cetasikaṁ rūpaṁ nibbāṇaṁ iti sabbathā. ||

Und vierfältig sind die im Abhidharma behandelten Dinge, wenn man von ihrer höchsten Bedeutung ausgeht: nämlich citta cetasika rūpa und nirvāṇa — so ist es durchaus.

Tattha cittaṁ tāva catubbidhaṁ hoti: Kāmâvacaraṁ rūpâvacaraṁ arūpâvacaraṁ lokuttarañ-ceti tattha katamaṁ kāmâvacaraṁ? pe. . . .

Da ist das citta selbst wieder vierfach, nämlich kāmâvacara im Reiche des Gelüstes sich bewegend, rūpâvacara im Reiche der Formen sich bewegend, arūpâvacara, da wo keine Form mehr ist, sich bewegend, lokuttara, und der Welt enthoben. Was ist da nun kāmâvacaraṁ? etc.

Folgt die Entwickelung der cittas. Schluss des paricchedo.

Iti abhidhammatthasaṅgahe cittasaṅgahavibhāgo nāma paṭhamo paricchedo.

Erster pariccheda (Abschnitt), der die Abtheilung, welche eine Zusammenfassung der cittas heisst, darstellt.

Dutiyo paricchedo (er heisst cetasikasaṅgahavibhāgo).

Ekuppādanirodhā ca ekâlambanavatthukā, | cetoyuttā dvipaññāsa dhammā cetasikā matā. ||

2. Abschnitt (Zusammenfassung der cetasikas).

welche Entstehen und Zu-Grunde-gehen gemeinsam haben, deren Stoff (vatthu) identisch ist mit ihren ālambana; diese mit dem Geiste (cetas) in Verbindung stehenden 52 Zustände (dhammas) heissen cetasikas.

Tatiyo paricchedo (pakiṇṇakasaṅgahavibhāgo).

Sampayuttā yathāyogaṁ te paññāsa sabhāvato ! cittacetasikā dhammā; tesam dāni yathāraham ‖ vedanāhetuko kiccadvārālambanavatthuko | cittuppādavaseneva saṅgaho nāma niyyate. ‖ Tattha vedanāsaṅgahe tāva tividhā vedanā, sukhaṁ dukkhaṁ adukkhamasukhañ-ceti etc.

3. Abschnitt.

Da sie in der Verbindung stehen, in der sie stehen sollen diese 50 Verhältnisse, welche ihrer Natur (sabhāva) nach citta und cetasika sind: wird von ihnen jetzt eine Aufzählung durchgeführt, deren Grund (hetu) die vedanās, deren Stoff (vatthu) aber kicca dvārā und ālambana sind — und zwar nach der Rubrik, welche das Entstehen des citta (cittuppāda) betrifft. Was nun die Zusammenfassung der vedanās betrifft, so sind sie dreifach: Glück, Unglück und Freisein von beidem etc.

Catuttho paricchedo (vīthisaṅgahavibhāgo).

Cittuppādānam iccevam katvā saṅgaham uttaraṁ, | bhūmipuggalabhedena pubbāparaniyāmitaṁ. ‖

Pavattisaṅgahaṁ nāma paṭisandhipavattiyaṁ | pavakkhāmi samāsena yathāsambhavato. Kathaṁ? ‖

4. Abschnitt (Zusammenfassung der „Wege").

Nachdem ich also eine vortreffliche Zusammenfassung der cittuppādas (der Entstehungen der cittas) gemacht habe, welche zusammengefasst ist zuerst nach der Eintheilung von bhūmi und puggala („Ort" und „Person"), dann nach der Gliederung „vorhergehend" und „nachfolgend", will ich, da es sich um paṭisandhi („Conception") und pavatti („Dasein") handelt, eine Zusammenfassung der pavatti darstellen in conciser Weise, je wie die Entstehung ist. Wie ist nun dies? etc.

Pañcamo paricchedo (vīthimuttasangahavibhāgo).

Vīthicittavasen' evaṁ pavattiyaṁ pū'dīrito | pavattibhavaṅgo nāma sandhiyaṁ dāni vuccati. ‖ Catasso bhūmiyo catubbidhā paṭisandhī cattāri kammāni catudhā maraṇuppattī ceti vīthimuttabbhavaṅge cattāri catutthāni veditabbāni, tattha apāyabhūmi kāmasugatibhūmi etc.

5. Abschnitt (Zusammenfassung der Befreiung vom „Wege").

Der Pavatti-bhavaṅgu („das In-Existenztreten des Daseins"), welches durch die vīthicittas aus der pavatti entwickelt ist, wird nunmehr im Zusammenhange erläutert.

„Vier Bhūmis (Regionen) vierfache Conception, vier karmas, vierfach der Tod und die Wiedergeburt", hier aber, wo es sich um das Eintreten in das „Sein" (bhavaṅga), befreit von den vīthis, handelt, sind die vier Vierten (nämlich maraṇuppatti) zu besprechen. Da sind die Region der Hölle, die himmlische Region, die der Begier unterliegt etc.

Chaṭṭho paricchedo (rūpasaṅgaho).

Ettāvatā vibhattā hi sabbabhedapavattikā | cittacetasikā dhammā; rūpaṁ dāni pavuccati. ॥

6. Abschnitt (Zusammenfassung der „Formen").

Bis hieher sind die „Gesetze", welche citta und cetasika heissen nach ihrer pavatti (Dasein) in jeder Weise (Norm bheda) eingetheilt worden, jetzt soll das rūpaṁ besprochen werden.

Samuddesā vibhāgā ca samuṭṭhānā kathābato (? sic!) | pavattikkamato ceti pañcakalakkasaṅgaho. ॥

Und (es folgt nun) eine Zusammenfassung der aus einer Fünfheit bestehenden „Reflectionen" (tarkas), nachdem diese bereits aufgezählt sind nach ihrer „Vorschrift", „Eintheilung" und „Entstehen" — nun auch nach der Reihe der pavattis.

Sattamo paricchedo (samuccayasaṅgaho).

Dvāsattatividhā vuttā vatthudhammā salakkhaṇā | tesaṁ dāni yathāyogaṁ pavakkhāmi samuccayaṁ. ॥

7. Abschnitt (Zusammenfassung der „Anhäufungen", „Aggregate").

72 fach werden aufgezählt die vatthudhammas („die Gesetze der Stoffe") mit ihren Merkzeichen. Nun will ich, wie ihre Verbindung ist, die Aggregate aufführen.

Akusalasaṅgaho missakasaṅgaho bodhipakkhiyasaṅgaho sabbasaṅgaho etc.

Zusammenfassung des „akusala" des „gemischten", des auf der Seite der Erkenntniss stehenden und des „allgemeinen".

Aṭṭhamo paricchedo (paccayasaṅgaho).

Yesaṁ saṅkhatadhammānaṁ ye dhammā paccayā yathā taṁvibhāgāni bhedāni, pavakkhāmi yathārahaṁ paṭiccasamuppādanayo paññāyanayo ceti paccayasaṅgaho duvidho veditabbo.

8. Abschnitt (Zusammenfassung der paccayas „Resultate").

Die, welche unter den mit sankhāras versehenen dharmas wie paccayas (Resultate) sind, deren Specialitäten will ich aufzählen. Ihre Reihe ist doppelt: die Norm der Verkettung und die Norm der Erkenntniss (prajñānaṁ).

Navamo paricchedo (kammaṭṭhānasaṅgaho).

Samathavipassanānaṁ bhāvanānaṁ | ito paraṁ kammaṭṭhānaṁ pavakkhāmi duvidhaṁ pi yathākkamaṁ. ॥

9. Abschnitt (Zusammenfassung der kammaṭṭhānas).

Was auf „Seelenruhe" und „erleuchteten Blick" und die bhāvanā genannte Meditation folgt, diese zweifache Meditation kammaṭṭhāna will ich der Reihe nach aufzählen.

Tattha samathasaṅgahe tāva dasa kasiṇāni dasa asubhānussatiyo

catusso appamaññño ekū saññä ekaṁ vavatthānaṁ cattūro āruppā
ca etc.

Da sind in der Zusammenfassung der „samathas" 10 kasiṇas,
10 asubhū anussattis (Ueberlegung der Unreinheiten), 4 appamaññās
(Bezeugungen des gütigen Sinnes), 1 saññä, 1 vavatthānaṁ (Befestigen),
4 ūruppas (der Form Enthobene) u. s. w.

In meiner während eines Aufenthalts in Birma angefertigten
Uebersetzung[1]) eines Auszugs aus den heiligen Büchern (unter dem
Titel Paramatta-Miezu oder Kleinodienkästchen) wird gehandelt von
Zeit (cittam), Zeidatith (cetasika), Yop (Rupa), Neibban (Nirwana),
oder die vier Arten des Paramatta-tham, die Dat (Dhatu), Tissa,
Jndareh, Poh, Meggin (Megga) und Dzan (dhyau), wie im Gesetz
begriffen, dann, was die Puggoh (Wesen betrifft) in Dreifachheit, das
ganze All (Urwesen), die Entstehung der Kampa (Kalpa) und deren Zer-
störung, die Bewegungen von Sonne und Mond, und was von anderen
Dingen sonst, Alles in ganz kurzem Compendium eng zusammen.

Zuerst werden nun die Cittam (Zeit) geschieden, als Mawazara-
Zeit, Yupawazara-Zeit, Ajupawazara-Zeit und Lokuttaja-Zeit, in vier
Abtheilungen. Davon enthält die Mawazara-Zeit 12 Akuso, 18 Aheit
und 24 Kamawazaratobana (54 im Ganzen). Das wird weiter zer-
gliedert.

Im Yupawazara-Zeit finden sich 15 Pannayatab, nämlich 5 Kuso-
Zeit, 5 Wibck-Zeit und 5 Gheeya-Zeit (und die Beziehungen zu dem
Dzan).

Zu Ajupawazara-Zeit gehören 12 Dvadatha, als 4 Kuso-Zeit,
4 Wibek-Zeit und 4 Gheeya-Zeit (mit den Namen der Arupa-
Regionen u. s. w.).

Von den 8 Lokuttaya-Zeit sind vier Kuson (der 4 Megga als
Thotapattimeg-Zeit u. s. w.) und 1 Vibek (der 4 Phala, als Thota-
pattipob-Zeit u. s. w.).

Die Zahl der Zeit in Abkürzung gefasst, beläuft sich auf 89, aber
in voller Ausführlichkeit auf 121. Wie sind da nun aber 121? In
folgender Weise: Lass die Lokuttaya-Zeit bei Seite, aber substituire
bezüglich der Abtheilungen, welche den einzelnen Dzan entsprechen,
wie in dem Yupawajara-Zeit den Thotapatti als ersten Dzan, den
Thotapattimeg im zweiten Dzan, den Thotapattimeg im dritten Dzan,

---

¹) Es sind hier die birmanischen (wie früher die siamesischen) Formen bewahrt,
und wird es dem Philologen leicht sein, die Prototypen im Sanscrit oder Pali zu
substituiren, so dass ich dies geschickteren Händen, als den meinigen, überlassen kann.
Anuruddha, Sohn Amritodana's (Bruder Suddhodana's), trat (gleichzeitig mit Ananda,
Dewadatta und Upali) in Anupiya der von seinem Vetter gegründeten Secte zu
(im Studium des Abhidharma hervorragend).

den Thotapattimeg im vierten Dzan, den Thotapattimeg im fünften
Dzan, und von den 5 Thagadamihmeg-Zeit, den 8 Anagamimeg-Zeit,
den 5 Arahattameg-Zeit, die mit den fünf Thatapattimegzeit in Existenz
gelangen, daraus resultiren 20 Meg-Zeit. Füge nun die 20 Poh-Zeit
(der Phala) hinzu, dann ergeben sich aus, den 20 Meg-Zeit und den
20 Poh-Zeit, 40 Lokuttayah-Zeit in den Dzan (Dhyana).

Nach weiteren Erörterungen über die Zeit, schliesst das Capitel,
und dann folgt das über den Zedatith (cetasika), „die nie von den
Zeit (Cit) getrennt sind und ihnen stets entsprechen" (52 an Zahl). Nach
den Aufzählungen bis zum Schluss des Capitels wird übergegangen
zu den Yop (Rupa), und hiermit ist das Capitel über die Yop
beendet.

Neibban (Nirwana), als frei und unabhängig von den vier Ursächlichkeiten, Kan, Zeit, Uduh, Ahajatah wird, als Atingajadat, in
letzter Existenz, Neibban genannt. Zwei Arten giebt es, Tahupadih-
taetah-Neibban und Anappadihtaeta-Neibban. Solche, die Arahatta-
Poh (die Früchte des Arya) erlangt haben, wie die Tappanyu-Paya,
die Pissekabuddah, die Yahanda (Rahan) oder sonst herrlich Verklärte, diese, weil Kammadsayop noch übrig, betreten das Tauhpadi-
taetah-Neibban, während solche, die Pari-Neibban erlangt haben, bei
ihrem Tode, wenn von Kammadsayop nichts mehr übrig ist, in's
Anappadihtaeta-Neibban eingehen.

Nach ausführlicher Erörterung erst über die fünf Khanda, dann
die Dzan, heisst es, bei dem Hingelangen zum Patavi-Zeit auf den
Pattameggatana: „Beim Dahinziehen zu den Poh (Phala) giebt es
unter den Jahanda einige, welche die Dzan erreichen, andere dagegen nicht. Solche Wesen (Puggala) betreten dann, nach Erledigung
der Kilah, das Neibban, weil für sie keine fernere Geburt übrig
bleibt. Diejenigen, welche den Dzan erreichen, heissen Dsanikasich,
die anderen Thekkawigatho."

Nach Beschreibung der Himmel, Höllen und anderer Theile des
Weltsystems endet dieser „kurze Auszug zur Erleichterung des Aus-
wendiglernens abgefasst von Tayadathih-Mahaty, dem Ganazari-Yayan
apamokkatipitakadarapahuthotlizzapaethala, der an dem Flusse
wohnet, im Eckhaus, im nördlichen Viertel zu Arimaddana, der Stadt
Pagan", und „dies Buch, betitelt Paramatta Miezu, hier beendet, wurde
vollendet in dem letzten Jahre der Aera 1208, am zehnten Tage, einem
Mittwoch, am Morgen, um 3 Uhr". Dann ein Pali-Gebet und Nach-
schrift: „Im Jahr 1212 an dem 7. Tage des Vollmonds im Tagoa-
Monat, am Mittwoch, um 8 Uhr endete der Abschreiber diesen Auszug
des Paramatta-Miezu. Möge es ihm zum Nutzen sein und sein Verdienst vermehren."

Druckfehlerverzeichniss.

Seite 13, Zeile 4 von unten, lies: auf, statt: auch.
„ 31, „ 16 „ „ „ von, statt: und.
„ 32, „ 4 „ „ „ dem als schädlich Erkannten.
„ 58, „ 10 „ oben, „ zusammengefasst, statt: zusammenfassend.
„ 61, „ 7 „ „ „ gleichsam, statt: gleich sein.
„ 68, „ 4 „ unten, „ the sun's.
„ 68, „ 3 „ „ „ is statt: of.
„ 69, „ 5 „ oben, „ wovon statt: wogegen.
„ 75, „ 11 „ unten, „ commanded statt: commended.
„ 96, „ 13 „ „ „ unkörperlich statt: körperlich.
„ 101, „ 8 „ „ „ einer Urnacht statt: in Urauchl.
„ 104, „ 10 „ „ „ Asvagosha statt: Avagoha.
„ 113, „ 10 „ oben, „ des statt: das.
„ 119, „ 10 „ „ „ pundarika statt: gandarika.
„ 119, „ 32 „ unten, „ hinauszuschiffen.
„ 131, „ 8 „ oben, „ neuerdings.
„ 135, „ 1 „ unten, „ noch statt: auch.
„ 139, „ 9 „ oben, „ neuer statt: neuen.
„ 139, „ 10 „ „ „besonders“ fällt fort.
„ 150, „ 1 „ „ lies: Kophta.
„ 241, „ 2 „ unten, „ conocer statt: concer.
„ 248, „ 4 „ „ „ diesen statt: dieser.
„ 278, „ 1 „ „ „ Amatta statt: Matta.
„ 291, „ 14 „ oben, „ Grenzen statt: Greze.

INDEX.

Die Tafel des Weltsystems beruht in der Hauptsache auf der von Georgi (aus dem Kloster Lhassa's) veröffentlichten, mit den entsprechenden Aenderungen und Vervollständigung oder Berichtigung (unter gleichzeitiger Benutzung tibetischer Bilder in der Ethnologischen Abtheilung des K. M.). Eine weit reicher ausgestattete sah ich bei meinem Aufenthalte in Bangkok in der Bibliothek des Königs, und sprach später in Ceylon über dortige Herstellung mit einem mir dafür empfohlenen Klosterabt, der dem Maler die geeigneten Instructionen ertheilen wollte. Indess habe ich bis jetzt nur wenig brauchbares eingeschickt erhalten. Vielleicht liesse sich in Udavara (bei Kandy) oder anderen der von Tempelmalern bewohnten Dörfer (Nilagomma, Redigomma, Hulangomma) ein Versuch machen, auch im Kloster Embili-Vihara, oder, wo sonst die Localkenner (an Ort und Stelle) besser wissen werden.

Von mystischer Schildkröte getragen, erhebt sich in der Kamavachara, — oberhalb der Abaya*) nebst Zwischenhöllen**), sowie der Preta***) und Thierwelten — von sechs (oder sieben) Felsringen****) — bis zum Chakrawalla*****) — mit den vier Continenten******) drinnen — umgeben, in vier Terrassen*******) — bis auf die — von Sonne und Mond********) umkreiste — Scheitelfläche der Loka-

---

*) i
**) Lokantarika, in den Zwischenräumen der Eisenwälle.
***) h.
****) 34, 33, 32, 31, 30, 29 (Yugamdhara, Ischadhara, Karvika, Sudassana, Nemindhara, Vinataka, Asvakarna).
*****) 28.
******) g (Djambudvipa), f (Parvavideha im Halbcirkel), 28 (Godhanya oder Aparagodana, kreisförmig), e (Uttarakuru im Viereck).
*******) Von (amphibischen) Naga (am oder im Meere) aufwärts.
********) e.

pala[*]) im Kampf mit Asura [**]) — zum Gipfel der Trayastrimsas [***]) — vom dämonischen Zeitsymbol [****]) eingeschlossen, — der Su-Meru, und drüber schwebt die Vierheit zugehöriger Himmel, als Yamas [*****]), Tuschitas [******]), Nirmanarati [*******]), Parinirmita-Vasavartin [********]).

Dann breiten sich die vier Dhyana [*********]) der Rupavachara in immer erweiterten Terrassen, und schliesslich geht Arupawachara (vierfach [**********]) gestuft), in's Unbestimmte fort, während in dem, bereits ausserhalb der Sansara, am Baum der Erkenntniss [***********]) (dem Baum der Verführung [************]) gegenüber) stehendem Arya [*************]), als Talapoinen, die Megga [**************]) (in Meditation über das Nichtige alles in Zusammensetzung Vergänglichen) betreten werden, [***************]) die direct, oder durch die Dhyana der Rupaloka (unter Ablenkung von Arupa), in's Nirwana führen.

---

[*]) 24.

[**]) 25.

[***]) 23.

[****]) d.

[*****]) 22, (Regulirer kosmischer Ordnung).

[******]) 21, (für Wiedergeburt zur Einkörperung der Buddha).

[*******]) 20, (mit Wandlungskräften begabt).

[********]) (wo Er thront, der Fürst dieser Welt, der Gott des Todes und der Fleischeslust).

[*********]) 16—18. Erstes (die des Wissens der Veda Kundigen in Vimana. 13—15. Zweites (die Glanzstrahlenden). 10—12. Drittes (die Keimen). 5—10. Viertes (bis zu den Akanishtas oder Höchsten). S. Vorhandlungen der Anthropologischen Ges. Berlin, October 1881.

[**********]) 1—4.

[***********]) e.

[************]) 26.

[*************]) c.

[**************]) b.

[***************]) a.

A. W. Schade's Buchdruckerei (L. Schade) in Berlin, Stallschreiberstr. 45/46.